INTRODUCTION TO LIFELONG EDUCATION

평생교육론

평생학습과 열린 학습사회

김용현 김종표 이복희
심지연 최낙영 공저

YANGSEOWON
양서원

머리말
PREFACE

지식정보화로 특징지어지고 있는 21세기 지식기반사회에서 우리 민초들이 어떻게 생존하느냐 하는 문제가 제기된 지도 이제 상당한 기간이 경과되었다. 세계 각국이 이 문제에 효과적으로 접근하기 위하여 국가적 교육개혁을 추진하면서 도출한 일반적 결론은 국민의 평생학습(Lifelong Learning)을 통한 일과 학습을 연계하는 평생직업교육체제를 확고하게 확립하는 것이었다. 그러나 우리나라를 포함한 상당수의 나라에서 아직도 긴 인생주기의 한 부분에 지나지 않는 학교교육에 지나칠 정도로 정책변인과 재정투입 등을 올인하고 있는 현상에 안타까울 뿐이다.

더구나 각종 과학기술과 의료기술의 획기적인 발달은 이미 산업구조와 직업구조 그리고 인구구조의 절대적 변화를 가져다준 결과, 초고령사회의 진입과 출산율 저하에 따른 노동력 부족, 고학력 및 청년 실업 증대로 인한 세대 간 갈등 현상, 지구 환경오염과 자연재해의 증대, 경제발전과 분배 정의의 가치 혼돈 등 해결해야 할 많은 과제를 안겨주고 있는 실정이다.

그러나 인류 역사를 보면, 고도의 학습과 교육적 기능을 통해 문화적 전통과 기술을 후세에 전수시켜 당면한 문제들을 해소하고, 오히려 더 큰 진전을 이룩하는 쾌거를 이어오고 있는 것을 우리는 각종 학습을 통해 익혀오고 있다. 따라서 우리가 당면하고 있는 21세기의 과제는 21세기를 살고 있는 우리가 해결하면서 여기서 얻은 교훈적 지식과 기술은 다음 세기의 후손들에게 전수되어 인류 역사를 지속케 하는 원동력이 될 것이다.

정부는 21세기 지식기반사회의 도래에 대비하기 위하여 1999년에 사회교육법 체계를 평생교육법 체계로 전환시켰으며, 2007년에는 평생교육법을 전면 개정하여 이를 더욱 고도화함으로써 국민의 평생학습 권리 보장을 강화시켰다. 특히 그동안 교육부와 시·도교육청 등 교육관련 부서에서만 관장해 오던 평생학습 관련 정책과 집행을 광역 및 기초자치단체에 과감히 개방함으로써 지역주민의 생활과 직결된 평생학습의 구현이 가능토록 하고 있다.

입법과정이 늘 그렇듯이 2007년에도 학교교육과 무형식교육까지를 포함한 명실상부한 "평생학습법"의 도입은 무산되었고, 종전의 사회교육법의 대상을 유지한 "평생교육법"으로 남아 있게 되고 말았다. 필자가 누누이 강조하지만, "평생교육" 또는 "평생학습"이란 "요람에서 무덤까지 학습해야 한다"는 교육철학 내지 학습의 이념을 제시하는 것이며, 이것을 구체화하는 메커니즘이 학교교육(Formal Education)과 사회교육(Nonformal Education)인 것이다. 그러나 최근 일부에서 사회교육이란 용어가 청산되어야 할 일제 잔재라는 이유를 들어 평생교육으로 일원화시키고 있어서 매우 우려스러운 일이 아닐 수 없다. 그동안 사회교육을 전공한 많은 학자와 전문가들에 의해서 Nonformal Education을 사회교육으로 일반화시켰는데, 이것 또한 비형식교육이라는 용어로 사용하는 등 사회교육에 대한 홀대가 지나친 실정이다. 2007년 개정된 평생교육법도 종전의 사회교육법과 동일하게 그 적용대상을 학교교육을 제외한 영역으로만 하고 있기 때문에 필자는 사회교육과 평생교육의 용어를 "사회 · 평생교육(Nonformal & Lifelong Education)"이라고 사용하여 두 개념을 최대한 병존시키려고 하였으나, 이 또한 현행 평생교육법과 혼선을 야기할 우려가 있어서 본 저서부터는 이를 "평생교육"의 용어로 일원화시켜 사용하고자 한다. 따라서 그동안 사회교육의 영역에서 발전시켜 온 이론을 평생교육에 바로 적용함에 따른 일부 논리의 비약도 있음을 평생교육학도들은 이해해 주길 바랄 뿐이다.

아울러 우리는 지난 3~4년 동안 우리 세대가 경험해보지 못한 코로나 팬데믹 사태에서 일정 규모 이상의 학습자가 모일 수도 없었고, 집단학습을 할 수도 없는 사실상 교육 공황사태를 경험하면서 오프라인 수업은 제한적으로 허용되고, 온라인 수업으로 대체할 수밖에 없었다. 이와 더불어 쓰나미처럼 밀려오는 인공지능 혁명(AI)에 대면하면서 앞으로 미래의 평생학습사회에서 평생교육의 지속가능성과 역할변화를 어떻게 확보할 것이며, 평생교육기관의 경영자와 평생교육사는 어떠한 자질과 능력을 보유해야 하는지에 대한 해답을 제시하는데도 지면을 할애하였다.

이 책은 모두 12장으로 구성되어 있다. 즉, (1) 평생학습사회와 평생교육 (2) 평생교육학의 성격 (3) 평생교육의 필요성 (4) 평생교육의 역사적 전개 (5) 평생교육의 개념 (6) 평생교육의 유형 (7) 평생교육 학습이론 (8) 평생교육의 교수 · 학습방법 (9) 평생교육의 평가 (10) 평생교육사 (11) 평생교육행정과 제도 그리고 (12) 열린 학습사회를 위한 신학습체제이다.

특히, 이 책을 집필하면서 가장 염두에 둔 것은 평생교육사가 되고자 학습하고 있는 평생교육 학도들에게 다양한 이론을 소개하고, 또한 각종 평생교육단체와 시설에서 실천가(Catalyst)로 활동하고 있는 평생교육인들에게 현장에서 직접 활용할 수 있는 내용을 제시하는 데 역점을 두었으며, 평생교육에 관심이 있는 그 밖의 모든 분에게 안내 역할을 하여 자기주도적 평생학습을 실천할 수 있도록 내용을 조직하였다.

그러나 공동 저자의 무지와 무성의로 인하여 평생교육 관련 이론과 실제를 다 담지 못하고 또한 다듬지 못한 채 평생교육인들 앞에 내놓게 되어 부족하고 아쉬운 점이 한두 가지가 아니어서 마음이 무거울 뿐이다. 모자라고 잘못된 점에 대해서는 평생교육인들이 아낌없는 충고와 조언을 해줄 것을 진솔한 마음으로 기대한다.

또한 이 책에서 사용하는 용어에는 그동안 평생교육의 철학이나 이론에 적합지 않음에도 불구하고 우리가 습관적으로 사용하고 있는 비학습적 용어들을 순화하는 데도 노력하였다. 즉, "강사"는 교수자"로, "강의"는 "수업 또는 학습"으로, "강의실"은 "학습실 또는 수업실"로, "강의계획서"는 "수업계획서"로 고쳐 사용하고 있다. 여기서 "강사 · 강의 · 강의실 · 강의계획서"를 대표적으로 지명하고 있는 것은, 우리 평생학습에서는 다양한 교수 · 학습방법을 활용해야 하는데, 마치 "강의만 하는 사람", "강의만 해도 되는 것", "강의만 하는 곳" 그리고 "강의만 하는 계획서"라는 잘못된 인식을 교수자와 학습자들에게 심어주고 있기 때문이다. 우리가 평생학습사회를 건설하기 위해서는 우리 주변에서 잘못 사용되고 있는 용어부터 바로 잡아야 하며, 이는 우리 평생교육자들이 힘을 합쳐 지속적이고도 집요하게 추진해야만 가능한 일이기 때문에 본 저서의 머리말을 통해 강조하고 있다.

이 책을 출간하는 데 많은 도움과 조언 그리고 격려가 큰 힘이 되어 가능하였다고 생각하면서 머리 숙여 그 분들께 감사를 드리고자 한다. 먼저 이번 발간작업 초기에 합류했던 백석대학교 박은실 대학원생에게 특별한 고마움을 드린다. 또한 이 책의 출간에 특별한 애정을 주신 양서원의 박철용 회장님과 원고 정리에 큰 도움을 준 직원 여러분에게도 깊은 감사를 드린다. 마지막으로 이 책의 출간과정을 사랑의 기도로 지켜 준 공동 저자의 온 가족들에게도 깊은 고마움을 드린다.

2025년 8월

필자를 대표하여

김 용 현

차례
CONTENTS

제1장

평생학습사회와 평생교육

학습목표

1. 학교교육과 사회교육의 관계를 규정하는 기능적 통합론과 화학적 통합론의 차이를 제시할 수 있다.
2. 학교교육과 사회교육의 발전 추이를 주요 시대별로 구별하고 설명할 수 있다.

학습개요

그동안 우리 교육계는 평생교육의 이념을 구현하기 위하여 학교교육 제도와 더불어 다양한 사회교육체제를 도입 · 운영해 오고 있다. 지난 1982년 우리도 사회교육법을 제정(일본 1949년, 대만 1953년 제정)하여 헌법의 평생교육에 대한 국민의 학습권 보호를 위해 각종 사회교육단체와 시설, 사회교육 관련 연구기관과 단체, 교육부 등 정부기관이 공동 노력해 온 결과 상당한 수준의 성과를 거양하였다고 본다. 그러던 중 문민정부의 교육개혁위원회에서 21세기 지식기반사회에 적합한 인재 양성을 위해 각종 교육개혁 방안을 수립하였으며, 이 중 「사회교육법」을 「평생학습법」으로 대체하는 방안도 제안되있으나, 복삽한 입법과정을 거치는 동안 「평생교육법」으로 명칭이 변경되어 '99년 국회를 통과하였다.

필자는 '98년 평생교육법안 제정 주무국장으로서 동 법안 입법과정에 폭넓게 참여하였으며, 이 과정에서 사회교육법이 평생학습법으로 용어가 변경되는 것은 21세기 지식기반사회에서 우리 사회를 열린 평생학습사회로 발전시키고자 하는 정책적 의도로 이해하였으나, 사회교육이라는 용어가 일제강점기의 잔재이기 때문에 과거 청산 차원에서 평생학습으로 변경하려 했다는 것을 훨씬 후에 듣고 나서 무척 당황하게 되었다.

사회교육이라는 용어가 못마땅하면 이를 대체할 명칭을 새로이 강구해야 했음에도 불구하고, 상위 개념인 평생학습 내지 평생교육을 바로 사용하게 하여 사회교육 분야의 이론 정립과 현장 적용에 심한 혼란을 야기하게 되었다. 따라서 필자는 2001년도 저서에서부터 "사회 · 평생교육"이라는 중간적 용어를 사용하여 사회교육을 전공하는 많은 학도에게 평생교육이라는 용어를 사용하는 데 혼란을 갖지 않도록 지도해 오고 있으나, 이 또한 현행 법령상 용어와 혼동을 일으키고 있는 것도 사실이다.

이미 교육학계에서는 「평생교육법」을 포함한 「헌법」·「교육기본법」 등 교육관계법 전체에 대한 재구조화가 공론화되고 있다. 실제로 2012년 한국평생교육학회 연차총회(2012.10.19.~20, 상지대학교)에서 오혁진은 "「평생교육법」 및 평생교육 관련법 체계의 재정립에 관한 검토"의 발표를 통해 현행 「평생교육법」을 「사회교육법」과 「평생학습진흥법」으로 재구성하자는 제언을 하였다. 이는 종전의 사회교육이라는 용어를 부활시키고, 이를 평생교육 또는 평생학습과 구분하여 사용하자는 것이다.

따라서 필자는 평생교육의 용어에 대한 재정립이 이루어지기 전까지는 현재의 「평생교육법」을 존중하여, 광의의 사회교육에 대한 개념과 평생교육의 용어를 동일한 개념으로 본 저서에서 사용하고자 한다.

이 장에서는 평생학습사회에서 평생교육의 이념을 구현하는 교육체제를 무엇으로 규정할 것인지, 평생교육체제를 제도화하는 학교교육과 사회교육은 어떠한 상호관계를 지니고 발전하고 있는지 등에 대해서 살펴보기로 한다.

1. 평생교육과 교육체제의 새로운 접근

인간은 학습하는 동물이며, 이는 인간이 다른 동물과의 차별성을 강화시켜 주는 대표적인 특성이다. 물론 이 지구상에 생존하고 있는 모든 동물과 식물, 심지어 무기물까지도 그들 세계에서 나름대로의 학습을 통해 생존을 지속하고 있으며, 이에 실패한 종족은 결국 멸망의 길을 걷게 되는 것이 자연의 법칙이다. 학습과 교육의 효과를 극대화할 수 있도록 조직화, 체계화하고 의도적인 교육을 실시하는 동물은 우리 인간뿐이기 때문에 더욱 소중한 문화적 유산으로 교육을 존중해 오고 있는 것이다. 우리 인간의 위대한 교육적 능력은 여러 동물에게 학습능력을 향상시켜 인간이 필요로 하는 여러 가지 과업을 수행하게 하고 있다. 즉, 강아지나 개를 훈련시켜 애완용이나 사냥용, 군견 등으로 활용하며, 소나 말을 훈련시켜 농사용이나 교통수단으로도 부리고 있다. 또한 돌고래를 교육시켜 훌륭한 돌고래 쇼를 보여 많은 사람에게 기쁨을 주고 있다.

교육은 국가 발전에 필수적인 양질의 노동력을 공급해 주고 또한 자기존중과 자아실현을 통해 최상위 단계의 인간 욕구를 충족시켜 주는 기능을 수행하고 있다. 따라서 세계 각국은 나날이 자기 나라의 교육제도를 고도화하고, 모든 국민에게 균등한 교육 기회를 보장해 주기 위하여 교육경쟁을 가속화하면서 매년 엄청난 국가 예산을 투입하고 있다. 따라서 각국은 자기 나라의 교육경쟁력을 강화하고 교육체제의 실효성을 증진시키기 위하여 교육개혁을 국가정책의 최우선 순위로 삼아 추진하고 있다. 영국의 경우, 교육과 고용을 일원화하기 위해 교육부와 고용부를 통합하여 교육고용부(Department of Education and Employment, 1995-2001)로 그리고 2001년부터는 교육기술부(Department for Education and Skills)로 변경하였으며, 일본은 문부성과 과학성을 통합하여 문부과학성(Ministry of Education and Science)으로 존속되어 오고 있다.

지난 2001년 정부는 교육부를 교육인적자원부로 확대 개편하고, 교육부장관을 부총리로 승격시켰다. 필자는 정부의 이러한 조치를 보고 이제 교육인적자원부가 사실상 「평생학습부」로서의 역할을 수행할 것으로 기대하여 적극적으로 환영한다는 뜻을 저서를 통해 밝힌 바 있다. 그러나 교육인적자원부는 학교교육과 사회교육을 통할하는 평생학습 차원에서 국가 인적자원 비전을 제시하지 못하고, 관계 부처와 힘겨운 샅바 싸움을 하다가 이명박 정부에서 과학기술부와 통합되면서 교육과학기술부(Ministry of Education, Science and Technology)로 되었다. 교과부는 대학에는 자율성 신장과 초·중등교육은 시·도교육청에 과감한 권한 위임을 해야 하는 구조조정을 요구받게 되었다. 박근혜 정부에서는 종전의 교육부(Ministry of Education)로 환원했다. 그러나 2014년 4월 세월호 침몰사건으로 국가적 위기를 해소하기 위해 대대적인 정부조직 개편을 하는 가운데 교육부장관이 사회부서 담당 부총리로 승격 강화되게 되었다. 이는 문재인 정부를 거쳐 현 윤석렬 정부에서도 적용되고 있다. 앞으로 심각한 저출생 문제를 해소하기 위해 가칭 '인구전략기획부'를 설치하고, 부총리 기능을 부여한다는 정부 발표가 있었는데, 이의 추진 결과에 따라 교육부장관의 부총리 기능은 중단될 것으로 보인다.

결국 세계 각국은 자국민 또는 시민들이 요람에서 무덤까지 생존하는 동안 "능력 있는 기능인(Functional Manpower)"으로 활동할 수 있도록 교육체제를 개편하고 있으며, 평생교육체제가 그 대안으로 자리 매김하고 있는 것이 일반적 추세이다.

여기서 평생교육체제를 구성하고 있는 학교교육과 사회교육을 평생교육과의 관계 설정에 있어 다음 두 가지의 견해가 대립되고 있다. 그중 하나는 기능적 통합론이며, 다른 하나는 화학적 통합론이다.

먼저 기능적 통합론을 살펴보면, 평생교육은 인간이 태어나서 죽을 때까지 학습을 해야 한다는 교육이념을 제시하는 것이며, 김도수도 평생교육은 랭그랑이 기조논문에서 기술하고 있는 것처럼 "하나의 이념이고 아이디어이며 원리적인 것이기 때문에 구체적인 제도로 발전하기 어렵고 영원히 이념일 뿐이다"[1]라고 밝히고 있다. 따라서 평생교육 이념은 학교교육(Formal Education), 사회교육(Nonformal Education), 무형식교육(Informal Education) 그리고 우연적/무의도적 교육(Incidental/Unintentional Education) 등에 의해서 구체화되는 것이다. 그러나 무형식교육과 우연적/무의도적 교육은 학습의 조직성·체계성과 의도성에 있어서 학교교육과 사회교육에 비하여 매우 낮은 수준에 있기 때문에, 필자를 포함하여 사회교육을 전공한 전문가들은 학교교육과 사회교육을 평생교육의 이념을 구현하는 양대 축으로 설정하여, 사회교육학을 교육학 또는 학교교육학에서 독립된 하나의 학문으로 규명하고자 노력해 오고 있다. 1982년 제정 사회교육법, 1999년 개정 평생교육법 그리고 2007년 개정 평생교육법에서 규정하고 있는 사회교육 또는 평생교육에 대한 정의를 보면 한결같이 "학교교육을 제외한 …" 또는 "학교의 정규과정을 제외한 …"이라고 하여 학교교육에 대칭되는 개념으로 사용하고 있다. 일부 학자들은 이를 '협의의 평생교육' 또는 '광의의 사회교육'이라고도 부르고 있다. 따라서 기능적

1) 김도수, 『평생교육』, 경기: 양서원, 2001, p.52.

통합론은 지난 50년 이상 미국 등 세계 여러 나라의 사회교육 관련 학자와 전문가들이 발전시켜 온 사회교육과 사회교육학을 하나의 학문으로 지속적으로 발전시켜, 학교교육과 함께 양 교육체제를 기능적으로 연계시켜 평생교육의 이념을 성취하는 수평적 및 수직적 통합을 제시하는 것이다. 이를 그림으로 제시하면 [그림 1-1]과 같다.

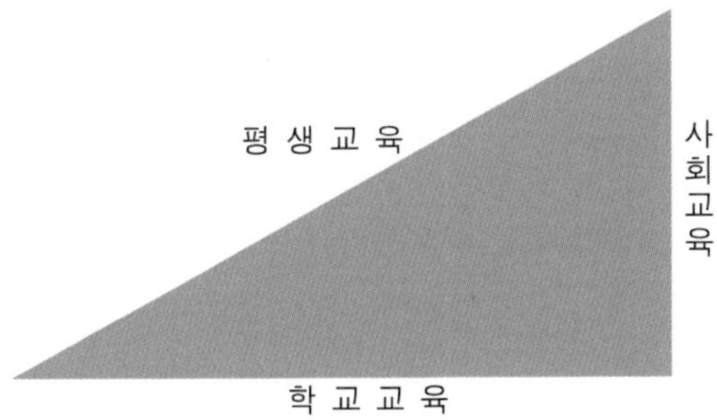

그림 1-1 평생교육과 학교교육 · 사회교육과의 관계

다음으로 화학적 통합론을 살펴보면, 우리 인류의 문화와 전통을 유지 · 발전시켜 온 '교육의 역사'는 그 시대의 교육에 대한 중요성과 필요성을 반영하여 때로는 사회교육이, 때로는 학교교육이 대표성을 발휘하였으나 인간의 학습은 '통일된 하나의 경험'으로 특징지어지기 때문에 결국 평생교육에 통합된다는 견해이다.[2] 다시 말하면, 인간이 일평생 주기 동안 하는 교육이 학교교육을 통한 학습이든, 사회교육을 통한 학습이든 또한 아동기의 학습, 청소년기의 학습, 성인기의 학습, 노년기의 학습 등이 독립된 학습으로 나누어질 수 없는 '일련의 통일된 과정'이라는 주장이다. 이러한 관점을 '광의의 평생교육' 개념이라 하며, 평생교육은 학교교육과 사회교육을 통할하는 큰 개념으로 접근하기 때문에 평생교육을 청소년과 성인을 주 대상으로 하는 '협의의 사회교육'은 물론 학교교육을 제외한 모든 조직적 교육활동으로 보는 '광의의 사회교육'으로 보는 것에도 반대하고 있다.

따라서 화학적 통합론을 주장하는 학자들은 '요람에서 무덤까지'라는 평생교육 본래의 목적을 성취하기 위하여 학교교육을 재구조화하거나 재편성하여 사회교육체제와 유기적이고 화학적인 통합을 이루려고 한다. 우리나라에서도 이러한 시도가 2007년에 있었다. 화학적 통합

2) 한숭희, 『평생교육론』, 서울: 학지사, 2006, p.25.

론을 주장하는 학자들의 의견을 받아 국회에 의원입법 형태로 제안(2007. 4. 9)된 사실상 '평생학습법' 제정안이었다. 동 법안의 제안이유를 보면, "학습자의 학습권과 평생학습의 원리에 맞춘 학습자 중심의 새로운 법적 체계를 마련하기 위해 「교육기본법」의 하부법이 아닌 학습에 대한 별도의 기본법을 마련하고자 한다."라고 밝히고 있다. 이를 위해, 동 법안 제2조 용어의 정의에서 ① "평생학습"이란 "국민이 평생에 걸쳐 수행하는 모든 종류의 학습을 말하며, 학교교육에 의한 학습, 평생교육에 의한 학습 및 교수과정에 의하지 않는 자기학습 등을 포함한다."라고 규정한다. 여기서 (1) "학교교육"이란 「유치원교육법」, 「초 · 중등교육법」 및 「고등교육법」에 근거한 교육활동을 말한다. (2) '평생교육'이란 학교교육의 정규과정을 제외한 모든 형태의 조직적인 교육활동을 말한다. (3) '자기학습'이란 "학교교육과 평생교육에 의하지 않고 학습자가 자기주도적으로 수행하는 무형식학습을 말한다."라고 용어의 내용을 설명하고 있다. 또한 동 법안 제1조에서 "이 법에서 지칭하는 평생교육은 사회교육을 의미한다."라고 밝히고 있다. 따라서 제안된 「평생학습법」은 학교교육과 사회교육은 물론 무형식학습인 자기학습까지를 포함하는 화학적 통합론에서 본 평생교육의 내용을 담고 있다 하겠다.

그러나 위의 평생학습법안은 국회 교육위원회의 심의과정에서 "학교교육과 자기학습을 포함하는 최광의의 평생학습 개념을 도입한 '평생학습법'으로 「평생교육법」을 전면 개정하는 것은 「헌법」, 「교육기본법」, 「초 · 중등교육법」, 「고등교육법」 등으로 체계화된 현행 교육법 체계와 충돌될 소지가 있다."는 이유로 결국 무산되고, 개정 이전의 평생교육에 대한 수준으로 대안이 합의되어 앞서 언급한 새로운 「평생교육법」이 국회를 통과(2007. 12. 14)하였다.

이상의 평생교육에 대한 기능적 통합론과 화학적 통합론에 대한 필자의 견해를 밝히면 다음과 같다.

먼저, 평생교육이라는 개념은 우리 인간이 '요람에서 무덤까지' 교육을 받거나 학습을 해야 한다는 철학적 좌표나 이념을 제시하는 것이지 평생교육 그 자체가 어떤 교육적 제도나 방편을 제공하는 것이 아니다.

둘째, 평생교육의 이념을 구현하는 제도로서, 학교교육 · 사회교육 · 무형식교육 그리고 우연적/무의도적 교육 등을 들 수 있으나, 앞서 밝힌 대로 무형식교육과 우연적/무의도적 교육은 학습의 조직성 · 의도성 · 체계성에서 매우 낮은 수준이기 때문에 교육학 분야의 연구에 포함시키는 것이 부적절하다.

셋째, 평생교육은 학교교육과 사회교육의 각종 제도와 연구에 의해서 비로소 그 이념을 구현할 수 있다.

넷째, 따라서 학교교육과 사회교육이 각자의 독립성을 유지하면서 기능적으로 통합되어 평생교육의 이념을 성취하는 기능적 통합론을 필자는 주장하면서, 앞으로 본 저서를 전개함에 있어서 일관성 있는 논리로서 제시하고자 한다.

2. 학교교육과 사회교육의 발전 추이

평생교육의 이념을 구현하는 양대 축인 학교교육과 사회교육이 그동안 시대적으로 어떠한 관계를 갖고 발전해 왔는지 살펴보는 것이 평생교육 체제 구축을 이해하는 데 매우 중요한 요소이기 때문에 아래와 같이 제시해 보고자 한다. 먼저, 필자는 학교교육과 사회교육의 발전 추이를 〈표 1-1〉과 같이 제시하고 이에 대해 설명하고자 한다.

표 1-1 학교교육과 사회교육의 발전 추이

원시사회	산업혁명 이후	1950~60's	1970~80's	1990's	2000's~
사회교육 Domination	학교교육 Domination	사회교육 Independence	평생교육이념 대두 학교교육과 사회교육의 Cooperation	학교교육과 사회교육의 Collaboration	학교교육과 사회교육의 Integration

1) 원시사회

원시사회에서는 학교교육이 출현하기 이전 시대이기 때문에 빌리모리아(R. Billimoria)가 제시한 '토속적 교육(Indigenous Patterns of Education)'이 대표적인 교육의 형태였다(자세한 내용은 평생교육의 기원 참조). 원시사회에서는 토속적 교육인 사회교육을 통해 사회적·문화적 전통이나 직업적 기능과 기술을 한 세대로부터 다른 세대로 전승하고 발전시켜 온 것이다. 따라서 사회교육이 지배한 시대라 특징지을 수 있다.

2) 산업혁명(Industrial Revolution)과 이후의 시대

산업혁명과 이후 시대의 교육에 대한 발전 추이이다. 18세기 영국에서 시작(1760~1830)되어 세계 여러 지역으로 확산된 산업혁명은 기술적·사회경제적·문화적 그리고 심리적 측면에서 다양한 변화를 가져왔다. 특히 산업생산에 있어서 노동자들은 종전에 손으로 다루는 연장 대신 기계를 조작하는 새롭고, 당시로서는 매우 독특한 기술을 습득해야 했다. 이러한 산업사회에서 새로운 기술을 습득, 대량 생산에 적합한 기능 인력을 양성해야 하는데, 당시 사회교육의 형태인 도제식 훈련제도와 길드 제도로서는 대규모 인력 양성이 불가능하여 공적인 초등교육제도를 도입하기 시작하여 영국에서는 1870년에 이를 완성하고, 그 이후 제2차 세계대전 시기인 1940년대까지 선진국을 중심으로 중등교육제도와 대학 등 고등교육제도를 대대적으로 발전시키기에 이르렀다.[3] 따라서 이 시기에는 현대적 시설과 자격 · 능력을 겸비한 교수요원 그리고 잘 인쇄된 교재 등이 지원하는 학교교육 제도가 사회교육을 대체하여 지배한 사회라 특징지을 수 있겠다.

3) 1950~1960년대

사회교육에 대한 독자적 이론 개발과 학교교육과의 차별성을 강화한 1950~1960년대의 시기이다. 산업혁명 이후 지난 2세기 동안 선진국을 중심으로 확대 · 발전을 거듭해 오던 학교교육은 제1차 세계대전, 1930년대의 세계 경제공황, 제2차 세계대전 등을 거치면서 학교교육의 실효성에 대한 강한 비판이 제기되었다. 특히, 미국의 경우 1957년 10월 러시아(구 소련)가 최초의 우주선인 스푸트니크 1호를 발사하자, 우주경쟁에서 러시아에 뒤처진 이유를 미국의 학교교육 제도에서 찾기 시작하였다. 이에 학교교육 자체가 지니고 있는 다양한 문제를 지적하면서 앞으로의 교육은 학교교육뿐만 아니라 이를 보충 · 보완해 주거나 지속적인 교육 프로그램을 제공해 주는 사회교육(Nonformal Education)제도의 활성화가 시급하다는 주장을 하는 학자들이 대거 등장하게 되었다. 즉, 쿰스(P. Coombs)의 '학교교육 위기론', 일리치(I. Illich)를 중심으로 하는 '탈학교론(Deschooling Theory)', 프레이레(P. Freire)의 '은행교육론(Banking Education)' 등이 대표적인 예이다.

그동안 학교교육에 밀려 소홀히 취급되어 오던 사회교육에 대한 재발견 작업과 더불어 사회교육에 대한 각종 이론과 현장 적용을 강화하게 된 것이다. 미시간주립대와 시카고대를 중심으로 사회교육에 대한 현대적 이론이 정립되었고, 코넬대에서는 지역개발(Rural Development)에 중점을 두고, 플로리다주립대에서는 성인교육(Adult Education) 분야를 그리고 매사추세츠주

---

3) 인터넷 다음백과사전(브리태니커).

립대에서는 사회교육 전반에 대한 이론 개발과 개발도상국가들에 대한 지원업무를 담당하는 등 각 대학별로 특성화된 영역을 발전시킴으로써 사회교육의 독자적인 학문적 토양을 마련하게 되었다. 아울러 미시간주의 플린트(Flint)시에서 이 시기에 시작한 지역사회학교(Community School)는 학교를 중심으로 하는 사회교육의 새로운 모델로서 등장하였다.

4) 1970~1980년대

평생교육 이념이 대두된 1970~1980년대의 시기이다. 유네스코(UNESCO)의 성인교육국장이던 랭그랑(P. Lengrand)은 1965년 12월에 유네스코의 성인교육 발전을 위한 국제위원회(International Committee for the Advancement of Adult Education)에 '평생교육(Education Permanante, Lifelong Education)'이라는 보고서를 제출하였다. 랭그랑은 그 보고서에서 "인간은 태어나 죽을 때까지 평생을 통해 교육받을 권리가 보장되어야 한다. 그리고 이것을 위해 새로운 교육제도들이 만들어져야 한다. 이제 파편화되고 분절되어 있는 교육제도들은 인간의 종합적 발달이라는 축을 중심으로 해체되고 재구성되어야 하며, 이것은 가히 교육의 혁명을 의미하는 것이다."[4] 라고 평생교육체제의 도입을 주장하였다. 그의 평생교육에 대한 건의는 1972년 일본의 동경에서 개최된 제3차 세계성인교육회의에서 평생교육의 개념과 원리가 채택되어 세계 여러 나라에 빠른 속도로 전파되는 계기를 마련하였다.

평생교육의 이념이 점차 확산되면서 그동안 각자의 학문적 영역에만 관심을 두어 오던 학교교육과 사회교육 관련 학자들은 학습자들의 교육기회 확대와 수업의 질 향상을 위하여 상호 협력관계를 구축하게 되었다. 일정한 학교교육을 받을 기회를 잃은 사람들을 위하여 학교교육 체제 밖에 공민학교, 고등공민학교, 방송통신고등학교, 산업체부설학교 및 야간특별학급, 방송통신대학교, 개방대학 등 방계학제 교육기관을 설립·운영하여 학교교육 체제를 보충·보완해 주는 관계를 형성하고 있다. 한편 기존의 초·중·고등학교에는 노인교실, 어머니교실, 전국주부교실중앙회의 주부교실, 스카우트연맹·한국청소년연맹·한국해양소년단연맹 등 청소년단체 활동 그리고 전문대학과 대학 등 고등교육기관에는 사회교육원이 설립되어 다양한 프로그램을 제공하는 것이 대표적인 예에 속한다. 또한 학습자 중심의 다양한 교육과정과 교수·학습방법을 개발해 온 사회교육 분야에서 이를 학교교육기관에 제공하는 등

4) 한숭희, 전게서, 2006, p.51.

상호 교류를 촉진하였다. 그러나 이 시기의 협력적 관계는 학교교육과 사회교육이 각자의 독립성을 견지하는 가운데 필요한 협조 내지 협력을 한 상황이라고 특징지을 수 있겠다.

5) 1990년대

1990년대의 학교교육과 사회교육의 협동(Collaboration) 시기이다. 이는 1970~80's의 학교교육과 사회교육의 협력시기보다는 '이심동체(二心同体)'와 같이 학교교육과 사회교육이 더욱 긴밀한 협조관계를 발전시키는 것을 말한다. 예를 들면, 미국의 고등학교의 경우 질병으로 인하여 정규수업을 받지 못하였거나, 외국의 학교에서 전학을 와서 학점이 부족한 학생에 대하여는 지역교육청에서 주로 야간에 운영하는 '성인학교'에서 소속 학교의 승인을 얻어 학점을 이수하는 때에는 정규학점으로 인정해 주어 학생들의 수학 편의를 제공하고 있다. 이 경우, 해당 학생들은 주간의 정규수업 이외에 야간에 별도의 수업을 들어야 하는 부담이 있기는 하지만, 소속 학교에서 유급을 하지 않고 사회교육기관에서 이수한 학점을 인정받아 다른 학생들과 함께 정상적인 졸업을 하도록 도와주는 매우 유익한 제도이다. 그러나 우리나라의 현실은 이러한 협동적인 제도가 도입되지 않아서 여기에 해당되는 학생들은 소속 학교를 떠나 검정고시를 보거나, 학력인정 평생교육시설이나 대안학교로 옮겨야 하는 실정이다.

6) 2000년대 이후

마지막으로 21세기 지식 · 정보화시대에 따른 학교교육과 사회교육의 통합(Integration)적 발전 시기이다. 이는 21세기 지식 · 정보화사회를 선도하기 위해서는 모든 국민에게 다양한 평생학습기회를 제공하는 '평생학습사회'를 건설해야 하기 때문에 학교교육과 사회교육이 마치 '일심동체(一心同体)'와 같이 융합적 교육기회를 제공하는 것을 이른다. 우리의 경우, 학점은행제(Academic Credit Bank System)가 도입되어 전문학사와 학사학위가 정규 전문대학과 대학교 이외에 전문대학과 대학교의 사회교육원 또는 평생교육원, 대학부설 전산원, 학원, 공공직업훈련원, 민간 직업전문학교, 중요무형문화재기관, 기능대학, 평생교육시설, 원격교육기관 등에서 소정의 학점을 이수하게 되면 소속 전문대학이나 대학의 총장 또는 교육부장관 명의의 학위를 받을 수 있도록 하고 있다. 또한 원격교육의 경우에도, 한국교육방송공사(EBS)에서 '수능과외방송'을 제공하고 있고, 고등교육기관에서는 원격수업을 통해 학점을 부여하거나, 평생교육법에 의해 설립되는 원격대학은 학사학위를 수여하는 기관이다. 한편, 전문대학과

대학교에서는 단기 특별과정이나 시간제등록(Part-time Registration) 제도를 실시해 지역사회의 주민들에게 고등교육 기회를 넓혀주고 있다. 미국의 경우, 현재 많은 대학에서 토요일과 일요일에 수업을 하는 주말대학(Weekend College)을 개설하여 직장인과 지역사회 주민들에게 교육기회를 확대해 주고 있다. 이상에서 보는 바와 같이, 지금은 학교교육과 사회교육이 양자의 벽을 과감히 허물고 오로지 국민의 평생교육 기회를 확대하는 데 힘을 합치고 있다 하겠다. 앞으로 학교교육과 사회교육이 더욱 통합적 활동을 할 수 있도록 우리 평생교육인들의 노력이 요청되고 있음을 강조하고 싶다.

연구문제

1. 평생교육과 학교교육 · 사회교육의 개념적 관계를 설명하시오.
2. 사회교육의 용어를 평생교육으로 대체함으로써 제기되는 학문적 문제점을 제시하시오.
3. 학교교육과 사회교육의 발전 추이를 시대별로 구분하고 열거하시오.

제2장

평생교육학의 성격

학습목표

1. 교육의 종류에는 어떠한 것이 있는지를 진술할 수 있다.
2. 평생교육의 하위체제인 학교교육과 사회교육의 차이점을 비교하고 설명할 수 있다.
3. 교육학과 평생교육학의 성격을 규명할 수 있다.
4. 교육학과 평생교육학에서 사용하는 주요 용어의 차이를 제시할 수 있다.

학습개요

최근 우리 주위에서 평생이라는 용어가 자주 등장한다. 평생교육도 그 맥락에서 이해될 수 있다. 이 평생교육의 이념을 구체화시키는 것이 학교교육과 사회교육이다.

학교교육을 연구대상으로 하는 교육학은 1779년부터 하나의 학문으로 정리되어 그동안 꾸준한 발전을 보이고 있다. 반면에 평생교육도 하나의 학문으로 정립될 수 있는가? 이 장에서는 평생교육학의 성격을 교육과 교육학과 관련지어 봄으로써 규명해 보고자 한다.

1. 교육과 교육학

1) 교육의 개념

인간은 이 세상에 무인도에서 혼자 살기 위하여 태어난 것이 아니고 다른 사람과 함께 사회를 구성하면서 공생하기 위하여 존재하는 것이다. 인간의 생활, 즉 인생은 다른 생명체와 함께 조화롭게 생활할 때에 더욱 의미 있는 것이다. 따라서 사회와 인간은 불가분의 관계를 지니게 된다. 한편 인간의 삶은 인간의 내면적인 욕구의 변화와 사회·환경적인 변화에 의하여 끊임없는 문제와 투쟁하면서 생활을 영위하지 않을 수 없고, 이러한 변화의 속도는 가속화되고 있다.

듀이(J. Dewey)는 이러한 인간의 삶을 "자기재생과정(A Self-renewal Process)"[1]이라고 한다. 인간의 지식과 경험은 부딪치는 문제들을 해결하고 척결하는 데 힘과 능력이 되었을 뿐만 아니라 미래를 인도하는 역할을 수행해 왔다. 따라서 인간은 보다 넓고 깊은 경험을 유지·발전시키기 위한 자원을 탐구해 왔으며, 이를 체계적이고 방법론적으로 창출한 제도를 '교육(Education)'이라 한다.

그러나 교육이 무엇이냐?라고 하는 데에 대한 답변은 사람에 따라 상이하다. 즉, 옥스퍼드(Oxford) 사전에서는 교육을 "조직적인 훈련과 수업(Systematic Training and Instruction)"이라고 정의하고 있다. 또한 정범모는 행동과학적 견지에서 교육을 "인간 행동의 계획적인 변화"[2]라고 본다. 그러나 교육을 고도로 구조화되고 한정된 전통적인 배경에서만의 교습과 학습으로 규정

1) Dewey, John, *Democracy and Education*, New York: The Free Press, 1944, p.9.
2) 정범모, 『교육과 교육학』, 서울: 배영사, 1968, p.8.

하는 것은 교육이 가지는 한 측면만을 강조하는 것이 된다. 오히려 교육을 웰스(H. Wells)가 정의하는 "공동체 생활을 위한 개인의 준비"[3]의 개념이나 듀이(J. Dewey)의 "경험의 의미를 부가하는 방향으로 경험을 재건설하고 재조직함으로써 하위 경험의 과정을 지시하는 능력을 배양하는 것"[4]으로 보는 것이 교육의 잠재력을 인정하는 개념이 될 것이다.

쿰스(P. Coombs)는 또한 교육을 "학습이 생성되는 시간, 장소와 방법에 구애됨이 없이 학습과 관련된 모든 활동"[5]이라고 보아 교육의 영역을 넓히고 있다. 이러한 일련의 움직임이 1950년대부터 활발히 전개되고 있는 평생교육(Lifelong Education)의 기초가 된 것이다.

평생교육의 관점에서 본다면, 교육이란 "단순히 학교에 나가고, 시험에 합격하고, 그 결과로 졸업장을 받는" 한정적 의미의 개념보다는 오히려 "삶과 배움(Living and Learning)을 일치시키는" 생애과정으로서의 교육을 중시하는 것이다.

2) 교육의 종류

교육은 학습방법에 따라 다양하게 분류될 수 있다. 그동안 더 다양한 교육의 형태를 하나의 범주로 구분해 보려는 노력이 시도되어 왔다. 그중에 하나로서 쿰스(P. Coombs)는 교육을 (1) 학교교육(Formal Education), (2) 사회교육(Nonformal Education)과 (3) 무형식교육(Informal Education)[6]으로 구분하고 있으며, 미시간주립대학 팀은 이에 우연적 교육 또는 무의도적 교육(Incidental Education/Unintentional Education)[7]을 추가로 구분하고 있다.

(1) 학교교육

이는 계층적으로 구조화되어 있고, 학령에 의해 편제되어 있는 교육제도이다. 즉, 특정한 교육기관에서 일정한 규율하에 교사와 학생 사이에 이루어지는 체계적이고 의도적인 교육을 말한다. 따라서 초등학교로부터 대학에 이르기까지의 각급 학교가 대표적인 기관이다. 우리가 흔히 교육이라고 하면 바로 이 학교교육을 지칭하고, 또한 많은 국가에서 교육예산의 대부분

---

3) Wells, H. G., *The Outline of History*, New York: Garden City Publishing Co., 1929, p.1089.
4) Dewey, John, *op. cit.*, 1963, pp.5-6.
5) Coombs, Philip H., *New Paths to Learning: For Rural Children and Youths*, Conneticut: International Council for Educational Development, 1973, p.9.
6) Coombs, Philip H., *ibid.*, pp.10-11.
7) Kleis Russel J., *Nonformal Education: Definitional Problem*, East Lansing Michigan: Michigan State University, 1973, p.6.

이 학교교육에 투입되고 있는 것도 사실이다.

(2) 사회교육

사회교육의 개념은 아직도 많은 사람에 의해서 다양하게 정의되고 있다. 일반적으로 용인되는 개념은 쿰스(P. Coombs)의 정의이다. 그는 사회교육을 "성인과 아동을 포함하여 특정한 대상을 위하여 선정된 형태의 학습을 학교교육 체계 밖에서 수행하는 모든 조직적이고 의도적인 교육활동"이라고 규정한다.

흔히 사회교육은 개인과 지역사회의 삶의 질뿐만 아니라 직업적 · 취업적 능력을 제고시키는 데 중점을 두고 있다. 따라서 청소년클럽, 청소년단체, 유아원과 취학 전 아동을 위한 놀이터, 청소년을 대상으로 하는 준군사적 훈련(과거 우리나라의 교련활동), 도제식 학습(Apprenticeships), 사내직업훈련과 유아 · 청소년 · 성인 · 여성 · 노인을 위한 각종 계속학습 프로그램이 사회교육의 예에 속한다. 이러한 각종 사회교육 프로그램이 학교나 대학의 주관 또는 시설을 활용할 수 있으나 학교교육활동과는 별개로 간주되는 것이 일반적인 현상이다. 따라서 사회교육활동에 있어서 교육은 목적 그 자체가 아니라 오히려 완전한 삶을 영위하기 위한 평생학습이라는 다른 목적을 지니고 있다.

이상에서 살펴본 학교교육과 사회교육의 가장 이상적인 차이점을 비교해 보면 〈표 2-1〉과 같다.

표 2-1 학교교육과 사회교육의 비교[8)]

학교교육	사회교육
A. 목적	
1. Long-term and General 학교교육은 개인의 모든 미래생활에 대한 기초를 제공하는 것으로 기대되고 있다. 그러므로 (기술적인 분야에서조차도) 그것은 일반적인 성격을 띤다.	1. Short-term and Specific 사회교육은 개인이나 공동체들의 단기적인 학습욕구를 충족시킨다. 그러므로 그것은 특별한 지식에 대한 배움, 기술 그리고 직접적으로 기능적인 행태적 변화를 가져오는 특수한 태도들에 대한 가르침을 강조한다.

8) Simkins, Tim, *Nonformal Education and Development*, Manchester: University of Manchester, 1976, pp.12-15.

학교교육	사회교육
A. 목적	
2. Credential-based 학교교육의 궁극적인 목적은 개인들로 하여금 넓은 사회에서 사회경제적 위치를 점유할 수 있게 하는 자격증 또는 증명서 등을 획득하게 하는 데 있다. 그런 식으로 보상이 나타나는 것이다.	2. Non-credential based 사회교육은 개인 또는 공동체생활 상황 흐름 속에서 즉각적으로 가치화되고 있는 학습을 생산한다. 보상들은 보다 확실하고 환경 등을 통제할 수 있는 능력이나 자각심, 생산성, 물질적 복리의 개선 등의 보상이 따른다고 볼 수도 있다.
B. 기간	
1. Long Cycle 학교교육 과정은 거의 1년 이상 길게는 10년이 넘을 정도로 장기간에 걸쳐 지속된다. 한 단계의 학습은 곧 다음 단계로 이어진다.	1. Short Cycle 사회교육과정은 매우 짧은 시간에 걸쳐 이루어진다고 볼 수 있어서, 길게는 2년이나 대개 그보다 짧은 것이다. 그 기간은 문제에 대한 해답을 얻는 데까지 요구되어지는 시기에 따를 것이다.
2. Preparatory 학교교육은 어린이 중심이고 미래 지향적인데, 미래에 있어서 사회와 경제생활에 대한 기초를 제공한다.	2. Recurrent 사회교육은 어린이, 어른 모두 관련될 수 있으며 개인의 역할과 실생활에서 도출되는 직접적인 학습욕구에 의지하고 있다.
3. Full-time 학교교육은 충분한 시간을 통하여 이루어지고, 따라서 다른 유사한 행위를 특별히 생산적인 노동 등과 병행할 수 없다.	3. Part-time 사회교육은 부분적인 시간을 할애하는 교육이라서 교육활동시간은 학습자의 욕구와 편리함에 따라 다양한 방법으로 정해진다.
C. 내용	
1. Input-centered and Standardized 학교교육에 대한 교육과정의 기초는 정신운동에 대한 강조 또는 정서적 고찰에 제한되는 인지적인 지식의 잘 정의된 묶음이다. 그 내용은 대그룹의 학습자들로 표준화되어 있다.	1. Output-centered and Individualized 사회교육은 업무 또는 기술 중심으로 되어 있고, 학습자에 아주 특별한 변화를 생산하도록 계획되어 있는 것이다. 단위들은 분리되고 다양하며 개인적 관여자들 또는 작은 동종그룹의 세세한 기능적인 학습욕구에 관련되어 있을 수도 있다.
2. Academic 교육과정이 이론에 기초되어 있고 환경과 사회적 행동과는 무관하다.	2. Practical 교육과정은 그 학습이 투입되어 쓰여질 특별한 용도에 의해 정해지고 그 학습자들의 환경과 밀접하게 연관되어 있다.
3. Clientele Determined by Entry Requirements 학습자들은 제공되는 교육수준을 따를 수 있는 그들의 능력 정도에 의해 결정된다(최저 교육수준을 제외한). 읽고 쓸 줄 아는 능력은 필수적이고 보다 낮은 수준이 충분히 완성되면 다음의 높은 단계교육에 참가할 수 있는 자격을 얻게 된다.	3. Entry Requirements Determined by Clientele 사회교육과정은 영향력 있는 학습자들의 취미나 욕구에 따라 정해진다. 문해능력 · 학교교육에서 얻은 자격 등 특별한 특성이 교육 참가조건에 필수적이 못되는 것이다.

<table>
<tr><th>학교교육</th><th>사회교육</th></tr>
<tr><td colspan="2">D. 전달체계</td></tr>
<tr><td>1. Institution-based
학교교육은 그 유일한 목적인 교육이 '학교'라고 불리는 명시적이고 값비싼 기구(제도)를 통하여 이루어진다.</td><td>1. Environment-based
사회교육은 다양한 장소에서 가능한데, 말하자면 교육시설로 특별히 건축되지 않은 작업장소, 가정 등도 활용될 수 있으며, 이러한 것들은 낮은 비용으로도 가능하다.</td></tr>
<tr><td>2. Isolated
학교교육과정은 사회경제적 환경이나 사회적 행동 등이 이루어지는 장소와는 별개이다. 학습자들은 그들이 처한 실제적 시기의 환경과는 멀리 떨어져 있는 것이다.</td><td>2. Community-related
사회교육은 학습자들이 살고 일하는 장소, 또는 그 학습이 기능적으로 연관된 환경과 밀접히 관계된 곳에서 이루어진다.</td></tr>
<tr><td>3. Rigidly Structured
학교교육은 교육 참가자들의 성별, 나이, 학습수행 정도, 시간 등의 특성으로 엄격히 구조화되어 있다. 획일화된 참가조건이 있고, 그것은 곧 하나의 단위들로 등급화되어지며 각각 종속적으로 연결되어 있다. 그 교육단계 사이에는 명백한 상호 연관성이 있다.</td><td>3. Flexibly Structured
사회교육은 다양한 등급 정도 또는 여러 구조 유형을 갖고 있다. 그 구조들 사이에 다양한 연관성이 있을 수도 있는 것이다. 하지만 그 교육과정들은 독립되어 있고 그들 사이에 거의 연관성이 없다.</td></tr>
<tr><td>4. Teacher-centered
학교교육은 특별히 노동지향적 기술을 수용하고 있어서 '배운다'는 것보다 '가르치는 것'에 역점을 둔다. 그리하여 교육전문가로서의 자격 있는 구성원에 의해 그 권위와 통제가 이루어지고 있다.</td><td>4. Learner-centered
사회교육은 다양한 자료와 기술들을 사용한다. '가르침'보다 '배움'에 역점을 두어 (종종 전문교육가가 아닌) 다양한 인물들이 소위 교육자들보다 가르치는 이로써 유용하게 활용되고 있는 것이다.</td></tr>
<tr><td>5. Resource-intensive
학교교육은 비싼 부지, 교직원을 활용하고 학교생활의 고액학비 등으로 운영된다. 그리고 대개 주변 공동체로부터 즉각적으로 그 자원을 끌어들이고 있다.</td><td>5. Resource-saving
사회교육은 지역사회 시설물이나 가능한 인물들을 활용함으로써 얻어지는 자산을 시간제 학습이나 특별히 싼 시설물을 빌리거나 하여 경제적으로 활용한다.</td></tr>
<tr><td colspan="2">E. 통제</td></tr>
<tr><td>1. Externally Controlled
교육과정이나 그 표준척도 등이 외부적으로 결정되고 공적으로 통제되고 있으며, 또는 국가 관료에 의해 감독되어지고 있다.</td><td>1. Self-governing
여러 기관들을 포함하여 그 통제성이 단편화, 비구조화되어 있어서 종종 무통제 상태라 할 수 있다. 교육과정 등은 지역적인 동기·자조·혁신 등에 역점을 두어 실제상의 자치제라 할 수 있다.</td></tr>
<tr><td>2. Hierarchical
내부통제가 무척 구조화되어 있고 교육자들 간 또는 교육자와 학습자 사이의 역할, 규정된 관계들에 그 기초를 두고 있다.</td><td>2. Democratic
학습 참가자들과 지역사회에 의해 실제적인 통제가 이루어지고 있다.</td></tr>
</table>

(3) 무형식교육

이는 지극히 낮은 수준의 조직 · 환경에서 이루어지는 학습을 말한다. 따라서 이러한 학습은 사고되지 않은 상태에서 이루어지고, 또한 크게 의도적인 것이 아니다. 무형식교육은 개인의 태도 · 가치 · 기능과 지식을 습득하는 교육적 영향력이나 자원이 있는 모든 곳(가족, 이웃, 직장, 시장, 도서관, 대중매체 등)에서 이루어지는 평생학습인 것이다.

이러한 무형식교육을 통하여 아동들이 학교에 입학하기 전에 모국어를 습득하고, 딸은 어머니를 돕거나 관찰을 통하여 아기 보는 방법과 요리 기술을 배우게 된다. 또한 아들은 아버지를 통하여 직업적 기능을 습득하며, 아동들과 성인들이 가족과 지역사회의 가치를 깨우치게 되는 것이다.

라벨레(T. Labelle)는 이상의 학교교육, 사회교육과 무형식교육의 관계를 [그림 2-1]로 설명하고 있다. 아래의 그림에서 보는 바와 같이 학교교육 양태의 관점에서는 학교교육의 형식적 특징을 살펴볼 수 있고 학교교육의 개념을 파악할 수 있다.

또한 학교교육이 주는 사회교육적 의미는 과외학습활동에 있고 무형식교육과는 또래집단 과정(Peer Group Process)으로 볼 수 있다. 사회교육 양태에 있어서 학교교육의 의미는 졸업장 또는 자격증으로 나타나고, 무형식교육의 특징은 제도적인 참여로 나타난다.

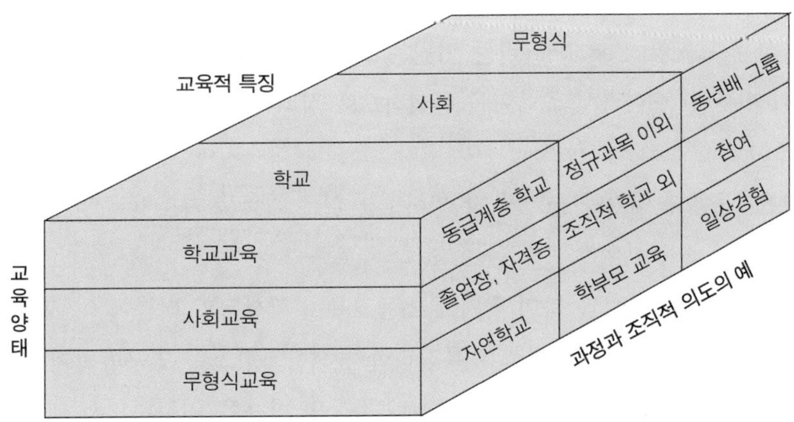

그림 2-1 학교교육 · 사회교육 · 무형식교육의 교육적 관계[9]

9) LaBelle, Thomas J., *Nonformal Education and Social Change in Latin America*, LosAngeles: UCLA Latin American Center Publications, 1976, p.23.

한편 무형식교육 양태에 있어서 학교교육의 특징은 단순사회에서 볼 수 있는 자연학교에서 볼 수 있고, 사회교육의 특징은 가정교육과 같이 부모가 하는 교육으로 나타나며, 무형식교육의 특징은 일상학습이라는 무형식교육의 개념과 같이 한다.

(4) 우연적 교육/무의도적 교육

이는 가르치는 사람과 학습자 모두가 의도성이 없고 뚜렷한 목적성이 없이 이루어지는 학습을 말한다. 일상생활 속에서 관찰을 통하거나, 그 사회의 전통과 윤리양식에 의하여 습득되는 지식과 경험의 총체가 우연적 교육 또는 무의도적 교육의 예에 속한다.

3) 교육학의 성격

교육학(Pedagogy)이란 교육에 응용될 수 있는 어떤 원리나 방법에 대하여 이론적으로 체계화해서 규명 또는 제시해 주는 학문의 한 영역이다. 따라서 교육학은 교육 현상, 즉 교육의 본질, 목적, 방법, 제도, 행정 등에 대하여 과학적이고 학문적 연구를 통하여 이론적으로 체계화 및 집대성한 것을 말한다.

역사적으로 볼 때 교육이 하나의 '학'으로서 성립된 것은 "1779년 할레대학에서 트랍(E. Trapp)에 의해서 교육학 강좌가 창설된 사실을 근거로 하고 있다."[10] 이는 역사에 어떤 연구분야가 '학'으로서 공적으로 승인되는 증명이 '대학에서 강좌를 개설하는 일'이 되기 때문이다. 우리가 사용하는 교육학, Pedagogy라는 어원은 그리스 말의 'Paid('어린이'를 뜻함)'과 'Agogus('지도'를 뜻함)'에서 비롯된다. 따라서 교육학을 문리적으로 정의하면 "아동을 가르치는 예술과 과학(The Art and Science of teaching Children)"[11]이 된다. 학습과 학습자에 대한 교육학의 가정(假定)은 신부가 어린아이들에게 읽기와 쓰기와 같은 비교적 쉬운 기능을 가르치는 것에 관한 관찰에서 출발한다.

18, 19세기에 있어서 유럽과 북미 국가에 초등교육이 확산됨과 더불어 이 모델은 적용되었고 강요되었다. 20세기에 접어들면서 교육심리학자들이 과학적인 연구방법에 착수하였으며, 이들은 교훈적 교습에 관하여 대부분이 아동과 동물의 반응을 연구하면서 교육학의 모델을

10) 한기언, 『교육원리』, 서울: 박영사, 1962, p.2.

11) Knowles, Malcolm S., *Morden Practice of Adult Education*, Chicago: Follett Publishing Company, 1980, p.40.

더욱 발전시키는 데 기여해 왔다. 그러나 교육과 대비되는 개념인 학습에 대한 연구는 상대적으로 발전시키지 못하는 결과를 초래하였다.

2. 교육학과 평생교육학

1) 평생교육학의 성격

1920년대에 성인교육이 체계적으로 조직될 때 성인을 가르치는 선생들은 교육학 모델에서 몇 가지 문제점에 직면하게 되었다. 그중 하나의 문제는 교육학이 지식과 기능의 전수라는 교육목적에 기인한 반면에 성인학습자에게는 이 목적만으로는 불충분하다는 것이다. 따라서 교사들은 교육학이 요구하는 학습방법인 사실중심의 강의, 읽기 숙제, 연습, 암기와 시험 등을 진행할 때 자주 성인학습자들로부터 저항을 느꼈다. 성인학습자는 다른 방법을 원하였고 탈락률은 대단히 높았다.

1929년부터 1948년 사이에 미국성인교육협회가 발간하는 『성인교육지(The Journal of Adult Education)』에 성인학습자를 교육학에서 분리 취급하는 방법에 관한 논문들이 활발히 연구·수록되기 시작하였다. 이는 전통적인 교육목적이 '교육받은 인간' 또는 '지적 인간'을 양성하는 데 있는 반면에 오늘날과 같이 지식 폭발과 기술 혁신의 시대에 있어서는 전수된 지식만을 목적으로 하는 교육은 날로 무용하게 되는 점을 숙고하였기 때문이다. 따라서 교육학자의 연구와 실천의 방향이 점차 '교습'에서 '학습'으로 변화해 가기 시작한 것이다.

평생교육학(협의로 보면 '성인교육학'), 안드라고지(Andragogy)는 "성인의 학습을 도와주는 예술과 과학(The Art and Science of helping Adults Learn)"[12]으로 정의된다. 안드라고지(Andragogy)의 어원을 보면 그리스어의 'Andr(소년이 아닌 사람, 즉 성인을 뜻함)'과 'Agogus(지도를 뜻함)'에서 비롯된다. 따라서 평생교육학의 성격은 학습자가 결국은 자기주도적 학습(Self-directed Learning)을 할 수 있도록 도와주는 데 있는 것이다.

2) 교육학과 평생교육학의 비교

이상에서 언급된 바와 같이 교육학과 사회교육학은 기본적 준거를 달리하고 있다. 사용되는

12) Knowles, Malcolm S., *op. cit.*, 1980, p.43.

기본적인 용어도 다음과 같이 구분된다.

① 교습과 학습: 교육학에서는 가르치는 사람을 위주로 하여 교습(Teaching)이라고 하나, 평생교육학에서는 배우는 사람을 위주로 하여 학습(Learning)이라고 한다.

② 학생과 학습자: 교육학에서는 배우는 사람을 일반적으로 학생(Student, Pupil)이라고 하지만, 평생교육에서는 배우는 사람의 인격을 존중하여 학습자(Learner)라고 부른다. 따라서 평생교육기관의 프로그램에 참가하는 사람을 피교육자, 노인학생, 피연수생 등으로 호칭하는 것은 적절한 것이 못된다.

③ 교사와 조력자: 교육학에서는 가르치는 사람을 일반적으로 교사(Teacher, 선생님, 교수)로 칭하나, 평생교육학에서는 조력자(Facilitator, Helper)로 표현한다. 다시 말하면, 교육학의 영역에서는 교사가 교육과정 · 교육방법 · 평가 등에 있어서 주체가 됨을 의미하나, 평생교육학에서는 학습자가 학습의 제 영역에서 주체가 되며 조력자는 학습자가 자기학습을 할 수 있도록 지도 · 조언해 주는 역할을 담당하는 것을 뜻한다.

타프(A. Tough)는 이상적인 조력자가 지녀야 할 네 가지 특성을 다음과 같이 열거하고 있다.[13)]

① 조력자는 학습자들에게 따뜻한, 돌보아주고 인정하는 심성을 지녀야 한다.

② 조력자는 학습자들의 자기계획 능력을 높이 존중해 주어야 하며, 절대로 이를 침해해서는 안 된다.

③ 조력자는 학습자들과 동등하게 대화에 참여하는 품성을 보여주어야 한다.

④ 조력자는 변화와 새로운 경험에 열린 마음을 지녀야 하며 학습자들을 도와주는 활동을 통해 배운다는 모습을 보여주어야 한다.

한편, 놀스(M. Knowles)는 교육학과 평생교육학의 개념적 준거의 차이점을 〈표 2-2〉와 같이 설명하고 있다.

---

13) Tough, A. M., *The Adults Learning Projects: A Fresh Approach to Theory and Practice in Adult Learning*, Tronto: Ontario Institute for Studies in Education, 1979, p.183.

표 2-2 교육학과 평생교육학의 개념적 비교

구분	교육학(Pedagogy)	평생교육학(Andragogy)
학습자의 개념	학습자의 역할은 종속적인 것이다. 즉, 교사가 무엇을 가르칠 것인가 및 어떻게 가르칠 것인가에 대한 모든 책임을 지게 된다.	학습자의 역할은 종속적인 것으로부터 자기지향적인 것으로의 이동이다. 즉, 교사는 이러한 변화를 유도하고 용기를 주는 책임을 지게 된다.
학습자 경험의 역할	학습자의 경험은 학습의 시작 단계에 유익할 뿐 거의 무용이다. 학습경험은 주로 교수, 교재 저자, 시청각 매체 제작자 및 다른 전문가에 의해서 얻어진다.	학습자의 경험은 자신과 다른 사람을 위한 풍부한 학습자료로 활용된다.
수업준비성	학습자는 학교에서 그들에게 의무적으로 부여되는 학습만을 배울 준비만 하면 충분하다. 대부분의 학습자는 동일 연령층에 해당되며 동일한 것을 배울 준비만 한다. 따라서 학습내용도 모든 사람에게 단계적으로 진행되는 표준화된 교육과정에 의한다.	학습자는 실생활의 업무와 문제를 해결하는 데 필요한 것을 배우려고 한다. 교사는 학습자가 '배우고자 하는 것'을 파악할 수 있도록 도와주는 분위기 조성과 기법을 가르쳐 주어야 한다. 따라서 학습내용도 실생활에서 적용할 수 있는 것으로 구성되어야 하고, 학습자의 수업 준비성 정도에 따라 학습 진도가 편성되어야 한다.
학습지향성	학습자는 교육을 미래생활에 활용될 수 있는 교과 관련 내용을 습득하는 과정으로 본다. 따라서 교육과정도 교과의 논리성에 따라 교과단원을 구성하여야 한다. 학습자의 학습지향성은 교과중심이 된다.	학습자는 교육을 생활에 활용될 수 있는 잠재력을 충분히 배양하며 능력을 발전시키는 과정으로 본다. 따라서 학습경험은 능력 발전을 위주로 구성되어야 한다. 학습자의 학습지향성은 성과중심이 된다.

요약해서 살펴보면 평생교육학은 전통적인 교육학이 학습자의 특성에 관하여 전제하고 있는 것과는 다른 아래 네 가지의 본질적 특성을 지니고 있다.

① 학습자의 자아의식이 종속적 인격으로부터 자아지향적 인간으로 발전한다.

② 학습자는 학습을 위한 풍부한 자원이 되는 경험의 축적을 크게 제고한다.

③ 학습자의 배움에 대한 준비성은 그들의 사회적 역할과 관련된 발전적 과제를 크게 향상시킨다.

④ 학습자가 배운 지식을 즉각적으로 현장에서 적용함으로써 학습에 대한 지향성이 주제중심(Subject-centeredness)에서 성과중심(Performance-centeredness)으로 변화한다.

연구문제

1. 교육의 종류를 열거하고 설명하여 보시오.
2. 학교교육과 사회교육의 차이점을 비교하면서 설명해 보시오.
3. 교육학과 평생교육학의 성격을 정의하여 보시오.
4. 학교교육과 평생교육에서 사용하는 주요 용어의 차이점을 제시하시오.

제3장

평생교육의 필요성

학습목표

1. 평생교육의 필요성을 제기하는 현대사회의 특징을 열거하면서 설명할 수 있다.
2. 쿰스가 제시하는 학교교육의 위기 현상을 제시할 수 있다.
3. 일리치가 주장하는 탈학교론의 내용을 인지하고 해석할 수 있다.
4. 프레이레가 주장하는 은행교육론의 내용을 확인하고 설명할 수 있다.

학습개요

평생교육의 역사는 인류의 역사와 더불어 왔다고 해도 과언이 아니다. 그러나 제2차 세계대전 이후 세계 각국이 경제발전과 산업화에 주력하면서 기존의 학교교육의 한계를 인식하게 되었고, 이에 평생교육의 중요성과 필요성이 다시 대두하게 되었다.

이 장에서는 현대 산업사회에서 평생교육의 중요성을 다시 느끼게 한 현대사회의 특징, 현대교육의 위기와 학교 비판 그리고 평생교육이 학교교육과 더불어 궁극적으로 성취하고자 하는 학습사회의 건설에 대해서 살펴보기로 한다.

1. 현대사회의 특징

현대사회를 '고도산업사회' 또는 '제2의 산업혁명시대'라고 부르면서 지식과 과학기술·문명의 급격한 변화와 발전을 지칭하고 있다. 현대 산업사회의 변화는 변화하지 않는 전통사회나 변화가 더딘 전근대사회 등과는 비교가 안 될 정도로 그 변화의 폭이 넓고 깊으며 속도도 빠르다. 또한 우리는 이 사회를 보다 고도화하려는 노력을 멈추지 않고 있다. 이러한 상황 아래에서는 교육에 많은 요청을 하게 되는 동시에 교육 자체도 형태·내용·방법 등에 있어서 새로운 수요에 대처할 수 있도록 변화하지 않으면 안 되게 되었다. 다시 말하면, 흔히 오늘날을 '교육의 세기'라고 부를 정도로 교육에 대한 관심과 중요성이 날로 부각되고 있는 것이 사실이다. 여기서는 현대사회가 가지는 많은 특성 중에서 교육과 관련된 여러 특징을 살펴보고자 한다.

1) 과학과 기술의 발달

과학·기술의 발달은 현대사회 변화의 핵심 요인이 된다. 과학·기술의 진보는 동시에 다른 분야의 연쇄적인 변화의 주된 원인이 되기도 한다. 이러한 과학적 정보와 산업 기술의 눈부신 발전 및 지식의 기하급수적 증가에 기인하는 현대 산업사회에서 생존하는 우리의 직업세계의 구조적 변화는 한 개인이 최초의 직종에 안주해서 직장생활을 끝마칠 수 없게끔 직업상의 재적응을 강요당하는 시대로 접어들고 있다.

백커(H. Becker)[1]는 최근 프랑스 국민은 평균해서 매 12년마다 개인이 직종 유형을 바꾸게 되어서 모든 개인이 최초의 직종 이후 최소한 두 개의 다른 직종을 갖게끔 직업 변동이 신속하고도 다양해지고 있음을 밝히고 있다.

고오보 다까시(向坊 隆)[2]는 이와 유사한 추정으로 "현재 미국의 노동력의 반은 50년 전에 전혀 알지 못했던 물건의 생산과 판매에 종사하고 있다. 이 추세가 계속된다면 25년 후에는 마찬가지로 노동력의 반이 현재는 알려지지 않고 있는 생산품을 취급하게 될 것이다."라는 전망을 하여 과학과 기술의 발전이 우리에게 주는 변화의 절박감을 여실히 말해주고 있다.

우리에게 더욱 절박한 것은 미래학자 칸(H. Kahn)이 예견하듯이 미래사회에 있어 과학 · 기술의 발달이 더욱 촉진된다는 것이다. 즉, 과학 · 기술의 발달은 동력의 발달, 자동조정 및 제어기술의 발달, 생물과 화학기술의 발달, 정밀한 측정기술의 발달, 통신기술의 발달, 교통운반수단의 발달 등 광범위한 영역을 포함한다. 이러한 과학 · 기술의 발달은 생산의 증가, 산업구조의 변화, 직업구조의 변화, 가공할 무기의 생산으로 인한 파괴력 증대 등의 결과를 초래하는 반면에 인간 수명의 연장, 여가의 증대, 시간과 공간의 단축 등 인간생활의 광범한 분야에 걸쳐 막대한 영향을 끼치게 된다.

이상과 같은 과학 · 기술의 발달에 따른 고도산업사회의 요청에 부응하고 또한 산업사회에서 야기되는 역기능적 측면을 극복하기 위해서 우리가 살고 있는 현 세기는 보다 높은 교육, 보다 많은 학습, 보다 밀도 높은 훈련을 필요로 하게 되는 것이다.

2) 대중매체와 정보화사회

과학과 기술의 발달은 인간생활에 필요한 생산 · 처리 · 전달 등에 비약적인 발전을 가져다준다. 대중매체(Mass Media)가 주축이 되는 이른바 정보화사회(Information Society)는 인간이 주체적으로 정보를 선택하고 처리할 수 있는 능력을 높여주고 있는 반면에 압도적인 정보의 홍수 속에 인간을 던져 넣음으로써 기존의 지식이나 가치와 새로운 정보효과의 가치 사이에서 '자아정체의 위기'를 맛보도록 하고 있다. 인간의 정체성(Self-identity)을 상실할 때 자제심이나 논리적 판단력을 상실하게 되어 범죄 · 자살 · 비행 등에 이르는 수가 많게 된다.

이와 같은 갈등 요인을 해결하기 위해서는 이에 대처하는 태도와 문제해결을 위한 지식이나

1) Becker, Hellmet, *World-wide Adult Education: New Dimension of Culture and Education*, vol. 4, 1971, p.11.
2) 向坊 隆, 『기초공학개설』, 岩波書店, 1968, p.27.

기술을 습득하게 하는 교육이 절실히 요구된다. 현대사회에 있어서 교육은 그 사회의 새로운 구성원들에게 문화적 유산을 전승케 하며, 그들이 속한 사회체제 속에서 말썽 없이 안정된 생활을 영위해 갈 수 있도록 사람들을 평균인화하는 사회화 과정을 시도하는 한편 끊임없는 변화와 도전을 구조적 특성으로 하는 현대사회에 있어서는 동시에 비평균인적 · 비체제 동조적 · 독조적(獨造的) 인간형의 배출을 적극적으로 모색하는 비사회화적 사회화 과정이라는 측면도 함께 고려해야 하는 것이다.

이 두 가지 측면을 겸한 사회화 과정을 돕기 위해 세대 상호 간 커뮤니케이션이 바로 교육이라고 보고, 따라서 흩어진 익명의 이질적 다수를 상대로 교호적인 커뮤니케이션을 행하는 매스미디어는 학교교육 이상으로 중요한 현대적인 교육의 수행자라고 말한 롸이트(C. Wright)의 주장을 음미해 볼 필요가 있다.[3]

3) 인간 소외 문제

사회심리적 위협으로서, 현대사회의 급격한 변동으로 인하여 야기되는 환경적 변화에 적응하는 어려움에서 자신에 대해서나 또는 자기가 속한 세계에 대해서 자신감을 잃게 되고 소외감(Alienation)을 느끼게 되는 것이다.

또한 폭발적으로 증대되는 기술과 도시화의 영향으로 인해 정신적 · 심미적 가치보다 물질적 가치에 큰 비중을 두게 되어 마침내 '정신적 사막'[4]을 이루어 인간 소외의 위험을 낳게 된다. 산업사회의 기술 발달에 따른 직업구조의 변화를 보면 제2차 산업혁명은 생동하는 에너지(Living Energy)를 기계적 에너지로 대체시키는 우(愚)를 범하였다.

프롬(E. Fromm)은 사이버네틱스(Cybernetics)와 오토메이션(Automation)을 합친 사이버네이션(Cybernation)은 중요한 기술적 및 조직상의 문제를 해결하는 목적 달성에 있어서 근로자의 두뇌보다도 훨씬 더 정확하고, 신속한 기능을 작동시키는 기계를 만들 가능성을 높여 나가고 있다고 한다.[5] 이러한 상황 속에서는 인간이 자율적 근로 속에서 찾을 수 있고 진정한 뜻에서 누렸던 자기표현의 자유를 구속당하고, 따라서 인간은 자체의 무력감 · 고독감과 불안감 속에

---

3) Wright, Charles R., *Mass Communication: A Sociological Perspective*, New York: McGraw-Hill, 1959, pp.13-14.
4) 장진호, 『평생교육과 대학』, 서울: 배영출판사, 1983, p.10.
5) Fromm, Erich, *The Revolution of Hope: Toward a Humanized Technology*, New York: Harper & Row, 1968, p.27.

떨면서 자기소외감을 갖게 되는 것이다. 그리하여 고도산업사회에 있어서 인간의 변동성과 무력감은 인간의 기본 특징이 되고 병리적 증세가 된다.

도시화의 증대 현상은 인간의 소외의식을 촉발시키고 심화시키는 또 다른 원천이 된다. 특히 도시에서의 생업 형태와 주거양식 그리고 근본적인 가치의식의 변화는 핵가족화된 가정 생활에서 노인의 소외의식을 가중시켜 노인문제를 형성할 뿐만 아니라 이는 자녀의 양육 방식에 있어서 세대 사이의 단절 현상을 초래하기 때문에 현대인 모두에게 많은 적응상의 어려움을 제기하게 된다.

현대사회에 있어서 이러한 인간 소외 문제를 극복하기 위해서는 모든 개인이 실존(Existence)의 의의와 자기 밖 세계와의 관계를 지음에 있어서 자신을 옳게 재정립해야 하는 일은 중요하고도 심각한 과제로 등장하고 있다.

이러한 자기정립은 격변하는 인생의 과정에 있어서 계속해서 조정되고 재정립해야 하는 것이기 때문에 개인적으로는 계속교육(Continuing Education)의 과제가 되는 것이고 국가적으로는 이를 조성해 주어야 하는 폭넓은 평생교육제도 확립의 과업이 되는 것이다.

4) 여가사회

아리스토텔레스(Aristoteles)는 스파르타가 멸망한 이유를 전쟁이 끝나고 평화가 찾아왔을 때 그 여가를 어떻게 쓸 것인가를 몰랐기 때문이라고 한다.[6] 현대사회에 있어서 산업사회의 구조가 다원성을 증대해 감에 따라 근로와 여가는 시간적으로 구별되고, 생산성의 제고와 더불어 여가시간이 늘어나게 된다. 현대인에게 여가시간이 증대되는 원인을 살펴보면 다음과 같다.[7]

① 산업사회화 과정에서 노동의 생산성이 높아짐에 따르는 여가의 증가
② 평균수명의 연장에 따르는 노인층의 증가
③ 실업수당을 포함한 복지정책의 확충
④ 교육의 보급에 따른 여가 선용 추구 노력의 결과

현대사회에 있어서 중요한 것은 늘어나는 여가시간에 대해 일반적으로 여가는 노동을 위하여 있다는 사상, 즉 노동의 재생산을 위해 필요한 휴식을 여가의 본질로 생각하는 소극적

6) Aristoteles, 『정치학』, 山本 光雄 역, 東京: 岩波書店, 1961, p.348.
7) 김란수 외, 『평생교육론』, 서울: 문음사, 1982, p.30.

여가관(Otium: 라틴어로서 "아무것도 하지 않는다"의 뜻)으로부터 '여가활동' 또는 '여가 행동' 등으로 쓰이는 적극적 여가관(Scole: 그리스어로서 "자기의 교양을 높임"의 뜻)으로의 전환이 요청된다. 다시 말하면, 생존을 위한 필요성으로서 휴식, 스트레스 해소, 자기계발의 순서로 여가의 단계를 구분할 때 현대 산업사회에서 자칫 잃어버리기 쉬운 인간성을 회복하기 위해서는 단순한 휴식이나 스트레스의 해소만으로는 불충분하므로 적극적인 자기계발 활동이 필요한 것이다. 이러한 자기계발 활동을 통한 적극적 여가관은 여가의 교육화를 통하여 가능해진다. 허친스(R. Hutchins)가 "우리는 학습사회가 필요하다. 이에 대한 두 가지의 기본 사실은 자유시간의 비율이 증대해진 것과 변화의 가속화이다. 변화의 가속화는 계속학습을 필요로 하는 것이고 자유시간의 증대는 이를 가능하게 하는 조건이다."[8]라고 하는 것은 이를 잘 대변하고 있다.

이상에서 본 바와 같이 여가 선용의 문제는 단순히 사회적 현상의 문제로 끝나는 것이 아니라 이의 해결을 위한 강한 교육적 도움을 필요로 하고 있다. 이를 위하여 학교교육을 통하여 어린 시절부터 건전한 여가 선용의 교육을 실시하는 것이 선행되어야 하지만 각 개인이 여가 선용의 방안을 창출하고 자료를 개발하여 사회 전체가 보다 바람직한 생산적 여가 선용 대책을 강구하기 위해 평생교육의 적극적인 전개가 필요하다.

5) 인생설계 개념의 변화

지금까지의 산업사회국가들을 보면 교육, 직업 그리고 여가를 분리된 개념으로 취급해 왔었다. 따라서 젊어서는 교육, 중견 연령층은 직업과 일 그리고 노년기에 여가를 즐긴다는 3원적 인생모험, 즉 "직선형의 인생설계(Linear Life Plan)"를 사회적 모델로 삼게 되었다.

그러나 자본주의가 지니고 있는 근본적인 사회문제인 실업(Unemployment)문제는 일할 수 있는 중년층의 취업기회를 보장하기 위하여 젊은이들의 교육기간을 더욱 늘려서 그들을 학교에서 붙들게 하는 한편, 나이든 직장인의 조기 은퇴를 권장하여 일을 할 수 있는 능력 있는 사람들이 일 없이 보내는 기간을 늘리는 결과를 초래하였다. 미국의 경우 1900년에 13년이던 학교교육기간이 오늘날에는 17년 이상으로 늘어난 것을 볼 수 있다.

여기에 젊은이와 은퇴자들은 더욱 일할 수 있는 기회를 요구하는 반면, 근로자들은 여가를 더욱 원하게 되어 그동안의 직선형 인생설계 개념에 대해 불만을 표출하고 개선을 요청하게

8) Hutchins, Robert M., *The Learning Society*, New York: Prager, 1968, p.132.

되었다. 직선형 인생설계 개념의 대안적 개념으로 등장한 것이 "주기형 인생설계(Cyclic Life Plan)"이다. 유럽의 경우, 근로년수에 교육기간을 투입하는 소위 순환교육(Recurrent Education)이 등장하였다. 순환교육과 주기형 인생설계는 교육, 직업 그리고 여가활동이 인생단계별로 구분되는 것이 아니라 인생 전 주기에 걸쳐 계속되는 과정임을 강조하는 것이다.

유럽국가에서 1970년대부터 근로자 유급학습제가 도입되었고, 미국의 경우는 1974년에 극소수이던 유급학습휴가 제공 기업체가 1975년에는 9%로 급증하는 모습을 보였다.[9] 이러한 인생설계 개념의 변화와 이를 위한 지원체제의 구축으로 인하여 40세 근로자의 경우 주간 근로시간을 단축하는 대신 학습과 여가활동을 늘리고, 20세 청년은 전업학생(Full-time Student)보다는 시간제 학생(Part-time Student)·근로자·여가활동자로, 60세 근로자는 완전은퇴보다는 근로시간을 점차 줄여나가는 새로운 인생설계 운용이 점차 보편화될 전망이다. 결국 이는 보다 많은 성인에게 학습자로서 교육기회를 보다 넓게 제공하기 때문에 교육이 중요한 역할을 수행하는 시대를 예고하는 것이다.

2. 현대교육의 위기와 학교 비판

지난 20세기부터 각국은 복지국가의 목표 달성을 위한 외교·무역전쟁과 이를 뒷받침하기 위한 양질의 산업인력(Industrial Manpower) 확보책으로서 교육경쟁을 더욱 강화하기에 이르렀다.

교육과 관련해서 우리는 '교육폭발의 시대'에 살고 있고 또한 '교육위기의 시대'에 살고 있다고 하여도 과언이 아니다. 특히 학교교육을 통한 교육의 양적 확대라는 목표는 달성하고 있지만 많은 새로운 교육문제를 짊어지게 된 것도 사실이다.

각국은 그동안 수많은 학교개혁 작업을 추진하여 왔으며, 현재도 새로운 세기를 대비한 교육개혁 작업을 진행하고 있다. 여기서 각국이 교육개혁 작업을 계속하는 주된 이유는 첫째, 양의 확대에 뒤따르지 못하는 학교교육, 둘째, 획일화·비인간화하는 학교교육, 셋째, 사회의 변화에 따르지 못하는 학교교육으로 볼 수 있다. 이와 같은 학교교육 비판에 대한 수많은 학교교육개혁안 중 가장 영향력 있는 것으로 평생학습론이 등장하고 있다.

9) Cross, K. Patricid, *Adult As Learners*, SanFrancisco: Jossey-Bass Inc. Publishers, 1981, pp.11-12.

1) 학교교육 위기론

학교교육의 위기를 주장하는 학자들의 의견을 대별해 보면 다음의 두 가지로 요약된다.

① 학교교육의 팽창하는 재정문제와 고등교육기관이 모든 국민의 교육적 요구에 봉사하는 새로운 고등교육기관의 체제 문제

② 학교교육이 변화하는 세계에 있어서 정치적 · 경제적 · 사회적 및 기술적인 면에서 대응하는 문제이다.

쿰스(P. Coombs)는 1960년대 말에 학교교육이 직면하고 있는 교육위기의 본질적인 요인을 다음과 같이 지적하고 있다.[10]

① 학생의 홍수(The Student Flood): 그동안 더 많은 교육을 요청하는 시대적 조류는 엄청날 만큼 확산되어 모든 수준의 국민과 마을 구석마다 교육의 장을 열어 왔다. 특히 인구 폭발과 더불어 인간 기대 수준의 향상으로 인하여 각급 학교는 학생 수가 폭발적으로 증대하게 되었다. 따라서 학교 당국은 교육의 질과 능률과 같은 본질적인 요소에 대하여 소홀하게 되고 오히려 늘어나는 학생들을 수용하고 지원하는 일을 처리하는 데에만 급급하게 되었다. 이 문제가 심각한 것은 좀처럼 학생의 증가 추세가 줄어들지 못하고 계속해서 학생 수의 증가 추세가 더욱 커지고 또한 더욱 빨라지게 될 것이기 때문이다.

② 극심한 자원 부족(Acute Resource Scarcities): 폭발적인 학생 수의 증가와 이 추세가 더욱 확대되는 것에 대처하기 위하여 1950년대 초반부터 교육에 투자되는 자원은 막대해져 왔다. 그러나 아직도 교사와 건물의 확충, 시설과 교재의 공급, 장학금과 연구비의 지원 등에 필요한 예산의 뒷받침이 되지 못하고 있다. 그래서 각급 학교의 능력을 제한하고 있는 자원의 궁핍 현상은 교육에 대한 수요를 만족하게 공급하지 못하고 있는 실정이다.

③ 비용 증대(Rising Costs): 크게 압박을 주는 자원의 제한성에 첨가하여 각급 학교는 학생 1인당 실교육비가 지속적으로 증가되기 때문에 더욱 고충을 겪고 있다. 이 외에도 급격한 인플레이션에 따른 물가 상승은 교육 예산과 교원 봉급에 큰 영향을 주고 있으며, 교육이 본질적으로 '노동집약적 산업(Labour-intensive Industry)'에 속한 결과, 단위당 비용을 '자본집약적 산업(Capital-intensive Industry)'과 같이 기술과 경영혁신을 통하여 감소시키

10) Coombs, Philip H., *The World Educational Crisis-A System Analysis*, Paris: International Institute for Educational Planning, 1967, pp.203-205.

지 못하는 속성을 지니고 있다.

④ 산출의 부적절성(Unsuitability of Output): 이상에서 언급한 걱정스러운 여건하에서 각급 교육기관은 그들이 가르치는 것과 그 가르침이 실용화되는 면에 있어서 학생 개인의 성장과 학습의 생산성에 적절한 결과를 생성해 내지 못하고 있다. 한편에서 보면 각급 교육기관의 산출은 국가 발전의 급격한 수정 요구와 변화하는 사회에 있어서 개인의 변화 요구에 적응할 수 없는 구태의연함을 입증해 주고 있다. 다른 면에서도 학생들에게 주는 태도 · 직업 성향 · 지위 양상의 환경에 현대 교육기관의 산출로서는 적절한 활용을 기대할 수 없을 뿐만 아니라 사회변화와 경제발전을 위한 발전과정의 증진에도 크게 기여하지 못하고 있다. 이러한 현대 교육기관의 부적절한 산출은 '교육받은 실업자(Educated Unemployed)'의 문제를 야기시키고 있다.

⑤ 타성과 비효율성(Inertia and Inefficiency): 그동안 각급 교육기관은 주로 '변화 없는 사업(Business-as-Usual)'적 방법을 써왔으며, 이러한 고식적(姑息的) 운영방법이 작동하지 못함은 명확하다. 다시 말하면, 구태의연한 행정체제, 교수요목과 교육과정, 교수 · 학습방법 등 전통적 교육과정에 활용되던 것들이 새로운 상황에 대처하지 못함이 입증되어 왔다. 이러한 변화 없는 사업의 경영은 결국 질의 저하를 초래하기 마련이다. 아울러 사원의 압박을 받는 여건 하에서 효율성이 낮은 학교의 경영방식은 다른 사회체제와의 융화적인 통합과 국민들에게 인기 있는 교육제도의 확립에 문제를 던지고 있다.

이상과 같은 현대 교육의 위기를 극복하기 위하여 쿰스(P. Coombs)는 다음 다섯 가지를 제시하고 있다.

① 교육경영의 현대화(Modernization of Educational Management)
② 교원의 현대화(Modernization of Teachers)
③ 학습과정의 현대화(Modernization of Learning Process)
④ 교육재정의 강화(Strengthening of Educational Finance)
⑤ 평생교육에 큰 강조(Great Emphasis on Lifelong Education)

쿰스는 특히 우리가 학교에 다니면 교육받은 인간으로 인정해 주고, 그렇지 않으면 무지한 인간으로 취급하고 있는 일반적인 교육관을 지적한다. 그러나 어느 나라도 적령기에 있는 학생을 학교가 모두 수용하고 있지 못하고 또한 중도 탈락한 학생과 더 배우고자 하는 성인들에게 계속적인 교육기회를 학교교육기관만으로는 제공할 수 없다고 본다.

아울러 교육이라고 하면 반드시 교사와 칠판이 있는 전형적인 학교의 교실에서만 이루어지는 학습이어야만 하느냐고 반문한다. 따라서 한 나라의 교육 위기를 극복하기 위해서는 학교교육과 평생교육이 균형적으로 발전하는 데 더욱 관심과 노력이 있어야 한다고 주장한다.[11]

2) 탈학교론(脫學校論)

오늘날 주장되고 있는 학교 비판 중 또 하나는 탈학교론(Deschooling Theory)이다. 먼저 '탈학교(Deschool)'라는 말의 탄생을 살펴보면, 일리치(I. Illich)가 어떤 모임에서 청중에게 "학교를 어떻게 생각하느냐?"라고 물었더니 그중 한 사람이 "학교는 사람을 억압한다(Schools screw us)."라고 대답한 것을 그는 "학교는 사람을 학교화한다(Schools school us)."고 잘못 알아들은 데서 비롯된 것이다. 그러나 Deschooling에는 Descrewing, 즉 '억압에서의 해방'의 의미가 있다고 생각해도 좋을 것이다. 따라서 학교의 억압에서 해방된 사회를 탈학교화 사회(Deschooling Society)[12]라 부르며 이와 같은 학교 비판을 하는 사람들을 탈학교론자(Deschoolers)라 칭한다.

(1) 탈학교론자

흔히 탈학교론자하면 반 학교주의자와 같이 사용되는 것으로 인식하여 학교비판론자이면 누구나 탈학교론자와 같이 생각하기 쉬우나 대표적인 탈학교론자는 일리치(I. Illich)와 레이머(E. Reimer) 그리고 이들의 선구자인 굳맨(P. Goodman)이다.

굳맨은 『부조리한 성장(Grow-up Absurd)』(1960)과 『의무교육의 실패(Mis-compulsory Education)』(1962) 등의 저서에서 현대 관리사회에 있어서의 청소년의 문제를 지적하고, 뒤에 탈학교론자가 전개하는 논의점들을 제시하고 있다.

일리치는 1970년 『탈학교화 사회(Deschooling Society)』를 저술하였고, 레이머는 1971년 『학교가 죽는다(School is dead: An Essay on Alternatives in Education)』의 저서를 펴냈다. 탈학교론자들은 현대사회에 있어서의 학교에 대하여 두 가지 측면을 비판한다. 그 하나는 학교가 갖는 기본 성격에 대한 것이며, 다른 하나는 학교가 수행하는 기능에 대한 것이다.

---

11) Coombs, Philip H., *op. cit.*, 1967, pp.209-210.

12) Ivan Illich가 1970년에 저술한 책의 이름.

(2) 학교가 갖는 기본 성격에 대한 비판

① 역사의 산물로서의 학교

일리치(I. Illich)는 현대의 학교를 정의해서 "학교란 특정한 연령의 아동과 교사에 관계하는 것이고, 이수(履修)를 의무화한 교육과정의 모든 수업에 출석할 것을 요구하는 과정"[13]이라고 한다. 또한 레이머(E. Reimer)는 "학년별로 구성된 교육과정을 학습시키기 위하여 교사가 관리하는 교실에 특정한 연령층의 아동을 매일 출석시키는 것을 의무화한 제도"[14]라고 정의한다.

두 사람이 정의하고 있는 현대 학교는 ㉮ 강제적인 교육과정 ㉯ 매일의 출석 ㉰ 특정 연령층 ㉱ 전문가로서의 교사라는 부정적인 성격을 지적하고 있다. 이와 같은 정의는 다소 형식에 치우쳤다는 느낌이 없지 않으나 오늘날 우리들이 접촉하는 학교의 상황이 그렇다는 것이다.

그러나 학교가 처음부터 이렇게 정의된 것이 아님을 밝혀둔다. 교육가치를 제도화한 학교는 오랜 역사의 맥락에서 살펴볼 수 있다. 고대인의 의식의 사제자(司祭者)인 무자(巫者)에게서 우리는 교사의 원형을 볼 수 있으며, 그리스와 로마의 유적지에서 학교의 원형이 되는 많은 시설을 발견할 수 있다.

중세에는 앞서 언급한 대로 대학이 생겼고, 근세에는 일상생활에 필요한 독(讀)·서(書)·산(算)을 가르치는 서민학교에 비슷한 교육시설이 있었음을 알 수 있다. 그러나 오늘날 우리가 다니고 있는 학교, 즉 근대적인 학교제도가 출현한 것은 그렇게 먼 옛날의 일이 아니다. 근대국가의 성립기인 18세기 중반의 유럽, 특히 프러시아에서 설치한 학교제도를 모델로 한 것이다. 즉, 프러시아는 학년별로 편찬된 교육과정을 일제취학(一齊就學)에 의해 이행시키는 근대학교의 원형을 출현시켰다. 근대국가가 성립하기 위해서는 모든 사람이 국가의 구성원이 되는 데 필요한 지식이나 기술을 가르치지 않으면 안 되었다. 이를 실패하면 국가는 통일성을 유지할 수 없으며, 질 높은 노동력을 확보할 수 없어서 산업이나 경제발전에 있어서 타국과의 경쟁에서 이길 수 없기 때문이다.

오늘날의 학교는 결코 절대적인 것이 아니고 근대라는 역사의 소산에 불과하다는 인식이 탈학교론자의 학교 비판에 대한 하나의 배경이다. 리스터(I. Lister)는 "학교는 영구적인 제도가

---

13) Illich, Ivan, *Deschooling Society*, New York: Harper & Row Publishers, 1970, p.25.

14) Reimer, E., *School is Dead: An Essay on Alternatives in Education*, New York: Penguin Education, 1971, p.17.

아니고 실제는 역사상의 특정 기간에 연계를 가진 제도이며, 따라서 장래에는 학교를 둘러싼 조건이 바뀌면 소멸될지도 모른다."[15]라고 주장한다.

② 부당한 공공사업으로서의 학교

사회의 여러 제도를 분류하는 제도적 스펙트럼(Institutional Spectrum)을 그 특성에 의해서 조작적 제도(Manipulative Institution)와 자주이용적 제도(Convivial Institution)로 분류할 수 있다. 조작적 제도에는 군대, 경찰, 교도소, 정신병원, 고아원 등이 속하고, 자주이용적 제도에는 전화, 우편, 지하철, 공원, 공공시장 등이 있다. 이와 같은 분류에서 조작적 제도는 그 서비스를 받는 사람에게 강제적이며 조작적이다. 따라서 제도적인 확대가 진전됨에 따라 본래의 목적과는 반대의 결과를 가져오기도 한다.

한편 자주이용적 제도는 이용자의 자발적인 의사소통이나 협력을 증진하기 위한 협력망(Net-work)으로서 조작적 이용과 같이 강제적인 것이 아니다. 예를 들면, 고속도로 건설은 공공사업으로서 추진되고 있으나 설계에 있어서 고속도로의 이용은 차의 소유자에게만 한정되어 있다. 즉, 고속도로는 자동차 산업의 생산 확대를 위해서 건설되는지도 모른다. 그럼에도 이에 소요되는 비용은 공비(公費)의 부담으로 이루어지고 있다. 이러한 것을 일리치는 '부당한 공공사업(False Public Utility)'[16]이라고 한다.

일리치는 부당한 공공사업의 대표적인 예로 학교를 들고 있다. 학교도 고속도로와 같이 얼핏 보기에는 모든 사람에게 평등하게 열려 있는 인상을 주지만, 실제는 학교에 재학하고 있는 사람에 대해서만 열려 있는 것이다. 지극히 제약적이다. 또한 학교는 현대사회가 요구하는 능력을 몸에 붙이는 데 필요불가결한 것을 가르쳐준다. 극히 조작적인 것이다. 학교는 사람의 자연적 경향인 성장과 학습의 요구를 교사에 의한 지도 요구와 뒤바꿔 버린다.

고속도로는 그것을 사용할 때만 통행료, 휘발유 등 필요한 비용을 부담시킨다. 그러나 학교는 그렇지 않다. 즉, 법률은 누구에게도 차의 운전을 강요하지 않으나 모든 사람에게 학교에 다니도록 의무화하고 있다.[17]

---

15) Lister, I., *Deschooling: A Reader*, London: Cambridge University Press, 1974, p.3.
16) Illich, Ivan, *op. cit.*, 1970, p.53.
17) Illich, Ivan, *ibid.*, p.55-64.

(3) 현대 학교가 수행하는 기능에 대한 비판

① 내용과 과정을 혼동시키는 학교교육

일리치(I. Illich)는 학교가 현대사회의 여러 가지 위기, 즉 인간의 정신적 무기력, 빈부의 차, 그칠 줄 모르는 소비에 의한 자원의 고갈과 오염 등의 원흉이 되고 있다고 한다.[18]

학교교육이 지니는 최대의 해악은 능력, 즉 학력이라는 내용과 과정을 학생들이 혼동하게끔 한다. 다시 말하면, 학교교육은 학교에 다니는 것에 가치를 인정하고 그것과 능력이 있다는 것과 동일시하도록 가르친다.

배움이란 교사의 가르침을 받는 것이며, 교육을 받았다는 것은 학력이 있다는 것이며, 또한 능력이 있다는 것은 보다 더 상급학교의 졸업장을 취득하는 것에 있다고 하는 생각은 학교교육이 그렇게 생각하고 있기 때문이다. 이와 같은 내용과 과정의 혼동은 비단 학교교육뿐만 아니라 '가치의 제도화(Institutionalization of Values)'[19]를 의도하는 현대사회의 제 제도(諸 制度)에 공통되는 데가 있으며, 사람들은 이러한 제도들에 의해서 제공되는 서비스를 가치있는 것으로 믿어 버리도록 교육시키고 있다. 예를 들면, 건강에 주의한다는 것은 병원의 진찰을 받는 것이며, 지역사회의 생활개선이란 사회사입을 시작하는 것이고, 안전한 생활이란 경찰제도를 완비하는 것이며, 국가의 안전이란 군비를 확충하는 것이라고 믿게 되었다.

따라서 교육 · 건강 · 안전 등에 문제가 생기면 그것은 이러한 제도들이나 기관들의 서비스가 불충분하기 때문이며, 그래서 취해야 할 조지는 그러한 기관에 다액의 투자를 하여 서비스의 양을 확대하면 된다는 것이다.

그러나 이상과 같은 조치는 문제를 본질적으로 해결하는 것이 되지 못한다. 제도가 제공하는 서비스에의 의존은 사람들의 사고력 거세와 무기력 상태에 빠뜨리는 우(愚)를 범하게 된다. 또한 그칠 줄 모르는 욕구와 소비에의 동경은 자원 고갈과 환경 오염을 필연적으로 가져오게 된다. 그러나 학교교육은 이와 같은 현대사회의 구조적 모순에 학생을 적응시키는 데 실패하고 있다.

② 학교교육의 숨겨진 교육과정

학교는 빈곤계층이나 교육기회를 상실한 사람들을 구해내지 못할 뿐 아니라 학교제도에 의존하는 많은 사람에게 결정적인 해악을 미친다. 이는 학교라는 제도가 지니는 숨겨진 교육

---

18) Illich, Ivan, *ibid.*, p.7.

19) Illich, Ivan, *ibid.*, p.55.

과정(Hidden Curriculum) 때문이다. 이 숨겨진 교육과정은 보통 말하는 학교의 정규교육과정과는 달리 학생들이 학교교육을 받는 과정에서 언제인지 모르게 몸에 배어가는 것으로서 일리치(I. Illich)는 다음과 같이 설명한다.

일정한 연령에 달한 아이들을 한 교실에 모아 놓고 자격을 가진 교사의 권위 하에서 연간 500~1,000시간 정도의 교육을 하는 것이 학교의 보편적인 구조이다. 이는 학교가 의도적으로 가르치는 내용과는 아무 관계가 없으며, 오히려 학교 자체가 갖는 보편적인 구조 그 자체의 교육작용인 것이다. 즉, 학생은 학교교육을 받음으로써 가치있는 교육이란 학교에서 학년별로 준비된 교육과정을 차례로 소비해 감으로써 가능하게 된다는 것을 습득하게 된다. 또한 현실에 사는 세계 그 자체에의 학습보다 학교에서의 세계에 대한 학습이 더 가치 있으며, 그와 같은 교육을 얼마만큼 소비하였는가에 따라 사회에 있어서의 성공이 좌우된다는 것을 가르치고 있다.[20]

이 학교의 숨겨진 교육과정이 학생들에게 심어주는 것 중에서 가장 중요한 것은 학교에 출석하는 것이 이득이며, 학교교육은 받으면 받을수록 좋다는 신념이다.

결국 우리들은 학교교육을 받음으로써 가치있는 학습은 출석의 결과에 의한 것이며, 학습한 것의 가치는 받은 교육(Input)의 양으로 결정되며, 그 종국적 가치는 도달된 학년과 졸업장(Output)에 의해서 측정되며 증명되는 것임을 배우는 것이다.[21] 이렇게 해서 학교에 의존하는 사회에서의 인간의 행복은 학교교육의 소비량, 즉 그 소비지수(消費指數)로 측정하게 되는 것이다.

또한 학교는 숨겨진 교육과정에 의해서 학생들의 학습은 교사의 교육에 의해서 비로소 가능하게 된다는 것을 가르쳐 간다. 따라서 학생들은 세계로부터 직접 받는 인상이나 깨우침보다도 세계에 대한 교사의 설명 쪽을 더욱 가치있는 것으로 믿게 된다. 그러나 실제로 우리들은 학교 이외의 장(場)에서 많은 것을 학습하며 필요한 지식이나 기능을 습득하고 있다. 모국어 학습과 외국어 습득이 그 좋은 예가 될 것이다.

학교가 지닌 숨겨진 교육과정, 즉 학교의 규칙, 바른 출석, 학년별로 표준화된 교육과정의 소비, 자격을 갖춘 교사의 지도에만 의존하는 학습으로부터 아이들은 이상에서 본 것처럼 많은 폐해를 받고 있다. 일리치(I. Illich)와 레이머(E. Reimer) 등의 탈학교론자가 비판하는 학교화 사회의 문제점이 여기에 있는 것이다.

---

20) Gartner, Alan(ed.), *After Deschooling, What?*, New York: Harper & Row Publishers, 1972, p.8.
21) Illich, Ivan, *op. cit.*, 1970, p.39.

(4) 일리치의 제언

일리치(I. Illich)는 이상에서 살펴본 바처럼 학교와 같은 억압적인 제도를 해체하고 개인의 요구와 동기를 존중하는 새로운 제도적 협력망의 구축을 위한 다음의 네 가지를 피력하고 있다.

① 교육목적에 부합되는 자료 제공(Reference Services to Educational Objects): 학교교육을 위해 사용되는 자료나 과정을 학습자의 목적에 맞도록 제공해 주는 것이다. 이러한 것은 단순히 학교 내에서만 찾을 것이 아니라 공공도서관, 실험실, 박물관, 극장 등에서 구할 수 있도록 하여야 하며, 또한 일상생활 속에서도 공장, 공항, 농장 등에서도 찾을 수 있도록 배려해야 한다. 특수한 기술을 가진 자가 다른 사람을 가르치고자 할 때는 단순히 광고를 하고, 배우고자 하는 사람이 이에 응하면 바로 이것이 산 교육과 교육의 장이 되는 것이다. 학습효과는 실제 습득능력에 의해 측정된다.

② 기능 교환(Skill Exchanges): 사람들이 보유하고 있는 각자의 기능을 발굴하고, 이들의 기능을 배우고자 하는 다른 사람들에게 기꺼이 전수할 수 있는 여건 조성과 이들을 접촉할 수 있는 장소를 알려주어야 한다.

③ 또래집단의 결합(Peer Matching): 동일한 배경, 연령과 관심을 갖는 사람끼리 쉽게 접촉하여 학습할 수 있는 학습망(Educational Webs)을 구축해야 한다. 인터넷이나 인터넷 관련 전자매체는 학습망을 위한 훌륭한 도구로 활용할 수 있다.

④ 전문적 교육자(Professional Educators): 전문적 교육자의 역할은 학습과정에 있어서 조력적(Facilitative)이고 관리적(Managerial)인 것으로 변모되어야 한다.[22]

3) 은행교육론(銀行敎育論)

교사와 학생의 관계를 주의 깊게 분석해 보면 어떤 단계에 있어서나 학교 안이나 밖에서나 기본적으로 훈화적(訓話的) 특성을 나타낸다. 이 관계는 이야기의 주체(The Teacher)와 인내심 있게 듣는 객체(The Student)인 것이다. 그 내용도 가치에 관한 것이나 현실의 경험적 차원의 것도 훈화적 과정이기 때문에 생동감이 없게 되고 돌처럼 굳어지게 된다. 따라서 교육은 훈화적 질병으로부터 고통을 받게 된다. 이러한 과정에서 교사는 원활한 의사소통을 장려하기보다

---

22) Illich, Ivan, *op. cit.*, 1970, p.42.

는 의사소통의 권한을 독점하는 대신 학생은 꾹 참고 이를 수용하고, 기억하고 반복하게 된다.

프레이레(P. Freire)는 이러한 현상을 은행교육론(Banking Concept of Educatlon)[23]이라 칭하면서 교육은 저축활동의 하나가 되어 간다고 지적한다. 지식의 전수과정에서 교사는 예금주(The Depositor)가 되고 학생은 수탁자(The Depositories)가 된다고 한다. 이는 교육과 지식의 전수를 질문과 변화의 과정이라는 것을 부정하게 된다.

프레이레는 학교교육 현장에서 이루어지고 있는 억압적인 은행교육식의 태도와 실제를 다음과 같이 지적하고 있다.

① 교사는 가르치고, 학생은 그 가르침을 받는다.

② 교사는 모든 것을 알고, 학생은 아무것도 모른다.

③ 교사는 생각하고, 학생은 그 생각만을 수용한다.

④ 교사는 말하고, 학생은 단순히 듣기만 한다.

⑤ 교사는 선택하고, 학생은 이에 응한다.

⑥ 교사는 행동하고, 학생은 그 행동의 그림자를 수용한다.

⑦ 교사는 교육내용을 선택하고, 학생은 이를 용인한다.

⑧ 교사는 직업적 권위와 지식의 권위를 혼동하고, 학생은 이러한 자유에서 소외된다.

⑨ 따라서 교사는 학습과정의 주인이 되고, 학생은 손님에 불과하게 된다.[24]

이상과 같은 은행식 교육은 교사와 학생의 관계를 수직적인 관계(Vertical Relationship)로 유지시켜 이 둘을 양극화시키고, 학생들의 창의력을 저하시키며, 직접 · 간접으로 사람들에게 그들의 처지를 숙명론적으로 받아들이게 하며, 사람들의 관심을 무디게 하는 등의 폐해를 가져다준다.

이러한 은행식 교육을 탈피하는 해방교육(Liberating Education)을 실시하기 위하여 프레이레는 '문제표출교육(Problem Posing Education)'[25]을 주장하고 있다. 이 문제표출교육의 한 방법으로 그는 대화교육(Dialogue Education)을 들면서 이를 통하여 교사와 학생의 관계가 수평적 관계(Horizontal Relationship)로 변모될 수 있다고 믿는다.

여기서 간과해서 안 될 것은 프레이레는 은행식 교육의 대표적인 예로 학교교육을 들고

---

23) Freire, Paulo, *Pedagogy of the Oppressed,* New York: The Seabury Press, 1970, p.58.

24) Freire, Paulo, *op. cit.*, 1970, p.59.

25) Collins, Denis E., *Paulo Freire: His Life, Works & Thought*, New York: Paulist Press, 1977, p.77.

있지만 아직도 많은 평생교육기관 특히 성인학습기관이 그가 지적하는 교육적 태도와 실제를 행한다 함은 극히 우려되는 일이 아닐 수 없다.

많은 나라에서 아직 평생교육학에 관한 깊은 연구와 실천이 미흡한 상태이어서 상당수의 평생교육기관이 은행식 교육방법을 활용하고 있는 실정이므로 이에 대한 본질적인 비판과 관심 그리고 연구가 수행되어야 할 것이다.

연구문제

1. 과학기술의 발전과 평생교육의 필요성과 관계를 설명하시오.
2. 대중매체와 정보화사회가 평생교육에 미치는 영향을 제시하시오.
3. 인생설계 개념의 변화가 주는 평생학습의 필요성을 진술하시오.
4. 쿰스의 학교교육 위기론에 대한 내용을 열거해 보시오.
5. 일리치의 탈학교론에 대한 내용을 설명해 보시오.
6. 프레이레의 은행교육론에 대한 의미를 진술해 보시오.

제4장

평생교육의 역사적 전개

1. 평생교육의 역사적 전개에서 토속적 교육의 의미를 확인할 수 있다.
2. 주요 선진국의 평생교육 발전사를 학습하고 우리에게 주는 교훈을 설명할 수 있다.
3. 유네스코와 OECD의 국제기구 평생교육 추진 내용을 제시할 수 있다.

학습개요

모든 인간은 태어나면서부터 무엇인가 배우면서 읽히는 것이 다른 동물과 차이가 난다. 인류의 역사를 볼 때 우리 인간은 어떠한 교육적 상황에서 배우기를 시작하였는지 알아볼 필요가 있다. 따라서 이 장에서는 평생교육의 기원을 밝히고, 평생교육이 역사적으로 전개되어 온 외국과 우리나라의 과정을 살펴보기로 한다.

1. 평생교육의 기원

1) 토속적 교육

교육의 기능은 개인적으로는 인격의 완성이나 자아실현으로 볼 수 있고, 사회적으로는 그 사회의 존속 유지와 발전에 있다고 하겠다. 어느 사회나 그 사회가 소멸되지 않고 계속 유지되고 발전하고 있다는 사실은 그 사회에 어떤 형태로든 교육작용이 끊임없이 존재하고 있다는 것을 의미한다.

원시사회나 학교교육이 널리 보급되지 않은 오늘날의 일부 저개발사회에서도 청소년이 가정이나 사회에서 부모나 지역사회 성인들에 의해서 일상생활에서의 모방과 시행착오를 통하여 그들의 사회적 역할을 습득하고 훈련하는 과정은 그대로 교육의 과정이며, 이와 같은 의미의 교육은 오늘날 어느 사회에서나 볼 수 있는 현상이다.

한 개인이 일생을 통하여 그 사회에서 필요로 하는 언어, 사고, 감정, 가치관, 신념, 태도, 역할, 행동양식을 의도적이든 우연적이든 학습하여 건전한 사회생활을 할 수 있는 사회인으로서의 자질을 갖추어 가는 사회화 과정은 교육의 과정으로 볼 수 있다. 즉, 어느 사회나 그 사회의 사회적 · 문화적 전통이나 직업적 기능과 기술을 한 세대로부터 다른 세대로 전승하고 발전시키는 것이다.

빌리모리아(R. Billimoria)는 이와 같이 학교교육 이전부터 시작하여 전승 · 발전되어 오는 형태의 교육을 "토속적 교육(Indigenous Patterns of Fducation)"이라 칭하며, 이를 교육의 과정으로 보면서 평생교육의 기원 중 하나로서 제시하고 있다.[1]

1) Billimoria, Roshan R., *Indigenous Patterns of Education, Nonformal Education in a World Context*, Amherst,

토속적 교육의 대표적인 예로서는 이슬람교의 코란학교, 불교의 불경학교(Buddhist Wat School)와 콥트학교(Coptic Schools) 같은 종교교육기관 등과 공예가, 예술가와 무역상들의 도제식 교육(Apprenticeship) 및 청소년과 성인을 대상으로 하는 정치적·사회적 및 교양적 교육 프로그램 등을 들 수 있다.

우리나라에 있어서도 다른 원시사회의 어느 부족과 같이 성년식(成年式)으로서 일정한 연령에 도달한 소년 또는 소녀에게 그 사회의 일원으로서 필요한 규범, 가치, 부족의 역사, 생활에 필요한 기술과 지식 등을 가르치고 성인이 됨을 축하하기 위해 행해지던 의식이 있었던 것으로 보고 있다.[2]

고조선(古朝鮮) 사회의 질서를 유지하고 민중을 교화하는 법률로 8조금법이 있었다. 그중 3개 조만이 전해지고 있는데 ① 사람을 죽인 자는 당장 사형에 처하며 ② 사람을 상해한 자에 대해서는 곡물로 변상케 하며 ③ 남의 물건을 훔친 자는 그 주인집의 노비로 삼는다는 것이다. 이는 생활의 규범으로서 생활 현장에서 구성원 상호 간의 상호작용을 통해서 학습이 이루어졌다는 점에서 평생교육적 의미를 부여할 수 있다.

삼국시대에 들어서서는 유학(儒學)의 도입, 이두(吏讀)문자의 표기법 등장, 불교의 전래와 불경교육을 실시할 수 있는 사찰의 건립, 청소년의 호연지기를 배양하기 위한 화랑도의 창설과 이의 규범인 세속오계(① 사친이효 ② 교우이신 ③ 임전무퇴 ④ 사군이충 ⑤ 살생유택)는 삼국시대에 있어서 비공식적이고 비제도적이긴 하나 의도적이고 계획적인 학교의 학습, 즉 사회교육으로서의 뚜렷한 성격을 나타내고 있다.

고려시대에는 국자감, 학당과 향교와 같은 학교교육기관[官學] 못지않게 무수한 학자가 사숙을 개설하여 귀족의 자제들을 교육한 소위 12도가 있었다. 이는 국자감의 유학부에 준하는 성인학습기관으로서 설·폐가 자유로웠으나 일시적인 것이 아니었다는 점에서 사립대학적인 구실과 더불어 평생교육기관의 성격이 강했다고 보고 있다.[3] 불교는 이 시기에 치국(治國)의 도로써 융성하게 되었고, 금속활자와 같은 인쇄술 발달과 불교 예술품의 발전은 도제식(徒弟式) 교육을 통하여 오늘날까지 전수되고 있는 토속적 교육의 대표적인 예에 속한다.

조선시대에는 훈민정음의 창제로 시가(詩歌)와 한글소설 등에 의한 서민문학이 발달되었고,

Mass: Center for Int'l Education, University of Massachusetts, 1973, p.13.

2) 한기언, 『한국교육사』, 서울: 박영사, 1971, p.10.

3) 한국정신문화연구원, 『평생교육의 체제와 사회교육의 실태』, 경기: 보진제, 1982, p.49.

이러한 작품들은 제도 면에서나 실제 면에서 일반 대중에게 교육의 기회가 폐쇄되었던 당시에 비형식적 · 자원적 · 상호교환적 평생교육의 계기를 형성하여 문화생활의 기회를 확대해 주고 국민의 수준 향상과 의식구조 계몽에 커다란 평생교육의 역할을 수행하였다.[4]

또한 당시 순수한 촌락 교육기관으로서 서당은 도처에 설립되어 백성들의 초등교육을 담당하였다. 이는 교육기회의 보편성, 입 · 퇴학의 자유, 설립과 통제의 자율성, 정원의 융통성, 교사 자격제한의 비엄격성, 학습기간의 유연성, 설립 장소가 동네라는 데서 평생교육의 결정적인 역할을 수행하는 가정학습과 지역사회와의 상호작용의 유지, 경우에 따라서는 초등 · 중등 · 고등교육까지도 포함하는 프로그램의 광범성과 통합성, 생업에 종사하면서도 학습할 수 있는 직업과 교육의 연계성 등의 특성을 살리면서 운영되어 대표적인 평생교육기관으로 분류할 수 있다.

이러한 토속적 교육기관이 오늘날에 와서 경시되는 경향은 서구지향적인 교육가와 훈련 전문가들이 현대식 교육개념에 적합하지 못하고 새로운 교육 모델과 경쟁관계에 서는 것을 원치 않기 때문이다. 많은 인류학자와 사회학자가 토속적 교육에 관심을 갖고 연구해 왔지만 교육정책에 크게 반영되지 못한 것도 이러한 사고 때문이다.

그러나 에반스(D. Evans)는 토속적 교육의 역사적 전승 역할이 오늘날의 평생교육이 재활성화하는 데 크게 기여해 왔으며, 특히 신생국가에서 국가적 정체감을 확립하거나 특수한 문화적 뿌리를 전승하는 교육적 과정으로서 큰 의의가 있다고 주장한다.[5] 토속적 교육은 앞으로도 특수한 교육적 요구를 충족시키는 데에도 유용할 뿐만 아니라 전통적 기능과 기술은 현대적 기술의 발전에 기초가 됨을 우리 모두가 인식하여 이 분야에 계속적인 관심과 정책적 배려가 있어야 할 것이다. 쿰스(P. Coombs)는 그가 부원장으로 재직하고 있는 「국제교육개발원(ICED: International Council for Educational Development)」의 주요 연구 및 훈련사업으로서 이 토속적 교육을 강화하겠다는 뜻을 밝히고 있다.[6]

---

4) 중앙교육연구소, 『한국의 사회교육조사연구』 제43집, 서울: 박영사, 1966, pp.20-21.

5) Evans, David R., *The Planning of Nonformal Education*, Paris: International Institute for Educational Planning, 1981, p.19.

6) Coomb, Philip H., *New Paths to Learning for Rural Children and Youths*, New York: International Council for Educational Development, 1973, p.43.

2) 수입모델 교육

수입모델 교육(Imported Models)은 국제적 명단과 서류에서 찾아볼 수 있다.[7] 이들 중 대부분은 종전의 식민통치국가에 의해서나, 대도시 환경에서 교육받은 지방 사람이나, 국가 상호간 및 국제연합의 기술 원조에 의해서 소개되었다.

수입모델 평생교육의 예로서는 청소년클럽과 문화진흥원, 직업훈련원, 농민클럽, 보이스카우트와 걸스카우트 같은 청소년단체, YMCA와 YWCA운동, 야영장, 흔히 적십자사로부터 지원을 받는 보건소 등이다.

수입모델 평생교육의 활동 양상은 나라마다 크게 다른 각도에서 전개되고 있다. 즉, 종전의 프랑스, 영국과 미국의 식민지에서 청소년과 성인을 대상으로 하는 프로그램은 그 교육목적과 영역에서 큰 차이점을 나타내고 있다. 프랑스 식민지에서는 주요 프로그램과 사업들이 중앙집권적이고 정부 기관의 직접 관장하에서 실시되고 있는 반면에 영국 식민지의 경우는 국제적 민간기구나 종교단체가 일반적으로 평생교육의 큰 역할을 담당해 왔다. 필리핀 등 미국 식민지의 경우와 미국의 기술 원조를 받아 온 다른 나라에서는 농촌지원기구와의 협조 아래 4-H 클럽과 소녀와 부인을 대상으로 하는 가정경제교육 프로그램이 대종을 이루고 있다.

우리나라의 경우 일제 식민지하에서 도입된 학원은 광무 6년(1906년) 대한제국 고종 황제 칙령으로 공포된 '조선학회령'에 근거하며, 이는 당시 항일독립운동을 깨우치고 민중의 계몽을 구국운동의 주요 목표로 삼아 활약했던 독립협회, 대한자강회, 신민회, 대한청년연합회, 서북학회, 서우학회 등 평생교육단체들을 억압하기 위하여 일제의 강요에 의하여 신설되었으며, 한일합방 후 초대 총독으로 부임한 데라우찌(寺內)는 이 칙령을 근거로 삼아 '사설강습소에 관한 건'이라는 총독부령을 공포해서[8] 이루어진 것이다.

일반적으로 수입모델 교육은 실질적인 지역주민의 요구나 기회의 제공에 노력해 왔다고 볼 수 있다. 그러나 때로는 지역사회의 사회적 · 문화적 전통과 풍토에 적응하지 못한 경우도 나타났으나, 결국은 지역사회에 맞도록 수정되거나 보완되어 오늘날까지 굳건한 바탕 위에 활동하고 있는 것이 대부분이다. 이들 중 상당수는 국제 자원기구와 국제연합과 연계되어 범세계사회 속의 구성원이라는 분위기를 조성하는 한편, 의사소통 협력망 구축과 인적 자원의

---

7) Coombs, Philip H., *op. cit.*, 1973, p.43.
8) 한국학원총연합회, 『학원교육과 사회교육』, 서울: 고려서적주식회사, 1982, p.207.

교류를 통하여 상호 이해 증진에 크게 기여하고 있다.

3) 최근 자생교육

최근 자생교육(Recently Homegrown Innovations)은 지역적 요구와 문제를 창의적 반응으로 대처하고 있을 뿐만 아니라 교육적 요구에 대하여 지역별로 실정에 맞도록 설계하고 실용적인 해결방안을 모색함으로써 보다 폭넓은 운동을 전개하고 있다. 이러한 자생교육은 주로 국수적 정신과 반식민운동의 일환으로 시작되어 지역사회는 지역주민에 의하여 통치된다는 현대 민주주의 개념 위에 더욱 확충되고 있다. 이들 중에 약간은 외부의 기술과 재정 지원을 받아오고 있거나 국제적인 견해와 지식의 교환에 의해서 영향을 받고 있다.

이의 예로서는 케냐의 사회교육 프로그램의 발전과 조정(Development and Coordination of Nonformal Education Programs), 말라국의 가난한 나라에서의 교육적 선택(Educational Options in a Poor Country), 태국의 기능문해에 대한 혁신적 접근(An Innovative Approach to Functional Literacy)과 학교 외 청소년을 위한 직업훈련(Skill Training for Out-of-School Youth), 콜롬비아의 농촌사회교육체제를 위한 다목적 및 다매체(A Multipurpose and Multimedia for Nonformal Rural Educational System), 브라질의 특정 주에 적응하는 국가적 프로그램(Adapting National Programs to a Particular State) 등이 있다.[9]

우리나라의 경우는 재건국민운동, 온마을운동, 새마을교육, 한국청소년연맹과 한국해양소년단연맹 등 청소년단체, 전국주부교실중앙회, 대한여학사협회 등 여성단체, 한국성인교육회와 대한노인회 등 노인단체, 학교 외 청소년을 위한 직업훈련원과 군대의 각종 기술학교, 대안적 고등교육제도로 발전하고 있는 학점은행제와 독학학위제도 등이 이 범주에 속하는 것들이다.

2. 외국의 평생교육 발전과정

이 장에서는 앞의 평생교육 기원(起源)에서 살펴본 내용 중 주요 외국에서 발전되어 온 근대적 의미의 평생교육 생성과정을 살펴보고자 한다.

9) Coombs, Philip, H., *op. cit.*, 1973, pp.46-53.

1) 미국의 평생교육

미국의 평생교육은 매사추세츠법(The Massachusetts Law, 1642)에서 제도화된 평생교육을 찾아볼 수 있다. 이 법에서 성인의 기초교육을 위한 지역사회의 책임을 강조하였다.

1727년에 벤자민 프랭클린(B. Franklin)이 토론집단(Junto)을 필라델피아에 창설하여 미국생활의 시사성 있는 주요 문제들을 정기집회에서 토론했으며, 이후 1820년 뉴욕 머칸타일 라이브랑(Mercantile Librarng)이 최초의 도서관 창설, 1824년 미국중등학교조합(The American Secondary School Union)의 결성, 1826년 홀브루크(J. Holbrook)에 의한 라이세움(Lyceum)의 창시 등을 들 수 있다.

라이세움은 오늘날의 공개세미나 형식의 토론과 학습을 위한 문화원으로서 ① 공립학교 제도의 추진 ② 도서관과 박물관의 조직 ③ 성인을 위한 강좌와 토론회 개최 등의 기본 원리를 가지고 중산층을 위한 교육기회를 제공하다가 1830년 말에 소멸되었으나 교육사적 의의는 크다 하겠다.

1851년 YMCA 창설, 1855년 YWCA 창설, 1872년 호우사(Hoe and Company)가 뉴욕에 있는 성인 공장 종업원을 위한 최초의 공업학교 창설, 그 후 영향력이 컸던 종교적 성인교육운동인 쇼토쿠아(Chautauqua) 운동이 1874년 뉴욕주에서 레이니(W. Rainey)에 의해 주도되었다. 이 운동은 주일학교 교사를 위해 하계학교를 설치하고 문학, 역사, 과학 등을 그 교육내용으로 하였는데, 이 운동에서 탄생된 문학 · 과학서클은 가정학습의 전국적 조직을 형성하여 지방 독서서클과 연결되었고, 이는 성인교육의 새로운 형태인 통신강좌의 선구를 이루었다.

1913년에는 기업체학교협회(National Association of Corporation Schools)가 창설되었고, 1915년 결성된 '전국대학확장 협회'는 체계적 대학확장사업을 전국에 확산시키는데 크게 기여하였다. 1917년 스미스법(Smith Hugh Act)에 의한 성인의 직업교육제도가 발달하였다. 1944년에는 군적용법(The Serviceman's Readjustment Act: G.1. Bill)이 통과되어 군에서 제대한 군인들에게 대학교육과 직업교육의 기회를 제공하게 되었다. 1951년 성인교육협회(Adult Education Association)의 창설로, 1956년 학교 중심 성인교육협회(National Association for Public School Adult Education)가 성인교육협회 산하기구로 발족되었다. 그 후 NAPCAE(National Association for Public Continuing and Adult Education)으로 개칭하여 독립적 기구로 활동하여 왔다. 1960년대에 이르러 많은 성인교육기관이 생겨났고, 연방정부의 교육국에서 적극적으로 성인교육 계획에 참여하고 재정지원을 확충시켰다.

현행 제도의 법적인 기초는 1966년에 제정된 성인교육법(Adult Education Act)과 1976년 고등교육법의 일부 개정을 통해 마련된 평생학습법(Lifelong Learning Act)에 두고 있다. 특히 평생학습법은 고등교육의 보편화를 인정하고 고등교육기관의 성인교육기회 확대를 유도하는 데 큰 공헌을 하였다. 또한 이 법은 평생학습이란 용어를 법률로서 규정한 최초의 법이며, 평생학습의 범위를 ① 성인기초교육, 자기주도적 학습, 농업교육, 실무교육 및 노동교육 ② 직업교육 및 직업훈련시험, 부모교육, 중등 후 교육 ③ 퇴직 전 교육, 고령자 및 퇴직자 교육, 보상교육 ④ 집단 또는 개인의 특별교육요구사업, 전문적인 기술 증진과 직장 · 공공기관 · 기타 조직의 계획된 교육사업으로 규정하고 있다(U. S. Department of Education, 1995).

미국 정부는 평생학습법이 1980년 고등교육법의 개정으로 폐지되자, 1991년 문해교육과 성인 기초교육을 강화하기 위한 문해교육법(National Literacy Act)을 제정하였다. 문해교육법의 주요 내용은 ① 문해 프로그램에 대한 연방정부의 재정지원 확대 ② 국립문해교육원(National Institute for Literacy) 설립 ③ 주정부 문해자원센터(State Literacy Resource Centers) 설립 지원 ④ 국가적 차원의 인력개발 사업 추진 ⑤ 연방정부의 지원금 확대 ⑥ 가족문해 프로그램과 관련된 제도 개선 ⑦ 새로운 문해 관련 프로그램의 개발과 재정지원을 담고 있다.

미국 정부는 또한 1994년 국민교육법(Goals 2000: Educate America Act)을 제정 · 공포하여 2000년까지 달성할 미국 교육의 목표를 다음 8가지로 정리 · 제시하고 있다. 이는 ① 일관성 있고, 전국적이며, 체계적인 교육개혁의 추진 ② 교실과 작업장에서의 교수 · 학습의 질 향상 ③ 교육개혁과 평생교육을 위한 연방 · 주 및 지방정부의 책임 규정 ④ 교육의 질적 수월성 제고 ⑤ 고용시장과 시민 참여의 성공적 보장을 위한 교육기회의 개방 ⑥ 학교교육 및 평생교육 프로그램의 지원 ⑦ 직무능력 향상을 위한 국가 차원의 표준화 체제 구축 ⑧ 각종 교육 프로그램에 대한 학부모의 적극적인 참여 유도이다. 이 법 제102조에는 문해교육과 평생교육에 대한 규정을 두어 미국 정부의 평생교육 진흥에 대한 의지를 밝히고 있다.

미국 성인교육 정책의 근간이 되는 법은 1998년 제정된 '성인교육 및 가족 문해교육법(Adult Education and Family literacy Act, AFFLA)'이다. 이 법안은 현재 '인력 혁신 및 기회법(Workforce Innovation and Opportunity Act, WIOA)'의 제2편에 속한다. AEFLA는 성인교육의 주요 목적으로 ① 취업 및 경제생활에 필요한 문해 능력과 지식 및 기술 습득 도움 ② 자녀의 발달과 가정 경제의 책임자로서 필요한 교육 및 기술을 제공 ③ 중등교육 이수 및 중등 후 교육(postsecondary education)으로의 전환과 직업훈련 도움 ④ 이민자 및 모국어가 영어가 아닌 학습자의 영어구사 능력 개발과 미국 사회에 대한 이해를 돕는 것이라 명시하고 있다(권이종, 1980).

최근 글로벌 평생교육 동향은 다양한 국가에서 개인의 학습 및 경력 개발을 지원하기 위해 새로운 접근 방식을 채택하고 있다. 1990년대부터 시작된 온라인 교육은 점차 발전해 오다기 2020년 코로나 19 팬데믹을 기점으로 비대면 교육의 필요성이 증가하면서 '온디맨드(On-Demand): 원하는 시간과 장소에서 원하는 교육 콘텐츠를 자유롭게 이용하는 방식교육 형식으로 발전하였다. 미국의 온디맨드 평생교육의 특징은 ① Coursera, edX, Udemy 등 다양한 교육 플랫폼이 등장하여 질 높은 교육 콘텐츠를 제공하고 있다. ② 기업 연계 교육을 통해 기업들은 직원들의 역량강화를 위해 온디맨드 교육 플랫폼을 활용하고 있으며, 맞춤형 교육 프로그램을 개발하기도 한다. ③ 짧은 시간에 특정 주제를 학습할 수 있는 마이크로러닝 콘텐츠가 인기를 얻고 있다. ④ 평생학습에 대한 사회적 인식 변화: 2024년 현재 모바일 기기의 보급 등 정보통신기술의 발전으로 언제 어디서든 학습이 가능해지고 평생학습이 개인의 경쟁력 강화와 사회 발전에 필수적이라는 인식이 확산되었다.

미국의 온디맨드 평생교육은 정확한 도입 시기보다는 지속적인 기술 발전과 사회적 요구에 따라 점차 확산되어 온 개념으로 볼 수 있다. 앞으로도 인공지능, 가상현실 등 새로운 기술과의 융합을 통해 더욱 발전할 것으로 예상된다.

2) 영국의 평생교육

영국의 평생교육은 18세기 중엽 웨일즈와 글러스터에서 일요학교를 만들어 성경 읽기를 가르친 것으로부터 출발한다. 이는 주로 청소년들을 대상으로 읽기, 쓰기 등을 가르치는 것이었다. 그 후 글래스고우의 공장노동자들이 주동이 되어 설치 · 운영한 기계고등학교(Mechanics's Institute)가 있고, 1830년 이후 로버트(W. Robert)와 쿠퍼(T. Cooper)가 산업근로자들의 정치 · 경제 · 문화적 지위 향상과 혜택을 위해 근로자협회(Woker's Association), 근로자학교(People's College or Working Men's College) 등을 만들어 근로자들을 대상으로 교육을 실시하였다.

이러한 움직임을 통하여 성인교육에 대한 관심이 고조되었고, 대학 확장 평생교육(University Extension)의 개념으로 대학교수들이 일반인에게 수업을 하면서 성인교육에 많은 영향을 끼쳤다. 20세기 초에 근로자교육협회(Worker's Educational Association), 근로자고등교육추진회(An Association for Promoting the Higher Education) 등이 생겨났고, 근로자고등교육추진회가 모체가 되어 근로자교육협회(Worker's Education Association)가 설치 · 운영되었다.

제2차 세계대전 이후 성인교육위원회(Adult Education Committee)를 구성하여 정부의 지원과 함께 계속 발전되었다. 1944년의 교육법(Education Act)과 1975년 계속교육규정(Further Education Regulation)에 의해 사회교육의 구조와 기능 등을 바탕으로 제도화되기 시작했다.

1995년 블레어(T. Blair)의 노동당 정부는 21세기 지식기반 경제사회에서 교육을 보다 실용성 있게 하고 쓰임새 있는 지식을 생산하는 근로자를 양성하기 위하여 종전의 교육부를 교육고용부(Department of Education and Employment)로 확대 · 개편하였다. 따라서 교육고용부는 학교교육체제와 작업기술교육 · 성인교육 등 인적자원을 개발 · 관리하는 총괄부서의 책임과 권한을 부여받게 되었다. 특히 블레어 총리는 교육을 최선의 경제정책으로 천명하고, 인력 개발을 위한 평생교육을 21세기 지식기반의 세계경제 경쟁에서 생존할 수 있는 필수요소로서 우선순위를 삼게 되었다. 따라서 영국은 국가적 경쟁력을 갖추기 위해 일부 소수 엘리트를 위한 교육에서 모든 영국인이 평생학습을 통하여 스스로 혁신하고, 보상을 받을 수 있도록 국가 차원의 성인교육 발전전략을 수립하였으며, 그 주요 내용으로는 ① 산업대학(University for Industry)의 설립으로 일과 학습의 연계 ② 개인학습계좌제(Individual Learning Accounts) 정책 · 지원 및 활용 ③ 계속교육 기회의 확대 개방 ④ 성인 기초교육에의 투자 증대 ⑤ 작업장에서의 성인 직업기술교육 강화 ⑥ 각종 성인교육의 자격증 제도와의 연결 등이다.

1997년 10월 1일 국가직업자격위원회를 학교 교육과정평가원과 통합하여 자격 및 교육과정을 신설, 국가자격제도의 통합 및 단일화를 통해 직업 자격 구조를 고등교육 자격의 구조와 명확하게 연계하는 것을 가능케 했다. 국가 자격 체제 구축의 목적은 다음과 같다. ① 더 높은 수준의 자격을 얻을 수 있는 통로를 이해시킴으로써 평생학습 증진 ② 학습자의 모든 요구에 부응하는 동시에 다양한 자격의 중복을 피함 ③ 국가 자격의 성실성과 적합성에 대한 신뢰 증진 ④ 교육과 훈련에 대한 접근, 동기와 성취를 높임, 국가적 경쟁력 강화 등에 있다.

영국 정부는 여러 개의 평생교육 추진 기구를 통합한 학습기술협의회를 통해 2010년까지 영국의 청소년과 성인을 세계에서 가장 우수한 생산적 기술과 지식을 갖춘 인재로 육성하는 것을 목표로 평생학습 예산의 효율적 집행과 효과의 극대화를 추구하고 있다. 이 기구는 2000년 8월에 제정된 학습 기술법에 근거하여 2001년 4월 비정부 공공기구로 출범한 평생학습 추진 기구로, 대학을 제외한 16세 이후의 교육훈련을 담당하는 모든 기관에 대한 정책기획과 재정 배분권을 행사하는 역할을 하고 있다.

학술재정법을 통해 영국은 평생학습을 위한 법적 기초를 마련하고 평생학습인적자원개발을 체계적으로 추진하게 되었는데, 16세 이상의 모든 연령층을 위한 문해 및 수리력교육, 더 나은 교수-학습 수준, 보다 높은 수준의 기술, 계속교육과 고등교육의 확충, 그리고 새로운 형태의 학습을 위한 산업대학 설립을 제안하고 이를 현실화하며 1999년 12월 학술기술법을 제정하게 되었다.

3) 독일의 평생교육

독일에서는 전통적으로 국민교육(Volks Bildung)이라는 교육개념이 있었다. 국민교육법은 바이마르 헌법을 통하여 성인교육으로 전환하였으며, 성인교육이란 개념은 20세기 초에 나타났다.

17, 18세기 때부터 합리주의 사상, 계몽주의 사상, 페스탈로찌 등에 의해 국민교육운동이 전개되었다. 산업혁명이 일어나기 이전에도 평생교육의 성격을 띤 간행물이 출간되기도 하였으나 1850년대 산업화를 계기로 사회계층이 다양화됨에 따라 평생교육의 바탕이 되는 협회나 사단법인이 생겨나게 되었다.

1846년 가톨릭사단법인협회, 1848년 수공업교육협회 등 1874~1875년 사이에 근로자수공업협회 63개소, 교육협회 96개소가 있었다. 1899년 대학교수를 주축으로 국민 대중문화를 위한 협회를 조직하였다. 이후 1900년 훔볼트아카데미(Humboldt-Akademie)를 통한 이론적인 국민교육 확장과 더불어 국민대학(Volksho Chschule), 근로자교육(Arbeiterbildung), 가톨릭성인교육, 기독교성인교육, 노동조합성인교육, 국민고등학교, 도서관 등 평생교육기관과 시설이 많이 설립되었다.

1909년에서 1910년 사이에 24개 대학에서 7,000여 명의 근로자를 대상으로 900명 이상의 대학생들이 평생교육 활동을 실시하였다. 1920년대에 에르드베르그(Erdberg)와 피히테(Fichte)에 의해 월간 평생교육 학술간행물이 창간되고, 플리트너(Flitner)에 의해 독일국민 교육연구소와 성인교육을 위한 학교(Deutsche Schule Fur Volksforschungund Erwachsenbildung)가 창설되었다. 그 후 제2차 세계대전을 거쳐 1947년 연합군에 의해 독일성인교육규정이 마련되어 정신적·물질적 번영을 이루게 되었고 이에 따른 국민의식의 현대화를 모색하게 되었다. 1950~60년대에 평생교육에 관한 많은 저서가 출판되어 평생교육에 대한 연구와 사업이 본격적으로 진행되었다.

2016년에 성인학습 및 교육발전을 위한 실업보험 보호 및 계속교육 강화에 대한 법률

(Arbeitslosversicherungsschutz-und Weiterbildungstärkungsgesetz)이 통과되어 재정 및 훈련에 업무 관련 자격이 없는 직원들은 공식 자격 획득과 연계된 훈련에 대비하기 위한 기초역량(읽기, 수학, IT기술)교육비를 지급받을 수 있게 되었다. 또한 2020년 말까지 기술 수준이 낮은 직원들이 훈련에 지속적으로 참여할 수 있도록, 중간 및 기초 수준 시합 통과 시 상여금을 지급하는 제도를 마련하였다.

4) 덴마크의 평생교육

덴마크에서는 일찍이 1814년 의무민중학교령이 공포되고 학교 교사들에게 소년들에 대한 계속교육 실천의 의무를 부과하고 있었으며, 1820년 대도시와 농촌에 야간학교의 개설을 촉진하게 되었다.

19세기 중엽 각성파(覺醒派)를 주축으로 한 종교운동과 자유주의 운동에 참여한 농민들이 문화적 및 정신적인 자립을 추구해서 자유학교(Friskole) 운동을 전개하고, 이와 같은 자유학교 운동이 국민고등학교의 건설 및 발전에 큰 영향을 주었다. 구룬트비히(F. Grundtvig)는 국민고등학교의 이념을 제창하고, 콜드(Kold)는 그 이념을 제도화하여 구체화하는 데 기여하였다.

1840년부터 국민교육운동을 통하여 덴마크의 평생교육은 활발하게 전개되었을 뿐만 아니라 이것을 토대로 오늘의 복지국가 건설을 보게 된 것이다. 그 후 국민고등학교 이외에도 야간학교, 도서관, 보습학교 등 많은 평생교육기관이 발달하였으며, 1960년대 이후에는 이들 평생교육기관의 조직과 활동을 돕기 위한 여러 가지 관계법이 제정되어 왔다. 즉, 청년학교 및 야간학교법, 미숙련자직업훈련법, 여가보육법, 국민고등학교 · 보습학교 · 농업대학 및 가정과학대학에 관한 법, 사립학교국가보조법 등이다.

1966년 코펜하겐에 독립적인 교외확장국(Extra-mural Department)이 설치된 것을 계기로 덴마크의 고등교육기관이 각종 평생교육 프로그램을 실시하게 되었다. 1966년 이후 현재 대학타운이 있는 도시에 5개의 교외확장국이 설치되어 있고, 135개의 지방대학에 교외확장위원회가 활동 중이다. 사립이며, 자율운영이 특징인 국민고등학교는 현재 104개가 있으며, 가정학과 의류디자인전공 국민고등학교도 25개교가 개설 · 운영 중이다.

1970년대 말 최초로 문을 연 비기숙 국민고등학교도 현재 전국적으로 200여 개가 활동 중이며, 특히 노동시장과 긴밀한 협조하에 교육을 실시하고 있다. 이 외에도 덴마크는 1980년대 초 실업문제 해결을 위해 설립한 생산학교(Production Schools)가 직업 · 기술교육을 실시하고 있으며, 그 숫자는 현재 107개교에 달한다. 지체부자유자와 성인 문맹자를 대상으로 하는 특수·특별교육도 중앙과 지방정부의 재정지원하에 활발히 이루어지고 있다(이규환, 1980).

5) 일본의 평생교육

일본의 근대적인 평생교육은 명치개국(1868) 이후에 전개된 사회변화운동에서 그 유래를 찾을 수 있다. 그러나 여러 출판활동, 학술강연회, 박람회 등 활발한 사회교육활동이 민권운동으로 발전하는 것을 통제하기 위하여 이러한 활동을 사상대책의 일환으로 통속교육이라는 명칭으로 행정지도를 하게 되었다.

통속교육에서는 국민생활을 도의적으로 육성하기 위한 미풍양속의 전수에 한정된 극히 보수적이고 소극적인 성격을 띤 전통적인 사회제도와 정신문화를 찬미하는 국민교화정책에 중점을 두었을 뿐 사회발전, 생활문제의 개선 등에는 관심을 두지 않았다.

1921년 통속교육이 사회교육으로 개칭되면서 이것을 계기로 일본의 사회교육 행정기구의 근대화와 정비에 획기적인 전환을 가져왔다. 여기서 주목할 만한 사항은 통속교육 아래서 무관심했넌 청년단, 청소년문제, 부인문제, 성인문제 등을 사회교육행정의 대상으로 명시했다는 점이다.

그 후 제2차 세계대전이 종식될 때까지 일본의 사회교육은 통속교육기에 주된 업무로 생각했던 문화와 사회봉소의 육성으로부터 전체주의적 국가통제를 위하여 대상을 육성하는 방향으로 전환하게 되었고, 세계대전 중에는 국민을 전력의 대상으로 동원하기 위한 국민교화정책으로 강화되었다. 즉, 전전(戰前)의 사회교육이 제국주의적 국체를 궁극원리로 하는 사회교화에 있었다고 하면 전후(戰後)의 사회교육은 국민의 자율적인 자기교육을 기본원리로 하는 민주주의 이념에 기초하여 실시되고 있다고 하겠다.

일본의 사회교육을 국가 수준에서 발전시키기 위하여 헌법, 교육기본법 등의 이념을 이어받아 1949년에 사회교육법이 제정되었다. 이는 일본의 사회교육이 종전의 칙령주의에서 벗어나 사회교육의 행정 및 입법에 있어서 법률주의의 원칙이 성립되는 중요한 교육개혁으로 지적되고 있다. 따라서 「교육기본법」 제7조의 사회교육 조항에서 가정교육 및 근로의 장소, 그 외의 사회에서 행해지는 교육은 국가 및 지방 공공단체에 의해서 장려되어야 한다고 규정하여 일본 국민의 사회교육 받을 권리를 보장하게 되었다.

현재 일본 평생학습의 체제와 프로그램을 살펴보면 평생교육센터를 설치하여 지역 기반의 교육기관, 직업교육, 문화강좌 등을 제공하고 있다. 또한 공공-민간 협력의 일환으로 정부와 민간 주도의 프로그램 공존, 주민 맞춤형 교육을 지원하고 있으며 성인 학습자의 참여율이 높다. 특히 25~34세 연령층의 참여율이 두드러진다.

디지털화를 추진하여 온라인 교육 프로그램을 확대하고 접근성을 강화하고 지역 협력을 통해 고립된 지역에도 교육 기회를 제공하는 데 힘쓰고 있다. 또한 다양한 학습 옵션과 자유로운 참여 기회를 제공함으로써 유연성을 강화하고 있다.

일본의 평생교육은 역사적 · 문화적 요소를 기반으로 발전하며, 개인과 지역사회의 필요를 반영해 지속적으로 진화하고 있다.

6) 대만의 평생교육

대만의 평생교육은 1953년의 사회교육법을 중심으로 실천되었으며, 사회교육법을 기반으로 각 성시(省市)의 공립 사회교육관 규정, 보습교육법, 함수학교법 및 각급 학교가 평생교육을 실시하는 법 등이 제정되어 평생교육에 대한 폭넓은 활동과 운영을 하고 있다. 1999년부터 현재 약 500개의 기관이 대만 국민들의 계속교육 수요를 충당해 주고 있다. 이들은 문화원, 공공도서관, 박물관, 사회교육관, 과학전시관, 미술관, 기념관, 음악당, 극장, 동물원, 식물원, 아이들을 위한 오락관 등 다양한 형태의 평생교육기관으로 구성 · 활동 중이다.

특히 대만은 대만사회를 학습사회로 건설하기 위하여 1998년을 "종신학습의 해(Study Year)"로 정하고 많은 정책연구를 추진하였다. 이 연구들을 집약하여 『학습사회를 향한 진전(Moving toward A Learning Society)에 관한 백서』를 발간하였고, 교육부는 이 백서에서 건의된 내용들을 시행하기 위한 개혁작업을 진행하고 있다. 이에는 종신학습법(Lifelong Learning Act)의 제정 작업도 포함되어 있다(황종건, 1980).

1999년대 초반부터 평생교육법 제정과 정책을 시행하였고 평생학습도시 지정으로 지역사회 교육 환경을 개선하였으며, 주민 중심의 접근성 높은 교육 기회 제공하였다. 프로그램으로는 마을대학: 지역 특성을 반영한 교육 과정 운영 및 온라인 교육을 통해 언제 어디서나 학습 가능한 플랫폼을 제공하고 있다. 또한 평생교육 참여 인원을 지속적으로 증가 추세이며 성인교육 활성화로 직업 능력 향상 및 자아실현에 기여하였다. 대만과 한국의 차이점은 대만은 지역사회와의 연계를 강조하고 주민중심인 반면 한국은 정부 주도 프로그램 중심이고, 참여 자율성이 상대적으로 낮다.

대만의 평생교육은 개인과 사회 발전의 핵심으로, 지속적인 발전 가능성을 보이며 앞으로도 적극적 관심과 지원이 필요하다.

3. 국제기구의 평생교육

1) 유네스코의 평생교육

유네스코는 평생학습시대의 도래를 알리면서 세계교육의 혁명적 변화에 앞장선 국제기구이다.

유네스코는 교육, 과학, 문화 등 분야에서 국제협력을 촉진함으로써 세계평화와 인류 발전을 도모하기 위해 1945년 11월 16일 설립된 유엔전문기구로서 설립 이래 교육, 과학, 문화 분야에서의 국제규범의 제정자, 지식과 정보의 보급자, 국제협력의 조정자로서 역할을 수행하고 있다. 유네스코는 교육, 과학, 문화, 커뮤니케이션 등 다양한 분야의 통계, 자료, 데이터베이스, 전문서 등을 생산·보급하는 정보센터이기도 하다.

유네스코는 국제협약(international convention), 선언(declaration), 권고(recommendation) 등 국제사회가 준수해야 할 국제 규범들을 만들어 왔다. 지금까지 (문화다양성 협약) 등 27개 국제협약, 생명윤리와 인권에 관한 보편선언 등 13개 선언, 교육에서의 차별방지에 관한 권고 등 31개 권고들이 채택하였다.

교육은 평화와 발전을 위한 가장 기초적인 활동으로서 유네스코가 창설 이래 줄곧 역점을 두어온 분야이다. 문해교육, 국제이해교육등의 형태로 전개되어 온 유네스코 교육사업은 '모든 이를 위한 교육(EFA: Education for All)'으로 발전되었다.

'평생교육(lifelong education)'이라는 용어는 프랑스의 성인교육학자인 렝그랑(P. Lengrand)이 1965년 파리의 유네스코 본부에서 개최된 성인교육발전을 위한 국제위원회에서 '영구교육(Education permanentee)'이라는 제목의 논문을 발표한 것이 출발점이었다. 기존의 교육체제와는 달리 교육의 계속성, 연계성, 전 생애성, 자발성, 전체적인 인간발달, 모든 이를 위한 교육권 보장에서 기존 학교교육과는 다른 패러다임을 제시하였다. 또한 '평생교육입문(An Introduction to Lifelong Education, 1970)'을 발표하여 평생교육을 전 세계에 보급하였다. 이후 Faure(1972)의 "Learning to be", Dave(1976)의 "Lifelong Education and School Curriculum", Delor(1996)의 "Learning: The treasure within" 등의 연구보고서 또한 평생교육의 원리와 이념을 담고 있으며, 이는 전 세계 교육방향의 기본원리로 수용되어 기존 교육체제의 한계를 극복하는 대안적 교육패러다임으로 성장하고 발전해 나가고 있다. 유네스코는 평생교육과 관련한 산하 기관으로 유네스코 평생학습연구소(UNESCO Institute for Lifelong Learning, 독일 함부르크)를 두고 있다.

(1) 유네스코의 핵심 역할과 기능

① 교육(Education)분야

- 양질의 교육과 평생학습 기회보장
- 모두를 위한 문해력 증진
- 교육에 있어서의 양성평등을 추구

전 세계 모든 사람에게 양질의 교육을 제공함으로써, 성장 가능한, 희망적인 미래를 꿈꿀 수 있는 가능성을 가질 수 있도록 하는 것이다.

② 과학(Science)분야

- 국제적 문제 해결을 위한 과학적 연구 및 국가 간 교류 · 협력 지원
- 글로벌 기술 평준화를 위한 통신설비 · 정보시설 및 과학적 연구 · 기술 개발 지원

③ 문화(Culture)분야

- 가치 있는 문화 유적의 보존 · 보수 지원
- 세계 각국의 독자성 있는 전통문화 보전 지원
- 문화 교류를 통한 전 세계의 문화적 이해와 존중을 증진

세계문화유산을 보호하는 것이 단순히 유산을 유지하기 위한 것뿐만 아니라, 해당 문화를 유지하면서 세계적인 교류를 통해 국가 간 문화를 이해할 수 있고, 지속적으로 유지하는 것이 핵심 목표이다.

1945년 설립 이래, 유네스코는 이러한 분야에서 국제 협력을 선도하며, 인류의 지적 · 도덕적 연대를 기반으로 세계 평화와 지속 가능한 발전에 기여하고 있다.

(2) 유네스코(UNESCO)의 평생교육 정책

유네스코(UNESCO)는 덴마크 엘시노어에서의 제1차(1949년)를 시작으로 모로코 마라케시에에 이르기까지 제7차(2022년) '세계성인교육회의'와 평생교육과 관련하여 세계 회의들을 개최하여 평생교육의 이념 정립과 이론화 및 실천 보급을 선도하였다.

유네스코는 유엔 기구 중 유일하게 각 회원국에 '국가위원회' 제도를 갖추고 있다. 대한민국은 1950년에 55번째 유네스코 회원국으로 가입하였고, 서울시 중구 명동에 위치한 유네스코 한국위원회는 1954년 1월 30일 설립(설립근거 「유네스코 헌장」 제7조, 「유네스코 활동에 관한 법률」) 이래 한국사회의 발전에 필요한 유네스코 정보와 가치를 확산해왔다. 유네스코한국위원회의 목표는 교육 · 과학 · 문화 · 정보커뮤니케이션 등 유네스코 관련 분야의 국제적 교류와 협력을 통해 국가 간, 문화 간 상호 이해와 친선을 증진하고 문화와 지식을 널리 확산시켜 세계 평화와 인류의 복리 증진에 기여하는 것이다.

2) OECD(Organization for Economic Cooperation Development)의 평생교육

OECD(경제협력개발기구)의 설립배경은 제2차 세계대전 이후 유럽 경제 재건을 위한 마셜플랜의 효과적 실행을 위해 만들어진 OEEC(유럽경제협력기구)가 그 전신으로 1961년에 설립되었다. 냉전시대 자유주의 진영 국가들의 경제 협력을 강화하고 개발도상국 지원을 위해 OECD로 확대 개편되었다.

(1) OECD의 주요 목적과 활동

OECD의 주요 목적은 회원국 간 경제 협력을 통해 지속가능한 경제 성장과 고용 증진, 생활수준 향상을 도모하는 것이다. 또한 세계 경제의 건전한 확대와 다자간 자유무역 체제 발전, 개발도상국의 경제발전 지원 등을 목표로 하고 있으며, 따라서 정책연구와 권고를 통해 이러한 목적을 달성하고자 노력하고 있다.

OECD의 주요 활동을 살펴보면 첫째, 회원국들의 경제정책 협력을 주도하고 각국의 경제 상황을 분석, 정책권고안을 제시하며, 국제경제 문제에 대한 공동 대응 방안을 모색하고 있다. 또한 조세 환경 교육 노동 등 다양한 분야에서 정책 가이드라인을 개발하고 회원국들의 이행을 독려한다. 이를 통해 글로벌 경제 거버넌스 향상에 기여하고 있다. 둘째 회원국 간 정보 교류의 플랫폼 역할을 한다. 정기적으로 경제 통계와 전망을 발표하고, 각국의 정책 사례와 성과를 공유한다. 또한 다양한 위원회와 작업반을 통해 회원국 전문가들의 교류를 촉진한다. 이러한 활동은 회원국들이 서로의 경험에서 배우고 최선의 정책을 개발하는 데 도움을 준다.

(2) OECD의 평생교육 정책

OECD는 평생교육을 개인이 생애 전반에 걸쳐 지속적으로 학습하는 과정으로 정의한다.

- 정책 프레임워크: OECD는 국가별 교육 정책을 분석하고 비교하여 평생교육의 중요성을 강조하고 이를 통해 각국이 자국의 교육 시스템을 개선할 수 있도록 지원하고 있다.
- PISA와 성인학습: OECD는 PISA(국제학생평가프로그램) 외에도 성인 학습자를 대상으로 한 연구를 진행하여, 성인교육의 질과 접근성을 향상시키기 위한 데이터를 제공하고 있다.

OECD와 유네스코는 평생교육을 통해 개인의 능력 개발과 사회적 참여를 촉진하고, 더 나은 사회를 만들기 위한 기초를 마련하고자 노력하고 있다. 따라서 각 기관의 연구 및 정책은 세계 각국의 교육 시스템 개선에 중요한 역할을 하고 있다.

표 4-1 OECD(경제협력개발기구)와 UNESCO(유엔 교육 과학 문화 기구)의 공통점과 차이점

공통점	
국제협력증진	정책개발 및 연구
OECD와 유네스코는 모두 국제 협력을 통해 글로벌 이슈 해결을 목표로 한다. 양 기구는 회원국 간 대화와 협력을 촉진하여 공통의 문제에 대한 해결책을 모색한다.	두 기구는 각 분야에서 정책 개발과 연구를 수행한다. OECD는 경제정책을 유네스코는 교육, 과학, 문화정책을 중점적으로 연구하여 회원국들에게 정책 방향을 제시한다.
지속가능발전 추구	데이터 수집 분석
OECD와 유네스코 모두 UN의 지속가능발전목표(SDGs) 달성을 위해 노력한다. 경제발전, 교육 기회 확대, 환경 보호 등 다양한 분야에서 지속 가능한 발전을 추구한다.	두 기구는 각자의 전문 분야에서 광범위한 데이터를 수집·분석한다. 이를 통해 회원국들의 현황을 파악하고, 정책 결정에 필요한 객관적 근거를 제공한다.

차이점: 목적		
OECD 경제협력과 발전에 중점을 두고 있다. 회원국들의 경제 성장, 고용 증진, 생활 수준 향상을 위한 정책을 개발하고 권고한다.	목적 회원국들의 경제정책 조정, 모범 사례 공유, 다자간 협력을 통한 글로벌 경제 문제 해결을 목표로 한다.	유네스코 교육, 과학, 문화를 통한 국제 평화와 인류 공통의 복리 증진을 목적으로 한다. 목적 문화 다양성 보존, 교육 기회 확대, 과학 발전을 통한 지속 가능한 발전과 문화 간 대화 촉진을 추구한다.

차이점: 회원국	
OECD 38개국(2023년 기준)	유네스코 개발도상국을 포함한 전 세계 대부분의 국가가 참여하고 있다. 193개 회원국, 12개의 준회원국(2023년 기준)
회원국 주로 선진국으로 구성되어 있으며, 대부분 높은 소득 수준과 민주주의 체제를 가진 국가들이다.	회원국 다양한 경제발전 단계와 문화적 배경을 가진 국가들이 폭넓게 참여하고 있다.

출처: 유네스코한국위원회(2020). 제4차 세계성인학습 및 교육보고서.

3) 두 기구의 협력 사례

OECD와 유네스코는 교육 분야에서 공동 연구를 진행하며 협력하고 있다. 두 기구는 교육 정책, 교육 품질 향상, 평생학습 등의 주제로 연구를 수행하고 있으며, 이를 통해 글로벌 교육 발전에 기여하고 있다.

OECD와 유네스코는 UN의 지속가능발전목표(SDGs) 달성을 위해 협력하고 있다. 특히 교육, 경제발전, 환경보호 등의 분야에서 공동 프로젝트를 추진하고 있으며, 각 기구의 전문성을 바탕으로 시너지 효과를 창출하고 있다. 이러한 협력은 국제사회의 지속가능한 발전에 중요한 역할을 하고 있다.

따라서 OECD와 유네스코는 각각의 분야에서 국제 협력을 증진하고 있고 두 기구는 상호 보완적인 역할을 통해 글로벌 과제 해결에 기여하며, 국제사회의 발전에 중요한 역할을 담당하고 있다.

연구문제

1. 평생교육의 역사적 전개를 진술해 보시오.
2. 미국의 평생교육 발전과정을 기술해 보시오.
3. 일본의 평생교육 발전과정과 우리나라와의 관계를 설명하시오.
4. 유네스코와 OECD 공통점을 설명하여 보시오.

제5장

평생교육의 개념

학습목표

1. 평생교육의 출현 배경을 설명할 수 있다.
2. 다양한 학자들의 평생교육에 대한 정의를 확인할 수 있다.
3. 다베의 평생교육의 구성원리를 인지하고 열거할 수 있다.
4. 평생교육과 관련된 용어를 열거하고 구별할 수 있다.
5. 평생교육의 특성을 제시하고 진술할 수 있다.
6. 평생교육의 역할을 제시할 수 있다.

학습개요

하나의 학문을 연구하기 위해서는 그 개념을 살펴보는 것이 매우 중요하다. 평생교육의 개념 정의도 다른 학문, 특히 사회과학 분야의 학문과 같이 용이한 일은 아니다.

그러나 앞으로의 이론 전개를 위해서 이 장에서는 평생교육의 개념을 비롯하여 평생교육의 특징, 평생교육의 역할 등에 대해서 살펴보고자 한다.

1. 평생교육의 정의

1) 평생교육의 출현 배경

평생교육의 용어는 불어의 영구교육(Education Permanence)에서 시작되어 영어로는 평생교육(Lifelong Education)으로, 일본에서는 생애교육으로 불린다. 이 평생교육은 유네스코의 성인교육 발전을 위한 국제위원회(International Committee for the Advanced of Adult Education 1965년 12월)에서 랭그랑(P. Lengrand)의 계속교육에 관한 연구논문을 검토한 결과 "유네스코는 출생에서 죽음에 이르기까지 인간이 일생을 통하여 행하는 교육의 과정-전체적으로 통합적이어야 할 필요성이 있는 교육과정을 만들어 활동하게 하는 원리로서 평생교육이라는 구상을 승인해야 한다."[1]라는 건의를 유네스코 사무국에 제출한 데서부터 시작되었다.

이 건의는 1970년대의 유네스코 기본 교육사업으로 채택되었으며, 1970년 '국제교육의 해'의 주제로 평생교육을 표방한 바 있다. 1972년의 교육발전에 관한 국제위원회(International Commission on the Development of Education)의 보고서(통칭 Faure Report)에서 포오르(E. Faure)는 "모든 선진국과 개발도상국가에서 이 평생교육을 실시하여야 한다."[2]고 제언하였다.

또한 1972년 일본의 동경에서 개최된 제3차 세계성인교육회의에서 평생교육의 개념과 원리가 채택되어 세계 여러 나라에 빠른 속도로 전파되었다.

우리나라에서는 1973년에 유네스코 한국위원회에서 '평생교육 발전을 위한 세미나'를 개최하여 이 개념과 원리의 전파에 노력하였으며, 1977년에는 한국사회교육협회 주최의 '평생교

1) 한국사회교육협회, 『한국사회교육총람』, 경기: 정민사, 1983, p.23.

2) Faure, Edgar, *op. cit.*, p.182.

육과 사회교육법'에 관한 전국 세미나[3]가 개최되었고, 1978년에는 문교부 정책연구 과제로 평생교육관계 보고서[4]가 제출되는 등 활발한 연구가 진행되어 왔다.

특히 제5공화국 헌법에 평생교육 진흥에 관한 조항[5]이 제정됨에 따라 평생교육에 대한 국가적 관심이 크게 부각되었다.

2) 평생교육의 개념

"평생교육 또는 평생학습이 무엇이냐?"를 규명하는 대부분의 학자와 전문가들은 평생교육을 학교교육(Formal Education)과 사회교육(Nonformal Education)은 물론 무형식교육(Informal Education)까지를 포함한 넓은 의미로 해석하고 있다. 그러나 우리나라의 경우는, 2007년 개정된 평생교육법 제2조에서도 "평생교육이란 학교의 정규교육과정을 제외한 학력보완교육, 성인 기초·문자해득교육, 직업능력 향상교육, 인문교양교육, 문화예술교육, 시민참여교육 등을 포함하는 모든 형태의 조직적인 교육활동을 말한다."라고 규정하여 평생교육의 개념에서 학교교육을 배제시키고 있다. 이는 1982년 제정된 사회교육법에서 "사회교육이라 함은 다른 법률에 의한 학교교육을 제외하고 국민의 평생교육을 위한 모든 형태의 조직적인 교육활동을 말한다."라고 규정한 내용과 동일함을 알 수 있다. 따라서 우리는 평생교육에 대한 개념직 정의에서는 학교교육을 포함하고 있으나, 법적·제도적 정의에서는 학교교육을 제외한 종전의 사회교육의 징의를 따르고 있는 실정이다.

(1) 평생교육에 대한 국내·외 학자들의 정의

평생교육에 대한 국내·외 학자들의 다양한 정의를 소개하면 다음과 같다.

① 평생교육은 인간의 삶의 질 개선이라는 이념 추구를 위하여 태교에서부터 시작하여 유아교육, 아동교육, 청년교육, 성인초기교육, 성인후기교육, 노인교육을 수직적으로 통합한 교육과 가정교육, 사회교육, 학교교육을 수평적으로 통합한 교육을 총칭하여 말하며 그것은 개인의 잠재능력의 최대한의 신장과 사회발전에 참여하는 능력의 개발을 목적으로 한다.[6]

3) 한국사회교육협회, 평생교육과 사회교육법 제2회 전국사회교육지도자 세미나 보고서, 1977.
4) 한국사회교육협회, 생애의 단계별 교육정책 수립을 위한 기초연구: 평생교육이론을 중심으로, 문교부정책연구과제, 1978.
5) 제5공화국 헌법 제29조 제5항: 국가는 평생교육을 진흥하여야 한다.
6) 김종서, 평생교육의 모색, 『교육문제연구』 제2집, 명지실업전문대학 교육문제연구소, 1982, p.13.

② 평생교육이란 문자 그대로 평생을 통한 교육을 의미하며 일정한 연령층을 대상으로 하는 한정된 기간의 학교교육과 조직화되지 못한 채 비효율적 상태로 방치되어 있는 사회교육의 기능을 다 같이 개편 강화하고 한 사회가 가지고 있는 교육자원을 효율화함으로써 교육역량을 극대화하려는 노력이다. 그것은 또한 급격히 변천하는 사회에 있어서 개인과 집단으로 하여금 계속적인 자기갱신과 사회적 적응을 추구하게 하기 위한 것이며 학교의 사회화와 사회의 교육화를 이룩하려는 일련의 새로운 교육적 노력인 것이다.[7]

③ 평생교육과 전통적 교육과의 관계는 예를 들면, 과일바구니와 과일과의 관계와도 같다고 할 수 있다. 즉, 과일바구니는 평생교육으로 비유할 수 있고 그 속에 담긴 사과, 배, 감, 귤 등은 유아교육, 초등교육, 중등교육, 고등교육, 성인교육, 노인교육 등으로 견주어 볼 수 있다.[8]

④ 평생교육이란 교육의 전체구조와 관계있는 유(Genus) 내지는 유 개념(Generic Concept)으로 가정교육, 사회교육, 학교교육의 3종(Species) 내지는 종개념(Specific Concept)을 포괄하는 고급개념이다.[9]

⑤ 평생교육은 취학 전 초·중등 등 교육의 전 단계를 총망라하는 생애에 걸친 과정으로서 공식, 비공식 및 비형식적 유형을 모두 포함한다. 그리고 이는 성격상 보편성을 지니며, 학습내용 및 방법 등에 있어서 융통성과 다양성을 지니고 있다.[10]

⑥ "학습방법을 학습한다."거나 "학습능력을 학습한다."는 말에서 알 수 있듯이 우리는 학교에 다닐 때에만 학습하는 것이 아니다. 출생에서 사망까지 한평생 동안 교육이 계속되어야 한다는 것이 평생교육의 이념이다. 평생교육은 이처럼 교육의 개념을 시간적으로 연장할 뿐만 아니라 공간적으로도 연장한다. 교육은 학교에서만 실시되는 것이 아니라 사회의 어느 장소에서나 실시되어야 한다는 것이 평생교육의 이론이 주장하는 바이다. 이러한 경향은 학교의 사회화, 사회의 학교화로 표현되기도 한다. 평생교육에서는 모든 국민이 교육 대상이 되며, 사람의 한평생이 교육기간이 되고, 사회 전체가 교육의 장소

---

7) 유네스코 한국위원회, 평생교육 세미나 보고서, 1973, p.6.
8) 장진호, 평생교육의 개념, 한국지역사회학교 후원회, 『평생교육논단』, 1981, p.32.
9) 진원중, 헌법 제29조의 평생교육, 『한국교육학회 사회교육연구회 창립 15주년 기념연구발표대회 논문요약집』, 1981, p.12.
10) 윤정일, '평생교육과 교육재정', 유네스코 한국위원회 한국평생교육기구 공편, 『평생교육의 기초와 체제』, 법문사, 1983, p.271.

가 된다고 할 수 있다.[11]

⑦ 교육이란 인류 역사 이래 계속되어 온 삶의 과정으로서, 원시시대부터 제도화된 학교교육 시대 이전까지의 비형식적 교육을 교육의 제1물결로, 제도화된 학교교육을 통하여 계획적으로 이루어져 온 형식적 교육을 교육의 제2물결로 그리고 오늘날 전 생애를 통하여 계속적으로 배우고 사회 전체가 학습의 장이 되는 비형식적 교육을 지향하는 새 물결을 제3의 물결로 볼 수 있다. 교육의 제3의 물결이 바로 평생교육의 물결이다.[12]

⑧ 평생교육은 원래 유네스코(UNESCO)에서 보급하기 시작한 새로운 교육이념으로서 인간의 평생을 통한 교육적 과정의 수직적 통합과 개인과 사회생활의 모든 국면과의 수평적 통합을 강조하는 것이다. 다시 말하면 평생교육은 그동안 연령층별로 구분된 폐쇄적 학교교육과 조직이 되지 않은 채 비효율적인 상태로 방치된 사회교육을 통합 재편성하여 결국 교육의 사회화와 사회의 교육화를 이룩하자는 것이다.[13]

⑨ 평생교육은 모든 개인이 일생 주기 동안 어느 때든지 수업, 공부와 학습을 수행하여야 하며, 또한 이를 위한 조직적인 기회가 제공되어야 하는 것이다.[14]

⑩ 평생교육이라는 새로운 개념은 변화와 강조의 주요한 방향을 나타내는 세 단어, 즉 확장, 혁신, 종합으로 요약될 수 있다.[15]

⑪ 평생교육은 개인적이나 사회적인 관점에서 모든 교육적 과정을 총괄하는 개념이다.[16]

⑫ 모든 국민에게 평생을 통해 각기 자신이 가진 다방면에 걸친 소질을 계속으로 발전시키고 사회의 발전에 충분히 참여할 수 있게 하는 교육을 말한다.[17]

이상에서 본 바와 같이 평생교육에 대한 정의에는 삶(Life), 평생(Lifelong), 통합(Integration)과 교육(Education)의 성격을 공통 의견으로 제시하고 있다. 즉, 표현방식은 다르지만 평생교육은 요람에서 무덤까지의 교육과 모든 장소 및 기관에서 이루어지는 교육을 통합한 '교육의 총체적 체제'라고 할 수 있다.

---

11) 차경수, 외국의 평생교육 및 사회교육,『교육문제연구』제2집, 명지실업전문대학 교육문제연구소, 1982, p.46.

12) 홍웅선,『평생교육의 기초와 체제』, 유네스코 한국위원회 한국평생교육기구 공편, 법문사, 1983, p.144.

13) 황종건, "사회교육제도의 비교연구", 계명대학교 지역사회연구소, 1980, p.22.

14) Cropley, A. J., *Lifelong Education: A Psychological Analysis*, New York: Pergamon Press, 1977, p.21.

15) Dave, R. H.(ed.), *Foundations of Lifelong Education*, 전북대학교부설 사회교육연구소 역, 정민사, 1984, pp.96-97.

16) Faure, Edgar, *Learning to be*, Paris: UNESCO, 1972, p.134.

17) Langrand, Paul, *Introduction to Lifelong Education*, Paris: UNESCO, 1970. p.52.

(2) 결론

이상에서 평생교육의 정의에 관한 여러 가지 견해를 종합적으로 정리해 보면 평생교육은 의도적이고, 조직적이고, 체계적인 것으로서 다음과 같은 개념적 특성을 지니고 있다.

① 평생교육은 뚜렷한 후원자, 목표와 프로그램을 가진 계획된 교육적 노력이다. 따라서 이는 우연적 교육(Incidental Education)과 무형식교육(Informal Education)과는 다르다.

② 교육적 노력의 비형식성(Non-formality)은 평생교육의 장소, 후원자, 입학 등에 크게 나타난다.

③ 평생교육은 생활기술과 지식을 습득하는 데 높은 질의 교육을 제공한다. 따라서 평생교육은 세칭 3류 학교교육(Third-rate Formal Education)기관이 아니다.

④ 평생교육은 생활과 직업에 종사하고 있는 많은 사람에게 접촉할 수 있는 교육이다. 평생교육의 목적은 사람들을 그들의 생활근거지와 직무로부터 유리시키지 않으면서 유용한 지식, 기능과 여가 선용을 학습하게 한다.

여기서 필자의 평생교육에 관한 정의는 "정규학교에서 행하는 정규교과학습을 제외하고 학교 또는 학교 외의 장소에서 기초교육, 보충교육, 추가교육 또는 계속교육을 통하여 국민의 평생교육 기회를 제공하는 모든 형태의 조직적 · 의도적 및 체계적인 교육활동"이다.

따라서 ① 대상별로 보면 유아, 학교의 청소년과 학교 외 청소년, 성인, 여성, 노인이 모두 포함되며 ② 학습 장소는 학교시설과 학교 외 시설이 포함되며 ③ 학습내용은 정규학교 이외에서 행하는 정규교육과정과 국민에게 생활기술 및 지식 습득을 제공하는 모든 과정이 포함되며 ④ 기능별로 보면 기간학제(基幹學制)를 제외한 공민학교, 고등공민학교, 방송통신고등학교, 학교 형태의 평생교육시설 등 모든 방계학제(傍系學制)와 전문대 · 대학의 (사회)평생교육원, 방송통신대학, 사내대학, 원격대학, 학점은행제교육기관, 특수대학원 등 여타 계속교육기관이 포함되며 ⑤ 성질별로 보면 조직성 · 의도성 · 체계성이 미약한 우연적 교육과 무형식교육은 제외된다.

3) 평생교육 개념의 구성원리

(1) 김란수의 견해[18]

- 인간의 생애에 걸친 학습을 계획화하고 촉성하는 것이 될 것이다(교육기간: 요람에서 무덤까지).
- 각 인간은 자기실현을 궁극적인 목적으로, 격변하는 현대사회가 현대인에게 주는 도전을 슬기롭게 극복하고 대처해 나갈 주체적 적응력의 신장을 위해서 새로운 지식과 기능을 획득시키는 동시에 태도와 가치관의 확립을 체계적으로 지도, 조성하는 일이 될 것이다(교육목표: 인간의 주체성 신장).
- 따라서 평생교육의 성패는 자기주도적인 학습활동을 전개시켜 나갈 수 있도록 하는 동기형성과 학습방법의 학습능력을 얼마만큼 효과적으로 배양하느냐에 달려 있을 것이다(교육방법: 자기주도의 학습).
- 이를 위해서는 모든 가용 교육기회-공식, 비공식, 비형식교육을 포함한-를 통합적으로 활용할 수 있도록 하는 교육체제의 정비가 필요하게 될 것이다(교육기관: 통합적 운영).

(2) 김종서의 견해[19]

- 평생교육은 개인적 차원 및 사회 공동 차원의 인간 삶의 길을 나선형으로 향상시키는 것을 목적으로 하고 있다.
- 평생교육은 태아에서부터 무덤에 이르기까지 한 개인의 생존기간 전체에 걸쳐서 이루어지는 교육을 수직적으로 통합한 것이다.
- 평생교육은 모든 기관(학교, 대중매체, 도서관, 자원단체 등)과 모든 장소(학교, 가정, 사회 직장 등)에서 이루어지는 교육(학교교육, 학교 외 교육)을 수평적으로 통합한 것이다.
- 평생교육은 계획적인 학습과 우발적인 학습을 모두 포함한다.
- 평생교육에 있어서는 국민 전체의 평생에 걸친 교육기회의 균등화 및 확대에 노력한다.
- 평생교육에 있어서는 발달과업의 학습을 중시한다.
- 평생교육에 있어서는 인간 삶의 기초가 되는 유아기의 교육을 중시한다.
- 평생교육에 있어서는 학교가 교육을 독점하는 것을 인정하지 않으며, 학교교육은 평생교

18) 김란수, 『평생교육론』, 서울: 문음사, 1982, p.41.
19) 김종서, 평생교육개념의 모색, 『교육문제연구』 제2집, 명지실업전문대학 교육문제연구소, 1982, pp.14-17.

육의 관점에서 그 뜻을 찾으려고 한다.

- 평생교육에 있어서는 사회를 교육적인 환경으로 만들기 위하여 노력한다.
- 평생교육의 형태, 내용, 방법을 다양화하고 융통성을 부여함으로써 개인 및 사회의 필요에 대처하는 동시에 누구나 쉽게 접근할 수 있게 한다.

(3) 다베(R. Dave)의 견해[20]

- 평생교육이라고 하는 단어가 뜻하는 세 가지 기본 용어는 삶(Life), 평생(Lifelong)과 교육(Education)이다. 이들 용어에 부가된 의미와 그들 용어에 내려지는 해석은 주로 평생교육의 범위와 의미를 결정한다(의미와 조작 양식).
- 교육은 형식적 학교교육의 수료로서 종료되는 것이 아니고 한평생 동안 계속되는 과정이다. 평생교육은 한 개인의 한평생의 전 기간을 포함한다.
- 평생교육은 성인교육에만 국한된 개념이 아니다. 그것은 초등교육 전 단계(Pre-primary), 초등교육, 중등교육 등 교육의 모든 단계를 포함하여 통합한다. 그래서 평생교육은 교육을 그 전체성에서 관찰하고자 한다.
- 평생교육은 형식적(Formal), 비형식적(Nonformal), 무형식적(Informal) 형태의 모든 교육을 포함한다.
- 평생교육 과정이 시작되는 데 있어서 1차적이고, 또 가장 민감하면서도 결정적 역할을 하는 것은 가정이다. 이 과정은 가정학습(Family Learning)을 통하여 한 개인의 전 생애 기간에 걸쳐 지속되는 것이다.
- 지역사회 또한 어린이가 지역사회와 상호작용을 하기 시작하는 그 시점에서부터 평생교육체제에서 매우 중요한 역할을 한다. 지역사회의 교육적 기능은 한 개인이 전문직 생활과 일반적 제 영역이 생활에서 한평생 계속된다.
- 학교, 대학, 훈련소 등과 같은 교육기관이 중요하다는 것은 더 말할 나위 없다. 그러나 그 뜻은 평생교육기관의 하나라고 하는 점에만 중요하다. 그러한 교육기관이 국민 교육기관으로서 독점적 지위를 더 이상 누릴 수 없고, 그들의 사회 안에 있는 다른 교육기관과 관계없이 고립되어 존재할 수도 없다.

---

20) Dave, R. H., *Lifelong Education and School Curriculum*, 전북대학교부설 사회교육연구소 역, 정민사, 1984, pp. 51-52.

- 평생교육은 수직적 또는 종단적 차원의 계속성과 연결성을 추구한다(수직적 연계).
- 평생교육은 인생 각 단계의 수평적·심층적 제 차원의 통합성을 추구하기도 한다(수평적 통합).
- 평생교육은 귀족주의적 교육 형태와는 반대로 서민주의 성격을 갖는다. 그것은 교육의 민주화를 표방한다.
- 평생교육의 특징은 학습내용, 학습도구와 기술, 학습시간에 있어서의 신축성과 다양성에 있다.
- 평생교육은 새로운 학습자료와 학습매체 등을 즉시 활용할 수 있게 해주는 교육에의 가동적(加動的) 접근방식이다.
- 평생교육은 교육을 받는 형태와 형식에서 무한한 다양성을 가질 수 있다.
- 평생교육은 넓게 일반교양적 요소와 직업적 요소의 두 요소를 가지고 있다. 이들 두 요소는 서로 완전히 별개의 요소가 아니고 성격상 상호 관련성을 갖고 상호작용을 하는 것이다.
- 개인과 사회가 가지고 있는 적응기능과 혁신기능은 평생교육을 통하여 수행된다.
- 평생교육은 교정적 기능(Corrective Function)을 수행한다. 즉, 현행 교육제도의 결함을 보완하는 역할을 하는 것이다.
- 평생교육의 궁극적 목적은 삶의 질을 유지하고 개선하는 데 있다.
- 평생교육이 실현되기 위한 주요한 세 가지 전제조건은 기회(Opportunity), 동기(Motivation), 교육가능성(Educabillty)이다.
- 평생교육은 모든 교육활동의 조직원리이다.
- 실제 운영 수준에서 볼 때 모든 교육의 총체적 체제를 제공하는 것이다.

4) 평생교육 관련 유사 개념

(1) 성인교육(Adult Education)

① 성인교육은 기간학제에 준한 학교교육을 교육의 본래주기(Initial Cycle of Education)에 터하여 계속해서 완료하였거나 혹은 중단한 자들 스스로에 의하여 정보와 지식과 이해와 기능과 식별 그리고 태도의 변화를 낳게 하는 계열성 있고 조직적인 활동을 수행하는 과정이다.[21]

21) 김수일, 『사회교육연구회 논문요약집』(창립 15주년 기념연구발표대회), 한국교육학회 사회교육연구회 편, 1981, p.12.

② 성인교육이란 용어는 학교 외 교육을 의미하고 모든 조직화된 교육활동은 정규적인 학교나 대학에 다니지 않는 15세 이상을 대상으로 제공된다.[22)]

③ 성인교육이란 대체로 18세 이상으로 독립해서 직업을 갖거나 결혼을 하거나 또는 사회생활에 있어서 책임있는 시민으로서의 구실을 할 수 있는 사람들을 위해 조직되고 운영되는 모든 교육활동 또는 프로그램이라고 정의할 수 있다.[23)]

④ 성인교육이란 성인들의 지식을 축적시키거나 태도 및 견해, 관점 등을 변화시키고 시야를 넓히고 그들의 행동에 변화를 주는 모든 학습(Learning)을 일컫는다.[24)]

⑤ 성인교육은 내용이나 수준, 방법 등에 관계없이 성인을 위해 고안된 학습경험이다.[25)]

⑥ 성인교육은 성인을 위해 특별히 작성된 모든 교육활동을 가르치는 데 사용된다. 이러한 개념은 포괄적이나 성인에 의해서 생기는 학습활동이 다 포함되지는 않는다. 성인의 학습은 두 가지 측면이 있다. 즉, 일상생활 속에서의 경험(예를 들면, 독서, TV 대화, 사회참여 등)을 통해 얻어지는 학습과 교육매체(Educational Agent)가 성인이 찬성하는 교육목표 달성을 돕기 위하여 독특한 학습과정을 사용하여 교육할 때 이루어지는 학습이 있다. 후자를 성인교육이라 한다.[26)]

⑦ 성인교육은 성인에게 상급교육기관의 학점 유무와 관계없이 행하는 개방된 비형식적인 교육을 말한다.[27)]

⑧ 영국이나 스칸디나비아처럼 문해의 수준이 이루어졌다는 가정하에 성인교육은 그들의 직업적인 가치와 관계없이 그들의 능력과 적성, 사회적 · 윤리적 · 지적인 책임감과 고취를 목적으로 하는 교육 형태이다.[28)]

---

22) Kim, Sooil, *A Doctoral Dissertation on a Comparative Study of Adult Education in Indonesia, the Republic of Korea and Japan*, Tallahassee, Florida: The Florida State University, 1981, p.16.

23) 황종건, 『한국의 사회교육』, 서울: 교육과학사, 1985.

24) Bergevin, Paul, *A Philosophy for Adult Education*, New York: The Seabury Press, A Crossroad Book, 1967, pp.162-163.

25) Coles, Townsend & Edwin, K., *Adult Education in Developing Countries*, Oxford: Pergamon Press, 1977, p.5.

26) Verner, Collie & Alan, Booth, *Adult Education*, New York: Research in Education, Inc., 1964, p.8.

27) Liveright, A. A. & Haygood, Noreen(ed.), *The Expert Papers: Report of the First International Conference on the Comparative Study of Adult Education*, Masei SLEA Reports at Boston University, 1968, pp.30-31.

28) Lowe, John, *The Education of Adult: A World Perspective*, Paris: UNESCO Press, 1975, p.2.

⑨ 성인교육이란 학교를 정규적으로 전 시간을 할애해서(Full-time Basis) 나가지 않는 사람이 정보, 지식, 기술, 인식, 태도의 변화 및 개인이나 사회문제의 해결 목적으로 계속적이고 조직적인 교육활동을 하는 과정이다.[29]

⑩ 성인교육이란 주요한 사회적 역할이 성인 위치의 특색이 있는 사람으로서 지식, 태도, 가치와 기능의 변화를 목적으로 계속적이고 지속적인 학습을 실시하는 과정이다.[30]

(2) 추가교육(Further Education)

추가교육이라는 개념은 영국의 1944년 교육법에서 처음으로 법제화된 용어로서 그 의미와 내용은 다음과 같다. 즉, 이 법에 의하면 ① 의무교육을 마친 모든 연령층을 대상으로 하는 전일제 또는 시간제의 교육을 말하고 ② 여기에는 여가시간을 이용한 모든 조직적인 문화적·창조적 활동이 포함되며 ③ 국민은 누구나 희망에 따라 이 교육 프로그램에 참여할 수 있고 ④ 국가 및 지방교육당국(교육위원회)은 이 모든 다양한 형태의 교육을 실시하기 위한 시설과 운영의 책임을 맡아야 한다는 것 등이 그 골자라 할 수 있다.[31]

(3) 순환교육(Recurrent Education)

① OECD(경제협력개발기구)가 책정한 순환교육(Recurrent Education, 재교육, 회귀교육이라고도 쓰임)이란 산업사회의 생산적인 갱신을 위한 반복적인 교육을 뜻한다. 즉, 그들이 말하는 재교육이란 학교교육을 마치고 각자 직업생활에 종사하고 있는 성인들에게 수시로 적절한 시기를 택하여 계속적인 재교육을 반복케 하는 것이 필요하다는 견해에서 비롯되었다. 이러한 교육에는 비단 기업 내 교육 또는 사내연수교육 등의 형태로 실시되는 직업훈련교육뿐만 아니라 직업인에게 일정 기간 유급휴가를 주어 대학, 기타의 정규교육기관이나 연구기관 등에 파견, 취학케 하는 형식의 교육 프로그램도 포함된다.

② 순환교육이란 의무교육 후의 포괄적이고 유연한 교육시스템이며 현재 실시되고 있는 공식적 교육 부문과 여러 가지 모습의 성인교육을 결합한 것이다. 그러므로 다른 형식의

29) Lowe, John(ed.), *Adult Education and Nation Building: A Symposium on Adult Education in Developing Countries*, Edinburgh: Edinburgh University Press, 1970, p.3.

30) Merriam, Sharan & Darkenwald, Gordon, *Adult Education: Foundations of Practice*, New York: Harper & Row, Publishers, 1982, p.9.

31) 서울특별시 교육위원회, 평생교육, 1981, p.32.

교육이나 훈련을 반드시 신설하는 것만이 아니고 오히려 각양으로 이루어지고 있는 기존의 교육 형태를 조화된 하나의 전체로 통합하는 것이다.[32)]

(4) 생애교육(Career Education)

① 생애교육(진로교육, 생애진로교육, 또는 생애직업교육 등으로 불림)이란 개인이 자기의 적성 · 흥미 · 능력에 알맞은 일을 자각 · 탐색 · 선택 · 준비 · 유치 · 개선할 수 있도록 취학 전 교육부터 시작하여 평생 동안 학교와 지역사회의 공동 노력에 의하여 학습하는 경험의 총체이다.[33)]

② 1970년대에 미국 교육에 커다란 혁신 프로그램으로 소개된 것이 생애교육이다. 이 생애교육이 지향하는 교육목적은 ㉮ 모든 청소년이 직업선택을 위한 기초를 개선하여 준다 ㉯ 직업상의 기능 획득을 촉진시켜 준다 ㉰ 교육상의 달성을 증대시켜 줌과 동시에 교육을 그들의 장래에 비추어 보다 뜻있는 것이 되게 한다 ㉱ 훈련기회의 폭을 넓혀준다 등에 두고 있다.[34)]

③ 생애교육이란 모든 사람이 합리적인 수준에서 직업적 기능을 습득하는 것이다. 이는 개인이 생활에 보다 생산적으로 참여하기 위하여 직업을 발견하고 결정하는 발전적 과정이다.[35)]

④ 생애교육이란 개개인 모두가 일에 근간된 사회의 가치관에 친숙하고, 이런 가치관이 개인의 인성적 가치체제에 통합되고, 이러한 가치체제가 일(Work)이란 개인에게 가능하고 보람 있게 만족될 수 있다는 방식으로 생활하도록 협조해 주는 학교와 지역사회 간의 노력의 총체이다.[36)]

⑤ 생애교육이란 개인이 생활의 일부로 혹은 생활수단으로서 일을 배우고 일에 종사하기 위하여 준비할 수 있는 경험의 총체이다.[37)]

---

32) 전남지역사회학교협의회 역, 학습사회건설, 광주일보사, 1980, p.216.

33) 이무근, 『실업기술교육론』, 서울: 배영사, 1982, p.21.

34) 정우현, 평생교육체제의 수립방안, 『평생교육논단』, 1981, p.69.

35) Calhoun, Calfrey & Finch, Alton, *Vocational Education: Concepts and Operations,* Belmont, California: Wandsworth Publishing Company, 1982, p.91.

36) Hoyt, K., Career Education, *Vocational Education and Occupational Education: An Approach to Defining Differences*, Second Annual Distinguished Lecture Series, 1973-1974, The Center for Vocation of the Ohio State University, 1974, p.15.

37) Hoyt, Knneth & Evans, Repert & Mackin, Edward & Mangum, Garth, *Carrier Education: What it is and How to do,* Salt Lake, Utah: Olympus Publishing Company, 1974, pp.118-119.

(5) 지역사회교육(Community Education)

① 지역사회교육이란 본래 학교교육의 목적을 지역사회의 요구에 좀 더 접근시키려는 시도에서 출발한 넓은 의미에서의 지역사회 지향적 교육이라는 뜻을 가진 개념이지만, 근자에 와서는 주로 개발도상국가에 있어서의 광의의 지역발전계획(지역사회개발사업 또는 새마을운동 등)의 추진원리로서 각광을 받게 된 개념이라 할 수 있겠다.[38)]

② 지역사회교육은 처음에 푸에토리코(Pueto Rico)나 다른 저개발국에서 정식으로 공식용어로 사용한 것으로, 지역사회의 종합적인 생활 향상을 위한 주민들의 집단적인 사회교육 과정을 말하는 것이다. 최근에 발전도상에 있는 동남아 여러 나라에서 이 용어를 사용하고 있는데, 특히 인도네시아에서는 푸에토리코와 마찬가지로 사회교육 행정기구에 Community Education Division(PENMAS)이 있다.[39)]

③ 지역사회교육이란 지역사회가 그들의 요구와 자원을 분석하고, 어떠한 자원이 그들의 특정한 요구를 충족시키는 데 사용될 것인가 또는 그 요구들의 우선순위를 결정하는 과정이다. 또는 그들의 요구를 충족시켜 주고 삶의 질을 향상시켜 주는 지역사회 최고의 자원은 지역사회에 있는 교육체제인 것이다.[40)]

④ 지역사회교육은 전체 지역사회가 지역사회 구성원 전체의 모든 교육적 요구에 봉사하는 철학적 개념이다. 지역사회교육은 지역사회의 문제를 해결하는 데 있어서 적극적 의미의 지역사회로 발전시키고, 지역사회생활을 증진시키고 또한 종국적으로는 자아실현을 추구하는 지역사회의 과정으로 발전시키기 위하여 지역사회에 있는 학교를 지역사회의 자원 동원의 매체(Catalyst)로서 사용한다.[41)]

⑤ 지역사회교육이란 모든 지역사회 주민을 위하여 모든 교육기관의 균형과 사용을 성취하는 과정이다.[42)]

---

38) 서울특별시 교육위원회, 『평생교육』, 1981, p.34.
39) 황종건, "사회교육제도의 비교연구", 계명대학교 지역사회연구소, 1980, p.21.
40) Beggs, Walter, *Statement on Community Education*, Washington D.C.: U.S. Government Printing Office, 1977, pp.48-49.
41) Minzey, Jack & LeTarte, Clyde, *Community Education: From Program to Process to Practice*, Midland, Michigan: Pendell Publishing Company, 1979, pp.26-27.
42) Seay, Maurice, *Statement on Community Education,* Washington D.C.: U.S. Government Printing Office, 1977, p.48.

(6) 기초교육(Fundamental Education)

① 기초교육이라 함은 주로 영국에서 사용하는 용어로서, 제도화된 교육기관에 취학해 보지 못한 사람들에게 그들이 마땅히 그러한 교육기관으로부터 받았어야 할 자신의 환경에 대한 통찰력과 시민으로서 또는 개인으로서의 권리·의무가 무엇인가에 대한 이해를 갖게 해줄 뿐만 아니라 자신들의 생활조건을 진취적으로 개선하는 데 필요한 지식과 기술을 습득하게 해주고, 또 자기가 속한 지역사회의 경제적·사회적 발전에 좀 더 효과적으로 참여할 수 있는 길을 터주기 위해서 실시하는 교육을 말한다.[43]

② 기초성인교육(Fundamental Adult Education)은 성인을 위한 교육 프로그램의 가장 기본적인 교육을 말한다. 즉, 현대생활의 기본적인 방법을 가르치는 성인교육이다. 예를 들면 간단한 새 영농기술, 보건교육, 사회·경제기관의 형태, 문자, 아동보육 등이다.[44]

(7) 인적자원개발(Human Resource Development)

흔히 HRD는 성인학습과 훈련보다는 더 넓은 개념으로 이해되고 있다. 예컨대, HRD는 새로운 경영기법을 통한 기업과정의 향상을 꾀하거나 이 과정에서 작업방법의 수정을 위한 근로자 교육과 훈련을 실시할 수 있다는 것이다. 새 기법의 시행을 위해 공식적인 학습기회 제공이 전혀 없을 수도 있으며, 있다고 해도 근로자 학습과 훈련은 전체 과정에서 극히 일부분만을 차지하게 된다.

스완슨(R. Swanson)은 HRD를 "조직개발과 임직원에 대한 훈련을 통하여 구성원의 전문성을 발전시키는 과정이며, 전체 조직·작업과정·개인 차원의 수행능력 향상을 목적으로 하고 있다."[45]고 정의한다.

HRD와 성인학습을 구별하는 가장 큰 변인은 통제의 주체가 누구이냐 하는 데 있다. 조직 또는 기관이 학습과 훈련을 부여할 것인가 아니면 부여하지 않을 것인가에 대한 결정권을 갖고 있다면 이는 HRD이다. 결정권을 공식적으로 조직과 구성원이 공유하고 있다면 이는 HRD임과 동시에 성인교육이다. 성인학습의 결과와 학습과정이 구성원에 의해 판단된다면

43) UNESCO, *Fundamental and Adult Education*, Vol. Ⅸ, No. 2, Paris: UNESCO Press, April 1957, p.55.

44) Lowe, John(ed.), *Adult Education and Nation Building*, A Symposium on Adult Education in Developing Countries, Edinburgh: Edinburgh University Press, 1970, p.80.

45) Swanson, R. A., *Analysis for Improving Performance: Tools for Diagnosing Organizations and Documenting Workplace Expertise*, San Francisco: Berrett-Koehler, 1996, p.120.

이는 성인교육인 것이다. 결국 HRD는 전체 조직, 특히 기업조직의 목표달성과 이를 위한 수행능력 향상에 더 큰 관심을 두고 있다면 성인교육은 개인적 성장, 일반 지식 습득 또는 여가 선용까지도 고려하고 있다.

2. 평생교육의 특성

교육과 관련된 모든 이론과 연구는 여러 가지 특징적 요소를 내포하고 있다. 이러한 특징적 요소나 요소의 집합들은 계속적인 탐구를 위한 중심적 과제와 요점을 제시한다. 여기서는 평생교육이 가지는 여러 특성을 살펴보면서 각종 평생교육기관이나 시설들이 평생교육의 이론에 적합하게 운영되고 있는지 아니면 우리가 비판적 요소로 지적하고 있는 학교교육의 운영 형태를 지니고 있는지를 판단하는 기준으로 제시하고자 한다.

1) 학습자 중심(Learner Centered)

스완슨(D. Swanson)은 "평생교육의 참여자들은 학습 분위기를 외부로부터 강요받기보다는 스스로 창출한다."[46]고 한다. 이는 에반스(D. Evans)와 스미스(W. Smith)가 말하는 "능력 있는 학습자는 학습내용과 방법을 실질적으로 운영 · 통제한다."[47]와 같은 의견을 제시하고 있다. 따라서 학습자는 필히 학습목표를 설정하는 데 참여하여야 한다. 학습자가 중심이 된 환경은 학습자의 변화하는 요구와 수요를 충족시키고, 또한 교육기회를 더욱 공평하게 확대하는 데 있어서 교육기관의 반응도를 더욱 고무시킬 것이다.

와드(T. Ward), 디토니(J. Dettoni)와 맥킨니(L. McKinney)는 교육목표는 학습자의 요구와 더욱 접근되고 실질적인 것이 되어야 한다고 주장하고 있다.[48] 특히 개발도상국가에 있어서 아직도 많은 학습이론이 선진국으로부터 수입되고 있는 형편이나, 이러한 수입형 모델(Imported Models)은 그 사회의 경제적 · 문화적 조건이나 고용에 필요한 지식과 기술, 가정 관리, 가족 구성원의

46) Swanson, D. A., *The University of Massachusetts Projects: An Evaluation of Nonformal Education in Ecuador,* Quito, Ecuador: U.S. Agency for International Development, 1973, p.15.

47) Evans, David & Smith, W., "Nonformal Education: The light at the end of the tunnel" *Nonformal Education in a World Context*, Amherst, Mass: Center for int'1 Education, University of Massachusetts, 1973, p.14.

48) Ward, T., Dettoni J., & McKinney L., Designing Effective Learning in Nonformal Modes. In Brembeck, C. S., *New Strategies for Educational Development*, Lexington, Mass: D. C. Heath, 1973, p.112.

책무, 지역사회의 참여에 있어서 차이가 있기 때문에 적절한 변형을 필요로 하며, 이 경우 학습자의 요구를 충족시켜 주는 노력이 절실히 요청된다.

평생교육이 지니는 학습자 중심의 특성은 성과주의 학습모델(Performance Based Learning Model)을 의미한다. 폴스톤(R. Paulston)에 의하면 "평생교육의 특성은 개별화된 학습단위와 성과기준 요구"[49]라고 볼 수 있다. 또한 기능의 획득과 전문적 지식의 통달을 위한 창조성은 흔히 학습자에 의해서 규정되는 능력에 따라 판별된다. 브렘벡(C. Brembeck)은 "평생교육은 학습자 개인의 능력과 동기(Motivation)를 기재한 기록카드를 잘 활용하여야 한다."[50]고 주장한다. 만약에 이러한 기록카드가 정확한 자료라면 평생교육은 개별화 학습의 기초 위에 성과주의 교육을 보완할 수 있게 된다. 많은 자료에서 평생교육이 추구하는 학습자 중심의 대도는 환경을 통제할 수 있는 자아의식과 힘에 의해서 가능해진다고 하고 있다. 학습자가 자신과 처해 있는 상황을 철저하게 분석하고 직면해 있는 문제를 해결하기 위한 능동적인 활동을 유도하는 것은 그들의 태도와 깊은 관련이 있다.

2) 저렴한 비용(Low Cost)

교육기획과 정책결정에 있어서 비용의 중요성은 아무리 강조하여도 지나치지 않다. 아무리 부강한 선진국일지라도 교육에 투자할 수 있는 예산은 한정되어 있다. 특히 각국에서 평생교육의 발전적인 모색을 하기 위해서는 "단위당 비용이 적게 드는 교육 방식을 고안하는 것이다."라고 그란드스타프(M. Grandstaff)는 강조하고 있다.[51]

평생교육에 있어서 비용의 저렴성을 확보할 수 있는 근거는 다음과 같다.

① 많은 평생교육기관은 전용시설(Full-time Facilities)을 필요로 아니할 수 있다. 평생교육은 어떠한 장소에서도 성립될 수 있다는 가정하에서 출발하기 때문이다. 즉, 열대지방의 야자수교실, 노천교실, 천막교실 등과 같이 정규학교의 현대적 시설이 아닌 곳에서도 평생교육 프로그램을 운영할 수 있으며, 또한 평생교육은 기존 시설 · 설비를 임대하여 사용할 수도 있는 것이다. 만약에 평생교육기관이 지나치게 현대적 규모의 전용시설에

49) Paulston, R. G.(ed.), *Nonformal Education An annotated international bibliography*, New York: Praeger, 1972, pp.xii & xiv.

50) Brembeck, Cole S., *op. cit.*, 1973, p.29.

51) Grandstaff, Marvin, *Historical Perspectives on Nonformal Education*, East Lansing, Michigan: Michigan State University, 1974, p.12.

애착한다면 평생교육의 본질적 특성 중 하나가 '비학교화(Non-schooling)'임을 망각하고 또 하나의 '학교화(Schooling)'를 추구하는 우(愚)를 범하는 것이 된다.

② 평생교육에 있어서 인건비는 많은 자원봉사자(Volunteers)를 활용하고 외래교수자를 채용하거나 전문직원은 정부나 기업에서 협조를 받는 등으로 해서 절약할 수 있다. 쿰스(P. Coombs)는 "학습의 질을 저하시키지 않으면서 협정 또는 비협정에 의해서 활용 가능한 자원을 최대한으로 이용하는 것이 평생교육의 효율성을 제고시키는 방법이다."[52]라고 주장한다.

3) 단기의 학습기간(Short Cycle of Program Duration)

평생교육에 있어서 비용과 효과성에 직접 관련이 있는 것은 학습기간이다. 평생교육은 가능한 한 가장 짧은 기간 내에 설정된 학습목표를 달성할 수 있어야 하며, 또한 설정된 학습기간 중에 중간 종결되는 학습단위의 배려가 중요하다. 이를 위해서 브렘벡(C. Brembeck)은 평생교육에 있어서 "학습자의 생활 형태와 관련되어 즉각적 및 직접적으로 활용할 수 있는 기능학습(Functional Learning)"[53]을 강조한다.

학교교육과 평생교육의 본질적인 차이점은 평생교육이 학습내용을 통하여 습득한 지식과 기술을 즉각적으로 생활 현장에 적용할 수 있고 또 그런 기회를 가질 수 있다는 것이다. 따라서 폴스톤(R. Paulston)은 "평생교육활동은 현재 지향성을 지닌 단기간의 완성을 목표로 하는 경향이 많다."[54]고 하며, 브렘벡(C. Brembeck)은 다시 평생교육이 학교교육보다 우월한 점은 "학습목표가 즉각적인 행동을 위하여 설정되거나 새로운 행동을 창출하도록 설정되는 데 있다."[55]고 본다.

4) 요구에 기초(Basis in Needs)

모든 교육 프로그램은 어떠한 인간 요구에 기초하여야만 성공적으로 목표를 달성할 수 있다. 그러나 실제에 있어서 교육과 요구의 관계는 그들의 명확성과 시기적절성의 면에 있어

52) Coombs, Philip, H., *op. cit.*, 1973, pp.66-69.
53) Brembeck, Cole S., *op. cit.*, 1973, p.54.
54) Paulston, R. G., *op. cit.*, 1972, p.xii.
55) Brembeck, Cole S., *op. cit.*, 1973, p.54.

서 불분명할 뿐만 아니라 장기적 안목의 성격을 띠고 있다.

따라서 많은 교육 프로그램이 인간 요구와의 관계에서 불분명하지 않고 또한 단기적 전망에서 가능한 것을 시작하여야 한다는 요청이 쇄도하고 있는 것이다. 그란드스타프(M. Grandstaff)는 따라서 평생교육은 "현존하는 인간 요구를 명확하고 즉각적으로 수용할 수 있도록 그 목표 설정에 최우선 순위를 두어야 한다."[56]고 강조한다. 이를 위해 평생교육의 교육과정은 연속적이고 기술적이고 필수적인 것보다는 취사적이고 선택적이며 융통성이 풍부한 경향이 짙다.

평생교육이 지니는 이러한 교육과정의 특성을 에반스(D. Evans)와 에트링(A. Etling)은 "카페식 교육과정(Cafeteria Curriculum)"[57]이라 하며, 혹자는 "샌드위치식 교육과정(Sandwich Curriculum)"이라고 부른다.

교육과정의 편성은 학습자의 진정한 관심, 동기와 희망사항을 학습자가 발견할 수 있도록 최대한으로 노력한 결과를 토대로 하여 이루어져야 한다. 교육 프로그램도 국외자(Outsiders)의 전문적인 선입관(Preconceptions)이나 가정(Assumptions)에 의한 것이 아니라 학습자들의 진정한 관심 영역과 부합되도록 구성되어야 한다.[58]

5) 취업과 연결(Linkage to Employment)

경제성장과 산업화로 많은 발전을 이룩하고 있지만 아직도 세계 각국은 실업문제로 고민하고 있다. 특히 앞에서 쿰스(P. Coombs)가 지적한 대로 현대의 대량교육은 이 실업문제를 더욱 가중시키고 있다. 따라서 학교교육이 날로 양산하고 있는 교육받은 실업자(Educated Unemployed)의 문제를 해소하는 하나의 보완체계로서의 평생교육은 그 존재의 특징이 된다. 평생교육 행정기관이나 평생교육기관이 정책의 기획과 프로그램을 개설할 때 가장 관심있게 배려해야 하는 분야가 바로 취업과의 연계성이다.

평생교육이 취업과 연결될 수 있는 기능은 크게 두 가지로 볼 수 있다. 첫째는 현재 취업 중인 자에 대하여 날로 발전하는 과학·기술문명과 정보에 대한 계속교육을 실시함으로써 그들이 지속적으로 직장에 능력 있는 인간(Competent People)으로 육성되어 취업의 계속성을

---

56) Grandstaff, Marvin, *op. cit.*, 1974, p.13.

57) Etling, Arlen W., *Characteristics of Facilitators: The Ecuador Project and Beyond, Center for Int'l Education,* University Massachusetts, 1974, p.3.

58) Coombs, Philip H., *op. cit.*, 1973, pp.94-95.

부여하는 것이다. 대다수의 공무원 교육훈련, 정당의 연수교육, 기업체의 사내교육훈련, 각 대학의 특수(또는 전문)대학원, 대학부설 평생교육원, 영농교육기관, 방송통신대학과 산업대학, 원격대학, 사내대학, 학점은행제기관 등은 이러한 목적을 위하여 설립 · 운영되는 기관으로 볼 수 있다. 브렘벡(C. Brembeck)은 "평생교육은 문해교육(Minimum Literacy or Functional Literacy)과 훈련 프로그램을 개설하여 개인적 및 국가적 경제발전에 기여하는 방향으로 전개되어야 한다."[59]고 주장하는 배경을 이의 맥락에서 이해할 수 있겠다.

둘째는 현대의 학교교육이 그 규모의 거대성과 획일성 그리고 국민의 일류지향적인 교육기관으로 인하여 자칫 소홀히 취급될 수 있는 개인의 적성지도와 적성진로(Career Development)에 대한 보완체계로서 그 수정의 기회를 제공하는 것이다. 이를 위해서 콜라웨이(A. Collaway)는 "평생교육은 학위 취득(Diplomas, Degrees)을 목적으로 운영되어서는 아니 된다."[60]라고 한다. 오히려 평생교육은 자격증(Certificates) 취득을 목적으로 운영되는 것이 바람직하다. 각국의 공공직업훈련원, 직업전문학교와 학원, 특수대학원 등이 이러한 역할을 수행하고 있다.

우리나라의 전문대학과 산업대학에 매년 학사 편입생이 증가하는 이유도 학사학위와 함께 자격증을 취득할 수 있는 장점이 있기 때문이라고 해석할 수 있다. 이렇듯이 평생교육은 학교교육을 중단하였거나 완료한 사람들이 과잉배출되어 실업자가 되는 경우, 이들을 재교육시켜 취업과 연결될 수 있도록 생애진로교육(Career Education)을 실시하여 가능한 많은 사람이 직업을 통한 자기발전을 도모하도록 한다.

6) 수평적 관계(Horizontal Relationships)

만약 평생교육활동이 학습자 중심이고, 개별화된 것이고, 또한 자아의식과 교육과정이 학습자에 의해서 설정된다면 학습자와 교사의 관계는 당연히 수평적 관계를 강조하는 것이 된다. 이러한 관점에서 본다면 교사는 구조자(Helper), 능력 제공자(Enabler) 또는 촉매자(Catalyst)로서의 역할을 수행하게 되어 전통적인 교사의 역할과는 전혀 다른 것이 된다. 이러한 역할을 수행하는 사람을 앞에서도 언급한 바와 같이 조력자(Facilitator)라고 부른다.

평생교육기관에 있어서 이 조력자는 반드시 일정한 자격을 구비한 교사가 아니더라도 전문

59) Brembeck, Cole S., *op. cit.*, 1973, p.185.

60) Collaway, A., "Frontiers of Out of School Education" in Brembeck C. S., *New Strategies for Educational Development*, Lexington, Mass: D. C. Heath, 1973, p.17.

가를 보조하는 조수나 비전문적 교사도 될 수 있을 뿐만 아니라 심지어 지도력이 있거나 특정한 분야에 높은 기능과 지식을 보유하고 있는 학습자도 될 수 있다. 이를 지역자원의 활용(Using Local Resources)이라고 한다. 평생교육기관들이 프로그램의 대외적인 홍보 효과를 위해 굳이 비싼 교수자 급여를 지급하면서까지 속칭 저명인사를 초빙할 필요가 없다는 것이다. 학습을 진행할 수 있는 능력 있는 사람이면 누구나 조력자가 될 수 있는 평생교육의 특성이 잘 활용되어야만 프레이레(P. Freire)가 지적하는 은행식 교육(Banking Education)의 문제를 극복하고, 그가 제시하는 대화식 교육(Dialogue Education)을 달성하여 교사와 학습자의 관계는 수직적 관계에서 수평적 관계로 전환된다.

쿰스(P. Coombs)도 이 조력자의 역할을 중시하여 "평생교육기관은 학습자가 스스로 학습을 할 수 있도록 자기수업(Sef-instruction) 방법에 대한 전략을 수립하고 또한 교사는 훈련교관(Drillmaster)이나 교과서의 대체물로써의 역할이 아니라 학습자를 안내하고 지도하는 방향에 학습방법의 역점을 두어야 한다."[61]고 주장한다. 그는 또한 지역개발 프로그램에 전문적인 교사 이외에 자원봉사자나 다른 조력자(유급, 무급을 불문하고)를 활용할 경우에 생기는 장점으로,

① 지역사회의 자원봉사자를 활용하면 그 자원봉사자는 모범 농부로서 우대되어 추진하고자 하는 교육 프로그램에 풍부한 인적·물적 자원을 동원하여 업적을 증대시키는 데 크게 기여하게 되며,

② 교육 프로그램에 대한 참여의식은 지역사회의 다른 구성원에게도 전파되어 보다 많은 사람이 프로그램에 동참하게 되고,

③ 교육 프로그램의 취지에 대한 사회적·심리적 수락은 지역사회에 많은 여론지도자(Opinion Leader)를 형성하여 그 프로그램에 대한 대행자를 확보할 수 있으며,

④ 지역 실정을 잘 아는 지역 인사의 활용은 프로그램의 인적 구성을 더욱 관심이 집중되는 소규모의 팀으로 변화시키고 또한 더욱 질 높은 전문가와 기술자를 확보할 수 있도록 인도하는 한편, 지역주민들은 보다 단순해지고 교육적 부담이 적은 환경에서 프로그램 목적을 달성할 수 있게 된다.[62]

이와 같이 비전문적 조력자는 사람들 사이에 수평적 관계의 호응을 얻는 면에 있어서 전문

---

61) Coombs, Philip H., *op. cit.*, 1973, p.95.

62) Coombs, Philip H. & Ahmed, M., *Attacking Rural Poverty: How Nonformal Education can Help,* Baltimore: Johns Hopkins University Press, 1974, p.217.

적 교사보다도 더 유리한 여건에 있다. 분명히 수평적 관계는 평생교육이 학습자 중심으로 운영되고, 또한 학습자가 카페식 학습기회를 선택할 수 있는 여건이라면 더욱 중요한 것이 된다.

7) 분권화된 기획과 변경(Decentralized Planning and Alteration)

웨일러(H. Weiler)는 다음의 이유를 들면서 교육기획을 신랄하게 비평한다.

① 교육기회의 보수적인 편견은 교육기회의 재분배와 교육과정의 질적 요소 재정립에 대한 실패에도 불구하고 현존 제도의 재생산만을 고집하는 경향이 있다. 정치적 및 경제적 분야에 쏟는 관심 때문에 교육기획은 현상 유지를 하는 데 급급한 실정이다.

② 계층구조적인 속성, 내부 행정적 특성과 상의하달식 정책 운용에 기초한 엄격한 중앙통제와 책임은 행정계층의 밖에 있는 사람과 기관의 참여를 저해하고 있다.

③ 교육기획의 주요 관심이 양적 성장에 편재되어 있어서 다른 지역이나 하급계층의 사람들에 대한 교육기회의 확산에 게을리할 뿐만 아니라 구조적인 면과 실질적인 차원에서의 교육제도 개신과 재구성이 등한시되고 있다.

④ 교육기획이 다양한 방법과 기법을 동원하여 계획에 대한 설명에 역점을 두는 나머지 현실적으로 구체화되는 것을 좀처럼 찾아보기가 힘들다.

⑤ 교육기획이 단순히 인력 양성에만 한정되는 경제적 측면과 지나치게 관련되어 있어서 전통문화의 보존, 건강, 환경보호 등과 같은 문제가 소홀히 취급되고 있다.[63)]

이상의 교육기획과 관련된 비평 중에서 가장 심각한 문제점은 교육기획의 중앙집권화로 인하여 야기되는 비유연성(Inflexibility)이라고 지적할 수 있다. 중앙집권적 교육기획이 때로는 불가피한 것이나 모든 교육적 시도에 상존하여서는 아니 되는 것이다. 특히 평생교육에 있어서 위에서 살펴본 여러 가지 특성을 내재화하기 위해서는 전국에 걸친 획일적인 기획과 정책의 수행은 그 본질적 특성을 위협하는 것이 된다. 따라서 그란드스타프(M. Grandstaff)는 평생교육은 교육의 설계와 기획에 있어서 최대한으로 지방분권화를 보장해 주는 한편 추진 시에도 최대한의 변경 가능성을 인정해 주는 가장 모범적인 접근방법을 제시해 주어야 한다고 주장하

63) Weiler, Hans N., *Towards a Political Economy of Educational Planning*, Prospects, Vol.Ⅷ, No.3, 1978, p.251.

고 있다.[64] 특히 평생교육활동은 많은 목적을 달성하도록 설계된 것이다.[65] 따라서 변동하는 주변 여건에 따라서 즉각 대처할 수 있는 권한과 책임을 평생교육에서는 인정해 주어야만 유연성을 최대한으로 보장해 주는 것이 된다.

8) 적극적인 홍보(Positive Distribution)

교육 프로그램은 그 잠재적 대상자에 대한 홍보 면에 있어서 다양하다. 어떤 경우에는 아주 한정된 수요자에 대해서만 공지(公知)를 하는 반면에 다른 경우에는 광범위한 학습자를 대상으로 홍보를 한다. 평생교육은 본질적으로 연령, 성, 직업, 종교, 정치적·사회적 및 경제적 신분 등에 구별 없이 모든 사람을 대상으로 한다는 것은 앞에서 살펴본 교육의 개념 부분에서 알 수 있다. 그러나 설정된 사업은 유아, 학교 외 청소년, 노인, 성인, 여성, 농촌의 빈곤계층, 지역주민, 도시근로자, 소수민족집단, 취업집단 등 특정한 계층 또는 부류에 속하는 사람을 대상으로 실시될 수도 있는 것이다.[66] 그러나 평생교육은 아직도 많은 나라에서 학교교육에 대한 편중의식, 평생교육의 독자성 미확립, 정부의 지원 미흡 등 여러 가지 주변 여건으로 미성숙 상태를 벗어나지 못하고 있는 실정이다.

그란드스타프(M. Grandstaff)는 오늘날 우리가 당면하고 있는 평생교육의 미성숙 문제를 해결하기 위해서는 평생교육 프로그램과 목적 등에 관한 홍보를 접촉이 가능한 모든 사람에게 활발히 전개하는 것이라고 한다.[67] 다시 말하면, 학교교육기관은 의무교육의 연장으로 인하여 교육이 국민의 기본적 권리임과 동시에 의무가 되어 뚜렷한 홍보활동을 실시하지 않아도 학생을 확보하는 데 곤란성이 거의 존재하지 않는다.

또한 고등교육기관도 고등교육의 보편화 내지 일반화 추세에 힘입어 학생 확보에 큰 문제의식을 갖지 않고 있는 것이 보통이다. 따라서 학교교육기관은 학생 확보에 있어서 보다 우수한 학생을 유치하는 경쟁은 있으나 전체적인 입학정원을 충족시키는 면에 있어서는 오히려 소극적인 것이 일반적이다. 다만, 우리의 경우 저출산 등으로 인한 학생 수 급감으로 점차 입학정원 확보를 위한 고등교육기관의 경쟁이 격화되고 있는 추세이다. 반면에 평생교육기관은 학습

---

64) Grandstaff, Marvin, *op. cit.*, 1974, p.14.

65) Collaway, A., *op. cit.*, 1973, p.21.

66) Reed, Horace B., *Nonformal Education,* Amherst, Mass.: Community Education Resource Center, University of Massachusetts, 1981, p.8.

67) Grandstaff, Marvin, *op. cit.*, 1974, p.14.

자를 확보하는 면에 있어서 적극적이고 능동적이지 못하다면 그 기관의 존립에 관한 문제까지에도 파급된다. 바로 이러한 차이점은 학교교육은 일종의 강제적 참여(Compulsory Participation)임에 비하여 평생교육은 자발적 참여(Voluntary Participation)라는 특성에 기인하는 것이다.

3. 평생교육의 역할

평생교육의 역할을 설명하는 관점은 학자들마다 다른 견해를 보이고 있다. 예를 들면, 심킨스(T. Simkins)는 평생교육의 역할을 보완학습(Complementary Schooling), 보충학습(Supplementary Schooling)과 대안학습(Alternatives to Schooling)으로서의 역할로 구분하고 있다.[68] 필자는 평생교육의 역할을 크게 세 가지, 즉 대안학습 과정(An Alternative Learning Process), 체제유지 수단(A Way to Maintain Status Quo) 및 사회변화 생성 수단(A Way to Make Social Change)의 역할로 구분한다.[69]

1) 대안학습 과정의 역할

이는 평생교육을 학교교육에 대한 대안체제로 보는 것이다. 평생교육을 이러한 역할로 보는 데는 다시 학교교육과정을 보완하는 것과 학교교육을 수료하였거나 중단한 자에 대한 보충교육으로 구분해서 설명할 수 있다.

(1) 보완교육(Complementary Education)

이런 형태의 평생교육은 대체로 학교교육기관이 제공하는 교육을 보완하거나 완성하는 데 있다. 학습자는 일반적으로 초등학교, 중 · 고등학교 및 대학에 재학하고 있는 학생들이다. 보완교육은 정상적으로 요구되는 학습의 내용과 활동이 학교의 교실에서 이루어지는 것이 부적절한 것들을 대상으로 하고 있다.

다시 말하면 운동클럽, 취미활동반, 각종 학회와 단체활동, 연극반, 합창단 등의 학생 과외활동(Extra Activities)은 학교 중심이고 학교의 지도 · 감독하에 운영되고 있으나 이들은 학교의 정규과정 이외에 교실 밖에서 이루어지는 활동인 것이다. 더욱이 일반적인 형태의 보완교육은

68) Simkins, T., *Nonformal Education and Development,* Manchester: University of Manchester, 1976, p.54.
69) Kim, Yong Hyun, *A Doctoral Dissertation on Nonformal Education and University Participation: Planning Considerations for Universities of Korea*, University of Massachusetts, 1984, p.52.

학교시설을 사용하지 않으며, 이들은 많은 경우에 있어서 외부 인사(Non-School Personnel)나 단체에 의해서 조직되고 운영된다. 예를 들면, 보이스카우트나 걸스카우트와 같은 청소년단체, 4-H클럽과 같은 영농지도자단체, 민간단체의 후원을 받는 자원봉사활동 등이 있다. 최근의 경향은 학교의 재학생에게 알맞은 과외활동의 실시를 강력하게 요청하며 또한 학교가 이러한 활동을 통하여 지역사회에 직접적으로 참여하는 쪽으로 움직이고 있다.[70]

에반스(D. Evans)는 따라서 보완교육의 경향을 넓은 의미의 탈학교화 운동의 일환으로 보고 있다.[71] 반면에 보완교육으로서의 평생교육은 학교에 재학하는 학생과 정규학교교육을 이수하지 못한 성인들에게 한정된 학습기회를 제공하는 데 불과하다는 약점을 지니고 있다.

(2) 보충교육(Supplementary Education)

이런 형태의 평생교육은 어느 정도이건 학교교육을 이수한 사람에 대하여 학교 또는 이와 유사한 기관과 단체에 의해서 계속학습의 기회를 제공하는 것이 일반적인 현상이다. 보충교육의 실례로서는 비문해자에 대한 기초문해교육(Minimun/Basic Literacy Education), 문해자에 대한 기능문해교육(Functional Literacy Education), 도제식 교육(Apprenticeships), 각종 직업훈련과 같은 기능훈련교육(Skill-Training Programs), 영농훈련과정(Farmer-Training Courses), 가족생활교육(Family Life Programs), 가정경제교육(Home Economics Training) 등이 있다. 학습내용은 주로 특정한 실제 상황과 연결되고, 또한 일상생활과 직업생활에서 즉시 활용할 수 있는 기능을 학습자들이 배양할 수 있는 것이 일반적이다.

2) 체제유지 수단의 역할

평생교육의 역할을 이러한 관점으로 보는 것은 평생교육이 부자나 가난한 자 등 모든 계층의 사람에게 적용된다는 데 있다. 모든 개인의 궁극적인 욕구는 개인이 가지고 있는 잠재력을 최대한으로 개발하여 완전한 자아정체감(Self-identity)을 성취하는 데 있다. 즉, [그림 5-1]에서 보는 바와 같이 마슬로우(A. Maslow)의 인간 욕구 5단계(Five Hierarchies of Human Needs)에서도 가장 강조하는 것은 자아실현인 것이다. 특히 하위 욕구가 충족되지 못하면 그 상위 욕구로 진입할 수 없다는 마슬로우의 견해는 우리에게 더욱 큰 충격을 준다.

---

70) Minzey, Jeck & LeTarte, Clyde, *op. cit.*, 1979, p.58.
71) Evans, David R., *op. cit.*, 1981, p.20.

그림 5-1 마슬로우의 인간 욕구 단계[72]

자아실현을 목적으로 하는 평생교육활동은 학교교육을 대체 또는 대신하는 것들이다. 어떠한 이유로 정규학교교육 기회를 제공받지 못했거나 중단한 청소년과 성인들에게 제2의 교육기회(The Second Chance Education)를 제공하는 방계학제 교육기관이 이러한 범주에 속하는 평생교육기관인 것이다. 즉, 우리나라의 공민학교, 고등공민학교, 방송통신고등학교, 학력인정 평생교육시설, 산업체 부설학교 및 야간 특별학급, 방송통신대학, 산업대학, 사내대학, 원격대학, 학점은행제교육기관, 특수대학원 등은 이에 해당하는 학교교육 기회를 잃은 사람들에 대한 추가교육 기회를 제공하는 평생교육기관이다.

체제유지 수단으로서의 평생교육이 가지는 다른 측면은 현대 산업사회와 민주시민사회에 적응할 수 있도록 계속적인 학습을 통한 성숙도(The Degree of Maturity)의 달성이다. 성숙한 인간(Mature Person)을 측정하는 척도로서 놀스(M. Knowles)는 다음 〈표 5-1〉을 제시하고 있다. 성숙도를 목적으로 하는 평생교육활동을 학교교육의 최종 단계인 고등교육을 완료한 사람까지도 그 대상으로 실시하며, 이는 평생학습 또는 계속학습의 절대적 근거를 제시하고 있다. 즉, 여성단체의 각종 활동, 로타리클럽 · 라이온스클럽 등 각종 성인단체 활동, 사내연수 프로그

72) Knowles, Malcom S., *op. cit.*, 1980, p.28.

램, 학원의 취미 · 교양 프로그램, 언론기관의 교양문화센터(Cultural Center) 등이 개인의 성숙도를 제고시키기 위하여 제공되는 평생교육이다.

따라서 고도산업사회와 민주시민사회를 지향하는 모든 나라는 그 나라의 총체적 교육체제(Total Educational System) 속에 정규학교교육 이외에 다양한 평생교육을 포함시켜 발전시켜야 하는 것이다.

시몬즈(J. Simons)는 "평생교육의 확충은 그 사회의 정치적 · 사회적 체제유지를 강화한다."[73] 라고 보고 있다.[74]

표 5-1 성숙도의 차원

1.	의존성	→	자치성
2.	수동성	→	능동성
3.	주관성	→	객관성
4.	무지(無知)	→	계발(啓發)
5.	적은 능력	→	많은 능력
6.	적은 책임성	→	많은 책임성
7.	좁은 관심	→	넓은 관심
8.	이기주의(利己主義)	→	이타주의(利他主義)
9.	자기부인(自己否認)	→	자기승인(自己承認)
10.	모호한 자아정체감	→	통합된 자아정체감
11.	특수관계에 치중	→	일반원리에 치중
12.	표면적 관심	→	심층적 관심
13.	모방성	→	독창성
14.	확실성 요구	→	애매함에 대한 인내
15.	충동성	→	합리성

73) Knowles, Malcom S., *op. cit.*, 1980, p.29.

74) Simons, John(ed.), *The Educational Dilemma: Policy Issues for Developing Countries in 1980s*, London: Pergamon Press, Ltd., 1980, p.9.

3) 사회변화 생성 수단의 역할

평생교육의 역할을 이러한 관점으로 보는 중요한 문제는 평생교육을 정치적 · 경제적 및 사회적 변형을 증진시키는 수단으로 인식하는 데 있다. 이는 평생교육이 본질적으로 참여식 방법을 통한 의식 향상(Consciousness Raising)으로 개혁잠재력(Reform Potentials)을 지니고 있다는 점을 강조하는 것이다.

평생교육이 수행하는 사회변화 생성의 역할에는 ① 점진적 변화(Incremental Change)와 ② 급진적 변화(Radical Change)의 두 가지를 들 수 있다. 먼저, 점진적 변화는 지역주민 스스로가 지역사회 개발계획을 선정하고, 설계하고, 집행하는 지역개발사업에서 많이 볼 수 있는 것과 같이 학습자들의 요구를 수렴하는 등 참여를 강조함으로써 학습에 대한 동기력(Motivation Force)과 권한 증대력(Empowering Force)을 부여하여 점진적인 변화를 유도하는 것을 말한다.

다음으로, 급진적 변화는 교육과 학습을 통해 사회혁명을 꾀하는 일련의 활동을 말하며, 해방교육 또는 민중교육을 주장하는 프레이레(P. Freire)가 대표적인 학자이다. 이는 평생교육 활동이나 프로그램이 도시빈민층이나 저소득층, 농 · 어촌의 도서벽지 지역 등 낙후된 지역, 그리고 정규교육을 제대로 받지 못한 교육소외계층을 대상으로 학습을 시켜 그들이 주인이 되고, 교육적 가난을 대물림하지 않는 새로운 사회를 건설하는 등의 급진적 변화를 유도하는 것을 말한다.

위에서 살펴본 평생교육의 사회변화 생성 수단의 역할은 그동안 세계 각국 및 우리나라에서도 시대적 · 정치적 상황에 의하여 때로는 점진적 변화가 또 때로는 급진적 변화를 위한 활동이 전개되어 왔음을 잘 알고 있다. 여기서 중요한 것은 무엇이 다수 국민의 교육복지를 향상시키고 학습사회를 건설하는 데 유용한 변화 수단이 될 것인지를 확인하기 위하여 우리 평생교육자들은 늘 깨어 있어야 한다는 것이다.

연구문제

1. 평생교육의 출현 배경을 설명해 보시오.
2. 다양한 학자와 전문가들의 평생교육에 대한 개념 정의를 요약 제시해 보시오.
3. 다베가 제시하는 평생교육 구성원리를 진술해 보시오.
4. 평생교육의 8가지 특성을 열거해 보시오.
5. 평생교육의 역할을 진술해 보시오.

제6장

평생교육의 유형

학습목표

1. 평생교육의 대상별 유형 내용을 탐색하고 설명할 수 있다.
2. 평생교육의 교육기능별 유형의 내용을 확인하고 제시할 수 있다.
3. 정부부처와 민간단체에서 실시하고 있는 평생교육기관들을 확인하고, 그 내용을 진술할 수 있다.

학습개요

평생교육의 대상, 기능과 범위는 다양하다. 평생교육의 정의에서도 본 바와 같이 다양한 용어가 사용되고 또 활용되고 있다. 따라서 평생교육의 구체적인 실체로서 우리 사회에서 활동하고 있는 모습을 살펴보는 것은 매우 중요한 일이다.

이 장에서는 평생교육의 유형을 교육대상별, 교육기능별 그리고 교육기관별로 분류하여 설명하고자 한다.

1. 교육대상별 유형

1) 취학 전 교육

초등학교의 입학 연령에 도달하지 못한 어린이들은 많은 어린이 보호 프로그램(Child-care Program), 영양과 건강 프로그램 및 지역사회발전 프로그램 등에 의해서 간접적으로 서비스를 제공받고 있다.[1] 대부분의 이러한 프로그램은 한정된 어린이에게만 교육서비스를 제공하거나 또한 이러한 프로그램에 참여하는 어린이에게 제한된 영향력을 발휘하고 있을 뿐이다. 지극히 몇몇 조직화된 지역사회의 정책만이 제도화된 사회적 발전과 취학 전 아동의 성장을 위한 기회를 창출하고 있다.

몇몇 나라에서는 취학 전 아동의 교육에 대한 관심으로서 공식화된 유치원이나 보육원(Nursery School)을 개설, 학교교육 제도를 하향확장(下向擴張)하여 교육기회를 확대해 주고 있다. 그러나 이러한 교육제도도 대규모로 제공되고 있지 못한 실정이다.

우리나라는 예부터 가정에서 취학 전 교육을 매우 강조해 왔다. "세 살 버릇 여든까지 간다."는 격언이 어느 가정에서나 중요시되어 왔을 뿐만 아니라 전통적으로 인간교육의 출발점을 태중 이전으로 보고 잉태 전에 양친이 되기 위해 심신의 준비태세를 갖추었다.

잉태 후에는 태교를 실천하였으며, 출산의 간격이 3~4세 터울이었고, 이유아, 배변(排便)훈련이 조모(祖母)의 대리모성의 역할[2]로서 수행되어 온 것은 자녀를 출산하는 것과 더불어 그들을 어떻게 교육시키느냐 하는 것이 중요함을 말해주고 있다.

1) Coombs, Philip H., *op. cit.*, 1973, p.57.
2) 유안진, 『한국전통사회의 유아교육』, 경기: 정민사, 1980, p.21.

그러나 현대 학교교육 제도가 도입되면서 취학 전 아동에 대한 교육은 학교교육 제도의 하나로서 도입되지 못한 채, 도시 일부의 학령 전 유치원으로서 사립학교처럼 극히 소수의 어린이들에게 선택적으로 주어져 왔다.

영유아를 대상으로 하는 보육정책의 경우, 1991년 1월 14일 영유아보육을 위한 특별법이 제정·공포되어 날로 증가하는 보육 수요에 대처하게 되었다. 특히 보건복지부는 아동의 건전한 육성과 맞벌이 가정의 경제적·사회적 활동을 지원하기 위하여 어린이집의 확충에 노력하고 있다. 이 외에도 보육교사의 전문성 향상을 위한 보육교사 자격증 제도의 도입, 저소득층 자녀에 대한 보육지원료, 보육 프로그램 개발 및 보급 등 영유아교육기관에 대한 국가 차원의 지도와 지원을 강화하고 있다.

표 6-1 어린이집 연도별 설치·운영 현황

(2023. 12. 31. 현재, 단위: 개소)

구분	계	국·공립 어린이집	사회복지법인 어린이집	법인·단체등 어린이집	민간 어린이집	가정 어린이집	협동 어린이집	직장 어린이집
2023	28,954	6,187	1,206	551	8,886	10,692	124	1,308
2022	30,923	5,801	1,254	610	9,726	12,109	132	1,291
2021	33,246	5,437	1,285	640	10,603	13,891	142	1,248
2020	35,352	4,958	1,316	671	11,510	15,529	152	1,216
2019	37,371	4,324	1,343	707	12,568	17,117	159	1,153

출처: 교육부(2024). 2024년 보육통계.

한편 유아교육의 경우, 유아교육진흥법 제정(1982. 12. 31.) 및 시행을 계기로 정부의 유아교육 진흥정책을 실시해 온 결과 1982년 31.4%의 유치원 취원율이 1990년 55.1%까지 확대되었다. 그러나 1997년에 닥친 IMF 사태로 인하여 우리나라 유아교육계는 2005년까지 큰 어려움을 겪었다. 따라서 유치원 취원율이 40%대로 떨어지는 결과를 초래하였다. 이후 2013년에는 46.7%를, 2023년 12월 현재 94.3%를 나타내고 있다. 교육부는 유아교육의 공교육화를 목표로 유아교육법을 제정(2004. 1. 29, 법률 제7120호)하였으며, 1999년 9월부터 농어촌지역 만 5세아 저소득층 자녀 유치원 학비 지원을 전국으로 확대(2000. 2. 국민경제자문회의)하였다. 또한 저소득층 가구의 만 3·4세 아동에 대한 교육비 차등지원과 두 자녀 이상 취약 저소득층 자녀 교육비 일부를 지원하는 등 유아교육 기회 확대를 위해 노력하고 있다.

우리나라 유치원 수 현황은 〈표 6-2〉와 같다.

표 6-2 대한민국 유치원 현황(2022년 기준)

시·도	유치원 수				학급 수				교원 수				원아 수			
	계	국립	공립	사립	계	국립	공립	사립	계	국립	공립	사립	계	국립	공립	사립
총합계	8,562	3	5,113	3,446	35,799	17	13,675	22,107	53,696	25	21,318	32,353	552,812	255	167,230	385,327
서울	788	-	293	495	3,995	-	1,269	2,726	6,446	-	1,636	4,810	66,524	-	15,971	50,553
부산	394	-	136	258	2,176	-	566	1,610	3,410	-	882	2,528	36,308	-	7,921	28,387
대구	329	-	116	213	1,778	-	430	1,348	2,879	-	662	2,217	32,272	-	6,366	25,906
인천	396	-	191	205	2,034	-	690	1,344	2,909	-	846	2,063	35,427	-	8,589	26,838
광주	288	-	136	152	1,209	-	305	904	1,826	-	471	1,355	20,998	-	3,827	17,171
대전	255	-	105	150	1,276	-	334	942	1,947	-	454	1,493	20,405	-	3,805	16,600
울산	191	-	93	98	856	-	313	543	1,167	-	412	755	14,779	-	4,471	10,308
세종	64	-	62	2	443	-	434	9	1,034	-	1,020	14	6,422	-	6,311	111
경기	2,175	-	1,282	893	10,488	-	3,996	6,492	14,247	-	5,413	8,834	153,149	-	47,216	105,933
강원	359	1	276	82	961	4	516	441	1,384	6	768	610	13,168	55	5,839	7,274
충북	324	1	247	76	1,074	7	637	430	1,689	10	1,102	577	14,993	105	7,840	7,048
충남	498	1	376	121	1,616	6	751	859	2,623	9	1,381	1,233	23,647	95	8,474	15,078
전북	501	-	370	131	1,548	-	691	857	2,298	-	1,332	966	18,740	-	7,247	11,493
전남	516	-	422	94	1,317	-	810	507	2,293	-	1,626	667	16,285	-	8,338	7,947
경북	682	-	464	218	2,064	-	774	1,290	3,147	-	1,323	1,824	31,365	-	8,905	22,460
경남	683	-	442	241	2,673	-	964	1,709	3,981	-	1,746	2,235	42,385	-	12,532	29,853
제주	119	-	102	17	291	-	195	96	416	-	244	172	5,945	-	3,578	2,367

출처: 교육부(2024). 2024년 보육통계.

특별히 정부에서는 세계에서 가장 낮은 출산율로 인한 인구 감소 문제에 대처하기 위해 「누리과정」 제도를 도입하여 유치원·어린이집 구분 없이 동일한 내용을 배우는 것은 물론 부모의 소득 수준에 관계없이 모든 계층의 유아에게 유아 학비와 보육료를 지원하고 있다. 5세 누리과정은 2012년 3월 1일부터 시작되었으며, 3·4세 누리과정은 2013년 3월부터 시행하여 3~5세 유아들에게 사실상 무상교육을 실시함으로써 우리는 12년의 무상교육 실시 국가로 발돋움하게 되었다.

한편, 유치원과 어린이집을 통합하는 일명 '유보통합'이 2023년 국회 본회의에서 통과되어 2024년 6월부터는 보건복지부의 영유아보육 업무가 교육부로 이관되어 영유아를 위한 보육과 교육을 교육부가 통합하여 책임지게 되었다. 그 이후 정부와 학계에서는 표준교육 과정 부분 개정안에 대한 논의 등이 활발하게 추진되고 있다. 또한 유보통합 추진방안에 따른 과제를 반영하여 3~5세 교육비 부담을 대폭 경감하고, 방과 후 과정비 확대, 교육과정 개정 및 사립유치원 교사 처우 개선 등 다양한 추진방안을 마련하고 있다. 일본의 경우, 2006년 '취학 전 유아교육, 보육 통합 제공 추진에 관한 법률'에 근거하여 이들 서비스 기능을 통합하는 '인정어린이집'을 도입했다. 2010년에는 이들의 완전한 통합을 위해 유치원과 보육소를 폐지하고 2013년부터 향후 10년 안에 '어린이원'으로 통합하는 안이 제안되었으나, 일본 보수당의 반대로 부결되었다. 우리도 선진국에서의 통합 사례를 면밀히 분석하여 추진해야 할 것이다.

2) 청소년 교육

(1) 청소년의 개념

우리나라 청소년 관련 법규는 입법취지에 따라 그 대상을 다르게 규정하고 있다. 즉, 민법은 19세 미만을 미성년으로 규정하며, 「아동복지법」에서는 18세 미만을 요보호대상으로, 「근로기준법」은 18세 미만을 소년근로자로 보는 한편, 「형법」은 14세까지를 형사미성년자로 규정하고 있다.

심리학에서는 청년을 14~15세경부터 22~23세까지로 규정하고, 소년은 초등학교까지의 연령에 해당된다고 설명한다. 그러나 심리적 성숙과정은 30세 이상까지도 연장될 수 있다고 한다. 심리학자 오세벨(D. Ausubel)은 청소년 개념을 완전 상황으로 보지 않고 계속적인 과정으로 보고 있다.[3]

생물학에서는 청소년기를 육체적으로 균등하게 발달하는 시기를 말하고 있는데, 이는 사회적 · 문화적 특성을 남녀의 연령에 따라서 다르게 나타낸다. 다시 말하면, 생물학에서 볼 때 청소년기란 성인으로 성장해 가는 제2의 증세인 신체적 · 생리적 성숙의 특징이 나타나는 시기로서 성적 성숙은 여자의 경우 12~13세에 시작되고, 남자는 14~15세에 시작된다고 본다.

3) 권이종, 『사회교육과 청소년지도』, 배영사, 1984, p.10.

이 육체적인 성장은 여자의 경우 18~20세에, 남자는 20~22세에 멈춘다고 설명한다. 사회학에서 보는 개념은 특히 쉘스키(H. Schelsky)의 유명한 저서 『회의시대』에서 다루어졌다. 쉘스키는 청소년기를 '회의세대'로 보고, 청소년을 "인간의 행동 단계로서 아동의 역할은 더 이상 갖게 되지 않으나, 성인의 역할행동을 하기에는 아직 이른 단계에 있는 자라고 할 수 있다. 이러한 행동의 미성숙으로 사회기관들은 청소년기에 정치 · 경제적 혜택을 제공하여야 한다."라고 표현하였다. 쉘스키의 연구에서는 청소년기를 14~25세로 규정하고 있다.[4] 이 외에도 자유권, 자유 등의 관점을 기준으로 청소년기를 규정하는 철학적 · 인류학적 접근 및 종교학적 청소년기에 대한 개념이 있다.

위에서 언급된 청소년에 대한 다양한 개념 설정을 종합해 보면, 첫째, 청소년기를 연령적으로 구분할 때는 아동기와 성인기 사이의 중간 시기에 해당한다고 볼 수 있다. 둘째, 청소년기는 개인의 성장속도에 따라 다르며, 하나의 일반적인 변화과정이라고 볼 수 있다.

(2) 청소년의 특성

현대 산업사회로 접어들면서 일반적으로 청소년의 신체적 발육은 이전보다 더욱 빨라지고 있는 데 비하여, 청소년에게 성인으로서의 역할을 부여하는 시기는 학교교육기간의 연장으로 인하여 상대적으로 점점 늦어지고 있기 때문에 현대사회에 있어서 생리적 과정과 사회화 과정의 격차 현상이 청소년의 사회 심리적 문제를 더욱 갈등시키고 있다.

청소년기의 생리적 특성은 한 마디로 남자는 남성으로, 여자는 여성으로서의 신체적 성숙이 이루어진다는 것이다. 청소년기가 되면 신장과 체중이 급격히 늘어나고 가슴둘레, 머리둘레 등이 또한 커진다. 이 시기의 핵심적 현상이라 할 수 있는 성적 성숙과 성의식의 강화는 성호르몬의 영향으로 뚜렷해진다. 즉, 대개 10세가 지나면서 소녀들에게는 초경(또는 초조)이 나타나고 가슴과 엉덩이가 발달한다. 소년들의 경우는 신체 각 부분에 남성으로서의 골격이 형성되어 팔, 다리가 길어지고, 수염이 자라기 시작한다.

현대사회에 접어들면서 영양 상태와 생활조건이 점차 좋아지면서 사춘기 연령이 전에 비해서 상당히 낮아지고 있다. 이와 같은 생리적 변화는 이를 처음 경험하는 청소년들에게는 매우 심각한 고민과 심리적 불안감을 주게 된다.

4) 권이종, 상게서, p.10.

청소년기의 사회문화적 특징은 문화권에 상관없이 일반적인 현상으로 나타나는 생리적 특성과는 달리 한 사회의 사회적·문화적 특수성에 크게 영향을 받는다. 한 인간이 태어나서 부모를 비롯한 기성세대에의 의존적인 존재로부터 독립적인 존재로 성장하는 과정은 각 문화권에 따라 다른 양상을 보여준다. 다시 말하면, 제도적으로 어른과 아이의 차이를 강조하는 문화권 속에서의 성장과정은 불연속적이고 단절적인 데 비하여, 어른과 아이의. 차이가 강조되지 않는 문화권 속에서의 성장과정은 비교적 순탄하다.

남녀의 성역할 분화에 있어서도 전통사회에서는 어릴 때부터 자연스럽게 남녀의 성역할이 습득되는 데 비하여, 현대사회에서 어린아이들 사이와 성역할 분화는 그렇게 크게 강조되고 있지 않다가 어른이 되면 이분화 현상이 갑자기 들이닥치게 된다.

또한 전통사회에 있어서는 나이에 따라서 각 사회구성원들의 사회·경제적 역할이 결정되는 바가 큰 반면에, 현대사회에서는 사회적 분업이 다양화되어 있어서 나이가 사회적 역할을 결정하는 데 그리 큰 기준이 되지 못하고 있다.

청소년의 사회심리적 특성은 성장발육 과정에서 경험하게 되는 생리적 조건들과 그들이 살고 있는 사회적·문화적 특성들의 복잡한 상호작용 속에서 이루어진다고 할 수 있다.

먼저 생리적 변화와 관련지어 보면, 청소년기에 접어들면서 경험하게 되는 여러 가지 신체적 변화는 청소년이 지금까지 자기가 가장 잘 알고 있다고 믿어 온 자신의 신체적 현상에 대한 자신감이 약화되고, 이러한 당혹감은 자신의 신체에 대한 태도뿐 아니라 자기 환경에 대한 지금까지의 지식을 의심하는 계기가 된다. 이와 관련해서 청소년기의 급격한 신체적 발달과 생리적 변화는 그들의 정서에도 불안정을 초래하여 자극에 대한 과민, 기호(嗜好)의 변화, 대상에 대한 감정적 반응을 유발한다.

다음으로는 청소년의 사회적 역할 변화이다. 사춘기 전후의 청소년들은 이제까지 익숙해진 소년기의 사회적 역할로부터 밀려나오면서도 어른들의 세계 속으로는 쉽게 받아들여지지 못하는 애매한 상태에 처하게 된다. 즉, 청소년은 부모에의 의존과 부모로부터 독립하고 싶은 마음, 순종과 반항 사이를 왕래하며, 아이로 취급되면 화를 내지만 반대로 어른으로 취급하면 불안해하는 특성을 나타낸다.

이 시기가 되면 청소년은 지금까지 감추어져 있던 내적 세계에 눈을 뜨기 시작하고, 세계를 주관적으로 보기 시작하면서 독립적으로 성장하고자 하는 청소년의 자아가 성인들로부터 수용 받지 못하고, 성인으로서의 동등한 대우를 거부당할 경우 청소년들은 심한 반항적 특성을 나타내기도 한다. 만일 청소년들이 자아정체감(Self-identity)을 형성하지 못하고 이러한 반항 심리적 이탈 현상이 강하게 되면 동료집단으로의 소속이나 가출 같은 사회적 · 지리적 이탈로도 발전된다.

이상의 청소년의 특성과 현대사회의 특성이 가장 밀접하게 관계되는 것은 가족제도와 교육제도이다. 현대사회에서 청소년에게는 교육의 장(場)이 가정과 학교로 분화되고, 어른들에게는 일의 장(場)이 가정과 직장으로 분화되어 가고 있다는 것은 청소년 세계의 특징을 이해하는 데 있어서 매우 중요한 현상이다.

자녀들의 교육을 위한 기능과 어른들의 일하는 장소가 가정에서 분리되어 나갔다는 사실 또한 현대사회에서는 과거의 농경사회에 비해 아버지의 가업이 자식대로 이어지는 경우가 드물다는 사실이 어른과 아이의 세계 사이에 거리를 더욱 심화시키고, 자식들에 대한 아버지의 권위와 영향력을 약화시키는 직접적인 요인이 되고 있는 것이다.

(3) 청소년 교육의 방향

전통적인 사회(Gemeinschaft)에서는 청소년들이 현대사회에 있어서 보다 훨씬 공동체적 성격이 강한 가족단위, 소규모 단체나 가정과 유사한 교육장에서 지도를 받을 수 있었다. 가정은 곧 작업장이며 동시에 생활의 장이며 교육의 장으로서 인격과 인격의 만남이 이루어지고 상호작용을 통해 정서적 · 지능적 · 성격적 발달과 성장을 가능케 하는 곳이었다.

그러나 현대와 같이 사회적 기능이 다원화되고 역할이 분화된 사회에 있어서는 종래 가정이 지니고 있던 교육적 기능은 전문 교육기관인 학교로 이전되었다. 초기의 학교교육은 규모가 작은 가정환경과 유사한 공동체적 성격의 교육장으로서 청소년을 위한 교육이 바람직한 상태로 이루어질 수 있었다.

그러나 현대 산업사회는 비대해질 대로 비대해진 이익사회(Gesellschaft)로서, 청소년들은 전례 없이 급속한 사회적 · 문화적 변동의 상황에 적응하고 이에 대처함에 있어 많은 문제에 봉착하게 되었다. 이는 앞에서 분석한 대로 오늘날의 학교교육은 사회가 기대하는 만큼의 교육 본래 기능을 충분히 수행하지 못하고 있기 때문이다. 그러므로 청소년 교육의 책임을 학교교육에만 전가하려는 사고방식은 강한 도전을 받게 되었다. 시간과 공간적으로 청소년 지도의 가장 중요한 교육장은 학교는 물론 사회 전체이므로 청소년 지도와 평생교육은 분리하여 생각할 수 없는 것이다.

따라서 청소년의 생활 영역이 곧 교육의 장이 되어야 하기 때문에 학교 외 생활범주인 평생교육의 장이 청소년 교육의 중요한 요소가 된다. 특히 요즈음과 같이 청소년 문제, 즉 청소년들의 비행(Juvenile Delinquency)과 일탈행위, 그에 대한 예방과 보호육성책에 대한 관심이 크게 부각되고 있는 실정을 감안해 볼 때 기성세대는 청소년들이 학교 외 생활에서 개인의 성장과 발전은 물론 자신들의 사회적 · 정서적 자아실현(Self-actualization)을 성취할 수 있도록 적극적이고 효율적인 사회교육을 받을 수 있도록 관심과 기회 제공에 노력해야 할 중대한 의무가 부여되어 있음을 자각하여야 하겠다.

여기서 우리의 주요한 관심 영역으로 삼아야 할 것은 학교 외 청소년(Out-of-school Youths)에 대한 문제이다. 세계 각국은 이 대상에 큰 정책적 배려를 아끼지 않고 있다. 미국은 공립학교(Public School)에서 학교 중퇴자와 정규교육을 받지 못한 사람들을 위하여 공민교육, 예능교육, 직업교육, 가정생활교육 등에 많은 예산과 행정적 지원을 증대해 나가고 있다. 독일은 계속교육(Weiterbildungs Gesetz) 프로그램을 개설하여 학교 밖 청소년에 대한 직업교육, 정치교육, 가족생활교육 등을 실시하고 있으며, 덴마크는 1968년 '여가시간교육법'을 제정하여 청소년학교를 운영하면서 청소년층에 대한 일반교양교육과 아울러 직업교육도 실시하고 있다. 이 외에 일본은 소년 · 자연의 집 등을 개설하고 있으며, 대만도 각종 보습교육을 통하여 이에 대처하고 있다. 반면 우리나라는 아직도 청소년교육하면 학교청소년을 주된 대상으로 실시하고 있는 반면에 학교 외 청소년은 학원과 직업훈련원 교육 이외에는 조직적인 교육을 실시하고 있지 못한 실정이다.

3) 일반 성인교육

(1) 성인기의 개념

성인기(Adulthood)를 정의하는 것은 특정한 사회적 · 문화적 관점에 따라 다양하게 규정된다. 연령, 심리적 성숙도와 사회적 역할은 성인기를 규정하는 데 중요한 요인이 된다.

성인기를 연령과 관련지어 보면, 성인이라는 용어는 어린이와 대조하는 데 초점을 두고 있다. 성인은 관점에 따라 사춘기, 젊은이 혹은 미성년자와 대조된다. 성인은 어린이로부터 성장했지만 이제는 어린이가 아니다. 그러나 성인기로의 이행은 시간을 통한 단순한 움직임으로서만 여겨지지 않는다. 왜냐하면 성인의 개념에 대한 중심은 성인의 상태를 성장의 과정으로서 얻어진다고 생각하기 때문이다. 심리적 성숙도에서 우리가 어떤 사람을 성인이라고 보는 입장은 그가 어떤 도덕적 자격이나 특성을 지니고 있다고 보는 것이다. 즉, 조심성, 자기통제, 인내심, 불굴의 정신, 포용력, 객관성과 같은 성인기의 특성들을 지니고 있을 때 우리는 어떤 사람을 성인이라고 보는 것이다.

사회적 역할과 관련하여 성인은 그가 속해 있는 사회의 과업을 수행하는 데 동참할 것이 기대되며, 사회의 내적 생활이나 외적 행동에 대한 어느 정도의 책임을 분담하도록 기대된다. 즉, 성인은 자기가 속한 사회를 활발히 개선하는 역할과 삶의 질을 높이고 보다 현명하고 정당한 사회를 만드는 역할이 기대된다. 또한 우리의 문명이나 자연환경 속에서 영구적으로 가치 있는 것들을 인식하고 돌보는 임무도 성인에게 그 책임이 돌려진다. 왜냐하면 우리는 자연적인 미나 예술 활동, 지식, 통찰력, 경제기술, 공학적 진보, 사회제도 등은 지성과 관심에 의해 보존되고 전승될 가치가 있으며, 이는 현 세대의 성숙한 남녀에 의해서 후세대들에게 계승되는 것이다.

패터슨(R. Paterson)은 우리가 어떤 사람을 성인이라고 말하는 것은 생활형태의 여러 분야에 자격을 주는 것이며, 사회적 의사결정에 완전한 참여를 할 자격을 주는 것이다. 또한 이런 일 가운데서도 자신에 대한 깊은 관심을 간직할 의무가 있으며, 사회를 운영하고 사회의 이익을 창출하는 일과 관련된 업무의 분담을 수행해야 할 의무가 있다.

성인은 그러한 권리를 충분히 누림으로써, 또한 그러한 책임에 복종함으로써 이루어진다. 우리가 성인의 지위를 수락하는 사람들(대부분의 사회에서 다수에 속하는)은 가장 폭넓고 지적 재능(신체적 힘, 성격, 신념, 취미, 습관)을 보여줄 수 있으며, 또 보여주고 있다. 그들의 나이로 인해서 우리는 그들에게 성숙의 기본적인 자질을 나타내 보이도록 요구한다.

성인이라고 해서 반드시 성숙한 것은 아니다. 그러나 그들은 성숙할 것이라고 기대되며, 이 필연적인 가정 아래 그들의 성인기는 정당한 위치를 차지하고 있다.

(2) 성인학습자의 특성

어린이와 성인이 가지는 학습자로서의 근본적인 차이점은 교육을 실시하는 데 큰 시사점을 주고 있다. 여기서는 성인학습자가 지니는 몇 가지 근본적인 특성을 설명해 보고자 한다.

① 자기 주도적 학습자(Self-directed Learner)

성인교육에 있어서 학습자는 사회에서 성인으로서 이미 일정한 역할을 담당하고 있는 사람들을 대상으로 하고 있다. 성인은 그들의 삶을 통해서 축적한 많은 경험에 의해서 그들이 하고자 하는 학습에 있어서도 기획과 집행의 단계에 능동적으로 참여할 수 있는 능력을 소지하고 있다.

또한 성인은 학습활동의 가치를 가장 정확하게 판단할 수 있을 뿐만 아니라 그들의 생활에 적절한 학습이 무엇인가도 판단할 수 있다. 흔히 교사는 성인학습자의 이러한 능력이 학습상황에 있어서 가장 풍부한 자원(資源)인사로서 학습을 보다 협동적인 상황으로 인도하는 것을 인지하곤 한다. 그렇다고 해서 성인학습자가 교사보다 학습내용에 관련된 지식을 더 많이 보유하고 있는 것은 아니고, 교사는 성인학습자가 지니고 있는 경험과 전문성의 가치를 존중해 주면서 그들의 능력을 학습자 상호 간에 공유할 수 있도록 유도하는 것이 필요하다는 것이다.

위와 같은 조건 때문에 성인은 자신의 성장과 발전에 있어서 자기 주도적이며 다른 사람과 구별되는 각자의 경험과 지식을 축적해 오고 있다. 성인학습에 있어서 중요한 것은 따라서 학습자 개개인의 요구가 수용되는 방향으로 학습을 유도해야 한다는 것이다.

가. 매슬로우(A. Maslow)의 견해

성인교육자(Adult Educator)에게 관심 있는 매슬로우의 주장은 그가 말하는 인격 완성의 최종 단계인 자아실현이 성인에게만 가능하다는 것이다.[5] 매슬로우가 이렇게 주장하는 이유는 성인들의 경험 축적은 각자의 발전에 봉사할 뿐만 아니라 학습활동에 유용한 자원으로 활용되기 때문이다. 성인의 자아개념은 어린이들 것보다는 훨씬 독립적인 것이며, 이는 성인들이 보다 자기 지향적이고 자아실현을 달성하는 데 크게 기여하게 된다.

여기서 매슬로우가 주장하는 자아실현 인간은 다른 사람보다도 아래 15가지의 특성을 발휘하는 사람을 일컫는다.

- 현실지향적인 사람
- 자신과 타인을 인정하고, 직업세계에서 자연의 섭리를 이해하는 사람
- 사고, 감정과 행동을 동시에 하는 사람

5) Maslow, Abraham, quoted in John A. B. McLeish, *The Ulyssean Adult*, New York: McGraw Hill, 1976, p.87.

- 일, 의무와 과업을 수행하는 데 있어서 자기중심적이기보다는 문제 중심적인 사람
- 사생활의 비밀을 요구하는 사람
- 자율적이고 독립적이며, 거절과 비인기성에 직면할 때도 진실을 보이는 사람
- 착한 삶을 살기 위한 능력과 감사함을 항상 새롭게 하는 사람
- 종교적인 자질이 없더라도 자주 신비적이고 바다와 같이 광대한 경험을 가지는 사람
- 자기 가족뿐 아니라 온 세상 사람들의 복지증진에 기여하는 생각으로서 인류에 대한 정체감(正體感)을 가지는 사람
- 특별한 애정을 갖는 소수의 사람과 갖는 절친한 관계가 피상적인 것이 아니라 넓고 깊은 감정을 갖는 사람
- 사람을 평가하고 교우(交友)하는 기준이 인종, 지위와 종교에 두는 것이 아니라 개체로서의 사람 그 자체에 두는 민주적인 성향을 소지한 사람
- 원리의식이 크게 발달한 사람
- 유머감각을 잃지 않은 사람
- 강한 창조력을 지닌 사람
- 문화에 대한 통합성을 지닌 사람

여기서 매슬로우가 강조하고자 하는 것은 교육에 있어서 인본주의 철학관이다. 교육의 궁극적 목표는 자아실현의 성취이거나 사람에게 그가 되고자 하는 바대로 될 수 있도록 도와주는 것이다.[6]

나. 로저스(C. Rogers)의 견해

로저스의 자아의 이론에는 다음 세 가지의 원칙적인 개념적 요소가 포함된다. 즉, ① 총체인간으로서의 조직화(Organism) ② 경험의 총체로서의 현상 분야(Phenomenal Field)와 ③ 자아(Self)이다.

자아는 개인이 가지는 인격이며, 이는 성숙과 학습의 결과에 의해서 변화된다고 보고 있다. 따라서 로저스는 학습의 과정은 어떤 사람이 완전한 자아실현을 이루도록 다음과 같이 구성되어야 한다고 본다.

---

6) Darkenwald, Gordon G. & Merriam, Sharan B., *op. cit.*, 1982, p.80.

- 개인의 참여: 정의적이고 지적인 영역에서 모든 사람은 학습활동에 참여하여야 한다.
- 자기주도: 발견의 감각은 개인의 내부로부터 도출할 필요가 있다.
- 확장력: 학습은 학습자의 형태, 태도나 인격에 영향을 주어야 한다.
- 학습자에 의한 평가: 학습자의 경험이 요구를 충족한다면 학습자가 가장 잘 평가할 수 있다.
- 본질은 의미 있는 것: 경험적 학습이 이루어질 때 학습자에게 주는 의미는 학습자의 총체 경험 속으로 융합된다.[7]

따라서 로저스는 자기 주도적 학습(Self-initiated Learning)이 학습자에게 가장 적절하며, 학습자가 학습의 기획과 평가 단계에 참여하도록 하는 것이 성인교육자의 좋은 모델이 된다고 강조한다.

② 학습에 대한 성인의 준비성(Readiness)과 성향(Orientation)

성인은 물론 아동들도 그가 속한 사회적 범주 안에서 학습을 한다. 아동들에게 강조되는 것은 보다 큰 사회와 문화권 속에서 다른 사람들과 삶을 영위할 수 있도록 하는 사회화(Socialization) 과정이다. 따라서 어린이에 대한 학습 동기는 미래에 활용할 수 있는 지식을 보다 많이 습득케 하는 데 있다 하겠다. 반면 성인은 이미 설정된 행태규범과 역할을 지니고 그가 속한 사회에 어떻게 적절히 대처하느냐가 문제가 된다. 효과적인 교육은 성인들로 하여금 그가 속한 사회에서 부여된 역할을 충실히 수행할 수 있도록 도와주는 것이 되어야 한다.

다시 말하면, 성인의 학습 동기는 심리적 성숙도에 달려 있는 것이 아니라 그가 직면하고 있는 직접적인 문제나 과업을 해결하는 데 있어서 그가 처한 역할, 기능과 관련해서 이루어져야만 학습동기를 강화할 수 있다. 이러한 성인심리와 성인교육의 관계를 다켄왈드(G. Darkenwald)와 메리암(S. Merriam)은 성인학습자의 준비성으로 보고 있다.[8]

다음으로 성인학습자의 성향을 살펴보면, 성인학습은 생물학적 · 심리학적 및 사회 환경적 요인들과 상호작용에 의해서 이루어지는 복합적인 현상이다. 이러한 성인학습자의 성향은 발전의 과정에 중점을 두는 발달심리학(Developmental Psychology)에서 그 기초를 찾아볼 수 있다.

---

7) Rogers, Carl, *Freedom to Learn*, Columbus, Ohio: Merril, 1969, p.5.

8) Darkenwald, Gorden G. & Merriam, Sharan B., *op. cit.*, 1982, p.87.

성인교육자가 성인 변화와 발전의 양상에 대하여 주의를 기울인다면 성인학습자에게 보다 큰 성장과 발전을 주는 의미 깊은 학습경험을 창출할 수 있게 된다. 시간은 성인발전 연구에 있어서 핵심이 된다. 노가튼(B. Neugarten)과 다탄(N. Datan)은 인간 발전에 영향을 주는 시간을 세 가지 형태로 구분하고 있다.

① 생애시간(Life-time) 또는 연대순 연령으로서, 이는 사회적 및 심리적 행태를 예언하는 데는 다소 부족하지만 가장 자주 활용되는 지수이다.
② 특정한 사회에서의 연령층 구분제도로 언급되는 사회적 시간(Social Time)으로서, 이는 문화권마다 어떤 행태를 규정하는 적절한 시간을 결정하며 사회마다 연대순의 연령과는 크게 무관하게 다른 연령기대의 기준을 설정하고 있다.
③ 역사적 시간(Historical Time)으로서, 이는 사회제도를 규정짓고, 이 사회제도는 변화하는 연령규범의 기준과 개인의 생애과정을 규정짓는 연령층 구분 제도를 창출한다.

여기서 역사적 시간이라 함은 산업화나 특별한 역사적 사건과 같이 장기간의 과정을 걸쳐 이루어지는 것을 말한다.[9] 그러나 성인기의 특징은 안정기간과 변화기간을 동시에 추구하는 것으로 볼 수 있다.

성인기를 변화기간으로 유도하기 위해서는 성인학습이 문제해결기법, 기계화에 대한 도전, 다른 성인연령기에도 활용할 수 있는 내용을 포함하는 경험 위주의 학습에 크게 의존해야만 한다.

4) 여성교육

(1) 여성 인생의 특성

평생교육의 본질이 '누구나, 어디서나, 언제나'의 모든 교육기회의 통합을 주장하는 것임에도 불구하고 여성과 밀접한 관계를 맺어 온 여성교육 영역에 대한 논의가 활발히 전개되어 오고 있지 못한 실정이다. 이는 여성의 인생과정이 M자형 생애주기라는 보통의 인생주기를 전제로 하여 여성교육을 지극히 한정하여 설정한 것 때문이다. 다시 말하면, 여성의 인생주기를 「학교기-결혼 전의 임시 취업기-모친전업기(육아기)-사회에의 재진출기(취업의 유무와 유 · 무급의

9) Neugarten, Bernice L. & Datan, Namcy, *Sociological Perspectives on the Life Cycle*, New York: Academie Press, 1973, p.57.

관계없이)」라는 소위 M자형으로 보고 있다.[10]

평생교육의 제창자인 랑그랑(P. Lengrand)도 남성은 젊었을 때의 교육내용과 성인 후의 활동내용과의 사이에 연결이 있으나, 여성에 있어서는 이러한 연속성의 예외로서 결혼이나 어머니로서의 일에의 전환, 다시 자녀 양육을 마치고 나서부터 직업적 활동 여부에 관계없이 사회와 삶의 연결을 찾아내지 않으면 안 될 때 해야 할 전환이라는 불연속을 여성을 위해 고려하고 있는 행정적 · 사회적 처리를 지지하고 완전하게 하는 교육적 노력에 의해서만 충분히 되는 것[11]이라고 한다.

참고로 1970년대의 일본의 대여성정책에 공통적으로 반영되었던 여성의 M자형 인생주기를 표시하는 '평생설계 계획'을 살펴보면 [그림 6-1]과 같다.

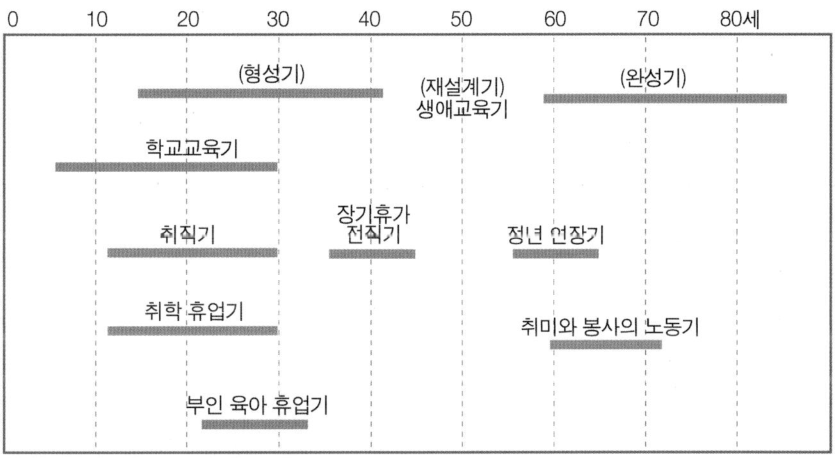

그림 6-1 평생설계(Life Cycle) 계획의 틀[12]

(2) 여성교육의 필요성

① 어머니 병리의 현저화

1960년대 중반 이후 특히 폭력, 비행, 자살, 매춘, 무관심 등 청소년의 각종 병리 현상이 나타난 과정은 산업사회에서 발생하는 핵가족화, 부친 부재, 지역사회의 연대감 상실 등의

10) 市川 昭午 · 潮木 守一 편, 전게서, 1980, p.316.
11) 森隆 夫 편,『증보 生涯教育』, 제국지방행정학회, 1970, p.281.
12) 村上泰亮, 蠟山昌一他,『生涯設計計劃-日本型 福祉社會のビヅヨン』, 日本經濟新關社, 1975, p.46.

상황 속에서 자녀교육 등 가정의 일을 혼자 도맡아 하고 있는 어머니의 병리가 현저화된 데서 비롯된다. 고립된 아파트에서 잠시도 떨어지는 일이 없는 어머니와 어린이의 숨 막히는 매일의 생활 속에서 육아 노이로제, 어린이의 학대, 자식을 버리고 죽이는 등 사건의 빈발은 이미 널리 사회문제화되고 있다.

이렇듯 여러 가지로 분열하는 어머니의 감정에 따라 행동하게 되는 어린이의 실태, 즉 자립성과 인간적 감수성의 결여 등의 현상을 베르그(Vanden Berg)는 심리학자의 입장에서 '인생을 죽이는 현상'[13]이라고 분석하고 있다. 이와 같은 어머니의 경우, 자식이 성장을 하여도 자립하는 것을 방해하게 되고, 자식이 결혼해서 어머니로부터 떨어져 나간 순간 아무것도 할 일이 없다 하여 무기력해져 버리곤 한다. 아울러 언어장애나 자각화 경향이 나타날 만큼 텔레비전에 어린이를 맡겨버리고도 태연하거나 보육원(Day Care Center)에 물건이라도 맡기듯이 어린이를 놓고 가는 젊은 어머니들이 증가하고 있는 요즈음의 현상도 그 하나를 나타내고 있다.[14]

일반적으로 현대의 교육병리가 문제로 될 때 어린이 병리에 대해서만 다루어지는 경우가 많으나 위에서 본 것처럼 어머니 병리와 표리일체의 것이며, 또한 어머니의 병리는 바로 여성 전체의 병리를 반영한 것이나 다름없다. 이러한 병리 현상을 치유하기 위하여 부모교육 특히 여성교육의 중요성이 대두되는 것이다.

② 여성 문제는 곧 남성 문제

유네스코의 「성인교육의 발전에 관한 권고(1976)」에서 평생교육의 관점에서 볼 때 성인교육의 발전이 남녀 간의 정치적 · 사회적 및 경제적 평등을 한층 더 증진시키기 위한 수단으로써 필요한 것임을 고려해야 한다고 주장하고 있다.

또한 부인이 완전한 개인으로서 존재하기 위해 필요한 조건으로서의 시민적 · 직업적 · 심리적 및 경제적 자립성을 언급하면서 남성 및 여성이 책임을 갖는 분야에 대해서 사회의 기존관념으로부터 남성 및 여성을 해방할 것을 요청하고 있다.[15]

이는 '여성 = 가사 전업자'라는 종래의 고정적인 도식을 불식하고, 점차 증가되는 취업여성 주부의 변화하는 사회적 · 경제적 위치에 맞도록 남성 스스로가 자녀교육, 여성의 계속교육에 대한 새로운 관념과 이에 대한 사회적 인정을 형성하는 데 인색하지 말 것을 요구하는 것이다.

13) 田中 一彦 역, 『의심과 모성애』, Vanden Berg 저, 천도서점, 1977, p.99.
14) 市川 昭午 · 潮木 守一 편, 전게서, 1980, p.300.
15) UNESCO, *The General Conference Adopts a Recommendation on Adult Education*, 1977, pp.2-3.

(3) 여성교육의 내용

「여성발전기본법」 제7조에 의거 여성가족부장관은 여성정책에 관한 기본계획을 5년마다 수립해야 하는 규정에 따라 제1차('98~'02), 제2차('03~'07) 및 제3차('08~'12) 기본계획을 수립·시행하여, 그동안 ① 성 주류화(Gender Mainstreaming) 전략의 도입과 제도화 ② 정책결정과정에 여성 참여 확대 ③ 남녀 고용평등의 강화 ④ 일·가족 양립을 위한 육아휴직 및 보육서비스 확대 ⑤ 가정폭력 및 성매매 방지 등 여성 인권보호 기반 강화 ⑥ 호주제 폐지 등 가족정책의 제도적 기반 마련 등 양성평등을 위한 법제도를 구축하였고, 성차별적 요소를 약화시켜 실질적 남녀평등의 기틀을 마련하는 성과를 올렸다.

이에 여성가족부는 지난 15년간의 여성정책 성과와 새로운 정책 환경의 요구를 반영하여 지속 가능한 성 평등사회를 위한 다각적인 여성정책의 방향과 위상을 정립하기 위하여 제4차 여성정책기본계획(2013~2017)을 〈표 6-3〉과 같이 확정하였다.

표 6-3 제4차 여성정책 기본계획의 7대 정책과제 및 내용

대과제	중과제	주요지표		
		지표항목	2011	2017
1. 여성의 경제적 역량 강화	1. 생애주기별 여성고용 활성화 지원	1. 여성경제활동참가율	54.9%	60.0%
	2. 일자리에서의 성차별 개선			
	3. 대상별 특성에 맞는 역량 강화 지원	2. 성별 임금격차	63.9% ('10)	70.0%
	4. 다양한 분야의 여성 진출 및 일자리 확대			
2. 돌봄 지원과 일·가족 양립 기반 구축	1. 돌봄의 사회적 분담 강화	1. 국공립 어린이집 보육 분담률	10.6%	30.0%
	2. 일과 가족의 양립 기반 강화	2. 육아휴직자 남성 비율	2.4%	5.0%
		3. 취업남성의 가사 분담률	36분 ('09)	50분 ('14)
3. 여성에 대한 폭력 근절과 인권 보장	1. 폭력피해 여성에 대한 보호·지원 내실화	1. 인구 10만 명당 성폭력 발생 건수	32.5건 ('10)	30건
	2. 이주여성 인권보호 강화			

대과제	중과제	주요지표		
		지표항목	2011	2017
	3. 여성 인권보호 및 인권을 위한 사회 환경 조성	2. 강력범죄 피해자 여성 비율	77.3% ('10)	70.0%
	4. 성폭력·가정폭력 및 성매매 방지 실효성 제고			
4. 여성·가족의 복지 및 건강권 증진	1. 여성 친화적 복지서비스 확대	1. 여성노인 빈곤율	47.2%	35.0%
		2. 여성 국민연금 가입자 비율	38.2%	45.0%
	2. 다양한 가족지원 확대	3. 비양육부모의 장기적 양육비 이행률	22.4%	30.0%
	3. 여성의 건강지원 강화	4. 여성의 신체활동 실천율	10.3%	15.0%
5. 여성의 대표성 제고 및 참여 확대	1. 공공부문의 여성 대표성 제고	1. 국회의원 여성 비율	15.7% ('12)	18%
	2. 통일과 평화·안보를 위한 여성 참여 활성화	2. 지방의회 의원 여성 비율	14.8% ('10)	20%
	3. 국제사회의 양성평등과 여성역량 강화를 위한 노력에 주도적 참여	3. 관리직 공무원 여성 비율	8.4%	14.0%
6. 평등의식과 문화의 확산	1. 초·중등 및 고등교육에서의 양성평등 강화	1. 셋째 자녀 출생성비	109.5명	105.0명
		2. 성차별 심각성에 대한 인식	75.5%	72.0% ('15)
	2. 평등하고 여성친화적인 방송·문화예술 환경 조성	3. 여성의 평생교육 참여율	32.0%	35.0%
7. 성평등정책 추진역량 및 책무성 강화	1. 성인지적 정책 추진을 위한 제도 운영 내실화	1. 국가성평등지수	62.6점	68.1점
	2. 성평등정책 추진주체의 역량 강화			
	3. 성평등정책 추진기반 정비			

출처: 여성가족부 홈페이지(2024). www.mogef.go.kr.

제2차 양성평등정책기본계획은 여성가족부가 2018년부터 2022년까지 추진한 중장기 정책이다. 이 정책의 주요 목표와 내용은 다음과 같다.

- 목표: 성평등 문화 확산과 여성의 대표성 제고

- 주요 정책 영역
  ① 남녀평등 의식과 문화의 확산
  ② 평등하게 일할 권리와 기회의 보장
  ③ 여성 대표성 제고 및 참여 활성화
  ④ 일과 생활의 균형
  ⑤ 여성폭력 근절과 여성 건강 증진
- 세부 과제
  ① 성차별적 법령 및 제도 개선
  ② 공공부문 여성 대표성 확대
  ③ 민간기업 여성 임원 비율 확대
  ④ 일·가정 양립 지원 강화
  ⑤ 성폭력, 가정폭력 등 여성폭력 예방 및 피해자 지원 강화
- 특징
  ① 이전 정책들에 비해 더욱 포괄적이고 체계적인 접근
  ② 성평등을 위한 남성의 역할과 참여 강조
  ③ 디지털 성범죄 등 새로운 유형의 여성 폭력에 대한 대응 포함

현재는 제3차 양성평등정책기본계획(2023-2027)을 수립 중에 있다.

5) 농업인 교육

(1) 농촌의 일반적 상황

개발도상국가에 있어서 농촌 인구는 총인구의 절대 다수를 차지하고 있으며 이들은 사실상 농장이나 마을이나 농촌의 소도시 시장지역에 거주함을 불문하고 평생교육의 잠재적 대상이 되고 있다. 부룬디(Burundi)나 부르키나파소(Burkina Faso)와 같이 세계에서 가장 가난한 저개발국가에서는 90% 이상의 인구가 농촌지역에 거주하고 있다.[16]

도시지역에로의 꾸준한 이주에도 불구하고 많은 나라에서의 농촌 인구는 실질적으로 증가

16) Coombs, Philip H. & Ahmed, Monzoor, *op. cit.*, 1974, p.10.

할 추세에 있다. UN의 인구 추계를 보면 저개발국가에 있어서 농촌 인구는 1970년에 19억에서 1990년에는 26억으로 증가될 것으로 보고 있다. 세계에서 농촌 인구가 가장 밀집되어 있는 몇 나라가 존재하는 동남아국가도 농촌 인구가 1970년의 9억에서 1990년에는 14억으로 증가될 것으로 UN은 추계하고 있다.[17]

구체적인 예로서, 태국 정부는 도시 인구의 증가폭을 1970년에 15%가 2000년에는 25%로 보면서 그 기간 중 농촌 인구는 3천만 명에서 5천7백만 명으로 증가될 것으로 추계하고 있다.[18] 더욱이 높은 출생률과 낮은 유아사망률로 인하여 청소년 인구의 증가폭은 전체 인구의 증가율을 훨씬 능가하고 있다. 즉, 대부분의 개발도상국가에 있어서 20세 이하의 청소년 인구가 전체 인구의 50% 이상을 차지하고 있는 반면에 서구와 북미와 같은 선진국에 있어서는 30~40%에 불과한 실정이다. 결과적으로 개발도상국에서는 보다 적은 성인노동인구가 청소년을 교육시키고 양육해야 하는 큰 부담을 지고 있는 것이 된다.

이렇게 편중된 인구 증가 추세는 농업생산, 농지 활용과 농촌 고용에 큰 문제점을 던져주고 있다. 따라서 이러한 상황은 농업인 교육의 필요성에 큰 시사점을 주게 된다. 지속적으로 증가되는 인구를 위한 식량과 섬유의 공급과 적절한 생활조건의 개선을 위하여, 개발도상국가에 있어서 농업생산은 꾸준하게 연평균 생산량이 증대되어야 한다. 한편, 날로 축소되는 경지면적을 보완하기 위해서는 단위당 생산량이 크게 증대되어야만 한다. 높은 생산량을 달성하기 위해서 수백만의 농민과 영농후계자들은 보다 나은 생산 공급과 혜택을 보유해야 할 뿐만 아니라 보다 나은 농장경영과 향상된 생산기술을 배우지 않으면 안 되는 것이다.

농촌의 실업문제와 관련해서 한정된 경작지에 폭발적으로 증가되는 인구의 압력을 해소하기 위하여 농촌의 유휴노동력을 흡수할 수 있도록 농업 외 고용기회가 지속적으로 확대되어야만 한다. 그러나 지난 20여 년간의 경험에 비추어 보아 쿰스(P. Coombs)와 아메드(M. Ahmed)는 새로운 직업이 농촌지역의 자체 안에서 주로 생성되어야 한다고 보고 있다.[19] 아무리 급속한 산업화를 이루고 있는 도시지역이라도 흔히 자본집약적 생산기술 체제하에서는 농촌지역으로부터 이입되는 사람에 대한 고용, 주택과 공공서비스를 감당해 내지 못하고 있기 때문이다.

---

17) World Bank Group, *Trends in Developing Countries*, Washington D.C., 1971, p.5

18) Thailand, *National Economic Development Board, Report of the Working Group on Rural Manpower and Employment*, Bangkok, 1971, p.12.

19) Coombs, Philip H. & Ahmed Manzoor, *op. cit.*, 1974, p.12.

(2) 농업인의 교육 요구 사항

농촌 발전을 위한 농민의 교육 요구는 다양하고 다각적으로 설명될 수 있다. 쿰스(P. Coombs)는 농민교육을 위해서 최소한으로 필요한 여섯 가지의 요소를 다음과 같이 열거하면서 각 나라와 지역사회는 이를 자체 실정에 맞고 실제 운영할 수 있는 용어로 재정립함이 필요하다고 한다.

① 적극적인 태도: 자기 가족과 동료와의 협동을 위해서, 직업과 지역사회 및 국가발전을 위해서, 지속적인 학습을 위해서, 윤리적 가치관을 발전시키기 위해서 필요한 것이다. 이러한 적극적인 태도는 가족과 지역사회와의 관계, 직장 그리고 모든 학습 상황에서 확실하게 표출되어야 한다.

② 기능 문해와 수 개념: ㉮ 신문과 잡지, 영농과 건강에 관한 회보, 생산정보에 관한 뉴스레터 등을 이해하면서 읽을 수 있는 충분한 능력 ㉯ 친구나 행정당국에 어떤 자료나 정보를 요청하는 편지를 명확하게 표현하여 쓸 수 있는 충분한 능력 ㉰ 농지와 건물의 측정, 농업생산비와 세입의 계산, 신용대부의 이자와 농지의 임대료 계산 등과 같이 일상적인 숫자를 처리할 수 있는 충분한 능력의 배양이 필요하다.

③ 과학적 안목과 자연법칙을 이해하는 능력: 건강과 위생, 농작물과 가축의 증산, 영양과 식량 저장, 환경보존 등에 관한 일을 처리하는 데 필요한 능력의 배양이 필요하다.

④ 가족생활과 가정 운영을 개선하기 위한 기능지식과 기술: ㉮ 가족건강보호, 가족계획, 자녀양육법, 영양과 위생 ㉯ 문화행사와 여가선용, 부상자 치료와 간호법 ㉰ 현명한 쇼핑과 화폐 사용 ㉱ 의류와 기타 용품의 자가 제조, 주택수리와 환경개선 ㉲ 가족 소비를 위한 식량생산과 저장 등을 포함한 영역에 필요한 지식과 기술의 배양이 필요하다.

⑤ 소득을 위한 기능지식과 기술: 특정한 직업을 구하는 데뿐만 아니라 농업과 농외사업에 유용하게 활용되는 지식과 기술의 습득이 필요하며 이를 지역사회에 활용할 수 있어야 한다.

⑥ 시민 참여를 위한 기능지식과 기술: 국가와 지역사회의 역사 및 이데올로기, 정부의 조직과 기능, 세금과 정부 지출, 활용 가능한 사회봉사제도, 시민의 권리와 의무, 협동조합과 지역사회 자원단체의 원리와 목적과 기능 등에 관한 어느 정도의 지식을 가져야 함을 말한다.[20]

---

20) Coombs, Philip H., *op. cit.*, 1973, pp.14-15.

쿰스(P. Coombs)와 아메드(M. Ahmed)는 농촌 발전을 위한 교육요구를 다음 네 가지로 구분하여 설명하고 있다.

① 일반적 또는 기초교육: 초등학교와 중학교의 교육과정에서 달성하고자 하는 문해, 수 개념, 과학적 기초지식과 지역사회의 환경 등에 관한 교육내용

② 가족생활 증진교육: 가족생활의 질을 향상시킬 수 있는 지식, 기능과 태도를 함양하는 데 주요한 목적을 두고 있다. 이에는 건강과 영양, 가내수공업과 자녀양육, 자가 수리와 개선, 가족계획 등의 내용이 포함된다.

③ 지역사회 개선교육: 중앙과 지방정부, 협동조합, 지역사회 개발 계획 등과 관련된 학습을 통하여 국가와 지방기관의 조직과 정책결정 과정을 강화한다.

④ 직업교육: 경제활동과 삶을 영위하는 데 필요한 특정한 지식과 기술을 개발시키고 발전시키는 교육활동을 말한다.[21]

(3) 농업인 교육과 평생교육

위에서 살펴본 쿰스와 아메드의 교육연구와 관련지어 볼 때, 현재 개발도상국가에서 실시하는 농촌사회교육 중 일반적 또는 기초교육에 해당하는 프로그램은 그리 많지 않은 실정이다. 그런 중에도 비록 농촌 거주 소수의 성인을 대상으로 하지만 대다수의 개발도상국에서 성인 문해교육을 실시하고 있다. 또한 정규 학교교육의 탈락자나 학교교육의 기회를 갖지 못한 청소년에게 그들이 일실(逸失)한 교육기회를 보충해 주기 위한 준학교 체제의 평생교육 프로그램도 상당히 찾아볼 수 있다.

그라베(S. Grabe)는 가장 훌륭한 예로서 부르키나파소(Burkina Faso)에서 실시하고 있는 농촌교육제도를 들고 있다. 이 나라에서는 농촌의 10대 청소년에게 4년의 초등학교 과정을 보완하는 3년 과정의 평생교육을 실시하면서 현대 농업의 실질적인 개발기술과 지도를 교육과정에 포함하고 있다.[22] 그러나 일반기초교육을 위한 평생교육은 정규 학교교육기관이 확대됨에 따라서 차츰 감소되고 있다.

가족생활과 지역사회의 증진을 위한 평생교육 프로그램은 상당수가 실시되고 있으나 대다수가 단편적이고 한정된 규모로서 운영되고 있는 실정이다. 동일한 마을을 대상으로 건강,

---

21) Coombs, Philip H. & Ahmed, Manzoor, *op. cit.*, 1974, p.19.

22) Grabe, Sven, *The Rural Education System in Upper Volta*, ICED Case Study No. 14, 1972, p.33.

영양, 가정경제, 가족계획, 협동조합, 지방정부, 체육과 오락 등을 목적으로 하는 프로그램들이 단속적이고 소규모로 실시되고 있다. 그러나 이 직업교육도 아직은 한정된 숫자의 농민을 대상으로 실시되고 있는 것이 개발도상국가에서 찾아볼 수 있는 공통적인 현상이다. 더욱이 이러한 프로그램들은 동일한 사람을 교육 대상으로 삼고 있으며, 거의 조정과 협동체제가 없는 상태에서 다양한 공공기관과 민간기구에 의해서 운영되거나 지원을 받고 있다.

이상의 농민교육에 있어서 쿰스(P. Coombs)와 아메드(M. Ahmed)는 많은 개발도상국에서 지대한 농업 인력으로 활약하고 있는 농촌 여성의 역할을 지극히 무시하고 있다고 지적하고 있다.[23] 즉, 대부분의 아시아국가에서 여자가 모내기와 벼 베기 작업을 주도하고 있으며, 아프리카의 국가에서도 또한 여자가 남자보다 농사일을 훨씬 많이 하고 있다.

많은 나라에서 가족 급식을 위한 농작물은 여자농장(Women's Fields)에서 생산하는 반면에 현금작물은 남자농장(Men's Fields)에서 생산해 내고 있다. 따라서 영농기술 혁신을 위한 여성의 교육적 요구가 절대로 남성의 요구보다 적어야 한다는 고정관념을 지나치게 고수해서는 아니 된다.

6) 근로자 교육

(1) 근로자 교육의 필요성

근로자는 직업인 또는 기능인 이전에 한 사람의 인간이다. 근로자는 인간으로서 필요한 교육을 받을 권리와 의무가 주어져 있다. 근로자 중에는 충분한 교육 혜택을 받지 못한 사람이 많다. 그러나 기술혁신, 직종 변화, 정보화 사회, 도시화, 국제화 등으로 특징지어지는 현대 산업사회에 있어서 근로자들의 기초학력 보충 요구와 평생학습의 필요성은 날로 고조되고 있다.

인간은 성장하는 존재이다. 하루를 살면 그만큼 성장하는 기쁨 속에 삶의 의욕을 느끼며 내일을 설계하는 것이다. 휴머니즘에 입각한 인간으로서의 근로자의 성장 요구를 장진호는 다음 네 가지로 구분하고 있다.[24]

① 개인적 성장: 더 배우고 싶고, 보다 좋은 표현으로 나를 나타내고 싶고, 내가 발전하는

23) Coombs, Philip H. & Ahmed, Manzoor, *ibid.*, 1974, p.20.
24) 장진호, 전게서, 1983, pp.75-76.

모습을 확인하고 싶어 한다.

② 직업적 성장: 적성에 맞는 직업을 삶의 방편으로 가지고 싶고, 내가 하는 일에 전문가가 되고 싶고, 지금보다 더 나은 기술을 향상시키고 싶고, 나날이 변하는 기계와 기술정보에 접하고 싶고, 상사에게 인정받고, 승진의 보상을 받고 싶어 한다.

③ 사회적 성장: 사람은 혼자서는 만족할 수도 성장할 수도 없다. 사회 속에서만 나의 욕구가 실현될 수 있기 때문이다. 너와 사귀고 싶고, 함께 일하고 도와가며 살고 싶고, 클럽이나 모임이나 단체에도 가입하여 서로 협동하여 일을 꾸며가는 생활을 바라게 된다. 우리 회사가 잘 되면 나도 잘 되고, 우리 집단에 불행이 닥치면 내게도 손해가 오는 공동체의 일원으로서의 의식 성장이 필요한 존재이다.

④ 국민적 성장: 우리는 모두 국가복지 속에 개인복지가 보장되는 사회에 살고 있다. 우리의 안보, 생존, 번영, 문화 창조 등은 내 사명이자 국가의 일이다. 산업전사로서 국민의 역할을 담당한 사람들이 근로자이다. 이러한 의식이 성장할 때 나라의 기반이 튼튼하게 될 것이다.

이상의 네 가지 인간적 성장을 달성하기 위해서 모든 근로자에게 계층별, 목적별, 기간별 계속학습이 뒷받침되어야 하는 것이다.

에머리(J. Emmeri)는 개인이 평생 동안 노동시장에서 보내는 시간을 절약하기 위해서 개인의 성인생활 전체를 통하여 교육, 작업, 인퇴(引退)의 시기를 결합 또는 교체할 수 있는 순환제도(Recurrent System)의 도입이 필요하다고 보고 있다.[25] 에머리가 제창하는 순환교육은 특히 선진공업국에서 실업이 장기화하지 않을 수 없고, 또한 고용문제의 해결에 있어서도 전통적인 경제정책 수단만으로는 충분치 못함에 착안하여 의무교육 후의 포괄적이고 유연한 제도로서의 각종 성인직업교육의 실시를 근로자를 위하여 요청하는 것이다.

(2) 근로자 교육의 형태

근로자 교육을 목적별로 구분하여 보면 다음의 다섯 가지로 살펴볼 수 있다.

① 교양지향형: 이는 근로자들의 교양교육에 치중하고, 그들의 평등한 교육기회를 제고시켜 주기 위함이다.

---

25) Emmeri, J. L., 『선진국형 고용불안에의 구체적 대책』, 鈴本 哲太郎 역, 중앙회론사, 1978, 동계호.

② 경제지향형: 이는 노동조합의 노동교육 형태이다. 노동조합원의 교육은 중점적으로 일반조합원과 간부조합원 교육으로 구분하여 실시된다.

③ 협조지향형: 이는 경영자 측에서 조화적 관계의 유지와 소속감을 높여 주기 위하여 근로자에게 실시하는 교육이다.

④ 능력지향형: 이는 특정 직종을 위한 지식, 정보, 기술의 제공을 목적으로 실시하는 직업기술교육이다. 여기에는 기업 내 · 기업 외 교육이 병행된다.

⑤ 정치지향형: 이는 근로자 계급을 강조하는 마르크스주의의 편협한 노동교육 형태이다. 넥트(Negt)와 쿠르게(Kluge)는 정치지향형에서 근로자와 경영자를 무산대중과 부르주아의 계급으로 적대화 시키는 잘못을 다음의 세 가지로 지적하고 있다.
첫째, 부르주아라는 용어는 고도로 발달한 산업사회의 언어이며, 둘째, 무산대중의 용어가 탄생한다는 것은 있을 수 없다. 사회주의 국가에서도 이와 같은 언어가 없다. 셋째, 무산대중이란 용어는 세분화되지 못했다.[26]

7) 노인교육

(1) 노인 인구의 추이

노인 인구의 급격한 증가 현상으로 인해 한 국가적 수준과 세계적 관심의 대상으로 노인문제가 사회적 · 경제적 · 정치적 및 과학적 분야에 주의를 환기시키게 된 것은 지난 20~30년 전부터이다.

19세기까지만 해도 노인이 향상된 삶을 영위해 왔지만 노인 인구의 숫자나 전체 인구에 대한 비율은 큰 문제가 아니었다. 그러나 20세기에 들어서면서 대다수의 국가에서 낮은 유아사망률, 출생률 저하, 영양과 의료봉사의 증진과 많은 질병의 치료방법 개발 등으로 해서 보다 많은 사람이 장수하게 되었고, 이들 인구수가 전체 인구에 차지하는 비율은 높게 확대되고 있다. 여기서 우리의 관심 영역은 1975년에 개발도상국가에 거주하는 노인 인구가 세계 전체의 노인 인구에 차지하는 비율이 52%에 불과하였으나 2025년에는 72%가 된다는 것이다.[27] 이 문제는 경제구조가 약한 개발도상국가에게 더욱 적은 경제인구가 보다 많은 노인

26) 한국사회교육협의회 역, 『산업사회와 성인교육』, 한스헤르만구루토스 저, 서울: 배영사, 1982, p.186.
27) United Nations, *Draft International Plan of Action on Aging*, Vienna, Austria, 1982, p.6.

인구를 부양해야 하는 부담을 크게 가중시키는 지표가 되는 것이다.

노인 인구의 증가는 인구의 연령분포 구조를 변화시킨다. 청소년 인구의 감소 경향은 인구 구조 면에서 노인 인구의 증가를 나타낸다. 유엔의 인구 추계에 의하면, 개발도상국가에 있어서 15세 미만의 인구가 전체 인구에 차지하는 비율이 1975년에는 41%이었으나, 2000년에는 33%로 감소하고 2025년에는 26%로 더욱 감소한다고 보고 있다.

반면에, 개발도상국에 있어서 60세 이상의 노인 인구는 전체 인구에 대한 비율이 1975년의 6%에서 2000년에는 7%로, 2025년에는 10%로 증대되리라고 본다. 선진국의 경우를 보면, 15세 미만의 인구가 전체 인구에 대한 비율이 1975년의 25%에서 2000년에는 21%로, 2025년에는 20%로 감소한다고 보고 있다. 그러나 60세 이상의 노인 인구는 1975년의 15%에서 2000년에는 18%로, 2025년에는 23%로 증대되리라고 보고 있다.[28]

평균 예상수명에 있어서도 남자는 선진국의 경우에는 앞으로는 지금보다 17년 이상을 더 살 수 있고, 개발도상국은 16년을 더 산다고 유엔의 인구 추계는 보고 있다. 여자의 경우는 남자의 평균 증가 수명에 추가하여 선진국은 21년을, 개발도상국은 18년을 더 산다고 보고 있다.[29] 그중에서도 우리나라의 인구 고령화가 주목받는 이유는 고령화의 급격한 진행속도 때문이다. 특히 1955년부터 태어나기 시작한 베이비부머들이 2020년에 들어서면서 속속 고령층에 편입됨에 따라 향후 인구 고령화는 더욱 가속화될 것으로 예측된다. 우리나라 65세 이상 고령인구는 2030년 25.3%, 2040년 34.3%, 그리고 2050년에는 40.1에 이르는 등 가파르게 증가할 것으로 예측된다(통계청, 2023).

(2) 노인교육의 필요성

현대사회는 매우 빠른 속도로 변모하기 때문에 종전의 학교교육을 통해서 배운 지식과 기술 또는 청장년 시절에 경험했던 생활상식만으로는 당면한 노년기 생활을 영위하는 데 부족함을 느끼게 된다. 특히 전통사회에서 산업사회로 전환하는 과도기 시대에 살고 있는 오늘날에 있어서 전통적인 의식구조를 지니는 노년층과 현대 젊은이들과는 심한 가치관의 차이가 생성되었고 생활양식이 크게 달라지고 있어서 노인들은 정신적 · 육체적으로 많은 고통과 불편을 감수해야만 하게 되었다. 따라서 노인교육은 노인들에게 현대사조의 흐름을 이해시키고

---

28) United Nations, *op. cit.*, 1982, p.7.

29) United Nations, *ibid.*, p.7.

이에 동참해 나갈 수 있는 능력을 배양시켜 주어야 한다.

노인들은 현대사회의 생활양식에 적응해 나가기 위해서도 계속적인 교육을 필요로 한다. 특히 노인들은 젊은이들에 비해 급변하는 현대사회에 신속히 적응해 나갈 능력이 부족하므로 더욱 그러하다. 새로 발명되는 가전제품, 생활필수품의 사용방법, 의복 · 음식 · 가옥 구조 등이 날로 변화 · 발전하고 있기 때문에 이러한 상황에 불편 없이 적응해 나가며 이로 인해 삶의 질을 높이기 위해서도 노인교육을 필요로 하지 않을 수 없다.

노인들에 있어서 신체적 약화 또는 건강의 쇠퇴는 삶의 질을 저하시키고 노후생활을 불안정과 고통으로 몰아넣는 요인이 된다. 이렇게 노화(Senescence)과정에서 필연적으로 오는 노화 쇠퇴과정은 다음 네 가지의 특징을 갖고 있다.

① 노화는 모든 동물에게 있는 하나의 보편적인 과정으로, 늙어갈수록 전염병에 대한 면역성이 약해진다.

② 노화는 예기치 않은 사고나 뇌일혈 등과는 달리 매우 서서히 일어나며, 그 퇴화과정이 서서히 진행된다.

③ 노화는 외부적 요인에 의한 것이라기보다는 내부적 요인에 의한 변화(Inner-directed Change)이다. 그러나 1차적 노화인 노화 쇠퇴는 내재적(Intrinsic)이고, 세포의 재생과 관련되며, 역행될 수 없는 유전적으로 계획되어진 변화이다.

④ 노화는 유기체의 여러 수준에서 일어난다. 즉, 이러한 퇴화는 해부학적 · 생리학적 그리고 행동적 측면에서 나타난다.

따라서 질병 유무에 상관없이 노화로 인하여 결국에는 누구나 죽음에 이르게 된다.[30] 결국 노인들은 교육을 통하여 건강관리와 건강증진의 방법을 배우고 실천해야 하며, 누구나 맞이하는 죽음에 대한 대비도 이성적으로 해야 한다. 그 외에도 노인교육은 집단 활동을 통하여 노인 상호 간에 인격적인 대화의 상대를 찾고, 대화의 폭을 넓혀 나감으로써 가족생활에 오는 누적된 스트레스를 해소시켜 주고 또한 각종 클럽활동을 통하여 취미, 오락 활동의 질을 넓혀 즐거운 삶을 영위하는 데도 큰 역할을 담당하게 된다.

30) 윤진, 『성인 · 노인심리학』, 서울: 중앙적성출판사, 1985, p.62.

(3) 우리나라의 노인교육 추진 현황과 발전방향

노인 평생교육 추진현황에서는 노인 평생교육을 공식적인 평생교육 정책의 틀 안에서 다루는 데에는 여전히 한계가 있다. 이에 교육부를 중심으로 하는 평생교육정책의 테두리를 넘어 보건복지부 등 다른 부처들의 정책 및 지방자치단체의 주도로 실천 현장에서 진행되고 있는 노인 평생교육 관련 사업들까지 망라하여 노인 평생교육을 살펴보고자 한다. 노인의 기준은 노인복지법상 기준인 65세를 기본적으로 적용하되 사업에 따라 유동적으로 적용하고자 한다.

① 교육부의 노인 평생교육 지원 및 노인 평생교육사업

현재 중앙정부 수준에서 중장년 및 노인 학습자에 특화하여 추진하고 있는 평생교육 정책이나 사업은 거의 찾아보기 어렵다. 전 연령층에게 열려 있는 국가평생학습포털 '늘배움'의 경우, 다행히 생애주기별 온라인 맞춤강좌 정보에 영유아, 아동 · 청소년, 청년, 중장년, 노년으로 생애주기를 구분해 놓고 있다. 그러나 실제로는 이러한 생애주기별 구분이 강좌의 성격을 구체적으로 파악하지 않은 채 형식적 구분에 치우쳐 있고 이미 접수가 마감된 강좌가 태반이어서 중장년이나 노년층 학습자들이 자신의 학습요구에 적합한 강좌를 추천받기에는 한계가 있다. 늘배움 포털의 한계는 중장년 및 노년층에 국한된 문제는 아니지만, 평생교육 접근성에서 약자일 수밖에 없는 대상의 한계를 고려해 볼 때 늘배움의 한계는 중장년 및 노년층에게 더 심각하게 다가올 수밖에 없다. 또한 경제적 취약계층을 중심으로 학습자가 본인의 학습요구에 따라 자율적으로 학습 활동을 결정하고 참여할 수 있도록 정부가 제공하는 평생교육 이용권인 '평생교육 바우처' 사업의 경우에도 온라인으로만 참여 신청을 받기 때문에 온라인 접근성이 떨어지는 중장년 및 노년층은 신청 자체가 어렵다.

결과적으로 중앙정부에서 지원하는 평생교육사업 중 이 자체도 특별히 중장년 및 노인학습자에게만 초점을 맞춘 사업은 아니긴 하지만 그래도 중장년 및 노년층이 가장 크게 혜택을 받을 수 있는 사업은 성인문해교육지원사업 정도에 그치는 상황이다(교육부 · 국가평생교육진흥원, 2023: 412).

② 고용노동부의 노인 평생교육 지원

고용노동부에서는 고령사회에 대응하여 중장년을 포함한 이른바 베이비붐 세대인 신중년의 고용안정과 재취업을 지원하기 위하여 (재)취업 교육을 제공하고 있다. 신중년의 (재)취업

지원은 '중장년내일센터(중장년워크넷)'를 통해 이루어지는데, 전직지원 서비스와 신중년 생애경력설계 과정을 제공한다. 전직지원 서비스로는 변화관리 커뮤니케이션 스킬 향상, 중장년기 건강관리, 스트레스 관리 등의 '단기교육 프로그램' 및 퇴직 이후 경력목표에 따라 목표설정·취업스킬·건강관리 등의 '재도약 교육 프로그램'을 제공한다. 또 생애경력설계 과정으로는 지난 직업 생활을 돌아보고 그동안 성공적으로 쌓아온 직업 역량을 확인하며, 현재 자신이 보유한 직업역량을 분석 및 개발하여 현직을 유지하면서 제3기 인생을 준비하도록 돕는 '재직자 생애경력설계 과정'과 평생 현역을 위하여 재취업을 목표로 한 '구직자 생애경력설계 과정'을 제공하고 있다(https://www.work.go.kr/senior).

③ 노인복지관의 노년 사회화교육 사업

노인복지관은 보건복지부의 지도·관리를 받는 시설로 「노인복지법」에 규정된 '노인여가복지시설' 중 하나이다. 동법에서는 노인복지관을 '노인의 교양·취미 생활 및 사회참여 활동 등에 대한 각종 정보와 서비스를 제공하고, 건강 증진 및 예방과 소득보장·재가복지, 그 밖의 노인의 복지증진에 필요한 서비스를 제공함을 목적으로 하는 기관'으로 규정하고 있다. 노인복지관은 상담, 사례관리 및 지역사회돌봄, 건강생활 지원, 노년사회화교육, 지역자원 및 조직화, 사회참여 및 권익증진 등 6대 기본 사업 외에도 요양서비스 등 다양한 선택사업을 수행하는 지역사회 노인들을 위한 종합적인 복지 서비스를 제공하는 기관이다(보건복지부, 2023a). 노인복지관의 여러 사업 중에서도 노인 평생교육은 매우 중요한 비중을 차지하는 기본 사업 중 하나이고, 2018년부터는 명칭을 '노년사회화교육 사업'이라는 명칭으로 운영하고 있다(교육부·국가평생교육진흥원, 2023: 413).

④ 노인교실의 노인 평생교육사업

1970년 부산 범일동에 '한얼노인대학'이 설립된 이후 1978년 문교부(현 교육부)의 '노인교실 설치요강'에 따라 정부가 초등학교 학구 단위로 '노인교실'을 설립하여 운영비를 지원하면서 전국적으로 노인교실 설립이 급속히 증가하였다(한정란, 2015). 그 후 1987년 정부조직 개편에 따라 노인 평생교육 업무가 문교부에서 보건사회부(현 보건복지부)로 이관되면서 노인교실에 대한 지원은 중단되었고, 그로 인하여 초등학교에서 빠져나온 노인교실들은 운영 주체를 따라 지역사회에 분산되거나 폐지되었다. 이후 살아남은 노인교실들은 과거 '노인교실'이라는 명칭 대신 '노인대학' 등으로 변경하였다. 그러나 정작 현실에서 자취를 감춘 '노인교실'이라는 명칭이 1998년 전부 개정된 「노인복지법」 안에 노인여가복지시설의 하나로서 명문화되는 아이러니한 상황으로 이하여 현재까지도 노인교실은 법적 명칭으로 남아있다. 결과적으로, 현재 「노인복지법」에서 지칭하는 '노인교실'은 실제로는 노인대학, 노인학교, 장수대학, 실버대학 등 다양한 명칭으로 불리는 시설들이며, 그 중에서도 해당 지방자치단체에 매년 스스로 등록을 하는 시설을 지칭한다. 그러나 매년 등록을 해야 하는 번거로움에 비해 해당 지방자치단체로부터 받는 지원은 미미하기 때문에 등록된 노인교실보다도 미등록 상태에 있는 노인 평생교육시설들이 더 많을 것으로 추측하고 있다(한정란, 2015).

⑤ 우리나라 노인교육의 발전방향

우리나라는 2000년에 고령화 사회로 진입한 이래 세계에서 그 유래를 찾아보기 힘들 정도로 고령화가 급속하게 이루어지고 있는 대표적인 국가이다. 이에 따라 인생 100세 세대에 노인들의 사회참여와 삶의 질 향상을 위해서는 노인교육의 중요성이 크게 부각되고 있다. 노인교육은 증가하고 있는 노령인구를 의존적이고 수동적인 우리 사회의 부담의 객체가 아니라 지속적으로 사회에 공헌할 수 있는 적극적이고 활동적인 세대인 자립의 주체로서 기능 수행이 가능할 수 있도록 정책을 개발해야 할 시기이다. 이에 평생교육 차원에서 노인교육을 활성화하기 위한 방향을 제시하면 다음과 같다.

첫째, 노인교육 정책 실행을 위한 제도적 장치 마련이다. 노인교육에 관한 사항은 주로 교육부와 보건복지부 두 부처에서 관장하고 있는데, 보건복지부에서는 경로당, 노인교실, 노인복지관을 노인여가시설로 구분하여 관리, 지원하고 있다. 교육부에서는 노인을 평생교육의 대상으로 간주하고는 있으나 노인교육, 노인교육기관 및 시설에 대한 구체적인 업무 영역이 명시되고 있지 않아서 1990년대 이후 발표된 다양한 노인교육 관련 정책이 있음에도 불구하고 실제 사업으로 구현된 정책은 많지 않은 실정이다. 따라서 노인교육 정책의 집중적인 기획과 추진을 위한 제도적 정비가 시급하다고 하겠다.

둘째, 종합적인 노인교육 정책 수립을 위해 노인평생교육시설과 노인학습자에 대한 현황 파악이 급선무이다. 현재 전국적으로 산재해 있는 노인평생교육시설과 프로그램에 대한 정확한 현황이 파악되지 않아 운영실태 및 개선방안 등이 체계적으로 수립되지 못하고 있다. 또한 현재 한국 성인의 평생학습 실태조사에서도 25세 이상 64세 미만의 성인학습자만을 조사대상으로 하고 있어 65세 이상 노인에 대한 조사는 제외되어 있다. 따라서 노인학습자와 노인평생교육시설에 대한 정확한 실태조사를 통하여 프로그램에 대한 요구 및 문제점을 분석하고, 이를 기초로 노인평생교육 발전을 위한 객관적인 기준 등이 제시되어야 할 것이다.

셋째, 노인평생교육 범주에 대한 인식 전환을 통해 노인교육 정책 대상을 확대하는 것이다. 즉, 노인만을 대상으로 하는 '노인을 위한' 교육뿐만 아니라 노인을 이해하고자 하는 '노인에 대한' 교육, 그리고 노인을 교수자원으로 활용하는 '노인에 의한' 교육을 모든 평생교육 프로그램의 기획과 시행 전 단계에 도입하여 노인교육 정책의 대상을 확대해야 할 것이다.

마지막으로 노인 일자리사업, 봉사활동사업 등을 학습의 관점에서 해석하고 지원하는 노력이 필요하다. 일차적으로는 노인의 사회참여를 강화하고, 이러한 활동이 장기적으로 정착할 수 있도록 지원할 수 있는 인적자원개발 측면의 평생학습적 접근이 필요하며, 나아가서는 노인의 경제활동 참여와 봉사활동 참여 자체가 평생학습의 마당이 되어 일자리와 봉사활동을 통한 학습이 될 수 있도록 하는 정책이 마련되어야 하겠다.

8) 다문화교육

(1) 다문화교육 개요

글로벌화로 대변되는 국내외 사회 환경의 변화와 맞물려 이주민들이 급격히 유입되면서 우리 사회는 다문화사회(Multi-cultural Society)로 진입하고 있다.

우리나라가 다문화사회가 되었다는 것은 객관적 수치로 확인할 수 있다. 「2022년 지방자치단체 외국인주민 현황」에 따르면, 우리나라에 거주하는 외국인주민의 수는 약 225만 명으로, 외국인주민 비중은 총인구 대비 4.4%에 이르는 것으로 나타났다. 이는 인구주택총조사 기준, 17개 시·도 인구 규모와 비교하면 대구(전체 7위)와 충남(전체 8위) 사이에 해당되는 수치이다(행정안전부, 2023). 국내 거주 외국인주민 수의 증가는 학교교육의 현장에서도 동일하게 나타나고 있다. 지난 10년간 다문화(이주배경)학생 수는 약 2.7배 증가하였다(교육부, 23년 이주배경 학생추이). 초·중·고 다문화(이주배경) 학생 수는 '14년 약 6.8만 명(전체대비 1.1%)이나, 지속적으로 증가하여 '23년 약 18.1만 명(전체대비 3.5%)이다.

우리 사회의 새로운 구성원인 이주민들이 급증함에 따라 교육부를 비롯한 여러 정부부처에서는 이들의 국내 적응지원과 조화로운 다문화사회 실현을 위해 다양한 교육사업 및 다문화교육정책 사업을 추진해 나가고 있다.

(2) 다문화교육 추진 현황

여기에서는 교육부에서 추진하고 있는 「2023년 다문화교육 지원계획」을 중심으로 국가평생교육진흥원 중앙다문화교육센터에서 운영한 내용 위주로 살펴보고자 한다. 다문화·외국인 가정 자녀 증가에 대응하여 우리 사회 인재로 성장할 수 있도록 공교육 진입 및 적응 지원 등 교육기반 조성이 필요하다. 특정한 소수자 대상 교육 혹은 다수자 대상의 소수자 이해교육을 넘어 모든 학생의 교육기회 보장을 전제하는 교육정책을 추진하고 있으며, 구체적으로는 '다양한 문화가 공존하는 성숙한 교육환경 구축'과 '다문화학생 교육기회 보장 및 교육격차 해소'를 목표로 하고 있다. 추진 과제로는 ① 맞춤형 다문화교육 지원 ② 다문화 친화적 학교 및 지역 환경 조성 ③ 다문화교육 지원체계 및 성과관리를 제시하고 있다. 추진 과제에 대해서 차례대로 살펴보겠다.

첫 번째 추진 과제는 '맞춤형 다문화교육 지원'이다. 다문화(이주배경)학생의 실질적인 교육권을 보장하기 위한 제도 개선과 공교육 진입절차 지원이 주된 내용이다. 다문화(이주배경)학생학력심의위원회 운영 도움자료 개정을 통해 공교육 진입 제도를 지원하고, 중도입국·외국인학생의 체계적이고 효율적인 학적관리 지원을 위해 매뉴얼의 세부사항 개정 및 법령내용 현행화 등 다문화학생의 출발선 평등을 위한 교육기회 제공 기반을 활성화하였다.

두 번째 추진과제는 '다문화 친화적 학교 및 지역 환경 조성'이다. 다양한 문화가 공존하는 성숙한 교육환경 조성을 위한 선도모델을 마련하고, 언어발달·한국어교육 등 다문화학생(유아) 특성을 고려한 맞춤형 지원을 제공하는 '다문화교육 정책학교'를 지원한다.

표 6-4 다문화교육 정책학교 유형 및 내용

유형	운영내용
다문화교육 정책학교(유치원)	다문화 유아의 언어발달을 통합교육 형태로 지원하고, 전체 유아 및 학부모 대상 다문화교육 실시
다문화교육 정책학교(초·중등)	일반 교과수업에 다문화교육 및 세계시민교육 요소를 반영하고, 프로젝트 수업 형태로 지속성 있게 다문화교육 실시
한국어학급(유·초·중등)	중도입국·외국인학생(유아)이 다수 재학할 경우 한국어학급을 설치하여 맞춤형 한국어교육 제공

출처: 국가평생교육진흥원(2023). 다문화교육 정책학교 운영 가이드라인.

세 번째 추진과제는 '다문화교육 지원체계 및 성과관리'이다. 학교 현장의 다문화(이주배경)학생 지원이 원활하게 이루어질 수 있도록 다문화(이주배경)학생 밀집 지역 인프라 구축 및 학교의 다문화교육 활동 지원을 강화하고자 노력하였다. 이에 다문화교육 활동 경험이 풍부한 교원들로 '다문화교육 중앙지원단'을 구성하여 선도인력 양성 및 워크숍을 통한 지역 간 교류 환경을 구축하였다. 이 외에도 다문화교육을 중심으로 한 부처 간 협업을 강화하여 다문화교육의 사각지대를 해소하고 정책 효과를 제고하는 등 범부처 차원의 총체적 지원을 제공하고자 하였다(교육부 · 국가평생교육진흥원, 2023: 497-498).

9) 북한이탈주민교육[31]

(1) 북한이탈주민교육 개요

정부는 1997년 「북한이탈주민 보호 및 정착에 관한 법률(이하 북한이탈주민법)」을 제정하고, 우리사회 정착을 위한 지원제도와 체계의 근거를 마련하였다. 동 법에 따라 1999년 북한이탈주민 정착지원사무소(이하 하나원)를 개원하여 북한이탈주민 대상 사회적응교육을 본격적으로 실시하였고, 각종 정착지원금 및 지원제도를 구체화하였다.

그동안 북한이탈주민법은 40여 차례의 개정을 통해 정착지원제도를 개선하였는데, 2013년부터는 「북한이탈주민 보호 및 정착지원에 관한 기본계획(이하 기본계획)」을 3년 단위로 수립 · 시행하도록 했다. 이 기본계획에는 교육, 직업훈련 및 고용촉진, 고용유지, 의료지원과 생활보호, 주거지원, 사회통합 및 인식개선 등에 관한 사항을 포함하도록 규정하고 있다. 이에 따라 1차 기본계획(2015~2017)에서는 북한이탈주민의 취업지원과 자산형성지원(미래행복통장) 등 자립 · 자활역량강화 정책과 함께 중앙과 지방 및 민간과 협업체계를 구축하고 관련 기관 간 정책을 조율하여 정착지원의 효율성을 제고하고자 노력하였다. 문재인 정부 출범 이후, "생활밀착형 북한이탈주민 정착지원 정책"을 국정과제로 채택하고 제2차 기본계획(2018~2020)에 반영하여 북한이탈주민의 삶의 질을 개선하기 위해 실생활에 도움이 되는 정책들을 발굴하여 지원하고자 하였다. 제3차 기본계획(2021~2023)은 "북한이탈주민이 이웃이 되는 따뜻한 사회구현"을 목표로, 경제적 지원과 함께 정서적 · 심리적 지원을 강화한 "사회적 통합지향형 정착지원" 추진을 기본방향으로 설정하였다. 윤석열 정부도 북한이탈주민 정착지원에 높은 관심을 표명

31) 교육부 · 국가평생교육진흥원, 2023 평생교육백서, p.484.

하고 있다. 이러한 정책 의지는 정부가 수립 중인 제4차 기본계획(2024~2026)에 담길 것으로 예상된다. 북한이탈주민 지원정책은 정부-지자체-민간이 상호 협력하여 추진하고 있다.

(2) 북한이탈주민 현황

2023년 12월 기준 국내 입국 북한이탈주민은 34,078명이다. 그동안 국내 입국 증가 현상이 지속되다가 2012년을 기점으로 1천 명대 수준으로 감소했다. 최근에는 코로나19로 북·중 국경 폐쇄 등 엄격한 이동 제한과 국제 정세의 영향으로 입국자가 100명 이하로 급감했으나, 2023년에는 소폭 증가세로 돌아섰다. 전체 북한이탈주민 중 여성이 72%로 남성보다 매우 많은 인구학적 특징을 보인다. 북한이탈주민은 북한에서 주로 무직·부양자(전업주부)였거나, 단순 노동자로 일했던 경우가 84%로 국내 입국 후 노동시장에 진입하기 위해서는 상당한 직업능력개발이 요구되는 취업 취약계층이 다수이다. 또한 북한에서의 학력도 고등학교 이하가 80%로 전체 국민에 비해 상대적으로 매우 낮은 편이다. 반면, 입국 당시로 볼 때 북한이탈주민 중 75%가 20~40대로 경제활동을 활발히 할 수 있는 연령대이지만, 제한된 직업 경력, 낮은 학력 및 탈북 과정에서 겪은 신체적·정신적 고통 등으로 인해 적응 및 정착하는 데 상당한 어려움을 겪고 있는 형편이다.

표 6-5 북한이탈주민 현황

구분	'98	'01	'02	'03	'04	'05	'06	'07	'08	'09	'10	'11	'12
남	831	565	510	474	626	424	515	573	608	662	591	795	404
여	116	478	632	811	1,272	960	1,513	1,981	2,195	2,252	1,811	1,911	1,098
합계	947	1,043	1,142	1,285	1,898	1,384	2,028	2,554	2,803	2,914	2,402	2,706	1,502
여성비율	12	46	55	63	67	69	75	78	78	77	75	70	72
구분	'13	'14	'15	'16	'17	'18	'19	'20	'21	'22	'23	합계	
남	369	305	251	302	188	168	202	72	40	35	32	9,542	
여	1,145	1,092	1,024	1,116	939	969	845	157	23	32	164	24,536	
합계	1,514	1,397	1,275	1,418	1,127	1,137	1,047	229	63	67	196	34,078	
여성비율	76	78	80	79	83	85	81%	69	36	48	83.7	72.0	

출처: 통일부(2024). 주요사업 통계 〈 주요사업 〈 통일부(unikorea.go.kr)(2024.2.20.검색). 재구성.

〈표 6-5〉와 같이 2018년 이전 국내에 입국하여 거주기간이 5년 이상 된 북한이탈주민은 95%를 넘었고, 10년 이상 거주자도 77%에 이른다. 북한이탈주민 지원 정책은 중앙정부(통일부) 중심의 정착 초기 보호기간 5년에 집중되어 있고, 정착금지원제도 중심으로 경제적 차원에 주로 초점이 맞춰져 있다. 그러나 북한이탈주민은 경제적 어려움 외 거주기간이 길수록 고립 등 심리적 · 사회적 취약성이 증가하고 있어서 윤석열 정부 출범 후 위기가구의 안전지원, 심리정서지원을 확대하고자 정신건강지원체계 구축을 추진하고 있다.

(3) 통일부 하나원: 사회적응 교육

국내에 입국한 북한이탈주민은 국정원에서 합동조사, 보호결정과정을 거친 후 하나원에서 우리 사회 구성원이 되기 위한 기본적인 사회적응교육을 받는다. 하나원은 경기도 안성(본원, 여성), 강원도 화천(분원, 남성)에 위치하고 있으며, 하나원의 사회적응교육은 국내에 입국한 모든 북한이탈주민이 최초로 받는 교육으로 12주(약 3개월) 동안 진행된다.

정부는 하나원 정책자문단 등 북한이탈주민 전문가들의 의견을 폭넓게 수렴하고, 하나원 교육생과 수료 북한이탈주민 등의 의견을 종합하여 「2022년 하나원 사회적응교육 기본계획」을 수립하여 2023년에도 실행하였다. 우리 사회 이해증진을 위한 「채움」교육, 진로 · 직업 전문교육을 통한 「세움」교육, 북한이탈주민의 소통 · 관계형성, 시민의식 함양을 위한 「키움」 교육 등을 사회적응교육의 기본방향으로 설정하였다.

개편된 기본계획에 따라 5개 영역, 12주 400시간으로 기초교육생 사회적응교육을 편성 · 운영하였다. 북한이탈주민 사회적응교육의 5개 영역은 ① 우리사회 이해증진 교육 ② 성평등 관점에서의 통합교육 ③ 정서안정 및 건강증진 교육 ④ 진로지도 및 직업탐색 교육 ⑤ 초기 정착지원 안내 교육이며, 「북한이탈주민법」 제15조 제2항에 규정되어 있다. 하나원은 나이에 따라 영아반, 유치반, 초등반, 청소년반, 성인반, 노인반으로 나누어 교육을 하고 있다. 특히 성인반은 남녀를 분리하여 여성 성인반은 안성 본원에서, 남성 성인반은 화천 분소에서 교육을 하고 있다.

여성 성인반과 남성 성인반은 기본교육의 5개 영역은 동일하지만 직업훈련 과목, 성평등 관점 통합교육의 세부과목 등에서는 교육내용에 남녀 차이를 반영하였다(통일부, 2023).

(4) 남북하나재단: 정착지원 교육

① 대학교육 지원

남북하나재단에서는 북한이탈주민이 학교에 진학하는 경우 학비를 지원하고 있다. 중고등학교의 경우 학교 자체에서 입학금, 수업료, 학교운영지원비 및 기숙사 사용료 등을 면제한다. 대학의 경우, 국공립대는 해당 대학에서 입학금, 수업료 및 기성회비 등을 100% 면제하고, 사립대는 통일부의 위탁을 받아 남북하나재단이 50%를 보조한다.

② 취업 · 창업교육 지원

정부는 북한이탈주민의 고용률을 높이고 장기근속을 유도할 수 있도록 개인별 특성에 맞춘 취업 상담 및 알선, 동행면접, 사후관리 등 종합적인 취업지원 서비스를 제공하고 있다. 전국 25개 하나센터에 배치된 취업상담사의 전문성을 바탕으로 구인 · 구직 등록, 취업 알선, 동행면접, 취업역량 강화 지원, 일자리 매칭 · 관리, 사후 관리 등 거주지 중심 북한이탈주민 취업지원 체계를 구축하였다.

(5) 하나센터: 지역적응교육

하나원을 수료하고 정착 지역으로 전입한 북한이탈주민이 거주지에서 안정적으로 적응할 수 있도록 하나센터를 통해 지역적응교육을 실시하고 있다. 현재 하나센터는 전국 16개 시 · 도에 25개(서울 4개, 경기 6개, 강원 2개, 그 외 광역시 · 도별로 1개)를 운영하고 있다. 하나센터에서는 관할 지역에 전입한 북한이탈주민을 대상으로는 초기집중교육을 실시하고, 기정착한 북한이탈주민을 대상으로는 지역적응지원서비스를 제공한다.

초기 집중교육은 8~9일간 50시간에 걸쳐 이루어지는데 진로 및 취업교육, 실생활 및 지역사회 이해, 심리 · 정서 안정 프로그램 등으로 구성되어 있다. 하나센터의 초기 집중교육은 현장체험 중심으로 진행하여 하나원에서의 교육과 차별화를 꾀하고 있다. 지역 적응지원 사업을 통해 교육 및 진학, 진로 및 취업, 생계, 의료, 심리 · 정서, 주민통합 등 다양한 분야에서 북한이탈주민에게 필요한 프로그램을 운영하고 있으며, 북한이탈주민 개개인의 상황과 필요에 따른 맞춤형 서비스도 제공하고 있다. 그 외에도 취약계층 조사 및 지원 등을 통해 위기에 처한 탈북민을 조기에 발견하여 선제적으로 필요한 서비스를 연계 · 제공하고 있다(통일부, 2023).

10) 장애인 교육

(1) 장애인 교육 개요

2016년 「평생교육법」(2016.5.29.) 개정에 따라 교육부에 '장애학생진로평생교육팀(2018.1.1.)', 국립특수교육원에 '국가장애인평생교육진흥센터(2018.1.1.)'가 설치되어 국가 차원의 장애인 평생교육 정책을 지원할 수 있는 체계가 마련되었다. 이후 「평생교육법 시행령」 및 「동법 시행규칙」 개정(2019.10.24. 시행)을 통해, 장애인 평생교육기관 종사자에 대한 인권교육에 관한 사항을 규정하고, 「발달장애인 권리보장 및 지원에 관한 법률」 제26조 제2항에 따라 발달장애인 평생교육기관의 지정 기준, 절차, 교육과정 등에 관한 사항(발달장애인 평생교육기관 지정 기준 등 고시)을 규정하였다. 이후 2021년 「평생교육법 제15조의2(장애인평생학습도시)」 조항 신설을 통해 장애인 평생학습도시 운영에 관한 사항을 규정하는 등 장애인 평생교육 진흥에 관한 국가 차원의 다양한 법적 근거들이 마련되었다.

장애인 평생교육 진흥 관련 법적 근거 마련에 따라 장애인 평생교육 활성화를 위한 국가 차원의 장애인 평생교육정책이 발표되었다. 제5차 특수교육발전 5개년계획(2018~2022), 제5차 장애인정책 종합계획(2018~2022), 발달장애인 평생케어 종합대책(2018. 9. 국무회의 보고), 국정과제(84-5. 모든 국민의 평생학습 기회를 보장: 성인문해교육을 강화하고 장애인 평생학습지원을 위한 장애인 평생학습도시 확대) 등을 통해 장애인 평생교육 지원을 위한 다양한 정책들이 추진되고 있다. 특히, 2020년에는 교육부, 보건복지부, 고용노동부 관계부처 합동으로 '장애인 평생교육 활성화 방안(2020~2022)'을 발표하여 법령에서 규정하는 장애인 평생교육에 대한 국가적 책무를 충실히 이행하고 포용 복지국가 국정철학을 실현하고자 하였다.

2023년 장애인 평생교육 진흥을 위해 수행한 주요 성과로는 '장애인 평생학습도시'를 기존 53개 도시에서 70개 도시로 확대 · 지정하여 지역 기반의 장애인 평생교육 친화적 환경을 조성하였으며, 장애유형 · 특성을 고려한 장애유형별 평생교육 프로그램 및 온라인 콘텐츠, 발달장애인 평생교육과정 개발 및 온라인 콘텐츠 개발 등 평생교육 활동 자료 개발 · 보급을 통해 장애인의 평생교육 참여 확대와 질적 수준을 제고하고자 하였다. 더불어 장애인 평생교육기관 종사자의 역량 강화를 위한 담당자 역량강화 연수를 확대 실시하고, 장애인 평생교육기관 연계 체제를 구축하는 등 장애인 평생교육 정책의 현장 안착을 위한 다양한 노력을 기울이고 있다.

(2) 장애인 교육 주요 현황

국가장애인평생교육진흥센터는 「평생교육법」 제19조의2(장애인평생교육진흥을 위한 지원 및 조사 업무)에 따라, 장애인평생교육 현황 및 실태를 심층적으로 분석하는 '장애인 평생교육 현황조사'를 매년 실시하고 있다. 전국 단위의 장애인 평생교육 관련 기초자료 확보를 통해 정책 수립의 근거를 마련하기 위한 목적이며, 2018년 현황조사 기초연구를 시작으로 2019년 장애인 평생교육기관 현황조사, 2020년 제1주기 장애인 평생교육 현황조사(본조사)를 실시하였다. 이후 3년 주기 본조사 체계를 구축하여 2021년과 2022년에는 장애인 평생교육 현황조사의 후속 조치 및 예비조사를 각각 실시하고, 2023년에는 제2주기 장애인 평생교육 현황조사(본조사)를 실시하였다.

2023 장애인 평생교육 현황조사의 적용 시점은 2022년 1월 1일부터 12월 31일까지이고, 2023년 6월 7일부터 9월 27일까지 조사를 진행하였다. 이를 통해 도출된 장애인 평생교육 운영기관 현황은 〈표 6-6〉과 같다.

표 6-6 장애인 평생교육 운영기관 현황

구분	기관 수	프로그램 수	학습자 수	교강사 수	행정인력 수
전체	897	8.741	84,592	8,195	5,627
장애인평생교육시설	117	1,856	4,691	1,510	207
일반평생교육기관	271	1,473	16,674	1,933	799
장애인복지시설	258	3,920	52,410	3,752	4,028
장애인직업 · 고용시설	238	1,410	10,458	892	518
기타(특수학교)	13	82	359	107	75

출처: 국립특수교육원(2023b). 2023 장애인 평생교육 현황조사 통계자료집.

기관별 프로그램 운영 현황(주제)은 〈표 6-7〉과 같다.

표 6-7 기관별 프로그램 주제별 운영 현황

(단위: %)

구분	학력보완	성인문자해득	직업능력향상	인문교양	문화예술	시민참여
장애인평생교육시설	9.8	10.3	11.6	19.8	40.2	8.3
일반평생교육기관	6.5	3.1	10.1	23.6	52.4	4.2
장애인복지시설	3.3	3.5	8.8	14.3	65.5	4.6
장애인직업 · 고용시설	3.7	1.8	56.1	11.1	23.9	3.5

출처: 국립특수교육원(2023b). 2023 장애인 평생교육 현황조사 통계자료집.

2023 장애인 평생교육 현황조사는 2022년 장애인 평생교육 현황조사 발전방안 연구를 토대로 장애인 평생교육 프로그램과 기관에 대한 정의·분류체계에 대한 타당도와 신뢰도를 확보하여 시행한 조사로, 이전 주기 대비 조사대상 기관을 명확히 구분하여 제시하였다는 점에서 의미를 가진다. 전수조사 항목인 장애인 평생교육시설 관련 현황은 전년 대비 프로그램 수(1,460개 → 1,856개), 참여 학습자 수(3,744명 → 4,691명), 교강사 수(1,438명 → 1,510명)가 전반적으로 증가한 것으로 나타났다. 특히, 장애인 평생학습도시의 확대 운영으로 인해 평생교육 참여 학습자의 수가 확대되고, 장애인 참여 만족도(92.4점)가 매우 높게 나타나는 긍정적인 결과가 도출되었다(국립특수교육원, 2023d). 장애인 평생학습도시 활성화를 위한 우선 고려사항으로는 행정적·재정적 지원 기반 마련(40.6%), 장애유형별 맞춤형 평생학습 프로그램 개발(34.4%), 장애인 전담 평생교육사 양성·배치(9.4%)의 필요성으로 나타났다.

(3) 장애인 교육의 향후 과제

2023년 기준 우리나라 장애인 인구는 265만 명으로, 전체 인구 중 약 5.1%를 차지하고 있다. 특히, 성인 장애인 비율이 전체 장애인 90% 이상을 차지하는 점을 고려할 때 장애인에 대한 평생교육 요구와 지원이 앞으로 더욱 확대되어야 할 것이다.

이러한 필요성에 따라 향후 장애인 평생교육 진흥을 위한 주요 과제는 다음과 같다.

먼저, 정부의 국정과제로 추진하고 '장애인 평생학습도시' 운영 확대 노력이 필요하다. 이를 구체적으로 실현하기 위해서는 현재 70개 도시에서 운영 중인 '장애인 평생학습도시'가 보다 많은 도시에서 운영될 수 있어야 한다. 장애인 평생학습도시는 2020년 10개 도시를 시작으로 오늘날까지 의미 있는 성장을 이루어왔으나, 일반 평생학습도시 수(2023년 기준 195개)에 비해서는 여전히 부족한 상태이다. 이에 장애인 평생학습도시 확대 노력을 통해 지역과 삶의 현장에서 장애인이 체감하는 평생교육 환경이 개선될 수 있도록 행정적·재정적 지원이 뒷받침되어야 한다. 또한 장애인의 생애주기 특성을 고려하여 장애유형·정도에 따른 맞춤형 교수학습 자료 및 프로그램을 개발하고, 발달장애인의 기초학력 보장을 위한 문해교육 온라인 콘텐츠 개발·보급을 통해 장애특성에 맞게 평생학습을 지원해야 한다.

11) 군 평생교육

(1) 군 평생교육 개요

한국군의 평생교육정책은 1999년 군복무 가산점 위헌 판결 이후 군복무 이행자에 대한 합리적 보상 차원에서 장병 자기개발 분야를 중심으로 추진되었다. 또한 2014년에 발생한 22사단 GP 총기 난사 사건을 계기로 군 평생교육정책은 이른바 병영문화개선 차원에서 의무복무 이행자의 학업·경력단절 방지를 위한 자기개발 분야에 집중되었다. 그러나 최근에는 군 평생교육 정책이 '복지' 차원의 정책으로 분류되어 추진되고 있다. 장병 복지증진 차원에서 추진되고 있는 정책은 병사 자기개발 관련 분야이다. 국방부 홈페이지의 장병복지증진 메뉴에는 "군이 필요로 하는 인력을 효율적으로 육성함과 동시에 평생교육 차원에서 장병 개개인의 자기발전을 지원하여 생산적인 병영생활과 개인, 군 및 국가경쟁력 향상을 위해 노력"하고 있다고 밝히면서 병사들의 자기개발 기회 확대, 군복무 중 중단 없는 학습여건 마련, 군 기술인력 양성과 국가기술자격 취득 적극 추진 등의 내용이 제시되어 있다.

이러한 변화는 군 평생교육 정책의 추진을 둘러싸고 교육훈련과 평생교육 영역, 그리고 복지 영역이 중첩되어 유기적으로 연결되기 어려운 환경을 만들어 내고 있는 것으로 판단된다. 또한 군 인적자원개발정책 차원에서 볼 때에도 개인개발, 경력개발, 조직개발, 수행개선 등 4가지 주요 영역 중에서 조직개발 영역이 상대적으로 발전이 부족하다고 볼 수 있다. 그러므로 UNESCO가 지향하는 학습사회론 관점의 평생교육 개념에 근거하여 군 평생교육 정책을 개선할 필요성이 제기된다.

윤석열 정부 출범 후 발표된 제5차 평생교육진흥기본계획(2023~2027)은 6대 핵심과제 중 '3050 생애도약을 위한 평생학습 지원' 과제에 군과 관련된 내용이 포함되어 있다.

(2) 군 평생교육 추진 현황

제5차 기본계획에 포함된 군 관련 과제는 3050 전역예정 장병 지원에 초점이 맞추어져 있다. 이는 30~50대는 우리나라 인구의 가장 많은 수가 몰려 있고, 청·중년 대부분이 속해 있는 '허리'가 되는 연령대로서 평생학습을 통한 생산연령인구의 생산성 제고가 필요하다는 정책적 판단에 따른 것으로 보인다. 그러므로 제5차 기본계획에서는 30~50대 국민을 생애도약기로 지정하고, 평생학습 정책을 집중적으로 지원하기 위해 범정부적 협력·연계를 기반으로 상담, 학습 컨설팅, 학습비, 학습시간, 학습 콘텐츠를 종합 패키지 형태로 획기적으로 제공한다는 내용을 명시하고 있다.

① 국군장병을 국가 미래 인재로 육성

2022년에 출범한 윤석열 정부는 120대 국정과제 중 107번 과제로 '미래세대 병영환경 조성 및 장병 정신전력 강화' 과제를 선정하였다. 이 과제의 내용 중 군 인적자원개발정책과 관련된 내용은 장병들의 학업 연속성 보장 및 자기개발 기회 확대를 통하여 생산적인 복무여건을 조성하여 군 복무기간을 생산적 활동기로 전환시킨다는 것이었다. 2023년 1월 11일 실시된 국방부 연두 업무보고에서는 2023년 핵심 추진과제의 하나로 '복지와 상생' 과제의 세부 과제인 '국군장병을 국가미래인재로 육성' 과제가 선정되었다.

2023년 국방부 연두 업무보고 내용 중 군 평생교육 정책 관련 내용을 요약하면 다음의 〈표 6-8〉과 같다.

표 6-8 2023년 국방부 연두 업무보고 주요내용(군 평생교육 정책)

과제	국군장병을 국가미래인재로 육성
추진방향	청년장병들의 생산적 군 복무여건 조성을 통해 국군장병이 국가미래인재로 육성될 수 있도록 제도 개선 등 다각적인 노력을 전개
세부과제	① 병역진로설계지원센터를 확대하여 입대 전부터 병역과 진로의 연계 강화 ② 군 복무 중 원격강좌 학점취득 및 군복무 학점인정 대학을 지속 확대하고, 창업지원 프로젝트를 수요자 중심으로 개선하여 군 내 창업 붐 조성 ③ 중·단기 복무자 등 전직 취약계층의 원활한 사회 진출을 위해 전직지원 제도를 개선하고, 장병 취업환경 개선을 위한 관계기관 협업 강화

출처: 국방부 보도자료(2023.1.11).

② 생애도약을 위한 평생학습지원

제5차 기본계획에 포함된 군 관련 과제는 3050 전역예정 장병 지원에 초점이 맞추어져 있다. 이는 30~50대는 우리나라 인구의 가장 많은 수가 몰려 있고, 청·중년 대부분이 속해 있는 '허리가 되는 연령대로서 평생학습을 통한 생산연령인구의 생산성 제고가 필요하다는 정책적 판단에 따른 것으로 보인다.

그러므로 제5차 기본계획에서는 30~50대 국민을 생애도약기로 지정하고, 평생학습 정책을 집중적으로 지원하기 위해 범정부적 협력·연계를 기반으로 상담, 학습 컨설팅, 학습비, 학습

시간, 학습 콘텐츠를 종합 패키지 형태로 획기적으로 제공한다는 내용을 명시하고 있다.

따라서 현재 추진 중인 지역대학 및 민간기관 등과 연계한 부대별 자기개발 프로그램을 도입하고 예산을 지원할 것이다. 특히 국가자격 취득 지원은 현재 국가기술자격 필기검정 체계를 지필시험에서 전자평가(CBT)로 개선하여 태블릿을 이용한 전자평가 도입, 시간과 장소에 구애 없이 어느 곳에서라도 가능토록 구축하고 있다.

표 6-9 3050 생애도약기 평생학습 지원 내용

구분	내 용
상담	정신 · 심리 · 직업상담 등 각종 상담을 지원
학습 컨설팅	전문적인 학습 · 진로설계 등 무료 제공
학습비	대학 등 다양한 평생학습에 사용할 수 있는 원-패스 카드 지급
학습시간	평생학습휴가 및 평생학습휴직 제공
학습 콘텐츠	각 부처 · 지자체 특성을 살린 3050 맞춤형 콘텐츠 확대

출처: 교육부(2023).

③ 평생직업교육을 통한 전직지원

군 평생직업교육을 통한 전직지원은 전역예정 간부를 대상으로 체계적인 전직지원교육과 지원서비스를 제공하는 것이다. 〈표 6-10〉과 같이 전역예정 장병 대상별로 취업지원 정책 사업을 추진하고 있다.

표 6-10 전역예정 장병 대상별 취업지원 정책 사업

<table>
<tr><th>지원대상</th><th colspan="2">사업명</th><th>사업설명</th></tr>
<tr><td rowspan="3">청년장병
(단기복무
장병)</td><td rowspan="2">찾아가는
진로도움
프로그램</td><td>진로도움
교육</td><td rowspan="2">정부의 청년 일자리정책의 일환으로 [교육 → 1:1 상담 → 취업]을 연계하는 청년장병 특화 취업지원 프로그램으로 '18년 시범사업을 거쳐 '19년부터 정규 사업으로 편성
* 연간 목표인원: 150,000명</td></tr>
<tr><td>1:1 취업
상담</td></tr>
<tr><td colspan="2">취업박람회</td><td>전역예정 장병 채용 수요가 있는 기업을 대상으로 하는 대규모 채용박람회로 장병 취업기회 확대 및 구직역량 향상을 위한 사업으로 연 2~3회 온 · 오프라인 방식 개최
* 연간 목표인원: 30,000명</td></tr>
</table>

지원대상	사업명	사업설명
	청년장병 뉴스타트 사업	정부의 청년 일자리정책의 일환으로 추진하는 취업 스킬 배양/매칭 중심의 취업도움 프로그램(취업 사관학교, 기업맞춤형 취업과정, 현장채용 설명회)으로 매월 각각 1회 이상 운영 * 연간 목표인원: 6,460명
중 · 장기 복무자 (5년 이상 복무자)	진로설계 (현역 복무 중)	전 장병 대상 군 복무 중 온라인 및 소집교육을 통해 군복무설계와 전역 후 진로에 대한 준비 및 역량 강화를 위한 기초교육 과정(사이버아카데미, 군복무설계교육)임 * 연간 목표인원: 47,000명
	진로교육 (전역 2년 전)	군 복무 중 개발 · 향상된 개인별 직무역량을 분석하고, 전역 이후 군 경력을 활용한 새로운 경력목표를 탐색 · 수립하는 과정임 * 연간 목표인원: 4,000명
	전직기본교육 (전역 1년 전)	전직목표에 부합한 분야별 교육을 통해 실질적인 전직 (취 · 창업) 역량 향상 및 전직목표 달성을 지원하는 과정임 * 연간 목표인원: 5,000명
	전직컨설팅 (기본교육 이수 후)	1:1 경력/취업 상담 및 정보 제공을 통한 개인별 맞춤형 밀착 취업지원 상담으로 성공적인 전직을 지원 * 연간 목표인원: 9,000명
	맞춤형 전문교육 (기본교육 이수 후)	군 관련 전문자격 취득 및 취업역량 구비를 위한 맞춤식 직업교육 과정으로 군 경력을 활용한 목표 분야로의 취업경쟁력 강화를 지원 * 연간 목표인원: 1,260명

출처: 국방부(2022). 전역장병 취업지원 시스템 구축 현황.

(3) 군 평생교육 추진계획

군 평생교육정책도 지역혁신중심 대학지원체계(RISE: Regional Innovation System & Education) 구축계획을 중심으로 대학기반 지역인재 역량 개발을 위한 지 · 산 · 학 협력 모델을 활성화 측면에서 순환적 평생교육연계형 지, 산, 학, 군(RISE+M: Regional Innovation System & Education+Military) 협력 모델로 발전시켜 나가야 한다. 이 모델은 지역단위에서 지방자치단체와 지역산업체, 지역대학, 지역 군부대가 협력과 상호작용 체계 구축을 바탕으로 지역인재역량을 개발하고 지역혁신과 지속성장을 위한 학습생태계 구축으로 정주 여건을 마련하여 지역소멸위기를 함께 극복하자는 통합적인 개념의 모델이다. 이 모델을 통해 지방자치단체-지역대학-지역산업체와 각각 연계한 군 평생교육정책을 제시하면 다음과 같다. 첫째, 지방자치단체와 연계한 군 평생교육정책은 지방자치단체와 지역군부대 간 거버넌스 구축과 지역정주 및 개인 삶 터전 마련을 위한 공동위원회를 구성, ESG 경영 공동 참여와 더불어 지역사회 문제 해결에 공동 대응하면서 지자체는 장병 및 군인가족을 위한 지역 맞춤형 평생교육 참여 기회 확대를 지역 부대는 지역주민을 위한 정기적인 자원봉사, 부대 개방행사 및 안보교육 현장 실습 장소 제공을 통한 협력체계 강화이다. 둘째, 지역대학과 연계한 군 평생교육 정책으로 군부대는 지역산업에 맞는 전직지원교육 및 직무교육 관련 대학과 공동 개발하여 지원과 학위 취득을 위한 위탁반, 주말반 상시 운영, 자격증 취득반을 개설하고 대학의 유휴 공간 · 시설 개방으로 군 평생학습 확대 및 활성화, 대학과 군부대 인력 Pool을 활용하여 지역 맞춤형 프로그램 개발 · 운영으로 '지역인재 양성-취업-정주' 체계 구축을 강화하는 것이다. 셋째, 지역산업체와 연계한 군 평생교육 정책은 전직 및 직무교육과 연계한 지역 산업체와 거버넌스 구축 및 지원과 지역 정주를 위한 지역산업체 취업 대폭 확대 개방으로 일자리 창출을 통한 지역정주 및 지역경제 활성화 정책에 기여하는 것이다.

12) 학부모 평생교육

(1) 학부모 평생교육 개요

학부모는 자녀의 보호자이자 자녀교육에 대한 의사결정자로서, 「헌법」과 「교육기본법」에서 명시하고 있는 바와 같이 교육과 학교 운영에 참여할 수 있는 권한과 자녀교육에 대한 책임 모두를 진 '교육당사자'이다.

정부는 교육당사자이자 교육주체인 '학부모' 지원을 위해 2009년 교육과학기술부 내 정부 최초의 학부모 지원 전담 조직인 '학부모정책팀'을 신설하고 학부모 학교참여를 활성화하는 내용을 담은 「학부모정책 추진방향」을 발표함으로써, 종합적이고 체계적인 학부모정책을 추진하기 시작하였다. 이는 학교-학부모 간 파트너십을 구축하여 학교교육의 질을 높임과 동시에 교육정책이 학교라는 울타리 안에 국한되지 않고, 가정과 지역사회까지를 아우르는 범국가적 차원의 정책으로 자리매김하는 시작이 되었다.

2010년에는 국가평생교육진흥원이 전국학부모지원센터 운영기관으로 지정되어 학부모정책 지원체계를 구축하고 학부모의 자녀교육 역량강화를 위한 교육 및 상담, 정보 서비스 등을 제공하기 시작하였다.

그동안 전국학부모지원센터는 학부모지원사업의 정책적 타당성 확보 및 학부모정책 지원

기반 조성을 위한 정책연구와 실태조사를 수행하고, 직무연수 개최, 업무 안내자료 개발과 같이 시 · 도(지역)학부모지원센터 업무 담당자들의 업무 효율 개선과 업무역량 강화를 위한 컨트롤타워의 역할을 담당해 왔다. 또 학부모가 자녀교육 역량을 강화할 수 있도록 온라인 교육과정과 다양한 교육자료를 제공하고, 더 나아가 여러 교육참여 활동에 활발히 참여할 수 있도록 참여기회 보장 및 우수사례 발굴 · 보급에 힘써왔다.

(2) 주요 현황

학부모정책 사업은 2023년 현재 교육부와 국가평생교육진흥원 전국학부모지원센터가 전국 17개 시 · 도교육(지원)청 산하 104개 학부모지원센터와 연계하여 추진하고 있다. 교육부에서 수립한 기본계획을 바탕으로 시 · 도교육(지원)청에서는 학부모회, 지역학부모지원센터와 같이 학교와 지역 중심의 학부모정책 사업 실행계획을 수립하고 추진하며, 전국학부모지원센터에서는 정책연구, 학부모 및 업무 담당자 대상 교육자료 개발 · 보급, 정책 설명회 및 협의회 개최, 유관기관 연계 · 협력 등 중앙 차원에서 수행 가능한 학부모정책 사업을 추진하고 있다.

교육부는 2023년 '학부모 역량강화에 기반한 학교교육 참여 활성화'를 목표로 원활한 학교교육 참여와 학부모 전문성 강화를 위한 지원 방안을 모색하였다.

학부모회 활동과 학부모상담 등이 지역별로 활성화될 수 있도록 시 · 도교육청 및 학부모지원센터 지원체계 강화를 추진하고, 학부모의 자녀교육 전문성 강화를 위해 다양한 프로그램과 콘텐츠를 제공하고자 기획하였나. 또한 학부모가 교육정책에 관한 이해를 높일 수 있도록 지역별로 찾아가 교육정책을 설명하거나 정책 추진 과정에서 학부모와 교사 등 교육주체의 현장 의견 청취 기회도 확대하였다. 더불어 정책연구, 온라인 교육과정 운영 등 중앙 차원에서의 학부모 지원을 강화하였다.

학부모정책 주요 성과로는 ① 학부보정책 지원 기반을 조성하였으며 ② 시 · 도 학부모지원센터 운영 지원과 ③ 학부모 자녀 교육 역량강화를 하였으며 ④ 학부모 교육정책 이해도 제고 및 소통강화를 하였다. ⑤ 또한 학부모지원정책 전달체계를 강화하였다.

(3) 향후 과제

국가평생교육진흥원 전국학부모지원센터는 2011년부터 학부모정책 추진의 기반을 마련하고 정책수요자로서 학부모와 유관 네트워크 연계체제를 구축하며 학부모의 자녀교육 역량

신장을 위해 다양한 정책지원사업을 추진해왔다. 그러나 정책 대상자로서 '학부모'가 대규모임에도 불구하고 아직 학부모 지원을 위한 법적 근거는 미비한 상태이며, 그로 인해 예산 및 인력 확보가 안정적으로 지속되기 어려운 것이 현실이다. 다행스럽게도 교육부는 2023년 12월 교육주체의 큰 축인 학부모에 대한 보다 세심하고 촘촘한 지원을 위해 10여 년 만에 학부모 지원을 전담하는 과장급 조직인 '학부모정책과'를 부활시킨다고 발표하였다. 앞으로 더욱 안정적이고 효율적인 학부모정책 추진을 위하여 다음과 같은 과제가 요구된다.

첫째, 학부모정책 추진과 지원의 근거 마련을 위하여 관련 법령 제정 · 개정이 필요하다. 법적 근거 마련을 통해 학부모의 참여와 지원에 당위성을 부여할 수 있도록 노력하여야 하겠다.

둘째 중 · 장기적인 학부모정책 추진 방향 및 학부모 지원계획 수립이 필요하다. 지금까지의 학부모정책 추진 현황을 진단하고 학부모 지원을 위한 중앙정부와 지역의 역할, 정책 추진 환경 및 제도 등을 정비할 필요가 있으며, 아울러 학부모교육과 같은 학부모 지원과 학부모회 등 참여 활성화를 위한 중 · 장기적 추진과제를 도출하여 정책 추진 주체별로 확산하는 것이 필요하겠다.

셋째, 정책 대상자 및 관련 주체에 대한 이해와 협력을 기반으로 정책을 추진할 필요가 있다. 이를 위해 학부모, 학생 및 교원을 대상으로 교육 주체의 책임과 의무에 대해 안내하고, 상호 존중과 협력의 문화가 조성될 수 있도록 노력할 필요가 있다.

학부모정책을 추진함에 있어 가장 중요한 것은 학부모 지원의 궁극적인 목적이 '자녀의 전인적 성장'을 위함이라는 점이다. 학생 성장을 위해서는 학교교육의 발전, 건강한 양육환경 조성, 지역사회 협력이 필수적이며, 이를 위한 학부모정책 추진이라는 점을 항상 인지해야 할 필요가 있다. 국가평생교육진흥원 전국학부모지원센터는 앞으로도 행복한 교육공동체 실현을 위해 학부모정책 추진의 중추기관으로서 다각도의 지원과 노력을 아끼지 않을 것이다.

2. 교육기능별 유형

1) 직업훈련교육

(1) 직업훈련교육의 개념

산업 분야에서 필요로 하는 인력을 양성하고, 모든 학습자에게 직업 선택의 기회를 넓혀주는 직업훈련교육은 우리 주변에서 다양한 용어로 사용되고 있다.

① 직업교육

이무근은 직업교육을 "개인이 대학졸업자 이하의 자격을 요구하는 일에 종사할 수 있도록 일의 세계를 탐색하고, 자기의 적성 · 흥미 · 능력에 알맞은 일을 택하고, 그 일에 필요한 지식 · 기술 · 태도 · 이해 · 판단력 · 일에 대한 습관 등을 개발하고 또 이미 현직에 종사하고 있는 근로자가 자신의 일을 개선 · 유지할 수 있도록 학교와 일의 현장에서 능력을 개발하는 전체 교육의 일부이다."[32]라고 정의하고 있다.

여기서 직업교육이라고 할 때 영어로 Vocational Education과 Occupational Education을 같은 개념으로 사용한다. 이 두 용어를 구별짓는다면, Vocational Education은 일의 대가에 경제적 반대급부를 받든 받지 않든 인간의 욕구를 충족시키는 일에 대한 능력을 개발하는 교육을 말하고, 반면에 Occupational Education은 일의 대가로 경제적 보수를 받음으로써 생업을 영위할 수 있는 능력을 개발하는 교육이라고 할 수 있다.

직업교육과 직업훈련은 같은 뜻으로 사용되기도 하지만, 교육과 훈련은 본질적인 차이점이 있다. 즉, 데일(E. Dale)이 교육에서 강조하는 점과 훈련에서 강조하는 점의 차이를 설명하는 〈표 6-11〉을 보면 쉽게 이해할 수 있을 것이다. 이를 요약해 보면, 훈련은 반복된 경험을 통하여 특정한 일이 숙련되게 하는 학습이고, 교육은 훈련이 갖는 개념에다 학습의 전이가치가 높은 고등정신 능력을 개발하는 것까지를 포함한다.

표 6-11 교육과 훈련의 차이점

교육에서의 강조점	훈련에서의 강조점
창의적이고 상상적이며 반성적인 반응	모범적인 반응
장기적이고 융통성이 넓은 목표	단기적이고 제한된 목표
다양한 수단과 융통성	방법의 고정
사고력이 필요한 실습과 응용	기억과 반복
사고를 필요로 하는 준거	시험이 따르지 않는 무조건적인 준거
아이디어와 감정의 무한한 참여	아이디어와 감정의 제한된 참여
사고에 의한 학습	규범에 의한 학습
독립적인 학습자	종속적인 학습자

출처: Edgar, D.(1969). *Audiovisual Methods in Teaching.* The Dryden Press. p.24.

32) 이무근, "실업 · 기술교육과 생애교육의 개념정립", 『한국직업교육학회지』, 제9권, 1977, p.23.

② 산업교육

「산업교육진흥 및 산학협력 촉진에 관한 법률」 제2조에 의하면, "고등기술학교, 특성화 고등학교, 전문계 학과 또는 전문계 과정을 설치한 일반계 고등학교, 특수학교, 전문대학, 산업대학 또는 대학이 학생에 대하여 농업, 수산업, 해운업, 공업, 상업, 기타의 산업에 종사하는 데 필요한 지식, 기술 및 태도를 습득시키기 위한 교육을 말한다."[33]라고 하고 있다. 산업교육법이 정의하고 있는 산업교육에는 실과교육, 실업교육, 직업교육, 기술교육과 대학에서 하고 있는 직업교육까지를 포함하는 포괄적인 개념이나 평생교육을 통한 직업훈련교육은 제외되고 있다.

③ 생애교육

생애교육의 개념에 관하여는 이미 앞에서 살펴보았다. 에반스(R. Evans)는 생애교육의 특징을 다음과 같이 열거하고 있다.

첫째, 생애교육은 일(보수를 받든 안 받든)에 주된 관심을 두고 있다.

둘째, 자신에 대한 자각(Awareness)과 탐색(Exploration)은 일의 세계에 대한 자각과 탐색만큼 중요하다.

셋째, 생애교육의 주목표는 개인의 생애선택(Career Option)을 증대시키고 모든 사람에게 일은 가능하고 보람있다는 것을 생활화시키는 것이다.

넷째, 생애교육은 초등학교 1학년 또는 그 이전에 시작되어야 하고 일의 성질이 변화하기 때문에 생애교육은 평생을 통하여 실시되어야 한다.

다섯째, 생애교육 프로그램은 전 지역사회와 학교의 모든 부분을 포함시켜야 한다.[34]

생애교육은 생애개발의 단계에 따라 생애자각, 생애탐색, 생애준비, 생애유지 및 개선의 네 단계로 구분할 수 있다. 따라서 필자는 사회교육에서의 직업훈련교육을 생애교육의 관점에 그 이론적 준거를 두고 싶다.

생애개발 단계에 따른 생애교육의 대상, 목표, 범위, 교육과정과 교육기관을 요약, 설명하는 칼혼(C. Calhoun)과 핀치(A. Finch)의 생애교육모형인 〈표 6-12〉를 보면 그 이론적 준거가 더욱 명백해지리라고 본다.

---

33) 교육법전편찬회, 『교육법전』, 2008, p.1267.

34) Evans, Ruppert N., *Career Education and Vocational Education: Similarities and Contrasts*, Unpublished Papers, University of Illinois, 1974, p.3.

표 6-12 생애교육 모형

발달단계	학년	교육목표	깊이와 범위	교과목 혹은 교육과정	교육기관
생애자각	유아원 및 초등학교	일의 세계에 관한 자각 함양	일의 세계에 관한 일반적 이해, 생애개발을 위한 생활지도	전체 프로그램의 부분	유치원, 초등학교
생애탐색	중학교	일의 세계에 관한 흥미유발, 실업에 관한 예비적인 탐색과 경험 제공	특수직업군과 친숙, 실제적 경험 제공, 계속적인 진로개발을 위한 생활지도	통합된 프로그램으로 계속된 별개의 교과목을 설정, 일의 세계에 관계된 경험 제공	중학교
생애준비	고등학교	직업군에 관한 특수 훈련과 고차적인 탐색	초임적 수준에 필요한 기능훈련, 계속적인 생애개발을 위한 생활지도, 취업정치(就業定置)	기능개발을 목적으로 한 교과목과 분리, 프로그램을 학생들의 흥미와 인력 수요에 의하여 결정	고등학교, 지역센터, 사립직업학교, 기업 및 산업체
전문대학·대학	전문분야에 관한 교육과 훈련	고차적인 훈련·기술·교육·생활지도 및 취업정치	분리된 교과목, 학생들의 흥미와 인력 수요에 의하여 결정	지역사회대학, 지역센터, 대학교, 사립실고, 기업 및 산업체	
생애유지·개선	성인	직업훈련·향상·재훈련	개인의 특수한 직업적 욕구충족을 위한 훈련상담, 취업정치	요구에 의하여 결정, 많은 단기 프로그램	위와 동일

출처: Calhoun, C. C. & Finch, A. V.(1976). *Vocational and Career Education: Concepts and Operation*, Wadsworth Publishing Company, Inc. Belmont, California. p.134.

(2) 직업훈련교육의 발달

역사적으로 볼 때 직업훈련교육은 인류의 역사만큼 깊고 오래전에 실시되어 왔다. 그러나 일을 하는 데 필요한 능력을 조직적이고 의도적으로 학습할 수 있도록 고안된 직업훈련 제도를 살펴보면 다음과 같다. 여기서 살펴보는 직업훈련 제도는 그 발달사적 측면에서 구분해 보는 데 불과하고 아직도 이러한 제도는 우리 주변에서 계속되고 있음을 미리 밝혀두고자 한다.

① 도제제도(Apprenticeship)

이 제도가 처음으로 실시된 것은 기원전 2100년에 바빌로니아의 하무라비(Hamurabi) 왕에 의해 제정된 바빌로니안 법전(Babylonian Code)[35]에 의해서다. 그 후 이 제도는 바빌로니아뿐만

35) Robert, Roy W., *Vocational and Practical Arts Education*, New York: Harper and Row Publishers, 1971, p.34.

아니라 이집트, 히브리, 그리스, 로마에서도 실시되었다.[36]

이 도제제도는 숙련된 기능인이 자기의 지식과 기능을 제자에게 가르쳐주는 제도로서, 나라에 따라 다소 차이가 있기는 하지만 일정 기간의 기능학습과 수습기간을 거친 후 제자는 숙련된 직업인이나 자영기업인이 될 수 있다. 이러한 제도는 의학, 법률, 교육 분야에서도 실시[37]되어 수세기 동안 계도되어 왔다. 그 후 이 제도는 종교계로 깊숙이 파고들었으며, 예술계와 병사교육에 있어서도 법적인 제도화를 강화하여 책임 있는 지도방법으로 발전하게 되었다. 아직도 민족종교계와 전통 예술계에 이러한 제도가 계승되고 있음을 우리는 흔히 접할 수 있다.

② 길드제도(Guilds system)

도제제도가 중세기까지 계속 발전되지 못하고 다소 감퇴 현상을 보이다가 다시 부흥하게 된 것은 길드제도에 의해서다. 길드란 상인이나 기능인(Craftsman)들로 조직된 상호 간의 기본적 목적을 침해하지 않고 협조하여 이익을 도모하는 조직 또는 단체이다.

길드는 노동조합, 협동조합 또는 생산품제조업체의 조직으로서 시민 간에 이권을 높여주고 동시에 제품의 질을 향상시키는 제도였다. 길드에 가입된 회원들은 원료와 도구를 소유하고 작업을 감독하는 기능사(Master Worker)와 생계비 정도의 보수를 받거나 때로는 무급으로 기능사와 침식을 같이 하면서 훈련을 받는 도제공 그리고 도제과정을 수료하고 아직 정식 기능사가 되지 못한 초기의 직인(職人)으로 구성되었다.[38] 따라서 도제공은 결국 기능사가 되기 위하여 기능과 기술을 훈련받는 사람들이었다.

그러나 점차 시장기능이 확대되고 새로운 기계와 도구의 사용이 급증하면서 그동안 사람이 해오던 일들을 기계가 대신 해줌으로써 도제제도나 길드제도에서 양성된 직인(職人)이나 기능사의 사회 진출의 기회가 좁아지게 되었다. 또한 유통경제가 발달됨에 따라 길드 내부에 빈부의 차가 심하게 되고, 길드의 규약을 엄하게 만들어 도제기간의 연장, 기능 수의 제한, 길드가 임금의 인상 등으로 독점 배타적 경향을 강화함으로써 종래의 가족적 유대관계와 사제관계는 점차 퇴색하게 되어 길드제도는 14세기와 15세기를 전성기로 하여 붕괴되기 시작하였다.

36) Robert, Roy W., *ibid.*, p.47.
37) 김시종, 『직업훈련의 이론과 실제』, 삼영사, 1975, p.24.
38) 이무근, 전게서, 1982, p.53.

③ 공장훈련(Factory Training)

길드제도의 붕괴 후 개발된 기능훈련 제도는 공장훈련 제도이다. 이 제도는 동력기계의 발명과 산업혁명으로 종래의 농업경제가 공업경제로 이행되면서 생산공업의 양상이 기계의 전문화 및 분업화로 변화됨에 따라 근로자가 현장에서 작업을 조력함과 동시에 직공장(Foreman)의 지도 아래 일정한 전문적 기능과 기술을 습득하는 제도이다. 그러나 공장훈련은 청소년들의 노동임금을 낮게 하고 나쁜 작업환경에서 노동을 강요하는 등 사회적 폐단이 노출되었다. 따라서 보다 획기적으로 근로청소년들의 복지를 향상시키면서 직업교육을 실시하기 위하여 청소년을 위한 교양과 실업교육을 제공하는 학교제도를 창출, 운영하게 되었다.[39]

④ 학교교육을 통한 직업교육

청소년을 위한 직업교육이 정규 학교교육으로서의 체제를 확립하여 본격적으로 발달하게 된 것은 1900년대 이후이다. 1900년대 이후 외국의 직업교육이 어떻게 실시되고 있는가를 살펴보면 다음과 같다.

먼저 미국의 경우, 1971년 실업교육법(Smith-Huge Act)의 제정으로 본격화되기 시작하였다. 정규 실업교육으로 종합고등학교에 농과, 공과, 사무과, 판매·유통과, 가정과, 보건·간호과, 수산과와 초급대학 및 대학에도 위와 유사한 학과를 설치·운영하고 있다.

미국 실업교육의 특징은 첫째, 일원적인 교육제도로서 실업교육이 실시되고 있어 고등학교에서 실업교육을 이수하고도 희망에 따라 상급학교에 진학할 수 있고, 둘째, 인문고등학교와 실업고등학교가 분리된 것이 아니라 종합고등학교 내에 인문과, 실과 등을 설치·운영하고 있으며, 셋째, 실업교육에서 현장실습과 산학협동교육을 강화하기 때문에 학교의 교육내용과 산업체 현장과의 유대를 공고히 하고 있으며, 넷째, 다른 나라들에 비해 신체적·정신적 장애인들을 위한 산업교육이 강조되고 있다는 점이다.[40]

유럽 각국의 경우, 실업교육의 특징은 첫째, 이원적인 교육제도를 실시하고 있어서 초등학교 내지 의무교육을 마치고 나면 직업준비를 위한 교육과 대학진학을 위한 준비교육으로 구분된다. 둘째, 산업교육은 대체로 초등교육 6년(영국) 또는 중학교까지 9년(독일)의 기초교육을 마친 다음 기술학교(영국) 또는 직업학교나 실업학교에서 실업교육(독일)을 실시한다. 셋째, 이들

39) 김시종, 전게서, 1975, p.25.

40) Robert, Roy W., *op. cit.*, 1971, p.88.

실업교육기관은 전일제(Full-time), 주간정시제(Day Part-time), 야간정시제 등의 다양한 방법으로 교육을 실시하고, 특히 현장실습을 하고 있으며, 이 현장실습은 대학 수준에서도 대단히 중요시(예: 영국의 Sandwich System)한다. 넷째, 대부분의 유럽 국가들은 일정 수준의 실업교육을 마치면 시험을 실시하고 합격되면 특정 자격을 명시하는 자격증을 수여한다.[41]

일본의 산업교육은 우리나라와 거의 비슷하여 고등학교부터 직업교육이 실시되고, 기술교육(Technical Education)은 고등학교를 졸업하고 입학하는 단기대학과 중학교 졸업생이 입학하여 5년간의 수업을 통하여 초급대학 수준의 교육을 받는 고등전문학교가 있고, 그 위에 4년제 대학을 통하여 고급기술인을 양성하고 있다.

⑤ 평생교육을 통한 직업훈련

1900년대에 학교교육을 통한 실업교육이 본격화될 때 경제적 사정이 어려운 가정의 사녀, 고아, 청소년 범죄자들을 대상으로 취업을 하는 데 필요한 기본지식과 기술, 시민으로서 지녀야 할 기본교양에 관한 교육을 실시하였다. 그러나 과학·기술문명이 점차 고도화되면서 단순취업을 위한 직전훈련(Pre-training)의 성격보다도 현직에 종사하고 있는 근로자들의 계속훈련이 더 중시되고 있어서 종래의 미취업 청소년 위주의 직업훈련에서 성인의 계속훈련 체제로 발전되고 있다. 따라서 각종 산업체, 노동단체, 군 기관, 사회사업단체와 학교의 부설교육기관 등을 통한 직업훈련이 더욱 강화되고 있다. 아울러 각국 정부와 지방자치단체에서 공공직업훈련원을 직접 설립·운영하거나 정부의 보조금을 지원하여 공법인 훈련기관을 설립·운영하고 있다. 산업체에 대한 직업훈련도 점차 의무화되어 가고 있는 것도 또한 사실이다.

(3) 한국의 직업능력개발훈련 제도

종전에는 직업훈련의 실시기관에 따라 공공직업훈련, 사업 내 직업훈련 그리고 인정직업훈련으로 구분하였다. 그러다 노동부에서는 1999년부터 시행한 근로자직업훈련촉진법을 통하여 종래의 직업훈련이라는 용어 대신 직업능력개발훈련이라는 새로운 용어로 대체하여 근로자의 직업능력 개발을 중시하는 훈련으로의 전환을 함과 아울러 직업훈련사업에의 진입장벽을 해소하여 누구나 훈련사업을 하고 정부의 지원을 받을 수 있도록 하여 경쟁을 통한 직업능력개발훈련사업의 질을 향상시키도록 하고 있다.

---

41) 송해균, 세계산업교육의 동향에 관한 연구, 『한국농업교육학회지』 제8권 제1호, 1976, pp.1-8.

고용노동부가 「근로자직업훈련촉진법」 등에 의해 실시하고 있는 여러 가지 훈련사업을 살펴보면 다음과 같다.

① 실업자훈련 지원제도: 고용노동부는 실업자가 직업훈련에 참여하는 경우 훈련비와 수당을 지원한다. 훈련비용은 훈련기관에 지급하며, 전액 국비지원이 원칙이나 정부지원 훈련비를 초과하는 훈련비는 훈련생이 부담한다.

② 내일배움카드제 지원: 실업자가 고용지원센터에서 상담을 통하여 계좌발급 대상자로 선정되어 계좌카드를 발급받아 직업능력개발훈련을 수강한 경우 수강비용을 지원하는 제도이다. 이는 200만 원 한도 내에서 훈련비를 지원하되, 수강하는 과정의 수강료 20%와 정부지원 한도를 초과하는 금액은 본인이 부담해야 한다.

③ 신규실업자 훈련생계비 대부: 이는 청년실업자 등 고용보험 미적용 신규실업자들이 생계부담 없이 훈련에 전념할 수 있도록 훈련기간 중에 생계비를 대부하여 주는 제도이다.

④ 재직근로자훈련 지원제도: 고용노동부는 근로자 스스로 직업능력개발을 위하여 직무교육과정, 외국어과정 등을 수강하는 경우 수강료 일부 또는 전부를 지원해 주는 제도를 시행하고 있다.

⑤ 근로자 능력개발 카드제: 고용보험 피보험자인 근로자가 근로자능력개발카드를 발급받아 직업능력개발훈련을 수강한 경우 수강비용을 지원해 주는 제도이다.

2) 문해교육

(1) 문해의 개념과 수준

인간 발전의 모든 국면에서 개인은 일정한 지식과 기술과 생활을 영위하기 위해서 습득하여야 한다. 이 중 많은 것은 개인의 성장과 환경에 의해서 스스로 얻을 수 있다. 다른 것은 특정한 문화권의 영향 아래서 다양한 방법을 통하여 습득된다.

그러나 모든 문화권에 공통적인 양상은 이러한 지식과 기술을 한 세대에서 다른 세대로 전수해 가는 것이다. 이렇게 지식과 기술을 차례로 전수해 가는 과정이 바로 문해과정인 것이다. 이는 "우리 사회에 교육이 왜 필요한가?"하는 본질적인 문제의식과도 뜻을 같이하는 것이다. 여기서 문해의 개념과 그 수준을 살펴보고자 한다.

① 기초문해(Basic Literacy/Minimum Literacy)

이에 관해서는 학자들마다 상이한 개념 규정을 하고 있다. 먼저 유네스코는 "이해를 하면서 간단한 문장을 읽고 쓸 수 있는 사람"이 기초문해를 터득한 것이라고 보고 있다.[42] 헌터(C. Hunter)와 하만(D. Harman)은 "익숙한 주제에 대해 읽고, 쓰고, 이해하는 능력 그리고 개인이 자기 환경에 적응할 수 있도록 어떠한 표시, 숫자, 지시 등을 이해할 수 있는 능력"[43]이라고 한다. 그러나 보편적으로 이해되는 기초문해의 개념은 유네스코가 정의한 "자기의 모국어로 초등학교 4학년까지의 교육과정을 이수한 읽고, 쓰고, 이해하는 능력"[44]이다.

② 기능문해(Functional Literacy)

먼저 그레이(W. Gray)는 기능문해를 "동일 문화권 내의 사람들과 이루어지는 모든 활동에 참여할 수 있을 정도로 읽고 쓰는 지식과 기능을 습득하는 것"[45]이라고 정의하고 있다. 유네스코가 개최한 테헤란회의에서 기능문해를 "기초문해 수준에 해당하는 읽고 쓰고 하는 것을 넘어서서 개인으로 하여금 사회적·시민적 및 경제적 역할의 수행을 준비하는 수준으로 이해하여야 한다. 또한 비문해퇴치교육의 방향은 생활수준을 향상할 수 있도록 즉각적으로 활용이 가능한 정보를 습득시킬 수 있어야 하며, 기초일반지식의 습득보다는 직업을 위한 훈련, 생산성 향상과 시민생활에 있어서의 적극적인 참여를 할 수 있도록 제공되어야 한다"[46]라고 하고 있다.

헌터(C. Hunter)와 하만(D. Harman)은 기능문해를 다음과 같이 정의하고 있다. 즉, 특정한 개인이나 집단이 가족과 지역사회의 구성원으로서, 시민으로서, 소비자로서, 직장인으로서, 사교모임이나 종교의 구성원으로서, 또한 자기들이 선택한 다른 모임의 구성원으로서 자기들 스스로 결정한 목표를 달성할 수 있는 정도 기술의 소유로 보아야 한다.

여기에는 그들이 원하는 정보를 입수하고, 이 정보를 자신과 다른 사람들을 위해서 활용할 수 있는 능력을 포함하고, 자신의 생활의 의미를 부여하여 만족할 수 있는 정도의 읽고 쓰는 능력을 포함하며, 사회가 자기들에게 요청하는 사항을 적극적으로 수행하는 능력과 그들이

42) UNESCO, *World Campaign for Universal Literacy*, 1951, p.3.
43) Hunter, Carman J. & Harman, David, *Adult Illiteracy in the United States*, New York: Mc-GrawHill Book Company, 1979, p.7.
44) UNESCO, *Literacy as a factor in Development*, 1965, p.5.
45) Gray, William, *Encyclopedia of Education*, 1956.
46) UNESCO, *Literacy in the World at Teheran*, 1965, p.7.

직면하는 일상생활의 문제를 해결할 수 있는 능력을 포함한다.[47]

③ 의식향상문해(Consciousness Raising Literacy)

유네스코는 이에 관해서 다음과 같이 정의하고 있다. 즉, 개인이 그가 속하고 있는 집단이나 지역사회에서 효과적인 능력을 발휘하여 모든 활동에 참여할 수 있도록 하는 데 필요한 필수적인 지식과 기술을 습득하는 것을 말하며, 이를 위해 습득한 읽고, 쓰고, 숫자를 셈할 수 있는 능력이 자신과 지역사회의 발전을 위해 계속적으로 활용할 수 있어야 한다.[48]

한편, 프레이레(P. Freire)는 이를 "읽고, 쓰는 것을 배우는 것은 모든 사람에게 단어가 진실로 의미하는 것을 이해하는 기회가 되어야 한다. 왜냐하면 인간 행동은 반응과 행동을 의미하기 때문이다. 따라서 문해교육은 인간의 기본적 권리의 하나이며 소수의 사람에게 한정된 것이 아니다. 단어를 말하는 것이 동시에 옳은 표현, 창조와 재창조, 결정과 선택 그리고 궁극적으로 그 사회의 역사적 과정에 참여함이 결여될 때는 진실한 것이 아니다"[49]라고 하였다. 프레이레는 읽고, 쓰는 것을 배우는 것이 단순한 기술적 기능이 아니라 그 기능을 활용하는 것으로 보고 있다.

위의 세 단계 문해를 요약해 보면, 기초문해는 의사소통의 도구로서 볼 수 있고, 기능문해는 기능적 도구로 활용할 수 있는 기능 습득의 기술적 측면으로 이해할 수 있으며, 의식향상문해는 이러한 기능을 실제 의사소통의 용도로 활용하는 단계로 볼 수 있다.

(2) 우리나라 문해교육의 역사적 전개

우리나라의 문해교육은 훈민정음 창제에서 시작된다. 이후 우리의 문해교육은 시대적 상황에 따라 다양한 형태로 전개되어 왔으며, 이를 윤복남이 한국문해교육의 사회사적 고찰(1990)에서 이를 체계적으로 정리하여 다음 〈표 6-13〉과 같이 제시하고 있다.

---

47) Hunter, Carman J. & Harman, David, *op. cit.*, 1979, pp.7-8.

48) UNESCO, *Literacy in the World Since Teheran Conference*, 1975, p.3.

49) Freire, Paulo, The Adult Education Process as Cultural Action fir Freedom, *Harvard Educational Review*, 1970, p.205.

표 6-13 시대별 문해교육의 변천

구 분	세종대	개화기	일제하	해방 직후	1960년대	1980년대	1990년대
발전가치	유교윤리	개화	독립	민주화	경제성장	사회개발	삶의 질
교육특성	교화 강제	교화 참여	의식화 참여	교화 참여	참여	참여 자각화	자율적 참여
교육목적	복종과 적응	근대화 자각/계몽	독립정신/ 근대화 자질	민주정치 참여능력	경제성취	인간화	인권 · 학습권
교육형태	훈민정음 창제/보급	국문부활	문맹퇴치	국문보급	독서운동	문해문제 재인식	문해 및 기초교육
교육방법	개인지도 독학 독서	신문 강연회 강습 성경 보급	신문 야간학급 통신강좌 한글계몽	성인학급 순회강연 한글강좌	독서클럽 운영 국문반 운영	학원강습 문해교실	민간단체
실시기관	집현전 정음청 가정 향교	교회 정치사회단체 개화파 유지	독립운동가 야학/신문 사회단체 교사/학생 지방유지	정부 정치단체 사회단체 학생 공민학교	재건국민 운동본부 마을문고 학원	사회교육기관 학원 종교기관	민간사회 운동단체 종교단체

출처: 교육부 · 국가평생교육진흥원(1999). 평생교육백서. p.211.

근대화에 대한 자각과 독립운동을 위한 계몽적 성격의 차원에서 전개되었던 문해교육은 해방 이후 민주국가 건설을 위한 참여능력의 증대와 연결되어 전개되었다. 이후 1960년대까지 정부주도의 국문 보급과 독서운동 차원에서 대규모로 전개되던 우리나라의 문해교육은 1980년대 중반까지 정부는 물론 일반 국민들로부터의 사회적 관심을 받지 못한 채 소수의 민간단체에 의해 명맥이 유지되었다. 따라서 1960년대 중반부터 1980년대 중반까지 약 20여 년의 기간은 문해교육의 침체기라고 할 수 있으며, 이 과정을 거치면서 문해교육은 정부에서 민간단체로 주도권이 이전되고, 문해교육에 대한 학문적 연구와 실천이 괴리된 채로 발전하게 되었다.

그러나 유엔(UN) 총회에서 1990년을 「세계문해의 해」로 선포한 것을 계기로 성인 비문해자의 인권 및 학습권 보장이라는 문제가 새롭게 제기되었고, 이는 우리나라의 성인 비문해 문제를 재인식하게 만드는 계기가 되었다. 특히 그동안 자신의 비문해 상태에 대해 공개적으로 언급되기를 꺼려하던 학습자가 공개적이고, 자율적으로 학습에 참여하는 등 우리나라의 문해교육은 이제 새로운 전환기를 맞이하고 있다.

(3) 우리나라의 성인 문해교육과 발전과제

① 성인 문해교육 사업 개요

교육부는 2001년에 소외계층 평생교육 프로그램 지원사업의 일환으로 문해교육 프로그램 지원사업을 시작하였으며, 2006년부터 독립사업으로 성인 문해교육 지원사업을 추진해 오고 있다. 이 사업에 대해 2001년도에는 프로그램당 1천만 원을 지원하는 것으로 시작하였으며, 2006년도에는 국고지원액이 13억 7천 5백만 원으로, 2013년에는 19억 5천만 원으로 증대되었다. 2007년도부터는 프로그램 운영비 외에 기관운영비도 추가 지원해 주고 있다. 또한 문해교육에 대한 지원 기반을 확대하기 위하여 기초자치단체의 대응투자를 적극 유도하고, 선정 시 이에 대한 가산점을 부여하고 있다.

사업 추진체계를 살펴보면, 교육부는 사업의 기본계획을 수립하고, 국가평생교육진흥원(2007년까지는 한국교육개발원)은 사업 운영을 지원한다. 여기에 기초자치단체는 관할구역 내 다양한 문해교육기관과 교육청과 협의를 통해 신청서를 국가평생교육진흥원에 제출하고, 교육부와 국가평생교육진흥원은 심사를 통해 지원기관을 선정한다.

② 성인 문해교육 프로그램 지원

'성인 문해교육 프로그램 운영지원'은 비문해 · 저학력 성인의 생활능력 향상 및 사회활동 참여기회 확대를 위해 문해교육 프로그램 운영기관을 공모하여 지원하는 것을 주요내용으로 한다. 공모사업은 시 · 도 단위 문해교육 지원체제 구축을 위한 '광역단위지원'과 기초문해 및 디지털 문해교육 프로그램 운영을 지원하는 '프로그램 단위 지원'으로 나누어진다.

'광역단위지원' 사업은 '광역 문해교육 기반 구축' 사업은 광역단위 문해교육 지원 기반을 마련하고 중앙 · 지방 간 문해교육 협력체제를 구축하기 위한 사업이다. 2016년 2월 「평생교육법」 일부개정으로 '시 · 도 문해교육센터' 설립 근거가 마련되었고, '광역 문해교육 기반 구축' 지원을 통해 2023년까지 17개 시 · 도 전체에 시 · 도 문해교육센터가 지정되어 광역단위 추진 체제가 완성되었다. 이를 기반으로 지역 맞춤형 문해교육 활성화를 위해 국가-광역이 공동으로 대한민국 문해의 달을 운영하고, 교원연수 및 보수교육, 지역 문해교육 활성화를 위한 사업을 기획 · 운영하였다.

표 6-14 연도별 시 · 도문해교육센터 지정 현황

2016	2017	2018	2019	2020	2021	2022
경기	대전, 충남	대구, 광주, 전남	서울, 울산	부산, 인천, 세종, 경북, 경남	전북, 제주	강원, 충북

연도별 성인문해교육 지원 현황을 살펴보면, 2006년 61개 기초지자체 참여를 시작으로 2023년 176개 지자체 지원으로 사업 추진 이래 가장 많은 지자체가 사업에 참여하였다. 지원규모는 사업 첫해 13억 7,500만 원에서 2023년 50억으로 성장하였으며, 누적 425억 원의 국고가 지원되었다. 문해교육 프로그램 참여 학습자 수는 8만 3천여 명으로 증가하였고, 2006년부터 2023년까지 성인문해교육 프로그램에 지원한 참여자는 총 72만 5천여 명에 이른다.

표 6-15 성인문해교육 프로그램 지원 현황

(단위: 백만 원, 개, 명)

연도	국고지원액[1)]	대응투자액	기초자치단체	문해교육기관	참여자[2)]
2006년	1,375	828	61	178	14,668
2007년	1,800	1,619	108	356	21,294
2008년	2,000	3,000	118	439	25,579
2009년	2,000	2,424	130	353	24,638
2010년	2,000	2,398	134	348	23,778
2011년	1,800	2,068	129	360	20,135
2012년	1,500	2,026	107	189	16,334
2013년	1,950	2,263	130	261	19,745
2014년	2,200	3,132	142	306	23,879
2015년	2,250	3,398	146	318	35,614
2016년	2,436	4,978	162	384	36,039
2017년	2,436	5,862	165	377	39,732
2018년	2,960	6,628	160	389	51,901
2019년	3,190	7,175	165	407	63,201
2020년	3,570	7,974	167	421	69,898
2021년	4,622	5,567	168	426	76,501

연도	국고지원액[1]	대응투자액	기초자치단체	문해교육기관	참여자[2]
2022년	4,460	4,781	170	456	79,345
2023년	5,000	7,782	176	484	83,323
계	42,549	70,084	-	-	725,604

주: 1) 「성인문해교육 지원사업」 공모를 통한 프로그램 운영 지원비에 한함.
2) 참여자는 공모사업 프로그램 참여자, 학력인정 프로그램 등록자, 성인문해교과서 무상보급 인원 등을 포함한 수치임(2015~2021년). 출처: 교육부(2024). 2024년 성인문해교육 지원 사업 기본계획.
출처: 교육부 · 국가평생진흥원(2024). 2023년 평생교육백서. p.356.

2023년 '프로그램 단위' 지원은 읽고, 쓰고, 셈하기에 해당하는 기초 문해력 향상을 지원하는 '기초 문해교육 프로그램', 비문해 성인의 디지털 생활역량 강화를 위한 '디지털 문해교육 프로그램', 디지털 성인문해교육 프로그램의 선도적 역할을 수행하기 위한 '디지털 문해교육 거점기관 육성 지원'으로 구분하여 지원하였다.

'기초 문해교육 프로그램'은 초등학교 1~2학년 수준에 해당하는 초등 1단계, 초등학교 3~4학년 수준에 해당하는 초등 2단계, 초등학교 5~6학년 수준에 해당하는 초등 3단계, 중학 단계로 수준을 구분하여 프로그램 운영비를 지원한다. 지원 프로그램은 주당 2~3회, 연간 80시간 이상 프로그램을 운영하여야 한다.

'디지털 문해교육 프로그램'은 성인 학습자가 접하는 일상생활 중심으로 필수적인 디지털 기기 활용법 등 디지털 역량 강화를 위해 지원한다. 디지털 문해교육 프로그램은 내용에 따라 디지털 기기를 활용한 한글 수업에 해당하는 '디지털 기초 문해교육', 키오스크 주문, 배달 서비스 앱 이용, SNS 소통 등 일상생활의 디지털 소양을 함양하는 '디지털 일상생활문해', 디지털 경제활동과 전자문서 작성 등 직업생활과 연계한 문제해결을 지원하는 '디지털 직업생활문해' 프로그램을 지원한다. 지원 프로그램은 최소 주 2회 운영하여야 하며, 연간 40시간 이상 프로그램을 운영하여야 한다.

'디지털 문해교육 거점기관'은 디지털 문해교육의 선도적 역할을 수행할 운영 기관의 제3 시범사업을 지원한다. 「성인문해교육 지원사업」에 3회 이상 참여한 기관을 대상으로 지원(기관당 최대 1천만 원)하고, '문해교육 프로그램'과 중복 선정이 가능하다. 2023년에는 총 14개 디지털 문해교육 거점기관을 선정하였으며, 선정된 거점기관은 디지털 체험 놀이터 시범사업과 디지털 콘텐츠 학습지도안 개발 사업 등을 운영하였다.

2023년 '성인문해교육 프로그램 지원'을 통해 개설한 프로그램 현황을 살펴보면, 전국 484개 제3 문해교육기관에서 1,611개 프로그램이 개설되었다. 지역별 프로그램 개설은 경기가 총 69개 부 문해교육기관에서 246개 프로그램을 개설하여 15.3%로 가장 많았고, 참여 학습자는 서울이 3,340명으로 전체의 13.6%를 차지하여 가장 많았다.

프로그램의 내용과 수준에 따른 개설 현황을 살펴보면, 기초문해교육 프로그램은 총 1,341개, 디지털 문해교육 프로그램은 총 270개가 개설되었다. 기초문해교육 프로그램은 초등 1단계가 717개로 전체의 55.4%를 차지하여 가장 많았으며, 초등 2단계가 21.7%, 초등 3단계가 15.5% 순으로 나타났다. 개설된 기초문해교육 프로그램에는 총 20,653명이 참여하였다. 디지털 문해교육 프로그램은 디지털 기초생활이 155개, 디지털 일상생활이 107개, 디지털 직업생활이 8개 프로그램이 개설되었다. 디지털 기초생활 프로그램에 참여한 학습자가 2,291명으로 58%를 차지하는 것으로 나타났다(교육부 · 국가평생교육진흥원, 2023).

③ 평생교육법과 문해교육

2007년 12월 14일 개정 · 공포된 「평생교육법」의 제6장에 문자해득교육에 관한 규정을 신설하여 문해교육에 대한 법적 장치를 마련하였다. 그러나 문해교육이 아닌 문자해득교육에 대한 용어 변경을 문해교육 종사자들이 꾸준히 요청하여 2023년 6월 13일 문해교육으로 평생교육법 제2조(정의)를 개정하였다. 「평생교육법」 제39조에 "국가 및 지방자치단체는 성인의 사회생활에 필요한 문자해득능력 등 기초능력을 높이기 위하여 노력하여야 한다."라고 규정하고, 필요한 재정을 지원할 수 있는 근거도 마련하였다. 동법 제40조에서는 문해교육 프로그램을 이수한 자에 대한 학력도 인정할 수 있도록 하고 있다. 또한 2014년 문자해득교육이 문해교육으로 「평생교육법」이 개정되었고 제39조의2에 의하여 문해교육센터 설치 근거가 마련되었다. 따라서 앞으로 문해교육에 대한 국가적 · 사회적 지원뿐만 아니라 학력인정 등 현재보다 포괄적이면서도 적극적인 관심과 지원이 이루어질 것으로 기대된다.

④ 문해교육 발전과제

향후 성인문해교육 지원사업을 통해 문해학습자의 안정적 학습환경을 구축하고 지속적인 발전을 도모하기 위해 해결해야 할 과제를 다음과 같이 제시한다.

첫째, 문해교육 기회 확대를 위한 문해교육 지원예산의 확대이다. 2020년 제3차 성인문해능력조사 결과에 따르면, 읽기 · 쓰기 · 셈하기가 불가능한 비문해 성인이 약 200만 명, 낮은 문해력으로 일상생활에 활용이 미흡한 저문해 성인이 약 185만 명으로 나타났다. 비문해·저문해 성인 인구 중 문해교육 프로그램 참여 희망자는 총 70만 명으로, 연간 지원 7만여 명 규모는 전체 10%에 불과하다. 가까운 문해교육기관에서 학습할 수 있도록 프로그램 지원을 확대하고, 온라인 채널을 통해 학습할 수 있는 환경을 지원하는 것이 필요하다.

둘째, 디지털 문해교육교사 역량강화를 위한 기회 마련이다. 디지털 문해교육 프로그램 운영 지원, 디지털 문해교육 콘텐츠 개발 등 디지털 문해교육 기반 구축을 위한 정책 운영이 이루어짐에 따라 문해교육 교사의 교육에 대한 요구가 증가하고 있다. 문해교육교사를 대상으로 한 교수학습자료 연구, 연수 등 확대하여 양질의 수업이 지원될 수 있도록 지원이 요구된다.

셋째, 문해교육의 필요성과 중요성에 대한 사회적 인식 제고를 위한 다양한 노력이 요구된다. 우리 사회에 숨겨진 문해학습자의 학습동기를 촉진하고 '문맹(Illiteracy)'의 부정적인 사회적 인식을 개선하는 다양하고 적극적인 홍보활동 전개가 있어야 할 것이다. 2014년 설날 즈음에 KBS 1TV를 통해 개최한 「KBS 도전 골든벨, '늦깎이 한글학생, 행복 골든벨'」과 같은 프로그램은 지속적으로 개최해야 하며 또한 지역방송을 통한 지역별 프로그램도 시도되어야 할 것이다.

3) 가정교육과 부모교육

(1) 가정의 교육적 기능

① 사회적 모태로서의 가정

인간의 아기는 다른 고등동물에 비해서 적응이 무력한 상태로 가정 속에 태어난다. 이는 아이와 환경을 매개하는 존재로서의 부모 또는 그 대리자를 절대로 필요하게 한다. 어머니가 태아에게 영양을 공급해서 생명을 유지케 하는 태내(胎內)를 '생물학적 모태'라고 한다면, 가정은 아이가 하나의 사회인이 되기까지 친구, 이웃, 직업 등과 같은 사회적 집단과의 관계를 유지시켜 주는 '사회학적 모태'라고 할 수 있다. 어린이는 가정 속에서 그 가정의 독자적인 언어, 사고방식, 감정에 의존하면서 인생 초기의 발달을 이루어 간다. 이런 의미에서 평생교육의 출발점이 가정교육으로부터 시작되는 것이다.

② 인격형성 시발의 장

어린이는 양친의 유전적 영향을 받기는 하나 사회적으로는 백지 상태로 태어나기 때문에 교육이 필요불가결하게 된다. 그들에게는 언어도, 상징도, 규칙도, 제도도, 적응력도 없다. 그러다가 5~6세경까지에 성격상의 지배적 경향이 결정지어진다. 대부분의 발달심리학자들이 학교에 입학하기 전에 어린이들에게 이미 일정한 성격 특징이 가정에서 형성된다는 점에서 가정교육의 중요성을 강조하고 있다.

가정 안에서의 부모-자녀관계가 그들 아기의 인지적 · 정서적 · 사회적 경험의 핵을 이루게 되며, 이러한 경험에 의해서 어린이의 기본 퍼스낼리티가 형성된다. 따라서 평생교육으로서의 가정교육은 가정 안에서의 부모-자녀관계에서 출발해야 된다는 논리를 부각시킬 수 있다.

③ 문화 전달의 기능

가정 내에서 또한 가족생활을 통하여 한 사회의 생활양식과 가치가 다음 세대로 계승되어 간다. 가정을 '사회의 단위세포'라고 하는 이유도 바로 여기에 있는 것이다. 한 사회가 시대의 변화에도 불구하고 동일성을 유지하여야 그 사회는 파괴 또는 멸망되지 않고 유지 · 발전할 수 있다. 이러한 기능을 가정만이 수행하는 것은 아니지만 가정의 육아 양식을 통해서 그 사회의 문화와 생활양식과 그 기본 성격이 효과적으로 다음 세대로 전승되는 것이다. 가정은 또한 한 사회가 소중히 여기고 지켜 온 그리고 지켜야 할 가치를 가르치는 중요한 교육장이며, 이를 가장 자연스럽게 잘 가르칠 수 있는 곳이기도 하다. 이런 면에서 가정교육은 다른 교육에 앞서서 그 존재적 가치를 지니고 있다.

(2) 부모교육

앞에서 교육의 종류를 설명할 때 무형식교육(Informal Education)의 대표적인 예를 가정교육이라고 한 바 있다. 즉, 조직성과 의도성이 극히 미약한 가정교육을 사회교육 측면에서 이를 조직화하고 의도화하여야 하는 대상은 바로 부모교육이다. 부모교육의 이론적 체계를 갖추려는 연구와 노력의 역사는 매우 짧다고 하겠다. 19세기와 20세기에 걸쳐 자녀와 자녀양육 과정에 대한 정신의학과 심리학의 연구에서 어린이들이 성장하는 가정과 학교를 중심으로 한 성인의 역할을 중시하게 되었다.

교육에 있어서 비전문가의 위치에 있어 온 부모의 역할과 자질이 어린이 교육의 성과를 판정하는 중요한 요인(要因)으로 확인되자 부모를 교육 대상으로 하는 부모교육의 이론과 전략이 20세기 초엽부터 연구되어 나오기 시작하였다. 이때부터 각 사회단체, 연구소와 학교교육기관이 중심이 되어 부모교육을 실천하는 운동이 일기 시작하였다.

미국에서는 1909년의 백악관 회의에서 미국 정부 내에 아동국(Department of Labor & Children's Bureau)을 설치하기도 하였고, 세계 최초로 정부 차원에서 『유아양육지침서』(1914)를 펴내는 한편, 부모의 적극적 개입과 가정환경 증진을 위한 법(Smith Lever & Smith Hughes Act, 1914)을 마련하는 등 부모교육에 대한 정책적 지원을 시작하였다.

영국의 경우도 1967년 플라우던 보고서 이후 부모 참여를 권장하는 움직임이 나타나기 시작하였고, 독일은 1970년부터 시작한 유치원교육개혁운동에 부모 참여 및 부모교육을 적극적으로 지원하는 움직임이 나타났다. 일본의 경우도 1938년에 발표된 「유치원 관계 요강」 속에 부모교육을 명시하였다.

우리나라의 경우에는 1950~1960년 초기까지 있었던 각급 학교의 사친회 등을 통한 소극적인 부모교육 활동이 있다가, 1980년 이후부터 유아교육의 진흥정책과 청소년 지도의 강화시책 등을 추진하기 위하여 각 여성단체와 연수기관에서 부모교육을 적극화시키고 있다. 이와 아울러 교육부는 부모교육의 방향 제시를 위하여 『슬기로운 자녀교육』(1981)과 『부모교육(교사용 지침서)』(1982)을 발행한 바 있다.

부모교육 프로그램으로서는 가족 영향 모형(Family Impact Model), 학교/기관 영향 모형(School/Agency Impact Model)과 지역사회 영향 모형(Community Impact Model)으로 구분할 수 있다.

가족 영향 모형은 학교나 기관에서 실시된 부모교육이 가족의 역할과 관계 개선에 영향을 주리라는 기대에서 출발한 프로그램이다. 가족 영향 접근방식은 가족의 인지 및 정서적 요인이 어린이의 발달에 관계한다는 전제 아래 부모가 자녀양육 전략을 책이나 전문가 또는 학교기관을 통하여 실천에 옮길 수 있도록 교육을 받게 된다.

학교/기관 영향 모형은 부모교육의 효과가 가정에서 시작하여 학교나 기관으로 파급되는 것을 말한다. 부모는 학교/기관 영향 모형의 부모교육 프로그램을 통하여 자녀양육에 대한 이해의 차원을 벗어나서 학급, 학교, 기타 유사한 교육기관의 운영과 관련된 정책결정에 직접적인 참여까지를 포함하고 있다. 따라서 부모교육의 내용은 예산정책, 지방자치단체에 대한 정보 수집, 집단적 의사결정 과정에서 제기될 수 있는 문제 처리 등을 할 수 있는 능력 향상 등을 포함한다.

지역사회 영향 모형은 가정, 학교, 지역사회를 상호 의존체계로 간주하면서 가정과 학교는 그들에게 커다란 영향력을 행사하는 거시체계와의 관계를 수정해 나가는 것을 의도한다. 특히 기능적인 차원에서 부모-자녀관계에 영향을 주는 정치, 경제, 사회체계와의 상호 의존성을 매우 중시하고 있다. 따라서 부모교육의 내용은 부모의 지역사회 참여와 아동과 가족 발달을 촉진시키는 주거환경 개선, 건강과 정신건강을 위한 의료혜택, 완전고용의 경제체제 확립, 작업환경의 개선 등과 같은 서비스 제공 분야까지를 포함한다.

한편, 학부모교육을 평생학습 차원에서 종합적으로 추진하기 위하여 국가평생교육진흥원에 전국학부모지원센터를 설치(2011.2.14)·운영하고 있다. 이 센터의 정책적 역할은 학부모의 역할 정립을 통해 교육의 중요한 동반자로 육성하고 학부모의 학교교육 참여를 활성화하여 학생·교사·학부모가 일원화된 교육 주체로서 학교교육의 질을 개선하고자 정부 차원의 체계적인 정책 마련을 통하여 '학부모가 함께하는 교육 선진화'를 실현하는 데 두고 있다.

4) 대중매체를 통한 교육

오늘날 대중문화 형성에 따른 대중매체의 영향은 실로 지대하며, 그 역기능 또한 경시할 수 없기 때문에 대중매체에 대한 평생교육적 관심이 점차 커지고 있다. 특히 텔레비전과 인터넷 보급의 일반화로 인하여 그 영향을 받지 않는 국민이 거의 없을 정도이며, 이와 접촉하는 시간이 차지하는 비중이 우리 일상생활에 크다는 것을 쉽게 이해할 수 있는 것이다.

이와 같이 현대사회에서의 대중매체 영향은 사회 전반에 걸쳐 깊이 침투하여 개인의 의식, 태도, 가치관과 행동양식에 커다란 변화를 가져다주고 있다. 각종 대중매체는 상이한 지역에 거주하는 모든 사람에게 정보 전달을 포함한 여러 가지 중요한 사회적 기능을 담당하고 있다. 바케(Baacke)는 대중매체가 수행하는 기능을 다음과 같이 보고 있다.[50]

① 정보 제공의 기능: 지역·국가 및 국제적 뉴스를 제공해 준다. 인간의 생활에 관한 정보만이 아니고, 정치, 경제, 사회, 문화적인 새 정보를 신문, 라디오, 텔레비전을 통하여 제공받게 된다.

② 사교·흥미 및 긴장 완화의 기능: 많은 수를 대상으로 하여 다양한 흥미를 유발시킬 수 있는 힘과 긴장 완화를 시킬 수 있는 힘을 가지고 있다. 이는 여가생활과 밀접한

50) 권이종, 전게서, 1984, pp.88-89.

관계가 있다.

③ 해설과 의사형성 기능: 청소년들이 프로그램을 보면서 자기들의 견해와의 상이성을 찾아내며, 따라서 자기의 의사를 표현할 수 있는 기능을 갖는다. 물론 이는 청소년들이 일정한 연령 수준에 올라가야 가능하게 되어 있다.

④ 교육 · 계몽 · 충고의 기능: 모든 텔레비전이나 라디오가 평생교육적인 관점이나 사회교육 영역에 매우 중요한 기능을 수행하고 있는 것 이상으로 많은 나라에서는 학교 방송이라 하여 낮에 정규 학교수업 시간에 프로그램을 방영함으로써 교육에 이용하는 경우가 많이 있다.

⑤ 사람을 대신하여 대화해 주는 기능: 교육받을 기회가 적다든가, 흥미 없이 생활하는 청소년, 책 읽는 데 수동적인 청소년일수록 생활에 대한 공포증, 사회생활의 결핍 등이 있게 되는데, 이러한 청소년들에게는 대중매체가 타인으로부터 충족받지 못하는 분야를 채워줄 수 있는 기능을 가지고 있다.

이상과 같이 대중매체가 수행하는 여러 가지 기능 중에서 김지자는 대중매체가 수행하는 평생교육의 기능을 다음 세 가지로 보고 있다.

① 소위 무형식학습(Informal Learning)의 과정을 통하여 매스미디어와 접촉하는 사람들에게 새로운 것을 가르치고, 문제해결의 지식과 방법을 가르치며, 새로운 생활의 지혜를 제공하고 있다. 결국 우연한 기회에 교육적 효과를 가져오는 식의 소위, 우연적 학습(Incidental Learning)의 작용을 해온 것이다.

② 대중매체는 형식적인 학교교육이나 학교 외의 각종 사회활동에 있어서 소위 시청각적 교재로서 혹은 교육과정의 보충교재로서 활용되고 있다. EBS텔레비전의 학교교육방송 프로그램은 그 좋은 예로 꼽히고 있다.

③ 대중매체가 평생교육에 보다 계획적, 의도적, 조직적으로 활용되고 있는 예를 방송통신대학, 방송통신고등학교, 농가방송 등에서 찾아볼 수 있다.[51]

51) 김지자, 『매스미디어의 사회교육기획』, 한국사회교육협회, 1979, p.26.

5) 지역사회 교육

(1) 지역개발교육

지역개발의 주된 대상이 되는 농촌 발전은 과거에 수입을 극대화해야 한다는 고정관념 때문에 크게 등한시되어 온 분야이다. 특히 1950~1960년대에 있어서 대규모 산업건설을 '성장의 엔진'으로 간주하여 농업 부문을 소홀히 해왔다. 교육에 있어서도 개발도상국가의 교육부는 학교교육에 우선순위를 배려하고 대부분의 재원을 이에 투입해 왔다.

훈련 관련 부처에서는 평생교육을 지원하는 데 필요한 전문성을 결여한 결과 많은 시행착오를 일으켰으며, 심지어 사회교육 분야에 있어서도 훈련의 중점을 농촌 주민보다도 정책입안자, 행정가와 일선 기술자에게 두고 실시해 오는 우(愚)를 면치 못해 왔다.

지역개발을 위한 교육은 지역주민 스스로가 교육자가 되는 훈련에 중점을 두어야 한다. 따라서 교육을 위한 지도원칙도 마을의 생산적인 자원을 총동원하는 것이어야 하며, 이는 최초의 훈련과 문해교육에 출발점을 두고 차츰 건강과 인력투자, 지력 증진, 수로 통제, 마을 공장 등 고급관리기술을 요구하는 내용으로 발전되어야 한다.

이와 같이 지역개발교육은 지역 환경의 조건과 요구에 부응하는 내용과 방법이 채택되어야 한다. 그렇다고 해서 국가교육체제와 분리되어야 한다는 것은 아니다.

(2) 지역사회학교

① 역사적 관점에서 본 지역사회학교

지역사회학교 개념이 언제부터 실제 응용되기 시작했는지는 확실치 않다. 아마 사람들이 처음 모여 살게 되고 교육이 처음에는 성인들을 대상으로 하던 것이 차츰 아동들을 대상으로 하게 되었을 때 일부 지역사회학교의 이념이 구현되었을 가능성은 있다.

이미 그리스나 로마 사람들은 교육에 있어서 지성주의 이상의 필요성을 깨달았다. 즉, 고대 철학자 중에는 교육은 지역사회의 책임성을 깨닫게 하는 과정이라고 생각한 사람들이 있었다. 그들은 진실한 교육을 받은 사람은 사회적으로 덕망 있고, 자신의 지역사회를 향상·발전시키려고 노력하는 사람이라고 규정하였다. 그들은 또한 교육이 지역사회를 발전시키는 추진력이 됨을 깨달았으며 사회의 필요와 요구가 관련을 갖는 교육체제를 주장했다. 중국, 독일, 영국, 덴마크 등의 나라에서도 교육철학이 발달함에 따라 지역사회 개념의 일부를 실제 교육에 적용

했다. 덴마크의 농민학교는 원래 지역사회에 국한된 문제가 결국 국가적 문제로, 나아가서는 국제적 문제로 대두하게 된다는 사실을 사람들에게 실증하였다.

새로운 동력의 개발로 교통과 통신수단이 발달하게 되어 여러 가지의 해결이 보다 넓은 차원에서 고려되었다. 초창기 미국에서 지역사회학교를 주장한 사람들은 버나드(H. Bernard), 듀이(J. Dewey), 하트(J. Hart) 등이 있었다. 아마도 가장 잘 알려진 지역사회학교는 체육교사인 만리(F. Manley)와 사업가인 모트(S. Mott)에 의해 미시간 주의 플린트(Flint) 시에서 시작된 지역사회학교이다. 이 플린트 시 지역사회학교가 발전시킨 네 가지 원칙이 현대 지역사회학교의 개념이 되고 있다. 이 네 가지 원칙들은 다음과 같다.

- 학교는 단순히 청소년만이 아니라 지역사회 전체에 봉사한다. 지역 내 거주하는 청소년을 위한 교육센터라기보다는 학교는 지역사회 전체를 위한 교육센터인 것이다. 따라서 모든 시민은 확장된 교육기회를 제공받아야 한다.
- 지역사회에 있는 학교시설은 그 지역사회의 주요한 자원이며, 이 자원의 이용은 최대화되어야 한다. 학교는 아침 8시부터 오후 3시까지 만으로 이용이 제한되는 것이 아니라, 지역사회의 다양한 활동을 위하여 밤이나 주말에도 활용되어야 한다.
- 교육기회는 지역사회의 교육전문가에 의해서 편성되는 것이 아닌 시민들의 관심과 요구가 반영된 것에 의해 제공되어야 한다.
- 학교교육의 질은 학교와 지역사회가 긴밀한 관계를 유지할 때 향상되는 것이다. 교육기회를 전체 지역사회를 위하여 제공하고, 이러한 긴밀한 상호 협력관계를 전체 지역사회를 위하여 제공하는 것은 이러한 긴밀한 상호 협력관계를 실증하는 가장 표본적인 방법이 된다.[52]

위의 원리개념에 입각한 지역사회학교는 1950년대부터 급속한 속도로 미국 전역에 전파되어 수많은 지역사회학교가 운영되고 있다.

우리나라에서는 1952년에 유네스코 · 운크라 사절단이 한국에 와서 전시(戰時)의 한국 교육을 둘러보고 파리 본부에 보고서를 제출하였는데, 그 속에서 학교는 지역사회 생활 내용을 가르쳐야 할 뿐만 아니라 지역사회 발전을 위한 선도적인 역할과 지역사회 주민을 위한 시설 개방을 해야 한다는 건의를 하였다.[53] 그 이후에 지역사회학교에 관한 외국 서적이 번역,

52) Minzey, Juck D. & LeTarte, Clyde E., *op. cit.*, 1979, p.8.
53) 한국지역사회학교후원회, 『지역사회학교 활동교본』, 서울: 현대사상사, 1980, pp.18-19.

출판되기도 하고, 대학에서 지역사회학교에 관한 강좌가 설치되기도 하였다. 그리고 점차 교육행정기관, 교직단체, 교육학술단체 등에서도 지역사회교육에 관한 관심을 보이기 시작하였다. 예로서 1956년에 경기도교육위원회는 장학 방침으로 '지역사회학교를 건설하자'는 슬로건을 내걸고 지역사회학교 운동을 전개하였으며, 1959년에는 대한교육연합회가 같은 주제로 교육주간 행사를 실시하였고, 한국교육학회는 1959년에 제1차 학술연차대회의 주제를 '지역사회발전과 교육'으로 하였다.

1961년에 문교부는 지역사회학교라는 용어 대신에 '향토학교' 운동을 장학 방침으로 제시하고, 향토학교의 성격을 밝힌 책자를 만들어 배포하는 등 노력을 시도하였으나 실제에 있어서는 큰 발전을 이룩하지 못하였다.

우리나라에서 지역사회학교 운동이 본격적으로 시작된 것은 1969년에 한국지역사회학교후원회(현 한국지역사회교육협의회)가 민간단체로 발족하면서부터라고 할 수 있다.

② 지역사회학교 건물

학교 건물은 이제 종래의 의미와는 달라져야 한다. 지역사회학교 개념에서 볼 때 지역사회센터이기 때문이다. 지역사회에 대한 봉사의 성격이 학교마다 다르기 때문에 학교건물이나 운동장에 대해 어떤 고정적인 개념을 내세울 수는 없다. 학교시설을 학생, 청소년, 주민들이 모두 사용하게 되므로 공동으로 사용하는 시설에 대한 인식이 필요하다.

다목적이라는 말이 지역사회학교에 적용될 수 있다. 학교의 각종 단체가 학교운동장, 교실, 체육관, 매점, 미술 공예실, 식당, 가정실습장, 사무실, 의료실, 휴게실, 창고 등의 시설을 필요로 한다.

또한 학교는 연령의 구애 없이 모든 사람에게 최대한의 사회적 · 오락적 · 교육적 프로그램을 제공해야 하며, 정규 수업시간에는 학생들에게 그리고 과외활동시간에는 참여하는 모든 사람에게 효과적으로 효율성 있게 작용해야 한다. 학교 시설을 어떻게 설계하느냐 하는 문제는 학교 당국이나 일반주민들이 지역사회학교에 어떠한 원칙을 세우느냐에 의해 결정되어야 하며, 다음 문제점들을 해결하는 방향으로 계획되어야 한다.

- 학교 시설이 성인들을 참관자로서 혹은 참석자로서 불러들이기 위한 지역사회센터로 어느 정도 기여할 것인가?
- 학교 시설을 그 지역 내에 있는 각 기관들의 회합이나 활동에 활용하도록 할 수 있을

것인가?

- 학교 시설이 정규 수업시간 이외의 시간에 어린이들이나 청년들의 활동을 위해 어느 정도 공헌할 것인가?
- 학교 시설이 주민들에게 지역사회 내의 중요 문제해결을 모색하는 장소로서 어느 정도 공헌할 수 있는가?
- 학교 시설이 어린이, 청년 그리고 성인들의 공동 활동장소로서 어느 정도 공헌할 수 있을 것인가?
- 학교 시설이 특수한 장비를 필요로 하는 활동에 어떻게 기여할 수 있는가?[54]

3. 교육기관별 유형

1) 평생교육기관의 개념

평생교육기관은 평생학습 활동을 체계적으로 지원하고, 조장하기 위한 사회적 간섭작용을 수행하는 기관으로 이윤 창출의 극대화보다는 교육효과의 극대화를 도모하는 데 중점을 둔다.

평생교육기관은 평생교육에 참여하는 학습자들의 학습욕구를 충족시키기 위한 배움의 장으로 활용되어야 한다. 일반적으로 평생교육기관은 평생교육을 실시하는 장소 또는 일정한 평생교육 목표를 달성하기 위하여 구성된 사람들의 집단이라고 정의한다. 이러한 점에서 평생교육기관은 평생교육을 주된 목적으로 실시하는 평생교육시설과 평생교육을 주된 목적으로 설치된 법인이나 단체를 합친 개념이라고 볼 수 있다(권두승 외, 2014).

「평생교육법」 제2조 제2항에서는 평생교육기관에 대해 다음과 같이 정의한다.

가. 「평생교육법」에 따라 인가 · 등록 · 신고된 시설 · 법인 또는 단체

나. 「학원의 설립 · 운영 및 과외교습에 관한 법률」에 따른 학원 중 학교교과교습학원을 제외한 평생직업교육을 실시하는 학원이다. 그 밖에 다른 법령에 따라 평생교육을 주된 목적으로 하는 시설 · 법인 또는 단체 평생교육기관 관련 시설은 평생교육에 참여하는 학습자들의 학습권을 보장하고 양질의 평생교육 프로그램에 참여하고 활동할 수 있도록 배움의 장으로 활용되어야 한다.

54) 김병균 역, 『지역사회학교-개념, 기능 및 조직』, 서울: 서흥출판사, 1981, p.299.

평생교육기관은 평생교육이 실천되고 성과가 창출되는 플랫폼을 의미하며, 학습자가 본인의 생애주기에 맞추어 프로그램에 참여하고, 교수-학습을 통해 다양한 경험을 공유하는 장소와 공간을 제공한다(권인탁 외, 2022). 즉 평생교육기관은 학습자와 교수자, 학습 동료와의 관계가 형성되는 학습의 실제적 장소로 학습자의 참여를 넘어 학습이념, 목표, 운영 방침, 프로그램을 결정하며, 학습자의 상호작용, 학습역량 등 학습 전반에 유의미한 영향을 미치는 곳이다(이효영, 2019). 이러한 평생교육기관은 단순한 장소와 공간 제공자의 의미 이상을 제공함으로 모든 학습자가 차별 없이 폭넓게 프로그램을 이용할 수 있도록 국가를 포함해 사회구성원들의 관심이 필요하다.

2) 평생교육기관의 유형

「평생교육법」은 평생교육을 "학교의 정규교육과정을 제외한 학력보완교육, 성인 문해교육, 직업능력 향상교육, 성인 진로개발역량 향상교육, 인문교양교육, 문화예술교육, 시민참여교육 등을 포함하는 모든 형태의 조직적인 교육활동"으로 정의한다(제2조 제1항).

평생교육기관은 다음의 세 가지 조건 중 어느 하나에 해당하는 시설·법인 또는 단체를 말한다.

첫째, 「평생교육법」에 따라 인가·등록·신고된 시설·법인 또는 단체, 둘째, 「학원의 설립·운영 및 과외교습에 관한 법률」에 따른 학원 중 학교교과교습학원을 제외한 평생직업교육을 실시하는 학원, 셋째, 그 밖에 다른 법령에 따라 평생교육을 주된 목적으로 하는 시설·법인 또는 단체가 그것이다(「평생교육법」 제2조 제2항). 「평생교육법」 외에도 다양한 법률에 근거하여 평생교육을 실시하고 있는데, 평생교육기관의 유형은 다음과 같다.

표 6-16 평생교육기관의 유형

법적 근거		평생교육기관	기관유형
평생교육법	제15조	평생학습도시	비형식
	제20조	시 · 도평생교육진흥원	비형식
	제20조의2	장애인평생교육시설	비형식
	제21조	시 · 군 · 구평생학습관	비형식
	제21조의2	장애인 평생교육과정을 운영하는 학교 (유치원, 초중등학교)	비형식
	제21조의3	읍면동 평생학습센터	비형식
	제29조	학교(초 · 중등학교, 대학교)	비형식
	제30조	학교 부설 평생교육시설	비형식
	제31조	학교 형태의 평생교육시설	비형식/준형식
	제32조	사내대학 형태의 평생교육시설	준형식
	제33조	원격대학 형태의 평생교육시설	비형식/준형식
	제35조	사업장 부설 평생교육시설	비형식
	제36조	시민사회단체 부설 평생교육시설	비형식
	제37조	언론기관 부설 평생교육시설	비형식
	제38조	지식인력개발 평생교육시설	비형식
학원설립 운영 및 과외교습에 관한 법률	제2조	학원(입시검정 및 보충학습, 교습소 제외)	비형식
학점인정 등에 관한 법률	제3조 등	평가인정 운영기관	준형식
지방자치법	제9조 제2항	시 · 군 · 구 자치구의 주민자치센터	비형식/준형식 미구분
동법 시행령	제8조		
도서관법	제2조	도서관	
문화예술진흥법	제12조	문화시설	
동법 시행령	제19조		
문화예술지원법	제2조		
지방문화원진흥법	제8조	지방문화원	
문화예술교육지원법	제2조		
박물관 및 미술관 진흥법	제4조	박물관, 미술관	
사회복지사업법	제34조	사회복지관	
노인복지법	제36조	노인복지관	

출처: 교육부 · 국가평생교육진흥원(2023).

(3) 평생교육법에 의한 평생교육기관 유형

현행 「평생교육법」에서 지정한 평생교육기관에 대한 분류는 평생교육에 참여하는 학습자들의 학습권을 보장하고 양질의 평생교육 프로그램, 활동 및 서비스 등에 참여하고 누릴 수 있는 기회를 제공해야 한다는 기관의 교육적 · 사회적 책무를 강조하기 위한 취지라고 볼 수 있다(권대봉 외, 2019).

「평생교육법」에서 지정한 평생교육기관의 분류는 다음과 같다(평생교육법 제29~38조).

① 학교의 평생교육

- 「초 · 중등교육법」 및 「고등교육법」에 따른 각급학교의 장은 평생교육을 실시하는 경우 평생교육의 이념에 따라 교육과정과 방법을 수요자 관점으로 개발 · 시행하도록 하며, 학교를 중심으로 공동체 및 지역문화 개발에 노력하여야 한다.
- 각급 학교의 장은 해당 학교의 교육 여건을 고려하여 학생 · 학부모와 지역주민의 요구에 부합하는 평생교육을 직접 실시하거나 지방자치단체 또는 민간에 위탁하여 실시할 수 있다. 다만, 영리를 목적으로 하는 법인 및 단체는 제외한다.
- 학교의 평생교육을 실시하기 위하여 각급 학교의 교실 · 도서관 · 체육관, 그 밖의 시설을 활용하여야 한다.

② 학교 부설 평생교육시설

- 각급 학교의 장은 학생 · 학부모와 지역주민을 대상으로 교양의 증진 또는 직업교육을 위한 평생교육시설을 설치 · 운영할 수 있다.
- 대학의 장은 대학생 또는 대학생 외의 사람을 대상으로 자격취득을 위한 직업교육과정 등 다양한 평생교육과정을 운영할 수 있다(개정 2021. 3. 23).

③ 학교 형태의 평생교육시설

- 학교 형태의 평생교육시설 중 일정 기준 이상의 요건을 갖춘 평생교육시설에 대하여는 이를 고등학교 졸업 이하의 학력이 인정되는 시설로 지정할 수 있다.

④ 사내대학 형태의 평생교육시설

- 대통령령으로 정하는 규모 이상의 사업장의 경영자와 산업단지 입주기업의 연합체, 산업

부문별 인적자원개발협의체는 교육부장관의 인가를 받아 전문대학 또는 대학졸업자와 동등한 학력 · 학위가 인정되는 평생교육시설을 설치 · 운영하거나 「고등교육법」 제2조에 따른 학교에 위탁하여 운영할 수 있다.

- 사내대학 형태의 평생교육시설의 설치기준 · 학점제 등 운영에 필요한 사항은 대통령령으로 정한다.

⑤ 원격대학 형태의 평생교육시설

- 전문대학 또는 대학졸업자와 동등한 학력 · 학위가 인정되는 원격대학 형태의 평생교육시설을 설치하고자 하는 경우에는 대통령령으로 정하는 바에 따라 교육부장관의 인가를 받아야 한다.
- 원격대학 형태의 평생교육시설의 설치기준, 학사관리 등 운영방법과 제4항에 따른 평가에 필요한 사항은 대통령령으로 정한다.

⑥ 사업장 부설 평생교육시설

- 대통령령으로 정하는 규모 이상 사업장의 경영자는 해당 사업장의 고객 등을 대상으로 하는 평생교육시설을 설치 · 운영할 수 있다.

⑦ 시민사회단체 부설 평생교육시설

- 시민사회단체는 상호 유기적인 협조체제를 구축하고 공공시설 및 민간시설 등 유휴시설을 활용하여 해당 시민사회단체의 목적에 부합하는 평생교육과정을 운영하도록 노력하여야 한다.

⑧ 언론기관 부설 평생교육시설

- 신문 · 방송 등 언론기관을 경영하는 자는 해당 언론매체를 통하여 다양한 평생교육 프로그램을 방영하는 등 국민의 평생교육 진흥에 기여하여야 한다.
- 언론기관을 경영하는 자는 일반 국민을 대상으로 교양의 증진과 능력 향상을 위한 평생교육시설을 설치 · 운영할 수 있다.

⑨ 지식 · 인력개발 관련 평생교육시설

- 국가 및 지방자치단체는 지식정보의 제공과 교육훈련을 통한 인력개발을 주된 내용으로 하는 지식 · 인력개발사업을 진흥 · 육성하여야 한다.

⑩ 학점은행기관

- 학점은행기관의 장은 교육부장관의 평가인정을 받은 학습과정 운영을 통하여 평생교육을 실시한다.
- 학점은행기관의 장은 제1항에 따른 학습과정을 운영함에 있어 그 질을 유지하거나 개선하기 위하여 노력하여야 한다.

(4) 준형식 평생교육기관과 비형식 평생교육기관

우리나라 평생교육기관은 정규학교를 제외한 비형식 평생교육기관과 준형식 평생교육기관으로 구분한다.

교육부와 한국교육개발원이 공표하는 평생교육 통계는 평생교육기관을 비형식 평생교육기관과 준형식 평생교육기관으로 구분하고 있다. 이 두 유형은 모두 「평생교육법」에 따라 인가·등록·신고된 시설·법인 또는 단체로 정의되나, 준형식 평생교육기관은 초·중·고등교육 형태의 평생교육기관으로 직접 해당 학력을 인정하고 학위를 부여할 수 있다는 점에서 비형식 평생교육기관과 구분된다.

① 준형식 평생교육기관

준형식 평생교육기관은 초·중등교육 형태의 평생교육기관으로 직접 해당 학력을 인정하고 학위를 부여할 수 있는 기관을 의미한다.

표 6-17 준형식 평생교육기관

형태	기관
초·중등교육	• 공민학교, 고등공민학교, 고등기술학교 • 초·중·고·특수학교와 유사한 각종학교 • 산업체부설고등학교, 근로청소년을 위한 특별학급 • 방송통신중학교, 방송통신고등학교, 학교형태의 학력인정 평생교육시설
고등교육형	• 방송통신대학, 산업대학, 기술대학 • 대학 수준의 신학교·예술학교·승가학교 등의 각종 학교(대학, 전문대학) • 원격/사이버대학, 사내대학 • 기능대학, 전공대학, 특수대학원

출처: 교육부·한국교육개발원(2023). 교육통계 분석자료집.

② 비형식 평생교육기관

비형식 평생교육기관은 평생교육법에 따라 인가 · 등록 · 신고된 시설로 법인 또는 단체를 의미하며, 크게 부설형, 독립형, 전담형, 복합형으로 구분한다.

가. 부설형

- 초 · 중등 및 대학(원) 부설: 초 · 중등학교, 대학(원) 및 전문대학에서 운영하는 평생교육기관
- 사업장 부설: 산업체, 백화점, 문화센터 등에서 부대시설로 설립 · 운영하는 평생교육기관
- 시민사회단체 부설: 법인으로 행정관청에 등록하여 회원이 300인 이상인 시민 사회 단체가 소속회원 외에 일반 시민을 대상으로 하는 평생교육기관
- 언론기관 부설: 신문, 방송 등의 언론기관에서 운영하는 평생교육기관

나. 독립형

- 원격 형태: 정보통신매체를 이용하여 특정 또는 불특정 다수인에게 원격교육을 실시하거나 다양한 정보를 제공하는 등의 교육을 시행하는 평생교육기관
- 지식 · 인력개발 형태: 기업 또는 고용노동부와 연계하여 운영되는 시설로 지식정보의 제공과 교육훈련을 통한 인력개발(HRD)을 주된 목적으로 운영하는 평생교육기관

다. 전담형

- 시 · 도평생교육진흥원: 시 · 도별 평생교육기회 및 정보의 제공, 평생교육 상담, 평생교육 프로그램 운영 및 평생교육기관 간 연계체제 구축 업무를 위해 시 · 도지사가 대통령령으로 정하는 바에 따라 법인으로 설립 또는 지정 · 운영하는 기관
- 평생학습관: 지역주민을 대상으로 평생교육프로그램 운영 등 지역평생교육센터로서의 기존 역할과 아울러 평생교육에 관한 연구, 연수 및 정보제공의 기능을 하는 곳으로서, 교육감이 설치 및 지정한 평생교육기관 혹은 지자체에서 설치한 평생교육기관

표 6-18 비형식 평생교육기관

형태	기관
부설형	• 학교 부설(초 · 중등학교 부설, 대학(원) 부설) • 사업장 부설(유통업체, 산업체) • 시민사회단체 부설 • 언론기관 부설

형태	기관
독립형	• 원격 형태 • 지식 · 인력개발 형태
전담형	• 시 · 도평생교육진흥원 • 평생학습관
복합형	

출처: 교육부 · 한국교육개발원(2023). 교육통계 분석자료집.

우리나라는 2000년 초반 평생교육법의 시행과 더불어 평생교육의 불평등을 해소하기 위한 많은 정책적 · 실천적 노력들을 해왔다. 이에 따라 다양한 형태의 평생교육기관 및 시설이 만들어졌다. 평생교육기관의 양적인 성장과 더불어 질적인 성장을 위해서는 지역 간 기관의 환경적 측면을 고려하고 평생교육기관 운영의 질적인 면에서의 향상을 위한 노력이 필요할 것으로 보인다.

연구문제

1. 교육대상별 평생교육 영역인 취학 전 교육, 청소년교육, 일반 성인교육, 여성교육, 농민교육, 근로자교육, 노인교육 등을 설명해 보시오.
2. 교육기능별 평생교육 영역인 직업훈련교육, 문해교육, 가정교육과 부모교육, 대중매체를 통한 교육, 지역사회교육 등을 구별하여 제시해 보시오.
3. 우리나라의 현존하는 각종 평생교육기관이 수행하는 기능과 내용을 설명해 보시오.

제7장

평생교육 학습이론

학습목표

1. 평생학습 내용의 방향을 제시하는 인생주기 이론과 발달과업 이론이 무엇인지를 이해하고 설명할 수 있다.
2. 학습목표 설정의 본질과 기능을 이해하고, 학습목표를 바르게 진술할 수 있다.
3. 요구분석의 중요성을 학습하고, 다양한 요구분석기법을 현장에 적용할 수 있다.
4. 평생교육의 교육과정을 인지하고 제시할 수 있다.

학습개요

학교교육에서는 무엇을 가르칠 것인가에 대해 초 · 중등학교에서는 교육부의 표준교육과정에 의해서 설정되고, 대학은 각 교수별로 작성 · 제시하는 교수요목에 의해서 결정된다. 그러나 평생교육은 다양한 학습자의 욕구와 학습능력을 감안하지 않으면 안 된다. 평생교육이 지향하는 목표 중의 하나가 요람에서 무덤까지 학습하는 것을 도와주는 학문이므로 인생의 각 주기에 따른 발달과업을 우선 이해하여야 되며, 이의 기초 위에서 학습하고자 하는 학습목표를 설정하는 것이 요구된다고 하겠다. 또한 평생교육은 비교적 단기간에 걸쳐 이루어지기 때문에 학습목표를 설정할 때 학습자들의 진정한 요구가 무엇인가를 파악하는 노력이 필요하다. 즉, 요구분석은 평생교육 프로그램에서 매우 중요한 요소이다. 이러한 요구분석의 바탕 위에 구체적으로 무엇을 학습할 것인가를 조직하고 구성하는 것이 교육과정의 형성인 것이다.

따라서 이 장에서는 발달과업이론, 학습목표의 설정, 요구분석의 이론과 기법 그리고 교육과정의 편성 등 평생교육 학습에 관계되는 이론을 살펴보고자 한다.

1. 발달과업이론

현대사회에서 교육은 학교교육을 포함한 인간의 전 생애에 걸친 교육의 필요성이 강조되고 있음은 앞에서 살펴보았다. 인간의 전 생애(全生涯)에 걸친 교육, 즉 '요람에서 무덤에 이르기'까지의 교육을 실시할 경우 어떤 내용을 어떻게 하겠느냐 하는 것은 쉬운 일이 아니다. 따라서 많은 발달심리학자들이 전 생애에 걸친 인간의 발달단계를 규명하려고 노력하여 상당한 연구가 진행되고 있다.

여기서 인간의 발달단계를 중요시하는 이유는 교육에서 학습자 요인을 모든 학습과정의 근인(根因)으로 고려해야 하기 때문이다. 학습자 개인의 필요나 흥미를 충족시킬 수 있는 교육내용을 선정하고 학습자 개인의 발달단계에 맞도록 교육내용을 조직하는 노력은 교육효과를 극대화하는 관건(關鍵)이 되는 것이다. 여기서는 먼저 인생주기에 관한 이론을 살펴보고, 이에 따른 인간의 발달과업을 제시한 학자들의 이론을 설명해 보고자 한다.

1) 인생주기에 관한 이론

인생주기의 발달과정을 설명하는 이론들은 연령 증가에 따른 변화의 양상을 기술하고 있고,

이러한 발달과정은 생물학적 · 심리적 그리고 사회적 변인의 영향을 받고 있으며, 이들 여러 변인의 상호작용이 중요하다.

(1) 공자의 가르침[1)]

우리 동양 문화권에서 인생의 주기에 대하여 가장 먼저 언급한 사람은 공자로 알려져 있다. 그의 인생단계에 관한 주장은 논어의 위정편(爲政篇)에 나오는데, 그 내용은 다음과 같다.

> "子日: 吾十有五而志于學, 三十而立, 四十而不惑, 五十而知天命, 六十而耳順, 七十而從心所欲, 不踰矩"
>
> 공자께서 말씀하셨다.
> "나는 열다섯 살에 학문에 뜻을 두었고, 서른 살에 독립했고, 마흔 살에 현혹되지 않았고, 쉰 살에 천명을 알았고, 예순 살에 남의 말을 순순히 들었고, 일흔 살에 마음 내키는 대로 쫓아도 법도를 넘어서지 않았다."

이는 공자 자신의 일생을 단계적으로 나누어서 갈파한 것이지만 일반적인 사람들의 인생과정으로도 볼 수 있겠다. 공자는 자신의 수업과정을 지학(志學), 자립(自立), 불혹(不惑)의 과정에서 올바른 인격을 형성하여 최후 인생의 목표를 불유구(不踰矩)에 두어 오늘날 우리에게 주는 시사점을 헤아릴 수가 있을 것이다.

(2) 에릭슨(E. Erikson)의 이론

에릭슨의 심리사회발달단계이론은 원래 개인의 신체적 · 생리적 발달에 근거한 프로이트의 심리 · 성적 발달(Psycho-sexual Development)이론을 확장 · 발전시킨 것이다. 이 이론은 정신분석학적 입장을 그대로 고수하고 있으나 특별히 다른 점은 유아기부터의 발달이 성욕을 중심으로 한 것이 아니라 대인관계, 사회적 접촉 등 사회적 발달에 초점을 맞추고 있는 데 있다. 에릭슨의 8단계 이론[2)]에 따른 각 단계의 특징을 간략히 설명하면 다음과 같다.

① 신뢰-불신(Trust vs. Mistrust)

0~1세가 이에 해당하며, 이 시기는 유아가 무능력한 존재로서 부모의 보살핌에 생활을 전적으로 의존하는 기간이다. 그러므로 환경으로부터 모든 것을 편입(Incorporation)하는 단계이

1) 윤진, 『성인 · 노인심리학』, 서울: 중앙적성출판사, 1985, pp.33-35.
2) Erikson, Erik, *Childhood and Society,* New York: Norton, 1963.

며 어른들(특히 어머니)의 보살핌 정도에 따라 안전감과 편안함을 느끼게 되며 부모에 대한 신뢰감이 형성된다. 만일 이 시기에 신뢰감이 형성되지 못하면 그 반대인 불신감이 쌓이게 된다. 유아기의 이러한 경험은 성장한 후의 성격형성에 그대로 영향을 주어 사회생활의 대인관계에 있어서 신뢰 혹은 불신감을 갖게 된다.

② 자율성-의심(Autonomy vs. Doubt)

2~3세가 이에 해당되며, 이 시기에는 신체운동 측면의 발달이 급속히 이루어진다. 그리하여 물건을 잡아 보고, 던져 보고 또 의자 위에 기어 올라가 떨어뜨려 보기도 한다. 즉, 무엇이든지 자율적으로 해보려는 행동 경향이 나타나고 자신의 새로운 능력에 대해서 자신감이 생겨난다. 그러나 이러한 아동의 시도와 노력을 부모가 말리거나 과잉보호하여 대신해 주거나 거들어주면 결국 자기의 능력에 대한 의심이 생겨나게 된다.

③ 주도성-죄의식(Initiative vs. Guilt)

4~5세의 시기로서 유아원 혹은 유치원의 연령인 이때는 가정의 울타리를 벗어나 이웃에도 나돌아다니며 대인관계를 맺는다. 또래 아이들과의 놀이에서 주도권을 갖고 언어능력도 많이 향상되어 위험한 장난, 환상적인 놀이, 대답해 주기 어려운 질문 등이 나타나는 시기이다. 이 시기의 특징은 환경에 대한 침투이다. 따라서 일을 많이 저지르고 어른들을 귀찮게 만드는 시기이다. 그러나 이때 아이들의 행동이 나쁘고 성가시다고 물리치거나 심하게 나무라는 경우, 아동은 자기가 주도권을 갖고 스스로 시작한 일에 죄의식과 수치심을 느끼게 된다.

④ 근면성-열등감(Industry vs. Inferiority)

이 시기는 6~11세로서 초등학교에 다니는 때이다. 일단 가정의 테두리를 벗어나 학교에 들어가면서부터 정해진 규칙의 준수와 더불어 열심히 일하는 것을 배운다. 탐험가와 같이 새로운 것을 찾고 만들며, 모형 만들기 등을 통하여 작업에 대한 결과를 직접 눈으로 확인하게 된다. 그래서 열심히 공부했을 때 얻은 좋은 성적과 게으름을 피웠을 때 얻은 나쁜 성적으로부터 근면성의 결과를 파악하게 된다. 자신의 근면성의 결과로서 나타난 업적에 대해 타인으로부터의 격려와 칭찬을 받게 되는데, 아동은 이를 통하여 성취감을 맛보게 된다. 그러나 학교생활을 통해서 타인과의 비교를 하게 되고 자기의 능력이나 성취에서 미흡한 점을 깨닫고 열등감에 빠지게 된다.

⑤ 자아정체감-역할혼란(Ego-identity vs. Role Confusion)

이 시기는 12~16세로서 흔히 청소년기라고 부르며 청년기의 문턱에 해당한다. 이때 청소년들은 제2차 성장이 나타나는 생리적 변화를 겪으면서 사춘기에 도달하며, 자신이 누구인가 하는 자아정체감을 인식하게 된다. 자아정체감이란 사회적 관계 속에서 자신이 수행하는 역할의 통합체로서 맏아들, 손자, 학생, 오빠, 동생, 교회의 초등부 교사, 스포츠클럽의 총무 등 수많은 역할이 한 사람에게 통합되어 형성되는 것이다. 이를 통하여 자기의 주체를 파악하게 된다. 그러나 이러한 자아정체감을 쉽게 형성하지 못하고 방황하거나 정지된 상태로 지내는 청소년이 있는데, 이때를 결정유예시기(Moratorium)라고 한다.

자아정체감의 형성과는 반대로 사회적 환경, 가정교육, 학교교육의 방향들이 서로 일치하지 않거나 여러 가지 역할에 대한 일관성 있는 통합이 이루어지지 않아서 역할혼란이 일어나는 경우도 발생한다. 이때는 부모나 사회가 바라는 착실한 자식, 선량한 학생 또는 정직하게 살아가는 청소년이 되기보다는 자기 눈앞에 나타난 쾌락이나 이익만을 추구하는 경우가 생겨난다. 이러한 것이 청소년 비행의 주요 원인으로 작용하게 되는 것이다.

⑥ 친밀감-고립(Intimacy vs. Isolation)

이 시기는 20~40세가 해당되며, 자아정체감이 형성된 청소년은 성인 초기에 와서 자신의 경계선을 넘어 타인과 깊은 관계를 맺게 된다. 친구관계, 부부관계, 전우 등으로서 이는 친밀감의 소산이다. 이러한 친밀감은 여러 가지 문제를 타인의 입장에서 바라보고 이해하며 감정이입(Empathy)의 능력이 형성되어 있을 때 가능하게 된다. 만일 이러한 친밀감이 형성되지 못한 경우에는 고립된 채로 살아갈 수밖에 없고 또한 친구, 애인, 배우자 등을 얻기 어렵게 된다.

⑦ 생성감-자아탐닉(Generativity vs. Self-absorption)

이 시기는 40~50세로서 인생의 여러 가지 측면에서 안정되고 성숙된 시기인데, 단순히 자신과 자기 세대의 이익과 번영에만 관심을 쏟는 것이 아니라 자기 자손들의 세대와 역사적 미래를 위해 보다 나은 세계를 만드는 데 헌신하는 기간이다. 흔히 장년기와 노년기의 성인들이 자연보호운동, 근검절약과 저축, 문화적 유물의 전수·보전 등을 위해 노력하는 것은 모든 생성감에서 나오는 것이다. 그러나 이러한 심리사회적 발달을 이룩하지 못한 사람들은 오로지 자기 자신의 이익과 편안, 자기 당대의 쾌락만을 추구하는 자아탐닉에 빠지게 된다. 이들은 자녀교육, 복지 등의 미래에는 별로 관심을 두지 않은 채 호의호식과 유흥으로 세월을 보내게 된다.

⑧ 자아통합-절망(Ego-integrity vs. Despair)

이 시기는 60대 이후의 인생을 마무리하는 단계로서, 자아통합감이란 자기의 지나간 일생에 대해 그런대로 만족하고 최선을 다해 노력해 온 의미있는 일생이었다는 느낌을 가질 때, 그리고 달성하지 못한 일보다 이룩한 일과 행운에 대해 감사하는 자세를 가질 때 생기는 것이다. 이에 반해 자기의 인생이 무의미하게 흘러갔으며 성공할 기회를 놓쳤고 이제 황혼기에 접어들어 다시 시작하기에는 너무 때가 늦었다고 탄식하게 될 때 절망감이 나타나게 된다. 이런 경우에는 지나온 인생에 대한 불만이 쌓여 모든 것을 불운했다고 여기며 우울증에 빠져 자신 혹은 타인을 원망하면서 괴로운 노년기를 보내게 된다.

2) 발달과업과 평생교육

(1) 발달과업의 개념

인간의 발달이란 개체가 탄생하고부터 죽음에 이르기까지의 생애를 통하여 일어나는 심정의 양적 · 질적 변화를 말한다. 이러한 변화는 정적(正的)인 방향으로의 변화도 있고, 질적인 방향의 변화도 있다. 발달이란 정적인 방향의 변화뿐만 아니라 부(否)적인 방향의 변화도 포함된다. 또 발달은 양적인 변화뿐 아니라 질적인 변화까지도 포함한다. 신체상의 변화는 양적인 변화이나 사고방식이나 행동양식의 변화 등은 질적인 변화에 해당된다.

인간의 발달은 근본적으로 연속적인 하나의 과정이지만 앞에서 살펴본 바와 같이 발달단계에 따라 많은 변화가 일어나는 것을 알 수 있다. 인간은 자기가 속한 문화 속에서 정상적인 생을 영위하기 위하여 어느 단계에서 어느 변화가 일어나도록 요구받고 있기도 하다. 이와 같이 개인의 성숙이나 생물적 · 사회적 · 심리적인 발달 요구와 사회문화적인 외부에서의 요구가 합치되어 인간의 발달과업을 형성하게 된다.

헤비거스트(R. Havighurst)는 발달과업을 개인의 생애 중 어떤 특수한 시기에 나타나는 과업으로서 그 과업을 훌륭히 성취하면 행복을 누릴 수 있고 후일에 겪게 될 다른 과업도 잘 치러나가게 된다. 그러나 만일 이에 실패하면 개인적으로 불행을 초래할 뿐만 아니라 사회적 인정도 못 받고 후일에 겪게 될 다른 과업도 잘 치를 수가 없는 것이라고 한다.[3]

3) Havighurst, R. L., *Developmental Tasks and Education*, New York: David Mckay, 1972, p.3.

피쿠나스(J. Pikunas)는 발달과업을 실존과 자존에 대한 적응을 증진시키는 인간발달, 적절한 성취 그리고 적용의 연결적인 선상에 있어서 특정한 시점에서 어떤 형태의 성장이든지 간에 성장을 가져오는 보다 복합적인 행동양식을 만들어 내는 능력의 증가[4]라고 주장하고 있다.

버나드(H. Bernard)는 발달과업이란 생애단계의 특정 시기에 나타나며, 개인이 속한 문화적 압력을 감당하기 위해 성취해야 할 학습과제[5]라고 정의한다.

이상에서와 같이 발달과업은 인간발달단계의 특정 시기에 나타나는 과업, 과업의 연속성, 사회문화적 적응 등이 주요한 구성요소임을 알 수 있다.

(2) 발달단계의 구분

인간의 발달은 연속적인 과정이면서 여러 가지 요인이 상호작용하여 이루어지는 것이기 때문에 명확하게 발달단계를 구분한다는 것은 쉬운 일이 아니다. 그러나 발달단계를 구분하고 각 단계마다 특별히 요구되는 과업을 분류하는 일은 평생학습체제의 정립에 꼭 필요한 작업이다.

인간의 발달과정을 구분하는 데는 분류 기준이 필요한데, 이는 사회적 관습, 신체발달, 특정의 정신기능 또는 행동, 전체적인 정신구조의 변화 등을 사용할 수 있고, 또한 연령을 기준으로 할 경우에도 생물적 연령(Biological Age), 심리적 연령(Psychological Age), 사회적 연령(Social Age)에 따라 구분하는 등 다양한 기준을 설정할 수 있다.

실제로 인간발달을 구분해 온 학자들의 결과도 다양하다. 앞서 본 에릭슨은 사회심리학적 입장에서 발달단계를 설명한 것이며, 발달심리학자인 허록(E. Hurlock)은 다음 〈표 7-1〉과 같이 10단계로 구분한다.[6]

4) Pikunas, Justin, *Human Development, A Science of Growth*, New York: McGraw-Hill, 1969, p.408.

5) Bernard, Harold W., *Human Development in Western Culture*, New York: Allyn ana Bacon, Inc., 1970, p.31.

6) Hurlock, E., *Developmental Psychology*, New York: McGraw Hill, 1953, p.5.

표 7-1 허록(E. Hurlock)의 인간 발달단계 구분

발달단계	연령
① 출생 전기	① 태아~출생
② 신생아기	② 출생 후~2주
③ 유아기	③ 2주~2세
④ 아동 전기	④ 2~6세
⑤ 아동 후기	⑤ 6~10, 12세
⑥ 사춘기	⑥ 10, 12~14세
⑦ 청년 초기	⑦ 14~16, 17세
⑧ 청년 후기	⑧ 16, 17~21세
⑨ 성년기	⑨ 21~60세
⑩ 노년기	⑩ 60세~

피쿠나스(J. Pikunas)는 인간의 발달단계를 크게 태아기, 아동기, 청년기, 성인기 및 노년기의 6단계로 나누고 이를 더욱 세분화하여 13단계로 구분한다.[7]

표 7-2 피쿠나스(J. Pikunas)의 인간 발달단계 구분

발달단계	연령		
① 출생 전기	①-1 임신 0~2주	①-2 임신 2주~2개월	①-3 임신 2~9개월
② 신생아기	② 유아 초기		
③ 중기 유아기	③ 12~15개월		
④ 후기 유아기	④ 15~30개월		
⑤ 초기 아동기	⑤ 2.5~6세		
⑥ 중기 아동기	⑥ 6~9, 10세		
⑦ 후기 아동기	⑦ 9, 10~11.5, 12.5세		
⑧ 사춘기	⑧-1 여자 11.5~14세	⑧-2 남자 12.5~15.5세	
⑨ 중기 청년기	⑨-1 여자 14~20세	⑨-2 남자 15.5~22세	
⑩ 초기 성인기	⑩-1 여자 20~30세	⑩-2 남자 22~35세	
⑪ 중기 성인기	⑪-1 여자 30~45세	⑪-2 남자 35~50세	
⑫ 후기 성인기	⑫-1 여자 45~60세	⑫-2 남자 50~65세	
⑬ 노년기	⑬-1 여자 60세~	⑬-2 남자 65세~	

7) Pikunas, Justin, *op. cit.*, 1969, pp.11-13.

이상에서 여러 학자의 인간발달에 대한 구분을 살펴보았는데, 발달단계의 명칭은 유사한 점이 많으나 연령상의 구분은 취학연령, 학교단계, 결혼연령, 취업연령, 사회적 활동기간 등의 사회적·문화적 차이로 인하여 차이가 나타나고 있는 것을 볼 수 있다.

(3) 발달단계별 발달과업

인간의 발달과업은 발달단계별로 차이가 있지만 또한 발달과업을 연구하는 학자들의 관심 내지 접근방법에 따라서도 크게 차이가 있다. 즉, 헤비거스트(R. Havighurst), 피쿠나스(J. Pikunas), 버나드(H. Bernard) 등은 인간 행동의 전 영역에 걸쳐 포괄적으로 발달과업을 파악하려 하고 있으며, 콜버그(Kohlberg)는 도덕적 수준에서, 에릭슨(E. Erikson)은 사회심리적 측면에서, 서퍼(Supper)는 직업발달적 측면에서 각기 발달과업을 파악하고 있다.

① 헤비거스트의 발달과업

헤비거스트(R. Havighurst)는 인간의 발달과업으로 영아기와 유아기에서 9개 과업, 아동기에서 9개 과업, 청년기 8개 과업, 성인 초기에 8개 과업, 중년기에는 7개 과업을, 노년기에 6개 과업으로 구분하여 총 47개 과업을 세시하고 있다.[8]

가. 영아기와 유아기(0~6세)

- 걸음걸이 배우기
- 고형 음식 먹기
- 말 배우기
- 배설의 통제
- 성차와 성적 성숙 학습하기
- 생리적 안정 이루기
- 사회적·물리적 현상에 대한 간단한 개념 형성하기
- 선악의 구별과 양심을 발달시키기
- 자신을 부모, 동료 및 타인과 정서적으로 관련 맺기

8) Tanner, Daniel, *Curriculum Development,* New York: Macmillan Publishing Co., 1980, p.180.

나. 아동기(6~12세)

- 일반적인 놀이에 필요한 기능 학습하기
- 친구와 사귀기를 배우기
- 남성과 여성으로서의 사회적 역할 학습하기
- 양심, 도덕성, 가치척도를 발달시키기
- 읽기, 쓰기, 셈하기의 기초기능을 발달시키기
- 인격적 독립의 성취
- 사회집단, 제도에 대한 태도 발달시키기
- 일상생활에 필요한 개념 발달시키기
- 성장하는 유기체로서 자신에 대한 건전한 태도 형성하기

다. 청년기(12~18세)

- 남녀 간의 보다 새롭고 성숙한 관계 이루기
- 남성 또는 여성으로서 역할을 감당하기
- 자신의 신체를 받아들이고 효과적으로 사용하기
- 결혼과 가정생활 준비하기
- 행동의 지표로서 가치관과 윤리체계를 획득하기
- 직장에 대하여 대비하기
- 사회적으로 책임있는 행동을 원하고 수행하기
- 부모와 다른 성인으로부터 정서적으로 독립하기

라. 성년 초기(18~30세)

- 배우자 선택하기
- 결혼 후 배우자와 동거 배우기
- 가정생활 시작하기
- 자녀를 양육하기
- 가정을 관리하기
- 취업하기
- 시민적 책임을 감당하기

- 마음에 드는 사회집단을 찾기

마. 중년기(30~60세)

- 성인으로서 시민적 · 사회적 책임을 수행하기
- 생활의 경제적 표준을 세우고 유지하기
- 성인에 필요한 여가활동하기
- 배우자와 인격적인 관계 맺기
- 중년기의 생리적 변화를 인정하고 이에 적응하기
- 연로한 부모에 대한 적응
- 10대 청소년들로 하여금 책임감 있고 행복한 성인이 되도록 도와주기

바. 노년기(60세 이후)

- 체력 감소와 건강에 적응하는 일
- 은퇴와 수입 감소에 적응하는 일
- 배우자의 사망에 적응하는 일
- 자기 동년배와 친밀한 관계를 맺기
- 사회적 · 공민적 책임의 이행
- 만족스러운 생활조건의 구비

② 한국인의 발달과업

김종서는 한국인의 심리적 특성, 각급 학교의 진학 시기, 군 입대, 결혼 시기, 직장에서의 정년퇴직 시기 등을 감안하여 한국인의 발달단계를 7단계로 구분하고, 각 단계별 발달과업을 지적 영역, 정의적 및 사회적 영역 그리고 신체적 영역으로 제시하고 있다.[9)]

가. 유아기(0~5, 6세)

- 지적 영역
  - 어린이 주변의 사람이나 물건의 이름을 말하기
  - 생활 주변의 자연현상을 관찰하고 질문하기
  - 간단한 단어와 문장을 바르게 말하기

---

9) 김종서 외, 『평생교육원론』, 경기: 교육과학사, 1987, pp.141-189.

- 남의 이야기를 이해하기
- 두 자리까지의 수를 세기
- 크기나 무게의 대소 구별하기
- 모양과 색깔을 보고 구별하기
- 음의 높고 낮음을 식별하기
- 사람의 형태를 그릴 줄 알기
- 책의 그림을 보면서 이야기할 수 있기

• 정의적 및 사회적 영역
- 해야 할 것과 해서는 안 될 것을 분별하기
- 즐겁게 노래 부르기
- 다른 아이들과 잘 어울리기
- 간단한 심부름을 하기
- 남자와 여자의 차이를 알아 남자는 남자답고, 여자는 여자다운 태도를 배우기
- 간단한 그림을 그리거나 무엇을 만들기
- 혼자서도 지루해하거나 두려워하지 않고 놀 수 있기
- 어른의 계속적인 보호 없이 이웃에 나가 잘 놀기
- 어른에게 공손하게 대하고 인사할 줄 알기
- 다양한 감정(사랑, 선망, 좌절, 증오, 시기, 질투)을 적절하게 표현하기

• 신체적 영역
- 도리도리, 잼잼, 곤지곤지하기 등 유아 놀이하기
- 손가락을 따로따로 꼽을 수 있기
- 걷기
- 고체 음식 먹기
- 달리기
- 물에서 놀기
- 몸의 균형을 잡고 간단한 율동하기
- 음식물을 가리지 않고 고루 먹기
- 대 · 소변 가리기

- 옷과 신발을 혼자서 입고 신을 줄 알기
- 주변의 위험물에 조심하기
- 신체를 깨끗이 하기

나. 아동기(6~11, 12세)

• 지적 영역
- 글을 읽고 쓰기
- 자기의 의사를 적절히 표현하기
- 수를 알고 계산할 줄 알기
- 일상의 생활에 필요한 기초적 개념을 배우기
- 시간 관념을 발달시키기
- 친척들과 자기와의 관계나 촌수 알기
- 여러 직업의 종류와 그 하는 일 알기
- 자연 현상이나 사회 현상을 보고 그 기초적인 원리를 이해하기

• 정의적 영역
- 옷을 스스로 단정히 입기
- 자신의 일을 스스로 하는 습관 기르기
- 양심, 도덕성, 가치판단의 기준을 발달시키기
- 간단한 악기 다루기
- 그림을 그리거나 공작품을 만들고 감상하기
- 동시, 동화, 위인전 등 아동 문학작품 읽기
- 자연을 아끼고 보호하는 습성 기르기
- 자기의 감정을 조절할 줄 알기
- 놀 때는 잘 놀고 공부할 때는 공부하는 태도 기르기
- 소년은 소년답게, 소녀는 소녀다운 역할과 행동 배우기

• 사회적 영역
- 친구들을 사귀고 사이좋게 지내기
- 간단한 집안일 돕기

- 절약하는 습관 기르기
- 규칙적으로 생활하는 습관 기르기
- 교통질서와 공중도덕 지키기
- 다른 사람들과 어울려 협동하는 것 배우기
- 다른 사람을 생각할 줄 알고 존중하기
- 언행을 정직하게 하여 타인으로부터 신뢰받기
- 웃어른에게 경어를 쓰고 예의를 지키기
- 자기 학교나 마을을 아끼고 소중히 여기기
- 나라의 상징(애국가, 국기 등)에 대한 바른 태도 갖기
- 학교나 집단에서 자신이 맡은 일을 책임지고 하기

• 신체적 영역
- 각종 운동에 필요한 기본적인 기능 익히기
- 자신의 신체 구조를 이해하고 신체에 대한 건전한 태도 가지기
- 음식물을 고루 먹어 균형된 영양 섭취하기
- 각종 위험으로부터 신체의 안전을 도모하고 보호하기
- 신체나 주위 환경을 깨끗이 하여 위생적으로 생활하기

다. 청년 전기(12~18, 19세)

• 지적 영역
- 정치, 경제, 사회, 문화에 대한 기본 지식을 갖추기
- 자연과 사회환경의 여러 원리를 배우고 생활과 관련짓기
- 전통문화를 이해하고 보존·발전시키는 데 필요한 지식 갖기
- 외국 문화 및 국제관계에 대한 이해 넓히기
- 진로와 직업을 탐색하고 준비하기
- 신체구조와 생리 현상 및 성에 대하여 이해하기
- 매스커뮤니케이션에 대한 이해와 지식 갖기
- 논리적으로 사고하고 합리적으로 문제를 해결하는 능력 기르기
- 자기의 능력과 적성에 대하여 정확히 파악하기

• 정의적 영역
  - 성적 충동이나 감정을 통제하기
  - 문학 및 예술작품을 이해하고 감상하기
  - 여가를 건전하게 보내기
  - 긍정적인 자아개념 형성하기
  - 일생을 살아갈 지침이 될 가치를 획득하기
  - 부모나 다른 사람으로부터 정서적으로 독립하기
  - 바람직한 이성교제에 대한 바른 태도를 발전시키기
• 사회적 영역
  - 사회적으로 요구되는 행동을 책임 있게 수행하기
  - 건전한 국가관 확립하기
  - 사회질서를 지키고 공익을 존중하기
  - 동료집단과 잘 어울리기
  - 존경하는 인물 본받기
  웃어른에 대한 공경하는 태도를 기르기
  - 남성과 여성의 역할을 받아들이고 수행하기
  - 인권을 존중하기
  - 좋은 친구를 선택하여 우정을 두터이 하기
  - 규칙적인 생활습관 가지기
• 신체적 영역
  - 체력과 체능을 증진시키기
  - 자신의 신체적 구조나 생리적 변화에 대하여 적응하기
  - 충분한 영양과 적절한 휴식 취하기
  - 균형있는 체격을 유지하기 위한 운동과 자세 취하기
  - 청결한 환경을 유지하는 위생적인 생활을 영위하기
  - 건강에 좋은 습관 기르기

라. 청년 후기(19~24, 25세)

- 지적 영역
  - 결혼과 가정생활에 대한 준비하기
  - 출산과 육아에 대한 지식 습득하기
  - 직업을 선택하고 취업을 할 수 있도록 준비하기
  - 상식과 견문을 넓히기
  - 국가 현실이나 국제관계에 대한 바른 지식 배우기
  - 급변하는 사회에 적응하기 위하여 각종 최신 정보 알기
  - 합리적인 근거에 비추어 판단하고 판단할 수 있는 능력 갖추기
  - 민주시민으로서 사회생활에 필요한 지식과 기능 익히기
- 정의적 영역
  - 독립적으로 생활할 수 있는 태도와 자신감 갖기
  - 여가를 유용하게 활용하기
  - 건전한 생활관 확립하기
  - 전통적인 가치관을 생활에 조화시키기
  - 높은 수준의 도덕적 판단능력과 이에 따라 행동할 수 있는 태도 기르기
- 사회적 영역
  - 가족구성원으로서 책임과 역할을 다하기
  - 사회단체에 참여하여 적극적으로 활동하기
  - 원만한 대인관계 맺기
  - 적절한 결혼대상을 찾고 원만하게 교제하기
  - 자기 가정문화와 다른 가정문화의 차이를 이해하기
  - 사회적으로 요구되는 행동을 책임 있게 수행하기
  - 민주시민으로서 권리를 행사하고 의무를 성실히 수행하기
- 신체적 영역
  - 공해와 오염의 해독을 알고 이를 막아내는 생활하기
  - 체력과 체능을 증진시키기
  - 의약품을 바로 알고 남용하지 않기

- 건강을 위한 규칙적인 생활하기
- 음주, 흡연에 대해 올바로 이해하기
- 성(性)에 대한 바른 태도 가지기

마. 성인 전기(25~35세)

• 지적 영역
- 수입에 알맞은 합리적인 가정 관리를 할 수 있는 지식 갖기
- 직업에서 발전할 수 있도록 지식, 정보, 기능을 발전시키기
- 현대 산업사회의 구조를 이해하고 적응하기
- 사회생활을 원만히 할 수 있는 상식과 식견을 넓히기
- 가족생활이나 부부생활을 원만히 할 수 있는 성 지식 습득하기

• 정의적 및 사회적 영역
- 배우자와 원만한 인간관계 가지기
- 자녀를 성공적으로 출산하고 잘 기르기
- 직장에서 자신의 일을 만족스럽고 보람 있게 수행하기
- 직장이나 단체생활에서 선의의 경쟁을 하고 원만한 인간관계 맺기
- 자녀들의 필요를 잘 헤아려 부모로서 역할 다하기
- 진지하고 풍부한 사회생활 영위하기

• 신체적 영역
- 정상적인 신체기능 유지를 위한 운동하기
- 과로, 과음, 지나친 흡연 등을 삼가기
- 건강을 해치지 않도록 규칙적인 생활하기
- 가정과 주위의 청결한 환경을 유지하기

바. 성인 후기(35~60세)

• 지적 영역
- 일정한 경제적 생활 수준을 세우고 유지하기
- 직업이 요구하는 새로운 지식과 능력을 계속 추구하기
- 자녀와 청소년을 건전하게 양육하고 교육하기

- 사회 변천에 적응할 수 있는 지식과 기능 갖기
- 사회제도, 규범, 기관 등에 대한 지식과 활용능력 갖기

• 정의적 영역
- 배우자 및 자녀와 인격적인 관계 유지하기
- 새로운 가족을 맞아들이고 융화하기
- 취미를 살려 여가를 유용하게 보내기
- 젊은 층을 이해하고 함께 어울리기

• 사회적 영역
- 손아랫사람과 부하를 선도하고 좋은 영향력을 주기
- 부모로서 자녀에게 해야 할 역할과 책임 다하기
- 사회의 윗사람으로서 알맞은 역할과 도리를 다하기
- 미풍양속을 실천하고 발전시키기
- 연로한 부모를 편히 모시기
- 사회적 지위나 성취에 알맞은 처신을 하기
- 지역사회와 국가 발전을 위한 활동에 적극적으로 참여하기

• 신체적 영역
- 중년기의 생리적 변화를 받아들이고 적응하기
- 규칙적인 운동으로 체력 유지하기
- 질병에 대한 광범위한 지식을 갖고 가족의 건강을 보호하기
- 적당한 섭생과 충분한 휴식으로 신체적 기능을 보존하기

사. 노년기(60세 이후)

• 지적 영역
- 세대차와 사회변화를 이해하기
- 은퇴생활에 필요한 지식과 생활 배우기
- 정치, 경제, 사회, 문화에 대한 최신 동향 알기
- 건강 증진을 위한 폭넓은 지식 갖기

- 정의적 영역
  - 적극적으로 일하고 생활하려는 태도 유지하기
  - 취미를 계속 살리고 여가를 즐겁게 보내기
  - 정년퇴직과 수입 감소에 적응하기
  - 소외감과 허무감을 극복하고 인생의 의미 찾기
  - 배우자 사망 후의 생활에 적응하기
  - 동료 또는 자신의 죽음에 대하여 심리적으로 준비하기
- 사회적 영역
  - 동년배 노인들과 친교 유지하기
  - 가정이나 사회에서 어른 구실하기
  - 가정과 직장에서 일과 책임을 합당하게 물려주기
  - 자녀 또는 손자들과 원만한 관계 유지하기
- 신체적 영역
  - 노년기에 알맞은 간단한 운동을 규칙적으로 하기
  - 줄어가는 체력과 건강에 적응하기
  - 건강 유지에 필요한 알맞은 섭생을 하기
  - 지병이나 쇠약에 대한 바른 처방하기

(4) 제2차 평생교육진흥계획의 생애단계별 발달과업[10)]

① 생애단계별 학습자 분석

가. 성인의 하루(24시간)의 학습, 일, 여가 분포곡선

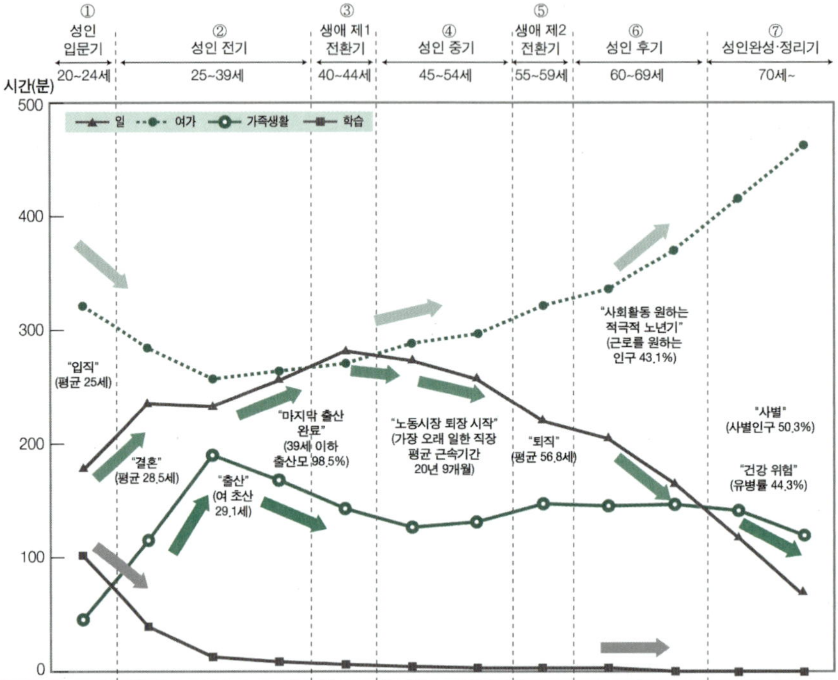

생애주기별 특성		· 입직으로 인한 경제활동의 본격적 시작	· 경제활동 시작과 함께 사회 참여활동 활발히 실시 · 결혼과 출산을 통한 가족생활 시작 · 30세 중 여성 출산 완료, 경제활동의 재시작 준비	· 경제활동의 전성기이자 비중감소 : 제2의 직업 생활 모색 · 자녀의 대학진학과 함께 가족 관계 변화	· 제2의 직업 시작, 점차적으로 은퇴 시작 · 은퇴 이후의 생활과 노후 대비 필요 · 여가활동 비중 증가	· 퇴직으로 인한 인생 구조의 재정비기	· 생활의 중심이 일에서 여가로 이동하나 사회 참여 욕구가 여전히 높음 · 자녀의 결혼, 배우자의 사별 비율 증가 : 가족 관계의 재변화	· 가족과의 이별, 건강 악화, 은퇴 이후 경제 불안정 나타남 · 죽음에 대한 준비 필요
고졸 이상 학력 소지자	평균 32.0%	77.0%	55.8%	36.9%	23.0%	15.1%	10.7%	5.7%
경제활동 참여율	평균 67.0%	53.5%	74.5%	81.5%	77.7%	68.3%	46.7%	
평생학습 참여율	평균 21.6%	32.5%	30.1%	21.7%	18.1%	14.4%	7.3%	6.4%

참고 1: 생활시간 조사활동의 조사 영역은 개인유지, 일, 학습, 가정관리, 가족 보살피기, 참여 및 봉사활동, 교제 및 여가활동, 이동, 기타 활동으로 구성

참고 2: 생활시간 조사의 활동을 다음과 같이 재구조화하였음

① 일: 유급 또는 무급의 생산활동

② 학습: 학생의 학습과 관련된 활동과 여가시간 중 일반인의 자기계발을 위한 학습활동

③ 여가활동: 교제활동, 취미활동, 봉사활동 등 사회참여 활동

④ 가족생활: 가족을 위한 가정관리활동 및 가족 보살피기

10) 교육과학기술부, 평생교육진흥기본계획(2008~2012), 2008. 3, pp.16-23.

나. 성인 입문기(20~24세)

- 학습(120분): 정규교육 완료 → 정규교육 기회를 누리지 못한 성인을 위한 대안적 교육체제 구축 필요
- 일(179분): 노동시장 진입 준비기 → 생애 경력 계획 수립과 직업활동 수행을 위한 기본 역량 개발 필요
- 여가생활(379분): 가족 형성 준비기 → 배우자 선택과 관련한 가족교육 필요

다. 성인 전기(25~39세)

- 학습(21분): 학습시간 급속히 감소 → 학습 참여 의향은 높은 단계이므로 지속적으로 학습할 수 있는 지원시스템 구축 필요
- 일(242분): 본격적인 경제활동 시작 → 각종 직업능력 개발 활동 필요
- 여가생활(427분): 가족 형성, 사회생활을 통한 시민으로서의 책임 수행 → 부모 · 가족생활 교육과 시민교육 필요

라. 생애 제1전환기(40~44세)

- 학습(6분): 학습시간 더욱 급격히 감소 → 성인 전기와 마찬가지로 학습지원 시스템 구축 및 정보 제공 필요
- 일(281분): 경제활동이 정점을 이루었다가 점차 감소, 여성 경제활동 재시작 → 제2의 경력 계획 수립 지원 필요
- 여가생활(415분): 자녀양육의 완료로 인한 가족관계 변화, 중년의 위기기 → 심리적 위기 해소를 위한 여가 및 봉사활동 교육, 가족교육 실시 필요

마. 성인 중기(45~54세)

- 학습(4분): 학습시간 감소와 함께 평생교육 참여 의향 급감 → 학습동기 부여를 위한 각종 유인책 필요
- 일(265분): 제2의 직업 준비 시작 → 새로운 직업에 적응할 수 있는 직업 적응교육 필요
- 여가생활(425분): 자녀 독립과 이혼율 상승, 여가시간 증가 → 가족관계의 재정비를 위한 가족교육과 여가교육 필요

바. 생애 제2전환기(55~59세)

- 학습(3분): 평생교육 참여 의향의 지속적 감소 → 동기 유발을 위한 지원책 마련 필요
- 일(220분): 노동시장에서 공식적 은퇴 시기, 여가활동 중심으로 인생구조가 변화 → 은퇴 후 생애설계 준비교육
- 여가생활(473분): 여가시간 증가 → 여가를 생산적으로 보내기 위한 지속적인 여가교육 필요, 건강교육, 심리적 위기를 극복하기 위한 상담 프로그램 요구

사. 성인 후기(60~69세)

- 학습(2분): 평생교육 참여율과 참여 의향의 급격한 감소 → 노인교육 프로그램 활성화 필요
- 일(210분): '일'에 소비하는 시간 비중이 하루 중 14.7%, 경제활동인구 46.7% → 성인 후기 인구 대상 특화된 직업교육 필요
- 여가생활(503분): 자녀의 결혼, 배우자의 사별 등 → 건강교육, 시민교육 및 사회봉사활동 교육, 여가교육 필요

아. 성인 완성 · 정리기(70세 이상)

- 학습(1분): 학습활동이 거의 이루어지지 않으며, 평생학습 참여율도 감소 → 여가를 학습활동으로 의미 있게 보낼 수 있도록 노인교육 활성화 필요
- 일(94분): 경제활동이 거의 이루어지지 않는 시기 → 생활 유지를 위한 지원활동 필요
- 여가생활(573분): 배우자와의 사별 인구 급증(53.0%), 여가활동 시간 급증 → 생애정리교육, 여가교육 필요성 증가

② 생애단계별 평생교육 중점 추진 내용

구 분	성인 입문기 (20~24세)	성인 전기 (25~39세)	생애 제1 전환기 (40~44세)	성인 중기 (45~54세)	생애 제2 전환기 (55~59세)	성인 후기 (60~69세)	성인 완성 · 정리기 (70세~)
특 성	• 입직으로 인한 경제활동의 본격적 시작	• 경제활동 시작 및 결혼 · 출산을 통한 가족생활 시작	• 경제활동의 전성기, 제2의 직업생활 모색	• 경제활동 비중 감소, 은퇴 이후 생활과 노후 대비 필요	• 퇴직으로 인한 구조 재정비기	• 경제 · 사회 활동 참여 욕구가 높고, 자녀 결혼, 배우자 사별로 가족 관계 변화	• 가족과의 이별, 건강 악화, 죽음에 대한 준비 필요

구 분		성인 입문기 (20~24세)	성인 전기 (25~39세)	생애 제1 전환기 (40~44세)	성인 중기 (45~54세)	생애 제2 전환기 (55~59세)	성인 후기 (60~69세)	성인 완성·정리기 (70세~)
평생교육 주요내용	자아실현	• 생애설계 취업·진로 교육		• 제2의 인생설계 준비교육		• 은퇴 후 생애설계 교육		• 생애 정리 교육 • 기본생활 적응 교육
				• 노후대비 교육		• 건강교육 (심리적 위기 극복 및 노인 질환 대비 등)	• 노후 건강 관리 교육	
평생교육 주요내용	고용가능성 증진	• 직무기초 능력 교육 (팀워크, 리더십 교육 등) • 직업윤리 교육	• 직무능력 전문화교육	• 제2직업준비교육 창업·전직·전업준비교육 경력단절 여성 직업교육 등			• 노후 커리어 관리 교육	
	사회적 포용증진	• 부모역할 교육	• 부모역할 및 자녀교육	• 가족갈등 해소 교육 (부부 간, 부모-자녀 간)			• 세대 간 통합교육	
				• 지역사회 참여교육 및 사회봉사 활동 교육		• 지역사회 참여 교육	• 사회봉사 활동 교육	• 사회관계 개선 교육

출처: 교육과학기술부(2008.3). 2008~2012 평생교육진흥기본계획. p.23.

(5) 발달과업과 평생교육의 관계

이상에서 본 바와 같이 발달과업이란 불완전한 아동이나 청년이 성인이 되고 난 다음에는 과업이 없어지는 것이 아니라 인생의 각 단계마다 해결해야만 하는 과업이 연속적으로 제기되는 것이다. 발달과업의 면에서 보면 인생은 완성된 인격체가 아니라 발달의 한 과정에 있는 생명체일 뿐이다.

발달과업을 규명하는 것은 평생교육체제 정립을 위한 구체적인 자료가 될 뿐만 아니라 학교교육에서 학생들의 지도에 효과적인 기초자료가 될 수 있다. 나아가 가정에서의 유아교육에는 아기들에게 무엇을 가르쳐야 할 것인가에 대한 방향을 제시하게 되며, 성인교육에서도 어떤 교육과정을 편성해야 할 것인가에 대한 기준을 제공하게 된다.

그러나 발달과업은 어디까지나 학습내용을 선정할 수 있는 지침은 되지만 바로 학습내용이 되는 것은 아니다. 발달과업에는 반드시 일정한 교육을 받아야만 과업을 달성할 수 있는 것이 있는가 하면 인간이 사는 사회 속에서 살기만 하면 누구나 그 과업을 달성할 수 있는 것도 있다. 그러므로 교육이 필요한 과업을 분리하여 그에 대한 교육내용을 선정하는 것이 일의 순서가 된다.

발달과업을 교육내용 선정의 원칙으로 사용할 때 주의해야 할 점은 먼저 발달과업은 관점에 따라 상당한 차이가 날 수 있다는 점이다. 발달과업은 사회문화적인 영향을 받기 때문에 사회 각 계층에 따라 달리 주장될 수 있다는 점을 고려해야 한다. 다음으로는 발달과업이 인생단계별로 구분하여 설정되어 있으나 인간의 과업을 그렇게 분명하게 분리할 수 있겠느냐 하는 점이다.

어느 한 과업이 제대로 잘 안되면 그 외의 모든 과업이 제대로 될 수 없는 경우가 많다. 발달과업을 단계별로 분리하고 있으나 실제 인간의 반응은 모든 과업이 하나로 합해서 통일된 인간의 반응이라는 점을 고려해야 한다.

따라서 평생교육에 있어서 학습자들의 교육적 요구 충족 작업을 해야 할 것이다.

2. 학습목표의 설정

1) 학습목표의 본질과 기능

일반적으로 'Aims', 'Purposes', 'Objectives', 'Goals', 'Targets'라는 용어가 목적 또는 목표라는 이름으로 사용되고 있다.

놀스(M. Knowles)는 이러한 용어를 다음 세 가지로 구분하여 정의한다.[11]

① 일반목적(General Purposes): 사회교육 활동에 있어서 성취해야 할 폭넓은 사회적 및 기관적 목적이 세워진 것을 말하며, 이 경우 'Aims'는 같은 뜻으로 볼 수 있다.

② 프로그램 목표(Program Objectives): 이는 교육적 및 작동적 결과가 기술된 일정한 기간 동안(예: 다음 해)으로 전체 프로그램이 설정된 것을 말하며, 이 경우 'Targets' 또는 'Priorities'가 같은 뜻으로 쓰인다.

③ 학습목표(Learning Objectives): 이는 집단에 속하는 개인들이 특별한 학습활동을 통해 추구하고자 하는 행동의 변화를 말하며, 이 경우 'Activity Objectives'가 같은 의미로 쓰인다.

11) Knowles, Malcolm S., *op. cit.*, 1980, p.120.

학습목표는 흔히 아파트를 건설하거나 공업단지를 조성할 때의 설계도와 같은 것으로 비유된다. 따라서 과학적인 준거하에 조직된 학습목표 없이 수업을 전개하는 것은 총 없이 전쟁터에 나가는 병사와 다를 바 없는 것이다. 수업의 전개에 있어서 학습목표를 합리적이고 조직적으로 설정하는 일은 매우 중요한 일이 아닐 수 없다.

학습목표가 잘 계획되고 진술되었을 때의 기능은,

① 학습자가 학습과정을 완료하였을 때 교수자의 가르침이나 도움을 받지 않고 혼자서도 해당 분야의 일을 수행할 수 있는 상태를 제시한다.

② 학습자들의 학습목표 달성 정도를 평가하는 기준을 제시한다.

③ 교수자가 체계적으로 수업을 전개하기 위한 기본지침이 될 뿐만 아니라 교수자가 수업 전개과정에서 사용하게 되는 학습 절차에 논란이 있을 경우, 이에 대한 정당한 이유를 제시하는 자료로도 활용된다.

2) 학습목표 설정의 기초

평생교육을 위한 학습목표와 내용을 결정하는 데 있어서 가장 중요한 것은 학습자의 학습요구와 필요를 충족시켜 줄 수 있어야 하며, 이러한 학습목표는 학습자들의 발달과업 중 성취가 가능한 것이어야 한다. 또한 그들이 살고 있는 지역사회나 국가의 사회적 요구에 부응해야 할 것이며 그들이 속해 있는 국가의 이데올로기나 사회규범에도 맥을 같이 해야 한다.

이러한 개인적 요구, 사회적 요구 그리고 국가적 요구는 학습목표 설정의 기본적인 요소로서 작용하며, 평생교육 프로그램을 담당하는 사람은 이 점을 유의하여 적절한 학습목표 설정에 임해야 한다.

(1) 개인적 요구의 충족

평생교육은 개인의 능력의 요구를 신장하고 충족하여 주려는 데 큰 목적이 있다. 이를 위해 평생교육은 학습자의 생활양식과 즉각적이고 직접적인 관련을 맺는 기능적 학습(Functional Learning)을 강조하게 된다.

평생교육법 제6조에서도 "평생교육은 교육의 과정 · 방법 · 시간 등에 관하여 이 법과 다른 법령에 특별한 규정이 있는 경우를 제외하고는 이를 실시하는 자가 정하되, 학습자의 필요와 실용성을 존중하여야 한다."라고 규정하여 이러한 이념을 법률적으로 뒷받침해 주고 있다.

(2) 사회적 요구의 반영

사람이 실존적 존재임을 인정하고 있다면 현대의 대량생산 체제에서 나타나는 사회적 요청을 스스로 인식하고 자기 자신이 스스로를 개발하여 보려는 자기함양(Self-cultivation)이 필요하게 된다. 그러나 이러한 자기함양의 노력이 개인들의 요구를 충족시키는 데만 국한된다면 사회질서의 유지가 곤란해지는 경우가 발생할 것이다.

학교교육과 평생교육의 중요한 차이점 중 하나가 학교교육은 사회 · 경제적 환경과 유리되어 있는 반면에 평생교육은 학습자가 생존하고 직업생활을 하고 있는 지역사회와 긴밀한 관계를 유지한다는 것이다. 따라서 평생교육에 있어서 지역사회를 포함한 사회적 요구의 반영은 필수적인 것이다. 이러한 사회적 요구를 반영할 때는 그 사회의 변화 양상과 속도를 신중히 고려해야 한다. 그 이유는 사회적 변화에 따라 교육적 요구의 내용과 수준도 변화하기 때문이다.

평생교육에 있어서 사회적 요구의 반영이 중요한 만큼 그 사회의 평생교육에 적극적인 참여도 요청된다. 「평생교육법」에서는 이러한 점을 강조하기 위해 법 제7조 제1항에 “평생교육 실시자는 평생교육을 위하여 그 본래의 용도에 지장이 없는 범위 안에서 공공시설을 이용할 수 있다.”라고 규정하고 있으며, 같은 제2항에서는 “공공시설의 관리자로 하여금 본래의 용도에 지장이 없는 한 이를 허용하여야 한다.”고 의무를 부과하고 있다.

(3) 국가적 요구의 수용

학교교육에 있어서 교육목표의 설정은 국가 수준의 교육목적에 근거하여 학교급별, 교과영역별 목표의 상세화가 이루어지고 있다. 특히 초등학교 중학교 · 고등학교의 경우는 정부가 제정하는 표준교육과정에 의해서 수업이 이루어지고 있다.

한편, 평생교육은 그 특성상 국가적 목적보다는 개인적 및 사회적 요구의 반영을 우선하는 것이 원칙임을 부인할 수는 없을 것이다. 그렇다고 해서 평생교육의 학습목표가 그 국가가 지향하는 정치적 이데올로기나 철학적 이념과 갈등을 빚어서는 안 될 것이다.

무릇 교육목적이 개인의 자질 향상을 통해 국가 발전의 원동력이 될 인재를 양성하는 것이기 때문에 우리 교육기본법에 각급 학교의 목적을 명시하고 있다. 일정한 학교교육을 완료하였거나 중단한 사람을 대상으로 계속교육 또는 추가교육 기회를 제공하는 평생교육을 통해서도 국가로서는 일정한 교육목적의 달성을 요구하는 것은 큰 무리가 아닐 것이다. 따라서 평생교육법에 의거 학력이나 학점을 인정함(법 제4조 제4항)과 아울러 국가와 지방자치단체에서 경비를 지원할 수 있도록 하고 있는(법 제16조) 것은 평생교육이 국가적 요구를 수용하고 있다고 인정하는 일이다.

3) 학습목표의 진술

학습목표는 학습의도를 뚜렷하게 표시하여야 하고, 이를 위해서 학습목표는 일정한 양식에 의해 진술되어야 하는데, 학습목표 진술 시 다음 사항에 유의하여야 한다.

① 학습목표는 학습자에 관한 어떤 사항을 표시해야 하며 교재, 교사 또는 학습자들의 학습 활동 내용에 관한 것을 진술하여서는 아니 된다.

② 학습목표는 학습자의 행동이나 성취에 관하여 진술하는 것이지 교사의 성취나 학습자가 이미 알고 있거나 이해하고 있기를 기대하는 사항을 기술하는 것이 아니다.

③ 학습목표는 수단이라기보다는 목적이기 때문에 과정보다는 결과를 진술하여야 한다. 따라서 학습목표에는 학습의 도착점에 도달하기 위해서 사용되는 수단이나 방법을 표시하는 것이 아니고, 일정한 학습과정이 끝났을 때 학습자들의 행동이 어떻게 변화되어야 하느냐에 중점을 두고 서술되어야 한다.

④ 학습목표는 학습자가 학습 후 도착점 행동을 성취하였을 때 변화된 상황이나 여건을 표시하여야 한다.

⑤ 학습목표는 학습 성취의 정도를 평가할 수 있는 기준을 제시하여야 한다.

이상과 같은 학습목표 진술 시 유의사항을 염두에 두고 학습목표는 어떤 내용을 '이해한다', '안다'는 식으로 진술되기보다는 '어떤 내용을 명확히 암기한다', '고장을 찾아내고 수리한다'는 등의 구체적인 행동용어로 표현하거나 행동목표(Behavioral Objectives)로 진술하는 것이 바람직하다. 행동목표는 학습자가 한 과목 또는 단원을 이수하였을 때 나타날 수 있는 관측 가능한 행동의 서술이다. 즉, 행동목표란 학습자가 무엇을 어떤 상황에서 어떻게 어느 정도 할 수 있나를 명시해 준다.

행동목표의 진술요령으로서 이무근과 함종한이 제시한 그론런드(N. Gronlund)와 메가(R. Mager)의 방법을 소개한다.[12]

12) 이무근 · 함종한, 『교육과정』, 서울: 상조사, 1983, pp.60-65.

(1) 그론런드의 학습목표 진술

그론런드는 행동목표를 일반목표(General Objectives)와 구체적 목표(Specific Objectives)로 구분 진술하고 있으며, 그 예는 다음과 같다.

〈예 1〉 ① 일반목표
뉴턴의 운동법칙을 학습한다.
② 구체적 목표
가. 뉴턴의 운동법칙을 말할 수 있다.
나. 뉴턴의 운동법칙의 예를 제시할 수 있다.
다. 힘과 모멘트를 구별할 수 있다.

〈예 2〉 ① 일반목표
기상도에서 사용된 기호를 응용한다.
② 구체적 목표
가. 기상도에서 나타나는 기호를 확인할 수 있다.
나. 기호를 사용하여 기상도를 해석할 수 있다.
다. 기호를 사용하여 기상도를 만들 수 있다.
라. 기호를 사용하여 기상도로부터 날씨를 예측할 수 있다.

(2) 메가의 행동목표 진술

메가는 행동목표를 진술할 때 다음 세 가지 구비 요건을 제시한다.

① 성취 수준

학습자가 나타낼 수 있는 도착점 행동(Terminal Behavior)을 명시한다.

② 조건

학습자가 그러한 행동을 나타낼 수 있는 상황이나 조건을 제시한다.

(예) • 사용되어질 장비나 재료
• 그 행동을 관찰할 수 있는 장소, 시간, 환경 등
• 학습자에게 주어질 정보

③ 평가기준

행동을 평가하기 위한 평가기준을 제시해야 한다. 평가기준은 설정된 목표가 무엇이냐에 따라 다르며, 정밀성, 속도, 달성해야 할 퍼센테이지 혹은 숫자, 최대 실수 허락치, 정확성,

우수성의 정도 등이 그 예이다.

위와 같은 세 가지 조건을 중심으로 행동목표를 진술할 때 고려해야 할 사항으로 메가는 다시 다음 7가지를 지적하고 있다.

가. 행동목표는 동사로 끝을 맺어야 한다.

나. 행동목표는 교사의 성취보다 학습자의 성취 관점에서 서술되어야 한다.

다. 행동목표는 학습과정보다 학습결과의 관점에서 진술되어야 한다.

라. 행동목표는 취급되어야 할 교과 영역보다 학습자들의 도착점 행동의 관점에서 표현되어야 한다.

마. 각 행동목표에는 한 개의 목표만 진술되어야 한다.

바. 행동목표는 적절한 수준의 보편성을 지니고 간단명료하게 표현되어야 한다.

사. 행동목표는 다른 행동목표와 중복되지 않고 독립되게 표현되어야 한다.

메가의 7가지 원칙에 따른 행동목표의 진술 예를 들어보면 아래와 같다.

(예 1) 5개의 자유무역 지역이 포함된 지도를 보고, 최소 3개 지역의 이름을 댈 수 있다.
(예 2) 그림을 보고, 꽃의 주요 4부분의 이름을 말할 수 있다.
(예 3) 주소가 틀리게 써진 봉투 7개를 보고, 봉투 쓰는 규칙에 따라 7개의 봉투는 무엇이 잘못되었는지를 지적할 수 있다.

위의 세 가지 행동목표 진술의 예를 성취, 조건, 평가기준에 맞춰 구분 설명하면 다음과 같다.

목표	성취	조건	기준
1	이름을 댈 수 있다.	5개의 자유무역 지역이 포함된 지도를 보고	최소한 3개 지역의
2	이름을 말할 수 있다.	그림을 보고	꽃의 주요 4부분의
3	무엇이 잘못되었는지를 지적할 수 있다.	주소가 틀리게 써진 봉투 7개를 보고 봉투 쓰는 규칙에 따라	7개의 봉투는

3. 평생교육의 요구분석

아직도 대다수의 공무원연수원, 교원연수원, 기업체연수원에서 교수자를 초빙할 때 연수생들이 그 교수자로부터 무엇을 배울 것인가에 대한 기초조사 없이 연수원 담당자의 결정에 의해 교수자가 선정되고, 그 교수자에 의해서 연수내용이 결정되는 예가 허다하다.

정규학교는 교육부의 표준교육과정에 의해서 교과서가 편찬되어 무엇을 가르치고 배울 것이냐가 명확히 설정된다고 하겠다. 그러나 대다수의 평생교육과정은 학습자의 교육정도, 남녀별, 연령별 등에 다양한 차이를 갖는 것이 원칙이므로 이들에게 일방적인 방법에 의해 학습내용과 방법이 결정된다는 것은, 그 학습은 오히려 실망만 가져다주는 역효과적 교육이 될 수밖에 없다.

1) 요구분석의 의미

요구(Needs)란 현재의 상태나 수준과 바라고 원하는 이상적인 소망상태나 수준 간의 차이(Discrepancy)를 말한다. 즉, 요구란 개인이 느끼고 있는 어떤 결핍상태(Deficiency)를 충족시키기 위하여 필요로 하거나 원하는 상태 또는 상황을 의미한다.

요구분석(Needs Assessment)이란 인간의 욕구에 관련된 자료를 수집하고 그 수집된 자료를 분석하는 기법을 말한다. 여기서 교육과 관련된 요구분석은 학습자가 희망하는 학습내용에 대한 학습욕구를 조사, 분석, 조정하는 전체 과정을 의미한다.

요구분석에 대한 구체적인 설명에 들어가기에 앞서 요구와 관련된 일반적인 사항을 우선 살펴보고자 한다.

인간의 욕구에 관한 이론은 다양하게 제시되고 있다. 놀스(M. Knowles)는 인간의 욕구를 기본적 인간 욕구(Basic Human Needs)와 교육 욕구(Educational Needs)로 구분[13]하고 있다.

(1) 기본적 인간 욕구

기본적인 인간 욕구에 관한 이론은 많은 교육심리학자에 의해서 발전되어 왔다. 가장 보편화된 이론으로는 마슬로우(A. Maslow)의 인간 욕구 5단계설이다. 마슬로우는 인간의 기본적인 욕구를 낮은 차원에서 높은 차원에 이르기까지 다섯 단계로 분류하고 있는 바, ① 생리적

13) Knowles, Malcolm S., *op. cit.*, 1980, p.83.

욕구(Physiological or Survival Needs) ② 안전욕구(Safety Needs) ③ 애정 및 소속욕구(Love, Affection, and Belongingness Needs) ④ 자기존중욕구(Self-esteem Needs) ⑤ 자아실현욕구(Need for Self-actualization)가 그것이다.

머피(G. Murphey)는 기본적 인간 욕구를 선천적 욕구(Inborn Needs)로 표현하면서 다음 네 가지로 구분하고 있다.[14] 즉, ① 내장의 욕구(Visceral Needs)-인간이 생명체라는 것과 직접적으로 연관된 욕구로서 식량, 물, 공기 등이 이에 해당된다. ② 활동욕구(Activity Needs)-이는 피곤에 지쳐 있거나 병든 아이를 건강한 아이로 변모시킨다든지 또는 소외된 성인을 정상적인 성인으로 만드는 등 인간이 무언가 탐색하고 조작하고 계속적인 활동을 해야 하는 욕구를 뜻한다. ③ 감각적 욕구(Sensory Needs)-색깔, 음량, 율동과 같은 욕구를 포함하고, 우리 자신을 환경에 적응토록 하는 욕구와 혼란으로부터 탈출하는 욕구 등이 이에 포함된다. ④ 공격, 부상, 위험 등으로부터 피하는 욕구를 들고 있다.

놀스(M. Knowles)는 그의 오랜 성인교육자로서의 경험을 통해 인간의 기본적 욕구를 ① 신체적 욕구(Physical Needs) ② 성장욕구(Growth Needs) ③ 안전욕구(The Need for Security) ④ 새로운 경험 욕구(The Need for New Experience) ⑤ 애정욕구(The Need for Affection) ⑥ 인정욕구(The Need for Recognition)의 여섯 가지로 집약하고 있다.

이상에서 보는 바와 같이 기본적 인간 욕구의 종류나 수준이 상이함에도 불구하고 이들이 주장하는 인간의 욕구에는 네 가지 공통 속성이 있다. 즉, ① 인간의 욕구 충족은 낮은 수준의 욕구로부터 높은 수준의 욕구로 발전되어 간다. ② 인간에게 있어서 완벽한 욕구 충족은 불가능하다. 욕구 충족은 상대적이며 누적적이기 때문이다. 인간은 항상 무엇인가를 갈구하고, 그 갈구 때문에 새로운 행동의 동기가 유발되는 것이 일반적인 현상이다. ③ 인간의 욕구들은 서로 관련지어 있다. 인간의 태도나 행동은 여러 가지 욕구가 복합적으로 작용한 결과로 이해되어야 한다. ④ 일단 충족된 욕구는 그 강도가 약해지기 마련이다.

(2) 교육 욕구

우리는 매일의 일상생활이나 직업생활을 통해 무언가 부족함을 발견하곤 한다. 특히 현대의 고도기술정보사회에서는 그 빈도가 더욱 높아질 뿐이다. 이러한 부족함을 능동적으로 개선,

14) Murphey, Gardner, *Human Potentialities*, New York: Basic Books, 1958, pp.60-61.

치유하고자 하는 인간을 우리의 가정이나 직장에서는 더욱 원하고 있다.

놀스(M. Knowles)는 교육을 통해 이러한 부족함을 충족하고자 하는 욕구를 교육 욕구(Educational Needs)라고 칭하면서, 교육 욕구를 한 개인이 자신이나 조직, 사회를 위해 학습해야 하는 일로서 그가 갖고 있는 현재의 능력 수준과 조직과 사회의 규정에 의해 요구되거나 기대되는 기대 능력 수준 간의 학습적 격차상태를 의미한다고 정의하고,[15] 이를 다음 [그림 7-1]로 도식화하고 있다.

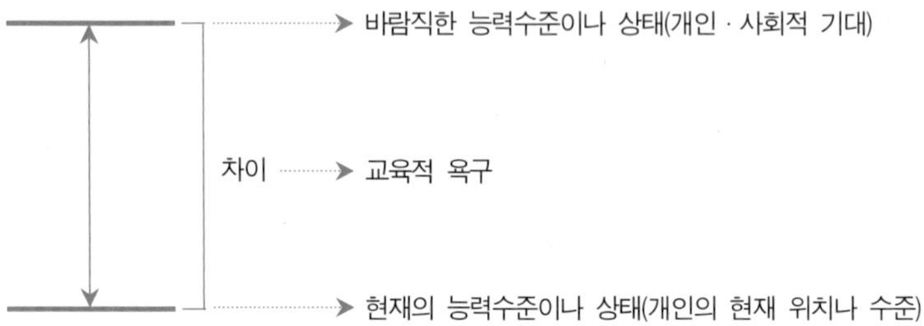

그림 7-1 교육욕구의 개념

교육욕구가 인간의 기본적 욕구 중에서 어느 수준에 있느냐에 대한 학자들의 의견 또한 다양하다. 즉, [그림 7-2]에서 보는 바와 같이, 마슬로우(A. Maslow)는 인간 욕구의 마지막 단계인 자아실현욕구를 학습욕구 또는 교육욕구와 같은 속성을 갖고 있다고 보고 있으며, 차일드(Child)는 학습욕구를 자아실현욕구보다 상위의 개념으로 제시하고 있다. 반면에 자비스(P. Jarvis)는 학습욕구를 인간욕구의 4단계에 해당되는 것으로 주장하고 있다.[16]

한편, 놀스(M. Knowles)는 교육욕구를 결정하는 데 필요한 조건과 상태로서 ① 학습자에 의해서 지각되는 욕구를 파악해야 하며 ② 직장, 사회 등이 기대하거나 처방하는 기대수준을 파악해야 하고 ③ 학문이나 현장 등 해당 분야의 발전을 위해 그 분야의 전문가에 의해 인정되는 요구사항과 수준을 파악해야 함과 아울러 ④ 학습자에 의해 소망스럽게 인정되는 요구이어야 한다[17]라고 제시하고 있다.

---

15) Knowles, Malcolm S., *op. cit.*, 1980, p.88.

16) Jarvis, Peter, *Adult and Continuing Education: Theory and Practice*, Canberra: Croom Helm, 1983, pp.14-18.

17) Knowles, Malcolm S., *op. cit.*, 1980, pp.93-94.

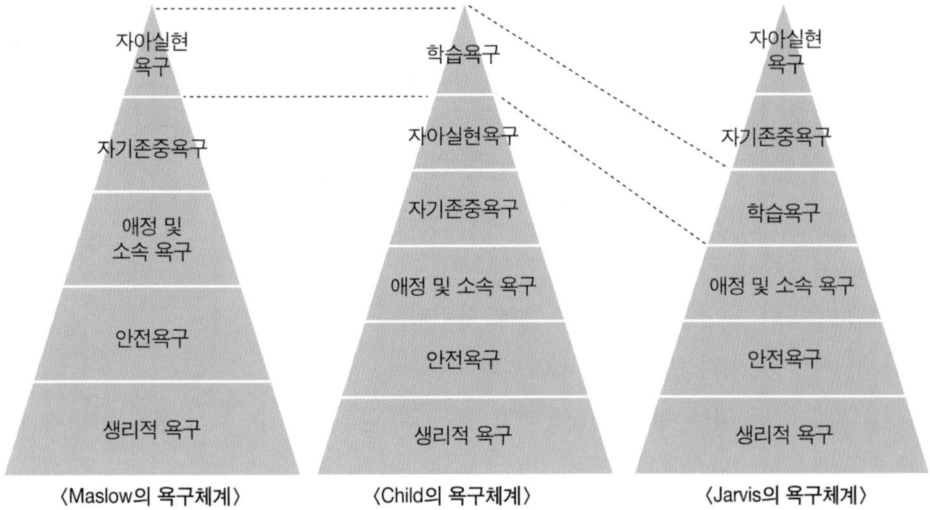

그림 7-2 욕구체계 중 학습욕구의 위치

2) 요구분석의 모형

지금까지 많은 학자에 의해 여러 가지 요구분석 모형이 개발되어 왔다. 각 요구분석 모형은 주 관심 분야가 되는 평가기술의 개선, 요구분석의 대상 등에 따라 제시되고 있다고 볼 수 있다. 일반적인 학문적 모델이 가지고 있는 보편적 속성에 따라 어떠한 모형이 가장 적합하다고 판정하기는 극히 어려운 일이 아닐 수 없다. 따라서 그동안 제시되어 온 몇 가지 요구분석 모형을 소개한다.

(1) 카우프만(R. Kaufman)과 잉글리쉬(F. English)의 체제접근 모형

카우프만과 잉글리쉬는 요구분석의 과정을 6단계로 구분하여 제시하고 있다.[18]

① 1단계: 문제의 규명

현재의 성취 수준과 바람직한 성취결과 간의 차이를 결정하고 우선순위를 배열하여 가장 중요한 요구를 선택한다.

② 2단계: 해결 요건의 결정과 해결대안의 규명

현재 상황에서 바람직한 성취결과로 이동해 나가는 데 필요한 요건을 정한다. 이때 행동

18) Kaufman, Roger A. & English, Fenwick W., *Needs Assessment: Concept and Application*, Englewood Cliffe, N.J.: Educational Technology Publication, 1979, pp.38-44.

목표 진술이 도구로서 자주 사용된다. 그리고 가능한 해결방법과 수단을 규명하고 각 방법과 수단의 장 · 단점을 밝힌다.

③ 3단계: 해결 전략의 선정

위의 두 단계에서 규명된 선정대안 중 가장 가능성이 있는 전략을 선택한다. 이때 체제 분석, 비용 · 효과분석, PPBS 등의 기법을 활용한다.

④ 4단계: 선정된 방법과 수단의 시행

선정된 방법과 수단을 실제로 시행에 옮긴다.

⑤ 5단계: 시행 효과의 판정

시행 결과 어떤 점은 잘 되었고, 어떤 점은 잘 안되었는지, 즉 선정된 방법과 수단의 효과와 효능을 분석한다.

⑥ 6단계: 개정

만약 5단계에서 시행 효과에 문제가 있었음이 발견되면 적절한 개정과 변화를 가한다.

(2) 파이 델타 카파(Phi Delta Kappa) 모형

1970년대 초 북캘리포니아의 프로그램 개발센터(Program Development Center)에서 교육계획 모형을 개발하였으며, 이것이 파이 델타 카파 모형으로 불리게 되었다.[19] 이 모형은 의사결정자들이 어떻게 교육에 관해 계속적으로 평가기술을 개설해 나갈 수 있는지에 대한 정보를 제공해 줌으로써 요구에 대한 측정기술을 새롭게 발전시켰다는 평가를 얻고 있다.

① 1단계: ㉮ 목적의 우선순위 결정
　　　　　㉯ 요구지각 조사

② 2단계: ㉰ 행위 목표 설계

③ 3단계: ㉱ 자원 할당 분석
　　　　　㉲ 중점 목적의 예비적 규명
　　　　　㉳ 확대 필요 분석
　　　　　㉴ 중점 목표의 최종 규명
　　　　　㉵ 교수 프로그램의 설계

19) 이성호, 『교육과정』, 서울: 문음사, 1983, p.226.

㉶ 교수 프로그램의 경영 설계

㉷ 평가와 재순환

3) 요구분석의 기법

요구분석기법의 종류는 그동안 다양하게 개발되어 많은 사회과학 분야의 연구논문, 석·박사학위 논문 등을 통해 그 유용성과 제한점이 검증되어 오고 있다. 필자는 다양한 요구분석기법 중에서도 오하이오 주립대학의 코핑(R. Coffing)과 매사추세츠 주립대학의 허친슨(T. Hutchinson)이 개발한 요구분석기법(Needs Analysis Methodology)에 중점을 두고 설명하고자 한다. 따라서 면접법, 질문지법 등 우리 주변에서 오랫동안 활용되어 온 요구분석기법을 일반적인 요구분석기법이라고 칭하면서 코핑과 허친슨의 요구분석기법과 구분하여 제시한다.

(1) 일반적인 요구분석기법

일반적인 요구분석기법으로는 면접법(Interview), 질문지법(Questionnaire), 시험법(Test), 집단문제분석법(Group Problem Analysis), 기록·보고서연구법(Records and Reports Study), 직무분석법(Job Analysis and Performance Review) 그리고 관찰법(Observation) 등이 있다.

이러한 기법은 그동안 다른 많은 자료에 의해서 그 적용 내용, 방법, 절차 등에 관해 자세히 수록되어 있으므로 여기서는 이러한 기법들의 장점과 단점 그리고 유의사항에 관한 내용을 <표 7-3>에 집약해 보는 것으로 설명을 생략하고자 한다.

표 7-3 일반적인 요구분석기법 비교

기법	장점	제한점	유의 사항
면접법	① 사실뿐 아니라 문제에 대한 감정, 원인과 가능한 해결책을 드러낸다. ② 제언을 할 수 있는 최대한의 자유로운 의견표현의 기회를 제공한다.	① 시간을 낭비하는 것이므로 비교적 소수인에게만 실시할 수밖에 없다. ② 결과를 수량화하기가 어려울 것이다. ③ 사람들은 위험한 상황에 있다는 실험대상이란 느낌을 유발할 수 있다.	① 예비시험을 실시하여 면접 질문을 개정하라. ② 대담자는 들을 수 있고 들어야 하고, 반응을 판단하지 않는 것임을 명심하라. ③ 해석하거나, 추천하거나 교육하려 하지 말라.

기법	장점	제한점	유의 사항
질문지법	① 짧은 시간에 많은 사람에게 실시할 수 있다. ② 비교적 비용이 저렴하다. ③ 두려움이나 당황하는 것 없이 표현의 기회를 제공한다. ④ 쉽게 요약되고 보도할 수 있는 자료를 만들어 낸다.	① 예기치 않은 반응을 자유롭게 표현할 수 있는 준비가 없다. ② 구성하기가 어려울지도 모른다. ③ 문제의 원인 및 가능한 해결책을 얻는 데 효과가 제한적이다.	① 예비시험을 실시하여 질문을 수정하고 필요한 형태로 구성하라. ② 익명으로 하고 보호하라. ③ 유용하든 유용하지 않든 발견들을 보고하려 하거나, 그것들에 대해 어떤 것을 실행할 준비가 되어 있는 경우에만 사용하라.
시험법	① 결손의 특별한 영역을 확인하기 위한 진단의 도구로서 유용하다. ② 매우 유익하게 훈련되어질 수 있는 가능성이 있는 사람들을 고용된 집단에서 선발하는 데 유용하다. ③ 결과를 비교하거나 보고하기가 쉽다.	① 시험은 항상 유효하지만은 않은 여러 특수한 상황의 정당함을 인정한다. 그 밖의 다른 곳에서도 정당함을 인정받은 시험이 새로운 상황에서는 부당하다고 판정될지도 모른다. ② 결과가 결정적이지는 않지만 단서를 제공한다. 시험은 업무수행과 관련된 제2의 좋은 증거이다.	① 시험이 측정하는 것이 무엇인지를 알아라. 그것이 지금 가치있는 측정임을 확신하라. 시험이 유효한 요인에게만 결과를 적용하라. ② 경영이 만들어 낸 불리하거나 부적당한 결정을 비난하기 위한 시험은 사용하지 말라.
집단문제 분석법 (회의법)	① 면접에 관한 것과 같다. 덧붙인다면: ㉮ 다른 견해의 종합을 허용한다. ㉯ 일반적 이해와 동의를 장려한다. ㉰ 필요하게 된 훈련을 위한 증거를 제시한다. ㉱ 집단문제 분석 자체가 좋은 훈련이다.	① 시간이 낭비되고 처음에는 비용이 든다. ② 관리자와 행정가는 너무 바빠서 참여할 수 없다고 느낄 것이고, 그들에게 할당된 직무를 완성하길 원할 것이다. ③ 결과는 수량화하기가 어려울 것이다.	① 빠른 결과를 기대하거나 예견하지 말라. ② 집단의 관심이라고 알려진 문제부터 시작하라. ③ 모든 문제를 집단에 관한 주요한 관심과 동일시하라. ④ 집단이 자체분석을 만들어서 자체의 우선순위를 설정하라. ⑤ 상하 자유로운 의사소통체계를 유지하라.
기록 · 보고서 연구법	① 논쟁 지역에 관한 우수한 단서를 제공한다. ② 문제에 관한 결정을 위해서 가장 객관적인 증거를 제공한다. ③ 공무원에게 영향을 줌으로써 대체로 관심을 갖고 쉽게 이해한다.	① 문제의 원인 및 가능한 해결책을 제공하지 않는다. ② 의미 있는 충분한 사례들이 주어지지 않는다. ③ 현재의 상황 및 최근 변화를 반영하지 않는다.	① 다른 방법들을 사용하여 대조 및 단서로써 사용하라.

기법	장점	제한점	유의 사항
직무분석 및 직무수행 평가법	① 직무 및 직무수행에 관한 명확하고 정확한 정보를 제공한다. ② 직접적으로 실제의 직무와 직무수행에 연결되어져 있다. ③ 직무는 훈련과 평가목적을 위해 다루기 쉬운 부분들로 나눈다.	① 시간 낭비 ② 특별히 직무분석기술을 배우지 않은 사람에게는 어렵다. ③ 관리자는 항상 개인적으로 직업분석 기술에 부적당한 고용인을 재음미하는 것을 싫어한다. ④ 조직의 요구에 바탕을 두지 않은 개인의 훈련 필요를 나타낸다.	① 직무분석 기술을 고치고, 그것을 할 수 있는 사람들을 위한 특별한 교육을 준비하라. ② 분석이 현재의 일과 직무수행으로 이루어져야 함을 명심하라. ③ 직무분석과 직무수행 평가를 고용인과 함께 재음미하라.
관찰법	① 언제, 어디서, 누구라도 할 수 있다. ② 관찰의 결과, 문제의 원인 또는 해결책이 나오지 않아도 다른 방법과 병용하면 그 목적과 연결될 수 있다. ③ 자연스럽게 대상을 포착할 수 있다. ④ 관찰되고 있다는 느낌을 주지 않음으로써 관찰대상자의 저항을 받지 않는다. ⑤ 비용이 덜 든다. ⑥ 업무의 태도를 파악하는 데 쓰인다.	① 관찰이 주관에 좌우되기 쉽다. ② 한 번 일어났던 일을 다시 관찰하기가 어렵다. ③ 교육훈련의 효과를 다른 영향에서 온 효과와 분리하기가 어렵다.	① 뭐라 해도 인간의 행동, 집단역학 등에 대한 기본적 소양을 가지는 것이 중요하다. ② 주관심을 배제하도록 노력한다. ③ 혼자 관찰하기보다 다른 사람과 공동으로 한다. ④ 관찰하는 목표를 명확하게 하지 않으면 주관적으로 흐르기 쉽다. ⑤ 눈앞의 현상만을 보지 말고 행동 전체로서 파악하여야 한다.

(2) 코핑과 허친슨의 요구분석기법(Needs Analysis Methodology)

코핑(R. Coffing)과 허친슨(T. Hutchinson)은 1974년 4월 시카고에서 개최된 미국교육연구협회(The American Educational Research Association)의 정기총회에서 그들이 개발한 요구분석기법을 발표하였으며,[20] 이후 교육학 연구에서 중요한 요구분석기법으로서 활용되고 있다.

20) Coffing, R. T. & Hutchinson T. E., "Needs Analysis Methodology: A Prescriptive Set of Rules and Procedures for Identifying, Defining and Measuring" prepared for the Symposium on "Methodologie's Under Development" Annual Meeting of the American Educational Research Association, Chicago, Illinois, April 7, 1974, pp. 1-25.

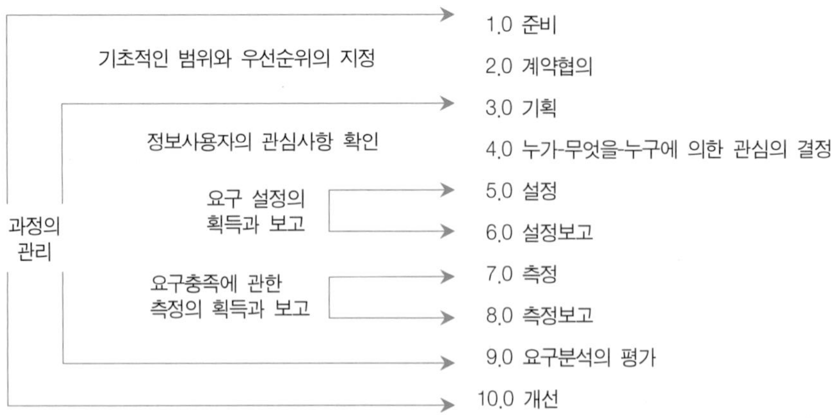

그림 7-3 요구분석기법의 목적과 절차

이 요구분석기법은 [그림 7-3]에서 보는 바와 같이 요구에 대한 유용한 정보를 제공하기 위한 다섯 가지의 하위 목적과 열 가지의 하위 절차로 구성되어 있다.

먼저 다섯 가지의 하위 목적으로는,

① 과정의 관리(Managing the Process)

② 기초적인 범위와 우선순위의 지정(Specifying the Basic Scope and Priorities)

③ 정보사용자의 관심사항 확인(Identifying the Information User's Concerns)

④ 요구 설정의 획득과 보고(Obtaining and Reporting Definitions of Needs)

⑤ 요구충족에 관한 측정의 획득과 보고(Obtaining and Reporting Measurement of Needs Fulfillment)

위의 다섯 가지 하위 목적에 대한 설명과 함께 열 가지 하위 절차의 관계를 설명하여 이 기법에 대한 이해를 돕고자 한다.

먼저 과정의 관리는 요구분석가(Needs Analyst)가 다음 다섯 가지의 업무수행을 위해 필요한 기능을 하는 것을 의미한다. 즉, ① 이 요구분석기법의 실시를 위한 준비를 하고 ② 구체적인 절차 적용을 위한 기획과 시간계획을 준비하며 ③ 시행과정에서 일어날 수 있는 문제점을 해결하고 ④ 제공된 정보의 유용성에 대한 평가를 하며 ⑤ 요구분석의 유효성을 증진시키고 정보사용자가 의도하는 가장 중요한 관심 자료에 중점을 두기 위해 그 적용을 개선하는 것들이다. 따라서 이 과정의 관리에는 다음의 네 가지 하위 절차가 해당된다.

1.0 준비(Preparation)
3.0 기획(Planning)
9.0 요구분석의 평가(Evaluation of Needs Analysis)
10.0 개선(Revising)

다음으로 요구분석의 기초적인 범위와 우선순위를 지정하기 위해서는 정보사용자는 자기에게 봉사할 요구분석가를 지명해야 한다. 요구분석의 범위와 우선순위의 지정을 결정하는 사람을 계약의사결정자(Contract Decision Maker)라고 한다. 이 목적을 달성하기 위한 요구분석의 하위 절차는 다음 단계가 해당된다.

2.0 계약협의(Contract Negotiation)
정보사용자의 관심사항을 확인하기 위해서는 정보사용자인 그들에 의해서 관심사항이 규명되어야 한다. 이 요구분석기법에 관심사항을 파악하기 위한 질문으로 "누가 무엇을 요구하며, 누구에 의해서 설정된 것인가?(Who need What, as defined by Whom?)" 정보사용자의 관심사항을 확인하기 위해서는 다음 하위 절차가 적용된다.
4.0 누가-무엇을-누구에 의한 관심의 결정(Determination of Who-What-Whom Concerns)
이 기법의 아주 중요한 부분은 요구의 설정에 관한 자료를 획득하고 보고하는 일이다. 요구란 어떤 바람직한 상태나 조건을 말하기 때문에 바람직한 상황의 특징이 무엇인가가 반드시 규명되어져야 한다. 그러므로 요구분석가는 조사나 인터뷰를 통해서 이러한 바람직한 상태를 규정해 줄 수 있는 사람들과 직접적으로 접촉해야 한다. 바람직한 상태를 규정해 주는 설정집단(Defining Group)은 요구분석가에 의해서 고안된 자극질문(Stimulus Question)을 받게 되며, 각 설정자는 요구자의 모든 특정한 요구들이 완벽하게 충족될 수 있는 이상적인 상황을 마음속으로 그려본다.

이러한 상황을 상상하면서 설정자들은 질문에 대한 그들의 요구를 적어서 제출하거나 말로써 답변한다. 그런 후 설정자들은 그들이 설정한 요구들에 대한 우선순위 작업을 하고, 요구분석가는 우선순위 작업이 완료된 결과를 정보사용자에게 보고한다. 이 목적을 달성하는 하위 절차는 다음의 두 단계가 해당된다.

5.0 설정(Defining)
5.0 설정보고(Definition Reporting)

마지막으로 요구 충족에 대한 측정 자료를 획득하고 보고하기 위해서 요구분석가는 측정계획을 정보사용자의 승인하에 개발하고 시행한다. 측정계획은 활용 가능한 자원 범위 내에서 신뢰도와 타당도를 가장 극대화시킬 수 있도록 시도되어야 한다. 이 하위 목적을 수행하기 위한 하위 절차는 다음 두 단계가 해당된다.

7.0 측정(Measuring)
8.0 측정보고(Measurement Reporting)

(3) 코핑과 허친슨 요구분석기법의 특징

① 일반적 요구분석기법과는 달리, 단계별 절차와 하위 과정이 세밀하게 개발되어 있으므로, 요구분석가는 제시된 절차에 따라 요구분석을 수행하면 비교적 용이하게 전체 과정을 완료할 수 있다.

② 이 기법은 요구분석 전체 단계에 의사결정자가 직접 참여하고 주요사항을 결정함으로써, 요구분석 결과에 대한 신뢰도를 높이고, 연구를 위한 연구가 아닌 실제 정책결정 능력을 확보할 수 있다.

③ 코핑과 허친슨의 요구분석기법은 99페이지에 달하는 방대한 분량이어서 비교적 대규모 프로젝트의 요구분석에 활용되고 있으나, 다음에서 제시하는 맥스너(S. Maxner)의 단축형 기법을 활용해도 석·박사학위 논문에서 요구하는 연구방법을 충족시키는 데 부족함이 없다.

(4) 코핑과 허친슨 요구분석기법에서 사용되는 주요 용어 및 약어

① 요구분석가: NA(Needs Analyst)
② 의사결정자: DM(Decision Maker)
③ 계약의사결정자: CDM(Contract Decision Maker)
④ 요구분석자원배분표: NARAC(Needs Assesment Resource Arrangement Chart)
⑤ 설정자: Defining Group
⑥ 가상설문: Hypothetical Statement
⑦ 자극질문: Stimulus Question
⑧ 측정조사: Measurement Survey

(5) 코핑과 허친슨의 단축형 요구분석기법

코핑과 허친슨의 요구분석기법은 99페이지에 달하는 방대한 분량으로서 앞에서 설명한 열 단계의 하위 절차를 수행하는 구체적인 내용이 제시되고 있다. 따라서 이 기법을 활용하는 연구자는 제시된 절차에 따라 그대로 순서대로 요구분석을 해나가면 되도록 구성되어 있다.

여기서는 이 기법의 원래 내용을 소개하기는 분량이 너무 많으므로 이를 30시간에서 100시간 내에 완료할 수 있는 요구분석에 대해 맥스너(S. Maxner)가 단축형을 개발해 놓고 있어서 이것만을 소개하고자 한다.

코핑과 허친슨의 단축형 요구분석기법

요구에 관한 쓸 만한 정보를 의사결정자에게 전달하려는 목적에서 일련의 절차에 맞춰 구성된 것이다. Coffing-Hutchinson의 요구분석기법의 변형인 이 단축형은 요구분석 문제들이 30시간에서 최대한 100시간 이내에 해결될 수 있도록 하기 위한 것이다.

단축형은 복잡한 요구분석 상태를 이용하려는 것은 아니다. 요구에 관해 활용 가능한 정보를 제공한다는 정해진 목표를 수행하기 위해 한 사람이 차례차례 각 단계를 따라 시행할 수 있게 만들었다.

1.0 준비(Preparation)

1.1 단축형 요구분석기법의 아래 단계들을 읽는다.

1.2 이 방법을 어떻게 효력을 발생시킬 것인가를 배운다.

1.2.1 단축형법에 적절한 자료를 그 타당도와 절차 등을 감안하여 읽는다.

1.2.2 가능하다면 요구분석기법의 한 과정에 참여해 본다.

1.3 요구분석가(NA)는 사람들이 실효성 있는 요구분석기법에 의해 수행되어질 것을 바라는 목표 목록을 작성한다.

1.4 요구분석가는 잠재적인 클라이언트들이 그들에게 알맞은 요구분석기법이 요구분석기의 목표와 부합되는지 여부를 확인한다. 요구분석가는 클라이언트가 되어도 무방하다.

1.5 요구분석가는 요구분석기법을 적용하기 위한 협상에서 잠재적인 클라이언트들이 관심을 가지는 부뷰을 결정짓기 위해 그들과 접촉한다.

1.5.1 잠재적인 클라이언트들 개개인과 접촉하여 요구분석가는 주로 단축형 요구분석기법의 목적과 본질에 관한 설명을 해준다.

1.5.2 요구분석가는 잠재적인 클라이언트에게 관심을 끌고 그 적용이 바람직하고 적절하다고 판단되면 결정을 한다.

1.5.3 한 사람의 클라이언트가 발견되면 그 사람은 계약 결정자가 되는 것이고 2.0 단계로 진행된다.

2.0 계약협의(Contract Negotiation)

2.1 요구분석가는 협상을 시작할 계약결정자(CDM)를 지명한다.

2.1.1 전반적으로 요구분석가와 계약결정자는 계약에 포함해야 하고 포함되어도 좋은 것의 종류, 즉 형식적인가 비형식적인가와 그 영역과 그것의 가능한 범위 그리고 계약 가능한 또 다른 광범위한 개념들에 관해 결정한다.

2.2 계약결정자는 임시로 단축형 요구분석기법을 적용할 수 있는 활용 가능한 자원의 종류를 확인한다.

2.2.1 요구분석가는 의사결정자에게 이 방법이 효과가 있으려면 시간과 비용이 든다는 것을 이해

시킨다. 요구분석가뿐만 아니라 계약결정자의 시간까지도 요구할 것이고, 자료는 의사결정자에게 제공되며 설정자와 그 밖의 사람들에게도 제공된다. 덧붙여 요구분석가는 현재 쓸 수 있는 자료 내에서 요구분석 작업이 이루어져야 할 것임을 설명한다.

2.3 계약결정자는 의사결정자에게 알맞은 요구자료가 무엇인지를 결정한다. 의사결정자 한 사람당 적어도 요구분석 시간이 30시간은 되어야 한다.

2.3.1 요구분석가는 의사결정자가 이용하려는 목적에서 어떤 요구분석 작업에 참여하고자 함을 계약결정자에게 설명한다.

2.4 계약결정자는 요구자료를 의사결정자에게 배당한다.

2.4.1 요구분석가는 계약결정자에게 다음의 자원종류를 타당성을 고려해서 이용할 것을 설명한다. 즉, 의사결정자의 시간, 설정자의 시간, 계약결정자의 시간, 자원활동자의 시간, 업무시간, 급료, 자문기금, 조달비와 지출비, 사무실 공간, 사무장비 등.

2.5 요구분석가와 계약결정자는 요구분석을 완성하기 위해서 계약서나 비형식의 동의서를 작성한다. 비형식 동의서는 하나의 양해각서 형식을 취하도록 요구한다.

3.0 기획(Planning)

3.1 요구분석가는 이 방법을 계약에 맞춰 적용하려면 어떻게 해야 할 것인가를 기획한다.

3.2 요구분석가는 요구분석자원배분표(NARAC)를 만든다(표 7-4 참조). 이 표는 단측형 요구분석의 나머지의 각 단계(3.0~10.0)를 완성하기 위해 시간을 특정량 배당하여 그 시간 내에서 계획을 하도록 한다. 요구분석가는 한 의사결정자에게 주어진 단축형법의 3.0~10.0단계 사이의 백분율에 따른 배분을 정하여 도표를 완성한다(표 7-5 참조). 이 백분율이 각 단계의 완성을 위해 필요한 시간을 정확하고 적절하게 배당시킨다.

3.3 요구분석가는 의사결정자들 간의 협력을 다지게 하고 계약과 요구분석기법의 목적과 본질에 관한 설명을 해준다.

3.4 요구분석가는 각각의 의사결정자들을 위해 4.0~10.0단계의 시작과 종료 날짜를 지정해 준다.

3.5 요구분석가는 4.0 단계로 진행한다.

3.6 요구분석가는 설정자들과 요구자들 간의 협력을 견고하게 한다.

3.7 요구분석가는 의사결정자들에 의해 지정된 설정자들과 접촉하며 요구분석의 본질과 상세한 요구 문구에 대한 정보를 제공한다.

표 7-4 요구분석자원배분표(NARAC)

요구분석법의 단계	요구분석가 시간	의사결정자 시간	수정 시간
3.0 기획			
4.0 결정 및 W-W-W 개념			
5.0 설정			
6.0 설정 및 보고			
7.0 측정			
8.0 측정 및 보고			

요구분석법의 단계	요구분석가 시간	의사결정자 시간	수정 시간
9.0 요구분석평가			
10.0 개선			

표 7-5 의사결정자를 위한 단축형법의 3.0~10.0 단계 사이의 자원의 백분율 배분

단계	요구분석가 시간	의사결정자 시간
3.0 기획	8%	5%
4.0 결정 및 W-W-W 개념	5%	12%
5.0 설정	20%	23%
6.0 설정 및 보고	5%	10%
7.0 측정	40%	30%
8.0 측정 및 보고	10%	10%
9.0 요구분석평가	2%	2%
10.0 개선	12%	10%
합 계	100%	100%

3.7.1 요구분석가는 계약기간 내에 설정자에게 적절한 시작과 종료 날짜를 설정자를 통해 알아낸다.

3.8 요구분석가는 5.2.4 단계로 진행한다.

4.0 WHO-WHAT-WHOM 개법을 정한다(Determination Who-What-Whom Concerns)

4.1 자원배분표를 보고 이 단계에서 소요되는 시간을 정한다. 4.0 전체 단계가 이 시간 내에서 시행되어야 한다.

4.2 의사결정자와 누가(대상) 누구에 의해(조사대상) 무엇을(내용) 요구하는가에 대한 개념을 결정하라.

4.3.1 요구분석가는 의사결정자의 WHO에 대해: 한 개인 혹은 단체(요구자로 통칭) 중 누구의 요구가 의사결정자에게 중요한 것인지를 확인한다.
(예) 시민

4.3.2 요구분석가는 의사결정자의 WHAT에 대해: 요구자들의 요구 형태 중에서 의사결정자에게 가장 관심있는 것을 확인한다(어떤 종류의 요구가 가장 중요한가?).
(예) 교육 프로그램의 향상

4.3.3 요구분석가는 의사결정자가 지정한 WHOM에 대해: 개인이나 단체와 그 요구를 위해서는 누가 특정한 요구를 가장 정확하게 설정할 수 있는가를 확인한다.
(예) 시민

4.3.4 의사결정자는 '누가 누구에 의해 무엇을 요구하는가'의 형식에 따라 그에게 가장 중요한 요

구진술을 작성한다.

(예) 시민들에 의하여 설정된 교육 프로그램의 향상을 위한 시민들의 요구

4.3.4.1 요구분석가는 의사결정자에게 설정자의 인원을 가능한 12명까지로 그 수를 제한할 것을 알려준다. 만약 의사결정자가 12명 이상의 설정자를 필요로 하면 요구분석가는 장형방식을 활용할 것을 제안한다. 표본절차의 진행을 보여준다.

4.3.5 만약에 자원이 허용된다면, 같은 이슈나 문제와 관련이 있는 다른 사람들에게 4.3.1~4.3.4 단계를 할 것을 요구한다. 의사결정자에게 이에 대한 반응을 보여주고, 만약 요구진술에 대해 그 내용을 수정하고 싶은 부분에 관해 말한다.

5.0 설정(Defining)

5.1 요구분석가는 자원배분표를 보고 이 단계에 필요한 시간을 적절하게 정한다. 5.0 전체 단계는 이 시간 내에서 행해지도록 한다.

5.2.1 요구분석가는 의사결정자에게 의사결정자가 요구반응에 관한 자료를 어떻게 활용할지에 대해 언급해 줄 것을 요구한다.

5.2.2 요구분석가는 하나의 가설상황을 다음과 같이 의사결정자의 정해진 목적에 맞도록 만든다: 가설상황을 상상한다. 그리고 이러한 상황 속에서 요구하는 모든 것이 완전하게 이루어진다고 상상해 보아라. 이런 상황을 당신 머리에 기억시켜 두라. 이러한 상황에서 당신의 요구가 완전하게 충족된다고 제시되는 모든 것들은 무엇인가?

(예) 의사결정자의 목적이 한 명의 어린이를 위한 개별 프로그램을 계획하는 데도 요구자료를 활용한다는 것이 자극의 한 예가 된다. 이 상황에서의 'What'은 '감동적인 지원'을 아이들이 원한다는 것이며, 설정자는 아이의 부모이다. 즉, 우리 학교는 당신 아이를 위해 개별지도를 하고 있으며, 이러한 교육을 통해 당신 아이가 요구하는 감동적인 지원이 충족되고 있다고 상상해 봅시다. 이런 상황을 마음에 간직하고, 당신은 당신 아이가 요구하는 감동적인 지원이 충족된다고 제시되는 모든 것들은 무엇입니까?

5.2.3 요구분석가는 3.6 단계로 진행한다.

5.2.4 요구분석가는 요구가 완전하게 이뤄진 것을 설정자에게 기록하도록 한다.

5.2.5 설정자로 하여금 구성요소들에 대해 우선순위를 결정하도록 한다.

5.2.5.1 만약 설정자가 한 명일 때는 요구분석가는 설정자에게 가장 중요한 요구 순으로 요구 항목들에 대해 우선순위를 결정하도록 한다.

5.2.5.1.1 한 사람 이상의 설정자가 포함될 때에는 요구분석가는 별도의 진술서에 전체 반응수를 분석하고 다음과 같은 조사도구를 만든다.

______ 1. (Item)
______ 2. (Item)
______ 3. (Item)
______ 4. (Item)

5.2.5.1.2 각 설정자는 요구항목을 우선순위화할 것을 요청받는다(조사도구).

5.2.5.1.3 요구분석가는 각 설정자에게 자극적인 질문은 다시 읽게 하고, 각 요구항목 중에서 무엇을 위한 누구의 요구의 한 부문이라고 느껴지는 항목에 대해 조사도구의 항목 다음에 체크(V)표를 하도록 한다(W-W-W 형식을 언급).

5.2.5.1.4 설정자는 지금 그들이 표시한 항목을 보고 5가지 가장 중요한 항목을 골라 동그라미를 치도록 부탁받는다.

5.2.6 요구분석가는 다음의 순서에 완성을 기함으로써 우선적으로 정한 5가지 요구결과와 점수를 표로 만든다.

(a) 체크된 각 항목에 1점을 준다.

(b) 동그라미 친 항목에서는 10점을 준다.

(c) (a), (b)항목 위에서 나타난 결과에서 얻어진 점수를 더하여 나타난 점수의 비중을 근거로 순서에 맞춰 항목을 삽입한다.

(예) W-W-W 형식

부모들에 의해 설정된 보다 감동적인 지원을 위한 학생들의 요구 조사 도구(2명의 설정자)

______ 1. 교사는 학생들을 존중한다.

______ 2. 학생은 학교에 가는 것을 즐겁게 생각한다.

______ 3. 학생과 교사는 상호 협조한다.

______ 4. 교사는 개개인 학생들이 배우는 방법(학습방법)에 대해 융통성 있게 관찰한다.

______ 5. 학생들은 열심히 수업에 참석한다.

______ N.

〈결과표 작성〉

항목번호 4: 22점 1: 12점 2: 2점 3: 1점 5: 0점

6.0 설정 보고(Definition Reporting)

6.1 요구분석가는 자원배분표로부터 이 단계에서 필요한 시간을 결정한다. 이 시간 내에서 단계 6.0의 모든 것이 이루어져야 한다.

6.2 요구분석가는 who-what-whom을 규정하는 과정의 결과를 모은다.

6.3 요구분석가는 보고될 개념을 얻는 데 사용되는 절차를 작성한다.

6.4 요구분석가는 개념규정 과정에서의 어려움 등 문제점을 묘사한다.

6.5 요구분석가는 보고서를 작성하고 의사결정자에게 전달한다.

6.6 요구분석가는 의사결정자가 묻는 질문사항에 답변한다.

6.7 요구항목들이 충족 또는 불충족되고 있는 정도를 결정하기 위해서 어떤 요구항목들이 측정되어야 하는지를 의사결정자가 결정하도록 요구분석가는 요청한다.

7.0 측정(Measuring)

7.1 자원배분표로부터, 즉 자원배분표를 근거로 해서 이 단계에서 쓰일 시간을 결정하라. 7.0 단계의 모든 단계들은 이런 자원 내에서 이루어져야 한다.

7.2 요구분석가는 의사결정자의 어느 필요구성요소에 대한 자료를 얻기를 원하는지 결정한다.

7.3 요구분석가는 선정된 구성요소에 대한 이상적인 측정계획을 설계한다(그 계획의절차를 관측상 기술이라고 한다).

7.3.1 요구분석가는 조작화되는 필요구성요소의 실제 발생수를 직접 관찰하는 방법을 자연조건하에서 그리고 강요성을 띠지 않은 채 개념화시키고 기록한다.

• 직접(Directly)이란: 관찰자가 실제로, 구성요소의 발생을 보거나 들을 수 있는 방법으로 관찰한다는 것을 뜻한다.
• 자연적(Natural)이란: 관찰되는 행동의 종류를 유도해 내는 측정기술에 의해 어떤 조건도 주어지지 않음을 뜻한다. 관찰되는 상황에서 일반적으로 나타나는 자극이 유일한 자극이다.
• 비강요적(Un-obtrusively)이란: 행동을 관찰하는 경우에, 관찰대상자들이 자신들이 관찰되고 있다는 사실을 알아차리지 못하고, 그 관찰이 이루어졌는지 또는 이루어지고 있는 사실을 알게 될 수 없음을 뜻한다.

7.3.2 많은 경우에서 이 계획을 수행하는 데 자원(공급원)이 충분치 않을지라도, 직접성(Directness), 자연성(Naturalness), 강요성(Un-obtrusiveness)이라는 세 요소 조건을 맞추는 관측상 기술을 요구분석가는 설계한다.

7.4 요구분석가는 실용적인 측정계획을 설계한다.

7.4.1 측정이 가용자원을 가지고 수행되도록 허용하는 방법으로 요구분석가는 이상적인 측정계획을 선택한다.

7.4.2 필요하다면 조작화되는 필요구성요소에 최소의 영향을 끼치도록 요구분석가가 비강요성의 선택된 정도를 계획한다.

7.4.3 필요하다면 가능한 한 자연적 자극 상황을 계획함으로써 요구분석가는 자연성 정도를 선택한다.

7.4.4 필요하다면 직접적 측정에 가능한 한 가까운 간접적 측정을 계획함으로써 요구분석가는 직접성 정도를 선택한다.

7.5 요구분석가는 관찰이 이루어질 모집단을 결정한다. 예를 들어, 사람, 시간, 공간(장소) 등을 결정한다.

7.6 요구분석가는 표본추출법(Sampling)이 관찰비용을 줄이는 데 요구되는지 여부를 결정한다. 만약 표본추출법이 요구된다면 요구분석가는 관찰 모집단으로부터 표본집단 추출을 위한 완전한 계획을 설계한다.

7.7 요구분석가는 다음의 정보를 포함하는 기록장치(Recording Device)를 설계한다.
• 의사결정자의 이름(명칭)
• 요구문장의 명칭(Needs Phrase)
• 요구항목의 명칭
• 설정자 명칭
• 관찰되고 있는 요구자(Needer)의 범주
• 관찰시간(연, 월, 일, 시)
• 관찰되는 요구자 이름이나 요구자에 대한 필수정보를 기록하는 어떤 다른 방법 들, 즉 주소에 따른 기록이라면 그 점을 기록
• 각 요구자에 대해 이루어진 실제 관찰

7.8 요구분석가는 관찰기술과 기록장치를 현장검증(Field Testing)함으로써 완전성에 대해 제안된 측정계획을 시험한다.

7.8.1 측정되는 실제 집단과 똑같지는 않으나 유사한 집단 또는 개인에 대한 측정계획을 요구분석가는 시험한다.

7.8.2 요구분석가는 측정계획과 기록장치에 문제점을 서류로 제출하고 적절할 때 다시 설계한다.

7.9 요구분석가는 의사결정자의 측정계획을 보고하며 비용계산, 관찰자의 시간, 설비와 공급비용을 포함시킨다.

7.9.1 요구분석가는 효율성에 끼치는 모든 위협을 지적하고, 치뤄진 모든 테스트를 서류로 제공하는 이상적인 측정에 대조시켜 제안된 측정계획을 서류로 제공한다.

7.9.2 요구분석가는 측정계획에 의해 나타난 자료가 의사결정과정에서 실제로 사용될 것인지를 의사결정자에게 묻는다.

7.10 요구분석가는 측정계획을 집행한다.

7.10.1. 요구분석가는 적절하다면 표본집단을 구성하고 표본집단의 각 구성원이 관찰될 정확한 시간을 계획한다.

7.11 요구분석가는 관찰을 실제로 시행한다.

7.11.1 요구분석가는 모든 관찰결과를 기록지에 기록한다.

8.0 측정 보고(Measurement Reporting)

8.1 자원배분표로부터 이 단계에는 얼마만큼의 시간이 걸릴 것인가를 결정하라. 이 시간 내에 8.0 단계의 모든 단계가 이루어져야 한다.

8.2 요구분석가는 측정결과를 의사결정자에게 보고한다.

8.2.1 관찰대상자가 표시, 자료의 수적 표시 그리고 자료의 그래픽 또는 표로 작성하는 일을 글로 써서 제공하는 일을 제외하고는, 요구분석가는 보고를 구두로 표현하도록 계획한다.

8.2.2 요구분석가는 측정계획과 차이가 난 모든 내용은 자세히 기록한다.

8.3 요구분석가는 다음을 주의하여 보고서를 작성한다. 요구문장(Needs Phrase), 요구항목(Needs Component), 관찰기술명칭, 관찰 날짜.

8.3.1 요구분석가는 결과 보고를 의사결정자에 제시하고 의사결정자가 묻는 질문에 답변한다.

9.0 요구분석의 평가(Evaluation of Needs Analysis)

9.1 이 단계에서 얼마만큼의 시간이 걸릴 것인가를 자원배분표에서 결정하라. 9.0의 모든 단계가 이 시간 내에 이루어져야 한다.

9.2 요구분석가는 관찰대상자가 의사결정할 때에 자료가 의사결정자에 의해 실제로 사용되는 정도를 평가한다.

9.2.1 요구분석가는 자료를 근거로 이루어진 결정과 요구분석을 근거로 이루어진 향후 미래 결정 방향을 의사결정자와 논의한다.

10.0 개선(Revising)

10.1 이 단계에서는 얼마만큼의 시간이 걸릴지를 자원배분표에서 결정하라. 10.0 단계의 모든 단계가 이 시간 내에 이루어져야 한다.

10.2 요구분석가는 방법론상의 하나 이상의 적용방법을 개선한다. 요구분석가는 환경에 의존하면서 관찰대상자에 대한 진행 또는 의사결정자나 계약의사결정자의 요청에 따른 진행을 시작할 것이다.

4. 평생교육의 교육과정

우리는 어떠한 학습내용을 교육과정 속에 담아야 할 것인가? 교육과정 내용을 선택하는 타당하고 합리적인 기준은 무엇인가? 앞에서 살펴본 요구분석을 통해 추출된 다양한 학습자의 요구를 어떻게 조직하고 구성할 것인가? 등 다양한 의문의 제기와 해결방안의 제시를 요구하고 있다.

1) 교육과정 조직의 원리

여기서는 타일러(R. Tyler)가 학습 경험조직의 원칙으로 제시하고 있는 계열성 · 계속성 · 통합성의 3원칙과 평생교육과정에서 유념해야 할 사항을 살펴보기로 하겠다.

(1) 계열성(Sequence)

계열성은 교육과정 내용이 제시되는 시간적 순서(Time Order)이다. 즉, 계열성은 선행 경험 또는 내용이 전개되어 점차적으로 깊이와 넓이를 더해 가는 것을 의미한다. 효과적인 학습을 지향하는 내용조직의 계열성을 보장하기 위해 지금까지 시도해 온 원칙들을 살펴보면 다음과 같다.

① 단순한 내용에서 복잡한 것으로
② 친숙한 내용에서 미 친숙한 것으로
③ 부분에서 전체로, 반대로 전체에서 부분으로
④ 선수학습에 기초해서 그 다음으로
⑤ 연대순으로
⑥ 현재에서 과거로, 또는 과거에서 현재로
⑦ 구체적인 개념에서 추상적인 것으로

계열성의 원리는 교육내용의 질적인 심화성과 양적인 확대성에 관한 것으로 학습순서를 정하는 데 있어서 선수학습 내용을 기초로 하여 다음 학습내용의 양과 수준이 높아지도록 조직해야 한다는 것이다. 평생교육은 그 자체의 특성상 다양한 배경을 가진 학습자의 참여와 학습결과의 실용성을 중시하게 되므로 계열성의 원리를 염두에 두고 교육과정이나 프로그램 개발 시 단계적으로 학습하도록 조직해야 한다.

(2) 계속성(Continuity)

이 원칙은 교육내용의 조직에 있어서 학습내용 또는 경험내용의 여러 요소가 어느 정도 계속해서 반복되어야 한다는 것이다. 즉, 어떤 학습목표가 학습자의 행동 속에 실천되기 위해서 그리고 쉽게 망각되지 않을 정도까지 습득되기 위해서는 그 목표가 지시하는 지식, 과정, 행동양식이 어느 기간 동안은 계속 반복되어야 한다. 평생교육에 있어서 특히 이 문제가 중요한 것은 학교교육과는 달리 장기간에 걸친 교육이 아니라 단기간에 걸친 학습이므로 어떻게 주어진 기간 내에서 학습자들의 학습내용을 실제 생활 영역이나 근무에 활용할 수 있도록 하는 것과 관련되기 때문이다. 평생교육의 교수·학습방법에서 이론 위주의 강의식 방법보다 경험 위주의 참여식 방법이 중요시되는 것도 이 계속성의 원리와 많은 관계가 있음을 이해하여야 한다.

(3) 통합성(Integration)

통합성의 원리는 한 영역의 한 가지 내용, 경험이나 능력이 다른 여러 영역의 것들과 어떻게 상호 연관을 시키도록 하느냐에 대한 것이다. 앞에서도 언급하였지만 평생교육의 특성상 단기간에 걸친 학습, 다양한 학습자의 배경 그리고 지역사회의 다양한 요구의 수용이 전제가 되므로 학습자들로 하여금 준비된 학습과정을 수료할 때 학습한 내용들을 전체적인 수준에서 판단하고 실천할 수 있도록 통합성의 원칙하에 학습내용과 경험을 조직해야 할 것이다.

이를 위해 평생교육과정을 조직할 때 '입시생의 건강관리', '노인의 취미생활' 등 문제 중심 과정이나 '대학입시, 무엇이 문제인가?' 등의 세미나식 주제와 같이 하면 이와 관련된 모든 분야를 논의하게 되어 통합성의 원리를 적용할 수 있게 된다.

(4) 카페식 교육과정(Cafeteria Curriculum)

평생교육과정은 규범적이거나 필수적인 것보다는 선택적이고 융통성이 부여되어야 한다. 사회교육의 이러한 경향을 에반스(D. Evans)는 카페식 교육과정이라는 용어를 사용한다.[21]

평생교육과정에서 사용되는 교육과정 재료나 전달체계는 라디오 프로그램, 음악, 무용, 연극 등 다양한 것들이므로 교육과정이나 프로그램을 조직할 때 이러한 사항들을 염두에 두어야 한다는 것이다.

---

21) Etling, Arien W., *Characteristics of Facilitator, Center for International Education*, University of Massachusetts, 1974, p.34.

2) 평생교육의 교육과정 영역

평생교육과정을 조직하는 원리를 살펴보고, 다음으로 관심 있게 보아야 할 분야는 평생교육과정의 내용과 그 내용 영역이다.

먼저 평생교육의 내용을 정하는 데 강력한 시사성을 주는 것은 앞에서 살펴본 발달과업이론이다. 발달과업에 대한 구분은 학자들마다 다양한 접근을 시도하고 있으나 어쨌든 유아기, 아동기, 청년기, 성인 그리고 노년기의 각 발달단계에 따라 그 시기에 알맞은 학습내용을 선정하고 조직해야 한다.

표 7-6 평생교육 내용 영역 비교[22]

구분	기초·보충 교육	직업·기술 교육	건강·복지 교육	가족생활 교육	시민생활 교육	여가선용 교육
Liveright & Haygood	• 기초·보충 교육	• 직업·기술·전문교육	• 건강·복지 교육	• 가족생활교육	• 시민생활교육	• 자기충족 교육
OECD	• 일에 간접적으로 적용 가능한 교육	• 일에 직접적으로 적용 가능한 교육	• 생활일반 및 복지		• 개인적 책임 및 지역사회화 교육 • 조직발전 및 자기성장교육	• 일에 간접적으로 적용 가능한 교육 • 여가선용 교육
Verner & Booth	• 기초교육 • 학문교육			• 가족생활교육	• 공공시민교육 • 지역사회개발 교육	• 성숙을 위한 교육 • 창조적 예술 교육 • 교양교육
岸本辛次郎		• 직업생활의 지식·기술	• 건강관리	• 가족생활 • 가계 • 유아 • 인간관계	• 인간관계 • 시민생활	• 취미 • 레크리에이션

22) 김수일 · 유혜경, 사회교육기관실태조사연구, 서울: 한국교육개발원, 1982, pp.20-21에 근거하여 다음 자료가 제시됨
- A. A. Liveright & N. Haygood(eds.), *The Exter Paper: Report of the First International Conference on the Comparative Study of Adult Education,* Brookline, Mass: Boston University, 1968, pp.9-10.
- OECD(Organization for Economic Cooperation and Development), *Comprehensive Policies for Adult Education*, Paris: OECD Press, 1976, p.11.
- C. Verner & A. Booth, *Adult Education*, New York: The Center for Applied Research in Education, 1967, pp.3-5.
- 岸本辛次郎,『社會敎育』, 東京: 福村出版株式會社, 1977, pp.3-5.

다음으로는 평생교육의 내용 영역에 대한 것이다. 사회교육의 영역을 분류하는 일은 관점에 따라 다를 수 있으나 대체로 유사한 교육내용이나 관련 프로그램을 같은 영역으로 파악하는 방법을 활용하고 있다.

김수일은 리버라이트(A. Liveright)와 헤이군(N. Haygood), OECD, 버너(C. Verner)와 부스(A. Booth) 그리고 일본의 기시모도 신지로(岸本辛次郎)의 내용 영역에 대한 비교를 〈표 7-6〉으로 정리하고 있다.[23]

〈표 7-6〉에서 보는 바와 같이 평생교육 내용 영역으로는 크게 기초·보충교육, 직업·기술교육, 건강·복지교육, 가족생활교육, 시민생활교육과 여가선용교육 등 6가지로 구분하고 있다. 아울러 시민생활교육과 여가선용교육에 대해서는 관련 학자 모두가 해당시키고 있어서 현재 세계 각국에서 이루어지고 있는 평생교육의 현주소를 파악할 수 있겠으며, 여타 영역에 대해서도 강조하고 있는 관심 영역에 약간의 차이가 있음을 볼 수 있다.

연구문제

1. 공자와 전문가들이 제시하는 인생주기 이론이 평생학습에 끼치는 영향을 설명하시오.
2. 그런론드와 메가의 학습목표 진술 기법의 차이를 확인하고, 이를 진술하시오.
3. 요구분석의 의미를 설명하시오.
4. 일반적 요구분석기법의 유형을 살펴보고, 이의 차이점을 제시하시오.
5. 교육과정의 조직원리를 살펴보고, 이를 진술하시오.

23) 김수일, 『사회교육학개론』, 서울: 문음사, 1987, p.87.

제8장

평생교육의 교수 · 학습방법

학습목표

1. 교수 · 학습방법의 분류 내용을 제시할 수 있다.
2. 교수 · 학습방법의 선정기준을 설명할 수 있다.
3. 어떠한 교수 · 학습방법이 보다 학습자 중심의 참여적인 방법인지 확인할 수 있다.
4. 학습매체의 개념과 종류를 확인할 수 있다.

학습개요

이제 우리는 평생학습시대와 열린 학습사회를 건설해야 하는 시대를 맞이하고 있다. 이러한 새로운 변화에 무엇보다도 중요한 것은 아직도 많은 직장인과 성인들에게 교육이다, 연수다 하면 기피하는 성향이 지배적이라는 현상이다.

여기에는 여러 가지 이유가 있겠지만, 가장 문제가 되는 것 중의 하나가 교수 · 학습방법이라고 할 수 있겠다. 주어진 업무처리에도 바쁜 학습자들을 반강제적으로 차출해서 아침부터 저녁 늦게까지 대단위 강의실에 천편일률적으로 강의에 의존함으로써 대다수의 학습자가 아침부터 수면의 자유를 즐기게 만들고 있는 것이 현재 우리가 사용하고 있는 교수 · 학습방법의 모체가 아닌가 하고 의심할 수밖에 없다. 물론 "가장 효과적인 교수 · 학습방법이 바로 이것이다."라고 단정적으로 제시하기는 곤란한 일이다.

그러나 주어진 학습시설을 최대한 활용하면서 학습자들의 자발적인 학습 참여를 유도해 내는 교수 · 학습방법을 터득하고, 시청각 기자재 등 학습매체의 효율적 활용방법을 평생교육사 또는 조력자들은 습득해야만 한다.

따라서 이 장에서는 평생교육의 효과적 학습방법과 이에 관련된 사항들을 논의해 보기로 한다.

1. 교수 · 학습방법의 선정

1) 교수 · 학습방법의 원칙

우리의 일상 경험에서 보는 것과 같이 아는 것과 행동하는 것과는 상당한 괴리가 있게 마련이다. 만일 전통적인 주지주의자들이 말하듯이 지식을 갖고 있기만 하면 현실의 어떠한 문제도 해결할 수 있다고 한다면 교육학에 전념하고 있는 수많은 교육학자와 이들이 저술한 교육학 관련 서적만을 가지고 우리 교육의 문제는 쉽게 해결되어야 할 것이다.

그러나 오히려 교육문제가 더욱더 사회문제화되고 있는 까닭은 무엇일까? 많은 교육학자들이 어떻게 하면 교육한 것이 실행될 것인가?라는 고뇌에 차 있고, 이를 해결하는 교육방법론에 대한 연구와 개발을 꾸준히 해오고 있는 것 또한 사실이다.

어떠한 교수 · 학습방법을 활용하여야 학습결과의 극대화를 기할 수 있을까에 대한 논의는 그동안 활발히 진행되어 오고 있다. 이 분야에 관심있는 많은 학자와 전문가들이 전통적인 교과서 중심, 주입식 중심의 학습에 반대해 오고 있으나 아직도 우리 주변을 보아도 교육은 지식의 습득을 중시하는 교과서 중심과 강의 중심이 주종을 이루고 있다.

이와 같은 문제해결을 위하여 행동심리학자들은 다음과 같은 학습법칙을 제시하고 있다.

① 교수자 중심에서 학습자 중심으로: 학습자가 중심 존재가 되고 교수자는 친절한 안내자가 되는 것이다.

② 개성의 신장: 획일적인 인간을 만들려 하지 않는 반면 각 사람의 개성을 최대한 살려 직업을 통해 사회에 적응하고 또 사회를 개혁한다.

③ 학습을 관념적으로 하지 않고 경험적으로 한다: 경험이야말로 최선의 교수자이다. 학습이란 경험을 차차로 구성하고 고쳐가는 과정이다.

④ 학습내용을 계통적인 지식의 체계를 갖고 구성하지 않는다: 상대방의 생활 체험에 적응해 가도록 한다.

⑤ 교육방법으로서 강의식 · 주입식을 취하지 않는다: 자주적 · 자발적인 활동을 하게 하여 그간의 학습을 달성하게 한다.

⑥ 상대를 지적인 면에서만 이해하려 하지 않는다: 전체적 인격으로서 생각하고 전인적인 성장을 도모하려 한다.

포스터(M. Foster)는 이상의 학습방법을 경험학습으로 칭하면서 전통적인 형식학습과 비교해서 〈표 8-1〉과 같이 정리해 주고 있다.[1]

표 8-1 형식학습과 경험학습의 비교

구분	형식학습(전통주의)	경험학습(진보주의)
1	기존의 교재에서 출발한다.	학습자의 경험에서 출발한다.
2	현실과 유리된 추상적인 장소에서 학습한다.	현실의 구체적인 장소에서 학습한다.
3	학습자는 수동적인 자세에서 일방적으로 받아들인다.	학습자는 자신의 능동적 활동을 통해 지식과 기능을 닦는다.
4	체계화된 지식과 기능을 습득시키는 데 목적을 둔다.	행동을 통해 문제를 해결하는 능력을 높이는 데 목적을 둔다.
5	지식중심주의이다.	행동주의이다.
6	지식 기능의 체계에 중점을 둔다.	학습자의 경험이 연속적으로 발전하는 데 중점을 둔다.
7	교과서에 따라 학습하는 데 초점을 둔다.	문제를 중심으로 해결하고 노력하는 데 초점을 둔다.

1) Foster, M. H., *Training and Development: Program, Methods, and Facilities*, Washington D.C., 1977, p.36.

2) 교수 · 학습방법의 분류

평생교육의 교수 · 학습방법은 매우 다양하게 개발되고 활용하는 것이 일반적이다. 이러한 다양한 학습방법이 지녀야 할 가장 중요한 특성은 학교교육과 같이 일방적(One Way)으로 지시하고 가르치는 것이 아니라 학습자의 학습을 도와(Helping)주는 것이어야 한다.

(1) 학습자의 구성에 의한 분류

이는 학습자들이 어떤 구성하에서 학습을 하도록 하느냐에 따른 분류로서 개별학습(Individual Study)과 집단학습(Group Study)으로 구분해 볼 수 있다.

먼저 개별학습이란 개인이 어떤 학습집단의 구성원이 될 수도 없고, 또한 그것이 기대될 수도 없는 독립된 개인에 초점을 두는 학습방법이다. 다시 말하면, 학습자가 다른 학습자 또는 학습집단과의 직접적인 교류나 협동 등을 하지 않으면서 개인의 사회적 행동형태의 변화를 가져오는 데 중점을 두는 학습방법으로서 다음의 방법들이 이에 속한다.

① 독학(Self-study)

이 방법은 학습자가 누구의 직접적인 지도를 받지 않고도 혼자서 교과서나 참고서를 통해 배우는 것을 말한다. 이러한 방법에 의해 학습하는 학습자들에게 정규학교의 학력 또는 학위를 인정해 주기 위해 우리는 고등학교와 대학입학의 검정고시제도를 두고 있으며, 1990년부터는 대학의 학사학위 수여를 위한 독학에 의한 학위취득제도도 시행하고 있다.

② 원격학습(Distance Learning)

이는 시간, 거리 등의 이유 때문에 교육기관에 직접적으로 출석할 수 없는 학습자들에게 방송 또는 통신교재에 의해 배우고 지도를 받는 방법이다. 우리의 경우 방송통신고등학교, 방송통신대학 그리고 위성교육방송 등이 이 방법을 활용하고 있다. 평생교육법에서는 원격교육제도를 인정하고 있으며, 원격대학과 사이버대학의 학위와 학점 인정 등 원격학습을 발전시키는 새로운 제도를 운영하고 있다.

③ 도제학습(Apprenticeship)

지식 위주의 학문 영역 또는 특정한 기술과 기능 분야에서 이를 보유하고 있는 학자 또는 전문가를 정점으로 학습자가 직접 관리되는 상황에서 학습에 참여하여 지식 또는 기술을 획득

전수하는 방법이다. 우리의 경우 전통 · 문화 예술 분야에서 이 방법이 많이 활용되고 있다.

다음은 집단학습으로써 이는 소집단학습과 대집단학습으로 구분할 수 있다. 집단 구성원들의 학습과정 참여방법에 따라 다양한 학습방법이 개발되고 실제로 동원된다.

소집단교육에 주로 활용되는 학습방법으로는 소집단회의법, 브레인스토밍(Brainstorming), 사례연구(Case Study), 위원회(Committee), 토론집단(Discussion Group), 세미나 등이 있다. 대집단교육에는 청중이해집단(Audience Reaction Team), 자유토의(Colloquy), 대규모회의(Conference), 대규모협의회(Convention), 공개집회(Forum), 강연(Lecture or Speech), 패널회의(Panel Discussion) 등의 방법이 활용된다.

(2) 학습목표에 따른 분류

평생교육의 교수 · 학습방법은 무엇을 학습할 것인가, 또는 학습한 것을 어떻게 적용할 것인가 하는 학습목표에 따라 다양한 학습방법의 기법을 예시할 수 있다.

장진호[2]는 학습의 목표가 지식과 정보의 습득에 두는 경우를 정보습득형 기술(Information-type Technique)로서 분류하여 〈표 8-2〉와 같이 정리하고 있으며, 학습의 목표를 지식과 정보의 적용에 둘 때를 지식적용형 기술(Application-type Technique)로 분류하여 〈표 8-3〉과 같이 비교 설명하고 있다.

표 8-2 정보 습득형 기술(Information-type Techniques)

기술	집단의 크기	적용상황
강의(Lecture)	어떤 집단에도 적용	한 전문가가 고도의 관심과 지식을 가진 집단에 지식 전달을 할 경우
장치를 수반한 강의(Lecture with Devices) (레코드, 테이프, TV, 필름, 스킷트, 차트 · 지도 등, 라디오)	어떤 집단에도 적용	한 전문가가 지식이나 정보를 전달할 경우, ① 내용을 보조기재에 의해서 예시할 필요성이 있거나, ② 집단이 주제에 대해 잘 이해하지 못할 경우
연설(Speech)	어떤 집단에도 적용	특정 분야에 조예가 깊은 역사의 연구결과나 발견을 알려주는 등의 특정한 견해의 제시를 목적으로 하는 경우
토의(Debate)	중집단에서 대집단	전문가에 의하여 각기 천명된 상반된 견해를 서로 토론함으로써 그 주장들을 명료하게 할 경우

2) 장진호, 『사회교육의 방향』, 서울: 정익사, 1979, pp.210-212.

기술	집단의 크기	적용상황
단상토의(Symposium)	중집단에서 대집단	그 집단에서 관심이 있는 주제에 관해 상이한 권위있는 의견들을 진술할 경우
대화(Dialogue)	중집단에서 대집단	어떤 문제에 대해 상이한 견해가 제시되고 최종적 해결이 나지 않을 때, 모든 국면을 드러내서 절충이나 타협을 모색할 경우
배심토론(Panel)	중집단에서 대집단	주어진 주제에 관해서 여러 견해와 태도와 평가들이 제시되고, 아무런 최종 결론도 얻지 못했을 때, 여러 토론자들의 생각이 배심과정에 따라 전개되는 경우
강의-공개토론(Lecture-forum) 장치를 수반한 강의·공개토론(Lecture with Devices-forum) 연설-공개토론(Speech-forum) 토의-공개토론(Debate-forum) 심포지엄-공개토론(Symposium-forum) 대화-공개토론(Dialogue-forum) 배심토론-공개토론(Panel-forum)	각각 위에 지적한 집단(공개토론이 없는)과 동일	청중의 참여가 학습분위기를 형성하고 있을 때, 청중 각자에게 자기들의 생각과 경험으로 여러 정보를 통합해 가는 기회를 마련해 줄 경우
현장견학(Field Trips)	소·중집단	실제 현장에서 이루어지는 과정을 견학·관찰함으로써 산 지식을 얻게 하는 경우
학습지침(Study Guide)	개인적	학습자가 직접 공적 모임에 참석할 수 없을 때 학습지침은 체계적 지식을 요약해 주는 데 도움을 준다.

※ 여기에서 말하는 집단의 크기는 소집단: 20명 이하, 중집단: 20명에서 50명, 대집단: 50명 이상이다.

표 8-3 지식 적용형 기술(Application-type Techniques)

기술	집단의 크기	적용상황
버즈집단토론 (Buzz Group Discussion)	어떤 집단에도 적용(약 200명 규모까지)	강의자가 자기 주제에 관해 청중의 흥미를 제고시키기 원할 때, 버즈집단을 형성해 질문을 유발하게 하거나, 또는 상이한 내용들을 각기 자기들의 생각이나 경험에 연결시킬 수 있는 기회를 제공한다.
집단토의 (Group Discussion)	소집단	관련된 문제나 학습과제를 처리하는 데 있어서 집단 구성원이 최대한으로 참여하고 유기적 관계를 가질 수 있다.
원탁토의 (Round Table Discussion)	소집단	모든 참여자의 공통 경험에 관련된 특정 문제를 집중적으로 분석하고, 바람직한 결론을 얻고자 할 때

기술	집단의 크기	적용상황
세미나(Seminar)	소집단	특정 연구문제에 관해서 앞선 학생들의 한 집단을 선정하여 다른 사람들과의 토의과정을 통해서 학습할 기회를 주려고 할 때
콜로키움(Colloquim)	소집단	한 연구집단끼리 연구계획의 설계와 진척과정의 평가 등을 토의할 때
콜로키(Colloquy)	소집단	높은 수준의 참가 청중과 전문가의 전문적인 지식과를 연결시켜 전문적 지식과 집단의 문제해결과의 높은 상관도를 성취시키고자 할 때
역할놀이(Role-playing)	소집단	참여자로 하여금 소정의 주제가 의도하는 바의 생각이나 사상이나 감정에 충분히 몰입될 수 있게 할 때
사회극(Socio-drama)	소집단	사회극은 집단 차체가 의도하고 구성한 사회적인 문제를 특별히 취급하는 역할놀이다. 이것은 사회문제에 대한 보다 넓은 이해를 돕는 데 사용된다.
사례연구(Case Study)	소집단	참가자로 하여금 전에 학습한 원리나 지식을 특정한 경우에 적용할 수 있도록 하는 방법으로서, 원리를 실제에 적용하는 이해력을 도와준다.
감독을 수반한 연구계획의 구성과 실천(Setting Up and Carrying Out Projects Under Supervision)		전에 학습한 원리와 지식을 교육적으로 통제된 방법으로 특정 연구과제에 적용시키고, 계속적인 경험을 쌓아가게 한다.
감독을 수반한 현장연구 (Fieldwork Under Supervision)	개인 혹은 소집단	전에 학습한 원리와 지식에 관련되는 실제적 상황에서 현장연구에 참여시키는 방법으로, 여기에는 같은 실제적 문제상황에서 고도로 훈련된 사람의 감독과 조언을 받게 한다.
과정시범 (Process-Demonstration)	어떤 집단에도 적용	구두 설명이나 또는 시범을 통해서 과정을 순차적으로 설명하여 줌으로써 집단은 같은 과정을 재연하기 전에 사전 이해를 도모할 수 있다.
연습(Practice)	개인, 소 · 중집단	개인이나 혹은 집단이 주재자의 교정을 받으며 실제 행동을 취해 간다.
연습과 중복학습 (Drill or Over-learning)	개인, 소 · 중집단	반복 연습을 통해 자동적 반응과 기억의 회상을 도모할 수 있다.
모의연습(Simulated Performance or Dry Run)	소 · 중집단	실제 상황에서는 학습자나 장비 등에 위험이 수반되는 경우, 실제와 가장 근사한 상황 아래에서 경험을 쌓게 하며, 여러 분리된 학습과제를 종합해 가는 효과가 있다.
청취팀(Listening Team)		비관적인 청취능력을 발전시키고자 할 때나 또는 주제에 대한 집중적인 주의를 환기시키고자 할 때에 사용한다.

(3) 학습매체에 의한 분류

효과적인 평생교육 학습을 위해서는 교육자료, 교재, 교구, 교육기재, 시청각기재, 교육매체 등으로 불리는 학습매체의 활용이 적극적으로 요청되고 있다. 흔히 학교교육 현장하면 칠판과 분필이 대명사로 떠오르며, 교육공학자들은 이를 신랄하게 비판하고 있다. 평생교육의 학습매체로 활용되는 것들을 분류하면 아래와 같다.

① 인쇄된 단어나 문장: 책, 프로그램 자료, 프린트물, 차트, 슬라이드, 포스터, 칠판, 체크리스트 등

② 말로 된 단어나 문장: 교사, 테이프, 레코드, 라디오 등

③ 움직이지 않는 사진과 언어로 된 자료: 슬라이드-테이프, 강의와 포스터 등

④ 동작과 청각 자료: 필름, 텔레비전, 실제 시범 등

⑤ 이론적 개념의 그림 묘사: 만화영화, 인형극, 다이어그램(도식) 등

3) 교수·학습방법의 선정기준

평생교육의 특징으로 앞에서 설명한 바와 같이 평생교육은 다양한 학습자의 요구에 기초해서 비교적 짧은 기간 내에 학습자들의 직무능력 향상이나 기능 습득 등 특정한 목적 달성을 위해 실시되는 것이므로 어떠한 교수·학습방법을 선정·활용하느냐가 가장 큰 관심사 중 하나가 아닐 수 없다. 그러나 가장 효과적인 교수·학습방법이 무엇이냐 하는 것을 단정적으로 결정할 수는 없는 일이다. 왜냐하면 그림을 그리고자 할 때 동양화를 그릴 것인가 아니면 서양화를 그릴 것인가, 또한 동양화에서도 사군자를 그릴 때, 서양화에서도 데생, 유화, 정물화 등에 따라 사용하는 종이와 물감이 다르기 때문이다.

강의식 방법은 학교교육에서와 같이 평생교육에서도 자주 활용되는 교수방법이다. 특히 우리나라의 평생교육단체가 아직도 안정적인 재정과 시설이 확보되지 않은 상태이고, 질보다는 양에 치중하고 있는 상황에서 대규모 학습을 이끌어 가기 위해서는 강의법이 주된 교수방법일 수밖에 없다.

〈표 8-4〉에서 보는 바와 같이 정보 이전이나 학급 규모가 큰 경우에는 강의법이 가장 효과적인 방법인 것이다. 따라서 교수·학습방법은 그 학습에 따른 각종 요인을 고려해서 선정되어야 한다.

교수 · 학습방법의 선정기준으로서 우리가 고려해야 할 것은 준비된 학습과정을 통해 학습자들의 행동 특성, 즉 지식(Knowledge), 태도(Attitude), 기능(Skill) 중 어떤 특성의 변화에 중점을 두느냐에 따라 적절하고도 효과적인 교수방법이 선정되어야 한다. 이에 대한 선정기준은 〈표 8-4〉와 같이 계획된 학습 프로그램의 목표에 따라 활용하는 데 참고토록 하였다.

표 8-4 교수 · 학습방법 선정 시 고려되어야 할 요인

방법 / 요인	강의	개인 교수	연시	집단 토론	가정 교사	게임, 모방	프로그램 학습	세미나	개인 과제	연찬회	사례 연구
1. 정보 이전(Transferring Information)	+	+			+		+				
2. 문제해결 촉진(Encouraging Problem Solve)		+		+	+			+	+		+
3. 기능 훈련(Skill Training)	-		+		+	+			+	+	
4. 태도 변화(Attitude Change)				+	+			+	+		+
5. 피드백 획득(Obtaining Feedback)	-	+	+	+	+	+	+			+	
6. 교사 통제 (Teacher Control)	+	+	+		+		+		-		
7. 학생 활동 (Student Activity)	-	+	+	+	+	+	+	+	+	+	+
8. 학급 규모 (Class Size(large))	+	+	+		-		+			-	
9. 개인차(Responding Individual Difference)					+		+				
10. 준비의 용이성(Easy for Preparation)	+	+		-	-		-	-	-	-	-
11. 강의시간 (Time for Teaching)	+	+		-				-	-	-	
12. 이용할 수 있는 자원 (Resource Usage (minimum))	+	+		+				+	-	-	

+이익(Advantage), -한계성(Limitaton)

표 8-5 행동유형에 따른 교수 · 학습방법

행동목표유형 / 교수법	지식		태도		기능	
	저(Low)	고(High)	저(Low)	고(High)	저(Low)	고(High)
	KCA	ASE	RR	VOC	IM	PAN
강의 (Lecture)	■	■	■		■	
개인지도 (Lesson)	■				■	
연시 (Demonstation)		■	■	■		
집단토의 (Group Discussion)		■	■	■	■	■
가정교사 (Tutorial)		■	■	■		
사례연구 (Case Study)		■	■	■		
실험지도 (Laboratory Teaching)		■	■	■		
세미나 (Seminar)	■	■	■			
프로그램 학습 (Programmed Learning)		■	■	■	■	■
자습 (Self-study)					■	■
연찬회 (Workshop Practice)		■		■		■
프로젝트 (Project)		■				■
게임 및 시뮬레이션 (Gaming and Simulation)						

- KCA: Knowledge, Comprehension, Application(지식, 이해, 적용)
- ASE: Analysis, Synthesis, Evaluation(분석, 종합, 평가)
- RR: Receiving, Responding(수용, 대답(응답력))
- VOC: Valuing, Organization, Characterization(가치관, 조직력, 개별성)
- IM: Imitation and Manipulation(조작력)
- PAN: Precision, Articulation, Naturalization(정화, 분석, 이입(移入))

2. 학습매체의 종류와 활용방법

오늘날 교육은 위기에 처해 있다고 지적되고 있다. 공학의 발달과 현대사회의 급격한 변화가 현대교육에 많은 문제점을 제기하고 있다. 교육대상의 증가, 지식과 정보의 증가, 적절한 교육시설의 부족, 통신 및 각종 매체의 급격한 발달 등으로 지식 전달 위주의 교육은 그 한계에 부딪히고 있다. 더욱이 컴퓨터를 비롯한 각종 정보처리시스템의 발달은 우리가 취급할 수 있는 정보의 양을 폭발적으로 증가시키고 있다. 따라서 원하는 지식과 정보를 필요로 하는 사람들에게는 보다 효과적인 전달이 과거 어느 때보다도 중요해지고 있다.

앞에서 평생교육의 학습효과를 증대시킬 수 있는 교수 · 학습방법이 무엇인가를 살펴보았다. 우리는 학습자들이 주도하는 참여식 학습방법에 관심을 더 두고 있으며, 학습자들에게 보다 구체적인 학습 경험을 부여하기 위해서는 시청각자료를 비롯한 여러 가지 교수 · 학습자료를 다양하게 활용하지 않을 수 없다.

1) 학습매체의 개념과 종류

학습매체란 수업에 활용될 수 있는 모든 기기와 자료를 의미한다. 교육자료, 교재, 교구, 교육기재, 시청각기재, 교육매체 등으로도 불리는 모든 것을 총칭하는 것이나. 학습매체의 종류로는 다음의 것들이 있다.

① 칠판: 교실 수업의 대표적 학습매체로 사용되고 있으며, 형태에 따라 고정칠판, 이동칠판과 접는 칠판으로 구분된다.

② 모형과 표본: 모형은 크기를 축소하거나 확대하여 실제 물체를 인식하게 하는 모조품으로서 지구의 모형, 인체의 중요기관을 모형화해 놓은 것들이 있다. 표본이란 실물 그대로의 모습을 유지하면서 학습의 편의를 위해 어느 정도 가공 · 분류 · 보관해 놓는 것으로서 광물 표본, 곤충 표본, 박제 표본, 생태 표본, 해산물 표본 등이 있다.

③ 그래픽 자료: 지도, 그래프, 만화, 도식(Diagram), 차트 등을 말한다.

④ 정 사진: 신문이나 잡지에서 오려낸다든지 현상된 사진, 슬라이드 등으로서 움직이지 않는 시각 또는 청각자료를 말한다.

⑤ 동 사진: 시각적 · 청각적인 현실적 자극을 주는 영화, 텔레비전 등의 학습매체를 말한다.

⑥ 교육 기재(Teaching Machine): 이것은 학습자 자신이 혼자서 공부할 수 있도록 고안된 것이

다. 즉, 프로그램 자료로 되어 있는 것으로 학습자의 반응을 요구하며 학습의 효과를 높이자는 것이다.

⑦ 컴퓨터 지원학습(Computer Assisted Instruction): 이는 학습 프로그램을 만들어 앞의 교육기재 대신에 컴퓨터에 넣고 컴퓨터를 조작하여 학습자 개개인이 학습하는 것이다. 이 컴퓨터 프로그램으로 개념이나 정보학습은 물론 게임을 통한 학습도 가능하며 모의학습도 할 수 있다.

2) 학습매체의 선정

학습매체 선정의 대표적인 이론적 근거로 활용하는 것인 데일(E. Dale)의 경험의 원추[3]이다. [그림 8-1]에서 보는 바와 같이 데일이 주장하는 매체의 가치는 구체적 경험과 추상적 경험으로 형성시키는 데 있다. 이 경험의 원추는 학습매체의 구체성과 추상성을 지적해 주는 한편 학습의도에 따라 선택할 매체를 시사해 주고 있다. 여기서 주의해야 할 것은 "단계별로 구체적 경험매체가 반드시 추상적 경험매체보다 좋다는 가치의 계층성을 제시하는 것이 아니다."라는 점이다. 과거에는 추상적인 언어매체보다는 시각적이고 구체적인 실물이나 활동이 더 효과적인 것으로 보아 왔다.

그러나 요즈음은 교육공학의 발달로 교수계획의 중요성이 강조되면서 매체 선정은 발달단계에 따라 그 추상성도 고려해야 하겠지만, 그보다 중요한 것은 의도된 학습목표에 알맞은 매체를 그때그때 선정하여야 한다는 것이다. 학습목표에 알맞은 매체가 어떤 것인지를 판단하는 것은 매우 어려운 일이므로 다음의 사항을 고려하여 선정하는 것이 바람직한 것이다.

① 학습내용과 관련된 효과의 정도

② 학습자의 이해 수준, 흥미, 관심의 정도

③ 자료 활용에 소요되는 시간과 전체 학습시간과의 관계 고려

④ 가격과 구입 문제

⑤ 학습 장소, 시설 등의 고려

3) Dale, Edgar, *Audio vidual Methods in Teaching,* New York: Dryden Press, 1954, p.43.

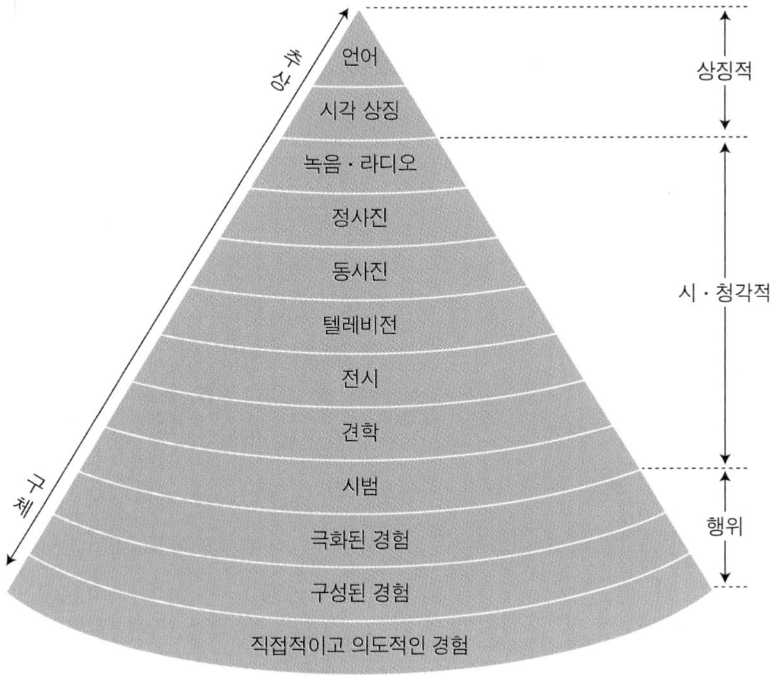

그림 8-1 데일의 경험의 원추

3) 학습매체의 활용방법

앞에서 살펴본 여러 가지 학습매체 중 모형과 표본, 칠판, 융판 등은 우리에게 익숙한 매체이므로 여기서는 주로 시청각기재(Audio-visual Aids)에 대해서만 살펴보기로 한다.

(1) 멀티비전 시스템(Multi-vision System)

1970년대에 다양한 디졸브 등 특수효과를 표현할 수 있는 기재들이 선보이면서 전자기술자들에 의해 시청각 장비 개발에 일대 혁명이 일어나기 시작하였다. 한 스크린에 두 대뿐 아니라 여러 대의 환등기를 복합적으로 비춤으로써 더 강력한 영상 이미지를 표출할 수 없을까 하여 구상하게 된 것이 멀티비전 시스템이다. 이것은 여러 대의 환등기(3대에서 195대까지)를 컴퓨터로 제어하여 스크린에 다양하고 변화 있는 영상효과를 연출시켜 학습자를 스크린에 몰두시키게 한다. 주입식의 전달학습이 아니라 흥미롭게 교재를 제작하여 자연스럽고 효과 있게 의사를 전달할 수 있어서 가장 현대적인 시청각교육에 해당된다고 볼 수 있다. 멀티비전은 기자재와 필름 제작에 소요되는 비용이 비싼 것이 단점이기는 하나 한 번 제작되면 편집이 용이하기 때문에 계속적으로 사용할 수 있는 장점도 있다.

(2) 영사기(Film Projector)

VTR이 보편화되어 있지 않을 당시에는 가정용으로 주로 8mm 영사기가 보급되어 왔으나 요즈음 교육용이나 홍보, 과학, 예술 등의 영화는 거의 16mm로 제작되어 보급되고 있다. 영사기의 기계적 원리는 환등기와 비슷하나 1초에 24프레임이 스크린에 연속적으로 나타나 눈의 잔상에 의해 실제 움직이는 것처럼 보이게 만들었다. 필름 장진방법은 수동과 자동이 있으며 발성방식은 광학전용과 광학과 자기발성 겸용이 있으나 자동과 겸용 발성방식을 많이 사용하고 있다.

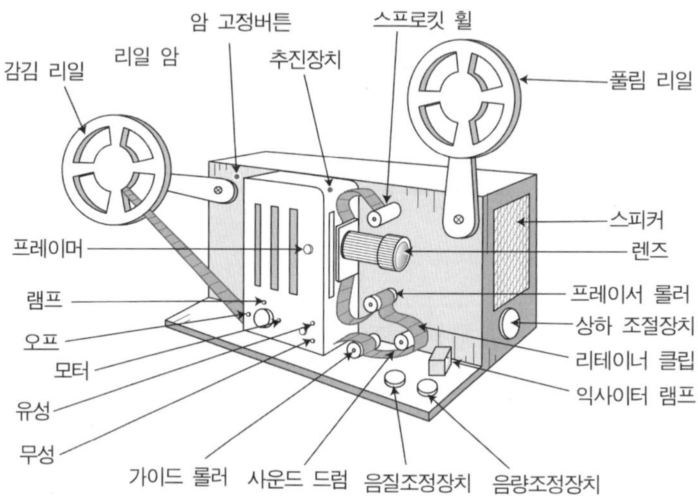

그림 8-2 영사기의 구조

(3) 컴퓨터와 파워포인트(Computer & Power Point)

컴퓨터가 교육에 도입된 것은 1950년대 후반으로 중앙의 메인프레임 컴퓨터와 여기에 연결된 여러 대의 터미널을 이용하는 방식이었다. 1970년대 이후 마이크로사의 컴퓨터가 출현하면서 메인프레임 컴퓨터는 쇠퇴하게 되었고, 대학을 중심으로 진행되었던 교육프로그램의 개발과 활용은 학교와 가정에서도 가능하게 되었다. 이후에 개인용 컴퓨터는 마이크로프로세서의 속도와 성능 개선, 인터넷과 네트워크 기술의 향상, 하이퍼미디어를 기반으로 한 웹의 등장과 CD-ROM을 비롯한 대용량 디지털 저장매체의 개발, 영상압축 기술이 발전하면서 컴퓨터는 멀티미디어를 구현하는 첨단 학습매체로 발전하였다.

특히 1990년대에 컴퓨터 기술이 발전하면서 멀티미디어의 개념은 컴퓨터라는 하나의 플랫폼(Platform)을 통해서 텍스트, 그래픽, 오디오, 애니메이션, 비디오 등이 디지털의 형태로 통합되어 구현되는 동시에 사용자와의 상호작용이 가능한 복합 다중매체로 널리 활용하게 되었다. 근래 시장을 지배하는 용어인 마이크로사의 파워포인트는 상표명이 아닌 프레젠테이션의 대표 명사로 사용되고 있다. 대부분의 발표 현장에서 파워포인트의 사용이 급증함에 따라 그 사용에 대한 우려의 목소리도 제시되기는 하지만, 파워포인트 프로그램이 시간을 절약해 주는 빠르고 효과적인 교수 도구로서 프레젠테이션을 쉽게 수정할 수 있고 주석을 달거나 문서로 보관하기도 쉬울 뿐만 아니라 슬라이드의 하드 카피를 얻을 수 있어서 학습자에게 노트를 적는 부담을 줄여 주는 매우 효과적인 교수매체로서의 위력을 날로 더해가고 있다.

(4) 소셜미디어(SNS)

인터넷의 발달과 1인 미디어 기기라 할 수 있는 스마트폰의 보급으로 최근에는 기업이나 기관의 홍보수단으로 페이스북, 인스타그램, 트위터 등 각종 소셜미디어(SNS)가 많이 활용되고 있다. SNS는 사용자와 고객 간의 원활한 소통을 이어주어 고객의 요구 파악과 피드백을 중시하는 기관이나 기업의 홍보수단으로 매우 널리 활용되고 있다. 특히, 다른 매체보다 전 세계인을 대상으로 무한 접근이 가능하고, 비용이 매우 저렴한 플랫폼이어서 기업이나 기관의 가치와 브랜드 이미지 제고에 가장 적절한 홍보수단이다. 최근 대학을 비롯한 교육기관이나 평생교육기관에서도 광범위한 대중들과 가치 공유를 통한 브랜드 이미지 제고를 위해 SNS플랫폼을 구축하여 다양한 콘텐츠를 제공하고 있다. 넓은 잠재적 학습자들과의 접촉 및 상호작용이 용이하고, 경우에 따라서는 맞춤형 타켓팅 홍보나 광고도 가능하며, 실시간으로 주요 정보나 경험을 다채롭게 업데이트하여 공유할 수 있고, 홍보의 성과를 '좋아요'나 댓글, 공유 등으로 확인 가능한 SNS는 향후 많은 평생교육기관의 핵심 홍보수단으로 자리매김하게 될 것이다.

(5) 인공지능(AI)

최근에는 생성형 인공지능(Generative Artificial Intelligence)의 발달로 홍보와 마케팅에 획기적인 변화가 일어나고 있다. 기본적으로 홍보나 마케팅의 가장 큰 관심사라 할 수 있는 개인화된 맞춤형 홍보나 마케팅이 가능하게 되었다. 고객이나 소비자의 행동, 관심사 및 선호도를 분석하여 적합한 콘텐츠를 제공함으로써 홍보의 효율성을 높일 수 있게 된 것이다. 뿐만 아니라 홍보 콘텐츠 제작과 관련해서도 인공지능을 활용하여 고객에게 적합한 다양한 형태의 콘텐츠 유형을 개발하여 제공할 수 있게 되었다. 무엇보다도 잠재적인 소비자나 고객의 행동을 분석하고 예측함으로써 새로운 제품이나 서비스를 개발함은 물론 그에 맞는 최적의 홍보나 마케팅 전략을 수립할 수 있다는 점이다. 일반기업보다 재정적인 면에서 상대적으로 열악한 평생교육기관에서 인공지능을 잘 활용한다면, 잠재적 학습자들의 학습요구를 파악하는데도 그리고 그들에게 맞춤형 프로그램을 홍보하는 데에도 큰 도움이 될 것이 분명하다.

연구문제

1. 교수 · 학습방법의 분류를 유형별로 제시해 보시오.
2. 교수 · 학습방법의 선정기준을 상황별로 제시해 보시오.
3. 학습매체의 종류를 제시해 보시오.
4. 학습매체별 활용방법을 확인하고 이를 설명하시오.

제9장

평생교육의 평가

학습목표

1. 평생교육 평가의 개념을 제시할 수 있다.
2. 평생교육 평가의 목적을 설명할 수 있다.
3. 평생교육 평가모델을 확인하고 비교할 수 있다.
4. 참여식 평가의 필요성과 요소를 진술할 수 있다.
5. 참여식 평가방법을 이해하고 실습할 수 있다.

학습개요

학습자들이 배워야 할 학습목표를 설정하고, 배워야 할 학습경험을 선정하여 조직원칙에 따라 알맞게 조직하고 그리고 수업을 진행하기 위한 학습지도안을 작성하고, 효과적인 교수 · 학습방법을 동원하고 필요한 학습매체를 선정하고 제작하여 예정된 학습을 완료하였다고 해서 우리는 그 학습이 완전히 이루어졌고 조력자도 임무를 다했다고는 할 수가 없는 것이다. 조력자(Facilicator)는 학습이 끝난 다음 학습자들이 본래 설정된 학습목표를 달성하였는지 판단해야 하고, 이의 결과를 토대로 다음의 학습을 더 효과적으로 운영하기 위한 새로운 계획에 착수해야 한다. 이런 과정을 평가(Evaluation)라고 한다.

이제까지 교육평가라고 하면 주로 학생들의 학업성취도를 측정하는 데 역점을 두고 필답고사에 의해 학생들의 우열을 가리는 데 주력해 왔다고 볼 수 있다. 또한 그러한 평가에 있어서 교사가 평가방법을 결정하고 평가문항을 제작하며, 평가결과의 분석을 주도하는 등 평가의 일방성이 지배해 오고 있다.

교육평가에 대한 철학적 기초로서는 선발적 교육관과 발달적 교육관이 대립되고 있다. 즉, 선발적 교육관은 모든 학습자가 능력의 차이를 가지고 태어났으므로 평가결과의 차이는 교수자의 잘못이 아니고 학습자의 책임이라고 하면서 상대평가를 주장한다. 반면에 발달적 교육관은 교수자가 각 학습자에게 적절한 교수방법을 적용하면 모든 학습자가 최고의 평가결과를 성취할 수 있다고 보며, 이 경우 평가결과의 차이는 교수자의 책임이라고 하면서 절대평가를 주장한다.

따라서 평생교육에 있어서는 평가를 실시하는 경우에도 교수자만의 평가가 아니라 그 평생교육 학습에 관련된 사람 등 모든 요소가 함께 참여하는 참여식 평가(Participatory Evaluation)의 중요성이 높이 인정되고 있다.

1. 평생교육 평가의 개념과 목적

1) 평생교육 평가의 개념

평가는 검사, 측정이란 용어와 밀접한 관계를 지니고 있다. 검사란 학습자의 반응을 위하여 제시되는 일정하게 규정된 일련의 질문의 제시이고, 측정이란 이러한 규정된 질문을 통하여 한 학습자가 갖고 있는 특성을 수량화하는 과정을 의미한다.

한편 평가란 한 개인의 어떤 특성이나 성취의 측정결과를 주어진 목적이나 기준에 비추어 그 가치나 달성도를 따지는 과정이라고 할 수 있으며 또한 어떤 특정 목적을 달성하기 위하여 계획된 프로그램 · 시행과정 · 접근방법의 타당성 등을 판단하는 데 필요한 정보를 얻는 것으로 정의할 수 있다. 대체로 학교교육에서는 학생들의 학업성취가 평가에서 중시되는 데 비하여 평생교육에서 그러한 학업성취보다는 학습자의 반응이나 직무능력 향상을 측정하고 분석하여 앞으로의 학습의 질을 개선하는 데 더 큰 목적을 지니고 있다. 따라서 평생교육 평가란 평생교육단체나 시설이 평생교육 프로그램이나 평생교육 활동을 운영하면서 발생하는 여러 가지 의사결정에 대한 정확한 판단을 내리기 위해서 필요한 정보가 무엇인가를 알아보고, 이를 수집하고 활용하여 앞으로의 보다 나은 평생교육을 실시하기 위한 과정이라고 그 개념을 정의할 수 있다.

2) 평생교육 평가의 목적

평생교육 평가는 앞에서 언급한 대로 학습자의 학습능력을 평가하기보다는 학습자의태도나 기능 그리고 평생교육 프로그램이나 활동에 대한 분석에 중점을 두는 것이므로 가급적 일정한 학습과정이나 기간이 끝난 후에는 이를 실시하는 것이 바람직하다.

평생교육의 평가를 실시함으로써 얻는 효과에 대해서 관련 학자들의 의견을 정리하면, 먼저 스타플빔(D. Stufflebeam)은 고용주, 후원자, 학습자와 지역사회에 대해 평생교육의 가치에 대한 책무성을 높일 수 있고, 또한 프로그램 관리자에게 유익한 정보를 제공하여 의사결정을 향상시킴으로써 평생교육의 질을 높일 수 있도록 해 준다[1]는 것이다.

놀스(M. Knowles)는 평생교육 평가의 목적으로, 첫째로는 기획과정, 구조, 의사결정과정, 인사, 시설, 재정, 모집, 훈련, 공공관계, 행정관리 등을 포함한 조직활동을 향상시키는 데 있으며, 둘째로는 학습목표, 학습자, 학습방법, 학습자료, 학습결과의 질 등을 포함하는 프로그램을 향상시키는 데 있다[2]고 하고 있다.

이 밖에 평생교육 평가의 목적을 정리하면 다음과 같다.

① 평생교육 평가는 실시하고 있는 평생교육이 당초 계획대로 잘 되고 있는지를 확인하게 해준다. 실시하고자 하는 평생교육에 대해 학습에 임하기 전에, 학습 도중에, 학습을 끝낸 후 처음에 계획된 목표에 얼마나 접근했는가를 알아보는 것이다.

---

1) Stufflebeam, D., "Evaluation As a Community Education Precess" *Community Education Journal*, V.(March, 1975), p.7.

2) Knowles, Malcolm S., *op. cit.*, 1980, p.202.

② 지도를 위한 자료를 얻게 해준다. 평가는 다음의 학습을 효과적으로 전개하기 위한 근거 자료로서 활용된다.

③ 평생교육 프로그램이나 활동이 관련 지역사회나 국가 발전에 얼마나 공헌하고 있는지를 밝혀 앞으로의 지역사회 개발정책이나 국가정책 결정 시에 어떠한 평생교육을 강화할 것인지, 또는 변경해야 할 것인지에 대한 판단자료를 제시한다.

2. 평생교육 평가모델

현재 계속전문교육 분야, 기업체 직원훈련 분야, 보건교육 등 각종 평생교육 프로그램에서 적용되고 있는 주요 평가모델을 살펴보면 다음과 같다.

1) 설정된 목표접근방법(Predetermined Objectives Approach)

이 평가모델에 가장 영향력 있는 연구가는 바로 타일러(R. Tyler)이다.[3] 이 기법은 원래 고등학교 학생들의 학업평가를 측정하기 위하여 고안된 것이나, 이를 산업교육, 보건교육 등 평생교육 프로그램에 가장 손쉽고 보편적으로 활용하고 있는 실정이다.

1932년 타일러는 8년간의 연구를 거쳐 전통적인 교육과정에서와 진보적 교육과정에서의 고등학생들의 학업성취를 비교한 결과를 발표하였다. 그는 교육과정은 목표를 중심으로 개발되어야 하며, 이 교육목표들은 수업계획의 기초가 되어야 한다고 주장하였다. 이 목표들은 또한 평가기준으로 제시되어야 한다. 즉, 어떤 프로그램의 성공 여부는 이 목표들이 성취된 정도에 따라 판정되어야 한다는 것이다.

이 모델의 강점으로 구바(E. Guba)와 링컨(Y. Lincoln)은 조직적이고, 공식적이며, 정밀하고 내적 논리성을 지니고 있다고 분석하고 있다.[4] 이러한 이유들로 인하여 이 모델은 모든 교육평가 분야에 널리 활용되고 있다.

그러나 이 설정된 목표접근방법 모델이 평생교육의 프로그램 개발을 위한 일반적 모델로 활용하는 것이 부적절하다는 비평도 제기되고 있다. 즉, 이 모델은 학교교육에 기초하고 있고,

3) Knox, Alan B., *Understanding and Facilitating Adult Education*, San Francisco: Jossey-Bass, 1986, p.266.
4) Guba, E. G. & Lincoln, Y. S., *Effective Evaluation Improving the Usefulness of Evaluation Results Through Responsive and Neuturalistic Approaches*, San Francisco: Jossey-Bass, 1981.

계획되지 않은 결과의 발생을 용인하지 않으며, 권위주의적이고, 프로그램 목표들을 지나치게 구체화하려 하고, 유연성을 저해함과 아울러 학생들의 경험 · 관심 · 능력에 대한 차이를 고려하지 않는다는 것이다. 따라서 민주적 분위기, 상호 협동에 의한 교육과정 결정, 프로그램 진행의 유연성 확보 그리고 자기주도적 학습 등을 본질적 특성으로 하는 평생교육 분야에 이 평가기법을 일반화하여 활용하는 것은 무리가 따를 수 있는 것에 유념해야 한다.

2) 목표 자유평가(Goal-Free Evaluation)

1960년대 중반에 사회과학의 존경받는 철학자인 스크리븐(M. Scriven)은 평가 분야에 관심을 집중하였다. 그는 가치질문(Value Questions)들이 평가의 요체임을 확인하였고, 형성평가와 종국평가의 차이점을 도출해 내려고 노력하였다. 이러는 과정에서 그는 목표 자유평가기법을 제시하게 되었다. 그는 목표 자유평가에 관한 논문을 통해 각종 평가보고서에서 목표와 부작용을 분리하고 있는 것을 비평하였다.[5] 그동안 타일러(R. Tyler)의 설정된 목표접근 방법에 대한 비판 없는 수용 때문에 특정한 목표를 성취하는 데 기여한 것들 이외의 다른 결과들은 중요하지 않고 또한 부적절한 것으로 간주되어 버리곤 했다.

따라서 설정된 프로그램 목표들과 관련이 없는 어떠한 행태, 결과 그리고 성취들은 대체로 부작용, 우연적 결과 또는 예상치 않은 결과들로 취급되어 버렸다. 사실 부작용이나 돌발적 결과와 결부된 행태와 결과들은 그들이 지니는 본질적 열등성을 의미한다고 하나, 실제로는 어떤 프로그램 성취의 가장 중요한 의미를 자주 대변해 주고 있는 것이다.

스크리븐(M. Scriven)이 제안한 목표 자유평가를 살펴보면, 평가자는 외부에서 영입된 프로그램의 의도된 목표들을 잘 모르는 전문가로 구성된다. 외부 평가자는 설정된 최종목표, 프로그램 목적이나 성공 여부를 판정하는 기관의 기준들에 대한 사전 지식이 없는 상태에서 그 프로그램의 주요 효과, 성취 그리고 결과가 무엇인지를 단지 기록하는 것이다. 그러고 나서 평가자들은 자기가 기록한 것들과 당초 설정된 프로그램 목적을 비교하는 것이다.

평생교육 현장에서 보면, 많은 학습자로부터 자신의 이미지 변화, 자료협력망 구축 등과 같이 돌발적이고 비공식적인 것들이 가장 중요한 학습결과였다는 반응을 자주 접할 수 있다. 다시 말하면, 학습자들은 향상된 자신감, 보다 증진된 가족관계, 새로운 목표의식, 변화된

5) Scriven M., "Pros and Cons about Goal Free Evaluation", *Evaluation Comment*, 1972, p.1.

자아인식 등에 대한 성취감과 만족감을 표출하게 된다. 이 목표 자유평가는 타일러 접근방법에서 소홀히 하는 학습자의 인식과 신뢰성의 영역까지 평가해 주기 때문에 보다 민주적이고 학습자 중심의 평가기법이라고 할 수 있겠다.

3) CIPP 평가모델

위에서 본 바와 같이 스크리븐의 평가모델은 타일러 접근방법에서의 프로그램 목표에 대한 공식적 선언을 포기하는 대신에 모든 프로그램 결과에 대해 가급적 상세히 기록하는 데 중점을 두고 있다. 스타플빔(D. Stufflebeam)은 타일러의 기 설정된 교육 프로그램의 종국적 결과 평가기법이 종국평가(Summative Evaluation)를 강조하고 있다고 보고 있다.[6]

그러나 스타플빔은 프로그램 평가에 있어서 프로그램의 본질, 시행, 계속적 운영뿐만 아니라 최종 성취 등 모두가 포함되어야 된다고 보고 있다. 따라서 이 평가모델에서는 형성평가(Formative Evaluation)가 종국평가와 동등하게 중요하다는 점에 유의하고 있다.

스타플빔의 CIPP 평가모델이 지향하고 있는 것은 평가에 있어서 프로그램의 경위 또는 배경(Context of the program), 프로그램의 투입(Input into the program), 프로그램의 시행과정(Process within the program) 그리고 프로그램의 산출(the program's Product) 등 프로그램과 관련된 영역들을 평가에 포함시키는 것이다.

이 평가모델을 적용하기 위해서 평가자들은 프로그램과 관련된 당초 정책결정에 대한 효과성과 유연성에 대한 연구를 수행해야 하며, 또한 프로그램의 실제 운영에 관한 연구도 해야 한다. 다만, 이 평가모델은 프로그램에 관련된 모든 단계와 영역을 포함시켜야 하기 때문에 많은 시간과 비용을 필요로 한다는 점에 유의해야 할 것이다.

4) 컥패트릭의 계층평가모델(Kirkpatrick's Hierarchy of Evaluation Model)

스타플빔의 CIPP 평가모델이 프로그램의 본질을 이루고 있는 배경요소의 중요성을 강조하는 데 있다면, 컥패트릭(D. Kirkpatrick)의 계층평가모델은 프로그램의 지역사회에 대한 영향을 측정하는 데 있다.

컥패트릭의 계층모델은 다음의 네 단계 평가로 이루어지고 있다.

---

6) Stufflebeam, D., *op. cit.*, 1975, pp. 19.

① 1단계: 프로그램 참여자의 반응을 측정함과 아울러 전반적인 학습자들의 만족도에 대한 평가를 실시한다.

② 2단계: 실시된 실제 학습의 결과를 측정하며, 평가자는 학습자가 시현할 수 있는 새로운 지식과 기능에 관한 자료를 수집한다.

③ 3단계: 이 단계에서는 학습자가 수업 현장에서 배운 새로운 행태를 현실생활에 적용하는지 여부에 대한 것을 측정한다. 컥패트릭은 근로자들이 새로운 직업기술을 습득하는 것과 이들이 직무 현장에서 이들을 활용하는지 여부에 주요 관심을 보이고 있다.

④ 4단계: 이 단계는 프로그램 실시결과가 지역사회에 얼마나 큰 영향을 주는지에 대한 측정을 실시한다.[7]

다음 〈표 9-1〉에서 컥패트릭의 계층평가모델을 적용하는 세 가지 평가의 예를 소개하고자 한다.

표 9-1 컥패트릭의 계층평가모델

평가단계	직업훈련	영양교육	성인문해
4. 결과(지역사회 영향)	산출이 향상되고 있는지?	병원 입원율이 낮아지고 있는지?	공공도서관의 이용이 증대되고 있는지?
3. 행태(기능의 적용)	기능을 작업 현장에서 활용하고 있는지?	식품 구매 습관이 변화하고 있는지?	학습자들이 집에서도 책을 읽는지?
2. 학습	학습자들이 배운 기능을 시현할 수 있는지?	참여자들이 좋은 다이어트에 대한 지식을 보여줄 수 있는지?	학습자들이 읽기와 쓰기 기능의 습득 결과를 보여줄 수 있는지?
1. 반응	학습자들이 프로그램에 만족하고 있는지?	참여자들이 프로그램에 만족하고 있는지?	학습자들이 프로그램에 만족하고 있는지?

7) Kirkpatrick, D. L., "Evaluation of Training". In R. Craig & L. Bittel(eds.), *Training and Development Handbook*, New York: McGraw Hill, 1967.

3. 참여식 평가

1) 참여식 평가(Participatory Evaluation)의 필요성

최근 평생교육자들 사이에 프로그램 발전을 위해 참여의 중요성이 날로 증대되고 있다. 특히 평가과정에 있어서 참여하는 평생교육 활동의 정확성과 학습능력을 증진시키는 것 이외에도 프로그램 발전에 더욱 큰 기여를 하게 된다. 즉, 관리계층의 직원과 신입직원이 함께 평가과정에 참여함으로써 프로그램에 대한 이해를 증진시킬 수 있다. 또한 평가에 적극적으로 참여함으로써 직원들 간, 학습자들 간에 의사소통과 신뢰를 증대시키고 갈등을 완화하며, 학습동기와 실무능력을 자극할 수도 있게 되는 것이다.

학교교육에 있어서는 입학자격이 입학시험의 합격 등 외부 조건으로 주어지고, 교육과정 또한 표준교육과정에 의해 운영되므로 교사에 의한 평가가 가능하지만, 평생교육에 있어서는 다양한 학습자의 참여와 교육과정 등으로 인해 여러 사람의 의견을 반영시키고, 그 프로그램에 관련된 사항이 포함된 평가를 민주적 과정 또는 참여식 과정을 통해 하는 것이 한 사람의 전문가에 의한 평가보다는 높은 신뢰성과 타당성을 보장할 수 있는 것이다.

킨지(D. Kinsey)는 참여식 평가의 필요성을 아래와 같이 설명하고 있다.[8]

① 자료의 정확성과 유용성을 증대시키기 위해서다. 자료를 다른 각도에서, 많은 학습자의 관심이 되는 문제를 확인하여 가중치를 주고 해석을 하는 것이 필요하다.

② 예기치 않은 사항에 대해 보다 공개적이고 솔직해지기 위해서다. 새로운 범주의 의문사항, 영향과 결과를 제안하는 것이 필요하다.

③ 학습을 증진시키기 위해서다. 자기 평가를 통해 학습자 또는 직원들의 학습을 증진시키고, 프로그램 평가를 통해 사회교육단체의 학습을 제고시키며, 평가기법을 숙달시켜 학습능력을 높이는 것이 필요하다.

④ 인식과 의사소통을 증진시키기 위해서다. 직원들과 학습자들 사이에 프로그램에 대한 이해를 증진시키거나 갈등을 완화하는 것이 필요하다.

⑤ 학습동기와 실무능력의 증대를 위해서다. 학습과 역할수행 그리고 프로그램에 대한 능력 증진이 필요하다.

---

8) Kinsey David C., "Participatory Evaluation in Adult and Nonformal Education" *Adult Education Journal*, Vol. 31, Number 3, 1981, p.159.

⑥ 외부의 이해와 프로그램에 대한 지원을 발전시키기 위해서다. 지역사회 주민들, 행정가들 그리고 재정지원자들의 이해가 필요하다.

2) 참여식 평가의 요소

참여식 평가에 있어서 기본적인 요소는 누가 참여하는가(Who), 무엇에 참여하는가(What)와 언제 참여하는가(When)이다. 따라서 잠재적인 참여자가 누구인가, 평가에 초점을 두어야 할 내용은 무엇인가 그리고 평가를 실시할 때 평가과정에는 어떠한 국면이 있는가를 살펴보면 다음과 같다.

(1) 평가의 참여자(Participant of Evaluation)

① 프로그램 작성자: 프로그램의 책임자, 정책 또는 기획 책임자

② 직원: 행정 · 교수 · 상담 담당 직원

③ 학습자: 프로그램의 혜택을 받고 있는 고객과 프로그램과 직접적인 관련을 맺고 있는 고객

④ 지역사회: 지역사회의 지도자, 주민, 평생교육기관과의 관련인사, 후원자

(2) 평가의 내용(Content of Evaluation)

① 배경: 문제, 요구, 기회, 변수 등 프로그램의 목적이나 기회과정에서 고려해야 할 사항들

② 투입: 프로그램의 계획, 인적 자원, 물적 자원, 교육과정, 학습자료 등

③ 과정: 기획, 관리, 교수, 상담 등

④ 결과: 학습활동의 중간이나 종료 후의 학습활동 성과 또는 효과

(3) 평가의 국면(Phases of Evaluation)

① 기획: 평가를 실시할 것인지의 여부에 대한 결정, 누가 무슨 목적을 위해 어떠한 것을 알고자 하는지, 누가 언제 어떻게 평가를 실시할 것인지

② 설계: 응답해야 할 특정 질문들, 기준 또는 지표, 출처 또는 견본, 평가도구 또는 기법, 일정

③ 집행: 자료 수집자에 대한 준비와 훈련, 실제의 자료 수집

④ 분석: 발견사항에 대한 해석, 결과에 대한 가치와 가중치 부여, 결과 도출, 결과와 제언에 대한 보고 또는 의사전달

3) 참여식 평가방법의 예

(1) 간단한 의견조사법

이는 어떤 평생교육 프로그램에 참여한 학습자, 교수요원, 직원 등 관련자 모두에게 일정 기간 동안의 학습을 완료할 때 그 프로그램 전체에 대한 총평을 평점하게 하고, 그 학습에서 잘된 점과 앞으로의 학습을 위해 개선되어야 할 점 등을 기술하게 하는 기법을 말한다. 이 기법은 학습자의 성적 평가를 필요로 하는 경우에도 이와는 별도로 이를 실시함으로써 그 프로그램에 대한 전체적이고도 개괄적인 평가를 할 수 있다는 장점이 있다.

표 9-2 간단한 의견조사법

1. 이 평생교육 프로그램 전체를 10점 만점으로 평점하여 보십시오.

(점)

1	2	3	4	5	6	7	8	9	10
잘못됨				보통					잘됨

2. 이 학습에서 잘된 점을 지적하여 주십시오.

3. 이 학습에서 다소 잘못되었거나 고쳐야 할 점이 있다면 솔직히 지적해 주십시오.

4. 이 학습에 대한 소감이나 생각하는 것이 있으면 써 주십시오.

(2) 항목별 반응평가기법

킨지(D. Kinsey)는 문제해결 방법 중 하나로서 항목별 반응기법(Itemized Response Evaluation Technique, 약칭 I-R Evaluation Technique)을 개발하여 평생교육 프로그램의 평가에 활용하고 있다. 이 기법의 활용방법을 설명하면 다음과 같다.

① 조력자는 약 5분에 걸쳐 이 기법에 대해 설명한다. 이때 기법은 조력자 또는 교수자에 대한 평가가 아니고 그 학습 전반에 대한 평가임을 주지시키고, 평가내용의 활발한 전개를 위해 두뇌폭풍법(Brainstorming)을 활용하는 것에 대해 분명히 언급해야 한다. 학습자가 이해하였을 때 약 20분에 걸쳐 실시한다.

② 먼저 칠판 또는 종이에 〈표 9-3〉과 같이 왼쪽 란에는 장점을, 오른쪽 란에는 해결해야 할 문제점을 기록하여 구분한다.

③ 이 기법의 진행을 조력자 자신이 할 수도 있으나 이렇게 되면 학습자의 활발한 논의가 이루어지기가 곤란하므로 가급적 학습자 중에서 사회자를 선정한다.

표 9-3 항목별 반응평가기법

장점	해결해야 할 문제점
1.	1. 어떻게 하면 … 개선할 수 있을까?
2.	2.
3.	3.
4.	4.
5.	5.
6.	6.
7.	7.
.	.
.	.
.	.
.	.

④ 사회자는 먼저 왼쪽 란의 장점부터 출발하여 그 학습을 통해 잘되었다고 생각하는 점들을 학습자로부터 받아 기록한다.

⑤ 장점에 대해 충분한 의견이 제시되었다고 판단할 때 사회자는 오른쪽의 해결해야 할 문제점으로 진행한다. 여기서 이 기법이 비교적 여러 문화권에서 활용될 수 있는 특징은 문제점을 진술할 때 직접 "이것이 문제다"라고 지적하여 다른 사람의 감정을 해치지 않도록 반드시 "어떻게 하면(How to)…개선할 수 있을까?"로 표현하도록 하고 있다.

⑥ 모든 논의가 완료되었다고 판단할 때 사회자는 진술된 사항에 대한 우선순위 작업을 진행하여 높은 관심에서부터 낮은 관심으로 정리하도록 한다.

연구문제

1. 선발적 교육관과 발달적 교육관을 간략히 비교 설명하시오.
2. 스크리븐의 목표자유평가 모델을 타일러의 설정된 목표접근방법과의 차이를 제시하시오.
3. 스타플빔의 CIPP 평가모델의 특징을 설명하시오.
4. 컥패트릭의 계층평가모델을 예를 들어 알기 쉽게 진술하시오.
5. 킨지의 참여식 평가의 요소가 무엇인지를 설명하시오.

제10장

평생교육사

학습목표

1. 평생교육사가 수행하는 기능을 이해하고 설명할 수 있다.
2. 평생교육사의 자격기준의 내용을 확인하고, 특징과 문제점을 제시할 수 있다.
3. 평생교육사의 양성기관과 양성 관련 교과목 등을 이해하고 진술할 수 있다.
4. 평생교육사의 배치와 신분보장에 대한 내용을 탐색하고 설명할 수 있다.

학습개요

평생교육이 갖추어야 할 독자적인 원리와 이론이 끊임없이 논의되고 또 연구되고 있음에도 불구하고 아직도 전통적인 학교교육의 영향권 안에서 이해되고 있는 경향이 적지 않다. 앞에서 꾸준히 살펴본 대로 평생교육이 오히려 그 대상이나 방법 그리고 평가 등 여러 영역에서 학교교육보다 더 다양하고 이에 대한 전문적 지식과 태도와 기능을 보유한 전문인력이 절실히 요청되고 있음을 부인할 수 없을 것이다.

우리나라의 경우 1982년에 제정된 사회교육법에 의해 사회교육전문요원이 제도화되었으며, 이와 관련된 시행령과 시행규정이 각각 1983년과 1985년에 제정 · 시행해 오다가 1989년에 그간의 문제점을 시정하기 위해 개정되었다.

한편 21세기의 열린 평생 학습사회 건설을 위해 종전의 사회교육법 체계를 평생교육법 체계로 전환하는 과정에서 평생교육 이념을 달성하고 전문성과 능력있는 평생교육 종사자를 양성 · 활용하기 위하여 종전의 사회교육전문요원을 평생교육사로 그 명칭 · 자격 · 배치 등에 관련된 제도를 새롭게 정비하게 되었다. 또한 2007년 12월에 평생교육법이 개정되어 평생교육사의 자격 · 배치 기준 등이 변동되었고, 평생교육법은 2008년부터 2014년 1월 28일까지 평생교육법이 지속적인 개정이 이루어졌다. 이를 종전의 사회교육전문요원과 비교 · 요약하면 다음과 같다.

명칭	평생교육사	사회교육전문요원
기능	• 평생교육의 기획 · 진행 · 분석 및 평가 • 평생교육 교수업무 추가	• 사회교육 활동의 기획 · 분석 및 지도업무
등급	• 1급 · 2급 및 3급	• 1급 및 2급
자격요건	• 1급: 1급 승급과정 이수 • 2급: 전문대학 및 대학(원)에서 15~30학점 이수 • 3급: 전문대학 및 대학에서 21학점 이수	• 1급: 대학 및 대학원 수준 • 2급: 전문대학 수준
양성기관	• 교육부 지정	• 문교부 인가
배치기준	• 국가평생교육진흥원, 시 · 도 평생교육진흥원, 시 · 군 · 구 평생학습관 • 각종 평생교육시설, 학점은행기관	• 종사자가 5명 이상이고, 동시에 50명 이상 교습할 수 있는 단체 및 시설 • 연간 교육인원이 500명 이상 단체

이 장에서는 평생교육사 제도와 관련된 내용을 관계 법령을 통해 알아보고, 외국의 평생교육사 제도에 대해서도 살펴보고자 한다.

1. 평생교육사의 개념과 기능

1) 평생교육사의 개념

평생교육에 관계하는 사람을 광의의 개념으로 “평생교육 학습에 어떤 책임을 가지고 있는 자”라고 할 때는 우리 주위에 사회교육자 또는 평생교육자로 불리는 사람이 대단히 많을 수 있다.[1] 즉, 여성단체, 남성단체, 전문학회, 시민단체, 노동조합, 무역협회, 농민단체 등 무수한 자원단체의 회장들이 있고, 또한 산업계와 정부 그리고 사회단체의 수많은 책임자, 훈련교관, 감독자 등이 있으며, 공립학교, 대학, 도서관, 상업학교 등 교육기관에 근무하는 교사, 행정가와 단체지도자들이 있고, 신문, 잡지, 라디오와 텔레비전 등 교육관련 대중매체에 근무하는 작가, 편집가와 프로그램 책임자들이 있으며, 매우 적은 수이기는 하나 전문적 평생교육자로서 이 직업에 평생동안 일하는 사람들이 있는 등 다양한 직업과 직무에 종사하는 사람들이 광의의 평생교육자로서 분류될 수 있다.

한편, 더라(M. Douglah)와 모스(G. Moss)는 광의의 평생교육자로서 ① 연구자(Researcher) ② 교수(Professor of Adult Education) ③ 행정가(Administrator) ④ 상담자(Counselor) ⑤ 자문가(Cousultant) ⑥ 프로그램 운영자(Planner, Organizer, Coordinator of Programs) ⑦ 교사(Teacher)로 구분한 뒤 연구자와 교수는 평생교육학자(Adult Education Scholar)로, 행정가, 상담자, 자문가와 프로그램 운영자는 평생교육 담당자(Adult Education Practitionor)로 분류하고 있다.[2]

협의의 평생교육사는 놀스(M. Knowles)가 분류한 대로 평생교육을 전문적이고 평생직업으로 삼고 일하는 사람 그리고 더라(M. Douglah)와 모스(G. Moss)가 분류한 행정가, 상담자, 자문가, 프로그램 운영자 등 평생교육 담당자로서 평생교육 활동에 전념하는 사람을 말한다고 규정할 수 있다. 「평생교육법」에서 “평생교육사는 평생교육의 기획 · 진행 · 분석 · 평가 및 교수 업무를 수행한다.”라고 규정하여 종전의 사회교육법에서의 협의의 전문요원 개념에서 광의의 평생교육자 개념을 도입하고 있다.

---

1) Knowles, Malcolm S., *op. cit.*, 1980, p.26.

2) Douglah, M. & Moss G. M., “Adult Education as a Field of Study and It's Implementations for the Preparation of Adult Education”. *Adult Education*, Vol.XIX, 1969, p.127.

2) 평생교육사의 기능

「평생교육법」상의 규정만으로는 평생교육사의 역할이나 기능이 명확하지 못하므로 이에 대해 자세히 살펴보기로 한다.

녹스(A. Knox)는 평생교육사의 기능을 크게 ① 행정 ② 프로그램 운영 ③ 연구의 이용 등 세 가지로 구분하고 있다.[3] 즉, 행정 기능은 평생교육 활동에 될 수 있으면 많은 학습자가 참여하여 성공적으로 이수토록 하며, 운영에 필요한 비용을 조달하여 효율적으로 배분하고, 평생교육의 전개에 필요한 사람을 선발 · 훈련하며, 운영 전반에 걸친 지도력을 발휘하는 기능을 말한다. 프로그램 운영 기능이란 평생교육의 요구를 분석하고 목표를 설정하며 목표달성을 위한 학습활동의 선정과 조직을 한 후 그 결과를 평가하는 기능이다. 연구의 이용 기능은 평생교육에 관계되는 연구결과를 자신이 담당하는 업무에 이용할 줄 알며, 나아가서는 직접 현장연구까지 해보는 기능이다.

놀스(M. Knowles)는 평생교육사의 기능을 다음의 다섯 가지로 설명한다.[4]

① 진단 기능(the Diagnostic Function): 평생교육에 대한 개인, 기관 및 사회의 학습 요구를 그가 속해 있는 기관과 관련하여 분석하는 기능

② 조직 기능(the Organizational Function): 평생교육의 효과적 발전과 운영을 위해 조직 구조를 설립하고 유지하는 기능

③ 기획 기능(the Planning Function): 분석된 요구들을 충족시키기 위한 목표를 설정하고, 목표 성취를 위한 평생교육 활동을 고안하는 기능

④ 행정 기능(the Administrative Function): 효과적인 프로그램 운영을 위해 필요한 교수요원의 선발과 훈련, 시설 유지와 관리, 학습자 선발, 재정 확보 등의 절차를 주도하고 감독하는 기능

⑤ 평가 기능(the Evaluative Function): 실시된 프로그램의 효과성을 측정하는 기능

한편, 미들톤(J. Middleton)은 평생교육사가 실제 수행하는 작업을 분석한 결과 다음 10가지의 기능을 수행한다고 하면서[5] 이러한 기능을 명확하게 수행하는 데 도움을 주는 학문 영역까지

3) Knox, A. B., *Enhancing Proficiencies of Continuing Education*, San Francisco: Jossey-Bass, 1979, pp.25-36.
4) Knowles, Malcolm S., *op. cit.*, 1980, p.27.
5) Middleton, J., *University Training and Nonformal Education*, San Francisco: Jossey-Bass, 1976, pp.58-66.

밝히고 있어서 평생교육사의 양성과정 편성에 많은 참고가 되리라고 본다.

① 사회 · 경제적 분석: 평생교육은 학습자의 여러 문제를 해결하는 데 조력해야 하기 때문에 평생교육사는 미시경제, 농촌사회학, 농촌생산과 판매, 문화인류학 등에서 가르치는 미시경제 분석법, 조사연구법, 의사소통 분석법, 문화인류학적 사례연구법 등의 능력을 습득하여 학습자의 다양한 문제를 발견하여야 한다.

② 의사소통 과정 분석: 학습자들이 추출된 문제와 그 해결책을 잘 알고 있는지를 학습자와 의사소통을 하는 과정에서 분석하는 것으로 커뮤니케이션, 언어학이나 인류문화학 등으로부터 습득된 개념이나 기술 등이 필요하다.

③ 프로그램 기획: 문제해결을 위한 계획을 수립하는 것으로서, 교육학, 심리학, 사회심리학, 커뮤니케이션 등의 학문에서의 능력이 요구된다.

④ 자료 개발 및 채택: 수립된 계획의 효과적인 운영을 위하여 어떤 종류의 학습자료가 있으며, 어떻게 필요한 학습자료를 개발할 수 있으며, 기존의 자료를 활용할 수 있는지 등에 관련된 것으로서, 교육학의 교육과정과 학습자료, 시청각학습 등에서의 능력이 필요하다.

⑤ 훈련: 대부분의 평생교육사는 교사 등의 직원들을 직접 훈련하거나 그 계획에 참여해야 하므로 교육학에서의 능력이 요구된다.

⑥ 관리: 평생교육사는 예산을 편성하고 집행하며, 제반 업무를 처리하고 직원들을 지도하여야 한다. 이때 필요한 능력은 경영학이나 교육행정학 등에서 얻을 수 있다.

⑦ 기관과의 협동: 다른 평생교육기관들과 상호 협동하여 예산이나 인력 등의 낭비를 예상하는 것도 평생교육사의 중요한 임무 중 하나이다. 이때 필요한 능력을 사회학, 행정학, 사회심리학, 조직론 등에서 얻을 수 있다.

⑧ 홍보: 소속된 평생교육기관의 성공을 위해서는 다양하고 효과적인 홍보활동을 전개할 필요가 있는데, 커뮤니케이션 등의 학문에서 그 능력을 얻을 수 있다.

⑨ 평가: 모든 평생교육활동은 그 활동의 진행 도중이나 종료 후 평가되어야 하므로 교육평가에서 그 능력을 얻을 수 있다.

⑩ 자문: 평생교육사는 각계각층의 사람들을 두루 접촉하여 평생교육 발전을 위한 자문을 구하여야 하므로 심리학, 사회심리학 등에서 가르쳐지는 능력이 필요하다.

이상에서 평생교육사가 담당하는 주요 기능을 살펴본 대로, 평생교육사는 평생교육단체나 시설에서 요구분석가, 교육과정의 편성과 운영자, 평가자, 행정가, 홍보와 상담자 그리고 연구자와 교수자로서의 폭넓은 기능을 수행하는 것으로 보아야 할 것이다.

출처: 한국평생교육사협회 홈페이지(2014). www.Kale.or.kr.

그림 10-1 평생교육사의 직무

종전의 사회교육법에 의한 사회교육전문요원에 대하여 교수요원으로서의 기능을 부여하지 않았다. 즉, 교사는 교원자격증 취득이 학생들을 가르칠 수 있는 자격을 부여하고 있는 반면, 사회교육전문요원의 자격증 취득만으로는 교수요원으로서의 활동을 부여해 오지 않았다. 그러나 많은 사회교육전문요원 자격증 취득자들이 실제 각종 기업교육, 공무원 연수교육 그리고 민간 산업교육원 등을 설립 · 운영하면서 유능한 교수요원으로 활동해 왔음을 부인할 수 없겠다. 따라서 평생교육법 제정 시(1999. 8. 31) 이를 보완하여 평생교육사에게 교수요원으로서의 기능을 추가 부여하게 되었으며, 이는 앞으로 평생교육사의 양성 · 연수 및 배치 등 그들의 활동에 큰 자긍심과 활동 영역의 확장을 기대할 수 있을 것이다.

평생교육사의 기능을 통해 평생교육사가 수행하는 직무를 살펴보면 [그림 10-1]과 같다.

2. 평생교육사의 자격

1) 평생교육사의 자격기준

개정된(2007.12.14 전부개정~2014.1.28 일부개정) 평생교육법에서 평생교육사에 대한 자격등급은 종전과 같이 1급, 2급 및 3급 평생교육사로 동일하게 유지하고 있으나, 세부 자격기준은 많은 변화를 보이고 있다.

먼저, 1급 평생교육사의 경우, 종전에는 평생교육 분야를 전공하고 박사학위를 취득하거나, 초 · 중등학교의 교원 또는 5급 이상 공무원이 소정의 자격과정을 이수한 경우에 수여할 수 있도록 하고 있었으나, 개정된 「평생교육법」에서는 평생교육사 2급 자격증을 소지하고 평생교육과 관련된 업무에 5년 이상 종사한 경력이 있는 자로서 국가평생교육진흥원장이 운영하는 평생교육사 1급 승급과정을 이수한 경우에 한하도록 하고 있다.

물론 국가평생교육진흥원을 새 평생교육법에 의해 설립을 했으므로 동 기관을 유지 · 경영할 수 있고, 그 위상을 정립하기 위하여 새로운 권한을 부여해야 한다고 주장할 수 있겠으나, 진흥원의 1급 평생교육사 승급과정을 대학원의 박사과정보다 상위로 하고 있음은 논란의 소지가 있다는 것을 지적하지 않을 수 없다. 필요하다면, 평생교육사에 대한 연수 또는 자격증 갱신 재교육 등의 업무를 진흥원에 신설하는 것으로 재검토할 필요가 있다.

둘째, 종전의 평생교육법에서 2급과 3급 평생교육사의 자격을 기본적으로 학력에 의해 구분하여, 2급은 대학 수준에서, 3급은 전문대학 수준에서 양성하는 것으로 하였으나, 개정된 평생교육법에서는 전문대학과 대학을 동일한 수준에서 인정하는 대신 이수 학점에 차등을 두어 2급과 3급 평생교육사의 자격을 수여하도록 개선하고 있다.

개정된 평생교육법에 의해 변동된 평생교육사의 등급별 자격요건을 규정하고 있는 시행령 [별표 1-3]을 소개하면 〈표 10-1〉과 같다.

표 10-1 평생교육사의 등급별 자격요건(평생교육법 시행령 제15조 및 제16조 제2항 관련, 시행 2017.5.29.)

등급	자격기준
평생교육사 1급	평생교육사 2급 자격증을 취득한 후, 교육부장관이 정하는 평생교육과 관련된 업무(이하 "관련업무")에 5년 이상 종사한 경력이 있는 자로서 진흥원이 운영하는 평생교육사 1급 승급과정을 이수한 자
평생교육사 2급	1. 「고등교육법」 제29조 및 제30조에 따른 대학원에서 교육부령으로 정하는 평생교육과 관련된 과목(이하 "관련과목") 중 필수과목을 15학점 이상 이수하고 석사 또는 박사학위를 취득한 자. 다만 「고등교육법」 제2조에 따른 학교(이하 "대학")에서 필수과목을 이수한 경우에는 선택과목으로 필수과목 학점을 대체할 수 있다. 2. 대학 또는 이와 같은 수준 이상의 학력을 인정할 수 있는 기관, 「학점인정 등에 관한 법률」에 따라 평가인정을 받은 학습과정을 운영하는 교육훈련기관(이하 "학점은행기관")에서 관련과목을 30학점 이상 이수하고 학위를 취득한 자 3. 대학을 졸업한 자 또는 이와 같은 수준 이상의 학력이 있다고 인정되는 자로서 다음 각 목의 어느 하나에 해당하는 기관에서 관련과목을 30학점 이상 이수한 자 가. 대학 또는 이와 같은 수준 이상의 학력을 인정할 수 있는 기관 나. 법 제25조 제1항에 따른 평생교육사 양성기관(이하 "지정양성기관") 다. 학점은행기관 4. 평생교육사 3급 자격증을 보유하고 관련업무에 3년 이상 종사한 경력이 있는 자로서 진흥원이나 지정양성기관이 운영하는 평생교육사 2급 승급과정을 이수한 자
평생교육사 3급	1. 대학 또는 이와 같은 수준 이상의 학력을 인정할 수 있는 기관, 학점은행기관에서 관련과목을 21학점 이상 이수하고 학위를 취득한 자 2. 대학을 졸업한 자 또는 이와 같은 수준 이상의 학력이 있다고 인정되는 자로서 다음 각 목의 어느 하나에 해당하는 기관에서 관련과목을 21학점 이상 이수한 자 가 대학 또는 이와 같은 수준 이상의 학력을 인정할 수 있는 기관 나. 지정양성기관 다. 학점은행기관 3. 관련업무에 2년 이상 종사한 경력이 있는 자로서 진흥원이나 지정양성기관이 운영하는 평생교육사 3급 양성과정을 이수한 자 4. 관련업무에 1년 이상 종사한 경력이 있는 공무원 및 「초 · 중등교육법」 제2조 제2호부터 제6호까지의 학교 또는 학력인정 평생교육시설의 교원으로서 진흥원이나 지정양성기관이 운영하는 평생교육사 3급 양성과정을 이수한 자

출처: 법제처(2025). 「평생교육법 시행령」 제16조 제2항 별표1의 3

2) 평생교육사 자격기준의 특징 및 문제점

개정(2007. 12. 14)된 평생교육법령상 규정된 평생교육사의 자격기준 설정에 특징적인 내용과 문제점을 살펴보면, 다음과 같다.

첫째, 초·중등학교의 교원에 대한 경력 인정범위가 대폭 축소되어 있다. 우리나라의 초·중등학교도 다른 나라와 마찬가지로 다양한 평생교육 활동이 전개되어 오고 있으며, 많은 교원이 이에 참여하고 있다. 즉, 학교 중심의 평생교육으로서 전국의 초등학교에 설치되어 있는 노인교실이 이에 해당하며, 이는 그 초등학교의 교원이 주축이 되어 실시하는 평생교육 프로그램이다.

또한 청소년단체인 한국청소년연맹, 보이스카우트, 걸스카우트 등의 각종 활동에 많은 교원이 참여하고 있으며, 미국의 지역사회학교(Community School)에 해당하는 한국지역사회교육협의회의 활동에도 많은 학교와 교원이 참여하고 있는 등 상당수의 초·중등학교 교원이 각종 평생교육 활동에 폭넓게 참가하고 있다.

이에 평생교육에 관한 전문저 이론과 방법 등을 이들 교원에게 학습시켜 평생교육사로서 자부심과 긍지를 갖게 하여 각급 학교교육에서의 평생교육을 크게 진흥시키고자 종전에는 1급 또는 2급 평생교육사 자격증 수여 규정을 두고 있었으나, 개정 평생교육법에서는 3급 평생교육사에 한정시키고 있다.

종전의 「평생교육법」에서는 1급 평생교육사 자격과 관련하여 「초·중등교육법」 제2조의 규정에 의한 학교의 교장 및 교감 자격증 소지자와 학력인정 평생교육시설의 설치·경영자로서 학력인정시설에서 5년 이상 종사한 경력이 있으면 누구나 교육부장관이 인정하는 평생교육에 관한 전문교육과정을 210시간 이상 이수할 경우, 동 1급 자격증을 수여하도록 규정하고 있다. 다음으로 초·중등학교의 교원으로 3년 이상 근무하면 학교 또는 교육부 지정양성기관에서 평생교육관련 학점을 14학점 이상 취득하거나 210시간 이상 이수할 경우 동 2급 자격증을 수여하도록 규정하고 있었다.

그러나 개정 「평생교육법」에서는 초·중등학교 및 학력인정 평생교육시설의 교원으로서 1년 이상 관련 업무에 종사하고 국가평생교육진흥원이나 지정양성기관에서 평생교육사 3급 과정을 이수한 경우 3급 자격증을 수여하도록 규정하고 있다.

둘째, 공무원에 대한 경력 인정범위도 크게 축소되어 있다. 현재 정부의 각 부처 중 대부분이 자체 연수원을 운영하고 있으며, 평생교육시설인 도서관과 박물관이 전국적으로 산재해 있다. 여기에 상당수의 공무원이 근무하고 있다. 이러한 공무원연수원, 도서관과 박물관에 근무하였거나 근무 중인 공무원에게 평생교육에 대한 이론학습과 실습을 받으면 평생교육사 자격증을 수여하도록 하고 있다. 즉, 종전의 평생교육법에서는 근무경력 5년 이상인 5급 공무원이었거나 공무원인 자가 교육부장관이 인정하는 평생교육에 관한 전문교육과정을 210시간 이상 이수한 경우는 1급 평생교육사 자격증을 수여하도록 함과 아울러 평생교육과 관련된 업무에 2년 이상 종사한 경력이 있는 공무원에게는 전문대학 또는 지정양성기관에서 평생교육관련 학점을 14학점 이상 취득하거나 210시간 이상 학습을 받은 경우는 3급 평생교육사 자격증을 수여하도록 하고 있다.

그러나 개정 「평생교육법」에서는 1급 평생교육사 자격증 기회를 삭제하고, 관련업무에 1년 이상 근무하고 국가평생교육진흥원이나 지정양성기관에서 평생교육사 3급 과정을 이수한 경우 3급 자격증을 수여하도록 변경하고 있다.

셋째, 평생교육 경력자에 대한 예우 규정을 삭제해 버렸다. 이는 우리 주변에 과거 일제시대부터 우리나라의 평생교육 개척자로서 활동해 오고 있는 분과 1982년 사회교육법이 제정되기 이전에 평생교육 분야에서 혁혁한 공을 세우신 분들이 상당수 있음을 우리는 잘 알고 있다. 이러한 분들에게 이제 대학원, 대학 또는 전문대학에 소정의 학점을 이수토록 한다든지 평생교육사 양성기관에서 소정의 과정학습을 요구하는 것은 부적절하고도 불필요한 일인 것이다. 따라서 사회교육법에서는 교육부장관이 인정하면 1급 또는 2급 전문요원 자격증을 수여토록 배려하였고, 종전의 평생교육법(1999년)에서는 3급 평생교육사 자격증만을 수여토록 제한하였으나, 이번에 개정된 평생교육법(2007년)에서는 이에 대한 근거를 삭제해 버렸다. 이는 우리 평생교육 분야에서 묵묵히 일해 온 평생학습 실천가들에 대한 배려를 무시하는 처사이므로 하루속히 최소한 2급 평생교육사 자격증을 수여할 수 있도록 개정해야 할 것이다.

3. 평생교육사의 양성

1) 평생교육사의 양성기관

현재 우리나라의 평생교육사 양성은 개정 평생교육법(2009년; 2013년) 제24조와 제25조의 규정에 의해 대학(교)의 정규 양성체제와 실무자 중심의 양성기관체제로 이원화되어 이루어지고 있다. 평생교육사의 양성은 「평생교육법」 제24조 제1항에 다음과 같이 명시되어 있다. "고등교육법 제2조의 규정에 따른 학교(이하 "대학") 또는 이와 동등 이상의 학력이 있다고 인정되는 기관에서 교육부령으로 정하는 평생교육 관련 교과목을 일정 학점 이상 이수하고 학위를 취득한 자, 학점인정 등에 관한 법률 제3조 제1항에 따라 평가인정을 받은 학습과정을 운영하는 교육훈련기관(이하 "학점은행기관")에서 교육부령으로 정하는 평생교육 관련 교과목을 일정 학점 이상 이수하고 학위를 취득한 자, 또는 제25조의 규정에 의한 평생교육사 양성기관에서 필요한 과정을 이수한 자에게 평생교육사의 자격을 부여한다."고 규정하고 있다.

2) 평생교육사 양성 현황

평생교육사 양성 현황을 살펴보면, 2000년 이후 그 수가 꾸준히 증가하여 2015년에 8,404명으로 가장 많은 평생교육사가 양성되었다. 2023년 12월을 기준으로 양성된 평생교육사의 수는 총 163,639명이다. 평생교육사 자격 등급별 양성 현황을 보면 1급이 전체의 0.006%인 1,031명, 2급이 94.5%인 154,694명, 3급이 4.9%인 7,914명으로 양성된 평생교육사 대부분이 2급 자격을 소지하고 있다.

표 10-2 연도별 평생교육사 양성(자격증 발급) 현황 (단위: 명)

연도	1급	2급	3급	총 계	비고
1986~1999년	0	21,007	2,008	23,015	(구)사회교육전문요원
2000년	22	1,548	344	1,914	평생교육사
2001년	25	2,878	513	3,416	
2002년	38	2,957	636	3,631	
2003년	31	2,982	601	3,614	
2004년	32	2,776	551	3,359	
2005년	26	3,734	490	4,250	

연도	1급	2급	3급	총 계	비고
2006년	33	3,735	143	3,911	
2007년	16	4,566	316	4,898	
2008년	33	5,448	273	5,754	
2009년	57	5,447	260	5,764	
2010년	55	6,697	383	7,135	
2011년	30	6,808	221	7,059	
2012년	70	7,900	183	8,153	
2013년	58	7,633	156	7,847	
2014년	42	7,791	113	7,946	
2015년	44	8,278	82	8,404	
2016년	38	6,923	81	7,042	
2017년	43	6,386	67	6,496	
2018년	87	6,618	83	6,788	
2019년	76	6,532	63	6,671	
2020년	38	6,626	77	6,741	
2021년	44	6,625	65	6,734	
2022년	47	6,537	109	6,693	
2023년	46	6,262	96	6,404	
총계	1,031	154,694	7,914	163,639	

출처: 교육부 · 국가평생교육진흥원(2023). 2022년 평생교육백서; 국가평생교육진흥원 내부 자료(2023).

2019년부터 2022년까지 최근 4년간 평생교육사 양성기관의 유형별 자격 교부 현황은 다음 〈표 10-3〉과 같다. 유형별로는 학점은행제기관이 2022년 2,895명, 4년 동안 10,266명(38.2%)으로 가장 많은 평생교육사를 양성하였고, 이어서 방송통신대학교가 2022년 898명, 4년 동안 4,711명(17.6%)을, 일반대학이 2022년 899명, 4년 동안 3,715명(13.8%)을 양성하였다. 양성과정을 크게 정규교육과정(고등교육기관)과 비정규교육과정(학점은행기관, 국가평생교육진흥원)으로 구분하여 보면, 2022년에는 정규교육과정을 통해 3,751명(56.0%)의 평생교육사가 양성되어 비정규교육과정보다는 정규교육과정을 통해 더 많은 평생교육사가 양성되었음을 알 수 있다. 2021년 비교하면 정규교육과정을 통한 양성비율이 전년 대비 2.3% 감소한 반면, 비정규교육과정을 통한 양성비율은 2021년 41.7%에서 2021년 44.0%로 증가하였다.

표 10-3 양성기관 유형별 평생교육사 자격 교부 현황(2019~2022년) (단위: 명)

기관 유형 \ 연도	2019년	2020년	2021년	2022년	계
정규교육과정	4,380	4,323	3,926	3,751	16,380
비정규교육과정	2,291	2,418	2,808	2,942	10,459
전문대학	864	853	886	746	3,349
교육대학	4	-	-	-	4
일반대학	1,007	954	855	899	3,715
방송통신대학	1,372	1,357	1,084	898	4,711
산업대학	111	138	119	62	430
각종 학교	-	-	1	-	1
원격 및 사이버대학	857	874	832	831	3,394
대학원대학	125	120	112	281	638
전공대학	40	27	37	34	138
국가평생교육진흥원	67	37	42	47	193
학점은행기관	2,224	2,381	2,766	2,895	10,266
계	6,671	6,741	6,734	6,693	26,839

출처: 교육부 · 한국교육개발원(2020~2023). 연도별 평생교육통계자료집.

4. 평생교육사의 배치

1) 평생교육사의 배치현황

「평생교육법」 제26조에서는 평생교육기관에 평생교육사를 배치하여야 한다는 의무 배치를 규정하고 있으며, 평생교육사 배치 대상 기관과 배치 기준을 동법 시행령 제22조에서 〈표 10-4〉와 같이 규정하고 있다. 국가 및 시 · 도평생교육진흥원은 1급 평생교육사 1명 이상을 포함한 5명 이상, 시 · 군 · 구평생학습관은 정규직원이 20명 이상일 경우 1급 또는 2급 평생교육사 1명을 포함한 2명 이상, 정규직원이 20명 미만일 경우에는 1급 또는 2급 평생교육사 1명 이상을, 그 외 장애인 평생교육시설, 평생교육시설, 학점은행기관 등은 평생교육사 1명 이상을 의무적으로 배치해야 한다.

표 10-4 평생교육사 배치 대상 기관 및 배치 기준

배치 대상 기관	배치 기준
1. 진흥원, 시·도진흥원	1급 평생교육사 1명 이상을 포함한 5명 이상
2. 장애인평생교육시설	평생교육사 1명 이상
3. 시·군·구 평생학습관	정규직원 20명 이상: 1급 또는 2급 평생교육사 1명을 포함한 2명 이상 정규직원 20명 미만: 1급 또는 2급 평생교육사 1명 이상
4. 법 제30조에서 제38조까지의 규정에 따른 평생교육시설(학력 인정 평생교육시설은 제외한다), 「학점인정 등에 관한 법률」 제3조 제1항에 따라 평가인정을 받은 학습과정을 운영하는 교육훈련기관 및 법 제2조 제2호 다목의 시설·법인 또는 단체	평생교육사 1명 이상

출처: 법체처(2025). 「평생교육법 시행령」 제22조 별표2

2023년 평생교육사의 평생교육기관 배치율은 86.5%로, 전년 대비 11.7% 증가하였다. 배치 현황을 구체적으로 살펴보면, 전체 5,029개 평생교육기관의 86.5%인 4,348개 기관에 평생교육사가 배치된 것으로 나타났다. 시·도평생교육진흥원의 경우 모든 기관에 평생교육사가 배치되었으며, 시·군·구평생학습관의 경우 83.4%인 413개 기관에 배치되어 있었다. 평생교육시설 중에서는 사업장 부설 평생교육시설의 평생교육사 배치율이 97.6%로 가장 높았으며, 다음으로 언론기관 부설 평생교육시설이 86.8%로 높았다. 학교 부설 평생교육시설 배치율은 82.7%, 시민사회단체 부설과 지식·인력개발형태 평생교육시설은 85.0%로 전체 평균 배치율 86.5%보다 낮게 나타났다.

표 10-5 평생교육기관 유형별 평생교육사 배치율 현황

(단위: 개, %)

구분			총기관 수	배치 기관 수	배치율
평생교육기관	시·도평생교육진흥원		17	17	100.0
	시·군·구 평생학습관		495	413	83.4
	학교 부설 평생교육시설	초·중등학교	10	8	80.0
		대학(원)	418	346	82.8
	사업장 부설 평생교육시설		377	368	97.6
	언론기관 부설 평생교육시설		1,528	1,326	86.8

구분		총기관 수	배치 기관 수	배치율
	지식 · 인력개발 형태 평생교육시설	539	458	85.0
	시민사회단체 부설 평생교육시설	408	347	85.0
	원격 형태 평생교육시설	1,237	1,065	86.1
	소계	5,029	4,348	86.5

출처: 교육부 · 한국교육개발원(2023). 2023 교육통계분석자료집-평생교육통계편.

2023년 평생교육기관에 배치된 평생교육사 현황을 보면 4,348개 기관에 6,567명이 배치되어 있다. 2022년 평생교육사 3,770개 기관에 5,869명이 배치된 것과 비교하면, 배치기관 수와 배치 평생교육사 각각 전년대비 15.3%, 11.9% 큰 폭으로 증가한 것을 알 수 있다. 기관 유형 중에서는 언론기관 부설 평생교육기관이 전년대비 배치기관 수와 평생교육사가 가장 많이 증가하였다. 평생교육기관당 배치된 평생교육사 수를 살펴보면, 전체 5,029개 기관에 평균 1.3명의 평생교육사가 있는 것으로 나타났다. 17개 시 · 도평생교육진흥원에는 229명의 평생교육사가 배치되어 기관당 평균 평생교육사 수는 13.5명으로 기관당 평생교육사 수가 가장 많았다. 시 · 군 · 구평생학습관은 947명이 배치되어 기관당 평균 1.9명으로 약 2명의 평생교육사가 있는 것으로 나타났다. 시 · 도평생교육진흥원과 시 · 군 · 구평생학습관을 제외한 평생교육기관의 경우 기관당 평생교육사 수는 약 1명에 그치고 있다.

표 10-6 평생교육기관 유형별 평생교육사 배치 현황 (단위: 개, 명)

구분			총 기관 수	평생교육사 수	기관당 평생교육사 수
평생교육기관	시 · 도평생교육진흥원		17	229	13.5
	시 · 군 · 구평생학습관		495	947	1.9
	학교 부설 평생교육시설	초 · 중등학교	10	9	0.9
		대학(원)	418	648	1.6
	사업장 부설 평생교육시설		377	497	1.3
	언론기관 부설 평생교육시설		1,528	1,488	1.0
	지식 · 인력개발 형태 평생교육시설		539	638	1.2
	시민사회단체 부설 평생교육시설		408	466	1.1
	원격 형태 평생교육시설		1,237	1,645	1.3
	소계		5,029	6,567	1.3

출처: 교육부 · 한국교육개발원(2023). 2023 교육통계분석자료집-평생교육통계편.

2) 평생교육사 승급과정 운영 현황

국가평생교육진흥원은 「평생교육법 시행령」 제1조와 제18조에 따라 평생교육사 승급과정을 운영하고 있다. 평생교육사 승급과정의 교육 내용은 다음 〈표 10-7〉과 같다. 1급 승급과정은 평생교육기관 경영자 및 평생교육 정책 전문가로서의 평생교육사를 양성하고, 2급 승급과정은 평생교육 프로그램 전문가로서의 평생교육사를 양성하기 위한 내용으로 구성되었다.

표 10-7 평생교육사 승급과정의 교육 내용

평생교육사 1급 승급과정			평생교육사 2급 승급과정		
영역	이수 과목명	시간	영역	이수 과목명	시간
평생교육 비전과정	평생교육사의 역할 및 철학 평생교육법과 정책의 이해 평생교육사의 직업윤리 평생교육 리더십 국내외 평생교육동향 평생교육사 비전 워크숍 성평등·인권교육 조별 프로젝트 운영 및 발표	3H 3H 3H 3H 2H 5H	평생학습 환경분석	평생교육사의 역할 및 철학 평생교육법과 정책의 이해 국내외 평생교육 동향 요구조사분석	3H 3H 3H 3H
평생교육 기관경영 및 관리	평생교육기관 운영 및 문제해결 평생교육기관 비전 및 전략 조직분석 및 기관역량 분석 마케팅 및 기관홍보전략 수립 평생교육기관 재무관리 평생교육기관 성과관리	3H 3H 3H 3H 3H	평생학습 기획	사업기획의 실제 평생교육 실무행정 평생교육 자원관리	3H 3H
평생교육 사업 및 정책	평생교육사업 기획 평생교육사업 타당성 분석 평생교육사업 설계 및 모니터링 평생교육사업 평가 및 성과관리 평생교육 정책제안 워크숍(Ⅰ) 평생교육 정책제안 워크숍(Ⅱ)	3H 3H 3H 3H 3H 3H	평생교육 프로그램 개발·운영·평가	평생교육 프로그램의 이해와 텍소노미 평생교육프로그램 기획 및 분석 평생교육프로그램 설계 및 개발 평생교육프로그램 운영 평생교육프로그램 마케팅 및 홍보 평생교육프로그램 평가	3H 3H 3H 3H 3H 3H
변화촉진 및 지역 디자인	평생학습과 변화촉진 평생학습동아리 조직화 평생학습네트워크전략 지역사회와 평생교육리더 실천현장 사례공유	3H 3H 3H 3H	지역 네트워크	지역사회교육의 이해 지역동향 및 기관역량 분석 평생교육 네트워크 실천현장 사례공유	3H 3H 3H 3H
평생학습 상담 및 컨설팅	생애발달과 평생학습상담 진로상담과 경력개발 평생교육 컨설팅의 이해 평생교육 컨설팅 실제	3H 3H 3H	교수학습 기법 및 상담	성인학습자의 이해 평생교육 상담 및 학습설계 교수-학습기법 실습	3H 3H

평생교육사 1급 승급과정			평생교육사 2급 승급과정		
영역	이수 과목명	시간	영역	이수 과목명	시간
평생교육 교수학습	평생교육을 위한 효과적인 교수법(Ⅰ) 평생교육을 위한 효과적인 교수법(Ⅱ)	3H 3H	기타	평생교육기관 및 행사 견학 (조별 프로젝트 운영 및 발표) 성평등 · 인권교육 개강식 및 종강식 종합시험	3H 2H 2H 3H
기타	개강식 및 종강식 종합시험 개별 프로젝트	2H 3H 6H			
교육과정	6개 영역 / 31과목	105H	교육과정	5개 영역 / 21과목	70H

출처: 국가평생교육진흥원(2023). 내부 자료.

2023년 평생교육사 2급 승급과정은 수요가 없어 폐강되었으며, 1급 승급과정만 운영되었다. 1급 승급과정은 신청자를 모집하여 자격요건을 충족하는 48명을 선발하였으며, 46명이 1급 승급과정을 이수하여 1급 자격을 취득하였다. 2023년 승급과정은 온라인 플랫폼을 활용한 비대면 교육 방식과 집합 교육을 병행하는 방식으로 운영되었다.

표 10-8 2023년 평생교육사 1급 승급과정 운영 현황

구분	1급 승급과정 개요
교육 기간	2023. 7. 7.(금)~2023. 9. 16.(토)
교육 방법	온라인 플랫폼을 활용한 실시간 비대면 교육과 집합 교육 병행
교육 인원	46명

3) 평생교육사의 신분보장

평생교육사에 대한 신분보장은 자격증 소지자가 국가 또는 지방자치단체에 임용된 경우에는 「국가공무원법」 등에 의하여, 교원인 경우에는 「국가공무원법」 등에 의해, 민간 기업체 등에 취업한 경우에는 해당 기업체의 내부 규정에 의해 신분을 보장받게 된다.

종전의 사회교육법에서는 전문요원이 전문직으로서 신분보장을 받을 수 있도록 이에 대한 별도의 선언적 규정을 두었으며, 동법 시행령에서는 징계 또는 결격 사유에 해당하게 된 경우를 제외하고는 해고, 기타 불이익한 처분을 받지 않도록 규정하였다.

그러나 「평생교육법」에서는 평생교육사에 대한 별도의 신분보장 조항을 두고 있지 않다. 아무리 이에 대한 규정이 선언적 내용이라 할지라도 평생교육의 기본법인 「평생교육법」에

이를 규정하는 것은 평생교육사에 대한 법적 예우에 해당하는 것으로 매우 중요한 의미가 있는 것이다.

개정된 「평생교육법」에서도 평생교육사에 대한 결격 사유만을 다음과 같이 두어 매우 소극적인 신분보장을 하고 있다는 비난의 소지가 있음을 지적하고자 한다. 그 결격 사유에 해당하는 자는, ① 금치산자 또는 한정치산자 ② 금고 이상의 실형의 선고를 받고 그 집행이 종료(집행이 종료된 것으로 보는 경우를 포함)되거나 집행이 면제된 날부터 3년이 경과되지 아니한 자 ③ 금고 이상의 형의 집행유예 선고를 받고 그 유예기간 중에 있는 자 ④ 법원의 판결 또는 법률에 의하여 자격이 정지 또는 상실된 자 ⑤ 제42조에 따라 인가 또는 등록이 취소되거나 평생교육과정이 폐쇄된 후 3년이 경과되지 아니한 자 그리고 ⑥ 임원 중 제1호부터 제5호까지의 어느 하나에 해당하는 자가 있는 법인으로 규정하고 있다.

4) 향후 발전과제

평생교육사 자격제도 관련된 향후 과제는 다음과 같다. 첫째, 평생교육사 배치율 제고이다. 2023년 평생교육사 배치율과 배치 평생교육사 수가 전년 대비 10% 이상 크게 증가하였다. 평생교육사 배치율이 증가한 이유와 맥락에 대한 검토를 통해, 배치율을 상승시키는 정책적 요인 및 기타 요인에 대한 이해를 높일 필요가 있다. 전년 대비 배치율이 크게 증가하여 83.4%이지만, 여전히 16.6% 해당하는 평생교육기관에는 평생교육사가 1명도 배치되어 있지 않은 상황으로 평생교육사 배치율을 지속적으로 높일 방안을 모색할 필요가 있다.

둘째, 평생교육사 실태조사 및 관련 데이터 축척이다. 2023년 「평생교육법」이 개정되면서, 평생교육사 실태조사에 대한 조항이 신설되었다. 「평생교육법」 제2조의2 제1항은 "교육부장관은 평생교육사의 배치 현황, 보수 수준 및 지급 실태 등에 관하여 3년마다 조사하여야 한다"고 규정하고 있다. 향후 평생교육사 실태조사를 통해 평생교육사들의 배치와 처우에 대한 체계적인 데이터 축척 및 분석이 이루어지고 나아가 평생교육사의 사회적 역할 · 지위 강화와 연결할 필요가 있다.

셋째, 평생교육사 보수교육 의무화이다. 급격한 사회경제적 변화에 따라 평생교육 전문가인 평생교육사의 역할과 전문성에 대한 사회적 요구와 기대가 높아지고 있다. 평생교육사가 지속적인 역량 제고를 위해서는 「평생교육법」 개정을 통해 보수교육을 의무화할 필요가 있다. 또한, 평생교육사 1급 자격의 전문성 강화를 위해서는 운영기관 확대 및 영역별로 전문화된 교육과정 운영이 필요하다. 제5차 평생교육진흥 기본계획(2023~2027)과 사회적으로 다원화되고 있는 시민들의 학습 요구에 적극적으로 대응하기 위하여 평생학습 상담과 노인평생교육 등 전문 교육과정 운영 및 이수 관리체계가 필요하다.

넷째, 체계적이고 구체적인 연수 프로그램의 개발이 필요하다. 현재 「평생교육법」 시행령에 제시된 평생교육사의 직무범위는 프로그램의 요구분석 · 개발 · 운영 · 평가 · 컨설팅, 학습 정보 제공, 상담 · 교수, 그 밖에 평생교육진흥 관련 업무로 광범위하다. 2013년 연수 프로그램의 기획 관련 사전 수요조사 결과를 보면 다양한 직무만큼 그들의 요구도 다양한 것으로 나타났다. 현재와 같은 연수 운영 시스템으로는 수요자의 요구를 반영하기 힘들 뿐만 아니라, 평생교육사의 역량과 자질을 향상시키고 전문성을 제고시키기에는 한계가 있다. 따라서 평생교육사 대상별(소속기관별, 경력별) 직무에 맞는 다양한 형태의 연수 프로그램을 개발하고, 언제든 필요하면 연수를 통해 역량을 강화할 수 있는 상시 연수시스템의 도입이 필요하다.

다섯째, 연수의 전문화 · 차별화 및 학습효과 강화를 위한 연수 협력 운영 모델 개발이 필요하다. 2013년 현재 국가평생교육진흥원 외 13개의 시 · 도 평생교육진흥원이 설치 · 운영되고 있고, 연수 사업 또한 각각 추진되고 있다. 국가평생교육진흥 기반 확대라는 동일한 목적 아래 제각각 연수를 추진하는 것보다는 협력 운영 모델 개발을 통해 연수의 중복을 지양하면, 운영인력 및 비용 절감 등 연수 시너지를 창출할 수 있다. 이를 통해 연수자의 시간적 · 경제적 비용의 절감을 통한 학습 효과의 형평성을 확보하고, 자기 역량 개발을 위해 업무와 연수가 상시적으로 병행될 수 있도록 제반 시스템을 마련하여야 한다.

마지막으로 연수과정별 전문 교수자의 인프라 구축이 필요하다. 교육의 질은 교수자의 질을 넘을 수가 없다. 교수자의 전문성 확보가 교육의 전문성을 확보할 수 있다. 현재 평생교육관계자 연수 분야에서는 전문성 있는 교수자의 인프라가 미흡하다. 수요자 맞춤형 전문 연수 프로그램의 개발과 동시에 교수자의 인프라를 구축하여야 한다(교육부 · 국가평생교육진흥원, 2024).

연구문제

1. 평생교육사 기능을 확인하고 이를 설명하시오.
2. 평생교육사 자격기준의 변화 내용을 탐구하여 제시하시오.
3. 평생교육사의 양성기관과 관련 교과목을 진술하시오.
4. 평생교육 관계자 연수의 발전과제를 설명하시오.

제11장

평생교육행정과 제도

학습목표

1. 평생교육행정의 정의와 특성을 확인할 수 있다.
2. 평생교육법의 변천 과정을 이해하고 설명할 수 있다.
3. 중앙단위, 광역단위 및 기초단위 간의 행정체제를 비교 설명할 수 있다.
4. 평생교육시설의 종류와 기준을 제시할 수 있다.
5. 평생교육 재정의 문제점과 확보방안에 대한 견해를 제시할 수 있다.
6. 평생학습도시의 개념, 유형과 운영에 대한 내용을 설명할 수 있다.
7. 평생학습축제와 평생학습박람회의 의미와 개최 성과 등을 설명할 수 있다.

학습개요

평생교육행정은 평생교육의 목적을 수행할 수 있는 필요한 조건 또는 상황이나 여건을 정비하고 확립하는 것을 목표로 행해지는 일련의 활동이다. 따라서 평생교육행정을 구체적으로 뒷받침하는 평생교육의 각종 제도와 행정체제를 살펴보는 것은 매우 중요한 일이다. 평생교육의 원래 모습인 사회교육을 영어로 Nonformal Education이라고 표현한다. 즉, 형식적이고 규격적인 것은 의도적으로 배제하는 것이 평생교육의 진수임은 부인할 수 없다. 그렇다고 해서 무질서와 근거 없는 정책과 행정수행이 평생교육의 본질이라고는 주장할 수 없는 것이다. 다만 주어진 제도와 체제 속에 가능한 융통성과 운영의 묘를 최대한 살리는 것이 평생교육에 부과된 책임인 것이다.

1. 평생교육행정의 개념

1) 평생교육행정의 정의

평생교육행정을 정의하기 위해서 먼저 이와 관련되어 있는 개념을 살펴보기로 한다. 우선 행정의 개념이 무엇이냐에 대해서, 니그로(F. Nigro)는 행정의 한계가 분명히 그어져 있지 않고, 또한 근래에 행정의 내용이 확대되고 있기 때문에 이의 개념 규정이 어렵다고 보고 있다.[1]

그러나 그동안 꾸준히 행정학자들에 의해 행정에 대한 개념 규정이 시도되어 왔으며, 정치와 행정과의 관계에 따라 시대별 필요성을 보는 차이를 학자들 사이에 다양하게 표출되고 있다. 박동서는 행정학에서의 행정에 대한 개념의 규정을 시대 순으로 다음과 같이 제시하고 있다.[2]

(1) 행정관리설

소위 정치 · 행정 2원론 또는 기술적 행정학으로 호칭되는 20세기 전후의 초창기에 윌슨(W. Wilson), 화이트(L. White) 등에 의하여 규정된 것이며, 내용상의 특색은 이미 수립된 정책, 법령의 구체화를 뜻하는 것으로 보고 있어 행정과 경영 간의 차이를 경시하는 것이다.

1) Nigro, Felix, A., *Modern Public Administration*, New York: Harper and Row, 1965, p.3.

2) 박동서, 『한국행정론』, 서울: 법문사, 1985, pp.44-45.

(2) 정치기능설

전자와 반대로 소위 정치 · 행정 1원론, 또는 기능적 행정학으로서 호칭되는 1930년대 후반부터 디목(M. Dimock), 애플비(P. Appleby) 등에 의하여 규정되기 시작한 것이다. 내용상의 특징을 행정관리설과 달리 이미 수립된 정책의 구체화에 한정하지 않고 적극적으로 정책결정 및 입법기능까지 담당하는 것으로 보고 있어 경영과의 차이를 경시하지 않은 입장이다.

(3) 행정행태설

정치 기능이 행정 속에 내포되고 있는 것을 인정하면서 행정학의 과학을 위하여 인위적 · 논리적으로만 연구상 가치판단적인 것을 대상에서 배제하려는 것으로서 어떠한 의미에서는 전술한 행정관리설과 상당히 유사하나 시기적으로 전술한 정치기능설의 입장에 대처되는 것이다. 사이몬(H. Simon)에 의해 1940년대에 제창된 것이며, 행정관리설과의 차이점은 행정에 내포되는 협동적 집단행동에 초점을 두고 있다는 것이다.

(4) 발전기능설

이 학설은 현재 대부분의 학도가 찬동하고 있는 정치기능설과 기본적으로 일치하는 것으로서, 1960년대의 발전행정론자들인 에스만(M. Esman), 와이드너(E. Weidner) 등에 의하여 제창된 것이다. 이의 정치기능설과 다른 특징은 분화된 사회에서 야기되는 문제로 인한 도전을 받고 비로소 그를 조정 해결하기 위한 결정을 하는 데 그치는 것이 아니라, 스스로 정치사회의 발전목표의 설정에 적극적으로 참여하고 이에 일치되는 발전정책 · 발전계획의 형성을 주도해 나가는 것을 의미하고 있다.

이상의 행정에 대한 개념 규정에서 보는 바와 같이 평생교육행정의 개념 규정은 발전기능설 입장을 취해야 할 것이다.

다음으로 교육행정에 대한 개념 규정을 보면, 김종철은 교육행정을 사회적, 공공적, 조직적 교육활동으로서의 교육에 관하여 공동 목표를 설정하고 목표달성을 위한 인적 · 물적 조건을 정비하고 확립하며 목표달성의 과정에 있어 지도 · 감독하는 일련의 봉사활동이라고[3] 정의하고 있다. 여기서 교육행정을 보는 시각의 중요한 점은 봉사행정이라는 것이다.

---

3) 김종철, 『교육행정의 이론과 실제』, 경기: 교육과학사, 1982, p.2.

이상의 행정과 교육행정에 대한 개념을 염두에 두고 평생교육행정의 개념을 설정해 보고자 한다.

남정걸 등은 평생교육행정을 법규에 따라 평생교육의 목표를 효율적으로 달성하기 위해 필요한 제반 조건을 정비하고 지원 · 지도하는 행위라고[4] 정의하고 있다. 따라서 평생교육행정의 궁극적 목적은 평생교육의 목표를 효율적으로 달성하는 것이며 평생교육행정도 법을 집행하는 행정이기 때문에 법치행정의 원리에 따라 법규의 테두리를 벗어나서는 안 될 것이다. 제반 조건의 정비란 평생교육에 필요한 시설 · 설비나 비품과 같은 물적 자원은 물론 평생교육을 행하는 데 필요한 인적 자원과 재정을 확보 · 유지 · 관리하는 구체적 행위까지도 포함한다. 여기에서 행위의 주체는 평생교육을 실시하는 주체가 누구냐에 따라 국가나 지방자치단체, 민간단체나 개인이 될 수 있다고 보아야 할 것이다.

2) 평생교육행정의 특성

평생교육행정의 특성으로 정지웅과 김지자는 ① 자율성 ② 광범성 ③ 융통성 ④ 원조성을 들고 있고,[5] 남정걸은 ① 비강제성 ② 탄력성 ③ 정부예산의 비보장성 ④ 관련기관과의 협조성 ⑤ 평생교육의 기회보장성[6] 등을 들고 있다. 이러한 특성들을 다음과 같이 정리해 보고자 한다.

(1) 자율성

평생교육은 평생교육단체나 시설의 자기활동을 중시하고 국민의 자기의사에 의한 평생교육 활동에의 자율적 참여를 중시하는 면이 강하므로 평생교육행정은 이를 지원하고 권장하는 방향으로 운영되어야 할 것이다. 행정당국은 평생교육의 자율적 활동을 억압, 지배, 감독하는 강제적 성격을 띠어서는 아니 된다. 「평생교육법」 제4조 제2항에서 평생교육은 학습자의 자유로운 참여와 자발적인 학습을 기초로 이루어져야 한다고 규정하여 자율성을 보장하고 있는 까닭이 여기에 있는 것이다.

---

4) 남정걸 · 권이종 · 최운실, 『평생교육행정 및 정책』, 경기: 교육과학사, 2002, p.29.
5) 정지웅 · 김지자, 전게서, 1986, p.210.
6) 남정걸, “사회교육행정의 개념 · 조직 · 문제점”, 진원중 편, 『사회교육의 동향과 좌표』, 서울: 배영사, 1977, pp.56-57.

(2) 통합성

평생교육은 「초 · 중등교육법」 및 「고등교육법」에 의한 각급 학교, 개별법에 의해 설립된 교육기관, 정부 각 부처가 설립 · 운영하고 있는 공무원 연수기관 그리고 다양한 민간단체, 공공단체의 연수기관, 무수한 자원단체와 평생교육시설 등이 평생교육법뿐만 아니라 관련 설치 법령에 의해 운영되고 있으므로 평생교육행정은 이러한 평생교육기관과 시설들을 어떻게 유기적으로 조정하고 통합하는가에 따라 교육적 낭비 요인을 제거하고 총체적인 평생교육의 발전을 도모할 수 있을 것이다.

따라서 「평생교육법」 제10조 내지 제14조에서 평생교육의 효율적인 실시를 위한 협의 · 조정 등을 위하여 중앙에 평생교육진흥위원회를, 각 시 · 도 지사 소속으로 시 · 도 평생교육협의회를 그리고 시 · 군 · 자치구에는 시 · 군 · 자치구 평생교육협의회를 설치 · 운영하도록 규정하고 있다.

(3) 융통성

평생교육은 주체, 대상, 학습내용과 방법, 시설 등에 있어서 다양하고 활동적이기 때문에 평생교육행정도 이에 대응할 수 있도록 탄력성과 유연성이 있어야 한다.

다양한 평생교육을 평생교육법과 다른 관련법만 가지고는 충분히 조정, 통제하기가 매우 곤란한 일이므로 합법성도 중시해야겠지만, 오히려 합리성과 합목적성에 행정의 우선순위를 두어야 할 것이다. 평생교육법의 제정 취지가 각종 평생교육활동을 규제하는 데 두지 않고 진흥하기 위한 것임을 이해하여야 한다.

(4) 기회균등성

학교교육은 의무교육제와 사회적 압력 때문에 오히려 교육의 과열 현상마저 초래하고 있으나, 평생교육은 국민의 자발적인 참여하에 이루어지기 때문에 자칫 일부 계층에만 편중될 우려가 발생한다.

평생교육은 경제적 사정 등으로 기초교육을 이수하지 못한 국민들의 교육수준을 높여 교육의 수평적 통합을 이루는 한편, 일정한 학교교육 이수 후에 요청되는 국민의 계속교육에도 능동적으로 대응하여 교육의 수직적 통합에도 노력을 경주하여 보다 많은 국민이 자아실현의 높은 욕구를 충족케 하고 이를 통해 우리 사회를 학습사회로 유지 · 발전시켜야 한다. 「헌법」

제31조 제5항에 "국가는 평생교육을 진흥하여야 한다."라고 규정하여 국가적 책무임을 명시하고 있고, 「교육기본법」 제3조에 "모든 국민은 평생에 걸쳐 학습하고, 능력과 적성에 따라 교육받을 권리를 가진다."라고 규정하여 국민의 교육권을 보장함과 아울러 「평생교육법」 제4조 제1항에서 "모든 국민은 평생교육의 기회를 균등하게 보장받는다."라고 다시 규정하여 국민의 이러한 권리를 확실히 해놓고 있다.

따라서 행정당국은 저소득계층과 저학력계층의 교육욕구를 충분히 분석하여 필요한 교육기회의 창출에 힘써야 하며, 이에 필요한 경비는 「평생교육법」 제5조 및 제16조에서 규정한 대로 지원하는 데 인색하지 말아야 할 것이다.

(5) 비영리성

평생교육은 그 특성상 학교교육보다 비용이 저렴해야 한다. 이를 위해 평생교육단체나 시설에서는 인적자원을 절약하기 위해 전임보다는 시간제 교직원을 활용해야 하고, 물적 자원 면에서도 독립시설을 보유하는 것도 중요하지만 기존 시설의 활용을 강조하는 것이다. 이를 위해 「평생교육법」 제7조에서는 공공시설의 이용과 제29조에서는 학교시설 이용을 가능하도록 규정하고 있다. 특히 새로운 평생교육법 체제하에서 민간자본을 통한 지식, 인력개발사업 육성, 원격대학 등이 새로이 도입되어 평생교육산업의 발전이 본격화될 전망이다. 이러한 평생교육산업을 보다 자유스러운 경쟁 속에서 프로그램의 질을 향상시킴과 아울러 보다 많은 국민들을 이에 참여시키기 위하여 종전 사회교육법에 규정하고 있던 영리금지조항을 평생교육법에서는 삭제한 것으로 이해되어야 할 것이다. 따라서 평생교육단체나 시설의 설치 · 경영자는 과감한 구조조정을 통하여 조직 내의 낭비 요인을 제거하고, 기관 운영의 효율성을 도모하여 보다 저렴하면서도 질 높은 프로그램으로 경쟁하는 새로운 풍토의 조성이 크게 요청되고 있는 것이다.

3) 평생교육 관련 행정

전술한 평생교육행정의 특성 중 통합성에서 언급하였지만, 평생교육행정은 교육부뿐만 아니라 각종 평생교육을 실시하여 국민의 평생교육 진흥에 힘쓰고 있는 정부 각 부처의 행정기관이 있으며, 평생교육행정은 이러한 기관들과의 밀접한 관련하에서 상호 협동적이며 보완적으로 운영되어야 한다. 즉, 행정권의 확대 강화라는 시대적 추이에 따라 교육부 이외 행정의 대상이 되는 각종 행정과 평생교육행정과의 상호 관련성이 중시되고 있다.

평생교육 관련 행정으로는 문화체육관광부의 예술행정 · 도서관 및 박물관행정 · 문화재관리행정 · 언론 · 방송관리 등의 대중매체행정이 있다. 또한 행정자치부의 공무원훈련행정, 보건복지부의 사회복지행정, 고용노동부의 직업훈련행정, 법무부의 교정행정, 농림축산식품부의 농촌진흥행정 그리고 여성가족부의 양성평등정책 · 각종 여성관련 행정 등을 평생교육 관련 행정으로 들 수 있다.

여기서 중요한 것은 각 부처의 이러한 행정을 관련 부처의 정책담당자들이 평생교육행정이라는 일체감을 어떻게 갖도록 하느냐 하는 점이며, 이는 중앙의 평생교육진흥위원회와 시 · 도의 평생교육협의회 및 시 · 군 · 자치구의 평생교육협의회의 적극적인 활동을 통해 가능하리라고 본다.

2. 평생교육의 법적 제도

평생교육의 법적 제도로서는 그 기본을 이루는 헌법과 교육기본법 그리고 평생교육법이 있으며, 여타 이와 관련된 법령들이 교육부뿐만 아니라 관계부처에서 시행되고 있다.

평생교육관계법령은 [그림 11-1]과 같이 교육부(24)가 제일 많이 관장하고 있으며, 국무총리실(1), 기획재정부(1), 행정자치부(2), 문화체육관광부(6), 농림축산식품부(5), 보건복지부(8), 고용노동부(10), 법무부(3), 국토교통부(3), 환경부(1), 산업통상자원부(1) 등으로 분산되어 관리 · 운영되고 있다.

여기서는 헌법과 평생교육법령 그리고 평생교육법령과 밀접한 관계를 맺고 있는 법적 제도에 한정해서 살펴보기로 한다.

헌법

교육부 관계법(24)

- 교육기본법
- 유아교육법
- 초 · 중등교육법
- 고등교육법
- 평생교육법
- 학점인정 등에 관한 법률
- 직업교육훈련촉진법
- 자격기본법
- 한국직업능력개발원법
- 독학에 의한 학위취득에 관한 법률
- 학원설립 · 운영 및 과외교습에 관한 법률
- 산업교육진흥법
- 특수교육진흥법
- 유네스코활동에 관한 법률
- 한국청소년연맹육성에 관한 법률
- 스카우트활동육성에 관한 법률
- 방송통신고등학교설치기준령
- 한국방송통신대설치령
- 산업체의 근로청소년의 교육을 위한 특별학급 등의 설치기준령
- 재외국민의 교육에 관한 규정
- 각종학교에 관한 규칙
- 교원자격의 취득을 위한 보수교육에 관한 규칙
- 임시교원 양성소 규정

기타 부처 관계법(41)

국무총리실(1)
- 정부출연기관 등의 설립 및 육성에 관한 법률

기획재정부(1)
- 소비자보호법

행정자치부(2)
- 공무원교육훈련법
- 새마을운동조직육성법

문화체육관광부(6)
- 도서관법
- 박물관및미술관진흥법
- 지방문화원진흥법
- 관광진흥법
- 청소년기본법
- 국민체육진흥법

농림축산식품부(5)
- 농업 · 농촌기본법
- 농촌진흥법
- 농업협동조합법
- 농업기계화촉진법
- 농업산학협동심의회규정

보건복지부(8)
- 사회복지사업법
- 식품위생법
- 아동복지법
- 노인복지법
- 모자보건법
- 장애인복지법
- 윤락행위등방지법
- 생활보호법

고용노동부(10)
- 근로기준법
- 남 · 녀고용평등법
- 근로자직업능력개발법
- 기능장려법
- 한국산업인력공단법
- 직업안정법
- 고용정책기본법
- 기능대학법
- 산업안전보건법
- 한국산업안전공단법

법무부(3)
- 소년원법
- 보호관찰 등에 관한 법률
- 사회보호법

국토교통부(3)
- 해상교통안전법
- 교통안전법
- 수산업법

환경부(1)
- 자연환경보호법

산업통상자원부(1)
- 중소기업진흥 및 제품구매촉진에 관한 법률

출처: 교육부(2014). 2014 평생직업교육국 업무 현황.

그림 11-1 각 부처별 평생교육 관계법령

1) 헌법

제5공화국의 기초가 된 헌법이 1980년 10월에 공포되면서 국민의 기본권의 하나로서 유지·발전되어 오던 교육권에 더하여 평생교육권리가 추가되었으며, 우리나라는 세계에서 최초로 헌법에 평생교육조항을 두게 된 나라가 되었다.

제5공화국의 헌법 제29조 제5항에 "국가는 평생교육을 진흥하여야 한다."라고 규정하고, 동 조 제6항에서는 "학교교육 및 평생교육을 포함한 교육제도와 그 운영, 교육재정 및 교원의 지위에 관한 기본적인 사항은 법률로 정한다."고 규정하였다. 이 조항은 제6공화국의 헌법에도 그대로 계승되었으며, 다만 법조항이 제31조로 이동되었을 뿐이다. 헌법에 평생교육을 국가가 주도하여 진흥시켜야 한다는 국가의 책임규정을 둠으로써 우리 교육계의 새 바람을 일으키게 되었으며 그동안 통일적인 법적 제하에서 인정 근거 없이 평생교육활동에 참여해 온 모든 평생교육인과 평생교육단체와 시설에 커다란 자부심과 긍지를 심어주게 되었다.

2) 교육기본법

(1) 신교육체제와 교육기본법

대통령 직속기관으로 1994년 설치된 문민정부의 교육개혁위원회는 다가오는 21세기에 대비하기 위한 우리 교육체제의 새로운 틀을 마련하는 각종 개혁작업을 착수하였다. 총 122개의 개별 교육개혁 프로그램은 취학 전 교육부터 평생교육에 이르기까지 실로 방대한 내용과 영역을 포함하는 것이었다.

이러한 교육개혁 프로그램을 실행에 옮기기 위해서는 새로운 틀의 법적 지원제도가 필요하게 되었다. 사실 우리는 정부수립 후 1949년 제정된 교육법이 교육정책의 변화와 사회적 수요를 반영하기 위해 36번에 걸쳐 부분적으로 개정되거나 삭제되어 법령의 체계성이 부족하게 되었으며, 소위 "누더기 법"이라는 오명을 쓰게 되기까지 이르렀다.

1996년 2월 발표된 교육개혁위원회의 신교육체제 수립을 위한 교육개혁방안(II)에서 교육관계법령 체제 개편안이 제시되었다. 즉, 교육법을 교육기본법, 초·중등교육법, 고등교육법으로 분리하여 제정하고 사회교육법의 체제를 대폭 개편하는 내용으로 구상되었다. 교육기본법은 헌법의 정신과 공교육의 이념을 바탕으로 하여 국민교육의 기본적 사항과 국가가 실시

---

7) 교육개혁위원회 신교육체제수립을 위한 교육개혁방안, 1996C, pp.60-73.

하는 모든 교육에 관한 법령의 기본에 대하여 규정하는 법이다. 초·중등교육법에서는 초등학교·중학교·고등학교와 이에 준하는 학교의 교육목적, 교육내용, 교육방법, 교육 실시 및 교재, 교구, 교원, 학교 운영 등에 관한 사항을 규정한다. 고등교육법은 헌법의 대학 자치이념 구현을 기본으로 하여 대학교육의 목적, 내용, 방법, 교원, 대학 설치, 대학 운영 등에 관한 사항을 규정하는 법이다.

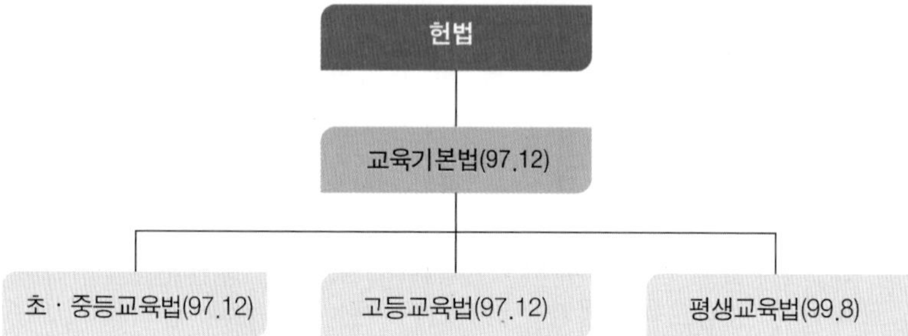

그림 11-2 교육관계법의 새로운 기본 체제

한편 사회교육법은 각 부처별로 제정·운용되고 있는 각종 사회교육에 관한 제반 법령에 대한 기본적 사항과 사회교육을 조정, 통과할 수 있는 내용으로 개정할 것이 제시되었다.

이상의 새로운 교육법 체제는 정부와 국회 등의 입법활동을 거쳐 1997년 12월에 교육기본법, 초·중등교육법 그리고 고등교육법이 제정·공포되어 새로운 교육관계법의 기본 체제를 구축하게 되었으나, 평생교육법은 그 후 약 2년이 지난 1999년 8월에 입법이 완료되었다.

(2) 교육기본법의 평생교육 관련 규정

- 제3조(학습권) 모든 국민은 평생에 걸쳐 학습하고, 능력과 적성에 따라 교육받을 권리를 가진다.
- 제9조(학교교육) ① 유아교육·초등교육·중등교육 및 고등교육을 실시하기 위하여 학교를 둔다. ② 학교는 공공성을 가지며, 학생의 교육 외에 학술과 문화적 전통을 유지·발전시키고 주민의 평생교육을 위하여 노력하여야 한다.
- 제10조(사회교육) ① 국민의 평생교육을 위한 모든 형태의 사회교육은 장려되어야 한다. ② 사회교육의 이수는 법령이 정하는 바에 의하여 그에 상응하는 학교교육의 이수로 인정될 수 있다.

③ 사회교육시설의 종류와 설립 · 경영 등 사회교육에 관한 기본적인 사항은 법률로 정한다.

3) 평생교육법

(1) 평생교육법 추진경과

표 11-1 평생교육법 추진경과

구분	내용
제5공화국 헌법 ('80. 10. 27)	• 제29조 제5항 '국가의 평생교육진흥 조항' 명시 • 제29조 제6항 '학교교육 및 평생교육을 포함한 교육제도 법률주의 규정
사회교육법 ('82. 12. 31)	• 1981. 12. 12 구용현 의원 외 56인 발의로 법안 제출 • 1982. 11. 26 국회 문교공보위원회 통과 • 1982. 12. 15 제114회 국회(정기회) 본회의 통과 • 1982. 12. 31 법률 제3648호로 공포 ※ 최초의 사회교육법 제정안이 1949. 5. 30 국회에 발의된 이래, 그동안 수차례의 입법과정을 통해 1982년 결국 33년 만에 사회교육법이 제정되었음
사회교육법 전부개정 평생교육법 ('99. 8. 31)	• 1998. 11. 26 정부안 확정, 국회에 법안 제출 • 1999. 08. 10 국회 교육위원회 통과 • 1999. 08. 12 제206회 국회(임시회) 본회의 통과 • 1999. 08. 31 법률 제6003호로 공포(2000. 03. 01., 시행) 법명 변경(사회교육법 → 평생교육법)
평생교육법 전부개정 ('07. 12. 15)	• 2006. 02. 21 전부개정 법률안(이인영 의원 대표발의) • 2007. 04. 09 전부개정 법률안(임해규 의원 대표발의) • 2007. 11. 22 국회(정기회) 본회의 의결 통과 • [시행 2007. 12. 15][법률 제8676호, 2008. 02. 14., 전부개정]
평생교육법 일부개정 (2007~2024)	• [시행 2009. 08. 09.][법률 제9641호, 2009. 08. 09., 일부개정] • [시행 2011. 07. 25.][법률 제10915호, 2011. 07. 25., 일부개정] • [시행 2013. 11. 23.][법률 제11770호, 2013. 05. 22., 일부개정] • [시행 2014. 01. 28.][법률 제12339호, 2014. 01. 28., 일부개정] • [시행 2013. 07. 01.][법률 제12130호, 2013. 12. 30., 일부개정] • [시행 2015. 01. 29.][법률 제12339호, 2013. 10. 28., 일부개정] • [시행 2016. 03. 28.][법률 제13228호, 2015. 03. 27., 일부개정] • [시행 2016. 08. 04.][법률 제13945호, 2016. 02. 03., 일부개정] • [시행 2016. 08. 30.][법률 제14160호, 2016. 05. 29., 일부개정] • [시행 2017. 05. 30.][법률 제14160호, 2016. 05. 29., 일부개정] • [시행 2019. 01. 19.][법률 제15964호, 2018. 12. 18., 일부개정] • [시행 2019. 10. 24.][법률 제16337호, 2019. 04. 23., 일부개정] • [시행 2019. 12. 03.][법률 제16677호, 2019. 12. 03., 일부개정] • [시행 2020. 06. 04.][법률 제16677호, 2019. 12. 03., 일부개정]

- [시행 2021. 03. 23.][법률 제17954호, 2021. 03. 23., 타법개정]
- [시행 2021. 12. 09.][법률 제18195호, 2021. 06. 08., 일부개정]
- [시행 2023. 12. 14.][법률 제19431호, 2023. 06. 13., 일부개정]
- [시행 2024. 04. 19.][법률 제19345호, 2023. 04. 18., 일부개정]
- [시행 2024. 05. 17.][법률 제19588호, 2023. 08. 08., 타법개정]

출처: 평생교육법 일부개정. 총 15회(2007~2024).
출처: 교육부(2008). 2008 평생교육 법령해설 자료, p.9.; 법제처(2024). 법령정보센터 홈페이지.

(2) 평생교육법 신 · 구법 비교

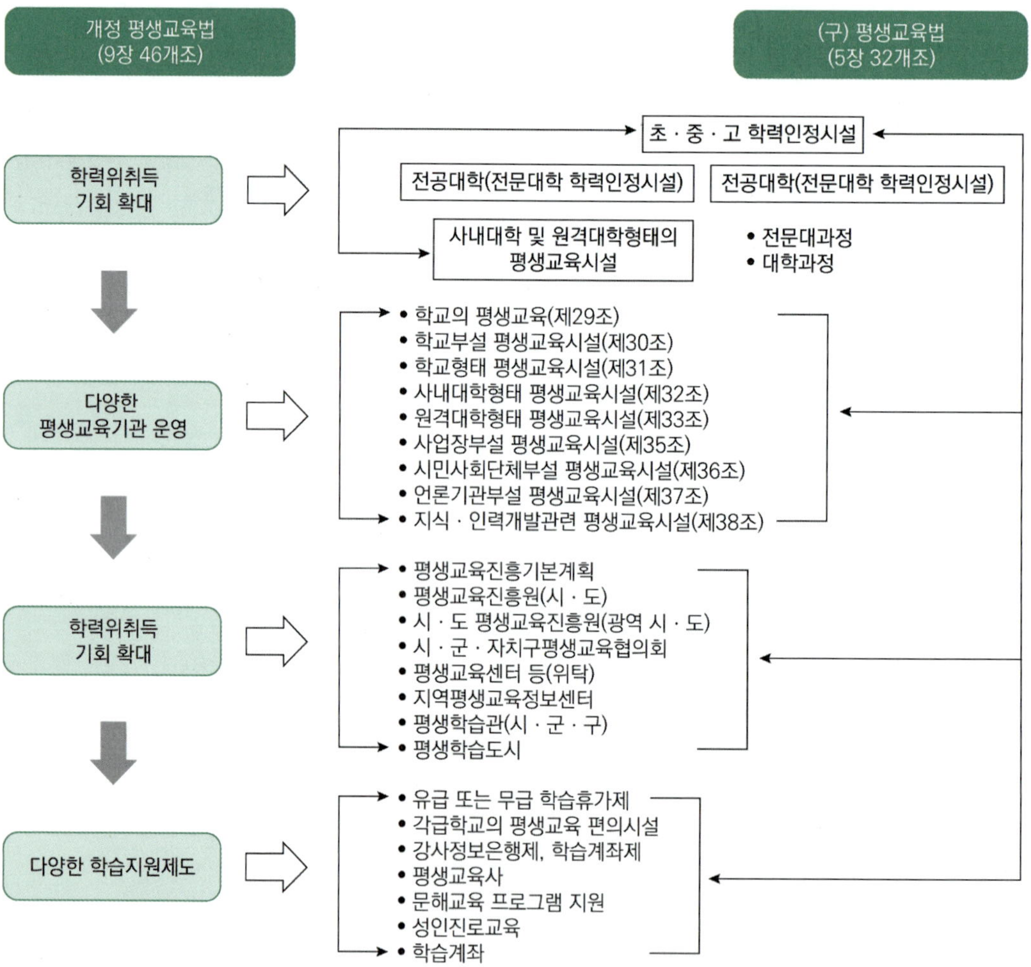

출처: 국가법령정보센터(2024). 평생교육법 내용 구성.

그림 11-3 평생교육법 신 · 구법 비교

(3) 평생교육법 구성 체계

평생교육법

평생교육법 개정(2023.4.18.) 사항

- (법 제11조) 시행계획의 수립주체 추가, 시행계획 시행 및 추진실적 평가에 관한 사항
- (법 제20조의2) 장애인 평생교육시설 프로그램 운영에 관한 사항
- (법 제23조) 학습계좌 평가인정 학습과정 활용에 관한 사항
- (법 제26조의2) 평생교육사 실태조사 근거 마련
- (법 제28조의2) 평생교육기관 평가인증 근거 마련
- (법 제31 · 32조) 학력인정 평생교육시설 폐쇄인가 및 인가취소에 관한 사항

구 5장 32개 조에서
현 9장 46개 조로 개정

제1장 총칙
- 목적, 정의, 타법과의 관계, 이념
- 국가 및 지방자치단체의 임무,
- 교육과정, 공공시설의 이용, 학습휴가 및 학습비 지원

제2장 평생교육진흥기본계획 등
- 기본계획수립, 평생교육진흥위원회 설치.
- 연도별 평생교육진흥시행계획 수립 · 시행, 시 · 도평생교육협의회, 관계행정기관의 장 협조, 시 · 군 · 자치구평생교육협의회, 평생학습도시
- 지도 및 지원, 통계조사

제3장 국가평생교육진흥원 등
- 국가평생교육진흥원, 시 · 도평생교육진흥원 운영, 시 · 군 · 구 평생학습관 설치 · 운영, 정보화 관련 평생교육의 진흥, 학습계좌

제4장 평생교육사
- 자격, 양성기관, 배치 및 채용, 경비보조

제5장 평생교육기관
- 평생교육기관 설치자
- 학교, 학점은행기관, 학교부설, 학교형태 평생교육시설
- 사내대학, 원격대학형태 평생교육시설 등 각종 평생교육시설, 운용규정
- 사업장 부설, 시민사회단체 부설, 언론기관부설, 지식 · 인력개발 관련 평생교육시설

제6장 문해교육
- 문해교육 실시, 프로그램 교육과정 등

제7장 성인 진로 교육〈신설 2023. 6. 13.〉
- 학점, 학력의 인정

제8장 평생학습 결과의 관리 · 인정 〈개정 2023. 6. 13〉
- 학점, 학력의 인정

제9장 보칙 〈개정 2023. 6. 13〉
- 행정처분, 청문, 권한의 위임 및 위탁, 유사명칭 사용금지, 과태료

출처: 국가법령정보센터(2024). 평생교육법 내용 구성.

그림 11-4 평생교육법 구성체계

(4) 평생교육법 개정 주요 내용

① 현행 평생교육법은 제8장 제46조와 부칙으로 구성되어 있으며, 2021년과 2023년의 주요 개정내용은 모든 국민 삶의 질 향상과 교육받을 수 있는 권리를 보장하기 위하여 제1장 제1조(목적)를 개정하였다. 이는 기존의 「헌법」과 「교육기본법」에 규정된 평생교육의 진흥에 대한 국가 및 지방자치단체의 책임과 평생교육제도와 그 운영에 관한 기본적인 사항을 정하는 목적에 "모든 국민이 평생에 걸쳐 학습하고 교육받을 수 있는 권리를 보장함으로써 모든 국민 삶의 질 향상 및 행복 추구에 이바지함을 목적으로 한다."는 내용이 추가되어 개정되었다.

② 제5조 제5항 "국가 및 지방자치단체는 모든 국민이 여건과 수요에 적합한 평생교육을 선택하고 참여할 수 있도록 관련 정보를 제공하고 상담 등 지원 활동을 하여야 한다."를 신설하였다. 이는 국가와 지방자치단체가 상담 및 지원 활동을 함으로써 학습자가 적합한 평생교육을 선택하고 참여할 수 있도록 하는 것을 명문화하고 있다.

③ 평생교육사업 조사·분석에 관한 제9조의2 조항의 신설이다. 평생교육 사업에 대한 조사·분석 결과를 중앙행정기관 및 자치단체의 장에게 통보하고, 평생교육진흥위원회에 제출해야 한다는 근거를 마련하였다. 이에 근거하여 시범사업으로 2022년도에 평생교육 사업에 대한 조사·분석 연구가 착수되었다.

④ 제15조 제1항에 평생학습도시에 관하여 "이미 지정된 평생학습도시에 대하여 평가를 거쳐 재지정 여부를 결정'할 수 있는 근거를 마련함과 아울러 동조 제4항에 '평생학습도시의 지정, 지원 및 평가 등에 필요한 사항은 교육부장관이 정한다."라고 평생학습도시 재지정과 이를 위한 평가에 대한 근거도 마련하였다. 2023년 4월 현재 226개 시·군·자치구 중 195개가 평생학습도시로 지정 운영되고 있으나, 일부 지자체에서는 기관장이 교체되는 경우 전임 기관장이 애써서 지정받은 평생학습도시를 소홀하게 취급하는 예가 종종 있어서 이에 대한 개선책이 필요하다는 논의가 있어 왔으며, 앞으로는 평가를 통해 재지정을 할 수 있는 근거가 마련되어 다행이다.

⑤ 제16조의 '평생교육이용권의 발급'과 제16조의3 '평생교육이용권의 사용'이 신설되었다. 이는 국민 모두에게 평생교육의 기회를 제공할 수 있도록 평생교육이용권을 발급하고, 평생교육을 제공받을 수 있도록 법률적 근거를 마련한 것이다. 교육부는 평생교육바

우처 지원을 2022년 1%에서 2027년 5%까지 확대하고 바우처 사용기관의 질은 제고해 나갈 계획이다.

⑥ 정확한 평생교육 통계조사를 위하여 제18조 제3항에서 제5항까지를 신설하였다. 이는 관련기관 간 자료 연계와 수집된 자료의 제공, 통계조사 업무의 위탁 근거를 마련하기 위함이다. 한편, 제18조의2를 신설하여 교육부 장관은 평생교육 정보를 체계적이고 효율적으로 관리하고, 전 국민의 평생교육 참여 확대를 위하여 평생교육 종합정보시스템을 구축하고 운영할 수 있도록 하였다.

⑦ 2008년 국가평생교육진흥원 개원 당시 평생교육 관련 연구업무는 종전대로 한국교육개발원이 수행하고, 국가평생교육진흥원은 평생교육에 대한 집행업무만 관장한다는 미명하에 지난 15년 동안 사실상 편법적으로 시행해오던 연구업무를 제19조 제4항에 2의2를 '평생교육진흥정책의 개발 · 발전을 위하여 필요한 연구'로 신설하여 앞으로 국가평생교육원이 독자적으로 평생교육 관련 연구업무를 수행하게 하여 오랜 숙원사업이 해결되었다.

⑧ 장애인 평생교육에 대한 국가적 지원 근거를 마련하기 위하여 2016년 평생교육법을 개정(2016.5.29. 법률 제14160호)하여 국가장애인평생교육진흥센터를 2018년 국립특수교육원에 설립하였다. 국가장애인평생교육진흥센터는 임무와 기능을 수행하기 위해 운영목표를 '평생교육을 통한 장애인의 사회참여 증진과 삶의 질 향상 도모'와 '누구나 교육받을 수 있는 평생교육 환경'으로 설정하고 있다. 그리고 '장애인 평생교육 진흥을 통한 장애인 행복 실현'을 비전으로 제시하고 있다.

(5) 2023년까지의 개정 평생교육법의 조항별 내용

▌총칙(제1장)

① 평생교육의 정의를 학교의 정규과정을 제외한 학력보완교육, 성인기초 · 문자해득교육, 직업능력 향상교육, 인문교양교육, 문화예술교육, 시민참여교육 등을 포함하는 모든 형태의 조직적인 교육활동이라고 함(제2조 제1호).

② 평생교육기관이란 다음 각 목의 어느 하나에 해당하는 시설 · 법인 또는 단체를 말한다고 규정함(제2조 제2호).

- 이 법에 따라 인가 · 등록 · 신고된 시설 · 법인 또는 단체

- 「학원의 설립 · 운영 및 과외교습에 관한 법률」에 따른 학원 중 학교교과교습학원을 제외한 평생직업교육을 실시하는 학원
- 그 밖에 다른 법령에 따라 평생교육을 주된 목적으로 하는 시설 · 법인 또는 단체

③ "문해교육"이란 일상생활을 영위하는 데 필요한 문자해득(文字解得)능력을 포함한 사회적 · 문화적으로 요청되는 기초생활능력 등을 갖출 수 있도록 하는 조직화된 교육프로그램을 말한다고 규정함(제2조 제3항).

④ "평생교육사업"이란 국가 및 지방자치단체가 국민과 주민의 평생교육을 위하여 예산 또는 기금으로 조직적인 교육활동을 직 · 간접적으로 지원하는 사업을 말한다고 규정함(제2조 제4항).

⑤ "평생교육이용권"이란 평생교육프로그램을 이용할 수 있도록 금액이 기재(전자적 또는 자기적 방법에 따른 기록을 포함)된 증표를 말한다고 규정함(제2조 제5항).

⑥ 모든 국민은 평생교육의 기회를 균등하게 보장받는다(제4조 제1항). 즉 모든 국민은 성별, 종교, 신념, 사회적 신분, 경제적 지위 또는 신체적 조건 등을 이유로 평생교육에 있어서 차별을 받아서는 아니 된다는 교육의 기회균등 원칙이 평생교육 분야에도 적용됨을 헌법과 교육기본법 정신에 따라 재강조하는 규정이다.

⑦ 평생교육은 학습자의 자유로운 참여와 자발적인 학습을 기초로 이루어져야 한다(제4조 제2항)라고 규정하여, 평생교육의 기본적 특성인 학습자 중심의 학습을 반영하고 있다.

⑧ 평생교육은 정치적 · 개인적 편견의 선전을 위한 방편으로 이용되어서는 아니된다(제4조 제3항)라고 규정하여 평생교육의 중립성을 명시하고 있다.

⑨ 일정한 평생교육과정을 이수한 자에게는 그에 상응한 사회적 대우를 부여하여야 한다(제4조 제4항). 이는 모든 국민에게 정규 학력 · 학위 보충 또는 각종 계속 · 추가교육 프로그램에 자발적으로 참여하게 함과 아울러 이 법과 다른 법령에 의한 평생교육과정에 학점 · 학력인정 · 학위취득 기회부여 · 자격취득 등에 관한 근거를 제시하고 있다.

⑩ 국가 및 지방자치단체는 모든 국민에게 평생교육 기회가 부여될 수 있도록 평생교육 진흥정책과 평생교육사업을 수립 · 추진하여야 한다(제5조 제1항). 또한, 국가와 지방자치단체는 장애인이 평생교육의 기회를 부여받을 수 있도록 장애인 평생교육에 대한 정책을 수립 · 시행하여야 한다(제5조 제2항). 이를 위해, 국가와 지방자치단체는 장애인 평생교육을 체계적이고 지속적으로 실시하기 위하여 유기적인 협조체제를 구축하여야 한다(제5조

제3항). 그리고, 국가 및 지방자치단체는 그 소관에 속하는 단체 · 시설 · 사업장 등의 설치자에 대하여 평생교육의 실시를 적극 권장하여야 한다(제5조 제4항)라고 규정하고 있다. 아울러, 국가 및 지방자치단체는 모든 국민이 여건과 수요에 적합한 평생교육 선택하고 참여할 수 있도록 관련 정보를 제공하고 상담 등 지원 활동을 하여야 한다(제5조 제5항). 이는 국가와 지방자치단체가 때로는 평생학습의 주관자로서, 때로는 지원자로서 역할과 기능을 수행할 것을 의무화하고 있다.

⑪ 평생교육의 과정 · 방법 · 시간 등에 관하여 이 법과 다른 법령에 특별한 규정이 있는 경우를 제외하고는 이를 실시자가 정하되, 학습자의 필요와 실용성을 존중하여야 한다(제6조). 이는 평생교육과정 운영이 정규 학교교육에서와 같이 정부 또는 교사 주도와는 달리 실시자와 학습자 주도라는 특성을 명시하는 규정이다. 앞의 평생교육의 특성에서 제시한 요구에 기초(Basis in Needs), 학습기간(Program Duration), 취업과 연결(Linkage to Employment), 수평적 관계(Horizontal Relationship) 등의 이론에 기초한 실정법상의 규정임을 밝혀 둔다.

⑫ 평생교육을 실시하는 자는 평생교육을 위하여 공공시설을 그 본래의 용도에 지장이 없는 범위 안에서 관련 법령이 정하는 바에 따라 이용할 수 있다(제7조 제1호)고 규정하고 있으며, 이 경우 공공시설의 관리자에 대하여 당해 시설을 관리하는 직원의 지원 및 장비의 이용까지 협조를 요청할 수 있도록 하고 있다(시행령 제2조). 공공시설의 관리자에게는 특별한 사유가 없는 한 시설사용 허용의무를 부과하고 있다(제7조 제2항).

⑬ 국가 · 지방자치단체 · 기타 공공기관의 장 또는 각종 사업의 경영자는 소속 직원의 평생학습기회를 확대하기 위하여 유급 또는 무급의 학습휴가를 실시하거나 도서비 · 교육비 · 연구비 등 학습비를 지원할 수 있다(제8조). 이는 국민의 평생학습 기회를 실질적으로 보장 및 지원하는 근거 조항이라 하겠다. 특히 사회 저변의 근로자들을 위해 이 조문이 활성화되려면 각종 노동조합이나 단체에서 이의 중요성을 인식하고, 단체협약 등 근로조건 개선 사업으로 제시 · 확보해야 할 것이다. 이미 미국 · 유럽 등 선진 각국에서도 이러한 노력을 통해 근로자 교육복지를 확대하고 있음을 참고해야 할 것이다.

▌평생교육진흥계획 등(제2장)

① 교육부장관은 5년마다 평생교육진흥기본계획(이하 "기본계획")을 수립하여야 한다(제9조 제1항).

기본계획에는 다음의 사항이 포함되어야 한다(제9조 제2항).

- 평생교육진흥의 중·장기 정책목표 및 기본방향에 관한 사항
- 평생교육의 기반구축 및 활성화에 관한 사항
- 평생교육진흥을 위한 투자확대 및 소요재원에 관한 사항
- 평생교육진흥정책에 대한 분석 및 평가에 관한 사항
- 장애인평생교육진흥정책의 평가 및 제도개선에 관한사항
- 그 밖에 평생교육진흥을 위하여 필요한 사항

또한, 교육부장관은 기본계획을 관계 중앙행정기관의 장, 특별시장·광역시장·특별자치시장·도지사·특별자치도지사(이하 "시·도지사"), 시·도교육감 및 시장·군수·자치구의 구청장에게 통보하여야 한다(제9조 제3항).

② 평생교육 진흥정책에 관한 주요 사항을 심의하기 위하여 교육부장관 소속으로 평생교육진흥위원회(이하 "진흥위원회")를 둔다(제10조 제1항).

진흥위원회는 다음의 사항을 심의한다(제10조 제2항).

- 기본계획에 관한 사항
- 제11조 제2항에 따른 추진실적 평가에 관한 사항
- 평생교육 진흥정책의 평가 및 제도개선에 관한 사항
- 평생교육지원 업무의 협력과 조정에 관한 사항
- 그 밖에 평생교육 진흥정책을 위하여 대통령령으로 정하는 사항

또한, 진흥위원회는 위원장을 포함하여 20인 이내의 위원으로 구성하며(제10조 제3항), 진흥위원회의 위원장은 교육부장관으로 하고, 위원은 평생교육과 관련된 관계 부처 차관, 평생교육·장애인교육과 관련된 전문가 등 평생교육에 관한 전문지식 및 경험이 풍부한 자 중에서 위원장이 위촉한다(제10조 제4항).

③ 관계 중앙행정기관의 장 및 시·도지사는 기본계획에 따라 연도별 평생교육진흥시행계획(이하 "시행계획")을 수립·시행하여야 한다. 이 경우 시·도 지사는 시·도교육감과 협의하여야 한다(제11조). 관계 중앙행정기관의 장 및 시·도지사는 제1항에 따른 시행계획 및 그 추진실적을 대통령령으로 정하는 바에 따라 매년 교육부장관에게 제출하고, 교육부장관은 진흥위워회의 심의를 거쳐 매년 제출된 추진실적을 평가하여야 한다. 또한 교육부장관은 제2항에 따른 평가결과를 관계 중앙행정기관의 장 및 시·도지사에게 통

보하게 함으로써 진흥위원회의 업무 계속성 확보와 기본계획의 수립과 실천에 대한 신뢰성을 강화하도록 하고 있다.

④ 시행계획의 수립 · 시행에 필요한 사항을 심의하기 위하여 시 · 도지사 소속으로 시 · 도 평생교육협의회(이하 "시 · 도 협의회")를 둔다(제12조 제1항).
시 · 도 협의회는 의장 · 부의장을 포함하여 20인 이내의 위원으로 구성하며(제12조 제2항), 시 · 도 협의회의 의장은 시 · 도지사로 하고, 부의장은 시 · 도의 부교육감으로 한다(제12조 제3항). 그리고 시 · 도 협의회 위원은 관계 공무원, 평생교육과 관련된 전문가, 장애인 평생교육 전문가, 평생교육 관계기관의 운영자 등 평생교육에 관한 전문지식 및 경험이 풍부한 자 중에서 해당 시 · 도의 교육감과 협의하여 의장이 위촉한다(제12조 제4항).

⑤ 교육부장관은 기본계획을 수립하기 위하여 필요하다고 인정하는 때에는 관계행정기관이나 그 밖의 기관 또는 단체의 장에게 관련 자료를 요청할 수 있다(제13조 제1항). 또한, 시 · 도지사도 시행계획을 수립하기 위하여 필요하다고 인정하는 때에는 관계행정기관이나 그 밖의 기관 또는 단체의 장에게 관련 자료를 요청할 수 있다(제13조 제2항). 제1항 및 제2항에 따라 자료를 요청받은 기관 또는 단체의 장은 특별한 사정이 없으면 협조하여야 한다(제13조 제3항).

⑥ 시 · 군 및 자치구에는 지역주민을 위한 평생교육의 실시와 관련되는 사업 간 조정 및 유관기관 간 협력 증진을 위하여 시 · 군 · 자치구 평생교육협의회(이하 "시 · 군 · 구 협의회")를 두고(제14조 제1항), 시 · 군 · 구 협의회는 의장 1인과 부의장 1인을 포함하여 12인 이내의 위원으로 구성하며(제14조 제2항), 시 · 군 · 구 협의회의 의장은 시장 · 군수 또는 자치구의 구청장으로 하고, 위원은 시 · 군 · 자치구 및 지역교육청의 관계 공무원, 평생교육 전문가, 장애인 평생교육 관계자, 관할 지역 내 평생교육 관계기관의 운영자 중에서 의장이 위촉한다(제14조 제3항).

⑦ 국가는 지역사회의 평생교육 활성화를 위하여 특별자치시, 시(「제주특별자치도 설치 및 국제자유도시 조성을 위한 특별법」 제10조 제2항에 따른 행정시를 포함. 이하 이 조 및 제15조의2와 같음) · 군 및 자치구를 대상으로 평생학습도시를 지정 및 지원할 수 있으며(제15조 제1항), 이 경우 이미 지정된 평생학습도시에 대하여 평가를 거쳐 재지정 여부를 결정할 수 있다는 규정을 신설하여, 앞으로 평생학습도시의 효율적 운영을 도모할 수 있는 근거를 마련하였다. 2023년 4월 현재 전국의 226개 시 · 군 · 자치구 중 평생학습도시로 지정받아 운영 중인 곳은 195개

시 · 군 · 자치구이다. 제1항에 따른 평생학습도시 간의 연계 · 협력 및 정보교류의 증진을 위하여 전국평생학습도시협의회를 둘 수 있다(제15조 제2항). 제2항에 따른 전국평생학습도시협의회의 구성 · 운영에 필요한 사항은 대통령령으로 정한다(제15조 제3항). 제1항에 따른 평생학습도시의 지정 및 지원에 필요한 사항은 교육부장관이 정한다(제15조 제4항)고 규정한다.

⑧ 국가는 장애인의 평생교육 활성화를 위하여 특별자치시, 시 · 군 및 자치구를 대상으로 장애인 평생학습도시를 지정 및 지원할 수 있다(제15조의2 제1항). 제1항에 따른 장애인 평생학습도시 간의 연계 · 협력 및 정보교류의 증진을 위하여 전국장애인평생학습도시협의회를 둘 수 있다(제15조의2 제2항).

⑨ 국가 및 지방자치단체는 이 법과 다른 법령으로 정하는 바에 따라 다음의 어느 하나에 해당하는 평생교육 진흥사업을 실시 또는 지원할 수 있다(제16조 제1항).

- 평생교육기관의 설치 · 운영
- 제24조에 따른 평생교육사의 양성 및 배치
- 평생교육 프로그램의 개발(온라인 기반의 평생교육프로그램의 개발을 포함)
- 「초 · 중등교육법」 및 「고등교육법」에 따른 각급학교의 장의 평생교육과정의 운영
- 제16조의2에 따른 평생교육이용권의 발급 등 국민의 평생교육의 참여에 따른 비용의 지원
- 그 밖에 국민의 평생교육 참여를 촉진하기 위하여 수행하는 사업 등지방자치단체의 장은 해당 지방자치단체의 조례가 정하는 바에 따라 주민을 위한 평생교육 진흥사업을 실시하거나 지원할 수 있다. 이 경우 교육감 또는 지역 교육장과 협의하여야 한다(제16조 제2항).

⑩ 국가 및 지방자치단체는 모든 국민에게 평생교육의 기회를 제공할 수 있도록 신청을 받아 평생교육이용권을 발급할 수 있다(제16조의2 제1항)라고 규정하여 평생교육의 무상기회를 확대하도록 하고 있다. 재원의 효율적 사용을 위하여 교육부장관은 평생교육소외계층에게 우선적으로 평생교육이용권을 발급할 수 있도록 대통령령으로 신청자의 요건을 정할 수 있다(제16조의2 제2항)고 규정하고 있다. 또한 국가 및 지방자치단체는 평생교육이용권의 수급자 선정 및 수급자격 유지에 관한 사항을 확인하기 위하여 가족관계 증명 · 국세 및 지방세 등에 관한 자료 등 대통령령으로 정하는 자료의 제공을 당사자의 동의를

받아 관계 중앙행정기관의 장 또는 지방자치단체의 장에게 요청할 수 있다. 이 경우 요청을 받은 자는 특별한 사유가 없으면 이에 따라야 한다(제16조의2 제3항). 국가 및 지방자치단체는 제3항에 따른 자료의 확인을 위하여 「사회보장기본법」 제37조에 따른 사회보장정보시스템을 연계하여 사용할 수 있다(제16조의2 제4항). 이외에도 지방자치단체는 평생교육이용권의 발급, 정보시스템의 구축 · 운영 등 평생교육이용권 업무의 효율적 수행을 위하여 대통령령으로 정하는 바에 따라 전담기관을 지정할 수 있다(제16조의2 제5항).

⑪ 평생교육이용권을 발급받은 사람(이하 이 조에서 "이용자")은 평생교육프로그램을 제공하는 자에게 평생교육이용권을 제시하고 평생교육을 제공받을 수 있다(제16조의3 제1항). 제1항에 따라 평생교육이용권을 제시받은 자는 정당한 사유 없이 평생교육 프로그램의 제공을 거부할 수 없다(제16조의3 제2항)고 규정하여 이용권의 실효성을 높이는 한편, 누구든지 평생교육이용권을 판매 · 대여하거나 부정한 방법으로 사용하여서는 아니 된다(제16조의3 제3항)고 규정하여 이의 남용도 방지하고 있다.

⑫ 국가 및 지방자치단체는 평생교육기관의 요청이 있는 때에는 그 기관의 평생교육활동을 지도 또는 지원할 수 있고(제17조 제1항), 국가 및 지방지치단체는 평생교육기관의 요청이 있는 때에는 그 기관에서 평생교육활동에 종사하는 사람의 능력향상에 필요한 연수를 실시할 수 있다(제17조 제2항).

⑬ 교육부장관 및 시 · 도지사는 평생교육의 실시 및 지원에 관한 현황 등 기초자료를 조사하고 이와 관련된 통계를 공개하여야 한다(제18조 제1항). 또한, 평생교육과 관련된 업무 담당자 및 평생교육기관 운영자 등은 제1항의 조사에 협조하여야 한다(제18조 제2항). 한편, 평생교육 통계조사의 정확성과 신속성을 기하고 수집된 자료의 활용도를 높이기 위하여, 다음 3개 조항을 신설하였다(2021.6.8. 법률 제18195호). 교육부장관은 평생교육 통계조사의 정확성 제고 및 조사업무 경감을 위하여 관련 자료를 보유한 중앙행정기관의 장, 지방자치단체의 장 및 「공공기관의 운영에 관한 법률」에 따른 공공기관의 장 등 관계기관의 장(이하 "관계행정기관등의 장")에게 자료 간 연계를 요청할 수 있다. 이 경우 자료 간 연계를 요청받은 관계행정기관등의 장은 특별한 사유가 없으면 이에 따라야 한다(제18조 제3항). 교육부장관은 평생교육 통계조사에 의하여 수집된 자료를 이용하고자 하는 자에게 이를 제공할 수 있다. 이 경우 특정의 개인이나 법인 또는 단체를 식별할 수 없는 형태로 자료를 제공하여야 한다(제18조 제4항). 교육부장관은 평생교육 통계조사 등의 업무

를 위하여 대통령령으로 정하는 바에 따라 국가평생교육통계센터를 지정하여 그 업무를 위탁할 수 있다. 이 경우 교육부장관은 위탁받은 업무 수행에 필요한 경비를 지원할 수 있다(제18조 제5항).

⑭ 교육부장관은 평생교육 관련 정보를 체계적 · 효율적으로 관리하고 국민의 평생교육 참여 확대를 위하여 평생교육 종합정보시스템을 구축 · 운영할 수 있다(제18조의2 제1항). 교육부장관은 평생교육 종합정보시스템의 구축 · 운영을 위하여 필요한 경우에는 관계 행정기관등의 장에게 필요한 자료의 제공을 요청할 수 있다. 이 경우 자료의 제공을 요청받은 관계행정기관 등의 장은 특별한 사유가 없는한 이에 따라야 한다(제18조의2 제2항).

▎국가평생교육진흥원 등(제3장)

① 국가는 평생교육진흥과 관련된 업무를 지원하기 위하여 국가평생교육진흥원(이하 "진흥원")을 설립한다(제19조 제1항).

진흥원은 법인으로 한다(제19조 제2항).

진흥원은 그 주된 사무소의 소재지에서 설립등기를 함으로써 성립한다(제19조 제3항).

진흥원은 다음의 업무를 수행한다(제19조 제4항).

- 평생교육진흥을 위한 지원 및 조사 업무
- 진흥위원회가 심의하는 기본계획 수립의 지원
- 평생교육진흥정책의 개발 · 발전을 위하여 필요한 연구
- 평생교육 프로그램 개발(온라인 기반의 평생교육프로그램의 개발을 포함한다)의 지원
- 제24조에 따른 평생교육사를 포함한 평생교육 종사자의 양성 · 연수
- 국내외 평생교육기관 · 단체간 연계 및 협력체제의 구축
- 제20조에 따른 시 · 도 평생교육진흥원에 대한 지원 및 시 · 도평생교육진흥원과의 협력
- 「학점인정 등에 관한 법률」 및 「독학에 의한 학위취득에 관한 법률」에 따른 학점 또는 학력인정에 관한 사항
- 제23조에 따른 학습계좌의 통합 관리 · 운영
- 문해교육의 관리 · 운영에 관한 사항
- 정보화 및 온라인 기반 관련 평생교육의 관리 · 운영에 관한 사항
- 이 법 또는 다른 법령에 따라 위탁받은 업무

• 그 밖에 진흥원의 목적수행을 위하여 필요한 사업

진흥원의 정관에는 다음의 사항을 기재하여야 한다(제19조 제5항).

- 목적
- 명칭
- 주된 사무소의 소재지
- 사업에 관한 사항
- 임원 및 직원에 관한 주요 사항
- 이사회에 관한 사항
- 재산 및 회계에 관한 사항
- 정관의 변경에 관한 사항

제5항에 따른 정관의 내용을 변경하고자 하는 때에는 교육부장관의 인가를 받아야 한다(제19조 제6항).

국가는 예산의 범위 내에서 진흥원의 설립·운영에 필요한 경비를 출연할 수 있다(제19조 제7항).

그리고 진흥원에 관하여 이 법에서 정하는 것을 제외하고는 「민법」 중 재단법인에 관한 규정을 준용한다(제19조 제8항).

② 국가는 장애인의 평생교육진흥과 관련된 업무를 지원하기 위하여 국가장애인평생교육진흥센터(이하 "장애인평생교육진흥센터")를 둔다(제19조의2 제1항). 장애인 평생교육진흥센터는 다음의 업무를 수행한다(제19조의2 제2항).

• 장애인 평생교육진흥을 위한 지원 및 조사 업무
• 진흥위원회가 심의하는 기본계획에 관한 사항 중 장애인 평생교육 진흥에 관한 사항
• 장애 유형별 평생교육프로그램 개발의 지원
• 장애인 평생교육 종사자의 양성·교육 및 연수와 공무원의 장애인 의사소통 교육
• 장애인 평생교육기관 간의 연계체제 구축
• 발달장애인의 평생교육과정의 개발
• 발달장애인의 의사소통 도구의 개발과 보급
• 장애인 평생교육프로그램을 운영하는 각급학교와 평생교육기관 양성을 위한 지원
• 장애 유형별 평생교육 교재·교구의 개발과 보급

• 그 밖에 장애인평생교육진흥센터의 목적수행을 위하여 필요한 사업

③ 장애인 평생교육 종사자는 장애인 인권에 관한 교육을 받아야 한다(재19조의3 제1항). 제1항에 따른 장애인 인권에 관한 교육은 교육부령으로 정하는 인권교육을 실시하는 기관, 시설, 법인 및 단체가 실시한다(제19조의3 제2항).

④ 시·도지사는 대통령령으로 정하는 바에 따라 시·도 평생교육진흥원을 설또는 지정·운영할 수 있다(제20조 제1항).

시·도 평생교육진흥원은 다음의 업무를 수행한다(제20조 제2항).

• 해당 지역의 평생교육기회 및 정보의 제공
• 평생교육 상담 및 컨설팅 지원
• 평생교육 프로그램 운영 및 지원
• 장애인 대상 평생교육프로그램 운영 및 지원
• 해당 지역의 평생교육기관 간 연계체제 구축
• 국가 및 시·구·구 간 협력·연계
• 해당 지역의 평생교육 진흥을 위한 조사·연구
• 시행계획 수립의 지원
• 평생교육 관계자의 역량강화 지원
• 그 밖에 평생교육진흥을 위하여 시·도지사가 필요하다고 인정하는 사항

제1항에 따른 시·도평생교육진흥원 간의 연계·정보교류 및 사업의 공동 추진을 위하여 전국시·도평생육진흥원협의회를 둘 수 있다(제20조 제3항).

⑤ 국가·지방자치단체 및 시·도교육감은 관할 구역 안의 장애인을 대상으로 평생교육프로그램 운영과 평생교육 기회를 제공하기 위하여 장애인 평생교육시설을 설치 또는 지정·운영할 수 있다. 이 경우 대통령령으로 정하는 바에 따라 청각장애 등 장애 유형별 맞춤형 평생교육프로그램을 운영하여야 한다(제20조의2 제1항). 국가·지방자치단체 및 시·도교육감 외의 자가 제1항에 따른 장애인평생교육시설을 설치하고자 하는 때에는 대통령령으로 정하는 시설과 설비를 갖추어 교육감에게 등록하여야 한다(제20조의2 제2항). 국가 및 지방자치단체는 장애인평생교육시설의 운영에 필요한 경비를 예산의 범위에서 지원할 수 있다(제20조의2 제4항).

⑥ 국가·지방자치단체 및 시·도교육감은 관할 구역 안의 노인을 대상으로 평생교육프로

그램 운영과 평생교육 기회를 제공하기 위하여 노인평생교육시설을 설치 또는 지정·운영할 수 있다(제20조의3 제1항)고 규정(2023.4.18.)하여 노인평생교육을 제도권으로 포함시켜 지원 근거를 마련하였다. 평생교육기관은 노인의 평생교육 기회의 확대를 위하여 별도의 노인 평생교육과정을 설치·운영할 수 있다(제20조의3 제2항). 지방자치단체는 노인평생교육시설의 운영에 필요한 경비를 예산의 범위에서 지원할 수 있다(제20조의3 제3항).

⑦ 시·도교육감 및 시장·군수·자치구의 구청장은 관할 구역 안의 주민을 대상으로 평생교육 프로그램 운영과 평생교육 기회를 제공하기 위하여 평생학습관을 설치 또는 지정·운영하여야 한다(제21조 제1항). 시·도교육감 및 시장·군수·자치구의 구청장은 평생학습관의 설치 또는 재정적 지원 등 해당 지방자치단체의 평생교육을 진흥하기 위하여 필요한 사업을 실시할 수 있다(제21조 제2항). 제1항 및 제2항에 따른 평생학습관의 설치·운영 등에 필요한 사항은 해당 지방자치단체의 조례로 정한다(제21조 제3항). 평생학습관은 다음의 사업을 수행한다(제21조 제3항).

- 평생교육프로그램의 개발·운영
- 장애인 대상 평생교육프로그램의 개발 ·운영
- 평생교육 상담
- 평생교육 종사자에 대한 교육·훈련
- 평생교육 관련 정보의 수집·제공
- 제21조의3에 따른 읍·면·동 평생학습센터에 대한 운영 지원 및 관리
- 그 밖에 평생교육 진흥을 위하여 필요하다고 인정되는 사업

제1항 및 제2항에 따른 평생학습관의 설치·운영 등에 필요한 사항은 해당 지방자치단체 의례로 정한다(제21조 제4항).

⑧ 「유아교육법」 제2조 제2호에 따른 유치원 및 「초·중등교육법」 제2조에 따른 학교의 장은 해당 학교의 교육환경을 고려하여 「장애인복지법」 제2조에 따른 장애인의 계속교육을 위한 장애인 평생교육과정을 설치·운영할 수 있다(제21조의2 제1항). 평생교육기관은 장애인의 평생교육 기회 확대를 위하여 별도의 장애인 평생교육과정을 설치·운영할 수 있다(제21조의2 제2항). 진흥원은 장애인의 평생교육 기회 확대 방안 및 장애인 평생교육 프로그램을 개발하여야 한다(제21조의2 제3항). 제20조에 따른 시·도평생교육진흥원은 평생교육기관이 장애인 평생교육과정을 설치·운영할 수 있도록 지원하여야 한다(제21조의2

제4항).

⑨ 시장 · 군수 · 자치구의 구청장은 읍 · 면 · 동별로 주민을 대상으로 하여 평생교육프로그램을 운영하고 상담을 제공하는 평생학습센터를 설치하거나 지정하여 운영하여야 한다(제21조의3 제1항). 제1항에 따른 읍 · 면 · 동평생학습센터의 설치 또는 지정 및 운영에 관한 사항은 해당 지방자치단체의 조례로 정한다(제21조의3 제2항).

⑩ 지방자치단체는 지역사회 주민이 평생학습을 주된 목적으로 자발적으로 참여하는 모임(이하 "자발적 학습모임")의 활동을 지원할 수 있다(제21조의4 제1항). 지방자치단체는 자발적 학습모임이 창출한 성과를 활용하여 사회적 가치를 창출할 수 있도록 노력하여야 하고, 자발적 학습모임이 지역사회의 문제 해결에 참여할 수 있도록 지원하여야 한다(제21조의4 세2항).

⑪ 국가 및 지방자치단체는 각급 학교 · 민간단체 · 기업 등과 연계하여 교육의 정보화와 이와 관련된 평생교육과정의 개발을 위하여 노력하여야 한다(제22조 제1항). 국가 및 지방자치단체는 각급 학교 · 평생교육기관 등이 필요한 인적자원을 활용할 수 있도록 하기 위하여 대통령령으로 정하는 바에 따라 강사에 관한 정보를 수집 · 제공하는 제도를 운영할 수 있다(제22조 제2항).

⑫ 교육부장관은 국민의 평생교육을 촉진하고 인적자원의 개발 · 관리를 위하여 학습계좌(국민의 개인적 학습경험을 종합적으로 집중 관리하는 제도를 말한다)를 도입 · 운영할 수 있도록 노력하여야 한다(제23조 제1항). 교육부장관은 제1항의 학습계좌에서 관리할 학습과정을 대통령령으로 정하는 바에 따라 평가인정할 수 있다(제23조 제2항). 교육부장관은 제2항에 정 절차 및 방식 등에 필요한 사항은 대통령령으로 정한다(제23조 제3항). 교육부장관은 제2항에 따라 평가인정을 받은 학습과정을 설치 · 운영하는 평생교육기관이 다음의 어느 하나에 해당하면 그 평가인정을 취소할 수 있다(제23조 제4항).

• 거짓이나 그 밖의 부정한 방법으로 평가인정을 받은 경우
• 제2항에 따라 평가인정받은 내용을 위반하여 학습과정을 운영한 경우
• 제2항에 따른 평가인정의 기준에 이르지 못하게 된 경우

교육부장관은 제4항 제2호 및 제3호에 따라 평가인정을 취소하고자 할 경우에는 대통령령으로 정하는 기간과 절차에 따라 평생교육기관의 장에게 시정을 명하여야 한다(제23조 제5항). 또한 교육부장관은 제5항에 따라 시정명령을 하는 경우에는 평생교육기관의 장에게 시정명령을 받은 사실을 공표할 것을 명할 수 있다(제23조 제6항). 교육부장관 및 지방자

치단체의 장은 제16조의2에 따른 평생교육이용권으로 수강한 교육이력을 학습계좌를 통해 관리할 수 있다(제23조 제7항). 교육부장관은 학습계좌의 운영을 위하여 필요한 경우에는 관계 행정기관등의 장에게 필요한 자료의 제공을 요청할 수 있다. 이 경우 자료의 제공을 요청받은 관계 행정기관등의 장은 특별한 사유가 없으면 이에 따라야 한다(제23조 제8항).

▎평생교육사(제4장)

① 교육부장관은 평생교육 전문인력을 양성하기 위하여 다음의 어느 하나에 해당하는 자에게 평생교육사의 자격을 부여하며, 자격을 부여받은 사람에게는 자격증을 발급하여야 한다(제24조 제1항).

- 「고등교육법」 제2조에 따른 학교(이하 "대학") 또는 이와 같은 수준 이상의 학력이 있다고 인정되는 기관에서 교육부령으로 정하는 평생교육 관련 교과목을 일정 학점 이상 이수하고 학위를 취득한 사람
- 「학점인정 등에 관한 법률」 제3조 제1항에 따라 평가인정을 받은 학습과정을 운영하는 교육훈련기관(이하 "학점은행기관")에서 교육부령으로 정하는 평생교육 관련 교과목을 일정 학점 이상 이수하고 학위를 취득한 사람
- 대학을 졸업한 자 또는 이와 같은 수준 이상의 학력이 있다면 인정되는 사람으로서 대학 또는 이와 같은 수준 이상의 학력이 있다고 인정되는 기관, 제25조에 따른 평생교육사 양성기관, 학점은행기관에서 교육부령으로 정하는 평생교육 관련 교과목을 일정 학점 이상 이수한 사람
- 그 밖에 대통령령으로 정하는 자격요건을 갖춘 사람

평생교육사는 평생교육의 기획 · 진행 · 분석 · 평가 및 교수업무를 수행한다(제24조 제2항). 다음의 어느 하나에 해당하는 자는 평생교육사가 될 수 없다(제24조 제3항).

- 제24조의2에 따라 자격이 취소된 후 그 자격이 취소된 날부터 3년이 지나지 아니한 사람(제28조 제2항 제1호에 해당하여 자격이 취소된 경우는 제외한다)
- 제28조 제2항 제1호부터 제5호까지의 어느 하나에 해당하는 사람

그리고 평생교육사의 등급, 직무범위, 이수과정, 연수 및 자격증의 교부절차 등에 필요한 사항은 대통령령으로 정한다(제24조 제4항). 제1항에 따라 발급받은 자격증은 다른

사람에게 빌려주거나 빌려서는 아니 되며, 이를 알선하여서도 아니 된다(제24조 제5항). 교육부장관은 제1항에 따른 평생교육사의 자격증을 교부 또는 재교부받으려는 사람에게 교육부령으로 정하는 바에 따라 수수료를 받을 수 있다(제24조 제6항).

② 교육부장관은 평생교육사가 다음의 어느 하나에 해당하는 경우에는 그 자격을 취소하여야 한다(제24조의2).

- 거짓이나 그 밖의 부정한 방법으로 평생교육사의 자격을 취득한 경우
- 다른 사람에게 평생교육사의 명의를 사용하게 한 경우
- 제24조 제3항 제2호의 결격사유에 해당하게 된 경우
- 제24조 제5항을 위반하여 자격증을 빌려준 경우

③ 교육부장관은 평생교육사의 양성과 연수에 필요한 시설 · 교육과정 · 교원 등을 고려하여 대통령령으로 정하는 바에 따라 평생교육기관을 평생교육사 양성기관으로 지정할 수 있다(제25조 제1항).

평생교육기관에는 제24조 제1항에 따른 평생교육사를 배치하여야 한다(제26조 제1항). 「유아교육법」, 「초 · 중등교육법」 및 「고등교육법」에 따른 유치원 및 학교의 장은 평생교육 프로그램 운영에 필요할 때에는 평생교육사를 채용할 수 있다(제26조 제2항). 제20조에 따른 시 · 도 평생교육진흥원, 제20조의2에 따른 장애인평생교육시설 및 제21조에 따른 시 · 군 · 구평생학습관에 평생교육사를 배치하여야 한다(제26조 제3항). 제1항부터 제3항까지의 규정에 따른 평생교육사의 배치대상기관 및 배치기준은 대통령령으로 정한다(제26조 제4항). 아울러 교육부장관은 평생교육사의 배치 현황, 보수 수준 및 지급 실태 등에 관하여 3년마다 조사하여야 한다(제26조의2 제1항).

④ 국가 및 지방자치단체는 제26조 제2항에 따른 평생교육 프로그램 운영 및 평생교육사 채용에 사용되는 경비 등을 보조할 수 있다(제27조).

▌평생교육기관(제5장)

① 평생교육기관의 설치자는 다양한 평생교육 프로그램을 실시하여 지역사회 주민을 위한 평생교육에 기여하여야 한다(제28조 제1항).

다음의 어느 하나에 해당하는 자는 평생교육기관의 설치자가 될 수 없다(제28조 제2항).

- 피성년후견인 또는 피한정후견인

- 금고 이상의 실형의 선고받고 그 집행이 종료(집행이 종료된 것으로 보는 경우를 포함한다)되거나 집행이 면제된 날부터 3년이 지나지 아니한 자
- 금고 이상의 형의 집행유예를 선고받고 그 유예기간 중에 있는 자
- 법원의 판결 또는 다른 법률에 따라 자격이 정지 또는 상실된 자
- 제42조에 따라 인가 또는 등록이 취소되거나 평생교육과정이 폐쇄된 후 3년이 지나지 아니한 자
- 임원 중 제1호부터 제5호까지의 어느 하나에 해당하는 자가 있는 법인

제2조 제2호 가목에 따른 평생교육기관의 설치자는 특별시 · 광역시 · 특별자치시 · 도 · 특별자치도(이하 "시 · 도")의 조례로 정하는 바에 따라 평생교육시설의 운영과 관련하여 그 시설의 이용자에게 발생한 생명 · 신체상의 손해를 배상할 것을 내용으로 하는 보험가입 또는 공제사업에의 가입 등 필요한 안전조치를 하여야 한다(제28조 제3항). 아쉬운 것은 한국평생교육단체총연합회를 중심으로 가칭 「평생교육기관공제회」 설립 · 운영을 논의해 왔으나, 아직도 논의 수준에 그치고 있어서 안타까운 실정이다.

평생교육기관의 설치자는 학습자가 학습을 계속할 수 없는 경우 또는 평생교육기관의 폐쇄 등으로 교습을 계속할 수 없는 경우에는 대통령령으로 정하는 바에 따라 학습자로부터 받은 학습비 등의 반환 등 학습자의 보호를 위하여 필요한 조치를 하여야 한다(제28조 제4항).

그리고 제31조 제2항에 따른 학력인정 평생교육시설의 설립 주체는 「사립학교법」에 따른 학교법인 또는 「공익법인의 설립 · 운영에 관한 법률」에 따른 재단법인으로 한다(제28조 제5항)고 규정하고 있다.

여기서 종전의 사회교육법에서는 학원 · 도서관 및 박물관을 중요한 사회교육시설로서 인정하고 이에 관한 규정을 별도로 두고 있었으나(사회교육법 제22조, 제23조), 1999년 평생교육법 제정과정에서 이들이 별도의 법체계를 유지하고 있음을 이유로 평생교육법에 의한 평생교육시설로서 명문화하는 것이 배제되었다.

또한, 사회교육법 시행규정 제13조에 의한 일반사회교육시설의 운영에 있어서 학원과의 차별화가 되지 않아 많은 갈등을 초래된 점을 감안, 이를 학원의 업무 영역으로 일원화하는 등 기능조정을 하였다.

평생교육법에 의한 새로운 평생교육시설로서는 사내대학형태 평생교육시설, 원격대

학형태 평생교육시설, 사업장부설 평생교육시설, 시민사회단체부설 평생교육시설, 그리고 지식 · 인력개발 사업관련 평생교육시설을 들 수 있으며, 평생교육시설의 학력인정 여부와 설치 절차에 따라 다음의 〈표 11-2〉와 같이 요약, 구분할 수 있다.

표 11-2 평생교육시설의 유형

시설 유형		학력 인정 여부	설치요건	비고
① 학교형태 평생교육시설 (평생교육법 제31조)	학력 인정	학력 인정	교육감에 등록	
	학력 미인정	학력 미인정	교육감에 등록	
② 사내대학형태 평생교육시설 (평생교육법 제32조)	사내대학	학력 인정	교과부장관 인가	
③ 원격대학형태 평생교육시설 (평생교육법 제33조)	원격교육형태 평생교육시설	학력 미인정	교육감에 신고	
	원격대학형태 평생교육시설	학력 인정	교과부장관 인가	
④ 사업장부설 평생교육시설(평생교육법 제35조)		학력 미인정	교육감에 신고	
⑤ 시민사회단체부설 평생교육시설(평생교육법 제36조)		학력 미인정	교육감에 신고	
⑥ 학교부설 평생교육시설 (평생교육법 제30조)	초 · 중등학교	학력 미인정	교육감에 보고	
	대학(교)	학력 미인정	교과부장관에 보고	
⑦ 언론기관부설 평생교육시설(평생교육법 제37조)		학력 미인정	교육감에 신고	
⑧ 지식 · 인력개발사업관련 평생교육시설 (평생교육법 제38조)		학력 미인정	교육감에 신고	

출처: 교육과학기술부(2008). 2008 평생교육 법령해설 자료. p.133.

② 「초 · 중등교육법」 및 「고등교육법」에 따른 각급 학교의 장은 평생교육을 실시하는 경우 평생교육의 이념에 따라 교육과정과 방법을 수요자 관점으로 개발 · 시행하도록 하며, 학교를 중심으로 공동체 및 지역문화 개발에 노력하여야 한다(제29조 제1항).

각급 학교의 장은 해당 학교의 교육여건을 고려하여 학생 · 학부모와 지역 주민의 요구에 부합하는 평생교육을 직접 실시하거나 지방자치단체 또는 민간에 위탁하여 실시할 수 있다. 다만, 영리를 목적으로 하는 법인 및 단체는 제외한다(제29조 제2항).

제2항에 따른 학교의 평생교육을 실시하기 위하여 각급 학교의 교실 · 도서관 · 체육관,

그 밖의 시설을 활용하여야 한다(제29조 제3항).

그리고 제2항 및 제3항에 따라 학교의 장이 학교를 개방할 경우 개방시간 동안의 해당 시설의 관리 · 운영에 필요한 사항은 해당 지방자치단체의 조례로 정한다(제29조 제4항).

③ 학점은행기관의 장은 교육부장관의 평가인정을 받은 학습과정 운영을 통하여 평생교육을 실시한다(제29조의2 제1항). 학점은행기관의 장은 제1항에 따른 학습과정을 운영함에 있어 그 질을 유지하거나 개선하기 위하여 노력하여야 한다(제29조의2 제2항). 여기서 고등교육 기회를 갖지 못한 국민에게 언제, 어디서나 정규대학 밖의 기관인 학원 · 직업전문학교 · 대학 평생교육원 · 온라인 교육기관 등에서 교육부장관이 평가인정한 학습과목을 이수하면 이를 학점으로 인정하여 전문학사 또는 학사학위와, 보육교사 · 사회복지사 · 평생교육사 등 국가자격을 부여함으로써 우리사회를 명실상부한 평생학습사회로 변모시키기 위하여 필자가 교육부 평생교육국장으로 재직하던 1998년에 새롭게 도입한 평생교육제도이었다. 그럼에도 불구하고 대학교육 지상주의에 밀려 교육부를 포함하여 관련된 각 부처의 법령에서 혜택이 제외되어 이 제도의 생존 자체가 큰 위협을 받고 있는 상태였다. 한국학점은행평생교육협의회 초대회장으로 영입된 필자가 학점은행제의 발전을 위해 제시한 것이 평생교육법의 평생교육기관으로 학점은행제를 신설하는 것이었다. 당초 의도와는 좀 불충분하게 2019년 12월 제29조의2(학점은행기관의 평생교육)가 신설되어 평생교육기관으로 법적 근거를 마련하게 되었다. 앞으로 학령인구의 감소와 고등고육 환경의 변화에 적응하기 위해서는 학점은행기관도 평생교육기관으로서 정부의 보조금 수령과 아직도 각 부처의 법령에서 홀대하고 있는 불합리한 사항들이 법적이나 제도적으로 시정되어야 할 것이다.

④ 각급 학교의 장은 학생 · 학부모와 지역주민을 대상으로 교양의 증진 또는 직업교육을 위한 평생교육시설을 설치 · 운영할 수 있다. 평생교육시설을 설치하는 경우 각급 학교의 장은 관할청에 보고하여야 한다(제30조 제1항).

대학의 장은 대학생 또는 대학생 외의 자를 대상으로 자격취득을 위한 직업교육과정 등 다양한 평생교육과정을 운영할 수 있다(제30조 제2항).

그리고 각급 학교의 시설은 다양한 평생교육을 실시하기에 편리한 형태의 구조와 설비를 갖추어야 한다(제30조 제3항). 여기서, 제30조 제3항의 학교부설 평생교육시설과 관련하여 특별히 도입된 것이 지역사회학교(Community School) 개념의 신설이다. 즉 제30조 제1항이 기존 학교에 평생교육시설을 부설하는 것이라면 제3항은 학교 건물을 신축할 때부터 지역사회 주민이 학생들과 공동 활용할 수 있는 건물구조와 설비를 갖추도록 하고 있는 것이다. 교육부에서는 어학원 · 체육관 등 학교부설 평생교육시설을 학교시설에 포함시키는 학교시설사업촉진법시행령을 개정 · 공포하였다(2000. 10. 22). 따라서 앞으로 이러한 시설의 건립이 활발해질 것으로 전망되며, 학교부설뿐만 아니라 학교 건물 신축 때부터 학교 자체가 평생교육시설로서 이용될 수 있도록 해야 할 것이다.

⑤ 학교형태의 평생교육시설을 설치 · 운영하고자 하는 자는 대통령령으로 정하는 시설 · 설비를 갖추어 교육감에게 등록하여야 한다(제31조 제1항).

교육감은 제1항에 따른 학교형태의 평생교육시설 중 일정 기준 이상의 요건을 갖춘 평생교육시설에 대하여는 이를 고등학교 졸업 이하의 학력이 인정되는 시설로 지정할 수 있다. 다만, 제6항에 따라 지방자치단체로부터 지원받은 보조금을 목적 외 사용, 부당 집행하였을 경우에는 그 지정을 취소할 수 있다(제31조 제2항).

제2항에 따른 학력인정 시설에는 「초 · 중등교육법」 제19조 제1항의 교원을 둘 수 있다. 이 경우 교원의 복무 · 국내연수와 재교육에 관하여는 국 · 공립학교의 교원에 관한 규정을 준용한다(제31조 제3항).

「초 · 중등교육법」 제54조 제4항에 따라 전공과를 설치 · 운영하는 고등기술학교는 교육부장관의 인가를 받아 전문대학 졸업자와 동등한 학력 · 학위가 인정되는 평생교육시설로 전환 · 운영할 수 있다. 이 경우 전공대학의 명칭을 사용할 수 있으며(제31조 제4항), 제2항에 따른 학력인정 평생교육시설의 지정 기준 · 절차, 입학자격, 교원자격 등과 제4항에 따른 평생교육시설의 인가 기준 · 절차, 학사관리 등의 운영방법 등에 필요한 사항은 대통령령으로 정한다(제31조 제5항).

⑥ 지방자치단체는 해당 지방자치단체의 조례가 정하는 바에 따라 예산의 범위 내에서 제2항에 따른 학력인정 평생교육시설에 필요한 보조금을 교부하거나 그 밖의 지원을 할 수 있다(제31조 제6항).

제2항에 따른 학력인정 평생교육시설로 지정을 받은 자가 그 시설을 폐쇄하고자 하는 때에는 재학생 보호방안 등 대통령령으로 정하는 사항을 갖추어 교육부장관 또는 시 · 도 교육감의 인가를 받아야 한다(제31조 제7항).

⑦ 제2항에 따른 학력인정 평생교육시설의 재산관리, 회계 및 교원 등의 신규채용에 관한

사항은 각각 「사립학교법」 제8조, 제29조 및 제53조의2 제10항을 준용하고, 장학지도 및 학생의 학교생활기록 관리는 각각 「초 · 중등교육법」 제7조 및 제25조 제1항을 준용하며, 보건 · 위생 · 학습환경 등에 관한 사항은 각각 「학교보건법」 제4조, 제9조, 제9조의2 제12조를 준용한다. 다만, 교비회계에 속하는 예산 · 결산 및 회계업무는 교육부령으로 정하는 방식으로 처리하여야 한다(제31조 제8항).

⑧ 다음의 어느 하나에 해당하는 자는 교육부장관의 인가를 받아 전문대학 또는 대학졸업자와 동등한 학력 · 학위가 인정되는 평생교육시설을 설치 · 운영하거나 「고등교육법」 제2조에 따른 학교에 위탁하여 운영할 수 있다(제32조 제1항).

- 대통령령으로 정하는 규모 이상의 사업장(공동으로 참여하는 사업장도 포함한다)의 경영자
- 「산업입지 및 개발에 관한 법률」에 따라 설립된 산업단지 입주기업의 연합체(이하 "산업단지 기업연합체"). 이 경우 산업단지 기업연합체는 제1호에서 대통령령으로 정하는 규모 이상이어야 한다.
- 「산업발전법」 제12조 제2항에 따라 구성된 산업부문별 인적자원개발협의체(이하 "산업별 협의체"). 이 경우 산업별 협의체는 제1호에서 대통령령으로 정하는 규모 이상이어야 한다.

제1항에 따른 사내대학형태의 평생교육시설은 다음의 어느 하나에 해당하는 사람을 대상으로 한다(제32조 제2항).

- 해당 사업장 또는 산업단지 기업연합체에 속한 사업장에 고용된 종업원
- 해당 사업장 또는 산업단지 기업연합체에 속한 사업장에서 일하는 다른 업체의 종업원
- 해당 사업장 또는 산업단지 기업연합체에 속한 사업장과 하도급 관계에 있는 업체 또는 부품 · 재료 공급 등을 통하여 해당 사업장 또는 산업단지 기업연합체에 속한 사업장과 협력관계에 있는 업체의 종업원
- 해당 사업장 또는 산업단지 기업연합체에 속한 사업장과 동종 업종 또는 관련 분야에 속하는 업체의 종업원
- 산업별 협의체의 해당 업종 또는 관련 분야에 속하는 업체의 종업원

제1항에 따른 사내대학형태의 평생교육시설에서의 교육에 필요한 비용은 제2항 각 호에 해당하는 사람을 고용한 고용주가 하는 것을 원칙으로 한다(제32조 제3항). 제1항에 따른 사내대학형태의 평생교육시설의 설치기준 · 학점제 등 운영에 필요한 사항은 대통령령으로 정한다(제32조 제4항). 또한 제1항에 따른 사내대학형태의 평생교육시설을

폐쇄하고자 하는 경우에는 재학생 보호방안 등 대통령령으로 정하는 사항을 갖추어 교육부장관에게 신고하여야 한다(제32조 제5항).

⑨ 누구든지 정보통신매체를 이용하여 특정 또는 불특정 다수인에게 원격교육을 실시하거나 다양한 정보를 제공하는 등의 평생교육을 실시할 수 있다(제33조 제1항).

제1항에 따라 불특정 다수인을 대상으로 학습비를 받고 이를 실시하고자 하는 경우(「학원의 설립 · 운영 및 과외교습에 관한 법률」 제2조의2 제1항 제1호의 학교교과교습학원에 해당하는 경우는 제외)에는 대통령령으로 정하는 바에 따라 교육감에게 신고하여야 한다. 이를 폐쇄하고자 하는 경우에는 그 사실을 교육감에게 통보하여야 한다(제33조 제2항).

제1항에 따라 전문대학 또는 대학졸업자와 동등한 학력 · 학위가 인정되는 원격대학형태의 평생교육시설을 설치하고자 하는 경우에는 대통령령으로 정하는 바에 따라 교육부장관의 인가를 받아야 한다. 이를 폐쇄하고자 하는 경우에는 교육부장관에게 신고하여야 한다(제33조 제3항).

교육부장관은 제3항에 따라 인가한 원격대학형태의 평생교육시설에 대하여는 평가를 실시하고 그 결과를 공개하여야 한다(제33조 제4항).

여기서 평생교육법에서 제시하고 있는 원격교육형태 평생교육시설의 유형을 비교하면 다음의 〈표 11-3〉과 같다.

표 11-3 원격형태의 평생교육시설의 유형 비교

학력 인정 여부	시설 유형(명칭)	설치요건	구별기준
학력 미인정	원격교육형태 평생교육시설 (평생교육법 제33조 제2항)	신고 대상	• 불특정 다수인을 대상 • 학습비를 받고 원격교육 실시 • 10인 이상, 교육과정 30시간 이상
		비신고 대상	• 특정 다수인을 대상 • 학습비가 아닌 사용료, 수수료 및 통신료만 받는 경우
학력 인정	원격대학형태 평생교육시설 (평생교육법 제33조 제3항)	인가 대상	• 원격교육으로 전문대 · 대학졸업과 동등한 학력 · 학위 인정 • 일정한 시설 · 설비를 갖추어 교육부장관의 인가 필요 • 전문학사학위, 학사학위와 석사학위까지 가능 • 국내의 개인 · 단체 등이 외국대학의 학위를 수여하는 경우 제외

출처: 교육과학기술부(2008). 2008 평생교육 법령해설 자료. p.205.

⑩ 제31조 제2항에 따라 고등학교졸업 이하의 학력이 인정되는 시설로 지정된 평생교육시설의 장은 그 시설이 보유·관리하고 있는 다음의 정보를 매년 1회 이상 공시하여야 한다. 이 경우 그 평생교육시설의 장은 공시된 정보(이하 "공시정보")를 시·도교육감에게 제출하여야 한다(제34조의2 제1항).

- 학교운영에 곤한 규정
- 교육과정 편성 및 운영 등에 관한 사항
- 학년·학급당 학생 수 및 전·출입, 학업중단 등 학생변동 상황
- 교지(校地), 학교 건물 등 시설 현황엥 관한 사항
- 직위·자격별 교원현황에 관한 사항
- 예·결산 내역 등 평생교육시설의 회계에 관한 사항
- 급식에 관한 사항
- 보건관리·환경위생 및 안전관리에 관한 사항
- 하생의 입학상황 및 졸업생의 진로에 관한 사항
- 제42조, 제42조의2, 제45조의2 및 제46조에 따른 행정처분, 지노·김독, 벌칙, 과태료 등에 관한 사항
- 그 밖에 교유 여건 및 유영상태 등에 관한 사항

제31조 제4항, 제32조, 제33조 제3항에 따라 전문대학 또는 대학졸업자와 농등한 학력·학위가 인정되는 시설로 교육부장관의 인가를 받은 평생교육시설의 장은 그 시설이 보유·관리하고 있는 다음의 정보를 매년 1회 이상 공시하여야 한다. 이 경우 그 평생교육시설의 장은 공시정보를 교육부장관에게 제출하여야 한다(제34조의2 제2항).

- 학교운영에 곤한 규정
- 교육과정 편성 및 운영 등에 관한 사항
- 학생의 선발방법 및 일정에 관한 사항
- 충원율, 재학생 수 등 학생현황에 관한 사항
- 졸업 후 진학 및 취업현황 등 학생의 진로에 관한 사항
- 전임교원 현황에 관한 사항
- 전임교원의 연구성과에 관한 사항
- 예·결산 내역 등 평생교육시설의 회계에 관한 사항

- 등록금 및 학생 1인당 교육비의 산정근거에 관한 사항
- 제42조, 제42조의2, 제45조의2 및 제46조에 따른 행정처분, 지도 · 감독, 벌칙, 과태료 등에 관한 사항
- 평생교육시설의 발전계획 및 특성화 계획
- 교원의 연구, 학생에 대한 교육 및 산학협력 현황
- 도서관 및 연구에 대한 지원 현황
- 그 밖에 교육여건 및 운영상태 등에 관한 사항

제1항 및 제2항에 따른 평생교육시설 외의 평생교육시설의 장은 그 시설이 보유 · 관리하고 있는 다음의 정보를 매년 1회 이상 공시하여야 한다. 이경우 그 평생교육시설의 장은 공시정를 교육부장관 또는 시 · 도교육감에게 제출하여야 한다(제34조의2 제3항).

- 평생교육시설의 명칭
- 평생교육시설의 주소 및 대표 전화번호
- 교육과정
- 교육과정별 정원
- 교육과정별 교육기간 및 총 교육시간
- 학습비
- 평생교육시설 설립 · 운영자 명단, 강사 명단

교육부장관 또는 시 · 도교육감은 제1항부터 제3항까지에 따른 공시정보의 확인을 위하여 해당 평생교육시설의 장에게 관련 자료의 제출을 요청할 수 있다. 이 경우 자료의 제출을 요청받은 평생교육시설의 장은 특별한 사유가 없으면 이에 따라야 한다(제34조의 2 제4항).

교육부장관 또는 시 · 도교육감은 이 법에서 공시하도록 정한 정보를 공시하지 아니하거나 거짓으로 공시하는 평생교육시설의 장에게 기간을 정하여 시정이나 변경을 명할 수 있다(제34조의2 제5항).

교육부장관은 제1항부터 제3항까지에 따른 공시에 필요한 양식을 마련 · 보급하고, 공시정보를 수집 및 관리하여야 한다(제34조의2 제6항).

교육부장관은 제6항의 공시정보를 수집 · 관리하기 위한 총괄 관리기관과 항목별 관리기관을 지정할 수 있다(제34조의 제7항).

그 밖에 공시정보의 구체적인 범위, 공시횟수, 그 시기 및 관련 자료의 제출 등에 필요한 사항은 대통령령으로 정한다(제34조의2 제8항).

⑪ 대통령령으로 정하는 규모 이상 사업장의 경영자는 해당 사업장의 고객 등을 대상으로 하는 평생교육시설을 설치·운영할 수 있다(제35조 제1항).

제1항에 따른 사업장 부설 평생교육시설을 설치하고자 하는 자는 대통령령으로 정하는 바에 따라 교육감에게 신고하여야 한다. 이를 폐쇄하고자 하는 경우에는 그 사실을 교육감에게 통보하여야 한다(제35조 제2항).

⑫ 시민사회단체는 상호 유기적인 협조체제를 구축하고 공공시설 및 민간시설 등 유휴시설을 활용하여 해당 시민사회단체의 목적에 부합하는 평생교육과정을 운영하도록 노력하여야 한다(제36조 제1항).

대통령령으로 정하는 시민사회단체는 일반 시민을 대상으로 하는 평생교육시설을 설치·운영할 수 있다(제36조 제2항).

제2항에 따른 시민사회단체 부설 평생교육시설을 설치하고자 하는 자는 대통령령으로 정하는 바에 따라 교육감에게 신고하여야 한다. 이를 폐쇄하고자 하는 경우에는 그 사실을 교육감에게 통보하여야 한다(제36조 제3항).

⑬ 신문·방송 등 언론기관을 경영하는 자는 해당 언론매체를 통하여 다양한 평생교육 프로그램을 방영하는 등 국민의 평생교육진흥에 기여하여야 한다(제37조 제1항).

대통령령으로 정하는 언론기관을 경영하는 자는 일반 국민을 대상으로 교양의 증진과 능력향상을 위한 평생교육시설을 설치·운영할 수 있다(제37조 제2항).

제2항에 따른 언론기관 부설 평생교육시설을 설치하고자 하는 자는 대통령령으로 정하는 바에 따라 교육감에게 신고하여야 한다. 이를 폐쇄하고자 하는 경우에는 그 사실을 교육감에게 통보하여야 한다(제37조 제3항).

⑭ 국가 및 지방자치단체는 지식정보의 제공과 교육훈련을 통한 인력개발을 주된 내용으로 하는 지식·인력개발사업을 진흥·육성하여야 한다(제38조 제1항).

제1항에 따른 지식·인력개발사업을 경영하는 자 중 대통령령으로 정하는 자는 평생교육시설을 설치·운영할 수 있다(제38조 제2항).

제2항에 따른 지식·인력개발사업과 관련하여 평생교육시설을 설치하고자 하는 자는 대통령령으로 정하는 바에 따라 교육감에게 신고하여야 한다. 이를 폐쇄하고자 하는 하는

경우에는 그 사실을 교육감에게 통보하여야 한다(제38조 제3항).

⑮ 제20조의2, 제31조부터 제33조까지, 제35조부터 제38조까지의 규정에 따라 평생교육시설 인가를 받거나 등록·신고를 한 자가 인가 또는 등록·신고한 사항을 변경하고자 하는 때에는 대통령령으로 정하는 바에 따라 변경인가를 받거나 변경등록·변경신고를 하여야 한다(제38조의2 제1항).

⑯ 교육부장관은 제32조 제5항, 제33조 제3항 후단에 따른 신고를 받은 날부터 20일 이내에 신고수리 여부를 신고인에게 통지하여야 한다(제38조의3 제1항). 교육감은 제33조 제2항 전단, 제35조 제2항 전단, 제36조 제3항 전단, 제37조 제3항 전단 또는 제38조 제3항 전단에 따른 신고를 받은 날부터 10일 이내에 신고수리 여부를 신고인에게 통지하여야 한다. 제38조의2 제1항에 따라 제33조 제2항 전단, 제35조 제2항 전단, 제36조 제3항 전단, 제37조 제3항 전단 또는 제38조 제3항 전단에 따른 신고사항에 관한 변경신고를 받은 경우에도 또한 같다(제38조의3 제2항).

교육부장관 또는 교육감이 제1항 또는 제2항에서 정한 기간 내에 신고수리 여부 또는 민원 처리 관련 법령에 따른 처리기간의 연장 여부를 신고인에게 통지하지 아니하면 그 기간(민원 처리 관련 법령에 따라 처리기간이 연장 또는 재연장된 경우에는 해당 처리기간을 말함)이 끝난 날의 다음 날에 신고를 수리한 것으로 본다(제38조의3 제3항).

▌문해교육(제6장)

① 국가 및 지방자치단체는 성인의 사회생활에 필요한 문해능력 등 기초능력을 높이기 위하여 노력하여야 한다(제39조 제1항).

교육감은 대통령령으로 정하는 바에 따라 관할 구역 안에 있는 초·중학교에 성인을 위한 문해교육 프로그램을 설치·운영하거나 지방자치단체·법인 등이 운영하는 문해교육 프로그램을 지정할 수 있다(제39조 제2항).

국가 및 지방자치단체는 제2항에 따른 문해교육 프로그램을 위하여 대통령령으로 정하는 바에 따라 재정적 지원을 할 수 있다(제39조 제3항)고 규정한다.

② 국가는 문해교육의 활성화를 위하여 진흥원에 국가문해교육센터를 둔다(제39조의2 제1항). 시·도교육감 및 시·도지사는 시·도문해교육센터를 설치하거나 지정·운영할 수 있다(제39조의2 제2항).

국가문해교육센터 및 시·도문해교육센터의 구성, 기능 및 운영, 그 밖에 필요한 사항은 대통령령으로 정한다(제39조의2 제3항).

③ 제39조에 따라 설치 또는 지정된 문해교육 프로그램을 이수한 자에 대하여는 그에 상응하는 학력을 인정하되, 교육과정 편성 및 학력인정 절차 등에 필요한 사항은 대통령령으로 정한다(제40조).

④ 교육부장관은 문해교육의 효율적 지원을 위하여 문해교육종합정보시스템을 구축·운영할 수 있다(제40조의2 제1항). 교육부장관은 문해교육종합정보시스템 운영업무를 국가문해교육센터에 위탁할 수 있다(제40조의2 제2항).

▎평생학습 결과의 관리·인정(제7장)

① 이 법에 따라 학력이 인정되는 평생교육과정 외에 이 법 또는 다른 법령의 규정에 따른 평생교육과정을 이수한 사람은 「학점인정 등에 관한 법률」로 정하는 바에 따라 학점 또는 학력을 인정받을 수 있다(제41조 제1항).

다음의 어느 하나에 해당하는 자는 「학점인정 등에 관한 법률」로 정하는 바에 따라 그에 상응하는 학점 또는 학력을 인정받을 수 있다(제41조 제2항).

- 각급 학교 또는 평생교육시설에서 각종 교양과정 또는 자격취득에 필요한 과정을 이수한 자
- 산업체 등에서 일정한 교육을 받은 후 사내인정자격을 취득한 자
- 국가·지방자치단체·각급 학교·산업체 또는 민간단체 등이 실시하는 능력측정검사를 통하여 자격을 인정받은 사람
- 「무형문화재 보전 및 진흥에 관한 법률」에 따라 인정된 국가무형문화재 보유자와 그 전수교육을 받은 사람
- 대통령령으로 정하는 시험에 합격한 사람

각급학교 및 평생교육시설의 장은 학습자가 제31조에 따라 국내외의 각급학교·평생교육시설 및 평생교육기관으로부터 취득한 학점·학력 및 학위를 상호 인정할 수 있다(제41조 제3항)고 규정하고 있다.

▎보칙(제8장)

① 교육부장관 또는 교육감은 평생교육시설의 설치자가 다음의 어느 하나에 해당하는 경우

에는 그 시설의 설치인가 또는 등록을 취소하거나 평생교육과정을 폐쇄할 수 있고, 1년 이내의 기간을 정하여 평생교육과정의 전부 또는 일부에 대한 운영의 정지를 명할 수 있다. 다만, 제1호 및 제4호의 경우에는 그 인가 또는 등록을 취소하여야 한다.

- 거짓이나 그 밖의 부정한 방법으로 인가를 받거나 등록 또는 신고한 경우
- 인가 또는 등록 시의 기준에 미달하게 된 경우
- 평생교육시설을 부정한 방법으로 관리·운영한 경우
- 제28조 제2항 각 호의 어느 하나의 결격사유에 해당하는 경우
- 제34조의2 제5항에 따른 시정 또는 변경 명령을 받고도 정당한 사유 없이 지정된 기간 내에 이행하지 아니한 경우
- 제38조의2를 위반하여 변경인가를 받지 아니하거나 변경등록·변경신고를 하지 아니하고 평생교육시설을 변경하여 운영한 경우

교육부장관 또는 교육감은 제1항에 따라 평생교육과정의 전부 또는 일부에 대한 운영의 정지를 명하기 전에 1개월 이상의 기간을 정하여 위반사항의 시정 및 개선을 명할 수 있다(제42조 제2항).

교육부장관이 제1항에 따라 전문대학 또는 대학졸업자와 동등한 학력·학위가 인정되는 평생교육시설의 인가를 취소하는 경우에 해당 시설의 장은 재학생 보호방안 등 대통령령으로 정하는 사항을 갖추어 교육부장관에게 제출하여야 한다(제42조 제3항).

② 교육부장관 또는 교육감은 이 법에 따라 설치 인가·지정을 하거나 등록 또는 신고를 받은 평생교육시설의 회계관리 및 운영 실태 등을 지도·감독할 수 있다(제42조의2 제1항). 교육부장관 또는 교육감은 제1항에 따른 제출을 요구하거나 그 밖에 필요한 지시를 할 수 있다(제42조의2 제2항).

교육부장관 또는 지방자치단체의 장은 다음의 어느 하나에 해당하는 경우에는 소속 공무원으로 하여금 평생교육프로그램의 제공자 또는 관계인에게 장부 등 서류를 조사하게 할 수 있다(제42조의2 제3항).

- 평생교육이용권의 발급 및 사용의 적정성 여부 확인을 위하여 필요한 경우
- 그 밖에 평생교육이용권 사업 수행을 위하여 요한 경우로서 대통령령으로 정하는 경우
- 제3항에 따라 조사를 하는 자는 그 권한을 표시하는 증표 및 조사기간, 조사범위, 조사담당자, 관계 법령 등 교육부령으로 정하는 사항이 기재된 서류를 지니고 이를

관계인에게 내보여야 한다(제42조의2 제4항).

③ 교육부장관 또는 교육감은 다음의 어느 하나에 해당하는 처분을 하려는 경우에는 청문을 실시하여야 한다(제43조).

- 제24조의2에 따른 평생육사 자격의 취소
- 제42조 제1항에 따른 인가 또는 등록의 취소

④ 교육부장관은 이 법에 따른 권한의 일부를 대통령령으로 정하는 바에 따라 교육감에게 위임할 수 있다(제44조 제1항).

교육부장관은 다음 각 호에 따른 업무의 전부 또는 일부를 대통령령으로 정하는 바에 따라 진흥원에 위탁할 수 있다(제44조 제2항).

- 제24조에 따른 평생교육사의 양성 및 평생교육사 자격증의 교부 · 재교부
- 제25조에 따른 평생교육사 양성기관의 지정
- 제16조의2 및 제16조의3에 따른 평생교육이용권의 발급 및 사용 관리
- 제18조의2에 따른 평생교육 종합정보시스템의 구축 · 운영
- 제30조 제1항에 따라 「고등교육법」 제2조에 따른 학교의 장이 설치한 평생교육시설의 현황 관리

교육감은 이 법에 따른 권한의 일부를 대통령령으로 정하는 바에 따라 소관 교육장에게 위임할 수 있다(제44조 제3항).

⑤ 이 법에 따른 진흥위원회 · 진흥원 · 평생교육협의회 · 평생학습관 · 평생학습센터 · 국가문해교육센터 및 시 · 도문해교육센터가 아니면 이와 비슷한 명칭을 사용하지 못한다(제45조).

⑥ 제31조 제2항에 따른 학력인정 평생교육시설을 설치 · 운영하는 자가 다음의 어느 하나에 해당하는 경우에는 2년 이하의 징역 또는 2천만원 이하의 벌금에 처한다(제45조의2).

- 제31조 제8항에 따라 준용되는 「사립학교법」 제28조를 위반한 경우
- 제31조 제8항에 따라 준용되는 「사립학교법」 제29조 제6항을 위반한 경우

⑦ 다음의 어느 하나에 해당하는 자는 1년 이하의 징역 또는 1천만원 이하의 벌금에 처한다(제45조의3).

- 거짓 또는 그 밖의 부정한 방법으로 평생교육이용권을 발급받거나 다른 사람으로 하여금 평생교육이용권을 발급받게 한 자
- 제16조의3 제3항을 위반하여 평생교육이용권을 판매 · 대여하거나 부정한 방법으로

사용한 자

- 제24조 제5항을 위반하여 자격증을 빌려주거나 빌린 사람 또는 이를 알선한 사람

⑧ 다음의 어느 하나에 해당하는 자에게는 500만원 이하의 과태료를 부과한다(제16조 제1항).

- 제16조의3 제2항을 위반하여 정당한 사유 없이 평생교육프로그램의 제공을 거부한 자
- 제18조 제2항을 위반하여 자료를 제출하지 아니하거나 거짓의 자료를 제출한 자
- 제28조 제4항을 위반하여 학습비 반환 등의 조치를 하지 아니한 자
- 제32조 제5항, 제33조 제2항 · 제3항, 제35조 제2항, 제36조 제3항, 제37조 제3항 및 제38조 제3항에 따른 신고를 게을리한 자
- 제42조 제2항에 따른 명령을 위반한 평생교육시설 또는 설치자
- 제45조를 위반하여 유사 명칭을 사용한 자. 제1항에 따른 과태료는 대통령령으로 정하는 바에 따라 관할청이 부과 · 징수한다(제46조 제2항).

▎부칙

① 〈제8676호, 2007. 12. 14.〉

제1조(시행일) 이 법은 공포 후 2개월이 경과한 날부터 시행한다. 다만, 제33조 제4항 · 제5항과 제34조는 2008년 4월 18일부터 시행한다.

제2조(시행일에 관한 경과조치) 부칙 제1조 단서에 따라 제33조 제5항이 시행되기 전까지는 종전의 제22조 제4항을 적용한다.

제3조(학력인정시설에 관한 경과조치) 이 법 시행 전 종전의 제20조 제2항에 따라 학력이 인정되는 시설로 지정된 평생교육시설에 대하여는 종전의 규정에 따른다.

제4조(시 · 도 교육감의 평생교육업무에 대한 경과조치)

- 제11조, 제12조, 제13조 및 제18조에도 불구하고 시 · 도 교육감은 「지방교육자치에 관한 법률」 제20조 제8호에 따라 시 · 도 교육감이 이 법 시행 전부터 수행하여 온 평생교육과 관련된 업무는 계속하여 수행한다.
- 이 법 시행 전 종전의 제14조에 따라 교육부장관 및 교육감이 지정 · 운영하던 지역평생교육정보센터의 지정 · 운영은 종전의 규정에 따른다.

제5조(고등기술학교 전공과를 평생교육시설로 전환하는 데 따른 적용례 및 경과조치)

- 제31조 제4항은 이 법 시행 당시 「초 · 중등교육법」 제54조 제4항에 따라 전공과를

설치 · 운영하는 고등기술학교에 한하여 적용한다.

- 제31조 제4항에 따라 고등기술학교 전공과 과정이 평생교육시설로 전환되는 경우 해당 과정에 재학 중인 자는 전환되는 평생교육시설에 재학하고 있는 것으로 본다.

제6조부터 제16조까지 생략

② 부칙(정부조직법) 〈제8852호, 2008. 2. 29.〉

제1조(시행일) 이 법은 공포한 날부터 시행한다. 다만, …〈생략〉…, 부칙 제6조에 따라 개정되는 법률 중 이 법의 시행 전에 공포되었으나 시행일이 도래하지 아니한 법률을 개정한 부분은 각각 해당 법률의 시행일부터 시행한다.

제2조부터 제5조까지 생략

제6조(다른 법률의 개정) ①부터 〈100〉까지 생략

〈101〉 평생교육법 일부를 다음과 같이 개정한다.

제9조 제1항 · 제3항, 제10조 제1항 · 제4항, 제13조 제1항, 제15조 제4항, 제18조 제1항, 제19조 제6항, 제24조 제1항 각 호 외의 부분, 제25조 제1항 · 제2항, 제32조 제1항 · 제4항, 제33조 제2항 전단 및 후단, 제33조 제3항 전단 및 후단, 제33조 제4항, 제42조 각 호 외의 부분 본문, 제43조 및 제44조 중 "교육인적자원부장관"을 각각 "교육과학기술부장관"으로 한다.

〈102〉부터 〈760〉까지 생략

제7조 생략

③ 부칙〈법률 제9641호, 2009. 5. 8.〉

이 법은 공포 후 3개월이 경과한 날부터 시행한다.

④ 부칙〈법률 제10915호, 2011. 7. 25.〉

이 법은 공포한 날부터 시행한다.

⑤ 부칙〈법률 제18195호, 2021.6.8.〉

이 법은 공포 후 6개월이 경과한 날부터 시행한다.

⑥ 부칙〈법률 제19345호, 2023.4.18.〉

- 이 법은 공포 후 1년이 경과한 날부터 시행한다.
- 제42조 제3항의 개정규정은 이 법 시행 이후 인가취소 사유가 발생하는 경우부터 적용한다.

3. 평생교육 추진체제

전술한 평생교육 관련행정과 같이 평생교육행정을 관련부처까지 확대하면 아주 방대한 부분을 다루어야 할 것이다. 그러나 여기서는 평생교육의 주무부처인 교육부와 그 산하조직의 평생교육행정만을 살펴보고자 한다.

1) 평생교육 행정조직의 변천과정

(1) 일정시대

일본이 우리 교육에 손을 대기 시작한 것은 한일합방 이전 통감부시대이긴 하나 이 시기에는 전국적인 교육활동을 전개하지 못하였고, 1910년 8월 합방 후 조선총독부에 학무국을 설치하여 제반 교육업무를 관장하면서부터이다. 조선총독부 안에 사회교육과가 설치된 것은 1936년의 일로서, 사회교육과에는 서무계, 교화계, 지방계를 두었다.

학무국 사회교육과의 활동은 어디까지나 조선사람들을 일본화하는 식민정치의 일환으로 전개되었으며, 이는 1937년 사회교육과의 사업을 보면 뚜렷이 알 수 있다.

1937년 사회교육과의 주요 사업[8]은 다음과 같다.

① 사회교화에 관한 사항: 국민정신에 관한 사항, 사상 선도에 관한 사항, 청소년단체 및 청년훈련소에 관한 사항, 부인의 교양에 관한 사항, 계몽교화에 관한 사항, 도서관 및 박물관에 관한 사항, 경학원 및 명륜학원에 관한 사항, 생활개선에 관한 사항

② 지방개량 및 사회체육에 관한 사항

③ 향교, 종교에 관한 사항

④ 보물, 고적, 명승, 천연기념물 조사 및 보존에 관한 사항

⑤ 교화단체에 관한 사항이다.

(2) 미 군정기

① 1945년에 미 군정청은 행정장관 산하에 학무국 학무과 성인교육계를 두어 오다가, 1946년 1월에 성인교육계를 성인교육과로 승격시켰다.

② 1946년 3월 군정청은 중앙행정부서의 국(局)제를 부(部)제로 개정하면서 학무국을 문교부

8) 황종건, 『한국의 사회교육』, 경기: 교육과학사, 1985, p.318.

로 개편하였으며, 동년 4월 성인교육과가 성인교육국으로 확대 개편되면서 재교육과와 계몽과를 두었다.

③ 1948년 7월 교화국과 성인교육국을 사회교육국으로 통합하고, 이 안에 성인교육과, 지도과, 문화시설과, 예술과 및 체육과를 설치하였다.

(3) 정부수립~제2공화국

1948년 7월 헌법 및 정부조직법이 제정 · 공포되면서, 같은 해 8월에 문교부가 설치되었다. 문교부 직제가 11월에 1실 5국(보통교육국, 고등교육국, 문화국, 편수국, 과학교육국)으로 제정 · 공포되었으며, 문화국 내에 체육과, 예술과, 교도과, 성인교육과 및 생활개선과를 두게 되었다.

(4) 제3공화국~제4공화국

① 1961년 10월 문교부 직제를 4국 1과(학무국, 학교관리국, 체육국, 문예국, 총무과)로 전면 개정하면서 문예국 내에 사회교육과, 문화교류과, 예술과를 두었다. 이때 문화재 관리업무를 관장하기 위해 문화재관리국을 문교부의 외국(外局)으로 설치하였다.

② 1963년 12월 문교부 직제를 2실 4국 14과로 전면 개정하면서 문예국과 체육국을 문예체육국으로 통합하였고, 문예체육국에 사회교육과, 국제교류과, 예술과와 체육과를 두었다.

③ 1968년 7월 정부조직법을 개정하여 공보부를 문화공보부로 개편하면서 문교부의 문화 · 예술업무를 이관하게 되었다. 이에 따라 문교부 직제를 개정하여 문예체육국을 사회교육국으로 개편하였으며, 문교부 직제상 독립된 사회교육국을 처음으로 갖게 되었다. 사회교육국 내에는 사회교육과, 국제교육과, 체육과를 두었다.

④ 1970년 1월 정부조직법의 개정으로 계 제도를 폐지하고 담당관제도를 도입하게 됨에 따라 문교부직제를 개정하여 사회교육국에 사회교육과, 체육과, 교포교육담당관을 두게 되었다.

⑤ 1970년 8월에 체육국이 분리 · 독립하게 됨에 따라 사회교육국은 사회교육과와 국제교육과로 축소되었다.

⑥ 1975년 5월 사회교육국에 재외국민교육과를 신설하였다.

⑦ 1978년 3월 사회교육국을 사회국제교육국으로 개편하고 유학생과를 신설하였다.

⑧ 1980년 2월 사회국제교육국에 방송교육과를 신설하여 방송통신교육의 활성화를 기하고자 하였다.

(5) 제5공화국~제6공화국

① 1981년 11월 정부조직이 대국대과(大局大課)원칙으로 전환됨에 따라 문교부 직제도 3실 6국 16과로 개편되었다. 이에 따라 산업교육국과 사회국제교육국을 개편하여 사회직업교육국으로 하고, 여기에 사회교육과, 청소년과, 전문대학행정과와 전문대학학무과를 두게 되었다.

② 1986년 8월 문교부 직제를 3실 5국 21담당관 25과로 전면 개정함에 따라 사회직업교육국을 사회국제교육국으로 개편하면서 사회교육진흥과, 사회교육제도과, 교육협력과와 재외국민교육과를 두고 있다.

③ 제6공화국에 들어서서 정부조직을 전면적으로 조정하기 위하여 1988년 5월 행정개혁위원회를 설치하였고, 동 위원회는 1989년 9월 정부조직 개편건의를 하고 그 활동을 완료하였다. 이에 따라서 1990년 12월 27일 문교부의 명칭도 교육부로 개칭하면서 "교육부장관은 학교교육, 평생교육 및 학술에 관한 사무를 관장한다."로 그 기능을 조정하였다.

(6) 문민정부

① 1993년 2월 25일 문민정부 출범과 함께 작고 능률적인 정부를 구현하고 국제화 · 세계화 시대의 교육환경에 효율적으로 대처하기 위하여 1994년 5월 16일 교육부 직제도 3실 4국 23과 20담당관으로 개편되었다. 이에 따라 사회교육의 효율적인 추진을 위해서 사회국제교육국의 사회교육진흥과 및 사회교육제도과를 각각 사회교육기획과 및 사회교육진흥과로 그 기능 및 명칭을 조정하고, 국제화 · 개방화시대에 능동적으로 대처하기 위하여 교육협력과 및 재외국민교육과를 국제교육협력과 및 재외동포교육과로 그 명칭을 변경하였다.

② 문민정부가 들어서면서부터 교육개혁과제로 규제중심에서 자율과 지원중심으로 바뀌고 첨단교육매체를 활용한 열린교육체제 구축을 위해 1996년 7월 5일 교육부 직제를 2실 5국 19과 18담당관으로 전면 개편하게 되었다. 특히 사회국제교육국을 평생교육국으로 독립시키고 평생교육기획과, 평생교육진흥과, 평생교육관리과를 두어 교육정보관리국 신설과 함께 교육부 직제 개편에서 큰 의의를 두게 되었다.

(7) 국민의 정부

① 1998년 2월 25일 국민의 정부 출범과 함께 정부조직 개편의 기본목표를 정부 역할과 기능의 정상화, 작지만 강하고 효율적인 정부, 국민에 대한 봉사자로서의 정부, 공정한 심판자로서 정부, 기술중심주의와 정보화에 대응하는 과학화 · 정보화 정부의 구현에 이념을 두었다. 이에 따라 새 정부의 정부조직 개편은 ㉮ 개방화, 민주화, 다양화, 분권화, 자율화 등의 행정환경 변화의 추이에 걸맞은 정부위상의 정립 ㉯ 시장경제의 정착과 민간부문의 자율성 신장 ㉰ 정부조직의 비효율 시정을 통한 정부생산성의 제고 ㉱ 최근 경제위기의 적극적 대처를 통한 우리 경제의 활로를 도모하는 생존전략의 모색이라는 차원에서 이루어지게 되었다.

② 이에 따라 1998년 2월 28일 교육부의 직제도 초 · 중등교육기능을 자치단체로 대폭 이양, 고등교육 기능을 축소하여 대학의 자율권을 대폭 확대한다는 기본 전제하에서 2실 4국 8심의관 28과로 대폭 축소되었다. 평생교육국에 산업교육정책관실을 통합하고 종전의 평생교육국 3과(평생교육기획과, 평생교육진흥과, 평생교육관리과)를 2과(평생학습정책과, 평생학습진흥과)로 통합하였다. 또한 종전의 산업교육정책관실 3과(산업교육총괄과, 전문대학행정과, 전문대학학무과)가 평생교육국으로 재편되면서 2과(산업교육정책과, 전문대학지원과)로 축소되었다. 이때 평생교육국이 교육부 직제상 처음으로 선임국이 되어, 우리나라 평생교육의 위상을 새롭게 정립하는 계기가 되었다.

③ 다시 1999년 5월 24일 정부의 공공부문 구조 개혁의 일환으로 평생학습진흥과가 평생학습정책과로 통합되면서 평생교육국은 3개과(평생학습정책과 · 산업교육정책과 · 전문대학지원과)로 재편되었다. 이때 당시 교육부장관은 고등교육지원국장으로 내정된 필자에게 고등교육지원국을 교육부의 선임 국으로 변동할 것을 제의했으나, 필자는 평생교육국이 선임국을 그대로 유지해야 한다고 건의하여 그대로 반영되었다.

④ 정부는 21세기의 지식기반사회에 맞는 인재 육성과 28개 부 · 처 · 청에 흩어져 있는 인적자원 개발업무를 총괄, 조정하기 위하여 교육부를 교육인적자원부로 개편하고 교육부장관을 부총리로 승격(2001. 1. 29)시켰다.

이로써 교육인적자원부는 전 국민의 교육과 효율적인 인력 배치 등의 책임을 맡게 되어 종전의 「학교교육부」에서 사실상 「평생학습부」로 전환하는 큰 계기를 마련하게 된 것이다. 교육인적자원부의 평생교육조직은 개편되어, 평생교육국을 평생직업교육국으로 변경하고 3개과(평생학습정책과, 직업교육정책과, 전문대학지원과)를 유지하면서 인적자원정책국의 신설에 따라 업무의 일부를 조정하였으며, 이때 인적자원정책국에 지난 3년 동안 유지해 오던 선임국의 자리도 내주게 되었다.

(8) 참여정부

① 평생교육 분야의 조직에 아무런 변동 없이 국민의 정부 체제를 유지해 오던 참여정부는 2004년 3월 22일 교육부를 국가인적자원의 총괄 부처로 변모시킨다는 기치 아래 그동안 교육부에서 오랫동안 사용해 오던 실 · 국의 고유 명칭을 모두 '인적자원'으로 시작하는 새로운 명칭을 도입하면서, 기능 위주로 실 · 국의 업무도 대폭 조정하였다. 따라서 평생직업교육국은 인적자원개발국으로 변경되고 3개과(평생학습정책과, 학술연구진흥과 및 산학협력과)로 재편되었다. 이때부터 약 2년 동안 인적자원개발국장은 노동부에서 부처 파견을 온 공무원으로 충원되었다.

② 위의 개편된 조직으로 약 2년 동안 각종 행 · 재정 업무를 수행한 결과, 특히 대학과 전문대학 등 고등교육기관에서 기능별로 세분화된 교육부의 조직을 상대하는 데 너무 복잡하고 이질적이라는 불만이 고조되자 교육부는 2006년 1월 1일 교육부의 각 실 · 국 명칭과 기능을 종전으로 환원시키는 조직 개편을 하였다. 이때 처음으로 사회 · 평생교육을 관장하는 국의 명칭이 평생학습국으로 변경되고 4개 과(평생학습정책과, 전문대학정책과, 여성교육정책과 및 산학협력과)로 재편되었다.

(9) 이명박 정부

① 과감한 개혁과 경쟁을 표방하면서 출범한 이명박 정부는 2008년 2월 29일 참여정부의 교육인적자원부와 과학기술부를 통합하여 교육과학기술부로 새롭게 출범시켰다. 이 과정에서 종전의 평생학습국은 평생직업교육국으로 환원되면서 정보화교육 분야를 흡수하여 정보화정책관을 국장의 보조기관으로 설치하였고, 6개 과(평생학습정책과, 직업교육정책과, 전문대학지원과, 잠재인력정책과, 이러닝지원과 및 지식정보기반과)로 확대 개편되었다. 이명박 정부의 첫 정부조직 개편에서 평생교육을 담당하는 조직이 독립된 국으로 생존하게 된 것은 매우 다행스러운 일이 아닐 수 없다.

② 그러나 2011년 5월 직제 개편에서 평생직업교육국을 인재정책실의 평생직업교육관으로 축소하였다. 당초 안에는 평생교육이라는 용어 자체를 삭제하려 하였으나, 많은 평생교육인이 이에 대한 문제점을 제기하고 설득한 결과 평생직업교육관으로 명맥을 유지하게 되었다. 평생직업교육관에는 3개과(평생학습정책과, 진로교육과, 직업교육지원과)가 속하게 되었다.

(10) 박근혜 정부

① 2013년 2월 출범한 박근혜 정부에서는 2013년 3월 종전의 교육과학기술부를 교육부와 미래창조과학부로 분리하고, 교육부에 평생직업교육국을 독립국으로 개편하였다. 평생직업교육국에는 4개과(인재직무능력정책과, 평생학습정책과, 진로교육정책과, 직업교육정책과)를 두고 있으나, 1948년 정부수립 후 교육부에 사회교육과 또는 평생학습정책과가 그가 속한 국의 주무과로서 활동해 왔으나, 이번 정부에서는 '국가직무능력표준(NCS)' 업무가 중요하다고 하여 인재직무능력정책과를 평생직업교육국의 주무과로 변경하는 매우 이례적인 직제 개편을 단행하였다.

(11) 문재인 정부(2017~2022)

① 2017년 5월 출범한 문재인 정부에서는 평생직업교육국을 2019년 2월 평생미래교육국으로 개편하고, 4개과(평생학습정책과, 진로교육정책과, 미래교육기획과, 이러닝과)를 두었으며, 평생학습정책과가 다시 국의 주무과로서의 위치를 되찾았다.

② 2021년 6월 평생직업교육국을 평생교육국으로 개편하고, 3개과(평생학습정책과, 진로교육정책과, 인재양성정책과)로 개편하였다.

(12) 윤석열 정부(2022~2025)

① 2022년 5월 출범한 윤석열 정부에서는 2022년 9월 평생교육국을 다시 평생직업교육국으로 개편하고, 4개과(평생학습정책과, 진로교육정책과, 이러닝과, 직업교육정책과)를 두었다.

② 2023년 1월 평생직업교육국을 인재정책실로 흡수하고, 평생직업교육정책관 산하에 4개과(평생직업교육기획과, 평생학습지원과, 중등직업교육정책과, 고등직업교육정책과)를 두어 현재에 이르고 있다.

이상에서 살펴본 평생교육 행정조직의 변천과정을 종합적으로 정리하면 〈표 11-4〉와 같다.

표 11-4 교육부의 평생교육 행정조직의 변천과정

구분		연도	내용
1910년	일정시대	1910.8	• 한일합방 • 조선총독부: 내무부 학무국
		1913.1	• 사설강습회에 관한 성부령(省府令) 공포 • 사설강습소 도장관인가
		1936	• 총독부에 학무국 설치 • 학무국: 편집과, 사회과, 학무과, 관측소
1945년	군정시대	1945.9	• 학무국 학무과 성인 교육계
		1946.1	• 성인교육계 → 성인교육과로 승격
		1946.3	• 학무국 → 문교부로 승격
		1946.4	• 성인교육과 → 성인교육국으로 승격 • 성인교육국 → 재교육과, 계몽과
		1948.7	• 교육국과 성인교육국 통합 → 사회교육국 • 사회교육국 → 성인교육과, 지도과, 문화시설과, 예술과, 체육과
1948년	정부수립~ 제2공화국	1948.7	• 헌법 및 정부조직법 제정
		1948.8	• 문교부 창설(1실5국) • 문화국: 체육과, 예술과, 지도과, 성인교육과, 생활개선과
1961년	제3공화국~ 제4공화국	1961.10	• 문화국 → 문예국으로 개편 • 문예국: 사회교육과, 문화교류과, 예술과
		1963.12	• 대학국과 체육국 통합 → 문예체육국 • 문예체육국: 사회체육과, 국제교육과, 예술과, 체육과
		1968.7	• 문화공보부 신설 → 문화예술 이관 • 문화체육국 → 사회교육국 • 사회교육국 → 사회교육과, 국제교육과, 체육과
		1970.1	• 담당관제 도입 • 국제교육과 → 교포체육 담당관
		1970.8	• 체육국 신설 • 사회교육국: 사회교육과, 국제교육과
		1975.5	• 사회교육국: 재외국민교육과 신설
		1978.3	• 사회국제교육국 • 사회국제교육국: 유학생과 신설
		1980.2	• 사회국제교육국: 방송교육과 신설
1981년	제5공화국~ 제6공화국	1981.11	• 사회국제교육과 산업교육국 통합-사회직업교육국 • 사회직업교육국: 사회교육과, 청소년과, 전문대학행정과, 전문대학학무과
		1986.8	• 사회직업교육국 → 사회국제교육국 • 사회국제교육국: 사회교육진흥과, 사회교육제도과, 교육협력과

구분		연도	내용
1993년	문민정부	1993.2	• 사회국제교육국: 사회교육기획과, 사회교육진흥과, 국제교육협력과, 재외동포교육과
		1996.7	• 사회국제교육국을 평생교육국으로 독립 • 평생교육국: 평생교육기획과, 평생교육진흥과, 평생교육관리과
1998년	국민의 정부	1998.2	• 평생교육국에 산업교육정책관실 통합 • 평생교육국: 평생학습정책과, 평생학습진흥과, 산업교육정책과, 전문대학지원과
		1999.5	• 평생교육국: 평생학습정책과(평생학습진흥학과 통합), 산업교육정책과 전문대학지원과
		2001.1	• 교육부를 교육인적자원부로 확대 개편 • 평생교육국을 평생직업교육국으로, 산업교육정책과를 직업교육정책과로 명칭 변경
2003년	참여정부	2004.3	• 평생직업교육국을 인적자원개발국으로 개편 • 인적자원개발국: 평생학습정책과, 학술연구진흥과, 산학협력과
		2006.1	• 인적자원개발국을 평생학습국으로 환원 • 평생학습국: 평생학습정책과, 전문대학정책과, 여성교육정책과, 산학협력과
2008년	이명박 정부	2008.2	• 평생학습국을 국제교육정보화국과 통합하여 평생직업교육국으로 개편 • 국장보조기관으로 정보화정책관 신설 • 평생직업교육국: 평생학습정책과, 직업교육정책과, 전문대학지원과, 잠재인력정책과, 이러닝지원과, 지식정보기반과
		2009.5	• 국장 보조기관인 정보화 정책관 폐지 • 평생직업교육국: 평생학습정책과, 진로직업교육과, 전문대학정책과, 이러닝지원과로 축소 개편
		2011.5	• 평생직업교육국을 인재정책실 평생직업교육관으로 축소 • 평생직업교육관: 평생학습정책과, 진로교육과, 직업교육지원과
2013년	박근혜 정부	2013.3	• 평생직업교육국으로 독립 • 평생직업교육국: 인재직무능력정책과, 평생학습정책과, 진로교육정책과, 직업교육정책과
2019년	문재인 정부	2019.2	• 평생직업교육국을 평생미래교육국으로 개편 • 평생미래교육국: 평생학습정책과, 진로교육정책과, 미래교육기획과, 이러닝과
		2012.6	• 평생직업교육국을 평생교육국으로 개편 • 평생교육국: 평생학습정책과, 진로교육정책과, 인재양성정책과
2022년	윤석열 정부	2022.9	• 평생교육국을 평생직업교육국으로 개편 • 평생직업교육국: 평생학습정책과, 진로교육정책과, 이러닝과, 직업교육정책과
		2023.1	• 평생직업교육국을 평생직업교육정책관으로 축소 • 평생직업교육정책관: 평생직업교육기획과, 평생학습지원과, 중등직업교육정책과, 고등직업교육정책과

2) 중앙단위 평생교육 추진체제

평생교육 추진체제는 모든 국민이 평생에 걸쳐 학습하고 교육받을 수 있는 권리를 보장하여 모든 국민 삶의 질 향상 및 행복 추구에 이바지하기 위해(「평생교육법」 제1조) 국가 및 지방자치단체의 평생교육 제도와 운영을 위한 기구 및 단체의 체계이다. 평생교육 추진체제 구축 및 운영에 대한 사항은 「평생교육법」 등의 법령과 조례에 의해 규정된다. 「평생교육법」 제5조에 국가 및 지방자치단체는 평생교육 사업 수립 및 추진 의무가 부여된다.

따라서 평생교육 추진체제는 평생교육 의무를 수행해야 하는 국가 및 지방자치단체를 포함한다. 평생교육법령 등에 따른 평생교육 추진체제는 심의기구, 행정기구, 전담기구 그리고 법정위원회와 평생교육기관 등의 지원 및 실천기구로 구분된다(그림 11-5 참조).

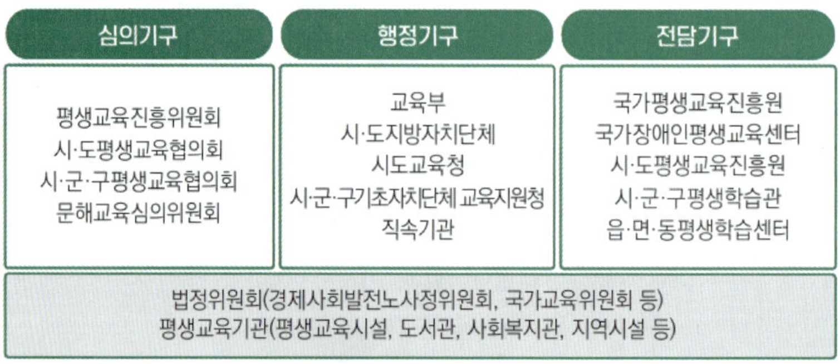

그림 11-5 평생교육 추진체계

(1) 교육부

교육부는 중앙정부 행정기구로서 평생교육 주무부처이다. 평생교육 추진체제로서 교육부는 「헌법」 제31조 제5항 국가의 평생교육진흥 의무와 「교육기본법」 제3조 학습권 보장을 행정적으로 지원하고 「평생교육법」 제5조에 따라 모든 국민에게 평생교육 기회가 부여될 수 있도록 평생교육진흥정책과 평생교육사업을 수립 · 추진한다. 2023년 2월 기준 교육부의 평생교육 주무부서는 평생직업교육정책관 산하의 평생직업교육기획과와 평생학습지원과이다.

평생직업교육기획과는 K-MOOC, 매치업, 평생교육통계, 자격제도, 원격대학, 장애성인 평생교육 등의 업무를 주요하게 수행한다. 평생학습지원과는 평생교육바우처, 평생학습계좌제, 학점은행제, 학습계좌제, 지역평생교육 활성화 등의 업무를 관장한다.

(2) 국가평생교육진흥원

국가 수준의 전담기구는 국가평생교육진흥원이다. 국가평생교육진흥원은 「헌법」 제31조 제5항, 「교육기본법」 제3조에 기초한 「평생교육법」 제19조 제1항에 따라 국가 주도로 평생교육진흥 관련 업무를 지원하기 위해 2008년에 설립되었다. 국가평생교육진흥원의 미션은 평생교육 진흥을 통한 국민의 평생학습 활성화이다. 비전은 온(溫) 국민 평생교육 안정망과 온(on) 시민 평생교육 플랫폼이고, 핵심가치는 공공성, 도전성, 혁신성, 신뢰성이다(그림 11-6 참조).

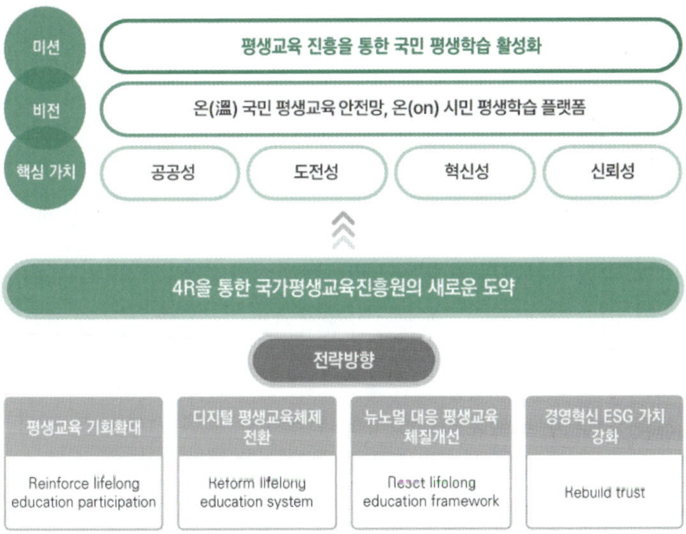

출처: 국가평생교육진흥원(2023a) 홈페이지.

그림 11-6 국가평생교육진흥원의 미션, 비전, 핵심가치

(3) 국가장애인평생교육진흥센터

국가장애인평생교육진흥센터는 2016년 「평생교육법」이 개정되면서 장애인 평생교육에 대한 국가 책무가 추가되었고, 이를 바탕으로 2018년에 설립되었다. 「평생교육법」 제19조의2에 따르면 국가장애인평생교육진흥센터는 ① 장애인 평생교육진흥을 위한 지원 및 조사 업무, ② 진흥위원회가 심의하는 기본계획에 관한 사항 중 장애인 평생교육진흥에 관한 사항, ③ 장애 유형별 평생교육프로그램 개발의 지원, ④ 장애인 평생교육 종사자의 양성 · 교육 및 연수와 공무원의 장애인 의사소통 교육, ⑤ 장애인 평생교육기관 간의 연계체제 구축, ⑥ 발달장애인의 평생교육과정의

개발, ⑦ 발달장애인의 의사소통 도구의 개발과 보급, ⑧ 장애인 평생교육 프로그램을 운영하는 각급 학교와 평생교육기관 양성을 위한 지원, ⑨ 장애 유형별 평생교육 교재·교구의 개발과 보급, ⑩ 그밖에 장애인평생교육진흥센터의 목적 수행을 위하여 필요한 사업을 수행한다.

국가장애인평생교육진흥센터는 임무와 기능을 수행하기 위한 비전을 '생애단계별 맞춤형 교육현장 지원으로 특수교육대상자의 성공적 사회통합 실현'에 두고 목표로 '국가 책무성 강화를 통한 공정한 특수교육 기회 확대', '적극적인 소통으로 현장이 체감하는 특수교육 여건 개선', '장애특성별 맞춤형 지원으로 특수교육 질적 도약'을 설정하였다(국가장애인평생교육진흥센터 홈페이지, 2023). 2024년 2월 현재 국가장애인평생교육진흥센터의 인원은 총 10명(센터장 1명, 교육연구관 1명, 교육연구사 4명, 주무관 4명)이다(국가장애인평생교육진흥센터 홈페이지, 2024).

(4) 평생교육진흥위원회

평생교육진흥위원회는 중앙정부 수준의 심의기구이다. 「평생교육법」 제10조 제1항에 따라 교육부장관이 평생교육진흥위원회를 설치한다. 평생교육진흥위원회의 심의사항은 「평생교육법」 제10조 제2항에 따라 기본계획, 관계중앙행정기관의 장 및 시·도지사가 제출한 연도별 평생교육진흥시행계획 및 추진실적, 평생교육진흥정책의 평가 및 제도개선, 평생교육지원 업무의 협력과 조정, 그밖에 평생교육진흥정책을 위하여 대통령령으로 정하는 사항이다. 「평생교육법」 제10조 제2항 제4호에서 그밖에 평생교육진흥정책을 위하여 대통령령으로 정하는 사항은 「평생교육법 시행령」 제4조에서 규정하고 있다. 구체적으로 평생교육 시설·장비 등 평생학습 기반 확충에 관한 사항, 학습계좌 운영 및 학습결과의 활용촉진 등 제도 개선에 관한 사항, 평생학습문화의 조성 및 지원에 관한 사항, 평생교육진흥위원장이 필요하다고 판단하여 심의를 요구한 사항이다.

「평생교육법」 제10조 제3항에 따라 평생교육진흥위원회는 위원장을 포함하여 20인 이내의 위원으로 구성된다. 위원장은 교육부장관으로 하고, 위원은 평생교육과 관련된 관계 부처 차관, 평생교육·장애인교육과 관련된 전문가 등으로 구성된다. 위원에는 기획재정부차관·행정안전부차관·문화체육관광부차관·농림축산식품부차관·산업통상자원부차관·보건복지부차관·고용노동부차관·여성가족부차관 및 중소벤처기업부차관이 포함된다. 차관의 경우 위원 임기는 차관의 직에 재직하는 동안이고, 전문가 위원의 임기는 2년이다.

(5) 국가교육위원회

국가교육위원회는 평생교육을 포함한 교육 전반에 걸쳐 교육정책을 논의하고 계획을 수립하는 기구이다. 「국가교육위원회 설치 및 운영에 관한 법률」 제10조에 따라 국가교육위원회의 소관 사무는 교육비전, 중장기 정책 방향, 학제 · 교원정책 · 대학입학정책 · 학급당 적정 학생 수 등 중장기 교육 제도 및 여건 개선 등에 관한 국가교육발전계획 수립에 관한 사항, 국가교육과정의 기준과 내용의 고시 등에 관한 사항, 교육정책에 대한 국민의견 수렴 · 조정 등에 관한 사항, 그밖에 다른 법률에 따라 위원회의 소관으로 정한 사항이다.

「국가교육위원회 직제」 법률에 따르면 국가교육위원회는 위원장 1명과 상임위원 2명을 포함한 21명의 위원으로 구성한다. 위원장과 상임위원은 정무직공무원으로 임명된다. 「국가교육위원회 설치 및 운영에 관한 법률」 제3조에 따라 국가교육위원회 위원은 교육에 관하여 전문지식과 경험이 풍부하고 소관 업무를 공정하고 독립적으로 수행할 수 있다고 인정되는 사람으로 학교 교원 10년 이상 재직, 교육 또는 관련 분야 전공자로서 대학 부교수 이상 또는 상당한 직에 10년 이상 재직, 교육 또는 관련 분야 3급 이상 공무원 재직, 교육 또는 관련 분야 단체나 기관의 대표자 또는 임직원 10년 이상 재직, 학생, 청년, 학부모, 지역 주민 등으로서 교육발전과 관련하여 해당 사회계층을 대변할 수 있는 사람 등의 자격을 갖추어야 한다. 더불어 국가교육위원회 위원은 국회 추천 9명, 대통령 지명 5명, 교육부차관, 교육감 협의체 대표자, 교원 관련 단체 추천 2명, 한국대학교육협의회 추천 1명, 한국전문대학교육협의회 추천 1명, 시 · 도지사 협의체추천 1명으로 구성된다.

「국가교육위원회 직제」 법률에 국가교육위원회 조직은 교육발전총괄과, 교육과정정책과, 참여지원과의 세 조직으로 구성된다. 세 조직은 공무원이 배정되어 국가교육위원회 사무를 지원한다. 교육발전총괄과는 주요업무계획 수립을 총괄하고 위원회 구성 및 운영, 교육연구센터 지정 및 운영, 교육정책관계자협의회 운영, 국가교육발전계획 및 시행계획 수립 및 관리 등의 사무를 관리한다. 교육과정정책과는 국가교육과정의 기준 및 내용수립 및 변경 계획, 유치원, 특수학교, 초 · 중등학교의 국가교육과정 개발 및 고시, 특성화고등학교와 산업수요 맞춤형 고등학교의 교육과정의 개발 및 고시, 진로교육의 목표와 성취기준에 관한 사항 등 교육과정에 대한 사무를 주로 담당한다. 참여지원과는 국민 의견수렴 및 조정 대상이 되는 정책 의제 발굴, 교육정책에 대한 국민의견 수렴 · 조정 절차의 운영, 교육정책에 대한 국민의

견 수렴 · 조정 관련 전문위원회 · 특별위원회의 구성 · 운영, 예산 편성 및 집행 등 대국민 의견 수렴과 위원회의 다양한 지원 사무를 관장한다.

3) 광역단위 평생교육 추진체제

(1) 시 · 도 광역자치단체와 시 · 도 교육청

광역자치단체 수준의 행정기구는 시 · 도광역자치단체와 시 · 도교육청이다. 그동안 한국의 평생교육은 중앙정부의 기획과 실천에 의해 주도되었다. 그러나 2000년대 이후 지방자치단체에 평생교육 추진체계가 설치되고 이를 토대로 지역 특성에 부합되는 평생교육 정책 및 사업 추진을 위해 지방자치단체의 평생교육 권한, 역할, 의무가 확대되었다.

「평생교육법」 제5조에 따르면 평생교육과 관련된 국가 및 지방자치단체의 임무는 동일하게 규정되어 있다. 국가 및 지방자치단체의 임무는 평생교육진흥정책과 평생교육사업 수립 · 추진, 장애인 평생교육 정책 수립 · 시행, 장애인 평생교육을 위한 유기적인 협조체제를 구축하고, 평생교육 단체 · 시설 · 사업장 등의 설치자에게 평생교육 실시를 적극 권장하며, 모든 국민이 여건과 수요에 적합한 평생교육을 선택하고 참여할 수 있도록 관련 정보를 제공하고 상담하는 등의 지원 활동이다. 그리고 이 임무는 의무 조항이다.

지방자치단체의 평생교육 진흥 임무를 수행하기 위해 추진체계로서 지방자치단체 산하 전담부서 설치가 중요하다. 전담부서는 지방자치단체 하위조직으로 실 · 국 · 과 · 팀 단위의 평생교육 전담조직이다. 2000년대 이후 다양한 정책 및 사업을 통해 시 · 도광역자치단체와 시 · 도교육청에 전담부서가 설치되었다.

2024년 2월 현재 시 · 도광역자치단체와 시 · 도교육청의 인터넷 홈페이지를 통해 파악한 결과, 모든 시 · 도광역자치단체와 시 · 도교육청은 전담부서를 설치하거나 평생교육 담당을 지정하고 있다. 시 · 도광역자치단체 중 평생교육국을 설치한 경우는 경기도와 서울시이다. 평생교육과를 설치한 경우는 제주도였고 평생교육팀을 설정한 경우는 경상북도, 광주시, 대구시, 대전시, 부산시, 세종시, 울산시, 전라남도, 전라북도, 충청남도, 충청북도였다. 시 · 도교육청 중 평생교육국 수준의 전담부서 설치는 서울시 교육청이었다. 더불어 평생교육과를 전담부서로 설치한 경우는 경기도였고, 평생교육팀을 설치한 경우는 광주시 교육청, 부산시 교육청, 울산시 교육청, 인천시 교육청, 전라남도 교육청, 충청남도 교육청이었다.

시 · 도광역자치단체와 시 · 도교육청이 모두 국 수준에서 평생교육 전담부서를 설치한 서울시 전담부서 직무를 보면 서울시는 평생교육국 산하에 평생교육정책팀, 평생교육사업팀, 평생교육지원팀, 중장년사업팀의 4개 팀을 배치하였다. 4개 팀은 서울런 4050 중장년 종합계획 및 실행, 중장년 직업역량 지원체계(미네르바형) 구축 운영, 평생교육 진흥 시행계획 수립 및 추진, 장애인 평생교육 지원, 경계선지능인 평생교육 지원, 디지털 평생교육(디지털 시민성 교육 포함) 확대 강화, 문해교육 및 검정고시 프로그램 운영, 평생학습도시 국비 지원, 평생학습포털 운영, 신중년 사회공헌사업 운영, 자치구 50플러스센터 운영지원 등 다양한 직무를 수행한다.

(2) 시 · 도평생교육진흥원과 시 · 도평생교육협의회

광역자치단체 수준의 전담기구는 시 · 도평생교육진흥원이다. 「평생교육법」 제20조 등에 따라 시 · 도광역자치단체장은 시 · 도평생교육진흥원을 설치 또는 지정 · 운영할 수 있다. 또한 「평생교육법」 제20조 제1항에 따라 시 · 도지사는 시 · 도평생교육진흥원을 설치 또는 지정 · 운영하는 권한을 갖는다. 실제로 2023년 12월 현재 17개 광역자치단체는 독립 법인 또는 법인 내 부서 등의 형태로 시 · 도평생교육진흥원을 설치하였다.

시 · 도평생교육진흥원은 2007년 평생교육법의 2차 전부 개정을 기반으로 설립되었다. 국가평생교육진흥원-시 · 도 평생교육진흥원-시 · 군 · 구 평생학습관으로 이어지는 전담 기구 체계 마련, 2023년 현재 17개 광역 시 · 도 모두 설립 및 운영 중에 있다.

시 · 도평생교육진흥원의 설립 형태는 법인설립과 지정위탁으로 나누어지며 법인 설립은 시 · 도가 직접 법인을 설립 · 운영하는 방식이고, 지정위탁은 시 · 도가 연구원이나 재단 등을 지정하여 위탁하는 방식이다.

2022년 기준 법인 설립은 8개(서울, 부산, 광주, 대전, 세종, 경기, 충남, 제주), 지정위탁은 9개(대구, 인천, 울산, 강원, 충북, 전북, 전남, 경북, 경남)로 운영되고 있다.

시 · 도평생교육진흥원의 예산은 시 · 도별로 차이가 존재하며, 2021년 예산 중 가장 많은 예산을 편성한 시 · 도는 서울(약 120억 원)이고, 가장 적은 예산을 편성한 시 · 도는 세종(약 3억 원)으로 나타났다(교육부, 2022). 시 · 도평생교육진흥원의 예산을 주로 시 · 도에서 지원하며, 일부는 국가에서 지원한다.

「평생교육법」 제20조 제2항에 따라 시 · 도평생교육진흥원은 다양한 업무를 수행한다. 구체적으로 해당 지역의 평생교육기회 및 정보의 제공, 평생교육 상담 및 컨설팅 지원, 평생교육프로그램 운영 및 지원, 장애인 대상 평생교육 프로그램 운영 및 지원, 해당 지역의 평생교육기관 간 연계체제 구축, 국가 및 시 · 군 · 구 간 협력 · 연계, 해당 지역의 평생교육 진흥을 위한 조사 · 연구, 시행계획 수립의 지원, 평생교육 관계자의 역량강화 지원, 전국 시 · 도평생교육진흥원협의회 설치 등이다.

시 · 도평생교육협의회는 광역지방자치단체 수준의 평생교육 정책 및 사업에 대한 심의기구이다. 시 · 도 지방자치단체장은 「평생교육법」 제12조 제1항에 따라 시 · 도지사 소속으로 시 · 도평생교육협의회를 설치할 수 있다. 시 · 도평생교육협의회의 기본 역할은 평생교육진흥을 위한 시 · 도 시행계획의 수립 · 시행에 필요한 사항을 심의하는 것이다. 「평생교육법」 제12조 제2항에 따라 심의 역할을 수행하기 위해 시 · 도평생교육협의회는 의장과 부의장을 포함하여 20명 이내의 위원으로 구성된다. 시 · 도지사가 시 · 도평생교육협의회 의장을 하고 시 · 도 부교육감이 부의장을 한다. 시 · 도평생교육협의회 위원은 관계 공무원, 평생교육과 관련된 전문가, 장애인 평생교육 전문가, 평생교육 관계기관의 운영자 등 평생교육에 관한 전문지식 및 경험이 풍부한 사람 중에서 해당 시 · 도의 교육감과 협의하여 의장이 위촉한다. 예를 들어, 인천광역시는 「인천광역시 평생교육진흥 조례」 제9조에 따라 인천광역시의회 의원, 평생교육 · 장애인평생교육과 관련된 전문가 및 평생교육 관계기관의 운영자, 그밖에 평생교육에 관한 전문지식과 경험이 풍부한 자를 시 · 도평생교육협의회 위원으로 위촉하도록 규정하였다. 이외에도 「인천광역시 평생교육진흥 조례」는 평생교육협의회의 설치, 기능, 임기, 의장 직무, 회의, 수당 등의 사항을 규정하였다.

표 11-5 시 · 도 평생교육진흥원 설립 현황 및 지원부서

지역	시 · 도 평생교육진흥원		시 · 도
	설립형태	지원부서	담당부서
서울	재단법인	서울연구원	교육협력국 평생교육과
부산		부산인적자원개발원	교육협력과 평생교육담당
광주		광주발전연구원	창조도시정책기획관실 인재육성팀
대전		대전평생교육진흥원	교육협력담당관 평생교육담당
세종		㈜세종교육정보	행정복지국 자치행정과
경기		경기평생교육진흥원	평생교육국 평생교육과
충남		충남인재육성재단 위탁	교육법무담당관실 평생교육담당
제주		제주발전연구원	인재개발원 평생교육과

지역	시 · 도 평생교육진흥원		시 · 도
	설립형태	지원부서	담당부서
대구	지정위탁	대구경북연구원	기획관리실 교육협력담당관
인천		인천인재육성재단	정책기획관실 교육지원팀
울산		울산발전연구원	교육혁신도시협력관실 평생교육팀
강원		강원발전연구원	기획관실 교육협력팀
충북		충북발전연구원	정책기획관실 교육지원담당
전북		전북발전연구원	교육법무과 인재양성담당
전남		전남발전연구원	행정과 교육지원담당
경남		경남평생교육진흥원	정책기획관실 교육지원담당
경북		대구대학교	인재양성과 인재육성담당

출처: 국가평생교육진흥원(2024.3). 내부 자료.

(3) 기초자치단체

① 시 · 군 · 구기초자치단체와 교육지원청

시 · 군 · 구기초자치단체도 행정기구, 전담기구, 심의기구의 평생교육 추진체제를 운영한다. 행정기구는 시 · 군 · 구기초자치단체, 교육지원청, 그리고 직속기관이다. 「평생교육법」 제5조에 따라 지방자치단체장은 모든 국민에게 평생교육 기회가 부여될 수 있도록 평생교육진흥정책과 평생교육사업을 수립 · 추진하는 의무를 부여받는다. 평생교육진흥정책과 사업 수립 및 추진을 위한 기초자치단체장의 의무는 광역자치단체장과 동일하게 평생교육진흥정책과 평생교육사업 수립 · 추진, 장애인 평생교육 정책 수립 · 시행, 장애인 평생교육을 위한 유기적인 협조체제 구축, 평생교육 단체 · 시설 · 사업장 등의 설치자에게 평생교육 실시를 적극 권장하고, 모든 국민이 여건과 수요에 적합한 평생교육을 선택하고 참여할 수 있도록 관련 정보를 제공하고 상담하는 등의 지원 활동이다.

시 · 도광역자치단체 수준의 평생교육 행정기구가 시 · 도교육청인 것처럼, 시 · 군 · 구기초자치단체 수준의 평생교육 행정기구에는 교육지원청이 있다. 지역교육청은 시 · 도교육청의 산하교육지원청이다. 다만 「평생교육법」 등의 각 법령에서 지역교육청이라고 표현되고 있으나 2010년부터 교육자치가 광역 수준에서만 운영되고 있다는 점을 고려하여 지역교육청을 교육지원청으로 개칭되었다. 더불어 「지방교육자치에 관한 법률」 제34조에 따라 시 · 도교육청의 장인 교육감이 하급 교육행정기관인 교육지원청에 임무를 분장 또는 위임한다. 2023년 현재 전국 17개 시·도교육청 산하에 176개의 교육지원청이 있다(교육통계서비스 홈페이지, 2023).

평생교육 사무에 대해서도 시·도교육청으로부터 권한을 위임받아 해당 지역의 학교, 도서관, 박물관 등의 기관을 활용하고, 시·군·구 기초자치단체와 협력하여 평생교육 프로그램 운영, 평생교육시설 등록 및 신고 그리고 관리 및 감독 등의 임무를 수행한다.

② 시·군·구평생학습관과 읍·면·동평생학습센터

시·군·구기초자치단체 수준의 전담기구는 시·군·구평생학습관과 읍·면·동평생학습센터 등이다. 「평생교육법」 제21조 제1항에 따라 시·도교육감과 시·군·구기초자치단체장은 관할구역의 주민 대상 평생교육 프로그램 운영과 평생교육 기회 제공을 위해 평생학습관을 설치 또는 지정·운영하는 의무가 부여된다. 또한 「평생교육법」 제21조 제2항에 따라 시·도교육감과 시·군·구기초자치단체장은 평생학습관에 대한 재정적 지원 등 해당 지방자치단체의 평생교육을 진흥하기 위하여 필요한 사업을 실시할 수 있다. 따라서 시·군·구평생학습관과 읍·면·동 평생학습센터는 기초자치단체 수준에서 평생학습 운영과 공급을 위한 공공기관으로 역할을 수행한다. 「평생교육법」 제21조 제3항에 따르면 시·군·구평생학습관은 평생교육 프로그램의 개발·운영, 장애인 대상 평생교육프로그램의 개발·운영, 평생교육 상담, 평생교육 종사자에 대한 교육·훈련, 평생교육 관련 정보의 수집·제공, 읍·면·동 평생학습센터에 대한 운영 지원 및 관리, 그밖에 평생교육 진흥을 위하여 필요하다고 인정되는 사업을 수행한다. 예를 들어, 서울시은평구평생학습관은 평생학습도시인 서울시 은평구 평생교육 사업을 추진하는 전담기구로서 핵심적 역할을 수행한다. 예를 들어, 늘배움학교, 숨은고수교실, 은평프로젝트, 은평시민대학, 은평우리동네배움터, 마을누림, 학습동아리, 어린이영어도서관, 은평내일살롱, 은평학습링크 등 다양한 사업을 추진한다(은평구평생학습관 홈페이지, 2024).

③ 시·군·구평생교육협의회

시·군·구기초자치단체 심의기구는 시·군·구평생교육협의회이다. 이외에 필요에 따라 시·군·구평생교육실무협의회 등의 기구가 구성 및 운영된다. 「평생교육법」 제14조 제1항에 따라 시·군·구기초자치단체는 지역주민을 위한 평생교육의 실시와 관련되는 사업간 조정 및 유관기관 간 협력 증진을 위하여 시·군·구평생교육협의회를 설치할 수 있다. 시·군·구평생교육협의회는 「평생교육법」 제14조 제1항부터 제4항에 따라 의장 1인과 부의장 1인을 포함하여 12인 이내의 위원으로 구성된다. 의장은 시·군·구자치단체장이 맡고, 위원은 시·군·

구자치단체 및 지역교육청의 관계 공무원, 평생교육 전문가, 장애인 평생교육 관계자, 관할 지역 내 평생교육 관계기관의 운영자 중에서 의장이 위촉한다. 이외의 시 · 군 · 구평생교육협의회에 대한 사항은 지방자치단체의 조례로 규정된다. 예를 들어, 「대전광역시 유성구 평생교육 조례」에 따르면, 평생교육협의회는 의장(구청장), 부의장, 당연직 위원(평생학습원장), 위촉직 위원으로 구성된다. 「대전광역시 유성구 평생교육 조례」 제6조에 따라 유성구평생교육협의회는 평생학습에 관한 기본 계획 수립 및 정책 개발에 관한 사항, 평생학습 프로그램 개발 · 운영에 관한 사항, 그밖에 평생학습에 대하여 구청장이 부의하는 사항을 협의 · 조정한다.

4. 평생교육시설

각종 평생교육단체가 평생교육활동을 실현하기 위해서는 일정한 시설이 필요함은 물론이고 평생교육을 주된 목적으로 하는 평생교육시설은 평생교육법령이 정한 시설을 완비하여야 한다. 그렇다고 해서 모든 평생교육단체가 전용시설을 갖추어야 하는 것은 아니다. 평생교육법이 정한 대로 기존의 공공시설이나 학교시실을 이용할 수도 있기 때문이다. 여기서는 개정된 평생교육법이 정한 평생교육시설의 기준과 학습자들의 학습효과를 높이는 데 유용한 학습시설의 기준과 학습실의 배치 등에 대해서 살펴보고자 한다.

1) 평생교육시설의 종류와 기준

종전의 사회교육법 체계에서는 사회교육법 제21조와 시행령 제13조에 근거하여 제정된 시행규정 제13조에 의하면 사회교육시설을 ① 일반사회교육시설 ② 학교형태사회교육시설 ③ 종합사회교육시설로 구분하여, 각각 필요한 시설과 설비의 세부 기준을 제시하였다.

새로운 평생교육법에서는 제30조 학교부설 평생교육시설에서부터 제38조의 지식 · 인력개발관련 평생교육시설 및 제39조의 문해교육 실시기관으로 구분하면서 학력 또는 학위가 인정되는 평생교육시설에 대하여는 많은 융통성을 부여하고 있다.

(1) 학교 형태의 평생교육시설

① 학교 형태 평생교육시설의 시설 · 설비 기준

학교 형태 평생교육시설은 정규학교는 아니지만 초 · 중 · 고등학교의 교육과정을 보충 · 보완하는 교육기관임을 감안하여 최소한의 교육환경 조성을 위한 시설·설비를 갖추도록 하고 있으며(시행령 제25조), 그 구체적인 시설·설비기준을 설정하고 있다(시행규칙 제25조 및 시행규칙 별표 2).

표 11-6 학교 형태 평생교육시설의 시설·설비기준(시행규칙 별표 2)

구분	시설·설비기준
1. 학습시설	가. 수업실 1실 이상(실당 기준면적 49.5제곱미터 이상) 나. 학습에 필요한 시설·설비
2. 자료실	가. 도서 및 자료 500권 이상 나. 관리실과 겸용할 수 있음
3. 관리실	1실 이상

② 학력인정 평생교육시설의 시설·설비기준

이는 중학교 또는 고등학교의 학력이 인정되는 교육기관임을 감안, 수업의 질 유지를 위한 교육환경을 확보하기 위하여 각종 학교의 설립·운영기준과 동등 이상을 갖추도록 하고 있다(시행령 제27조 제1항). 그러나 학력인정시설의 특수성을 고려하여 체육장에 대한 특별 규정을 두고 있다. 즉, 체육장의 기준면적은 350제곱미터 이상으로 하되, 이에 상응하는 규모의 옥내 체육장으로 대체가 가능토록 함과 아울러 타 학교 체육장 또는 공공체육시설과 인접하여 공공사용이 용이한 경우와 도서·벽지 등 지역의 여건상 기준면적 규모의 체육장의 확보가 곤란한 경우에는 체육장을 두지 아니할 수 있도록 하고 있다(시행령 제27조 제5항).

또한 중학교 과정과 고등학교 과정을 병설하여 운영하는 학력인정 시설의 경우 시설·설비기준은 고등학교에 준하는 각종 학교의 기준을 적용하되, 체육장·관리실·특별교실·교구 및 도서 등은 병용 사용이 가능토록 융통성을 부여하고 있다(시행령 제27조 제6항).

(2) 사내대학 형태의 평생교육시설

사내대학이 전문대학 또는 대학 졸업과 동등한 학력·학위가 인정되는 평생교육시설인 점을 고려하여 다음과 같이 최소한의 기준을 제시하고 있다.

① 교사(校舍)시설은 교육·연구활동에 적합한 장소에 아래 구분에 의한 교사를 확보하여야 하되, 설치자의 소유이어야 함(시행령 제40조 제1항).

표 11-7 사내대학 교사의 구분(시행령 별표 5)

교사	구분
교육기본시설	강의실(원격교육시설 포함), 실험실습실, 교수연구실 및 그 부대시설
지원시설	도서관, 학생복지시설, 행정실 및 그 부대시설

② 교사 확보 면적 아래의 학생 1인당 기준면적에 의하되 학습활동에 필요한 최소한을 요구하고 있다(시행령 제40조 제2항).

표 11-8 사내대학 교사의 기준면적(시행령 별표 6)

구분 \ 계열별	인문 · 사회 · 예체능계	자연과학 · 공학계
학생 1인당 교사기준면적	10㎡	15㎡

- 교사면적 산출 ≧ 계열별 학생정원(편제완성연도기준)×학생 1인당 기준면적 × 0.5
- 예: 총 학생정원이 100명인 경우 최소 확보 면적
  - 인문 · 사회 · 예체능계열: 500㎡(100명×10㎡×0.5)
  - 자연과학 · 공학계열: 750㎡(100명×15㎡×0.5)

③ 원격교육 시설을 갖출 경우 교사 기준 면적을 1/2까지 감축할 수 있도록 함(시행령 제40조 제3항). 즉, 100제곱미터 이상의 원격교육 학사관리실 1실 이상, 100제곱미터 이상의 서버(컴퓨터통신망에서 사용자의 명령어를 처리하는 컴퓨터를 말한다) 및 통신장비관리실, 원격교육의 운영을 위한 1대 이상의 서버와 네트워크 장비를 말한다(시행규칙 제15조 제2항).

(3) 원격교육 형태의 평생교육시설

원격교육 형태의 평생교육시설에 대한 시설 · 설비에 대하여는 그 성격에 따라 다음과 같이 구분할 수 있다.

① 비신고 대상

특정 다수인을 대상으로 학습비가 아닌 사용료, 수수료 및 통신료만 받는 경우의 시설에 대한 법적 기준은 없기 때문에 설치자가 필요한 시설 · 설비를 갖추면 가능하다.

② 신고 대상

불특정 다수인을 대상으로 학습비를 받고 10인 이상을 30시간 이상의 교육과정을 운영하는 경우에는 시설 · 설비에 관한 서류(시행령 제27조 제1항) 및 시설배치도(시행규칙 제14조 제1항)를 첨부하여 교육부장관에 신고토록 하고 있으나, 세부적인 기준에 대한 규정은 두고 있지 않고 있다.

③ 인가 대상

이는 전문대학 또는 대학 졸업과 동등한 학력 · 학위가 인정되므로 별도의 설치기준을 제시하고 있다.

- 원격대학은 아래 구분에 의한 교사를 확보해야 함(시행령 제32조 제1항).

표 11-9 원격대학의 교사(시행령 제54조 제1항 관련 별표 8)

	구분
교사	행정실, 교수연구실, 서버 및 통신장비관리실, PC실습실, 세미나실

- 교사는 설치자의 소유이어야 하되, 고등교육법 제2조의 규정에 의한 학교의 설립 · 경영자가 주관하는 경우 및 다른 설치 주체와 공동 운영(컨소시엄)하는 경우에는 당해 학교의 교사로 이를 대신할 수 있음(시행령 제54조 제1항).
- 각종 서버, 통신장비 및 매체제작장비 등 원격교육에 필요한 설비를 확보해야 함(시행령 제54조 제2항).

(4) 고등교육법상 사이버대학의 시설

그동안 평생교육법에 의해 설립된 원격대학이 일반대학과 똑같이 고등교육법의 적용을 받는 정식 교육기관으로 전환할 수 있게 되었다. 교육부는 고등교육법과 사립학교법에 의한 사이버대학의 설립 · 운영을 규정하는 사이버대학 설립 · 운영 규정을 제정(2008. 6. 5)하였고, 이의 시행을 위하여 평생교육법 시행령, 고등교육법 시행령, 사립학교법 시행령의 관련 조항을 동시에 개정하였다. 이에 따라 2009년부터 고등교육법상 사이버대학으로 17개 대학 중 15개 대학이 전환하여 개교하였으며, 2008년 이후에는 고등교육법에 의한 사이버대학으로 신규 인가를 하게 됨에 따라 2014년 현재 사이버대학은 19개교이며, 이 중 학사과정은 17개교이고 전문학사과정은 2개이다. 한편, 사이버대학 설립 · 운영 규정이 정한 기준을 충족시키지 못하는 등의 사유로 평생교육법에 의한 원격대학 형태의 평생교육시설로서 잔존하고 있는 원격대학은 2개교로서 학사과정 1개교와 전문학사과정 1개교가 남아있다.

여기서 우리 평생교육인들이 고민해야 할 부분은 모처럼 국민의 평생교육 증진을 위해 새로운 교육제도를 도입하였는데, 기존의 대학 등 교육기관에 비해 여러 가지 제약과 혜택의 미비로 인하여 평생교육기관의 성격을 버리고, 전통적인 학교교육기관으로 편입해 버리는 현상이다. 신설된 사이버대학의 교사 기준은 〈표 11-10〉과 같다.

표 11-10 사이버대학의 교사(제5조 제1항 관련)

구분	교육기본시설	지원시설
교사 범위	대학 본부 및 행정실, 교수 연구실, 강의실, PC실습실, 세미나실, 콘텐츠 개발실	서버 및 통신장비 관리실, 시스템 운영실, 디지털 도서관
기준 면적	• 입학정원에 따른 시설의 기준 면적 - 1,000명 미만: 990제곱미터 - 1,000명 이상 ~ 2,000명 미만: 1,485제곱미터 - 2,000명 이상 ~ 3,000명 미만: 1,980제곱미터 - 3,000명 이상: 2,475제곱미터	

비고: 1. 기준면적은 건물의 연면적(공용면적은 제외)의 합계를 기준으로 한다.
2. 전문학사학위가 인정되는 사이버대학은 위 기준면적의 70퍼센트 이상을 확보하여야 한다.

또한 고등교육법상 사이버대학 설치 근거 및 기존의 원격대학과의 차이를 보면 〈표 11-11〉과 같다.

표 11-11 고등교육법상 사이버대학 설치 근거

구분	사이버대학 -고등교육법 근거-
설립 · 운영 근거 및 학교 형태	• 고등교육법 제2조(고등교육법상 사이버대학)
법 적용대상 범위	• 고등교육법 및 사립학교법(전면 적용)
대학원 설치 여부	• 설치 가능(기준 충족, 평가)
입학정원(별도 정원)	• 방송대에 준하여 다양화
산학협력단 설치, 학교기업	• 설치, 운영 가능
평가 및 재정지원 등 차이점	• 평가 실시, 행 · 재정지원 다양화 • 법인임원 취임승인 · 취소 가능(모든 학교법인) ※ 교통유발부담금 면제대상 ※ 비정규직보호 관련법률 적용

구분		사이버대학 -고등교육법 근거-
설립의 주체		• 학교법인(기인가 재단법인이 고등교육법으로 전환 희망 시 교육부장관의 인가를 받아야 학교법인으로 전환)
법인 관리 · 감독 근거		• 사립학교법(전면 적용)
설립기준 심사 근거		• 고등교육법 시행령(제2조) - 사이버대학 설립 · 운영 규정
설치 기준	교사	• 사이버대학 설립 · 운영 규정 • 최소 규모: 990㎡
	교원	• 사이버대학 설립 · 운영 규정 • 학과 또는 전공별로 최소 1인 이상 전임교원을 두되, 학생 200명당 1인 이상 확보
	수익용 기본재산	• 사이버대학 설립 · 운영 규정 • 연간 학교회계 운영수익 총액의 50%에 해당하는 가액의 수익용 기본재산 확보, 최소 35억 원 이상(보증보험 불인정)
재무 · 회계 운영		• 사립학교법(전면 적용) - 포괄적 재무 · 회계관리, 감독 가능 - 강화된 제재수단 확보
학생학습권 보호장치		• 사립학교법(전면 적용) - 납부금 및 예금채권 압류금지

출처: 교육과학기술부(2008). 2008 평생교육 법령해설 자료. p.207.

(5) 문해교육 실시기관의 시설

개정된 평생교육법에 따라 문해교육이 신설되었으며, 문해교육을 초등학교 · 중학교 부설 평생교육시설이나 기존의 학교시설을 활용하지 않을 경우, 문해교육 실시기관에 대하여 평생교육법 시행령 제70조 제1항 제2호에 교육활동에 적합한 시설 및 설비를 갖추도록 하고 있다.

표 11-12 문해교육 프로그램 실시기관의 시설 · 설비 기준(시행규칙 제22조 제3항 관련 별표 3)

구분	시설 · 설비 기준
1. 학습시설	가. 수업실 1실 이상(수업실의 최소 기준면적은 30제곱미터로 하고, 동시 학습자 1명당 0.5제곱미터씩 추가) 나. 학습에 필요한 시설 · 설비
2. 교원연구실	1실 이상

(6) 기타 평생교육시설

평생교육법에서 규정하고 있는 나머지 평생교육시설인 사업장부설 평생교육시설, 시민사회단체부설 평생교육시설, 언론기관부설 평생교육시설 및 지식·인력개발사업 관련 평생교육시설 등에 관한 세부적인 시설·설비 기준은 명시된 것이 없고, 다만 관할 관청에 신고서를 제출할 때 시설·설비 현황표를 작성하여 제출토록 하고 있다.

2) 학습실의 기준

1958년 미국에서 성인교육을 위한 건축학에 관한 전국회의를 준비하면서 200명의 성인교육자를 표본집단으로 하여 조사한 학습시설의 문제점이 다음과 같이 파악되었음을 보고하고 있다.[9] 즉, ① 불편하고 고정된 좌석 ② 불충분하고 융통성이 없는 장비 ③ 부적절한 조명 ④ 융통성 없는 공간설계 ⑤ 부적당한 주차공간 ⑥ 매력 없는 실내장식 ⑦ 적당치 않은 통풍 ⑧ 부실한 음향상태, 외부 잡음에 의한 방해 ⑨ 부실한 도서실 시설 ⑩ 장비, 물자, 성인 옷의 보관시설의 부적절성 등이었다. 실제 학습이 이루어지는 학습실에 있어서도 학습의 종류가 다르면 그 환경도 달라져야 한다. 예컨대, 명상과 자기분석이 학습에 포함되었다면 조용한 분위기가 필요할 것이고, 동작이 필요시되는 학습이면 넓은 공간이 있어야 할 것이다. 이러한 학습실의 기준에 대해서 레어드(D. Laird)가 제시한 것을 소개하고자 한다. 물론 이는 미국 사람의 체위와 환경을 중심으로 제시되는 것이기 때문에 우리로서는 충분히 고려해야 할 것이고, 앞으로 국민소득의 증가와 아울러 우리도 이러한 요구들을 학습자가 할 것이라는 예견 하에 평생교육시설을 설치하고자 하는 사람들은 참고해야 할 사항들이라고 본다.

레어드(D. Laird)가 제시하는 학습실의 기준은 융통성, 통풍, 격리와 조명시설이다.[10]

(1) 융통성(Flexibility)

한 학습실에서 여러 가지 활동이 전개될 수 있으며 교육담당자는 빨리 그리고 쉽게 그 학습실을 재배열하고 싶을 것이다. 융통성의 주요 요소는 크기에 있으며, 적절한 방의 크기를 측정하는 방법은 1명의 학습자가 차지하는 면적을 계산하는 것이다. 여기에는 의자, 책상, 출입통로, 교육진행 장비의 용적 등이 고려되어야 한다. 활동의 형태에 따라 필요시되는 기준

9) Knowles, Malcolm S., *op. cit.*, 1980, p.166.
10) Laird Dugan, *op. cit.*, 1978, pp.178-182.

면적을 제시하고 있다. 또한 학습시설의 방은 거의 정사각형이면 더욱 좋다고 한다. 정사각형의 방은 사람을 육체적으로 뿐만 아니라 심리적으로도 끌어들이기 때문이다.

(2) 격리(Isolation)

격리가 주요하다고 해서 학습실이 반드시 방음이 되어야 하고 창문이 없어야 한다는 것은 아니다. 시각 제시 교육에는 창문이 없는 것이 좋고 방음장치를 하는 것을 필요로 한다. 이러한 격리는 외부 잡음을 줄이게 되고 기온 변화로부터 오는 방해도 줄이게 된다. 따라서 격리는 학습자들이 자신이 훈련에 들어갔다고 느낄 만큼 학습실에 충분히 이동되어 있음을 감지하게 하는 것을 의미한다.

(3) 조명(Lighting Control)

이 기준은 시각 제시 교육에 필수적이며, 융통성을 논할 때 언급했지만 창문은 이러한 교육을 하는 학습실에는 가급적 없어야 한다. 따라서 빛 통제의 하나는 빛을 제거하는 것이고, 다른 하나는 점차적으로 빛을 줄이는 것이다. 보통의 노트필기에는 최소한 30~50피트 촉광(표준양초가 1피트의 거리에서 비추는 밝기)이 필요하다.

(4) 통풍(Ventilation)

방의 온도는 20~25℃, 습도가 30~60%이면 사람과 그들의 환경 사이의 열 교환이 불쾌하지 않게 일어난다고 한다. 통풍의 가장 좋은 것은 공기를 계속 움직이는 것이다.

3) 학습실의 배치

전통적으로 가장 보편적인 학교 교실이나 회의실의 배치는 책상줄을 정면으로 똑바로 맞추어 놓는 것이다. 그러나 우리는 학습실의 배치가 학습자의 학습동기에 얼마나 많은 영향을 미치는가에 유의하지 않으면 안 된다.

레이드(D. Laird)는 학습방법에 따라 책걸상 등을 다양하게 배열하여 생기는 장점으로서 ① 방의 다른 곳에 앉게 됨으로써 활동에서의 새로운 시각을 학습자에게 제시하는 것이 가능하고 ② 때때로 학습자가 이동하게 됨으로써 많은 동료와 친해지게 되며 ③ 스크린이나 연사로부터 멀리 떨어져 있는 학습자는 계속 나쁜 환경의 자리에 있어야만 되는 것이 아니고

④ 작은 파벌이 발생하지 않는다(파벌은 본질적으로 문제시되지는 않으나 어떤 경우에는 이들이 전체 집단의 그들의 의사나 규칙들을 억압적으로 주입시키려는 데서 문제가 될 수 있다).[11]

한편 놀스(M. Knowles)는 특히 성인을 대상으로 하는 학습에서는 절대로 앞사람의 머리나 등을 뒷사람이 보지 않도록 책걸상 배열에 관심을 두어야 한다고 한다.[12] 이는 아동학습에 있어서는 그들이 지니고 있는 호기심 때문에 앞 학생이 자기를 가릴 때에는 일어서기도 하고 옆으로 돌려서 보려고도 하지만, 성인학습에 있어서 성인은 앞이 가려지면 이를 방치하면서 그대로 눈을 감아버리거나 졸음에 빠져 버리게 된다. 많은 기업체나 공무원 연수 등에서 아침부터 조는 학습자가 많이 나오는데, 이는 책걸상의 배열에 문제가 있음을 인지해야 한다.

따라서 성인학습에 있어서 중요한 것 하나는 어떻게 하면 학습자 상호 간에 대면관계(Face-to-Face Relationship)를 유지하도록 배열하는 것이며, 이것을 철저히 지키는 방법은 다양한 학습실 배열기법을 터득하는 것이다.

5. 평생교육 재정

평생교육의 특성 중 하나가 학교교육보다는 비용이 저렴한 것이기는 하나 평생교육도 일정한 재원을 필요로 하기는 마찬가지이다. 그러나 평생교육은 학교교육과 같이 의무교육이나 지방교육재정교부금법과 교육세 등 확고한 재정소날 방법이 강구되어 있지 않고 대학입학과 같이 국민의 높은 관심도 얻고 있지 못한 실정이기 때문에 자연히 재정의 영세성을 면치 못하고 있다. 여기서는 평생교육 재정에 대해서 그동안 연구된 것과 우리 평생교육단체나 시설들의 재정 확보에 대한 방안 등을 살펴보기로 한다.

1) 평생교육 재정의 문제점

그동안 평생교육에 대한 지원이 부족해 온 이유에 대해서 콜즈(E. Coles)는 다음과 같이 분석하고 있다.[13]

① 정부 차원에서 평생교육의 목적과 중요성에 대한 인식 부족과 이로 인하여 평생교육에

11) Laird, Dugan, *op. cit.*, 1978, p.184.

12) Knowles, Malcolm S., *op. cit.*, 1980, p.163.

13) Coles, Townsend & Edwin, K., *Adult Education in Developing Countries*, Oxford: Pergamon Press, 1977, pp.82-84.

대한 국가정책이 결여되었다.

② 대부분의 부처들이, 특히 교육부는 평생교육이 중요시되지 않았을 때 교육훈련을 받은 공무원들에 의해 지배되고 있다.

③ 아직도 많은 사람이 평생교육은 전문적인 직업이 아니므로 이를 실시하고자 하는 자원 인사에게 무보수로 맡겨져야 한다는 견해를 가지고 있다.

④ 학습자들은 그들의 교육에 대한 대가를 지불하여야 하며, 이로써 시설 사용료가 충당되어야 한다고 믿는 사람이 많다.

⑤ 평생교육을 위하여 어느 정도의 교육비가 투입되었는가를 정확히 추정하기가 매우 곤란하다. 각 부처 예산의 일부는 평생교육을 위하여 사용되는 것이 확실한데, 이를 엄밀히 판별해 내기가 힘들다. 평생교육을 위해 정부가 매년 예산을 배정하고 있지만 실제로 평생교육에 사용되는 예산규모는 파악된 규모보다 훨씬 클 것이다.

⑥ 평생교육을 위해 어느 정도의 교육비가 투입되어야 하는가이다. 즉, 광범위한 영역을 포함하는 평생교육에 어느 정도의 재원을 배정해야 할 것인가를 결정할 수 있는 근거가 명확치 않다는 것이다.

이상과 같은 이유로 평생교육에 대한 재정의 투입은 필요한 규모보다 미치지 못하였고, 평생교육의 중요성에 대한 국민의 지지를 얻는 데 큰 효과를 못 보고 있는 것이다. 평생교육에 대한 경제학적 문제점으로 대두되고 있는 것으로서, 첫째, 학습자에 대한 전일제(Full-Time) 교육은 고가(高價)의 유실소득 때문에 사회적으로 보나 개인적으로 보더라도 대단히 값비싼 교육이 되고, 둘째, 인생의 후반기 교육, 즉 노인교육은 교육수익을 회수할 기간이 짧기 때문에 교육투자 회수율이 매우 낮다는 것이다.

2) 평생교육을 위한 재원

평생교육을 위하여 투자되는 자원의 형태는 재정적 자원, 물적 자원, 시간의 세 가지 종류로 구분할 수 있다.[14] 여기서 재정적 자원이란 교육 운영을 위하여 교육당국이 필요한 서비스와 물자를 구입하는 데 투자하는 모든 자본을 말하며, 물적 자원은 학습과정에서 사용되는 건물,

14) 윤정일, “평생교육과 교육재정”, 유네스코한국위원회 · 한국평생교육기구 공편, 『평생교육의 기존의 체제』, 서울: 법문사, 1985, p.299.

시설, 도서 등의 자료를 말하고, 시간은 학습과정에서 교사, 학습자, 행정가 등이 소모하는 시간을 말한다. 달(D. Dahl)은 평생교육의 재원을 다음과 같이 설명하고 있다.[15]

(1) 재정적 자원

① 공공자금

교육목적 달성을 위하여 정부(중앙, 지방)로부터 지원되는 모든 자원을 말하는데, 모든 국가에서 조직적인 교육활동을 위하여 가장 중요한 재원이 되고 있다.

② 가계자금

수업료, 하숙비 등을 위하여 가계로부터 지출되어 교육비로 직접 사용되는 모든 비용을 말한다.

③ 사적 또는 독지가의 기부금

평생교육 프로그램이나 기관의 재정을 위하여 자선기관, 재단, 종교단체, 기업 그리고 시민 개인이 공헌하는 모든 자원을 말하는데, 대부분의 개발도상국에 있어서 가장 중요한 재원은 종교단체로 나타나고 있다.

④ 기업체 부담금

기업체 자체의 인력 필요를 충족시키기 위하여 현직교육과 기술개발에 투자되는 모든 종류의 비용을 말한다. 교육기관에 의해서 양성된 인력과 개발된 기술을 주로 활용하는 기관은 정부 이외에 영리적인 산업, 상업, 용역기업체들이다. 산업과 기업조직체의 교육에 대한 역할과 기여는 공식적으로 인정되어 왔으며, 이들의 교육적 노력은 일본, 영국, 프랑스 등 여러 나라에서 산업훈련법을 통하여 전체 교육 훈련체제의 필요한 한 부분으로 받아들여지고 있다.

(2) 물적 자원

평생교육을 위한 물적 자원은 세 가지 형태로 구분될 수 있다. 건물과 대지와 같은 고정자산, 설비, 도서 등과 같은 유동자산 그리고 소모품으로 되어 있다.

---

15) Dahl, Dennis A., "Resources" Alan B. Knox and Associates, Developing, *Administering and Evaluating Adult Education*, San Francisco: Jcssey Bass Publisher, 1980, pp.156-160.

교육체제가 급격히 팽창할 때 고정자본은 교육자원의 상당한 부분을 차지하게 된다. [그림 11-7]은 평생교육의 학습기회를 제공하는 데 관련된 비용의 재원과 지출을 나타내고 있다.

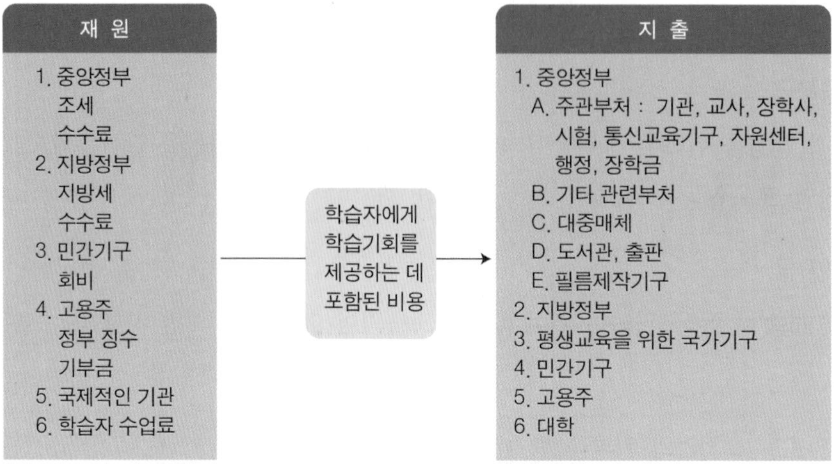

그림 11-7 평생교육을 위한 재원과 지출

(3) 시간

학습자, 교사, 기타 관련 인사들의 시간은 모든 자원 중에서 가장 가치있는 것이며 값비싼 것이다. 대부분의 교원과 관련 인사들의 시간은 구매할 수 있는 것인데, 이 항목이 개발도상국의 초·중등교육기관 예산의 90% 이상에 달하고 있다. 그러나 교육적인 면에서나 양적인 면에서 볼 때 보다 중요한 것은 학습자의 시간이다. 그럼에도 불구하고 학습자의 시간은 교육예산에서 어떠한 경제적 가치도 부여받지 못하고 있을 뿐만 아니라 교육자원의 활용계획에서 중요한 요인으로도 인정을 받지 못하고 있다.

3) 평생교육 재정의 확보

우리 헌법 제31조에 국가는 평생교육을 진흥해야 한다는 의무조항을 두고 있으며, 이에 따라 제정된 평생교육법에는 국가는 지방자치단체에 평생교육 진흥에 필요한 경비를 보조할 수 있고, 국가와 지방자치단체는 평생교육단체와 평생교육시설의 설치자에게 예산의 범위 안에서 필요한 경비를 보조할 수 있는 근거 규정을 두고 있다.

그러나 1948년 정부수립 때 교육예산이 5.9%에 지나지 않았던 것이 1996년에는 24.0%로 가장 높은 비율을 기록하였으나, 1999년에는 IMF 외환위기로 인하여 19.8% 크게 감축되었으나, 차츰 회복하여 2005년 20.3%로 상승하였으며, 2007년에는 19.7%로, 2014년에는 다시 15.2%로 하향곡선을 나타내고 있다. 이는 그동안 교육비와 국방비가 정부예산의 약 50% 정도를 차지해 왔으나 최근 복지 관련 욕구가 분출되면서 2014년 만해도 복지예산이 103조 원(28.9%)에 이르게 된 현상으로 그만큼 교육예산의 비중은 낮아질 수밖에 없는 실정이다. 한편, 교육부 예산 중 평생교육비 예산은 극히 미미한 것에 지나지 않아 왔다. 〈표 11-13〉에서 보는 바와 같이 교육예산 중 평생교육예산은 1970년과 1990년의 0.16%를 최고점으로 하다가 2008년에는 0.08%로 오히려 후퇴하고 있는 실정이며, 2014년에 0.10%로 아직도 미미한 실정이다. 우리 평생교육인들이 아무리 평생교육의 진흥이 중요하다고 해도 이런 정도의 평생교육 예산규모로는 무엇을 할 수 있는지에 대한 의구심만 쌓여가고 있는 상황이 계속되고 있다.

표 11-13 교육부 예산 중 평생교육예산의 구성비 (단위: 백만 원)

구분	교육예산(A)	평생교육예산(B)	구성비(%)
1960	6,381	7	0.11
1970	81,087	129	0.16
1980	1,123,199	1,037	0.09
1990	5,092,400	8,114	0.16
2000	19,172,028	2,622	0.01
2008	35,486,600	28,500	0.08
2014	50,193,400	51,300	0.10
2022	89,625,100	1,131,600	1.26
2023	101,997,900	1,223,800	1.20
2024	95,788,800	1,216,200	1.27
2025	104,876,700	1,102,300	1.05

출처: 1. 교육부(1999). 평생교육백서. p.591.
2. 교육과학기술부(2008~2012). 평생교육진흥기본계획, p.77.
3. 교육부(2014). 2014 평생직업교육국 내부자료.
4. 교육부(예산담당관). 재정정보공개시스템.

한편, 미국의 연방교육성 예산을 살펴보면 우리보다는 한층 더 많은 예산지원을 하고 있음을 다음 표를 통해 알 수 있다.

표 11-14 미연방교육성 예산 중 평생교육예산의 구성비

(단위: 백만 불)

연도	연방교육예산(A)	평생교육예산(B)	구성비(A/B, %)
1999	33,500	385	1.15
2000	35,600	470	1.32
2007	57,481	579	1.01
2008	59,181	567	0.96
2014	53,828	609	1.13

출처: U. S. Department of Education(2014.6).

〈표 11-14〉에서 보는 바와 같이 미연방교육성의 경우 성인교육을 위한 각종 사업 지원에 평균 1% 이상의 예산지원을 하고 있으며, 2014년에는 1.13%의 예산을 투입하고 있음을 볼 때, 우리도 교육예산 중 평생교육 예산의 비율을 더욱 높여 나가야 할 것이다. 그러기 위해서는 많은 국민에게 혜택이 골고루 돌아갈 새로운 사업과 프로그램 개발에 더욱 노력해야 할 것이다.

3) 평생교육 재정에 대한 과제

우리 헌법 제31조에 국가는 평생교육을 진흥해야 한다는 의무조항을 두고 있으며, 이에 따라 제정된 평생교육법에는 국가는 지방자치단체에 평생교육 진흥에 필요한 경비를 보조할 수 있고, 국가와 지방자치단체는 평생교육단체와 평생육시설의 설치자에게 예산의 범위 안에서 필요한 경비를 보조할 수 있는 근거 규정을 두고 있다.

최근 5년간의 교육부 예산 추이를 보면 2020년 72.6조 원, 2021년 76.4조 원, 2022년 89.6조 원, 2023년 101조 9천억 원, 2024년 95조 7천억, 2025년 104조 8천억 원으로 연평균 8.3%의 증가율을 보이고 있다. 각 연도를 기준으로 살펴보면 2020년 2.8%, 2021년에는 -2.3%로 감소세로 전환되었다가 2022년과 2023년에는 각각 17.2%, 13.8%로 크게 증가되었다가 2024 -6.1%로 감소하고 2025년에 9.5%로 증액되는 등 널뛰기를 반복하고 있다.

2025년 교육 분야의 예산안은 전년대비 9.1조 원 증액된 104.9조 원으로 주요 증액 사업으로 청년의 학습기회 확대, 지역사회혁신 촉진, 국가 전체의 교육 수준 향상 등이 있다. 특히 2025년도에 이루어질 다양한 교육활동과 정책 운영을 위한 구체적 계획 중 2022년 12월 24일 본회의에서 2023년도 교육부 소관 예산 및 기금운용계획'이 확정되어 이 중 2023년 고등·평생교육지원 특별회계를 신설하였다. 이를 통해 대학의 자율적 혁신을 촉진하고 지방

대학을 지역 혁신의 중점으로 집중 육성하며 대학의 교육·여건 개선과 학문 간의 균형발전을 지원하기 위해 기존 고등·평생교육분야 사업 중 8.02조 원을 이관하여 총 9.74조 원의 예산이 신규 편성되었다. 따라서 특별회계 신설에 따른 증액은 1.7조 원이다.

그동안 평생교육 진흥을 위해서 중앙정부와 지방자치단체에서는 관련 법적·제도적·재정적 기반을 갖추기 위해 지속적으로 노력하여 왔다. 특히, 2007년 「평생교육법」 전면 개정으로 중앙정부 차원에서 추진되던 평생교육 정책이 지방자치단체 중심의 평생교육 추진체제로 바뀌게 되었으며, 교육감 소관 평생교육 담당 업무가 지방자치단체로 대폭 이관됨에 따라 시·도지사(시·군·구) 중심 체제로의 전환이 이루어졌다. 이에 따라 평생교육 관련 예산은 중앙정부, 지방자치단체, 시·도교육청 등 각 기관·부서별로 산재되어 각각 별도로 편성하여 지출되는 구조로 명확하게 평생교육을 위한 사업과 예산 현황을 파악하기 어려운 실정이다.

따라서 중앙정부나 지방자치단체별로 상이하게 분류되어 있는 평생교육사업의 분류기준을 정비하고 체계화하여 기관·부서별 평생교육 정책 관련 사업 및 예산의 규모 파악을 위한 제도적 장치 마련이 필요하다.

6. 평생학습도시

평생학습도시는 학습을 통하여 도시의 번영과 사회적 통합, 지속 가능한 발전을 목적으로 하는 네트워킹 학습사회를 의미하는 것으로(양병찬, 2002), 우리나라의 평생학습도시 조성은 '지역 평생교육 활성화 지원사업'의 일환으로 이루어지고 있다(국가평생교육진흥원, 2022).

우리나라에서의 평생학습도시 관련 사업은 지역자치단체의 자발적인 움직임 속에서 시작되었다. 1994년 창원시가 평생교육 관련 조례를 제정하였으며, 1999년 광명시가 한국 최초로 평생학습도시를 선언하였다. 2001년부터 우리나라는 정부 차원에서 평생학습도시 조성사업을 시작하였다. 교육과학기술부는 광명시, 전북 진안군, 대전 유성구를 평생학습도시로 지정하여 각 도시마다 특별교부금 2억 원을 집행한 이후 매년 평생학습도시 수를 늘려왔으며, 2021년부터는 국가-시·도-시·군·구로 이어지는 지역 평생교육 추진체계를 활성화하고자 평생학습도시 조성사업의 세부 사업인 특성화 지원사업에 시·도-평생학습도시 컨소시엄을 새롭게 추가하여 지원하였다(교육부, 2021). 2023년 1월 기준 총 189개의 기초자치단체가 평생학습도시로 지정되어 관련 사업을 운영하고 있다.

1) 평생학습도시의 개념

우리나라에서 '평생학습도시'라는 용어는 일반적으로 지역의 크기나 규모에 상관없이 시, 군, 구 단위에 사용되고 있다.

유네스코 평생학습 연구소는 학습도시를 다음과 같이 설명하고 있다. "포용의 원칙에 따라 학습 도시는 특히 형평성, 결속 및 평화를 촉진하는 평생학습 프로그램을 통해 지속 가능한 개발을 촉진하는 정책과 관행을 발전시킨다. 지방정부가 지역사회와 사회 행위자가 평생학습 전략 및 프로그램의 구현에 참여할 수 있도록 권한을 부여하면 지속 가능한 개발목표(SDG) 달성을 후원하는 도시다."

국가평생교육진흥원(2021)은 평생학습 도시란 "개인의 자아실현, 사회적 통합 증진, 경제적 경쟁력을 제고하여 궁극적으로 개인 삶의 질 제고와 도시 전체의 경쟁력을 향상시킬 수 있도록 언제, 어디서, 누구나 원하는 학습을 즐길 수 있는 학습 공동체 건설을 도모하는 총체적 도시 재구조화 운동이자 지역사회의 모든 교육자원을 기관 간 연계, 지역사회 간 연계, 국가 간 연계시킴으로써 네트워킹 학습 공동체를 형성하려는 지역시민에 의한, 시민을 위한, 시민의 지역사회교육운동"이라고 정의한다.

시 · 군 · 구 기초자치단체를 대상으로 하는 평생학습도시 조성은 주민이 언제 어디서나 평생학습을 받을 수 있도록 지방자치단체가 평생학습 인프라를 구축하여, 지역의 여건 및 특성과 수요를 충분히 반영하면서도 주민이 원하는 교육 서비스를 제공하는 것을 목적으로 한다(교육부, 2021).

2021년의 평생학습도시 조성사업은 크게 두 가지에 중점을 두어 추진하였다.

첫째, 지역주민의 평생학습을 위한 기반을 확대하고 지역 특성에 부합하는 프로그램 운영을 유도하고자 하였다. 이를 위해 평생학습도시 지정을 통한 지역의 평생교육체제 구축과 인프라 확충을 도모하는 한편 기존 평생학습도시를 대상으로 특성화 모형을 개발하고 시 · 도-평생학습도시 컨소시엄을 새롭게 도입하여 지원하였다.

둘째, 평생학습도시의 지속적이고 자립적 운영 및 안정적 관리를 위한 지역의 자체적인 질 관리 기반을 마련하고자 하였다. 2021년에는 평생학습도시로 지정된 후 만 4년이 경과한 도(광역)의 자치시를 대상으로 평생학습도시 재지정 평가를 실시하였다. 학습과 지역발전의 관계는 지역의 경쟁력과 성장의 구동력이 지식과 혁신에 있으며, 지식과 혁신은 학습을 통하여 형성된다는 데 있다. 이러한 평생학습도시는 평생학습사회를 구체화하는 실천의 장으로서 아래의 두 가지 의미로 요약해 볼 수 있다.

첫째, 학습사회를 실현하기 위한 실용적인 플랫폼으로서의 의미를 가진다. 학습도시는 평생학습에 높은 가치를 부여하고 시민들에게 평생 다양한 배움의 기회를 제공하는 도시이다. 학습도시는 학습을 위한 영원한 가능성을 창조하는 문화적 풍토를 지닌다. 학습사회를 실현하기 위한 실용적인 플랫폼으로서 학습 도시는 모든 시민에게 학습 기회를 제공하고 평생학습문화를 창출할 책임이 있다. '유럽평생학습도시연합(ELLI)'이 제정한 학습도시헌장에 따르면, 미래의 번영과 안정 그리고 시민의 복리 증진을 위한 주된 원동력으로 학습의 절대적 중요성을 인정한다. 이것은 개인의 자아실현과 지역사회 안에서 삶의 질을 향상시키는 데 중요하다. 이를 달성하기 위해서는 모두를 위한 학습 기회를 확대하고 교육자원의 사용을 극대화하기 위해 도시의 여러 부문 간에 생산적인 파트너십을 구축해야 한다.

둘째, 학습경제를 실현하기 위한 플랫폼으로서의 의미를 지닌다. 학습도시는 학습경제 실현을 위한 플랫폼으로, 경제적 가치로서 지식의 중요성과 지역사회의 경쟁력 강화를 위한 효과적인 학습시스템의 필요성을 가진다. 학습 경제는 도시의 문화 환경을 통해 개발된 지식을 기반으로 한다. 따라서 커뮤니티의 경쟁력은 학습 도시를 통해 실현될 수 있는 효과적인 학습 시스템에 달려 있다. 효과적인 조직 학습은 또한 혁신에 필수적이며, 학습 도시는 조직 학습을 향상시키기 위해 지식 공유 및 창조를 위한 플랫폼이다.

학습경제는 지식이 기반이 되는데, 이 지식은 도시의 문화 환경에 의하여 발전된다. 따라서 학습경제에서 경쟁력 제고는 지역주민의 상호 신뢰와 인적자원을 형성할 수 있는 효과적인 학습시스템, 즉 평생학습도시 만들기에 달려 있다. 효과적인 조직 학습은 또한 혁신에 필수적이며, 학습도시는 조직 학습을 향상시키기 위해 지식 공유 및 창조를 위한 플랫폼을 제공할 수 있다.

2) 평생학습도시 추진 유형

Yarnit(2000)는 학습도시를 네 가지 유형으로 구분한다. 첫째, 지역 기업체 주도의 산업혁신형이다. 이 유형은 지역(region)을 위하여 주로 기업체가 주도하는 산업단지 및 산업 복합단지에서 혁신을 증진시키려는 것을 주된 목적으로 하는 접근이다. 둘째, 교육훈련 제공 및 이용자를 위한 학습파트너십형이다. 이 유형은 교육훈련 제공자와 학습자를 위하여 자원, 지역사회학습 파트너십 체제를 형성하여 협력을 증진하고 학습에의 참여를 심화시키는 것을 특징으로 한다. 셋째, 지역사회 재생형이다.

현대사회와 같은 급속한 변화의 시대에 새로운 역할 또는 정체성 탐색을 목표로 시 · 군 · 구 범위에서 종합적이고도 광범위한 재생(regeneration) 전략을 기본 특징으로 한다. 넷째, 지역공동체형성형이다. 이 유형은 이웃 공동체를 형성하기 위해 시민교육을 강조하며, 지역주민을 대상으로 형식 학습, 비형식 학습, 성찰적 학습을 활용하여 새로운 형태의 이웃 공동체 관리를 추구한다. 이를 통해 시민정신의 쇠락을 막고, 주도적이고 적극적인 시민정신을 유지하는 것이 특징이다(변종임, 2005: 20-21). 이를 정리하면 〈표 11-15〉와 같다.

표 11-15 야니트(M. Yarnit)의 학습도시 유형

유형		특징
경제 발전 중심	산업혁신형	지역을 위하여 주로 기업체가 주도하는 학습지역운동으로 산업단지 및 산업복합단지에서 혁신을 증진시키려는 것을 주된 접근으로 함
	학습 파트너형	교육훈련 제공 및 이용자를 위한 학습파트너십형은 교육훈련 제공자와 학습자를 위하여 자원, 지역사회 학습파트너십 체제를 형성하여 협력을 증진하고 학습에의 참여를 심화시킴
시민 사회 중심	지역사회 재생형	현대사회와 같은 급속한 변화의 시대에 새로운 역할 또는 정체성 탐색을 목표로 시 · 군 · 구 범위에서 종합적이고도 광범위한 재생(Regeneration) 전략을 기본 특징으로 함
	지역공동체 형성형	주민을 위한 형식학습, 비형식학습, 성찰적 학습을 통하여 새로운 형태의 지역공동체 형성으로 시민정신과 공동체의 쇠락을 막고 적극적인 시민정신을 주도하는 것을 특징으로 하는 지역공동체 형성을 위한 시민교육형에 초점을 둠

출처: Yarnit, M.(2000). *Towns, Cities and Regions in the Learning Age: A Survey of Learning Communities*. London: LGA Publications for the DFEE, NCA. pp.79-80.

아울러 변종임은 우리나라의 평생학습도시의 유형을 학습도시의 목적과 추진양식을 기준으로 하여 ① 시민공동체 형성형 ② 직업능력 개발형 ③ 지역사회 통합형 ④ 산업기반 혁신형으로 제시하면서, 2001년부터 2004년까지 정부로부터 지정된 19개의 평생학습도시에 대한 시 · 군 · 구별 특징과 유형 분포를 다음 〈표 11-16〉과 같이 제시하고 있다.

표 11-16 평생학습도시 지정현황 회원도시

지역	계	지정도시(지정연도)
서울	22	관악구('04), 양천구('05), 성북구('05), 영등포구('06), 강동구('07), 강서구('07), 마포구('07), 은평구('12), 금천구('13), 송파구('13), 서대문구('13), 강남구('13), 노원구('13), 도봉구('13), 용산구('16), 구로구('18), 중랑구('18), 성동구('19), 동대문구('20), 동작구('21), 광진구('22), 종로구('22)
부산	16	해운대구('02), 연제구('06), 사상구('07), 영도구('11), 부산진구('12), 남구('13), 사하구('13), 서구('13), 금정구('13), 기장군('14), 동구('16), 북구('17), 중구('17), 수영구('18), 동래구('19), 강서구('22)
대구	5	달서구('05), 동구('05), 수성구('11), 북구('13), 남구('20)
인천	8	연수구('03), 부평구('05), 미추홀구('06), 남동구('11), 서구('14), 계양구('17), 동구('22), 중구('22)
광주	5	남구('05), 동구('06), 광산구('06), 북구('11), 서구('15)
대전	4	유성구('01), 대덕구('07), 동구('12), 서구('13)
울산	5	울주군('06), 중구('07), 북구('12), 동구('16), 남구('18)
경기	31	광명시('01), 부천시('02), 이천시('04), 수원시('05), 구리시('05), 안산시('06), 용인시('06), 시흥시('06), 평택시('06), 과천시('07), 안양시('07), 남양주시('11), 포천시('12), 군포시('13), 의정부시('13), 김포시('13), 성남시('13), 화성시('13), 양주시('13), 의왕시('13), 가평군('13), 고양시('14), 양평군('14), 연천군('14), 오산시('15), 여주시('17), 파주시('18), 광주시('19), 하남시('19), 동두천시('20), 안성시('20)
강원	15	삼척시('06), 화천군('06), 강릉시('07), 횡성군('07), 동해시('12), 평창군('13), 인제군('13), 홍천군('14), 철원군('15), 영월군('16), 춘천시('18), 원주시('20), 양구군('21), 태백시('22), 양양군('23)
충북	11	청주시('04), 제천시('05) 단양군('05), 진천군('06), 음성군('13), 옥천군('13), 증평군('14), 충주시('15), 괴산군('21), 영동군('21), 보은군(' 23)
충남	15	금산군('04), 부여군('05), 태안군('06), 아산시('06), 서산시('06), 서천군('07), 천안시('07), 당진시('12), 홍성군('13), 예산군('14), 논산시('15), 공주시('16), 보령시('18), 계룡시(' 23), 청양군('23)
전북	12	진안군('01), 전주시('04), 익산시('05), 김제시('06), 남원시('06), 정읍시('06), 군산시('07), 완주군('11), 부안군('17), 고창군('19), 무주군('20), 순창군('22)
전남	15	순천시('03), 목포시('04), 무안군('04), 여수시('06), 광양시('06), 곡성군('06), 강진군('07), 영암군('07), 담양군('14), 화순군('15), 고흥군('16), 영광군('17), 완도군('17), 해남군('19), 나주시('20)
경북	13	안동시('03), 칠곡군('04), 경산시('07), 구미시('07), 포항시('12), 경주시('13), 영주시('13), 청도군('14), 의성군('17), 상주시('21), 영천시('21), 문경시('22), 봉화군(' 23)

지역	계	지정도시(지정연도)
경남	15	거창군('03), 창원시('04), 김해시('05), 남해군('05), 양산시('06), 하동군('06), 진주시('07), 통영시('07), 창녕군('13), 합천군('14), 함안군('16), 밀양시('17), 산청군('17), 거제시('20), 고성군('23)
제주	2	제주시('02), 서귀포시('03)
세종	1	세종특별자치시('19)
합계		195개

출처: 교육부 · 국가평생교육진흥원(2023.3.22.)에 '23년도 지정도시 추가.

3) 우리나라의 평생학습도시 도입 및 운영

(1) 평생학습도시의 지정 및 운영 성과

2001년 당시 교육인적자원부는 평생학습의 지역화 · 지방화를 촉진하고, 평생교육을 학습자중심 운동으로 추진하기 위한 방안으로 각 시 · 도교육청에서 추천한 시 · 군 · 구 자치단체와 지역교육청의 공동사업계획서를 심사한 결과 경기 광명시, 대전 유성구 및 전북 진안군을 우리나라의 첫 평생학습도시로 선정하였다. 선정된 3개 지역교육청은 평생학습도시 조성사업을 위해 특별교부금 2억 원씩을 지원받았으며, 해당 지방자치단체들은 이에 상응하는 대응투자를 하였다.

평생학습도시는 2001년 이후 매년 꾸준히 증가하여 2023년에 7개의 도시가 추가 지정되어 총 195개의 평생학습도시가 지정 · 운영되고 있다(표 11-16 참조).

평생학습도시는 그동안 지역주민들의 교육욕구 충족을 위해 지방자치단체, 각급 학교, 공공도서관, 주민자치센터, 구민회관 등 다양한 기관에서 개별적으로 실시하고 있는 평생교육 프로그램들을 협력과 공유를 통해 연계 · 운영하여 교육서비스의 질을 향상시키는 데 크게 기여해 오고 있다는 평가를 받고 있다. 또한 평생학습도시의 각종 사업은 지방자치단체의 평생학습에 대한 관심 제고, 평생교육센터 설립 및 평생교육기관 간 연계 활성화, 평생교육사 배치를 통한 평생교육 전문화, 일반자치단체와 교육자치단체 간의 협력 강화, 지역주민들의 평생학습 참여율 제고, 새로운 평생교육법에 평생학습도시 및 전국적인 '평생학습도시협의회' 조직 조항 신설, 평생학습도시의 국제 네트워크 구축 등의 성과를 이루고 있다(이복희 외, 2024).

(2) 평생학습도시와 비평생학습도시 간 비교

평생학습도시 사업은 개인의 성장과 도시의 성장을 모두 아우르는 중요한 사업이며, 지역과 지방자치단체를 기반으로 하고 있다. 따라서 각 개별 평생학습도시의 특수성을 고려한 성과를 확인하는 것은 어려운 일이다(이지혜 외, 2021). 또한 평생학습도시의 성과를 비교하기 위해 대조군으로 비평생학습도시를 설정하여 실험적으로 비교하는 것은 현실적으로 어려워서, 평생학습도시의 성과는 대부분 제한된 맥락에서만 비교되어 왔다.

신성현과 전주성(2017)은 전국 16개 시 · 도에서 만 25~64세까지의 남녀 9,948명을 대상으로 수집된 평생학습 개인실태조사 자료를 분석하여 평생학습도시와 비평생학습도시 간의 차이를 연구하였다. 이 연구는 이들 도시 간 평생학습 실태와 성과를 비교분석한 대표적인 연구 중 하나이다.

평생학습 실태조사 결과를 살펴보면, 형식 교육인지 비형식 교육인지와 무관하게 도시 간에 유의한 차이가 없는 것으로 나타났다. 그러나 비형식 교육에서는 '평생학습 자기부담 학습비용'이 평생학습도시가 비평생학습도시보다 적었으며, 이는 유의한 수준에서의 차이였다. 또한, 6대 평생교육 프로그램 영역 중에서 '학력보완교육' 프로그램의 경우 평생학습도시가 비평생학습도시보다 참여 수가 유의하게 더 많았고, '문화예술 스포츠교육'에 대한 참여 수는 반대로 나타났다.

평생학습의 성과를 살펴보면, 첫째로 평생학습 참여율의 경우 형식 교육에서는 차이가 없었지만, 비형식 교육에서는 평생학습도시가 비평생학습도시보다 참여율이 더 높았다는 것이 나타났다. 또한, '교양함양 자기계발', '업무능력 향상', '소득 증대', '고용안정', '시민의식 증진', '사회적 상호작용' 등의 측면에서 평생학습이 학습자에게 더 큰 도움이 된다는 점에서, 평생학습도시가 비평생학습도시보다 성과가 더 크게 나타났다는 것이 주목할 만하다. 이러한 결과는 2014년에 전국 16개 시 · 도에서 만 25~64세까지의 남녀 9,948명을 대상으로 수집된 평생학습 개인실태조사 자료를 분석하여 얻어졌다(국가평생교육진흥원, 2023: 34).

(3) 평생학습도시 재지정평가

우리나라는 1997년 경기도 광명시가 학습도시를 선언한 이래 2001년부터는 시 · 군 · 구 단위에서 평생학습도시를 조성해 왔다. 구체적으로는 2001년에 경기도 광명시, 대전광역시 유성구, 전라북도 진안군 등 3개 시 · 군 · 구가 처음 평생학습도시로 지정되었고 이후 꾸준히 그 수가 증가하여 2023년 기준 195개 기초자치단체가 평생학습도시로 지정되었는데, 이는 전체 226개 기초자치단체 기준 86.2%에 이르는 수치이다(교육부, 2023.3.7. 보도자료). 또한, 2007년 전부 개정된 「평생교육법」 제15조에 평생학습도시 조항이 포함되어 국가는 지역사회의 평생교육 활성화를 위해 시군 및 자치구를 대상으로 평생학습도시를 지정 및 지원할 수 있으며, 이에 따른 평생학습도시 간의 연계 · 협력 및 정보교류의 증진을 위하여 전국평생학습도시협의회를 둘 수 있게 되었다(국가평생교육진흥원. 2023).

평생학습도시를 활성화하는 것은 지역주민의 평생학습 기회를 확장하고, 지역사회 내 자원을 활용하여 학습공동체형성, 지역의 사회통합 및 지속가능성 확대를 유도하는 것을 의미한다. 이를 통해 개인과 지역사회의 문화적 · 경제적 · 정치적 능력 향상을 촉진시킬 수 있다. 평생학습도시 사업은 주민 개인의 성장뿐만 아니라 도시 전체의 재구조화를 통해 도시의 성장을 도모하는 것을 목적으로 하고 있으며, 이를 위해서는 지방자치단체가 추진체제를 갖추는 것이 중요하다(김신일, 2020).

이러한 지점에서 평생학습도시 개수의 양적 확대를 넘어, 평생학습도시가 개인의 성장과 도시 전체의 성장을 하기 위한 질 관리 체제를 제대로 구축하고 있는지에 대해 평가해야 할 필요가 제기된다. 이는 평생학습도시가 지정된 이후로 실제 어떻게 운영되고 있는지에 대한 지속적인 모니터링이 부재하여 그 성과를 창출하고 확산하는 데 한계가 있다는 목소리와도 연관된다(교육부 · 국가평생교육진흥원, 2020). 이상의 필요를 배경으로 하여 2018년 평생학습도시의 지속가능 발전과 질 관리를 위해 평생학습도시 재지정평가 도입이 결정되었고, 2018년 12월 7일 공청회, 2019년 시범운영 및 평가편람 개발연구를 거쳐 2020년부터 1주기 재지정평가가 추진되었다.

이상의 1주기 평가('20~'22)에서는 조직, 인력, 예산 등과 같은 추진체계를 중점적으로 평가하여 재지정평가 도입을 통한 자발적인 성과관리 기반을 마련하는 것을 목표로 삼고 있다. 나아가 2주기 평가('23~'25)는 지속가능한 성과관리 체계를 구축하여 운영성과를 제고 · 확산하는 데 목표가 있으며, 이를 위해 사업성과 및 기관 간 연계 · 협력을 통한 성과 확산에 평가 중점을 둘 계획이다(교육부, 국가평생교육진흥원, 2020). 한편, 평가대상은 평생학습도시로 지정된 후 만 4년이 경과한 시 · 군 · 구이며 2020년부터 3개 그룹(① 특별시, 광역시 산하의 자치구 · 군 ② 도 산하의 시 ③ 도 산하의 군)으로 나누어 매년 평가가 순차적으로 진행되었다.

평가 결과를 토대로, 1차적으로는 평생학습도시 재지정 여부를 판정하게 되며, 이때의 기준

점수는 60점이다. 재지정평가에서 재지정유예 판정을 받지 못하더라도 바로 지정이 해제되는 것은 아니며 컨설팅을 거쳐 차기 평가에서도 연속하여 재지정이 되지 못할 경우에 비로소 지정에서 탈락된다. 반면, 매년도 평가에서 10% 내외의 우수한 시 · 군 · 구는 우수 평생학습도시로 선정되어 지자체당 30백만 원의 재정적 지원과 함께 평생학습대상에서 부총리 표창이 수여되는 행 · 재정적 인센티브가 있다.

4) 평생학습도시의 발전과제

평생학습도시 조성사업이 추진되어 오면서 전국에 걸쳐 평생교육 활성화를 위한 기반이 조성되어 가고 있고, 의미 있는 변화들이 일어나고 있으나, 평생학습도시가 향후 더욱 성공적으로 추진되기 위해서는 다음 몇 가지 과제를 극복해야 할 것이다.

첫째, 사업성과 관리의 체계화와 정교화도 중요한 과제이다. 지역평생교육 정책사업의 확대를 위해서는 그에 합당한 책무 달성을 보여주어야 한다. 2010년에 평생학습도시 성과관리지표 개발이 추진됨으로써 그 기반을 확보하였지만 관련 지표의 누적 관리를 위해서는 지역과 더 긴밀히 연계하여 지역 자료의 누적 관리 체제를 갖추려는 노력이 필요하다. 뿐만 아니라 새로 시작한 시 · 도 평생교육 역량강화사업을 통해서도 시 · 도 차원의 성과관리지표와 자료관리체제 구축을 위해 노력할 필요가 있다.

둘째, 평생학습도시 조성사업을 넘어선 시 · 군 · 구 단위의 평생교육진흥을 위한 모형 전환과 제도 개선이 필요하다. 평생학습도시는 현재 시 · 군 · 구 단위의 평생교육진흥을 위한 국가의 유일한 정책사업이고 지역이 평생교육진흥에 적극 참여하도록 조장하는 핵심 국가전략으로서 계속 유지 · 발전할 필요를 갖는다. 평생학습도시가 일정 규모 이상 지정된 현 시점에서 전국의 모든 시 · 군 · 구를 대상으로 평생교육진흥을 유도하는 것이 가치가 있는지 그리고 기존의 평생학습도시에 대한 지정을 그대로 유지할지 등을 종합적으로 검토해야 한다. 그리고 이와는 별개로 전국의 시 · 군 · 구가 평생교육진흥사업에 참여할 수 있도록 평생학습도시가 아닌 일반 시 · 군 · 구를 대상으로 별도의 정책사업을 고려할 필요가 있다. 또한 국가의 정책사업과는 별도로 모든 시 · 군 · 구가 자체적으로 평생교육진흥사업을 적극 추진할 수 있고, 일정 수준 이상의 체제를 갖추고 관련 재원을 확보할 수 있도록 관련 제도 정비와 관련한 정책을 마련할 필요가 있다.

7. 평생학습축제 및 평생학습박람회

지식정보화사회에서 국가경쟁력을 제고하고 사회적 통합을 이루기 위해서는 모든 국민이 언제 · 어디서나 끊임없이 배우며, 이를 생활과 융합시키는 평생학습이 크게 강조되고 있는 것은 주지의 사실이다. 특히 평생학습이 단지 구호에 그치지 않고, 전 국민의 삶과 생활에 밀착되도록 하기 위해서는 '평생학습문화'의 확산이 기초가 되어야 한다. 이에 평생학습문화 확산의 일환으로 매년 평생학습박람회를 개최하여 학습자는 평생학습에 대한 참여의욕을 더욱 높이고, 평생교육단체와 시설은 자신들의 특색있는 학습 프로그램을 홍보함으로써 평생학습에 대한 국민적 관심과 사회적 인식을 확산시켜 오고 있다.

평생학습에 대한 국민 인식 제고와 문화 확산을 목적으로 2001년부터 전국 단위 평생학습축제가 개최되었으나(교육부 · 국가평생교육진흥원, 2011: 177) 평생학습에 대한 국민 인식 제고와 문화 확산, 평생학습 우수 사례 공유와 평생학습문화를 진흥하기 위하여 2012년부터 전국평생학습축제가 '대한민국 평생학습박람회'로 사업명이 변경되어 추진되었다.[16]

1) 평생학습축제 및 평생학습박람회의 의미[17]

(1) 평생학습축제

일반적으로 축제를 뜻하는 영어의 Festival은 라틴어 'Festum'에서 유래된 것이며, 이는 기쁨 · 환락 · 흥청망청 떠들기라는 의미를 지닌다. 축제는 또한 사람들이 누리는 모든 문화에서 발견되는 사회적 현상을 주제로 한 공공의 기념행사라는 뜻을 지닌다.

평생학습축제의 목적 또는 의미를 살펴보면 아래와 같다.

첫째, 평생학습축제는 평생학습에 대한 시민의 이해를 증진시키고 스스로 학습의욕을 환기시킴으로써 평생학습을 진흥시키는 운동이다.

둘째, 평생학습축제는 평생교육 관련 기관 · 단체 간의 교류를 통해 평생학습 문화를 진흥시키고 평생학습사회의 실현을 도모하는 학습, 문화, 스포츠, 복지 등이 복합된 종합축제이다.

셋째, 평생학습축제는 기존의 축제나 이벤트와 달리 단순히 관람하는 축제가 아니라 시민들이 자발적으로 참여하는 축제이다. 평생학습축제는 참여 및 체험 프로그램을 제공한다. 그리

16) 교육부 · 국가평생교육진흥원, 『2013 평생교육백서』, p.238.
17) 교육부 · 국가평생교육진흥원, 『2013 평생교육백서』, pp.238-246.

하여 남녀노소 모두에게 즐겁고, 유익하고, 아름다운 축제로 기억된다.

(2) 평생학습축제의 기원 및 국제적 발전

① 평생학습축제는 일본이 일찍부터 시행해 온 '마쯔리'라는 지역축제의 전통 위에 1979년 일본의 가케가와시가 '평생학습도시'를 선언한 이래, 대부분의 평생학습마을과 도시에서 개최되고 있다. 일례로 나고야 시는 19개 공민관 및 사회교육센터를 중심으로 지역의 평생학습축제를 전개하고 있다. 전국적인 평생학습축제는 일본 문부과학성과 도·부·현이 공동으로 '전국 평생학습 페스티벌'을 개최할 것을 결의하고, 1989년 치바현에서 '만나고 싶은 것은 새로운 나'라는 주제로 연 것이 최초였다. 일본 문부과학성은 이후 해마다 전국평생학습축제를 현(縣)별로 돌아가면서 개최하고 있다.

② 영국은 1992년부터 매년 5월을 '성인학습자주간'으로 지정해 이 기간 동안에 평생학습문화 진흥을 위한 다양한 행사를 전국적으로 개최한다. 개인·단체·학습사업·새로운 학습기회·노인학습자·파트너십·성인교육자상 등 분야별 시상과 함께 이들의 열정, 지식 및 기술을 서로 나누는 전국적인 이벤트를 지역별로 다채롭게 연다. 매년 5,000개 이상의 지역행사가 열리고, 100개 이상의 성인학습자 및 단체에게 상을 수여한다.

③ 유네스코는 1997년 제5차 성인교육국제회의에서 국제연합(UN)의 '국제성인학습자주간' 제정을 의결했고, 1999년 11월 '국제성인학습자주간' 개시에 관한 유엔의 공식 결의가 있었다. 2000년 9월 8일에는 독일 하노버에서 "학습사회 형성을 위한 EXPO 지구대회"가 개최되었다. 이를 기폭제로 평생학습축제는 전 세계적으로 확산되고 있는 추세이다. 영국, 호주, 독일, 미국, 싱가포르, 남아프리카공화국, 브라질 등 48개국에서 성인학습자 주간을 이용한 평생학습축제를 매년 국가적 행사로 개최하고 있다.

④ 경제협력개발기구(OECD)는 1988년부터 2000년 4월까지 5차에 걸쳐 평생학습도시 사례에 관한 국제회의를 개최하고, 최근 그 결과를 보고했는데, 26개국 175개 도시가 '국제교육도시연합(The International Association of Education Cities)'을 결성해 활동하고 있다. 이 평생학습도시들이 핵심 활동으로 평생학습축제를 개최하고 있다.

2) 평생학습박람회

대한민국 평생학습박람회는 2001년 전국평생학습축제를 시작으로 2011년까지 11년 동안 추진되었으며, 2012년 대한민국 평생학습박람회(이하 박람회)로 사업을 변경하여 2023년까지 제8회 대한민국 평생학습박람회를 개최하였다.

평생학습 대국민 인식 제고 및 문화 확산, 평생학습 우수사례 공유를 위해 추진되는 박람회는 시·도(시·도평생교육진흥원) 및 평생학습도시를 주축으로 평생교육시설 및 평생직업교육시설 등 다양한 평생교육 관련 기관·단체들이 참여하는 평생교육 대표 축제로서 자리매김하고 있다. 다만 박람회의 효율적 운영 및 성과관리를 위해 내실 있는 사전 준비 기간이 필요하다는 현장의 목소리를 반영하여 2017년부터 운영방식을 변경하였다. 박람회를 2년 단위로 개최하고 박람회를 개최하지 않는 휴년기에는 17개 광역자치단체의 박람회(축제)와 연계하여 '찾아가는 평생학습박람회'(교육부/국가평생교육진흥원 홍보관)를 운영하여 차기 박람회 개최를 위한 준비를 병행하고 있다.

표 11-17 대한민국 평생학습박람회 개최 현황(2012~2023)

구분	2012	2013	2014	2015	2016	2018	2021	2023
지역	대전	제천	고양	서울	거창	부산	순천	서울
기간	11.23.~ 11.25	10.17.~ 10.20.	10.17.~ 10.19.	9.4~ 9.6.	9.22.~ 9.25.	10.25.~ 10.27.	11.5~ 11.8.	11.2.~ 11.4.

지식정보화사회에서 국가경쟁력을 제고하고 사회적 통합을 이루기 위해서는 모든 국민이 언제·어디서나 끊임없이 배우며, 이를 생활과 융합시키는 평생학습이 크게 강조되고 있는 것은 주지의 사실이다. 특히 평생학습이 단지 구호에 그치지 않고, 전 국민의 삶과 생활에 밀착되도록 하기 위해서는 '평생학습문화'의 확산이 기초가 되어야 한다. 이에 평생학습문화 확산의 일환으로 매년 평생학습박람회를 개최하여 학습자는 평생학습에 대한 참여의 욕을 더욱 높이고, 평생교육단체와 시설은 자신들의 특색있는 학습 프로그램을 홍보함으로써 평생학습에 대한 국민적 관심과 사회적 인식을 확산시켜 오고 있다.

평생학습에 대한 국민 인식 제고와 문화 확산을 목적으로 2001년부터 전국 단위 평생학습축제가 개최되었으나, 평생학습에 대한 국민 인식 제고와 문화 확산, 평생학습 우수사례 공유와 평생학습문화를 진흥하기 위하여 2012년부터 전국평생학습축제가 '대한민국 평생학습박람회'로 사업명이 변경되어 추진되었다.

(3) 대한민국 평생학습박람회의 발전과제

박람회가 축제에서 사업명이 변경되고 예산이 줄어들어 개최하고자 하는 도시들이 많이 줄어든 상황이지만, 그동안 지역의 인적·사회적 자본 확대 및 지역경제 활성화, 평생학습문화 증진, 지역학습공동체 형성 및 강화 등 평생학습이 전국적으로 확산되는 데 큰 기여를 하였다. 그러나 현재의 예산 상황에서는 누구도 쉽게 개최하겠다는 의지를 피력하기에는 무리가 있을 수 있다. 이러한 상황에서 박람회가 지속적이고 안정적으로 개최되기 위해서는 다음과 같은 과제들을 해결해야 한다.

우선 사회경제적 파급효과가 지대함에도 불구하고, 열악한 지방 재정 상황을 고려할 때 국가에서 지원하는 예산을 증액해야 한다. 원활한 운영을 위해서는 현재 예산보다 증액이 필요하다.

다음으로 광역 시·도 및 지방자치단체 중심의 박람회는 해당 지역의 다양한 문화의 전국적 확산과 더불어 행사기간 동안 관광인프라를 활용하여 개최도시에 경제적 수익창출을 극대화할 수 있는 방안을 모색해야 한다. 단순히 전국 행사인 박람회로 끝나는 것이 아니라 박람회가 산업 및 지역사회의 인프라와 연계되어 지역 경제 활성화에 도움이 되는 행사로 거듭나야 한다.

특히, 2024년부터는 20여 년간 지속되어온 대한민국 평생학습박람회 사업이 정부정책의 일환으로 역사 속으로 사라지게 되었다. 비록 사업은 자취를 감추었지만 평생학습 기관 및 단체, 관계자들의 열정은 더욱 불타고 있는 상황이다. 이러한 시점에서 대한민국 평생학습박람회 사업에 대한 대안은 다음과 같다.

첫째, 각 광역 및 기초자치단체에서 매년 개최되는 평생학습 축제가 많이 있다. 각 지역의 축제를 활성화시키고 각 광역단위에서 통합 박람회 및 축제를 기획할 수 있도록 중앙에서 지원하는 역할이 필요하다. 전국 단위의 평생학습박람회를 각 지역에서 나누어 개최되는 효과를 누릴 수 있을 것이다.

둘째, 평생교육 유관기관의 협력이 절실히 필요한 시점이다. 전국시·도평생교육진흥원협의회, 전국평생학습도시협의회 등을 주축으로 전국 단위의 평생학습박람회를 추진할 수 있는 행사나 프로그램을 기획하여 전국의 평생교육인이 서로 성과를 나누고 성장하는 공유의 장을 만드는 노력이 필요하다. 그 외에도 한국평생교육총연합회, 한국평생교육사협회, 한국평생교육학회 등을 통한 협력으로 평생교육 네트워크가 지속될 수 있도록 노력해야 할 것이다.

연구문제

1. 평생교육행정의 특성을 열거하시오.
2. 평생교육법의 변천 과정을 기술하시오.
3. 평생교육 행정조직과 추진체제를 중앙 단위, 광역 단위 및 기초 단위로 구분하여 설명하시오.
4. 평생교육 재정의 문제점과 효과적인 확충 방안을 제시하시오.
5. 평생학습도시의 운영 내용을 기술하시오.
6. 평생학습축제와 평생학습박람회의 성과와 발전 방향을 제시하시오.

제12장

열린 학습사회를 위한 신학습체제

1. 우리나라의 교육개혁 역사를 설명할 수 있다.
2. 원격대학의 의미와 발전, 평생교육과의 관계에 대하여 설명할 수 있다.
3. 학점은행제의 의미와 운영내용에 대하여 진술할 수 있다.
4. 독학학위제의 추진배경 및 운영 상황을 설명할 수 있다.
5. 사내대학의 도입 배경 및 운영 현황을 제시할 수 있다.
6. 학습계좌제의 국내 · 외 운영 사례와 운영 내용을 열거할 수 있다.
7. 제5차 평생교육진흥기본계획의 주요 내용과 발전과제를 제시할 수 있다.
8. 한국형 온라인 공개강좌 K-MOOC의 도입 배경 및 운영내용에 대해 진술할 수 있다.

학습개요

오늘날 우리는 지식과 정보가 끊임없이 확산되고 있는 지식기반 사회 속에 살아가고 있다. 변화의 속도는 점점 빨라지며, 이에 따라 교육은 고정된 틀을 넘어서 유연하고 개방적인 학습체제로의 전환을 요구받고 있다. 평생학습사회로의 전환은 더 이상 선택이 아닌 필수적인 과제가 되었으며, 개인의 성장과 사회적 발전을 동시에 이루기 위한 교육개혁과 혁신이 필요하다.

이 장에서는 대한민국의 교육개혁 역사와 함께 원격대학, 학점은행제, 독학학위제 등 학습자 맞춤형 제도를 다루며, 사내대학과 학습계좌제를 통해 실무 중심의 교육 방식과 학습이력관리 설계 제도를 알아보고 제5차 평생교육진흥기본계획과 K-MOOC(한국형 온라인 공개강좌)와 같은 최신 교육정책과 프로그램을 통해 열린 학습사회를 위한 방향성을 제시하고 있다.

이 장을 통해 미래 교육 패러다임의 변화 흐름을 이해하고, 새로운 학습체제는 열린 학습사회를 실현하기 위해 개인과 사회에 어떻게 새로운 기회를 제공하는지를 알아본다.

1. 교육개혁과 열린 학습사회

현대사회는 지식과 정보가 빠르게 변화하는 시대에 접어들며, 개인의 지속적인 학습과 역량 개발이 필수적인 요소로 자리 잡고 있다. 이러한 흐름 속에서 교육의 역할은 전통적인 학교 교육을 넘어 평생에 걸쳐 다양한 학습 기회를 제공하는 열린 학습사회로 나아가고 있다. 열린 학습사회는 모든 국민이 언제, 어디서나, 자신이 원하는 방식으로 배울 수 있는 환경을 조성하여 개인의 성장과 사회의 발전을 동시에 추구한다.

교육이 국가의 미래를 좌우하는 강력하고도 유효한 힘을 갖고 있는 것이 사실이지만, 교육 그 자체가 노후되고 시대에 뒤진 의식으로 가득 차 있다고 하면, 미래를 준비하고 키워가는 힘을 발휘하기가 어렵고, 오히려 미래를 어둡게 할 가능성까지도 가지고 있다. 그래서 많은 나라들이 '21세기에 대한 준비'의 일환으로 가장 먼저 그리고 지속적으로 시도하고 있는 국가 개혁사업이 바로 교육개혁인 것이다.

우리나라 교육개혁의 역사는 단순히 제도적인 변화를 넘어 교육의 본질을 재정립하고, 학습자 중심의 교육 패러다임을 강화해 왔다. 해방 이후 미군정기부터 국민의 정부에 이르기까지 계속적으로 교육개혁을 추진하고 있다. 문민정부에서도 교육의 질적 향상을 위해 대통령자문기구로 '교육개혁위원회'를 설치하여 제4차에 걸쳐 신(新)교육체제 수립을 위한 교육개혁방안을 제시하여 교육부는 이의 구체적 실현방안을 다양하게 모색하여 왔다. 학교를 벗어난 다양한 학습 경험을 인정하고 이를 학점으로 전환하는 제도들은 평생학습의 중요성을 강조하며 학습자들에게 새로운 기회를 제공하고 있다. 이러한 변화는 학습자의 자율성을 높이고, 학습이 곧 개인의 삶과 직결될 수 있는 환경을 구축하는 데 기여하고 있다.

1) 우리나라의 교육개혁의 역사

교육은 미래를 품고 있는 과업이기 때문에 교육개혁은 언제나 과거, 현재, 미래를 잇는 연속선상에서 개혁되고 실천되고 평가되어야 한다. 현대교육의 역사는 시대 변화에 따라 교육개혁을 통해 크고 작은 변화를 가져온 계기가 되었다.

(1) 미군정기와 제1공화국 시기의 교육개혁

미군정과 제1공화국의 시기는 비록 초기이긴 했지만 한국교육위원회, 조선교육심의회 등을 통하여 일제시대의 교육을 청산하고 새로운 교육제도를 세우고자 노력하였다.

홍익인간이라는 새로운 교육이념을 정립하고, 학제를 개혁하였으며, 교육기회의 확대를 위해 의무교육제도를 도입하는 등 교육개혁에 힘을 쏟았다.

미군정은 38선 이남 지역에 민주주의 이념을 정착시키고 조선인의 높은 교육열을 충족시키기 위해 국민학교 의무교육 도입을 결정하였다. 이에 따라 조선교육심의회는 1946년 9월부터 의무교육을 시행하기로 결의하였다. 미군정은 이를 뒷받침하기 위해 대규모로 교원을 양성하고 기존 교사들을 대상으로 재교육을 실시하였다. 또한 일제강점기 사용되던 교과서를 폐기하고 새로운 교과서를 제작하였으며, 학령기를 놓친 이들을 위해 성인교육 프로그램도 운영하였다. 아울러 미군정 후반에는 교육자치제 도입 계획을 담은 군정 법령이 공포되기도 했다.

미군정기의 교육개혁 방향은 새로운 정부수립 이후에도 계속 이어졌으며, 교육법의 제정과 6-3-3-4제라는 기본학제의 확립은 새 정부의 수립 이후 이루어진 교육 성과이다. 미군정은 기존의 인문학교와 실업학교를 구분하던 복선형 학제를 폐지하고 단선형 학제로 개편하여, 인문교육과 실업교육 간의 제도적 분리로 발생하던 빈부격차에 따른 진학 불평등을 해소하고자 하였다. 또한 미국식 학제를 도입해 초등학교부터 대학교까지의 교육 과정을 6-3-3-4제로 개편하였다. 이 새로운 체제는 기존의 국민학교를 6년제로 고정하고, 중등교육을 초급중학교 3년과 고급중학교 3년으로 나누어 6년제로 확대하였다. 더불어 대학에서는 기존의 3년제

예과를 폐지하고 본과를 4년제로 연장하였다. 미국식 학제 도입 과정에서 다양한 찬반 의견이 있었으나, 미군정의 정책적 압력이 작용하면서 최종적으로 미국식 학제의 도입이 확정되었다.

(2) 제3, 4공화국 시기의 교육개혁

제3, 4공화국의 시기는 1961년 국가재건최고회의가 만들어진 시기부터 1980년 국가보위 비상대책위원회가 만들어져서 활동한 시기를 포함한다. 이 시기는 국민들의 학교교육 진학 열기가 고조됨에 따라 학교교육이 급속히 양적으로 팽창한 시기였다. 그리하여 교육개혁은 대체로 진학 열의 고조에 따른 학교교육의 양적 팽창과 관련된 조치들이 많았다. 중학교 무시험 입학, 고교평준화, 대학입학예비고사 등 7 · 30 교육개혁 조치 등 학생 선발과 관련된 제반 개혁조치들은 진학 열의 고조 및 학교교육의 팽창과 관련된 조치라고 할 수 있다.

제3공화국 시기에는 교육 기회의 평등과 입시경쟁 완화를 목표로 다양한 교육개혁이 추진되었다. 대표적으로, 1969년에는 중학교 입시경쟁을 완화하고 모든 학생에게 균등한 교육 기회를 제공하기 위해 중학교 무시험 추첨제가 도입되었다. 이 정책은 입시 중심 교육에서 벗어나 중등교육의 평등성을 강화하는 데 중점을 두었다. 또한 고등학교 입시 개선을 위해 고등학교 평준화 정책의 기틀을 마련하였다. 이와 함께 경제개발 5개년계획과 연계하여 실업계 교육을 강화하였으며, 산업체와 협력하여 산업체 위탁교육을 실시하는 등 경제발전에 필요한 실무형 인재 양성에 힘썼다.

제4공화국 시기에는 이러한 개혁의 기조를 이어받아 더욱 구체적인 정책들이 시행되었다. 1974년에는 고등학교 평준화 정책이 본격적으로 도입되어 고교 서열화를 방지하고 지역 간 교육격차를 완화하려는 노력이 이루어졌다. 앞서 1973년에는 입시경쟁의 과열을 완화하기 위한 7 · 4 교육개혁안이 발표되어 대학 입학 전형이 간소화되고 대입 예비고사제도가 도입되었다. 이와 더불어 산업화 시대의 요구에 부응하기 위해 직업교육의 중요성이 강조되었으며, 실업계 고등학교와 직업훈련 기관을 확대하여 실무 중심의 교육을 활성화하였다.

(3) 제5, 6공화국 및 문민정부 시기의 교육개혁

제5, 6공화국과 문민정부 시기는 1985년 교육개혁심의회의 발족으로 시작되는 시기로 크게 두 가지 점에서 이전의 시기와는 구분된다. 첫째는 대통령 직속으로 교육개혁심의회, 교육정책자문회의, 교육개혁위원회 등의 교육개혁 전담기구가 만들어졌다는 점이다.

기존의 교육개혁이 양적인 측면에 치중되었다면 이 시기에 이르러서는 질적인 측면의 개혁에 점차 관심을 가지게 되었다는 점이다. 그동안 우리나라는 교육의 기회를 확대하기 위하여 노력해 온 반면 교육의 질을 높이는 데에는 다소 소홀하였다. 그리하여 이 시기에는 교육의 질을 개선하는 데 적지 않은 노력을 기울이게 된다. 특히 평생교육과 관련해서는 제5공화국 헌법에 평생교육 조항이 신설되면서 교육개혁심의회에서는 '평생교육체제의 확립' 방안으로 순환교육 및 위탁교육체제 확립, 교육전담 방송체제 확립, 대단위 주택단지의 문화 공간 및 청소년 여가 실시 확충 방안을 제시하였다. 아울러 문민정부의 교육개혁위원회에서는 신교육체제의 비전과 목표를 누구나, 언제, 어디서나 원하는 교육을 받을 수 있는 길이 활짝 열려진 '열린 교육사회, 평생학습사회' 건설을 제시하고 있다. 문민정부는 교육의 자율성과 다양성을 확대하고 국제 경쟁력을 갖춘 인재 양성을 목표로 교육개혁을 추진하였다. 문민정부 교육개혁의 핵심으로, 대학입학제도를 개선하여 수능시험을 도입하고, 특목고와 자율학교를 활성화해 교육의 다양성을 확보하였다. 또한, 평생교육법 제정을 통해 평생학습체제를 구축하고, 정보화 시대에 맞춰 학교에 교육정보화를 도입하였다. 이와 함께, 교육의 질적 향상을 위해 교원 연수제와 평가제도를 강화하고, 학교운영위원회를 도입하여 학교 자율성을 확대하였다. 이러한 개혁은 '열린 교육사회, 평생학습사회'를 지향하며, 모든 국민이 언제 어디서나 원하는 교육을 받을 수 있는 체계를 마련하는 데 중점을 두었다.

(4) 국민의 정부의 교육개혁

대통령자문기구로 '새교육공동체위원회'를 설치(1998. 7. 24)하여 아래로부터의 교육개혁(Bottom-up)에 초점을 두어 새로운 교육공동체가 교육에 대한 올바른 방향성을 가지고 교육문제를 해결하는 데 중심을 두고 있다. 즉, 동 위원회는 학부모, 교원, 시민단체 및 지역사회 등 각계각층의 인사들이 참여하는 새로운 교육공동체를 형성하여 현장 중심의 교육개혁이 지속적으로 추진될 수 있도록 함과 동시에 교육에 대한 국민의식의 개혁 등에 관한 대통령의 자문에 응하기 위하여 설치되었다. 아울러 동 위원회는 새로운 교육개혁의 수립보다는 교육현장에 대한 전문적 조언 및 지원, 민간협력체제 구축과 사회 각계각층의 참여 활성화를 통한 실천 중심의 교육개혁을 하는 데 기본 방향을 설정하고 있다. 아울러 교육·인적자원 정책 개발 및 점검·평가를 위한 사회 각 분야의 전문가 등의 참여로 교육인적자원 정책에 대한 장기적인 비전과 과제를 제시하였으며, 교육인적자원 개발의 추진 전략 및 정책개발에 관한 사항,

교육인적자원개발 정책의 추진 및 평가에 관한 사항 등을 대통령에게 건의하는 기능을 수행하였다. 교육인적자원정책위원회는 2003년 2월까지 총 3차례에 걸쳐 새로운 지식기반사회에서 효과적인 인적자원 개발을 위한 방안 및 개혁과제를 제출하였다.

국민의 정부는 교육의 평등성과 정보화 시대에 부응하는 교육환경 조성을 중심으로 다양한 교육개혁을 추진하였다. 경제위기 속에서도 교육재정을 확대하고, 소외계층 학생을 지원하며 농어촌 지역의 교육여건을 개선함으로써 교육복지를 강화하였다. 학교에 인터넷망을 구축하고 ICT 교육과 e-러닝을 도입하는 등 정보화 교육을 활성화하여, 디지털 시대에 맞는 학습환경을 조성하였다. 또한, 평생교육법을 개정하여 성인 학습과 직업교육 기회를 확대하고, 지역 학습시설과 프로그램을 확충함으로써 평생학습사회의 기반을 다졌다. 이와 함께, 초·중등학교와 대학의 자율성을 확대하고, 특성화 고등학교와 전문대학의 직업교육을 강화하여 다양한 교육 수요에 대응하였다. 국제 경쟁력을 강화하기 위해 외국어 교육과 국제 교류 프로그램도 확대하며 글로벌 인재 양성을 위해 노력하였다.

(5) 참여정부의 교육개혁

교육혁신위원회를 설치하여 위원장을 포함한 23명의 위원으로 위원회를 구성하였으며, 13명의 자문위원과 5명의 전문위원을 두어 위원들의 활동을 지원토록 하였다. 분과위원회로는 운영위원회·학교교육·고등교육인적자원·직업교육·교육분권자치·특별전문위원회를 두었다.

교육혁신위원회는 '학부모·교원 등 교육당사자를 포함한 국민의 참여와 합의를 바탕으로 교육·인적자원개발에 관한 상호 신뢰 및 국민적 공감대를 형성함과 동시에 일관성 있는 교육혁신의 방향 정립에 관한 대통령의 자문에 응하기 위함'을 목적으로 하여 설립되었으며 중장기 교육·인적자원정책의 방향 정립에 관한 사항, 주요 교육정책의 개발에 관한 사항, 교육체제의 혁신에 관한 사항, 교육재정 및 교육복지에 관한 사항 등에 관하여 대통령에게 자문하는 것을 기능으로 하였으며, 대학입시제도 개혁을 비롯한 참여정부 시절의 다양한 교육정책의 산실 역할을 하였다. 여기서 평생학습과 관련된 위원회의 활동을 살펴보면, 첫째로 평생교육진흥종합계획('02~'06)을 수립하여 평생학습의 기회 확대와 평생학습 기반 구축을 위한 추진과제들을 제시하였고, 둘째로 평생학습도시 조성사업('07년 현재 76개 지정)을 통하여 평생학습 분위기 확산 및 지자체 중심의 평생학습을 활성화하였으며, 셋째로 원격대학 및 사내대학의 도입

('01), 학력인정시설 초등분야 확대('04), 평생학습대상 제정('04) 등 정책적 노력에 힘입어 15세 이상 평생학습 참여율이 '00년 17.2%에서 '06년 23%로 상승하는 성과를 올렸다.

(6) 이명박 정부의 교육개혁

이명박 정부에서는 1991년부터 설치 · 운영해 오고 있던 국가과학기술자문위원회에 교육 · 인재정책을 추가하여 국가교육과학기술자문위원회로 2008년 8월 개편하여 교육개혁작업을 주도하게 하였다.

제1기 자문위원회에서는 「세계중심 국가를 향한 인재육성 방안」을 발표하였는데, 그 주요 내용은 교육과학기술 개혁의 내실화를 위해 창의력과 인성을 함양하는 초 · 중등 교과교육과정 개편, 고등교육 국제화 확대를 통한 대학교육 혁신, 20~30대 과학자 집중지원 등 젊은 연구인력 확보, 개방과 협력을 촉진하는 연구체계 등의 필요성을 강조하였다.

제2기 자문위원회는 「학교선진화를 위한 추진과제」, 「글로벌 경쟁력 확보를 위한 대학 학부교육 강화방안」, 「세계선도 과학자 배출을 위한 창의형 연구환경 조성방안」을 제시하였다. 「학교선진화를 위한 추진과제」에서는 정부가 추진 중인 교육 자율화 · 다양화 정책의 가시적 성과가 다음 연도부터 본격적으로 가시화될 수 있도록 이를 내실 있게 추진하되, 전면 실시 예정인 교원평가의 안정적 정착, 사교육과 암기학습을 조장하는 '고부담' 대학수능시험의 개혁, 미래형 교육과정의 발전적 추진 등을 중점 추진과제로 제시하였다. 다음으로 「글로벌 경쟁력 확보를 위한 대학 학부교육 강화 방안」에서는 잘 가르치는 것보다 뽑는 데 더 많은 시간과 노력을 투자하는 대학의 잘못된 관행이 '중 · 고생보다 공부 안 하는 대학생', '제자를 키우기보다 논문에 열중하는 교수', '학점 인플레이션(4년제 대학 B학점 이상 77%)을 낳았다고 비판하고, 대학 학부교육의 강화를 위해 연구실적 위주의 현행 대학평가체제를 획기적으로 바꾸어 나가고 우수 학부교육 대학에 대한 정부의 집중 육성 등을 통해 '대학 간 잘 가르치기 경쟁'을 적극 유도해야 함을 강조하였다. 이명박 정부는 교육의 경쟁력 강화와 효율성을 목표로 자율과 경쟁 중심의 교육정책을 추진하였다. 자율형 사립고를 대폭 확대하고 학교 선택제를 도입하여 학생과 학부모의 선택권을 강화하였다. 교원평가제를 도입하고 전국 학업성취도 평가를 강화하여 공교육의 질을 높이고 학습 부진 학생에 대한 지원을 확대하였다. 영어교육을 활성화하기 위해 원어민 영어교사를 확대 배치하고 영어 몰입교육을 논의하며 의사소통 중심의 영어 학습 환경을 조성하였다.

대입제도를 개선하기 위해 입학사정관제를 확대하고 수능 반영 비율을 조정하여 대학별 자율성을 높였다. 또한, 평생학습 지원을 확대하고 마이스터고를 설립하여 실무형 인재 양성에 주력하였다. 다문화 학생을 위한 교육 지원과 무상급식 확대를 통해 교육복지를 강화하였다.

(7) 박근혜 정부의 교육개혁

박근혜 정부 시기 국가과학기술자문회의는 거시적이고 미래지향적이며 전략적인 관점에서 과학기술 정책을 수립하고 실행하는 데 중점을 두었다. 이 자문회의는 대한민국의 과학기술 기반을 강화하기 위해 여러 핵심 분야에 우선순위를 두었다.

먼저, 자문회의는 지속 가능한 성장을 촉진하기 위해 미래 지향적인 과학기술 정책을 개발하는 데 주력하였다. 이를 통해 미래 유망 성장 동력을 발굴하고 육성하며, 각 분야별로 미래 예측과 전망을 제시하여 국가 중점 투자 분야의 발전 전략을 구체화하고자 하였다.

또한, 기술 이전 및 사업화를 지원하며 연구와 혁신이 실제 적용과 상업화로 이어질 수 있도록 다양한 경로를 마련하였다. 이를 통해 지역 과학기술을 육성하고 국가 전반의 균형 있는 성장을 도모하였으며, 산업계와 학계, 연구기관 간의 협력을 촉진하여 지식과 자원을 공유하는 혁신 생태계를 조성하는 데 힘썼다.

이러한 정책적 노력을 통해 대한민국이 세계적인 과학기술 강국으로 성장할 수 있는 기반을 마련하고, 국가 발전이 미래 지향적 목표와 일치하도록 하는 데 기여하고자 하였다.

① 국가과학기술자문회의

가. 설치 목적

국가과학기술자문회의는 대통령의 자문에 응하여 과학기술 혁신과 관련된 다양한 사항을 논의하기 위해 설치되었다. 이 기구의 법적 근거는 헌법 제127조 및 국가과학기술자문회의법에 기반을 두고 있다. 헌법 제127조 제1항에서는 국가가 과학기술 혁신 및 인력 개발을 통해 국민 경제 발전에 기여해야 한다고 명시하고 있으며, 제3항에서는 대통령이 이를 실현하기 위한 자문기구를 둘 수 있도록 규정하고 있다. 자문회의는 의장인 대통령을 포함하여 부의장 및 과학전문가 30인 이내로 구성된다.

나. 주요 기능

국가과학기술자문회의는 대통령의 자문에 대해 전문가적 의견을 제공하는 역할을 한다.

주요 기능은 국가과학기술 혁신과 정보 및 인력 개발을 위한 발전 전략과 주요 정책 방향을 제안하고 국가 과학기술 분야의 제도 개선 및 정책 관련 사항을 다루었다.

다. 특징

국가과학기술자문회의는 순수 민간 전문가들로 구성되어 거시적이고 장기적인 관점에서 자유롭게 의견을 개진할 수 있도록 운영되었다. 이를 통해 대통령과 과학기술계 현장을 잇는 가교 역할을 수행하였다. 자문회의의 의제는 미래지향적이고 전략적인 성격을 가지며, 다음과 같은 주제를 포함하였다.

- 대통령이 우리나라 과학기술 발전을 위해 특별히 요구하는 사항
- 국가 경영 및 국정 운영 기조 설정과 관련된 분야
- 미래지향적인 국가 발전 비전
- 과학기술계의 요구와 의견을 반영한 사안

박근혜 대통령은 공공, 노동, 금융, 교육 등 4대 부문을 중심으로 구조 개혁에 박차를 가해서 기초가 튼튼한 경제'를 만들겠다고 발표하며, 교육 분야가 경제 활성화를 위한 주요 주력 분야로 부각되었다. 이에 따라 고등교육개혁의 방향도 취업 중심, 현장 중심 교육으로 설정되었으며, 산업 수요에 맞는 현장 중심 교육으로의 전환과 능력 중심 사회 구현을 위한 국가직무능력표준(NCS)을 기반으로 하는 채용 확대 등이 대표적인 변화로 제시되었다. 2015년에 교육개혁 6대 과제를 선정하였으며, 이 중 고등교육 관련 과제는 사회 수요 맞춤형 인력 양성, 일·학습 병행제 확산, 선취업·후진학 활성화 등이 포함되었다.

② 고등교육 관련 과제

가. 현장 중심 교육의 필요성

경제 활성화와 산업 발전을 위해서는 단순히 이론 교육을 넘어, 산업 현장에서 필요로 하는 실무 능력을 갖춘 인재를 양성하는 것이 중요성이 강조되었으며 이를 위해 고등교육은 더 이상 학문 중심의 이론 교육에 머무르지 않고, 산업 수요에 맞춘 실습과 현장 경험을 포함한 현장 중심 교육으로 변화를 위한 정책을 제시하였다.

나. 능력 중심 사회 구현: 국가직무능력표준(NCS)

능력 중심 사회로의 전환을 위해 국가직무능력표준(NCS: National Competency Standards)이 도입

되었다. NCS는 직무 수행에 필요한 지식, 기술, 태도 등의 능력을 표준화한 것으로, 이를 기반으로 기업들이 인재를 채용하고 교육기관에서 학습 과정을 설계하는 체계적인 방식이다. NCS를 기반으로 한 채용 확대는 기업들이 산업 현장에서 즉시 활용할 수 있는 실무 능력을 갖춘 인재를 발굴하고, 취업률 향상에 목적이 있다.

다. 사회 수요 맞춤형 인력 양성

사회 수요 맞춤형 인력 양성이란, 산업 현장에서 요구하는 기술과 역량을 갖춘 인재를 교육하고 배출하는 것을 의미한다. 이를 위해 대학과 산업체 간의 협력을 강화하고, 대학 교육과정이 산업 수요와 연계하였으며 이러한 맞춤형 교육은 취업 가능성을 높이고, 기업의 요구에 부합하는 인재를 공급하는 데 목적을 두었다.

라. 일 · 학습 병행제 확산

일 · 학습 병행제는 학습자가 학업과 직무 훈련을 병행할 수 있도록 하는 제도이다. 이를 통해 학생들은 학교에서 이론을 배우는 동시에, 현장에서는 실제 업무를 수행하며 산업 현장에서 요구하는 실무 능력을 보다 빠르게 습득할 수 있는 기회를 제공에 목적이 있다.

마. 선취업 · 후진학 활성화

선취업 · 후진학은 먼저 취업을 하고, 이후에 필요한 학위를 취득하거나 추가 교육을 받는 제도이다. 이를 통해 학습자는 학업을 연장하지 않고도 취업을 할 수 있으며, 나중에 직무에 맞는 학습을 추가로 진행하여 역량을 강화할 수 있다. 이러한 제도는 학습자가 필요할 때 학위를 취득할 수 있도록 유연성을 제공하며, 학습과 취업 간의 균형을 맞추는 데 목적이 있다.

(8) 문재인 정부의 교육개혁

문재인 정부 시기 국가교육회의는 교육 혁신, 학술 진흥, 인적 자원 개발 및 인재 양성과 관련된 주요 정책을 심의하고 조정하기 위해 대통령 직속 기구로 설립되었다. 이 회의는 급변하는 교육 환경과 사회의 요구에 부응하고, 국가의 교육정책을 체계적으로 관리하기 위해 중추적인 역할을 수행하고자 하였다. 국가교육회의는 교육 혁신을 통한 미래 인재 양성을 목표로, 기존 교육 체계의 한계를 개선하고 새로운 교육 모델을 제시하는 데 중점을 두었다. 이를 위해 학술 연구와 교육 분야의 협력관계를 강화하고, 각종 교육정책과 프로그램이 현장에 효율적으로 적용될 수 있도록 정책 방향을 설정하였다. 또한, 인적자원의 개발에 필요한 교육과정을 검토하고, 변화하는 노동시장에 적합한 인재를 양성하기 위해 지속적인 정책 개편을 추진하였다. 특히, 국가교육회의는 각 부처와의 협력을 통해 교육과 관련된 주요 현안을 신속하게 해결하고, 정책 간의 중복이나 충돌을 방지하고자 하였다. 이를 통해 교육정책의 일관성과 효율성을 높이고, 교육 현장에 실질적인 도움을 줄 수 있는 정책을 마련하는 데 집중하였다. 또한, 이 회의는 학습자의 요구와 사회적 변화에 발맞춰 교육 시스템을 유연하게 조정하여, 모든 국민이 평등하게 교육 기회를 누릴 수 있도록 하는 데 기여하고자 하였다. 이와 같은 노력으로 국가교육회의는 대한민국 교육의 발전을 도모하고, 미래 지향적이며 창의적인 인재를 양성하기 위한 기반을 마련하고자 하였다.

① 설립 목적

국가교육회의는 대통령 직속 자문기구로, 중장기적이고 일관성 있는 교육정책 수립을 통해 국민의 신뢰를 회복하고 교육혁신 요구에 부응하기 위해 설립되었다. 다양한 이해 관계자들의 의견을 수렴하여 민주성과 합리성을 높이고, 향후 국가교육위원회 설치를 준비한다.

② 설립 근기 및 성격

- 근거: 「국가교육회의 설치 · 운영 규정」(대통령령, 2017.9.12 공포 · 시행)
- 성격: 대통령 직속 민관합동 자문기구
- 구성: 21명 이내(의장 1명, 당연직 9명, 위촉식 11녕)

③ 역할 및 주요 활동

- 교육 비전 및 정책 방향 제시
  - 미래 사회 변화에 대비한 인재 양성, 중장기 교육정책 방향 설정, 혁신 과제 발굴
  - 과도한 입시경쟁 지양, 사교육비 경감, 교육격차 완화 등 추진
- 교육정책 추진 지원
  - 주요 교육정책 방안에 대한 여론 수렴 및 사회적 협의를 통해 정책 실행 지원
  - 사회적 파급력이 큰 과제에 대해 숙의과정을 통해 합리적 대안 모색
- 국가교육위원회 설치 준비
  - 국가교육위원회 설치를 위한 입법 지원
  - 교육부 기능 개편, 교육자치 강화 등 협력 중심의 교육 거버넌스 개편 논의

문재인 정부는 교육의 공공성 강화와 혁신을 통해 모두가 공평한 교육 기회를 누릴 수 있는 환경을 조성하고, 미래 사회에 대비한 창의적 인재 양성을 목표로 다양한 교육정책을 추진하였다. 이 정책들은 유아교육부터 고등교육, 평생교육에 이르기까지 교육 전반에 걸친 변화를 도모하며, 학습자의 성장을 지원하고 교육격차를 해소하는 데 중점을 두었다. 또한, 교육의 공정성과 민주성을 강화하고, 국민적 요구에 부응하는 교육 혁신 방안을 제시하였다.

① 교육의 공공성 강화

유아부터 대학까지 교육의 공공성을 높이기 위해 다양한 방안이 추진된다. 유아교육 단계에서는 어린이집 누리과정 지원 예산을 전액 국고에서 부담하고, 국공립 유치원의 취학률을 확대하며 학부모 안심교육 인증제를 도입하는 것이 포함된다. 초·중등교육에서는 온종일 돌봄체계를 확대하고, 고등학교 무상교육을 단계적으로 시행하는 것이 목표다. 고등교육 단계에서는 등록금 부담 경감과 대학생 주거비 완화 등의 정책이 추진된다.

② 공교육 혁신: 교실혁명

공교육 혁신의 목표는 경쟁과 입시 중심의 교육에서 벗어나, 모든 학생의 성장을 지원하는 교육환경을 조성하는 것이다. 유아 및 초등 교육 단계에서는 학습자들이 적정한 학습 시간과 휴식 시간을 보장받을 수 있도록 관련 법제를 추진한다. 중등교육 단계에서는 외고, 국제고, 자사고를 일반고로 전환하고, 복잡한 대입 전형을 단순화하며, 중장기적으로 대학 입시 제도를 개선한다. 또한, 학생들의 성장을 지원하기 위해 필수교과를 축소하고, 학생들이 배우고 싶은 과목을 선택할 수 있는 진로 맞춤형 교육을 도입한다. 고등학교에서는 고교 학점제를 시행하며, 혁신학교와 자유학기제, 자유학년제를 확산하고 교사 교육과정을 개선해 교원의 전문성을 높인다.

③ 교육의 격차 해소: 희망사다리 복원

교육 기회의 형평성을 위해 사회적 배려 대상자와 취약계층에 대한 지원을 확대하여 교육격차를 줄이는 노력이 진행된다. 고졸 취업 활성화를 통해 능력 중심의 채용 시스템을 도입하고, 장애 학생, 다문화·탈북 학생, 학교 밖 청소년, 학업 중단 위기 학생에 대한 교육 지원을 강화한다. 또한, 사회적 배려 대상자의 대학 기회균형 선발을 의무화하고, 저소득층 및 지역 고교생의 의약학 계열 입학 기회를 확대한다. 대입과 법학전문대학원 입학, 공공기관 및 지방 공기업 채용에서는 블라인드 면접을 의무화하여 능력 중심 사회를 구현한다.

④ 고등교육의 질 향상 및 평생교육 혁신

고등교육의 질 향상을 위해 거점 국립대와 지역 강소대학을 육성하고, 전문대학 지원 확대를 위한 방안을 마련한다. 이를 통해 고등교육의 공공성과 경쟁력을 높인다. 평생교육 활성화를 위해 한국형 나노디그리 모델을 개발・운영하고, K-MOOC 강좌를 확대한다. 직업교육의 국가적 책임을 강화하기 위해 직업교육 마스터플랜을 마련하고, 직업계 고등학교의 학점제를 단계적으로 도입한다.

⑤ 미래 교육 환경 조성 및 안전한 학교 구현

4차 산업혁명을 대비하여 창의・융합형 인재를 양성하기 위한 교육 체계를 구축한다. 지식정보와 융합 교육을 강화하고, 학급당 학생 수를 줄여 교육 여건을 개선한다. 또한, 학교 노후 시설을 개선하고, 미세먼지 대책을 마련하며, 학교 주변의 도박시설 규제 등을 강화한다. 어린이 안전사고를 줄이기 위해 유치원 안전교육을 의무화하고, 초등학교 생존수영 교육 대상을 확대한다.

(9) 윤석열 정부의 교육개혁

윤석열 정부 시기 국가교육위원회는 교육의 전반적인 비전을 설정하고, 중장기적인 정책 방향을 수립하여 교육 분야의 체계적 발전을 도모하고자 하였다. 이 위원회는 학제 개편, 교원정책, 대학 입학 정책, 학급당 적정 학생 수 등 교육제도와 관련된 다양한 과제를 중점적으로 다루며, 이러한 과제가 국가 교육 체계 내에서 효율적으로 적용될 수 있도록 방향을 제시하였다. 또한, 교육제도와 여건을 개선하여 미래 교육의 질을 높이고, 모든 학생들이 균등한 학습환경에서 학업을 이어갈 수 있도록 노력하였다.

① 출범 및 구성

- 출범: 국가교육위원회는 교육정책의 안정적이고 일관된 추진을 위해 2022년 9월 27일 출범
- 구성: 대통령, 국회 등에서 추천받은 21명의 위원으로 구성되며, 학부모와 청년 위원도 포함되어 다양한 의견 수렴 가능
  - 대통령 지명(5명), 여당 추천(3명), 야당 추천(4명), 국회의장 및 비교섭단체 추천(각 1명), 당연직(2명), 교육단체 추천(5명)

② 역할 및 활동

- 주요 역할
  - 중장기 국가교육발전계획 수립
  - 다양한 전문가 의견을 반영하여 교육정책 방향 논의
- 교육부와의 협력
  - 교육부는 정책 실행, 국교위는 중장기 계획 수립
  - 대입제도 개편은 국교위 산하 특별위원회에서 전문적으로 검토

특히, 중장기 교육정책의 수립 과정에서 교육 현장의 목소리를 반영하고, 국제적인 교육 동향을 고려하여 국내 교육제도가 글로벌 경쟁력을 갖출 수 있도록 하는 데 중점을 두었다. 이를 통해 교육정책이 일관성과 지속성을 가지며, 학생과 교사가 더 나은 환경에서 교육과 학습활동에 집중할 수 있는 기반을 마련하고자 하였다. 윤석열 정부는 교육개혁을 학생 맞춤형 교육, 가정 맞춤형 교육 돌봄, 지역 맞춤형 교육 지원, 산업사회 맞춤형 인재 양성, 평생교육 활성화에 중점을 두고 있다.

① 맞춤형 교육

- 디지털 기반 교육 혁신: AI 기반의 디지털 교과서 도입과 에듀테크 활용으로 학생들에게 맞춤형 교육을 제공하는 것을 목표로 하고 있다. 이를 통해 학습 데이터를 분석하고 그 결과를 수업에 활용하는 체계를 구축한다. AI 기반 학력진단 시스템으로 맞춤형 진단·학습을 통해 기초학력을 밀착 지원하고, AI 학습시스템 등 신기술을 통한 맞춤형 학습지원으로 사교육 경감을 도모한다.
- 학교 교육력 제고: IB(국제 바칼로레아) 교육 도입 및 수업과 평가 방법 개선을 추진하고 있다. 이를 통해 지식 중심 수업의 한계를 극복하고, 서·논술형 평가 방식을 도입하여 교육의 질을 높이고자 한다.
- 교사 혁신 지원체제: 교육전문대학원 도입, 교원 인사제도 개선, 새로운 교원 수급 계획 마련 등을 통해 교사들의 전문성을 강화하는 것을 목표로 하고 있다. 교원의 생애주기별 맞춤형 역량 개발도 추진하고 있다.

② 가정 맞춤형 교육 돌봄

- 유보통합: 유치원과 어린이집을 통합하여 보육과 교육의 균형을 맞추고, 국가가 책임지는 교육 돌봄 체계를 구축하고자 한다.
- 늘봄학교 운영: 초등학교 저학년 학생들의 방과 후 돌봄을 국가가 책임지고, 이를 통해 학부모들의 부담을 덜어주는 정책을 추진하고 있다. 늘봄학교를 통해 돌봄서비스의 질을 높이고, 학생들에게 안전한 돌봄 환경을 제공한다.

③ 지역 맞춤형 교육 지원

- 대학 자율성 확대: 대학의 정원, 학사, 재정 운영 등에 대한 규제를 완화하고, 사학 재산 처분의 유연성을 높이는 정책을 추진하고 있다. 이를 통해 대학의 자율성을 확대하고, 지역 특성에 맞는 고등교육 체계를 구축하는 것이 목표이다.
- 지역 특성화 대학 육성: 지자체의 대학 지원 권한을 확대하고, 지역 주도로 재정 지원을 할 수 있도록 정책을 추진한다. 이를 통해 지역 특성화 대학을 육성하고, 지역 발전에 기여하는 교육체계를 구축하고자 한다.

④ 산업사회 맞춤형 인재 양성

- 디지털 인재 양성: 2026년까지 100만 디지털 인재를 양성하고, 데이터 기반 인재 양성 체계를 구축한다. 이를 통해 산업사회에서 필요한 디지털 및 AI 기술 역량을 갖춘 인재를 배출하는 것이 목표이다.
- 직업 교육 강화: 고숙련 실무 인재를 조기 양성하기 위한 직업교육 강화를 추진하고 있으며, 특성화고 및 전문대학의 직업교육을 강화하여 산업 수요에 맞는 실무 중심 교육을 제공하고자 한다.

⑤ 평생교육 활성화

평생교육과 직업교육의 중요성을 강조하며, 일자리가 변화하는 사회에서 성인 학습자들이 지속적으로 역량을 강화할 수 있도록 교육 체계를 개편하고 있다.

- 평생교육 활성화: 전 국민의 평생 역량 개발을 위한 혁신방안을 수립하고, 평생교육 바우처 지원 대상을 전 국민까지 단계적으로 확대하는 것을 검토한다. 그리고 성인의 학습·자격·진로 등 경력관리를 위한 온국민평생배움터를 구축한다.

• 대학을 지역의 평생교육 상시 플랫폼으로 육성한다.

표 12-1 교육개혁의 변천

구분	주요 추진 내용	위원회 명칭(설치일)	내용
미 군정기와 제1 공화국	• 의무교육 실시와 교원 재교육 • 신학제 도입 • 개방적, 자유방임주의적 고등교육정책	한국교육위원회 (1945. 9. 16)	• 학교수업 재개 및 일본인 직원 해고 문제 • 학무국 구성 및 교과서와 교육과정 문제
		조선교육심의회 (1945. 11. 14)	• 교육이념의 정립(홍익인간의 이념) • 새로운 학제의 제도화, 의무교육 6년 계획
		기타 교육개혁	• 교육법의 제정(1949. 12. 31) • 기간학제(6-3-3-4)의 확립(1950. 3. 10)
제3, 4 공화국	• 중학교 무시험제 도입 • 경제개발과 실업교육 강화 • 고등학교 평준화 정책 • 직업교육 강화	국가재건최고회의 문교사회분과 (1961. 5. 19)	• 교육대학, 실업고등전문학교의 설치 • 대학학사고시제의 실시, 사립학교법의 제정
		장기종합교육 개혁 심의회 (1968. 11. 30)	• 최초로 장기적이고 종합적인 교육계획 수립 • 교육기능별 계획(학생, 교직원, 교육과정, 교육방법, 교육 실시, 교육행정, 교육재정 6개 분야) • 교육부문별 계획(초등, 중등, 고등, 실업, 교원, 취학 전, 학교 외, 특수, 해외, 통일대비 교육 등 10개 분야)
		국가보위비상대책 위원회 문교공보분과 위원회	• 1980. 7. 30 교육정상화 및 과열과외 해소 방안 • 대학입시본고사 폐지, 대학의 졸업정원제 실시 • 대학의 전일수업제 실시, 대학입학인원 대폭 확대 • 교육전용방송 실시
		기타 교육개혁	• 중학교 무시험 입학(1968. 7. 15) • 대학입학예비고사 실시(1968. 10. 14) • 고교평준화(1973. 6. 28)
제5, 6 공화국	• 기술교육과 직업교육활성화 • 학력고사 도입 • 10대 교육개혁	교육개혁심의회 (1985. 3~1987. 12)	• 교육개혁의 기본입장과 기본원칙 • 10대 교육개혁(학제 개편, 입시제도의 개혁, 학교시설의 현대화, 우수 교원의 확보, 교육내용과 방법의 쇄신, 과학두뇌의 개발, 대학교육의 우수성 추구, 평생교육체제의 확립, 교육행정의 자율화, 교육투자의 획기적 확대)

구분	주요 추진 내용	위원회 명칭(설치일)	내용
		교육정책자문회의 (1989. 2~1993. 2)	• 36개 정책과제 심의 • 독학학위 인정방안, 고교평준화정책 개선방안 • 초 · 중등교원 종합대책, 사회교육진흥방안 • 직업기술교육, 대학교육 개선방안 • 민족동질성회복교육 대책
문민 정부	• 평생교육법 제정 • 수능시험 도입 • 특목고와 자율고 활성화	교육개혁위원회 (1994. 2~1998. 2)	• 열린 교육사회 · 평생학습사회 기반 구축, 신직업교육체제 구축, 사회교육개혁방안 등 120개 과제
국민의 정부	• 정보화교육활성화 • 평생학습사회 구축 • 초 · 중등, 대학교육의 자율성 확대 • 특성화고와 전문대학의 직업교육 강화 • 글로벌인재양성을 위한 기반 마련	새교육공동체회의 (1998. 7~2000. 7)	• 새로운 교육공동체의 형성을 위한 국민의식 개혁운동과 시민운동 활성화 • 교육개혁추진상황점검, 평가, 홍보, 연수
		교육인적자원정책위원회 (2000. 10~2003. 2)	• 교육인적자원개발의 추진 전략 및 관련 정책의 개발 • 교육 및 인적자원개발정책의 추진상황 점검 및 평가
참여 정부	• 평생교육진흥종합계획 • 평생학습도시 조성사업(2007, 76개 도시) • 지자체 중심 평생학습 활성화 • 원격대학 및 사내대학 도입(2001) • 학력인정시설 초등분야 확대(2004)	교육혁신위원회 (2003. 7~2007. 11)	• 교육격차 해소와 교육복지 확대 • 평생학습의 생활화와 인적자원의 활용도 제고
이명박 정부	• 자율형사립고 확대 • 대입 입학사정관제 도입 • 평생학습지원 확대 • 마이스터교 설립 • 다문화학생교육 지원	국가교육과학기술자문위원회 (2008.10~2012.12)	• 중장기 교육 · 인재 정책의 방향에 관한 사항 • 과학기술 발전 전략 및 주요 정책 방향에 관한 사항
박근혜 정부	• 현장 중심 교육의 필요성 • 능력 중심 사회 구현: 국가직무능력표준(NCS) • 사회 수요 맞춤형 인력 양성 • 일 · 학습 병행제 확산 • 선취업 · 후진학 활성화	국가과학기술자문회의 (2013.9~2016.11)	• 거시적 · 미래지향적 · 전략적 성격의 과학기술 정책에 관한 사항 • 미래유망 성장동력, 분야별 미래예측 및 전망, 국가 중점투자분야 발전전략 등 • 기술이전 및 사업화, 지방과학기술 육성, 산 · 학 · 연 연구 협력 등
문재인 정부	• 교육의 공공성 강화 • 공교육 혁신: 교실혁명 • 고등교육의 질 향상 및 평생교육 혁신 • 미래 교육 환경 조성 및 안전한 학교 구현	국가교육회의 (2017.9~2022.5)	• 교육혁신, 학술진흥, 인적자원개발 및 인재양성과 관련된 주요 정책 등에 관한 사항을 효율적으로 심의 · 조정하기 위하여 대통령 소속으로 국가교육회의

구분	주요 추진 내용	위원회 명칭(설치일) 내용	
윤석열 정부	• 학생 맞춤형 교육 • 가정 맞춤형 교육 돌봄 • 지역 맞춤형 교육 지원 • 산업사회 맞춤형 인재 양성 • 평생교육 활성화	국가교육위원회 (2022.9.27~)	• 교육비전, 중장기 정책 방향, 학제 · 교원정책 · 대학입학정책 · 학급당 적정 학생 수 등 중장기 교육 제도 및 여건 개선 등에 관한 국가교육발전계획 수립에 관한 사항

출처: 1. 교육개혁위원회(1977). 한국교육개혁백서에서 발췌.
2. 교육부(1997). 평생교육백서. p.279.
3. 교육인적자원정책위원회(2000.10.13.). 교육인적자원정책위원회 현황보고. p.1.
4. 교육혁신위원회(2007.10). 학습사회실현을 위한 미래교육비전과 전략. p.6.
5. 리버럴아츠 제1권 창간호, 2021년 12월. 한국의 고등교육 정책과 교양교육의 역사.

2. 원격대학

1) 원격대학의 정의와 개념

(1) 원격대학의 정의

첨단 정보화 기술혁명은 교사의 역할, 공부하는 장소로서 교실의 개념, 교육방법, 교육과정 등 지금까지의 학교교육체제에 엄청난 변화를 불러일으킬 것이다. 새로운 멀티미디어 첨단정보통신기술은 무엇보다도 교육에서의 시간과 공간에 대한 전통적인 개념을 완전히 바꾸어 놓을 것이기 때문이다. 이는 원격교육을 통한 재택학습 등 다양한 학습기회 확대로 열린 학습체제 구축의 원동력이 되고 있다. 그 첫째가 방송, 케이블 TV, 인공위성, 정보통신매체센터 등을 통한 방송통신교육의 민간인 참여를 확대하여 다양한 방송통신대학을 설립하여 원격교육 기회를 확대한다. 또한, 이를 산 · 학 · 연 · 관 협동학습체제와 연계하여 직장 내 학습과 재택학습 기회를 확대한다. 둘째는 인터넷 등을 활용한 사이버대학, 사이버연수원 등을 통한 21세기형의 다양한 학위과정과 비학위과정을 개설하여 재택학습의 원격교육 및 학위 등을 상호 인정한다.

원격대학(遠隔大學, Distance Education University)은 물리적인 공간에 구애받지 않고, 학습자와 교육 제공자가 서로 다른 장소에서 학습활동을 수행할 수 있는 고등교육기관을 의미한다. 원격대학에서는 주로 인터넷, 방송, 우편 등을 활용하여 교육이 이루어지며, 학생들은 전통적인 대면 강의에 참석하지 않고도 학위를 취득할 수 있다.

원격대학은 학습자들이 언제 어디서나 원하는 시간에 학습할 수 있는 유연성을 제공하며, 다양한 삶의 배경과 요구를 가진 이들에게 교육 기회를 제공하는 것을 목표로 한다. 이러한 원격대학의 정의는 전통적인 교육 방식과는 차별화되며, 특히 평생교육의 관점에서 그 중요성이 강조되고 있다.

원격교육은 정보통신기술(컴퓨터, 통신, 위성통신, CATV, 스마트폰 등)을 활용하여 주로 사이버 공간에서 이루어지는 학습 방식으로, 교수자와 학습자가 시간과 공간의 제약 없이 원하는 교육을 생활 속에서 함께할 수 있도록 제공하는 교육 형태이다. 이는 가상교육이나 사이버교육과 실질적으로 동일한 개념으로 간주한다. 「평생교육법」 제33조에서는 원격교육의 개념, 신고 대상 및 학습비의 범위와 신고 절차에 대해 규정하고 있다. 먼저, 제1항에서는 누구든지 원격교육을 시행하거나[1] 다양한 정보를 제공할 수 있음을 명시하여 평생교육의 개방성을 강조하고 있다. 제2항에서는 학력이 인정되지 않는 원격교육형태의 평생교육시설에 대해 규정하고 있으며, 이러한 시설을 설치할 때에는 해당 교육기관이 교육감에게 신고해야 한다고 명시되어 있다. 반면, 제3항에서는 원격대학 형태의 평생교육시설에 대해 설명하고 있으며, 이 경우 원격교육을 통해 전문대학 또는 대학 졸업과 동등한 학력 및 학위를 인정받을 수 있다. 이 시설들은 일정한 시설과 설비를 갖추어야 하며, 이를 위해 교육부장관의 인가를 받아야 한다.

(2) 원격대학의 개념

원격대학의 개념은 크게 두 가지 중요한 요소로 구성된다.

첫째는 '원격성'이다. 이는 교수자와 학습자 간의 물리적 거리의 존재를 의미하며, 이는 다양한 형태의 기술적 매개를 통해 상호작용을 가능하게 한다. 이 기술적 매개는 우편, 라디오, 텔레비전, 인터넷 등 시대와 기술의 발전에 따라 변화해왔다.

둘째는 '학습의 유연성'이다. 원격대학은 학생들이 시간과 장소에 구애받지 않고 자율적으로 학습할 수 있도록 설계된 학습체제를 운영한다. 이는 전통적인 교실 기반 교육과 달리, 학습자 중심의 교육 모델을 실현하는 데 중요한 역할을 한다.

원격대학은 이러한 개념적 기초 위에서 발전하여, 전통적인 교육체제의 한계를 극복하고 보다 포괄적이고 접근 가능한 교육 환경을 제공하는 역할을 맡고 있다. 원격대학은 "정보통신

1) 교육부 · 국가평생교육진흥원, 평생교육백서, 21호, 2021, pp.326-333.

기술, 멀티미디어 기술 및 관련 소프트웨어 등을 활용하여 가상 공간에서 교수자가 제공하는 교육 서비스를 학습자가 시간과 공간의 제약 없이 학습하고, 이를 통해 일정한 학점을 이수함으로써 대학 졸업자와 동등한 학력과 학위를 인정받을 수 있는 고등교육기관으로서의 평생교육시설의 한 형태"로 정의된다.

원격대학은 정보 · 통신매체를 통해 제공한 교육서비스를 학습자가 시간과 공간의 제약을 받지 않고 학습하고 일정한 학점의 이수를 통해 전문대학 또는 대학 졸업자와 동등한 학력 · 학위를 부여하는 대학으로 「평생교육법」에 따라 2001년 전문대학 또는 대학 졸업자와 동등한 학력, 학위를 인정하여 주는 원격대학형태의 평생교육시설로 학사과정 7개교, 전문학사과정 2개교 등 총 9개의 원격대학이 설립되었다. 또한 2010년 사이버대학에 대학원을 설치할 수 있게 되어 한양사이버대학교에 사이버대학원이 설치되었고 2011년 서울사이버대학에 대학원이 개설되었다.

2) 우리나라 원격대학의 역사와 발전[2)]

(1) 우리나라 원격교육의 역사적 발전 과정

우리나라의 원격교육은 정보통신기술의 발전과 함께 변화해 왔으며, 그 발전 과정을 크게 세 시기로 구분할 수 있다. 각 시기별로 원격교육의 도입 배경과 주요 특징을 살펴보면 다음과 같다.

① 방송통신 교육기(1972~1983)

1972년부터 1983년까지는 대한민국 원격교육의 초기 단계로, 방송통신대학의 설립과 함께 원격교육이 본격적으로 도입되었다. 이 시기에는 통신과 방송 매체를 활용한 원격교육이 중심이었으며, 주로 라디오와 텔레비전 등의 방송 매체를 통해 교육 콘텐츠가 전달되었다.

• 주요 특징

방송통신대학교 개교: 1972년 대한민국 최초의 원격대학인 한국방송통신대학교가 설립되어 통신과 방송을 활용한 교육이 시작되었다.

- 교육매체: 인쇄매체(교재)와 함께 라디오, 텔레비전 방송을 통해 수업이 이루어졌으며, 이로 인해 학습자들은 방송 시간을 맞춰 학습할 수 있었다.

2) 원격교육의 역사적 발전, KOCW

- 용어 도입: 원격교육의 초석을 다지기 위한 '방송통신교육'이라는 용어가 이 시기에 사용되기 시작하였다.

이 시기의 원격교육은 학습자들이 집에서 방송을 통해 강의를 듣고 우편을 통해 과제를 제출하는 방식으로 운영되었으며, 시간과 공간의 제약을 완화시키는 교육 형태로 자리잡았다.

② 원격교육 정착기(1984~1994)

1984년부터 1994년까지는 원격교육의 정착기로 볼 수 있다. 이 시기에는 원격교육이 보다 구체적으로 연구되고, 관련 학술회 및 출판 활동이 활발히 이루어지면서 원격교육의 체계가 정립되었다.

• 주요 특징
  - 원격교육 용어의 정착: 이 시기부터 '원격교육'이라는 용어가 본격적으로 사용되기 시작했으며, 원격교육의 개념과 체계에 대한 연구가 진행되었다.
  - 원격교육학회 발족: 원격교육의 이론적 발전을 위해 원격교육학회가 발족되었으며, 관련 연구가 활발히 이루어졌다.
  - 출판물 발간: 원격교육 연구에 관한 자료들이 정기적으로 발간되면서, 원격교육의 학술적 기초가 다져졌다.

이 시기는 원격교육이 교육체제의 한 부분으로 자리잡으면서 그 교육적 가치와 가능성이 더욱 주목받게 된 시기였다. 이러한 학술적 기반은 이후의 컴퓨터와 인터넷을 통한 원격교육으로의 전환을 준비하는 중요한 발판이 되었다.

③ 컴퓨터 · 인터넷 주도 원격교육기(1995~현재)

1995년 이후부터는 컴퓨터와 인터넷을 기반으로 한 원격교육이 본격화되었다. 이 시기는 대한민국의 정보화가 급속히 진행되면서, 원격교육의 방식이 방송 매체에서 인터넷과 컴퓨터로 전환된 시기이다.

• 주요 특징
  교육정보화 추진계획: 정부는 1990년대 후반부터 교육정보화를 추진하며, 원격교육의 디지털화와 인터넷 기반 교육 시스템 구축을 지원했다.
  - 사이버대학 설립: 2000년대 초반부터 사이버대학들이 설립되었으며, 이는 기존의 방송

통신교육과는 차별화된 새로운 형태의 원격교육으로 자리잡았다. 사이버대학은 학사와 석사 학위 과정뿐만 아니라 평생교육 프로그램도 운영하며, 다양한 학습자들에게 맞춤형 교육을 제공하였다.

- 기업 e-러닝 도입: 기업에서도 직원들의 재교육과 역량 강화를 위해 e-러닝을 적극적으로 도입하여, 비즈니스 교육과 직무 교육이 온라인을 통해 이루어졌다.
- 사이버가정학습: 특히 초·중·고등학교 교육에서는 사이버가정학습 프로그램이 도입되어, 학생들이 학교에 가지 않고도 인터넷을 통해 학습할 수 있는 환경이 조성되었다.

현재 우리나라의 원격교육은 인터넷과 클라우드 기술을 기반으로 학습자가 시간과 장소에 구애받지 않고 교육을 받을 수 있는 체계를 구축하였다. 이러한 컴퓨터·인터넷 기반의 원격교육은 특히 2020년대 들어 코로나19 팬데믹을 계기로 그 중요성이 더욱 커지게 되었다.

(2) 우리나라에서 원격대학의 등장 배경

우리나라에서 원격대학이 등장한 배경은 교육 기회의 불균형 해소와 성인 학습자의 요구에 대한 필요성에서 비롯되었다. 1970년대 초반, 경제 발전과 함께 교육에 대한 수요는 급증했으나, 지리적, 경제적 여건으로 인해 교육 기회가 제한된 경우가 있었다. 농촌이나 도서 지역에 거주로 인한 교육기회 제한, 산업화에 따른 성인 학습자의 교육 수요 등 다양한 교육에 대한 수요에 대응하기 위해 대한민국 정부는 교육 기회의 평등을 실현하고, 성인 학습자들에게 교육 기회를 제공하는 대안적 방안으로 원격교육 시스템을 도입하게 되었다. 그 결과 1972년에 대한민국 최초의 원격대학인 한국방송통신대학교가 설립되었다. 이 대학은 우편과 방송을 통해 학습 자료를 제공하고, 학습자들이 자율적으로 학습할 수 있는 환경을 제공하는 방식을 채택했다.

한국방송통신대학교의 설립 이후, 우리나라의 원격대학은 급속히 발전해왔다. 초기에는 우편으로 교재를 배부하고 라디오와 TV를 통해 강의를 방송하는 방식으로 운영되었다. 당시에는 인터넷이 보급되지 않았기 때문에, 학습자들은 라디오와 TV 방송 시간을 맞춰 강의를 들어야 했고, 우편으로 과제를 제출하는 형태였다. 이러한 방식은 당시로서는 혁신적이었지만, 학습자와 교수자 간의 실시간 소통이 제한적이었다.

1990년대에 들어서면서 인터넷의 보급과 정보통신기술의 발달로 원격교육의 형태는 크게 변모하였다. 온라인 강의와 전자 우편을 통한 학습자료 제공, 온라인 시험 등이 도입되면서 학습의 유연성과 효율성이 더욱 강화되었다. 2000년대에는 사이버대학이 설립되면서, 원격교육의 범위가 한층 확대되었다. 사이버대학은 학사과정뿐만 아니라 석사 과정 등 다양한 학위 과정을 제공하며, 전통적인 대학 교육과 거의 동일한 수준의 교육 프로그램을 운영하게 되었다.

사이버대학의 발전은 특히 2002년에 정부가 정식으로 사이버대학을 인가하면서 본격화되었다. 이로 인해 학습자가 사이버대학을 통해 학업을 이어갈 수 있는 기회를 얻게 되었으며, 온라인 교육 플랫폼의 확장은 시간적, 공간적 제약을 없애고 전국 각지의 학생들에게 질 높은 교육을 제공할 수 있는 기반이 마련되었다.

오늘날 우리나라의 원격대학은 다양한 방식으로 발전해 왔다. 기존의 우편과 방송 매체에서 온라인으로 전환된 학습 환경은 정보통신기술의 발달과 함께 꾸준히 진화하고 있다. 특히 코로나19 팬데믹 이후, 비대면 교육의 필요성이 부각되면서 원격대학은 더욱 중요한 교육 시스템으로 자리잡았다. 현재 다양한 사이버대학들이 운영 중이며, 각종 학위 과정 및 평생교육 프로그램을 제공하고 있다.

(3) 주요 원격대학

우리나라의 원격대학은 크게 한국방송통신대학교와 사이버대학으로 구분할 수 있다.

① 한국방송통신대학교

한국방송통신대학교(이하 '방송대')는 「한국방송통신대학교 설치령」에 따라 1972년에 서울대학교 부설로 개교한 우리나라 최초의 국립 원격대학이다. 원격교육 방식을 통한 고등교육 기회의 확대, 교양교육과 전문교육 실시를 통한 국민교육의 수준 향상, 개인의 성장 발달을 위한 평생교육의 확대와 발전, 국가의 필요에 따른 분야별 인재 양성을 설립 목적으로 한다.

현대사회는 학문과 과학기술 분야는 물론, 문화예술 분야를 포함한 모든 생활 영역에 끊임없는 변화가 있다. 따라서 이런 변화에 능동적으로 대응하기 위해서는 무엇보다도 기존 교육체제의 근본적인 혁신, 즉 학교교육과 사회교육의 연계, 분야별 · 영역별 · 수준별 교육과정을 통합한 전 생애에 걸친 학습의 지속화 등을 핵심으로 하는 평생교육체제로의 전환이 요구된다. 이러한 시대적 요구에 부응하기 위하여 배우고자 하는 모든 국민들에게 다양한 영역에 걸친 대학 수준의 교육 프로그램을 원격교육 방법으로 제공함으로써 평생교육체제의 일익을 담당하고 있다. 학사 과정부터 석사 과정에 이르기까지 다양한 학위 과정을 제공하고 있다. 온라인 플랫폼을 통해 제공되는 강의와 학습 관리 시스템(LMS)은 학습자들이 언제 어디서나 자율적으로 학습할 수 있는 환경을 제공하며, 교육의 질을 높이는 데 기여하고 있다. 2021년 방송대의 특수성을 반영하는 법적 근거로서 「한국방송통신대학교 설립 및 운영에 관한 법률」(약칭: 「방송통신대법」)과 「한국방송통신대학교 설립 및 운영에 관한 법률」 시행령이 제정되었다. 개교 이후 지난 49년간 약 80만 명에 이르는 졸업생을 배출한 방송대는 고등교육의 보편화, 인구구성의 변화, 디지털 기술의 발달 등과 같은 대외환경의 변화에 대응하기 위해 최근 다양한 변화를 시도하고 있다. '프라임칼리지(Prime College)'는 2012년 교육부의 '대학평생교육 활성화 사업'의 일환으로 방송대에 새롭게 설치된 교육 조직이다. 대학의 평생교육원 기능을 흡수·확대하여 평생교육과정인 비학위과정과 학사 학위과정을 함께 운영하고 있다. 또한 '평생교육 허브과정'에서 재직자 기초과정, 사내대학에 공유하는 교양과목, 다문화가족 및 북한이탈주민 지원과정 등을 운영하고 있다.

표 12-2 한국원격교육의 발전

구분	주요 내용
한국방송통신대학교	1972년 한국방송통신대학 설립, 서울대학교 부설 초급대학 2년제 1981년 초급 대학과정에서 5년제 학사과정으로 개편 1982년 서울대학교에서 분리, 독립학사과정으로 운영 1994년 4년제 학사과정으로 개편 1996년 독자적인 방송대학 TV(OUN) 개국
한국방송통신대학교 평생대학원	2001년 대학원 과정 4개 학과 개설 2003년 대학원 3개 학과 증설 2010년 대학원 9개 학과 운영 2022년 대학원 19개 학과 운영
한국방송통신대학교 평생교육	1971년 부설 평생교육부 설립, 일반인 및 전문 직업인 대상 비학위과정 운영
기타	1997년 "고등교육법" 공포, 다양한 형태의 방송 및 통신대학 설립 기반 마련 1999년 "평생교육법" 공포, 2000년 이후 각종 원격대학 설립의 기초 마련

출처: 원격교육의 역사적 발전. KOCW, 한국원격대학협의회.

표 12-3 원격대학의 발전

구분	주요내용
원격대학의 확산: 사이버대학	• 2000년 "평생교육 법령" 공포 • 2001년 최초로 9개 원격대학 설립(사이버대학, 가상대학) • 2024년 22개교 운영 • 사이버대학 학생수(교육부 통계, 2023) - 입학정원: 5,600명('01) → 34,215명('23) - 재학생수: 6,220명('01) → 130,813명('23) - 졸업생수: 441명('02) → 35,742명('22. 누적 약 42만 명)
기업교육에서 원격대학의 발전	• 1998년 노동부, "인터넷 통신훈련 시범사업" 실시 • 1999년 노동부 재직근로자를 위한 직업능력개발 사업 지원을 인터넷을 통한 훈련으로 확대, 양적 확대 & 질적 개선 노력
학교 교육에서 원격대학의 발전	• 2004년 "사이버 가정학습 지원체계" 운영 • 사교육비 지출을 국가적 차원에서 해결하려는 의도 • 인터넷 기반 가정 내 자녀 교육 기회 확립 • 초 · 중학교에서의 블렌디드 러닝에 대한 관심도 증가

출처: 원격교육의 역사적 발전. KOCW, 한국원격대학협의회.

② 사이버대학

사이버대학은 1995년 교육부 '교육정보화 종합 추진계획' 발표와 1997년 국가멀티미디어교육지원센터 설립과 일부 대학에서 가상대학 프로그램을 시범실시한 것에 이어 2001년에 평생교육법 제22조에 근거하여 사이버대학교가 개교했으며 2009년 고등교육법 제2조에 근거하여 사이버대학교가 개교하면서 증가하였다. 약 20여 개의 사이버대학이 운영 중이며, 주로 직장인, 성인 학습자들이 온라인을 통해 학사와 석사 학위를 취득할 수 있도록 돕고 있다.

대표적인 사이버대학으로는 한양사이버대학교, 고려사이버대학교, 서울사이버대학교 등이 있으며, 각 대학은 다양한 전공 프로그램을 운영하고 있다. 사이버대학의 장점은 시간과 장소의 제약 없이 학습할 수 있다는 점과 학습자가 원하는 시간에 자유롭게 수업에 참여할 수 있다는 것이다.

사이버대학들은 온라인 학습 플랫폼을 통해 학습자들에게 동영상 강의, 실시간 채팅, 토론 게시판 등의 학습 도구를 제공하며, 학습자가 자율적으로 학습할 수 있도록 돕는다. 또한 학습자와 교수 간의 상호작용을 강화하기 위해 실시간 화상 강의나 프로젝트 기반 학습을 도입하는 경우도 있다.

표 12-4 사이버대학 운영 현황(2023년 9월 기준)

학위 과정	설치주체 (학교법인)	대학명	이사장	총장	개교 (최초 개교)	2023학년 입학정원	2023.4.1 기준 편제정원	재학생 수 (정원 외 포함)	소재지 동 법인학교
학사 과정	건양학원	건양 사이버대	이상묵	이동진	'12	1,068	3,168	2,891 (3,630)	대전 건양대
	경희학원	경희 사이버대	조인원	변창구	'09 ('01)	3,000	9,250	7,802 (11,135)	서울 경희대
	고려 중앙학원	고려 사이버대	김재호	김진성	'09 ('01)	2,449	7,378	7,254 (9,974)	서울 고려대
	광동학원	국제 사이버대	이승우	박영규	'09 ('03)	900	2,890	2,590 (3,429)	수원 군장대
	한문화 학원	글로벌 사이버대	권원기	공병영	'10	1,100	3,611	2,209 (2,228)	천안 국제뇌교육 대학원대학교
	영광학원	대구 사이버대	김동건	이근용	'09 ('02)	1,500	3,800	3,208 (4,422)	경산 대구대
	서울문화 예술대학교	디지털서울 문화예술대	유선	이종찬	'10 ('02)	990	3,680	2,619 (3,187)	서울
	동서학원	부산 디지털대	박동순	최원일	'09 ('02)	1,000	2,820	2,088 (2,271)	부산 동서대
	동원육영회	사이버한국 외국어대	김종철	장지호	'09 ('04)	1,600	4,640	4,725 (6,554)	서울 한국외대
	서울디지털 대학교	서울 디지털대	강병중	이영수 (직대)	'10 ('01)	3,000	10,250	6,628 (10,820)	서울
	신일학원	서울 사이버대	이상균	이은주	'09 ('01)	3,270	10,460	10,020 (16,496)	서울 신일중 · 고
	대양학원	세종 사이버대	최세모	신 구	'09 ('01)	2,180	6,750	6,165 (10,372)	서울 세종대
	숭실사이버 대학교	숭실 사이버대	조성기	한헌수	'09 ('01)	1,650	4,900	4,917 (7,413)	서울
	원광학원	원광 디지털대	성시종	김윤철	'09 ('02)	1,500	4,750	4,271 (5,680)	익산 원광대
	태재학원	태재대	조창걸	염재호	'23	100	100	27 (32)	서울

학위 과정	설치주체 (학교법인)	대학명	이사장	총장	개교 (최초 개교)	2023학년 입학정원	2023.4.1 기준 편제정원	재학생 수 (정원 외 포함)	소재지 동 법인학교
	열린학원	한국열린 사이버대	박종수	장일홍	'11 ('01)	1,000	3,000	2,764 (5,753)	서울
	한양학원	한양 사이버대	김종량	이기정	'09 ('02)	3,240	10,610	10,915 (16,656)	서울 한양대
	화신학원	화신 사이버대	한승완	황주권	'09	568	1,428	1,370 (1,733)	부산 부산경상대
전문 학사	영진교육 재단	영진 사이버대	정준모	조방제	'10 ('02)	1,300	2,600	2,524 (3,838)	대구 영진전문대
	이후학원	한국복지 사이버대	윤영조	최원석	'11	1,000	2,000	1,854 (2,426)	경산
사이버대학(20교)					32,415	98,085	86,841 (128,049)		
학사 과정	경북학원	영남 사이버대	장재문	장호연	'01	600	1,560	860 (862)	경산 영남외대
전문 학사	한민족 학원	세계 사이버대	주영달	김종삼 (직대)	'01	1,300	2,600	1,850 (1,934)	경기 광주
원격대학형태의 평생교육시설(2개교)					1,900	4,160	2,710 (2,796)		
계					34,315	102,245	89,551 (130,845)		

출처: 교육부 홈페이지 교육통계 및 정보화, 평생직업교육과(2024.2.2.).

표 12-5 사이버특수대학원 운영 현황(2023년 9월 기준)

학교 수	대학명	대학 원수	대학원명	개원	전공명	입학정원 (편제정원)	재학생 수
1	한양사이버대	1	경영대학원	2010	마케팅MBA, Finance/Accounting MBA, ITMBA, 광고미디어MBA	105(255)	252
		2	휴먼서비스대학원	2010	아동가족, 상담 및 임상심리, 경찰법무	145(377.5)	406
		3	부동산대학원	2010	부동산	42(102)	119
		4	교육정보대학원	2012	교육공학	40(92.5)	96

학교수	대학명	대학원수	대학원명	개원	전공명	입학정원(편제정원)	재학생수
		5	디자인대학원	2012	디자인	18(48)	40
		6	미래융합공학대학원	2020	기계IT융합공학, 도시건축공학	90(225)	214
2	경희사이버대	7	호텔관광대학원	2011	호텔외식MBA전공, 관광레저항공MBA전공	44(110)	92
		8	문화창조대학원	2011	미디어문예창작전공, 글로벌한국학전공, 문화예술경영전공, 미래시민리더십 · 거버넌스전공	96(240)	225
3	원광디지털대	9	웰빙문화대학원	2011	자연건강학과	48(120)	127
4	서울사이버대	10	휴먼서비스대학원	2011	사회복지전공	58(145)	120
		11	상담심리대학원	2011	상담 및 임상심리전공	98(245)	270
5	대구사이버대	12	휴먼케어대학원	2012	미술상담학과	40(100)	107
6	사이버한국외국어대	13	TESOL대학원	2012	TESOL전공	48(120)	134
7	세종사이버대	14	정보보호대학원	2012	정보보호학과	48(120)	123
		15	경영대학원	2013	MBA학과	40(100)	100
8	고려사이버대	16	융합정보대학원	2013	융합정보학전공	64(148)	145
9	부산디지털대	17	휴먼서비스대학원	2013	상담심리학과, 사회복지학과	30(75)	85

2009년 8월, 6개 사이버대학이 교육부에 8개의 특수대학원 설립을 신청하였으나, 최종적으로 한양사이버대의 MBA대학원을 포함한 3개 특수대학원만이 인가되었다. 이후 2011년에는 경희사이버대를 비롯한 3개 대학에서 5개의 특수대학원이 추가로 설립되었고, 2012년에는 세종사이버대 등 4개 대학에서 5개의 특수대학원이, 2013년에는 고려사이버대 등 3개 대학이 특수대학원을 운영하게 되었다. 이어 2020년에는 한양사이버대가 추가적으로 특수대학원을 설립하면서, 2013년 기준 9개 사이버대학에서 17개의 특수대학원이 운영되고 있다.

한편, 일부 사이버대학을 중심으로 온라인 박사과정 도입에 대한 논의가 지속된 끝에 교육부는 2024년 5월 21일, 사이버대학 설립 · 운영 규정 제3조에 일반대학원과 전문대학원 설치에 대한 인가 규정을 새롭게 신설하였다. 이로써 2024년 9월 학기부터 한양사이버대학교는 온라인 박사과정을 개설하고, 기존의 특수대학원 형태로 운영되던 경영대학원을 경영전문대학원으로 전환하여 MBA 학위를 수여할 예정이다. 이러한 조치는 직장인과 일반 국민에게 박사학위 취득의 기회를 보다 편리하고 쉽게 제공한다는 점에서 의미가 있으며, 새로운 학문적 도전을 가능하게 변화로 평가된다. 다만, 양적 확산과 더불어 박사학위과정의 내실을 더욱 강화하려는 노력이 함께 뒷받침될 필요가 있다는 의견도 제기되고 있다.

3) 원격대학 · 사이버대학의 설립 및 운영

(1) 원격대학형태의 평생교육시설(평생교육법)

① 원격대학의 설치자(시행령 제50조): 원격대학의 설치 · 인가를 받을 수 있는 자로서는 고등교육기관의 사유화 방지, 운영의 안정성 · 계속성 및 공신력을 확보하기 위하여 다음과 같이 한정하고 있다.

- 지방자치단체
- 학교법인
- 민법 제32조의 규정에 의한 재단법인 또는 특별법에 의하여 설립된 비영리법인

② 원격대학 설치 인가 절차(시행령 제36조 제4항 내지 제8항의 사내대학 규정 준용): 설치계획서 제출(매년 3월 31일까지) ⇨ 원격대학설치심사위원회 심의 ⇨ 설치 인가 여부 통보(신청일부터 3월 이내) ⇨ 설치 인가 신청서 제출(개교 예정일 6월 전까지) ⇨ 인가(개교 예정일 4월 전까지)

③ 원격대학 설치계획서 제출 내용(시행령 제51조 제1항)

- 명칭: "원격", "사이버" 또는 "가상" 등 원격대학임을 나타내는 용어가 포함되어야 함(시행령 제51조 제2항)
- 목적
- 설치자
- 위치
- 학칙
- 향후 4년간(전문대학 졸업자와 동등한 학력 · 학위가 인정되는 원격대학의 경우에는 2년간)의 재정운영계획
- 실습이 필요한 경우에는 실습시설 · 설비 확보계획
- 교원확보 계획
- 학사 운영에 관한 계획

• 원격교육 프로그램 운영 및 품질관리 계획

• 개교 예정일

④ 원격대학의 폐쇄 신고: 원격대학 폐쇄 시 다음의 사항이 기재된 서류를 갖추어 폐쇄 예정일 30일 전까지 교육부장관에게 신고(시행령 제52조 제1항)

• 폐쇄 사유

• 폐쇄 연월일

• 학생 및 학적부의 처리방법: 폐쇄된 원격대학의 학적부는 교육부장관이 정하는 바에 따른다(시행령 제52조 제2항).

⑤ 원격대학의 교사(校舍)·설비: 이는 전문대학 또는 대학 졸업과 동등한 학력·학위가 인정되므로 별도의 설치기준을 제시하고 있다. 원격대학 형태의 평생교육시설은 별표 8의 구분에 따른 교사를 확보하여야 하되, 이는 설치자의 소유이어야 한다. 다만, 「고등교육법」 제2조에 따른 학교의 설립·경영자가 타인과 공동으로 제50조 제2호 또는 제3호의 법인을 설립하여 원격대학 형태의 평생교육시설을 설치하는 경우에는 그 학교의 교사로 이를 대신할 수 있다(시행령 제54조 제2항). 원격대학 형태의 평생교육시설은 각종 서버, 통신장비 및 매체제작 장비 등 원격교육에 필요한 설비를 확보하여야 한다. 이 경우 원격교육설비의 세부 기준은 교육부장관이 정한다(시행령 제54조 제2항).

⑥ 원격대학의 조직 및 교원

• 원격대학 형태의 평생교육시설에는 학과 또는 학부를 두고, 교원은 학과 또는 학부에 소속되는 것을 원칙으로 한다(시행령 제55조 제1항).

• 원격대학은 전임교원 및 조교를 각각 학과 또는 학부에 두는 전공별로 1명 이상 두어야 하며, 원활한 수업에 필요한 겸임교원 및 시간강사 등을 확보하여야 한다(시행령 제55조 제2항).

• 교원 및 조교의 자격기준에 관하여는 「대학교원자격기준 등에 관한 규정」을 준용한다(시행령 제55조 제3항).

• 원격대학 형태의 평생교육시설의 교원 임면권자는 교원을 임면한 경우에는 임면한 날부터 7일 이내에 그 사실을 교육부장관에게 보고하여야 한다(시행령 제55조 제4항).

⑦ 원격대학의 학사관리·교육과정·수업·학위수여 등(시행령 제57조 내지 제62조)

• 원격대학의 학칙 개정, 학년도, 학기 및 교육과정 등에 관하여는 제42조·제43조 및

제44조 제1항부터 제4항까지의 규정을 준용하되, 제43조 제2항 본문 중 "2년 또는 4년 이상"은 '4년 이상'으로 본다(제57조 제1항).

• 원격대학의 시간제 등록생은 고등학교를 졸업한 자 또는 법령에 의하여 이와 동등 이상의 학력이 있다고 인정한 자 중에서 선발할 수 있으며, 그 등록인원은 해당 원격대학의 편제정원에 해당하는 인원수 이내에서 학칙으로 정한다. 이 경우 시간제로 등록한 자가 신청할 수 있는 학점은 매 학기 취득기준학점의 2분의 1을 넘을 수 없다(시행령 제57조 제2항).

⑧ 원격대학의 수업은 영상 강의 및 인터넷강의 등의 방법으로 하되, 원격수업을 보조하여 출석 수업을 할 수 있다. 이 경우 수업 운영에 필요한 사항은 학칙으로 정한다(시행령 제58조 제1항). 원격대학의 학생의 학업성취도 평가는 통신에 의하여 하되, 출석 평가를 병행할 수 있다. 이 경우 평가방법에 필요한 사항은 학칙으로 정한다(시행령 제58조 제2항).

⑨ 원격대학에 입학할 수 있는 자는 고등학교를 졸업한 자나 법령에 따라 이와 같은 수준 이상의 학력이 있다고 인정된 자로 한다(시행령 제59조 제1항). 원격대학의 학생은 제1항에 따른 자격이 있는 자 중에서 선발하되, 선발의 방법 및 절차 등에 관한 사항은 학칙으로 정한다(시행령 제59조 제2항). 원격대학의 학생정원, 입학 및 편입학에 관하여는 「고등교육법 시행령 제28조 제1항 · 제3항 및 제29조 제1항을 준용한다. 다만, 「장애인 등에 대한 특수교육법」 제15조에 따른 특수교육대상자는 모집인원에 제한을 두지 아니하며 그 정원은 따로 있는 것으로 본다(시행령 제59조 제3항). 제62조에 따른 산업체 위탁의 입학 및 편입학의 경우에는 제3항에도 불구하고 학칙으로 정하는 모집단위별 입학정원의 100분의 20을 넘지 아니하는 범위에서 그 정원이 따로 있는 것으로 본다(시행령 제59조 제4항).

⑩ 원격대학의 학위수여에 관하여는 제46조를 준용하되, 학위를 받기 위하여는 다음의 구분에 따른 학점을 취득하여야 한다(시행령 제60조).

• 전문학사학위과정: 80학점 이상

• 학사학위과정: 140학점 이상

⑪ 원격대학의 설치자는 학칙으로 정하는 바에 따라 입학금 · 수업료, 그 밖의 납부금을 받을 수 있다(시행령 제61조 제1항). 입학금, 수업료, 그 밖의 납부금의 징수 및 반환 등에 필요한 사항은 교육부령으로 정한다(시행령 제61조 제2항).

⑫ 원격대학은 산업체(산업체를 구성원으로 하는 단체를 포함)로부터 위탁받아 교육을 할 수 있다(시행령 제62조 제1항). 위탁교육에 관하여는 「고등교육법 시행령」 제53조의2를 준용한다(시행령 제62조 제2항).

⑬ 원격대학에 속하는 회계의 회계연도는 그 원격대학 형태의 평생교육시설의 학년도에 따른다(시행령 제63조 제1항). 법 제34조에 따라 준용하는 「사립학교법」 제28조에 관하여는 「사립학교법」 시행령 제11조에서 정하는 사이버대학의 기준을 준용한다(시행령 제63조 제2항(2) 사이버대학(고등교육법 및 사이버대학 설립 · 운영 규정)).

(2) 사이버대학(고등교육법 및 사이버대학 설립 · 운영 규정)

① 사이버대학을 설립하고자 하는 자(이하 "설립주체")는 다음의 사항을 기재한 사이버대학설립계획서를 대학을 개교하고자 하는 학년도(이하 "개교 예정 연도")의 전년도 3월 31일까지 교육부장관에게 제출, 승인을 신청해야 한다. 이 경우 교육부장관은 「전자정부법」 제36조 제1항에 따른 행정정보의 공동이용을 통하여 학교법인의 법인등기사항증명서를 확인하여야 한다(사이버대학 규정 제2조 제1항).

- 사이버대학의 설립주체 및 설립 목적
- 사이버대학의 명칭 및 위치: 사이버대학의 명칭은 대학교 또는 대학으로 하되, "사이버", "디지털", 또는 "가상" 등 사이버대학을 나타내는 용어가 포함되어야 한다.
- 학교규칙(이하 "학칙"이) 및 학교헌장
- 개교 후 4년간(전문학사학위를 수여하는 사이버대학의 경우는 2년간)의 재정운영계획
- 개교 후 4년간(전문학사학위를 수여하는 사이버대학의 경우는 2년간)의 교육 및 연구용 시설 · 설비의 확보계획
- 실습 또는 연구가 필요한 경우에는 실습 또는 연구용 시설 · 설비의 확보계획
- 다음 각 목에 해당하는 교원 등의 확보계획
  - 교원(「고등교육법」 제14조 제2항에 따른 교수 · 부교수 및 조교수를 말함. 이하 같음)
  - 겸임교원 또는 초빙교원(제6조 제4항에 따라 교원 수에 포함하는 경우로 한정)
- 학사 운영에 관한 계획
- 원격프로그램 운영계획 및 교육품질 관리계획
- 개교 예정일

- 설립주체가 학교법인인 경우에는 정관, 출연금에 관한 서류 및 사이버대학의 설립에 관한 총회 또는 이사회의 회의록 사본

② 사이버대학(전문학사학위를 수여하는 사이버대학은 제외한다)의 장은 해당 사이버대학에 정보통신매체를 이용한 원격교육의 방법으로 고등교육법 제29조의2 제1항 제1호에 따른 일반대학원(이하 '일반대학원') 또는 같은 항 제2호에 따른 전문대학원(이하 '전문대학원')에 학과 · 학부 또는 이에 상응하는 조직(이하 '학과 등')이나 전공을 설치하려는 경우에는 별표 1의 기준에 따른다(사이버대학규정 제3조 제1항). 「고등교육법」 제29조의2 제1항에 따라 일반대학원 또는 전문대학원을 설치하려는 사이버대학의장은 다음의 사항을 기재한 일반대학원설치인가신청서 또는 전문대학원설치인가신청서를 해당 대학원의 개원 6개월 전까지 교육부장관에게 제출하여야 한다(사이버대학규정 제3조 제2항).

- 해당 대학원의 명칭, 설치 목적, 위치 및 학칙
- 교육 및 연구용 시설 · 설비의 현황 및 확보계획
- 실습이 필요한 경우에는 실습 시설 · 설비의 현황 및 확보계획
- 다음 각 목에 해당하는 교원 등의 현황 및 확보계획
  가. 교원
  나. 겸임교원 또는 초빙교원(제6조 제4항에 따라 교원 수에 포함하는 경우로 한정)
- 해당 대학원이 설치될 사이버대학의 과거 2년간의 재무제표
- 해당 대학원의 개원 후 3년간의 재정운영계획
- 해당 대학원의 교육과정 및 교수방법
- 해당 대학원의 학생정원 및 학생선발계획
- 해당 대학원의 개원예정일

교육부장관은 제2항에 따른 일반대학원설치인가신청서 또는 전문대학원설치인가신청서를 받은 때에는 설립심사위원회의 심의를 거치고 그 심의결과와 해당 사이버대학에 대한 「고등교육법」 제11조의2 제2항에 따른 평가의 결과를 고려하여 해당 대학원의 설치인가 여부를 결정하여 이를 해당 대학원의 개원예정일 4개월 전까지 설치인가를 신청한 사이버대학의 장에게 알려야 한다(사이버대학규정 제3조 제3항).

③ 사이버대학에 정보통신매체를 이용한 원격교육의 방법으로 두는 「고등교육법」 제29조의2 제1항 제3호에 따른 특수대학원(이하 '특수대학원')에 학위과정의 학과 등 또는 전공을

설치하려는 경우에는 별표 1의 기준에 따른다(사이버대학규정 제4조). 사이버대학의 교사는 별표2의 구분에 따르며, 설립주체의 소유이어야 한다(사이버대학규정 제5조 제1항). 제1항에 따른 교사는 학생 입학정원(대학원을 설치한 경우에는 학사학위과정 입학정원에 대학원과정 입학정원의 1.5배를 합한 수를 말한다)을 기준으로 별표 1에 따른 기준면적 이상을 그 사이버대학이 인가된 위치에 확보하여야 한다(사이버대학규정 제5조 제2항). 사이버대학에는 각종 서버, 통신장비 및 콘텐츠개발 설비 등 원격교육에 필요한 설비가 있어야 한다. 원격교육설비의 세부기준은 제6조 제3항에 따라 산정되는 학생 수를 기준으로 교육부장관이 정하여 고시한다(사이버대학규정 제5조 제3항).

④ 사이버대학에는 학칙에 따라 학과 또는 학부 등을 둔다(사이버대학규정 제6조 제1항). 사이버교원은 학과 또는 학부 등에 소속되는 것을 원칙으로 하며, 학과 또는 학부 교원의 총수는 학생 수를 200으로 나누어 산출된 몫[소수점 이하는 올림한다]만큼 확보하여야 한다(사이버대학규정 제6조 제2항).

⑤ 학교법인은 매년 수익용 기본재산에서 생긴 소득의 100분의 80 이상에 해당하는 금액을 그가 설립한 사이버대학의 운영에 필요한 경비로 충당하여야 한다(사이버대학규정 제8조 제1항).

⑥ 사이버대학(특수대학원을 포함)에 학과 또는 학부 등을 증설하거나 학생정원을 늘리는 경우에는 그 증설분 또는 증원분을 포함한 전체에 대하여 이 영에서 정하는 기준을 갖추어야 한다(사이버대학규정 제9조).

⑦ 「평생교육법」 제33조 제3항에 따른 원격대학형태의 평생교육시설을 운영하는 법인이 그 시설을 「고등교육법」 제2조 제5호의 사이버대학으로 전환하려는 경우에는 제5조부터 제7조까지의 기준을 갖추어 교육부장관의 인가를 받아야 한다(사이버대학규정 제12조 제1항). 제1항에 따라 전환인가를 받으려는 법인은 다음의 사항을 기재한 사이버대학전환신청서를 사이버대학 개교 예정 연도의 전년도 6월 30일까지 교육부장관에게 제출하여야 한다. 이 경우 교육부장관은 「전자정부법」 제36조 제1항에 따른 행정정보의 공동이용을 통하여 학교법인의 법인등기사항증명서를 확인하여야 한다(사이버대학규정 제12조 제2항).

- 사이버대학의 명칭, 설립주체 및 위치
- 전환 목적 및 사이버대학 발전계획
- 사이버대학의 학칙 및 학교헌장

- 사이버대학으로 전환할 원격대학형태의 평생교육시설(이하 이 조에서 "평생교육시설")의 교육 · 연구용 시설 · 설비 현황과 사이버대학으로 전환 후 4년간(전문학사학위가 인정되는 사이버대학의 경우에는 2년간)의 교육 · 연구용 시설 · 설비의 확보계획
- 평생교육시설의 과거 2년간 재무제표와 사이버대학으로 전환 후 4년간(전문학사학위가 인정되는 사이버대학의 경우에는 2년간)의 재정운영 계획
- 평생교육시설의 교원 현황 및 사이버대학으로 전환 후 교원확보 계획
- 평생교육시설의 학사운영 현황(최근 2년간의 교육과정 운영 및 교육품질 관리 실적을 포함)과 사이버대학으로 전환 후 학사운영 계획
- 사이버대학의 개교 예정일
- 학교법인의 정관 및 출연금에 관한 서류
- 「고등교육법 시행령」 제39조의2 제1항 전단에 따른 사이버대학의 대학입학전형 시행 계획안

교육부장관은 제1항에 따른 전환을 인가하려는 경우에는 설립심사위원회의 심의를 거쳐야 하고, 그 심의결과와 「평생교육법」 제33조 제4항에 따른 평가결과를 고려하여 인가 여부를 결정하며 이를 개교 예정일 4개월 전까지 신청인에게 알려야 한다(사이버대학규정 제12조 제3항).

4) 평생교육과 원격교육의 관계

(1) 평생교육에 있어서 원격교육의 발전 배경

평생교육은 현대 사회에서 중요한 교육적 패러다임으로 자리 잡고 있다. 급변하는 사회 환경 속에서, 개인의 교육은 특정 시기에 한정되지 않고, 생애 전반에 걸쳐 지속적으로 이루어져야 한다는 필요성이 강조되고 있다. 이에 따라 전통적인 학교 교육만으로는 다양한 학습자의 요구를 충족시키기 어렵고, 대안적 교육 방식과 체제가 필요해졌다. 이러한 맥락에서 원격교육은 평생교육의 요구를 충족시키는 핵심 수단으로 자리잡았다.

원격교육은 전통적인 대면 교육과 달리 학습자와 교육 제공자가 물리적으로 떨어진 상태에서 교육이 이루어진다. 이는 정보통신기술의 발달과 함께 더욱 활성화되었으며, 학습자의 자율성과 편리성을 중시하는 학습 환경을 제공한다. 평생교육의 핵심 가치 중 하나는 모든

사람에게 평등한 학습 기회를 제공하는 것이다. 원격교육은 이러한 평생교육의 목표를 실현하는 데 매우 중요한 역할을 한다.

다양한 성인 학습자들은 직업, 가정, 지역적 문제 등 여러 이유로 전통적인 교육 환경에 참여하기 어려운 경우가 많다. 이들은 시간적, 공간적 제약 없이 학습할 수 있는 환경을 필요로 하며, 원격교육은 이러한 요구를 충족시키는 대안적 교육 모델을 제공한다. 원격교육의 유연성은 특히 직장인, 주부, 고령자, 장애인 등 다양한 학습자 계층이 학습에 참여할 수 있게 하여, 지속 가능한 평생 학습 사회를 구축하는 데 중요한 역할을 한다.

(2) 원격교육과 평생교육의 연관성

① 성인 학습에 대한 요구 충족

성인 학습자는 자신의 업무, 가정, 일상생활과 학습을 통합하려는 경향이 강하다. 전통적인 대면 교육은 이러한 요구를 충분히 반영하지 못하는 반면, 원격교육은 시간과 장소에 구애받지 않음으로써 성인 학습자들의 학습 요구를 더 잘 충족시킨다. 예를 들어, 직장에서 일하는 중에도 온라인으로 학습을 병행할 수 있어, 성인 학습자의 자발적인 학습 동기를 강화할 수 있다.

② 학습 방식의 다양화와 대안적 학습 방법

평생교육은 대안적인 학습 형태의 창출을 요구하며, 원격교육은 이에 대한 훌륭한 답변을 제공한다. 전통적인 교실 수업 외에도, 온라인 강의, 가상 회의, 학습 관리 시스템(LMS) 등의 도구가 사용되며, 이 모든 것이 학습의 다양성과 접근성을 증진시킨다. 이는 특히 자율 학습 능력을 강조하는 평생교육 철학과 맞닿아 있다.

③ 삶과 일에 통합된 학습

성인 학습자들은 주로 직장이나 가정생활과 병행하여 학습을 진행해야 하는 경우가 많다. 원격교육은 학습자들이 자신만의 일정에 맞춰 학습할 수 있도록 자율성을 부여하며, 이는 학습자가 직업적 성장이나 개인적 성취를 추구하는 과정에서 유리하다.

④ 자율적이고 자기주도적인 학습 방식

원격교육은 학습자가 자신의 학습 계획을 스스로 결정할 수 있도록 지원한다. 이는 평생교육에서 강조하는 자기주도적 학습과 연결되며, 언제, 어디서, 어떻게 학습할지 학습자가 스스로 선택할 수 있는 환경을 제공한다. 이는 학습자의 학습 동기를 강화하고, 자기주도적 학습 태도를 함양하는 데 긍정적인 영향을 미친다.

⑤ 지식의 변화 속도에 대응

지식과 기술이 빠르게 변화하는 현대사회에서 원격교육은 평생교육의 중요한 도구가 된다. 원격교육은 디지털 정보를 통해 빠르게 변화하는 지식을 학습자에게 전달할 수 있으며, 학습자는 필요한 지식을 신속하게 습득하고 적용할 수 있다. 이는 특히 전문가들이 최신 지식과 기술을 습득하여 현업에 적용할 수 있도록 돕는 역할을 한다.

⑥ 열린학습사회의 구현

평생교육의 중요한 목표 중 하나는 열린학습사회를 구현하는 것이다. 열린학습사회는 학습 기회가 사회 전반에 열려 있고, 누구나 학습할 수 있는 환경을 의미한다. 원격교육은 기술적 접근성을 통해 시간적, 공간적 제약을 극복하며, 모든 이들에게 학습의 기회를 제공함으로써 열린학습사회의 실현을 돕는다. 정보 공유와 투명성, 접근성이 높은 학습 환경을 조성하는 원격교육은 특히 평등한 학습 기회를 제공하는 데 중요한 역할을 한다.

3. 학점은행제도

1) 학점은행제도의 신설

(1) 추진배경 및 의의

학점은행제는 학교뿐만 아니라 학교 밖에서 이루어진 다양한 학습 경험과 자격을 학점으로 인정받을 수 있는 제도이다. 이 제도는 학점이 누적되어 일정 기준을 충족하면 전문대학 또는 4년제 대학과 동일한 학위를 취득할 수 있도록 하여, 궁극적으로 열린 학습사회와 평생학습사회를 구현하는 것을 목표로 한다. 학점은행제는 1997년 제정된 「학점인정 등에 관한 법률」(법률 제5275호)에 근거하여 도입되었으며, 학교 외부에서 이루어진 학습과 자격을 학점으로 인정받아 학위 취득이 가능하도록 설계된 제도이다. 이를 통해 정규 대학에서의 학습 경험뿐만 아니라 다양한 비형식 학습과 자격이 객관적인 기준을 통해 정규 학점과 동등하게 인정받고 있다. 이처럼 학점은행제는 정규 고등교육의 한계를 보완하며, 우리나라의 대표적인 개방형 평생학습제도로 자리잡고 있다. 학점은행제는 1997년에 한국교육개발원을 위탁기관으로 하여 1998년 3월부터 시행되었으며, 2007년 「평생교육법」의 전면 개정에 따라 2008년부터 국가평생교육진흥원이 운영을 위탁받아 관리하고 있다.

(2) 학점은행제의 입법과 주요 연혁

1997년 1월, 당시 교육부는 「학점인정 등에 관한 법률」을 제정·공포하고 이와 함께 시행령 및 시행규칙을 제정·공포하는 등 학점은행제를 실시하기 위한 준비를 하였다. 그 후 1997년 5월에서 12월 사이에는 평가인정 기준 및 표준교육과정의 개발을 위한 정책연구를 하였고, 1998년 1월에는 한국교육개발원에 학점은행운영본부를 발족하였으며, 학점은행제 업무가 시작되었다. 그 후 학점은행제본부의 명칭을 학점은행센터로 개칭하였으며, 2008년 2월 15일 국가평생교육진흥원이 개원함에 따라 평생교육진흥원 학점은행센터로 그 소속을 변경하였으며, 현재는 2014년 조직개편을 통해 '학점은행·독학사관리본부'로 활동하고 있다.

표 12-6 학점은행제 주요 추진 경과

시기	내용
1997년 1월 13일	학점인정 등에 관한 법률(제5275호) 제정·공포
1997년 9월 11일	동 법률 시행령(대통령령 제1548호) 제정·공포 동 법률 시행령에 의해 한국교육개발원을 학점은행제 주관기관으로 지정
1998년 2월 28일	동 법률 시행규칙(교육인적자원부령 제713호) 제정·공포
1998년 3월 1일	61개 평가인정기관의 274개 학습과목 평가인정(학사 18개 전공, 전문학사 23개 전공 개설)
1999년 8월 31일	1999년도 하반기 학위 수여(학사 25명, 전문학사 9명)
2000년 2월 21일	제1회 학위수여식 개최, 학사 111명, 전문학사 539명
2002년 11월 26일	10개 중요무형문화재 교육훈련기관 최초 평가인정
2003년 3월 1일	11개 군 교육훈련기관 최초 평가인정
2004년 3월 1일	6개 원격교육훈련기관 최초 평가인정
2006년 3월 1일	20개 간호·보건계열 교육훈련기관 최초 평가인정
2007년 9월 1일	317개 교육훈련기관, 4,855개 학습과목 평가인정
2007년 12월 14일	평생교육법 개정에 따른 학점은행제도 시행기관 변경

시기	내용
2008년 2월 25일	국가평생교육진흥원 개원
2008년 2월 21일	제9회 학위수여식 개최(학사 14,408명, 전문학사 5,288명)
2008년 8월 31일	2008년도 하반기 학위수여(학사 10,340명, 전문학사 2,669명)
2009년 2월 23일	2009년 학점은행제, 독학학위제 학위수여식 개최(장관 학위수여-학사 19,315명, 전문학사 8,710명)
2009년 8월 31일	2009년도 하반기 학위수여(장관 학위수여-학사 12,127명, 전문학사 4,923명)
2010년 3월 1일	322개 교육훈련기관, 5,168개 학습과목 평가인정 전공단위 평가인정, 42개 교육훈련기관 원격교육 재평가인정, 4개 교육훈련기관, 31개 학습과목 평가인정
2010년 8월 31일	2010년도 하반기 학위수여(장관 학위수여-학사 8,307명, 전문학사 9,714명)
2010년 9월 1일	원격교육 평가인정, 62개 교육훈련기관, 660개 학습과목 평가인정
2011년 2월 28일	2011년 학점은행제, 독학학위제 학위수여식 개최 (장관 학위수여-학사 11,133명, 전문학사 15,874명)
2011년 8월 31일	2011년 학점은행제, 독학학위제 학위수여식 개최 (장관 학위수여-학사 8,345명, 전문학사 13,252명)
2012년 2월 24일	2012년 학점은행제, 독학학위제 학위수여식 개최 (장관 학위수여-학사 11,776명, 전문학사 23,183명)
2012년 3월 1일	273개 교육훈련기관 5,109개 학습과목 평가인정 원격교육, 87개 교육훈련기관 1,114개 학습과목 평가인정
2012년 7월 1일	제1차 고용노동부 직업훈련과정 평가인정, 14개 교육훈련기관
2012년 8월 31일	2012년도 하반기 학위수여(장관 학위수여-학사 7,910명, 전문학사 14,355명)
2013년 2월 1일	제2차 고용노동부 직업훈련과정 평가인정, 27개 교육훈련기관
2013년 2월 22일	제13년 학점은행제, 독학학위제 학위수여식 개최 (장관 학위수여-학사 12,580명, 전문학사 24,102명)
2013년 8월 31일	2013년도 하반기 학위수여(장관 학위수여-학사 7,910명, 전문학사 14,355명)
2014년 2월 25일	2014년 학점은행제, 독학학위제 학위수여식 개최 (장관 학위수여-학사 12,313명, 전문학사 45,655명)
2014년 3월 1일	324개 교육훈련기관, 6,322개 학습과목 평가인정 원격교육, 106개 교육훈련기관 1,817개 학습과목 평가인정
2014년 3월 1일	제3차 고용노동부 직업훈련과정 평가인정, 12개 교육훈련기관
2015년 2월 25일	2015년도 학점은행제 · 독학학위제 학위수여식 개최

시기	내용
2015년 9월 25일	학점인정 등에 관한 법률 시행령 개정(2015.9.28. 시행)
2015년 10월 20일	학점인정 등에 관한 법률 시행규칙 개정 및 시행, 평가인정 학습과정 운영에 관한 규정 시행
2015년 12월 23일	제19차 자격 학점인정 기준 고시
2016년 1월 6일	평가인정 학습과정 운영지침, 학점인정 등에 관한 업무 처리지침 고시
2016년 2월 25일	2016년도 학점은행제 · 독학학위제 학위수여식 개최
2016년 5월 12일	제21차 표준교육과정 및 제23차 교수요목 고시(224개 전공, 7,853개 학습과목)
2017년 2월 22일	2017년도 학점은행제 · 독학학위제 학위수여식 개최
2017년 10월 1일	제22차 표준교육과정 및 제24차 교수요목 고시(225개 전공, 7,872개 학습과목)
2018년 1월 9일	학점인정 등에 관한 업무처리 지침 일부개정(2018.1.9. 시행)
2018년 2월 22일	2018년도 학점은행제 · 독학학위제 학위수여식 개최
2018년 4월 11일	제23차 표준교육과정 및 제25차 교수요목 고시(225개 전공, 7,881개 학습과목)
2018년 11월 13일	평가인정 학습과정 운영에 관한 규정 일부개정(2019.1. 시행)
2018년 12월 20일	학점인정 등에 관한 업무처리 지침 일부개정(2019.1.1. 시행)
2019년 2월 27일	2019년도 학점은행제 · 독학학위제 학위수여식 개최
2019년 5월 14일	제24차 표준교육과정 및 제26차 교수요목 고시(225개 전공, 7,915개 학습과목)
2019년 12월 3일	평가인정 학습과정 운영에 관한 규정 일부개정(2019.12.3. 시행)
2019년 12월 4일	평가인정 학습과정 운영에 관한 규정 일부개정(2019.1.1. 시행) 평가인정 학습과정 운영지침 일부개정(2019.12.4. 시행)
2020년 2월 26일	2020년도 학점은행제 · 독학학위제 학위수여식 개최
2020년 4월 7일	제25차 표준교육과정 및 제27차 교수요목 고시(227개 전공, 7,898개 학습과목)
2020년 12월 1일	학점인정 등에 관한 업무처리 지침 일부개정(2020.12.1. 시행) 평가인정 학습과정 운영지침 일부개정(2020.12.1. 시행)
2021년 2월 25일	2021년도 학점은행제 · 독학학위제 학위수여식 개최
2021년 2월 19일	학점인정 등에 관한 업무처리 지침 일부개정(2021.2.19. 시행) 평가인정 학습과정 운영지침 일부개정(2021.2.19. 시행)
2021년 5월 10일	제26차 표준교육과정 및 제28차 교수요목 고시(227개 전공, 7,898개 학습과목)
2022년 2월 25일	2022년도 학점은행제 · 독학학위제 학위수여식 개최
2022년 4월 26일	제27차 표준교육과정 및 제29차 교수요목 고시(228개 전공, 7.912개 학습과목)

출처: 한국학점은행평생교육협의회 · 국가평생교육진흥원(2014). 2014년 학점은행제 교육훈련기관 실무자연수. pp.3-6 재구성.

2) 학점은행제의 운영 내용

(1) 이용대상 및 학습자 현황

학점은행제는 고등학교 졸업자 또는 동등 이상의 학력을 가진 사람이라면 누구나 이용할 수 있는 제도로, 다양한 학습자들의 학문적·직업적 성장을 지원하는 교육제도이다. 학점은행제를 활용할 수 있는 주요 대상자와 그 목적은 다음과 같다.

① 만학의 꿈을 펼치고자 하는 경우

학점은행제는 다양한 이유로 정규 교육과정을 마치지 못한 학습자들이 다시 학습에 도전하여 학위를 취득할 수 있는 기회를 제공한다. 이를 통해 중단되었던 학업을 재개하고, 학문적 목표를 달성할 수 있다.

② 새로운 전공 분야를 공부하고자 하는 경우

이미 특정 분야에서 학위를 취득한 학습자가 새로운 전공에 도전하고자 할 때, 학점은행제는 유연한 학습 경로를 제공한다. 새로운 지식 습득과 커리어 전환을 원하는 사람들에게 유용한 제도이다.

③ 중도 포기한 학업을 계속하고자 하는 경우

학점은행제는 학업을 중도에 포기한 학습자들이 다시 학위를 취득할 수 있도록 돕는다. 이전에 취득한 학점을 인정받고, 남은 학점을 추가로 이수하여 학위를 취득할 수 있는 길을 열어준다.

④ 대학원 진학을 준비하기 위한 학위 취득을 하고자 하는 경우

대학원 진학을 목표로 하거나, 특정 전공에 대해 학사학위가 필요한 경우 학점은행제를 통해 학위를 취득하여 진학 요건을 충족할 수 있다.

⑤ 자격증을 학점으로 인정받고자 하는 경우

이미 취득한 자격증을 학점으로 인정받아 학위 취득을 원하는 학습자들도 학점은행제를 활용할 수 있다. 이 제도를 통해 자격증을 학위 과정의 일부로 인정받아 학업 기간을 단축할 수 있다.

⑥ 국가무형문화재 전수교육을 학점으로 인정받고자 하는 경우

전통문화와 관련된 교육 과정을 이수한 학습자들은 국가무형문화재 전수교육을 학점으로 인정받아 학위 취득 과정에 포함시킬 수 있다. 이를 통해 전통문화 교육이 학문적 성과로 연결될 수 있다.

⑦ 자격증을 취득하고자 하는 경우

학점은행제는 자격증 취득을 목표로 하는 학습자들에게도 유용하다. 필요한 학점을 취득하여 자격증 취득을 위한 요건을 충족할 수 있으며, 이를 통해 직업적 역량을 강화할 수 있다.

⑧ 시험응시를 위한 자격 요건을 충족하고자 하는 경우

자격증 시험이나 국가 자격 시험에 응시하기 위해 필요한 학점 요건을 충족하는 것도 학점은행제를 통해 가능하다. 이를 통해 시험 응시 자격을 갖추고, 경력 발전을 도모할 수 있다.

출처: 국가평생교육진흥원(2024).

그림 12-1 학점은행제 이용대상

학점은행제 학습자 수는 매년 급속한 증가 추세를 보이고 있으며 2022년 기준으로 200만여 명의 학습자가 학점은행제에 등록하였다. 초기에는 전문학사 취득을 희망하는 학습자가 많았으나 점차로 학사학위 취득 희망자가 많아져 전문 학사보다는 학사 취득을 원하는 학습자군이 주종을 이루고 있다.

표 12-7 연도별 학점은행제 학습자 등록 현황

(단위: 명)

연도	전문학사	학사	계
1998	502	169	671
1999	9,914	1,575	11,489
2000	9,370	2,362	11,732
2001	13,395	5,920	19,315
2002	12,741	8,701	21,442
2003	10,732	14,192	24,924
2004	8,755	19,216	27,971
2005	11,458	30,647	42,105
2006	12,376	39,146	51,522
2007	18,022	51,033	69,055
2008	25,073	58,096	83,169
2009	34,237	61,283	95,520
2010	39,802	56,772	96,574
2011	62,087	59,338	121,425
2012	73,351	60,420	133,771
2013	83,991	60,563	144,554
2014	53,721	61,740	115,461
2015	47,252	66,484	113,736
2016	46,723	69,937	116,660
2017	43,026	72,416	115,442
2018	40,426	77,892	118,318
2019	50,407	99,957	150,364
2020	56,227	109,101	165,328
2021	55,275	108,310	163,585
2022	47,937	101,976	149,913
2023	44,912	99,849	144,761
계	866,800	1,297,246	2,164,046

출처: 한국학점은행평생교육협의회 · 국가평생교육진흥원(2014). 2014년 학점은행제 교육훈련기관 실무자 연수. p.9.

군사학 학점은행제는 2002년 12월에 '군사학' 표준교육과정 반영/공시를 시작으로 실시되었다. 추진경과를 살펴보면 2003년 3월과 2004년 3월에 각각 초군반 및 고군반 11개교를 대상으로 학점은행제를 시행하였고, 2005년 2월에는 육사생도를 대상으로 '군사학' 학위를 수여(육사 61기)하였으며, 2006년 2월 부사관 '군사학' 전문학사 학위를 수여하였다. 2007년 3월에는 3사로 '군사학' 학위를 수여(3사 42기)하였다.

학취 취득인원은 〈표 12-8〉에서 제시한 바와 같이 2013년 기준 장교 2,700명, 부사관 10명이며, 장교는 지상전학, 군사행정학, 군수관리학으로 군사학사를, 부사관은 군사행정으로 군사전문학사를 각각 취득하였다. 장교는 45학점 이수 시 군사학사를 복수학위를 취득할 수 있고 부사관은 군사학 45학점을 포함하여 80학점 이수 시 군사전문학사를 취득할 수 있다. 군사학 학점은행제 학위취득을 통해 군사학에 대한 관심이 증대되었고, 학문적 연구 활성화에 따른 군사전문가를 육성하는 기틀이 마련되었다.

표 12-8 학점은행제 군 관련 학위취득 현황 (단위: 명)

구분	취득인원	지상전학		군사행정학		군수관리학	
장교(군사학사)	2,700	2,307		43		2,110	
부사관(군사전문학사)	10	군사행정	군수관리	지상전	항공기술	항공작전	해상전
		-	-	10	-	-	-

출처: 교육부 · 국가평생교육진흥원(2013). 2013 평생교육백서.

(2) 학점인정 현황

학점은행제의 가장 큰 특징은 다양한 형태의 학습 경험을 학점으로 인정한다는 점이다. 이 중 평가인정 학습과정을 통한 학점이 가장 큰 비중을 차지했다. 그 다음으로 학점인정 대상학교의 학점인정이 높은 것으로 나타났다.

표 12-9 연도별 학점은행제 학점원별 학점인정 현황 (단위: 학점)

연도별	학점원별 인정 학점							계
	평가인정 학습과목	자격증 취득	독학학위제		학점인정 대상학교이수	중요무형 문화재	시간제 이수	
			시험합격	면제과정이수				
1999	142,852	18,849	646	-	20,039	-	-	182,386
2000	206,433	42,883	1,259	-	111,917	-	19,610	382,102
2001	441,444	97,013	2,682	3,232	156,367	-	24,571	725,309
2002	540,201	106,879	2,437	14,388	170,222	280	26,079	860,486

연도별	학점원별 인정 학점							계
	평가인정 학습과목	자격증 취득	독학학위제		학점인정 대상학교이수	중요무형 문화재	시간제 이수	
			시험합격	면제과정이수				
2003	823,301	212,241	966	3,068	350,450	1,061	53,804	1,444,891
2004	792,691	296,665	14,261	10,610	562,088	820	129,936	1,807,071
2005	952,993	504,443	74,242	11,184	1,029,316	985	362,457	2,935,620
2006	1,105,388	620,634	52,301	6,492	1,800,639.5	547	524,919	4,110,920.5
2007	1,019,208	600,133	36,936	5,748	1,518,917.5	823	679,065	3,860,830.5
2008	1,630,988	611,545	61,776	7,321	2,074,435	625	1,229,633	5,616,323
2009	1,804,614	473,719	74,382	4,997	1,690,353	1,192	1,689,067	5,738,324
2010	2,249,800	373,264	94,468	3,532	1,765,356	1,122	1,988,179	6,474,721
2011	3,772,465	368.435	122,840	3,482	1,921,036	419	1,070,129	7,258,806
2012	5,147,678	365,940	145,142	3,075	1,838,107	452	482,053	7,982,447
2013	6,224,079	322,716	123,685	2,985	1,695,123	555	357,823	8,726,966
2014	5,841,919	293,942	102,802	3,578	1,680,825	745	300,751	8,224,562
2015	5,812,088	302,151	93,647	2,990	1,647,862	543	216,686	8,075,967
2016	5,899,644	379,914	80,366	2,440	1,586,769	575	174,384	8,124,092
2017	6,247,888	481,627	95,985	2,873	1,590,597	598	136,443	8,556,011
2018	5,857,226	542,831	96,658	3,853	1,616,137	363	126,989	8,244,057
2019	6,559,213	585,783	120,903	2,816	1,786,179	248	123,462	9,178,604
2020	7,896,798	579,852	132,685	3,811	1,878,644	281	128,028	10,620,099
2021	7,966,979	623,729	145,260	3,168	2,123,510	391	109,158	10,972,195
계	78,935,890	8,437,121	1,676,329	105,643	30,614,889	12,625	9,953,226	130,102,790

(3) 학위수여자 수 현황

학점은행제를 통해 학위를 수여한 학습자는 1999년도부터 2022년 현재까지 총 985,111명이다. 교육부장관에 의한 전문학사 452,764명, 학사 456,162명으로 총 908,926명이고, 대학의 장에 의한 학위수여는 전문학사 6,874명, 학위 67,711명으로 총 74,585명으로 교육부장관에 의한 학위수여가 더 많다. 학점은행제 학위수여자는 학점은행제의 확대와 더불어 매년 큰 폭으로 증가하는 추세에 있으며, 특히 학사학위 수여자의 증가폭이 두드러지고 있다.

표 12-10 연도별 학위수여자 수 현황

(단위: 명)

연도별	교육부장관			대학의 장			총계
	전문학사	학사	소계	전문학사	학사	소계	
1999	9	25	34	-	-	-	34
2000	766	254	1,020	-	-	-	1,020
2001	1,796	663	2,459	42	9	51	2,510
2002	3,123	1,327	4,450	28	123	151	4,601
2003	5,245	2,555	7,800	106	343	449	8,249
2004	4,666	4,091	8,757	178	589	767	9,524
2005	3,549	9,193	12,742	353	800	1,153	13,895
2006	4,657	12,883	17,540	427	1,126	1,553	19,093
2007	5,493	20,708	26,201	339	1,469	1,808	28,009
2008	7,957	24,748	32,705	365	2,086	2,451	35,156
2009	13,633	31,442	45,075	425	2,616	3,041	48,116
2010	21,912	26,051	47,963	496	2,902	3,398	51,361
2011	29,126	19,478	48,604	459	3,291	3,750	52,354
2012	37,571	19,690	57,261	367	3,978	4,345	61,606
2013	44,751	20,589	65,340	273	4,160	4,433	69,773
2014	53,953	21,917	75,870	289	4,608	4,897	80,767
2015	27,609	25,267	52,876	304	4,803	5,107	57,983
2016	26,190	26,412	52,602	335	5,126	5,461	58,063
2017	34,487	32,275	66,762	390	5,614	6,004	72,766
2018	21,295	24,681	45,976	309	5,320	5,629	51,605
2019	22,114	27,537	49,651	259	5,177	5,436	55,087
2020	23,902	30,074	53,976	351	4,738	5,089	59,065
2021	28,797	34,206	63,003	450	4,607	5,057	68,060
2022	30,163	40,096	70,259	329	4,226	4,555	74,814
2023	30,836	40,542	71,378	335	4,021	4,356	78,941
계	483,600	496,704	980,304	7,209	71,732	78,941	1,062,452

출처: 국가평생교육진흥원. 학점은행제.

(4) 교육훈련기관 평가인정 학습과목 현황

기관유형별 평가인정 현황을 보면 대학 등의 기관 수는 209개로 전체 433개 기관 대비 48.3%를 차지하고 있다. 그 다음으로는 직업훈련시설은 67개로 전체 대비 15.4%를 차지하고 있고, 평생교육시설은 103개의 기관으로 전체의 23.8%를 차지하고 있다. 그리고 학원은 일반적으로 기술계, 사회계, 예능계로 구분되는데, 학원의 기관 수는 13개로 전체의 3.0%를 차지하고 있다. 그 외 기관 수는 특수학교 및 고등기술학교 7개로 1.6%, 정부 · 지자체 등 교육시설 34개로 7.9%, 평생교육시설 23.8%이다.

표 12-11 기관유형별 평가인정 현황

(단위: 개, %)

기관 유형		기관 수	비율
대학 등	대학부설 평생교육원	122	28.2
	전문대학부설 평생교육원	72	16.6
	전공심화 및 특별과정	4	0.9
	K-MOOC	11	2.5
	소계	209	48.3
직업훈련 시설	공공직업훈련원	1	0.2
	인정직업훈련원	66	15.2
	소계	67	15.4
학원	기술계 학원	5	1.2
	사회계 학원	7	1.6
	예능계 학원	1	0.2
	소계	13	3.0
특수학교 및 고등기술학교		7	1.6
정부 · 지자체 등 교육시설		34	7.9
평생교육시설소		103	23.8
총 계		433	100.0

출처: 교육부 · 국가평생교육진흥원(2021). 2021년 평생교육백서. p.172.

(5) 학점은행제의 성과와 과제

위에서 본 바와 같이,

첫째, 학점은행제는 다양한 학습경험을 인정하여 성인의 평생학습 참여를 촉진하고, 고등교육기회 확대를 통한 평생학습사회 구현 및 사회적 가치 증대에 큰 기여를 해오고 있다. 즉, 학점은행제는 먼저, 학습자에게 ① 언제, 어디서나, 원하는 학습을 할 수 있는 개인의 학습권을 보장하고 ② 성인의 고등교육 참여 확대를 통한 개인의 자기계발 기회를 제공하며 ③ 다양한 학습경험을 통한 개인 삶의 질 향상을 도모하는 성과를 올리고 있다.

둘째, 교육훈련기관에게 ① 지역과 사회복지를 위한 평생학습을 제공하고 ② 직업안정과 고용촉진을 위한 직업훈련교육을 실시하며 ③ 기업 경쟁력 제고를 위한 산업교육에 대한 인정 및 활성화를 촉진하고 ④ 근로자의 면학 욕구, 전문적 직무교육 효과의 동시 축적을 가능케 하며 ⑤ 공식적 · 비공식적 영역에 걸친 다양한 교육기관과 유기적 협력체제를 구축하는 등의 성과를 보여주고 있다.

셋째, 사회 및 국가에게 ① 제2의 고등교육기회 제공을 통한 사회 · 문화적 평등과 사회통합을 증대시키고 ② 평생학습 참여 촉진을 통한 학습사회 구현 및 사회적 가치를 증대케 하며 ③ 삶-일-학습의 통합적 연계체계 확립을 통한 국민 삶의 질 제고에 기여하고 있다.

한편 학점은행제가 열린 교육사회, 평생학습사회를 실현하기 위한 대표적인 평생학습제도로 정착하기 위해서는 다음의 몇 가지 과제를 안고 있다.

먼저, 열린 교육사회 · 평생학습사회 구현을 위해서 ① 학습경험 인정 기준의 다양화를 도모해야 하고 ② 학습결과 인정 방식의 다양화를 기해야 하며 ③ 유사 평생교육제도와의 연계 강화 및 통합 운영을 추진해야 할 것이다.

둘째, 학위의 질 제고를 통한 학점은행제 학위의 사회적 인지도 향상을 위해서 ① 평가의 전문화를 통한 질 관리 시스템을 구축해야 하고 ② 학습과 직업의 연계를 강화하는 교육 프로그램의 운영을 강화해야 하며 ③ 사회적 요구를 반영하는 지속적인 교육 프로그램 개설에 힘써야 할 것이다.

셋째, 학점은행제 학습자의 만족 추구를 위해서 ① 학점은행제 학습자를 위한 행 · 재정 지원 시스템을 확립해야 하고 ② 교육 프로그램의 다양화를 통한 학습자의 전공 선택 기회를 확대해 주어야 하며 ③ 학습자 요구를 반영하는 학습자 중심 교육 프로그램 운영을 활성화시켜야 할 것이다.

4. 독학학위제

1) 독학학위제의 추진배경 및 의의

독학에 의한 학위취득제도(이하 "독학학위제")는 열린 교육체제를 구축하고자 하는 정부의 의지가 담겨 있는 제도이다. 1989년 발족한 교육정책자문회에서는 일반 국민들의 고등교육에 대한 수요를 해결하기 위하여 무한정 대학을 설립할 수 없다는 판단 아래 그 대안으로 독학학위제의 도입을 추진하였다. 독학학위제는 사회적 · 경제적으로 어려운 환경에 처한 사람들에게 대안적인 고등교육의 기회를 보장함으로써 교육복지의 실현에 기여해 오고 있다. 독학학위제는 1990년 10월에 중앙교육평가원을 통해 처음으로 실시된 이후 한국방송통신대학교에 이관되어 독학학위검정원으로 활동해 오다 2008년 2월 15일 평생교육진흥원으로 개원되면서 독학학위검정센터로 새롭게 출범하였으며, 2013년부터 독학학위운영센터로 명칭을 변경하였으나, 2014년 8월 조직 개편에서 「학점은행 · 독학사 관리본부」 내에서 독학사관리실로 대폭 축소되었다.

2) 독학학위제 운영 내용

(1) 전공영역 및 시험절차

독학학위제는 학습자가 개별학습을 한 후, 그 결과를 시험을 통해 확인하고, 합격을 하면 학위까지 취득할 수 있는 제도이다. 2021년 현재 학위별 전공 분야는 문학사의 전공은 국어국문학, 영어영문학, 심리학, 중어중문학(신규 응시 폐지), 법학사의 전공은 법학, 행정학 학사의 전공은 행정학, 경영학사의 전공은 경영학, 이학사의 전공은 수학(신규 응시 폐지), 공학사의 전공은 컴퓨터과학, 정보통신학(3, 4단계만 지원 가능), 가정학사의 전공은 가정학, 간호학사의 전공은 간호학(4단계만 지원 가능), 교육학사의 전공은 유아교육학(3, 4단계만 지원 가능), 교육학사의 전공은 유아교육학(3, 4단계만 지원 가능), 농학사의 전공은 농학(신규 응시 폐지)을 전공하여야 한다. 독학학위제 학위 종별 및 전공은 〈표 12-12〉와 같다.

표 12-12 독학학위제 학위종별 및 전공

학위종별	전 공
문학사	국어국문학, 영어영문학, 심리학*, 중어중문학(신규 응시 폐지)
법학사	법학
행정학사	행정학
경영학사	경영학
이학사	수학(신규 응시 폐지)
공학사	컴퓨터과학, 정보통신학(3, 4단계만 지원 가능)
가정학사	가정학
간호학사	간호학사(4단계만 지원 가능)
교육학사	유아교육학(3, 4단계만 지원 가능)
농학사	농학(신규 응시 폐지)

* 심리학 전공은 2014년부터 개설 운영함
출처: 교육부 · 국가평생교육진흥원(2021). 2021년 평생교육백서. p.159.

(2) 과정별 시험실시 현황

최근 10년간 독학사 시험의 과정별 지원자 현황을 보면, 교양과정, 전공기초과정, 전공심화과정 인정시험의 경우, 2012년부터 2015년까지 지속적인 감소 추세를 보였다가, 2016년 이후에는 교양과정과 전공기초과정 인정시험이 소폭의 증감을 반복하며 다시 증가하는 모습을 보였다. 반면, 전공심화과정 인정시험은 2016년 이후 지속적으로 지원자가 증가하였다. 학위취득 종합시험의 경우 2012년부터 2015년까지는 지원자가 계속 증가했으나, 2016년부터는 감소세로 전환되어 2021년에는 지원자 수가 가장 많았던 2015년 대비 약 1,900명이 감소한 2,058명이 지원하였다. 전체 지원자 현황을 보면, 2015년까지 감소하다가 2016년 이후 다시 증가세를 보였으며, 2018년 소폭 감소를 제외하고는 계속 증가하여 2021년에는 총 33,470명이 지원하였다.

표 12-13 과정별 시험 실시 현황

(단위: 명)

연도	교양과정 인정시험 (1과정)	전공기초과정 인정시험(2과정)	전공심화과정 인정시험(3과정)	학위취득 종합시험 (4과정)
2012년	17,835	13,517	4,842	2,282
2013년	14,884	11,239	4,139	2,891
2014년	13,335	8,868	3,137	3,490
2015년	12,786	8,666	3,654	3,826
2016년	10,658	8,011	4,201	3,811
2017년	10,912	10,112	4,726	3,727
2018년	10,081	11,796	5,103	3,211
2019년	12,573	12,145	5,781	2,953
2020년	12,183	12,381	5,643	2,584
2021년	12,750	12,617	5,781	2,058
계	69,637	51,742	20,286	16,402

출처: 교육부 · 국가평생교육진흥원(2021). 2021년 평생교육백서. p.161.

(3) 독학학위제 전공별 학위취득

수학, 농학 전공 영역은 응시생 수의 현저한 감소로 학위취득자 수도 현저하게 적어 결국 2006년부터 폐지하게 되었다. 학위취득자 수는 국어국문학, 영어영문학, 유아교육학, 컴퓨터과학 전공, 간호학 영역에서 높게 나타나고 있다.

표 12-14 독학학위제 연도별/단계별 학위취득 현황

전공 연도	국어 국문학	영어 영문학	중어 중문학	심리학	경영학	법학	행정학	유아 교육학	수학	가정학	컴퓨터 과학	농학	정보 통신학	간호학	계
1992~2009	1,658	1,896	22	-	851	838	640	1,973	24	1,119	2,097	40	0	747	11,905
2010	108	166	1	-	38	37	11	69	0	56	63	0	0	193	742
2011	94	238	0	-	45	54	21	54	2	49	51	0	0	179	787
2012	144	222	0	-	51	41	19	51	0	54	66	0	0	302	950
2013	99	214	0	-	54	32	22	99	0	59	70	0	2	309	961
2014	134	229	0	7	48	36	12	83	0	71	67	0	3	668	1358

전공 연도	국어 국문학	영어 영문학	중어 중문학	심리학	경영학	법학	행정학	유아 교육학	수학	가정학	컴퓨터 과학	농학	정보 통신학	간호학	계
2015	124	159	0	19	28	33	6	132	0	29	67	0	3	457	1,057
2016	84	90	0	15	19	27	10	76	0	26	32	0	1	594	974
2017	77	112	1	20	22	35	5	81	0	20	37	0	0	477	887
2018	94	113	0	24	32	32	10	129	0	30	67	1	3	441	976
2019	76	112	0	29	34	42	10	173	0	12	60	0	3	283	834
2020	80	96	0	28	21	15	3	132	0	25	41	0	4	284	729
2021	62	68	-	30	20	19	8	119	-	22	32	-	3	142	525
계	2,834	3,715	24	172	1,263	1,241	777	3,171	26	1,572	2,750	42	22	5,076	22,685

출처: 교육부 · 국가평생교육진흥원(2021). 2021년 평생교육백서.

(4) 독학학위제의 발전과제[3)]

첫째, 독학학위제 발전을 위해서 사회적 인식을 제고할 필요가 있다. 제도 홍보를 강화하고 학습자의 불편사항 분석 및 개선을 통해 학습자에 대한 서비스를 향상시켜야 한다. 독학학위제의 사회적 인식 제고 및 학점은행제와 연계 강화 등을 통해 제도 발전을 꾀하여야 한다.

둘째, 독학학위제의 지원자 추이를 보다 세부적으로 분석하고 이에 따른 대응방안이 요구된다. 학령기 인구 감소와 학점은행제, 사이버 대학 등 다양한 학위 취득 경로의 확산에 따라, 독학학위제의 지원자 및 합격자 추이에 대한 보다 세부적인 분석이 필요하다. 특히, 최근 3년간 학위 취득자가 매년 소폭 감소하고 있는 현상에 대해서도 원인을 분석하고, 이에 대한 대응 방안을 마련하여 독학학위제의 유용성을 강화하는 것이 중요하다. 시험 준비 학습자의 관점에서 학습 유인 요인과 저해 요인을 면밀하게 분석하고, 이를 기반으로 제도의 개선 방안을 마련하여 학습자들이 보다 효과적으로 시험에 대비할 수 있도록 지원해야 한다.

셋째, 독학학위검정실은 2020년부터 시작된 코로나19 감염병 사태 속에서도 정부와의 긴밀한 협력체제를 구축하여 안정적으로 시험을 운영해 왔다. 앞으로도 이와 유사한 위기 상황에 대비하고, 시대적 · 환경적 변화에 대응하기 위해서는 다양한 시험 운영 관리 방안을 모색할 필요가 있다. 이를 통해 시험 관리의 유연성을 확보하고, 시험 운영체계를 더욱 강화해 나가야 할 것이다.

3) 교육부 · 국가평생교육진흥원, 『2013 평생교육백서』, pp.89-90.

5. 사내대학

1) 사내대학제도의 도입 배경

시간적 · 경제적 여유가 없어 대학에 가지 못한 근로자들의 고등교육 욕구에 대처함과 아울러 기업주에게는 학교법인 설립 없이 소속 근로자들에게 전문 직무교육과 특화교육을 시킬 수 있도록 평생교육법에 의해 도입된 제도이다.

한국교육개발원이 매년 발표하는 평생교육 통계조사에 따르면, 고등교육 형태의 준형식 평생교육기관으로 사내대학, 원격대학, 전공대학이 포함된다. 이들 기관의 정의를 살펴보면, 먼저 사내대학은 「평생교육법」에 의해 학교법인 설립 없이 인가된 대학으로, 기업 내 사원을 대상으로 고등교육을 실시하여 학사 또는 전문학사 학위를 수여하는 기관이다. 사내대학은 해당 사업장 소속 근로자들을 위한 평생교육시설로, 일정 기간 동안 사내교육을 이수하면 학력과 학위가 인정된다.

사내대학은 「상법」 또는 「특별법」에 의해 설립된 종업원 200명 이상의 사업장이 교육부장관의 인가를 받아 설립할 수 있다. 이 기관은 해당 사업장의 근로자를 대상으로 교육을 제공하며, 교육 이수 후에는 「평생교육법」에 따라 전문대학 또는 대학 졸업자와 동등한 학력과 학위가 인정된다. 교육훈련에 소요되는 경비는 고용주가 부담하는 것이 원칙이다. 또한, 사내대학은 1개의 기관 내에서 전문대학 또는 대학과 동등한 학위 과정을 실시하고 운영할 수 있다.

설립 인가 과정에서 사내대학은 사내대학설립심사위원회의 심의를 거쳐야 하며, 학교가 폐지될 경우에는 신고를 통해 폐지가 가능하다.

사내대학은 일정 요건을 갖추어 교육부장관의 인가를 받은 경우 전문대학 또는 대학졸업자와 동등한 학력 · 학위가 인정되는 새로운 형태의 고등교육기관이다. 아울러 사내대학에서 일정 기준 이상의 학점을 취득하거나 학력 · 학위를 인정받은 경우에는 정규대학으로의 편입 그리고 대학원 진학이 가능하도록 되어 있다. 특히, 사내대학은 학습비용과 학교운영비 전액을 고용주가 부담토록 하고 있으므로 평생교육법에 의해 새로 도입된 학습휴가제를 가장 손쉽게 운영할 수 있는 기관으로 대두되고 있다.

사내대학은 고등교육기관에 해당되므로 평생교육법령 이외에도 고등교육법령을 준용 또는 참고하여 설치 · 운영하도록 하고 있다. 여기서 사내대학의 성격을 더욱 명백히 하기 위하여 기존의 기술대학 · 기능대학과의 차이점을 〈표 12-15〉를 통하여 비교해 본다.

표 12-15 사내대학 · 기술대학 · 한국폴리텍대학 비교

구분 내용	사내대학	기술대학	한국폴리텍대학 (종전의 기능대학)
도입배경 (목적)	• 평생교육	• 교육개혁위원회 "신대학" • 산업체근로자의 계속교육과 전문인력 양성	• 산업기술인력양성
근거 법령	• 평생교육법 • 동 시행령 및 시행규칙	• 고등교육법 • 기술대학설립운영규정 • 동 시행규칙	• 기능대학법(1977 과기부) • 노동부 이관(1981) • 법 개정(1997, 학위수여) • 한국산업인력공단법
설립 주체	• 종업원 200명 이상으로서 상법 또는 특별법에 의하여 설립된 법인인 사업장	• 산업체, 산업체법인, 산업체와 대학 및 전문대학 공동 - 학교법인 필요	• 국가, 지방자치단체, 학교법인
인가 여부	• 인가	• 인가	• 인가
학위 수여	• 학위수여	• 학위수여	• 학위수여
비용 부담	• 고용주	• 학교법인, 산업체	• 국가, 지자체, 학교법인, 학생
과정	• 전문학사, 학사	• 전문학사, 학사	• 전문학사(산업학사)
교육 대상	• 종업원 - 당 사업장에서 6월 이상 근무한 종업원만 가능	• 1년 6월 이상 산업체 근무한 자 - 당 산업체 이외의 자도 가능	• 고졸 이상 학력(다양)
교육 기간	• 학사(2년 또는 4년) • 전문학사(2년)	• 학사(2년) • 전문학사(2년)	• 2년
설치 계열	• 인문 · 사회 · 예체능계열 • 자연과학 · 공학계열	• 사회실무계열, 자연공학계열	• 산업기술

출처: 1. 교육과학기술부(2008). 평생교육 법령해설 자료. p.180.
2. 한국폴리텍대학 홈페이지(2008).

2) 사내대학의 설립 · 운영요건

(1) 사내대학 설치 인가 절차(시행령 제36조 제1항 내지 제8항 요약)

설치계획서 제출(매년 3월 31일까지) → 사내대학 설치심사위원회 심의 → 설치 인가 여부 통보(신청일부터 3월 이내) → 설치 인가신청서 제출(개교 예정일 6월 전까지) → 설치 인가(개교 예정일 4월 전까지) → 개교

(2) 사내대학 설치계획서 제출 내용(시행령 제36조 제1항)

- 명칭: 사내대학임을 나타내는 용어가 포함되어야 함(시행령 제36조 제2항)
- 목적
- 설치자
- 위치
- 운영규정(이하 "학칙")
- 향후 4년간(2년제 학위과정을 운영하거나 전문대학 졸업자와 동등한 학력 · 학위가 인정되는 사내대학의 경우에는 2년간)의 재정운영계획
- 향후 4년간(2년제 학위과정을 운영하거나 전문대학 졸업자와 동등한 학력 · 학위가 인정되는 사내대학의 경우에는 2년간)의 교육 · 연구용 시설 및 설비 확보계획
- 실습이 필요한 경우에는 실습시설 · 설비 확보계획
- 교원 확보계획
- 재산 목록 및 그 증명서류(시행규칙 제14조)
- 사내대학의 재산이 다른 사람의 소유인 경우에는 그 재산의 사용에 관한 선세 또는 임대차 계약서의 사본(시행규칙 제14조)

(3) 사내대학설치심사위원회 구성 · 운영(시행령 제37조)

- 구성: 9인 이내(위원장 포함), 대학행정에 관한 경험이 풍부한 교육계, 교육관련 단체, 산업체, 기타 각계의 견해를 대표할 수 있는 자
- 임기: 1년(연임 가능)
- 위촉: 교육부장관

(4) 사내대학 폐쇄신고(시행령 제47조)

- 사내대학 폐쇄 시 폐쇄예정일 30일 전까지 교육부에 신고
- 폐쇄된 사내대학 학적부는 교육부장관이 지정하는 기관으로 이관

(5) 사내대학의 교사(校舍)(시행령 제40조)

- 제11장 평생교육 행정과 제도 중 Ⅳ. 평생교육시설 참조

(6) 사내대학의 교원(시행령 제41조)

- 교원 확보 시기: 개교 시 정원의 2분의 1 이상을 반드시 확보하되, 나머지 교원은 개교 후 1년 이내에 확보하면 됨
- 교원 확보 산출기준: 계열별 학생정원(현재 완성 연도기준)을 시행령 별표 5의 산출기준에 의거 교원 1인당 학생 수로 나눈 수의 교원 확보

예) 총 학생정원이 100명인 경우 최소 확보교원
- 인문 · 사회 · 예체능계: 4명(100명/25명)
- 자연과학 · 공학계: 5명(100명/20명)

- 겸임교원: 고등교육법의 규정에 의한 교원, 국 · 공립 및 민간연구소의 연구원 및 사업장의 임직원

(7) 사내대학 운영경비의 부담범위(법 제32조 제2항 및 시행령 제38조)

- 고용주가 부담하는 비용의 범위에는 사내대학 운영을 위한 인건비, 시설 · 설비비, 실험실습비, 일반관리비 및 그 부대경비가 포함됨
- 학생에게는 교재 구입비, 교통비 등 최소한의 자기 필요 경비 이외의 추가 비용을 부담하게 해서는 아니 됨

(8) 사내대학의 학사관리(시행령 제42조 내지 제46조)

- 학칙 제정 또는 개정 시 교육부장관에 보고
- 수업연한에 있어서 전문학사학위 과정은 2년 이상, 학사학위 과정은 2년 또는 4년 이상으로 함
- 매 학년도 2학기 또는 3학기로 운영하며, 매 학기의 수업일수는 15주 이상이어야 함
- 학위과정 운영은 전문학사 학위과정, 학사학위과정, 전문학사 학위과정과 학사학위과정의 병설을 할 수 있음
- 사내대학 입학자격은 고등학교 졸업자 또는 법령에 의하여 이와 동등 이상의 학력이 있다고 인정되는 자로서 6개월 이상 당해 사업장에 근무하고 있는 자라야 하며, 2년제 학사학위과정의 경우는 전문대학졸업자 또는 법령에 의하여 동등 이상의 학력이 인정되는 자로

서 6개월 이상 당해 사업장에 근무하고 있는 자로 하고 있음

• 사내대학의 학생선발은 사업장에서의 근무실적, 사업장의 경영자 추천 등에 이루어질 수 있으나, 사업장의 여건에 따라 학칙으로 정하도록 하고 있음
• 학위수여의 경우, 학사학위과정 이수자에게는 사내대학의 학칙에 의한 학사학위를, 전문학사학위과정 이수자에게는 전문학사학위를 수여함

3) 사내대학의 설립 · 운영 현황

2000년 「평생교육법」 전부 개정에 따라 최초로 사내대학 인가를 받아 운영한 곳은 삼성전자공과대학교이다. 삼성전자공과대학교는 처음에 전문학사 학위 과정으로 디지털공학과(정원 40명), 디스플레이공학과(정원 25명)의 2개 학과로 시작하였으며, 입학 자격은 현장 경력 1년 6개월 이상의 부서장 추천을 받은 사원에게 부여되었다(김환식 · 김호동, 2002). 이후 학사학위 과정으로 확대 개편되었다.

2021년 기준으로 설치 · 운영 중인 사내대학은 총 8개교로, 이 중 학사 과정은 3개교, 전문학사 과정은 5개교가 운영되고 있다. 2014년에는 선취업 후진학 생태계 조성 분위기가 확산되면서 금융권, 공공 및 민간 부문에서 고졸 일자리가 확대되었고, 이에 따라 사내대학 설립에 대한 관심도 증가하였다. 이러한 흐름 속에서 ㈜포스코는 포스코기술대학을 전문학사 과정으로 설립 · 인가받았다. 설립 인가 과정에서는 '사내대학설립심사위원회'가 서면심사와 현장심사를 통해 타당성을 검토하였으며, 국가직무능력표준(NCS)을 교육과정에 도입 · 적용하여 교육의 질을 높이고 체계적인 전문 인재를 양성할 수 있도록 하였다(교육부, 2013b).

2021년 4월 1일 기준으로 운영 중인 사내대학은 총 8개교(대학과정 3개교, 전문대학과정 5개교)이며, 재학생은 총 340명(대학과정 209명, 전문대학과정 131명), 교원은 4명(대학과정 1명, 전문대학과정 3명)이다.

표 12-16 사내대학 설립 · 운영 현황

학위	대학명	개교 연월	설치자	소재지	학과명	입학 자격
학사	삼성전자공과대학교	2005년 3월	삼성전자	경기 용인시	반도체공학	사업장 재직자
학사	LH 토지주택대	2013년 3월	한국토지 주택공사	대전시 유성구	건설경영, 건설기술	사업장 재직자
학사	KDB 금융대	2013년 3월	KDB그룹 (계열사 6개)	서울시 영등포구	금융학	계열사의 사업장 근무자

학위	대학명	개교 연월	설치자	소재지	학과명	입학 자격
전문학사	삼성중공업공과대	2007년 3월	삼성중공업	경남 거제시	조선해양	사업장 재직자
전문학사	SPC 식품과학대	2011년 3월	SPC그룹 (계열사 4개)	서울 강남구	베이커리	계열사의 사업장 근무자
전문학사	대우조선해양공과대	2013년 3월	대우조선	경남 거제시	조선해양	사업장 재직자
전문학사	현대중공업공과대	2013년 3월	현대중공업	울산시 동구	조선해양, 기계설치	사업장 재직자
전문학사	포스코기술대학	2014년 3월	(주)포스코	경북 포항시, 전남 광양시	철강융합과	사업장 재직자

출처: 교육부 · 국가평생교육진흥원(2021). 2021년 평생교육백서. p.369.

6. 평생학습계좌제

「평생교육법」 제23조에 따르면, "교육부장관은 국민의 평생교육을 촉진하고 인적 자원의 개발 및 관리를 위해 학습계좌(국민의 개인적 학습경험을 종합적으로 집중 관리하는 제도)를 도입 · 운영할 수 있도록 노력하여야 한다."고 명시되어 있다. 평생학습계좌제는 개인의 다양한 학습경험을 체계적으로 관리하고, 이를 개인별 학습계좌에 누적하여 학습설계를 지원하는 제도이다. 또한, 학습 결과를 사회적으로 활용할 수 있게 하여 개인이 자기 주도적으로 학습경험을 관리하고 이를 사회적으로 인정받고 활용함으로써 평생학습 참여를 촉진하는 것을 목표로 하고 있다. 국민의 평생교육, 특히 취업자의 계속교육을 촉진하기 위해 개별적으로 취득한 학력, 학위, 자격 등 인증된 학습경험과 학교 외 교육 등에서 얻은 학습경험을 종합적으로 누적 기록 · 관리하고 이를 객관적으로 인증받기 위한 제도적 장치로서 '교육계좌제(Education Account System)'를 지난 1999년 평생교육법 제정 시 신설하였으나, 구체화된 정책으로 실시되지 못하여 오다가, 2007년 평생교육법 전면 개정 시 이를 '학습계좌제(Learning Account System)'로 개칭되었다. 더 나아가 일부 학자들은 '평생학습계좌제(Lifelong Learning Account System)'로 시급히 변경해야 한다고 주장하고 있다.

1) 평생학습계좌제의 도입배경

(1) 사회변화의 방향이 평생직업교육체제로 전환

① 21세기는 종전의 대학진학형 교육중심사회에서 평생직업형 학습사회로 변화한다.

② 1, 2, 3차 산업중심사회에서 창조경제 중심으로 산업구조가 고도화되고, 이에 따라 지식근로자(knowledge worker) 수요가 급증한다.

③ 엘리트 중심 교육(Education for Elite)으로부터 모든 이를 위한 교육체제(Education for All)로 전환이 촉진된다.

④ 급속한 출산율 하락과 고령화의 진전으로 생산가능인구의 감소와 노동력의 구조적 부족이 전망되고 있다.

(2) 기존 평생학습 지원체제의 한계

① 공급자 중심의 교육지원체제

첫째, 전통적인 학습자(Traditional Learners) 중심의 입학체제로 성인의 고등교육 참여기회가 저조한 실정이다.

둘째, 교육과정, 내용 및 방법이 획일화(Pedagogical Approach)되어 다양한 학습자의 요구를 수용하지 못한다.

셋째, 대부분 사교육 부문에 의존하는 경향이 나타나 교육비 부담이 크게 증가한다.

② 불충분한 평생학습 기회

첫째, 성인의 평생학습참여율이 저조하여 선진국에 비해 낮은 평생학습참여율을 나타내고 있다. 즉, '00년에 비하여 참여율은 상승하고 있으나, 선진국과 비교해서 여전히 낮은 수준이다(2007, KEDI).

※ 평생학습참여율: 한국('04년) 21.6% / OECD('02년) 평균 52%, 호주 89%, 덴마크 80%, 아일랜드 66%, 영국 38% 등

둘째, 특정 영역에 편중적인 평생학습 참여 현상을 보이고 있다. 즉, 전체 평생학습참여율 중 자아실현 관련 평생학습참여율 12.5%, 고용가능성 증진 관련 평생학습참여율 9.6%, 사회통합을 위한 평생학습참여율 1.7%이다(2007, KEDI).

셋째, 고용가능성(Employability) 제고, 시민의식(Citizenship) 형성, 지속가능성(Sustainability)의 의식 함양을 위한 평생학습 기회가 부족한 실정이다.

2) 평생학습계좌제의 국내 · 외 운영 사례

국내 · 외적으로 평생학습계좌제와 유사한 운영 사례가 있는데, 크게 나누면 학습이력관리형과 학습비지원형, 혼합형으로 구분할 수 있다.

(1) 학습이력관리형

학습이력관리형은 학습비지원형과는 달리 다종다양한 국민 개개인의 학습경험을 종합적으로 누적 기록 · 관리함으로써 고용 및 사회적 활용도를 제고하는 형태이다. 여기에는 공식적인 학교교육뿐만 아니라 비형식, 무형식 교육 결과까지 기록하며, 국가에 따라서는 평생학습의 적용범위에 따라 학습결과뿐만 아니라 자원봉사활동, 스포츠, 문화활동까지 포함하기도 한다. 일본의 평생학습 Passport제와 등록생애학습제도가 그것이다. 우리 평생교육법 시행규칙을 보면, 학습이력관리에 자격까지 포함하고 있다. 또한 평생학습결과 표준화사업의 일환으로 운영 중인 이천시의 평생학습 시민대학 수첩제, 목포시의 학습 기록 수첩제, 순천시의 평생학습 포인트제도 학습이력관리형에 속한다. 영국이 1991년부터 개인의 자기개발 지원을 위해 평생에 걸쳐 개인의 성취 내용을 누가 기록하는 "국가성취기록부(National Record of Achievement)"와 1996년 이를 개명한 "발달기록부(Progress File)"는 이력관리형에 포함된다. 뉴질랜드는 국가자격체제(New Zealand Qualification Framework) 구축의 일환으로 개인의 자격취득 결과를 상세하게 기록하여 산업계나 고등교육기관에 정보를 제공하기 위하여 학습기록제(Record of Learning)를 실시하고 있다. 정부로부터 평가인증 받은 기관이 자격관련 학습모듈을 제공하고 학습자들이 이 모듈을 이수하면 이수결과를 기록으로 축적한다.

(2) 학습비지원형

학습비지원형은 주로 영미권에서 나타나고 있는데, 개인 학습자들에게 직접적인 학습비를 제공하거나 세금 감면 등의 간접적 지원 방식을 의미한다. '08년도 우리 노동부의 고용보험기금을 재원으로 하고 있는 근로자 수강지원금은 훈련 중 또는 훈련 수료 후 1년 이내에 이직된 자, 40세 이상인 자, 상시 사용하는 근로자 수가 300인 미만인 사업에 고용된 자,

근로계약이 1년 이하인 자를 대상으로 하고 있고, 258,760명을 대상으로 561억 5천만 원을 지원하고 있다. 노동부의 근로자직업능력개발카드제의 경우는 29,000명을 대상으로 148억 원을 지원하고 있는데, 지원 학습자 대상으로는 근로계약이 1년 이하인 자, 단시간근로자, 파견근로자, 일용근로자 등 노동안정성이 부족한 재직자를 대상으로 하고 있으며, 대상자 1인당 근로자 수강지원금을 포함 각각의 보험연도에 100만 원을, 훈련개시일로부터 매 5년간 300만 원을 초과할 수 없도록 하고 있다(고용보험법 시행규칙 제62조).

영국의 개인학습계좌제(Individual Learning Accounts)는 2000년 9월 1일 제정된 학습기술법(Learning and Skill Act 2000: LSA)의 제104조부터 제109조의 조항에 의해 그 설립근거를 마련하였다. 시행령이나 규정은 주마다 별도로 제정하도록 하고 있는데, 스코틀랜드의 경우는 소득수준에 따라 차등으로 지급하고 있다. 연간 총소득이 ￡18,000(약 3,600만 원) 이하인 18세 이상의 주민에게 연간 ￡200(약 40만 원)을 지급하고 연간 총소득이 ￡18,000 이상인 주민에게는 ￡100(약 20만 원)을 지급하고 있다(ILA Scotland Homepage, 2008; Rutherford, 2008). 영국 웨일즈주의 경우는 주정부가 개인학습계좌에 매년 ￡200을 제공하되, 정부에서 인가받은 교육훈련기관에서 NQF(National Qualification Framework) 3단계 이상의 교육과정을 수강하도록 하고 있다.

미국의 평생학습계좌제(LiLAs)는 2007년 상원(S.26)과 하원(H. R.2901)에서 심의되어 현재 국회에 계류 중인 평생학습계좌법안(Lifelong Learning Accounts Act of 207: LLAA)에 의해 운영될 예정이며, 운영 주관기관인 성인경험학습위원회(The Council for Adult & Experiential Learning: CAEL)는 2001년부터 2007년까지 시카고, 인디애나 북동부, 샌프란시스코 지역에서 시범운영을 실시하였다(Sherman, 2008). 메인 주, 일리노이 주, 미주리 주, 하와이 주 등에서는 주정부 차원에서 2003년부터 2006년까지 LiLAs를 자율적으로 실시한 바 있다. 시범운영 단계에서의 주된 학습대상자들은 요식업, 공공영역, 보건의료 등의 산업 분야에 종사자로서 이들은 본인의 학습계좌에 연간 최대 5,250$까지 학습경비를 납입할 수 있도록 하되, 납입된 학습비에 대한 세액공제를 500$(LLAA SEC. 25E)까지 해주고 있다. 고용주는 근로자가 학습계좌에 납입하는 금액만큼 이에 상응하는 금액을 기업에서 지원하여야 하며, 최대 지원액은 연간 500$이다. 고용주는 이 지원 금액에 대해 세액공제(Tax Credit)를 받게 된다(LLAA SEC. 450). 평생학습계좌제의 자금은 계좌 소유주가 본인의 학습비로 사용하도록 하고, 주로 교육기관의 수업료, 등록금 등으로 사용되며, 서적 구입비 등 부대 학습 경비로도 사용할 수 있다.

한편 스웨덴의 경우는 미국의 LiLAs처럼 세금감면 방식으로 제도를 구안하였으나 제도

도입에 실패한 경우이다. 1999년 12월 스웨덴 산업고용정보통신부(Ministry for Industry, Employment and Communications)가 개인능력개발(Individual Competence Development)의 일환으로 개인학습계좌제위원회(ILAC)에게 ILAs 도입을 구안하라고 하여, ILAs를 세금감면의 자발적 개인학습계좌제로 제안하였으나 2002년 4월 학습계좌제 실시 방안이 불완전하다는 이유, 즉 교육과 세금감면은 다른 차원이란 점, 저축하기에는 어려운 사람들이 실제로 능력개발이 필요한 사람인데 배제된다는 점, 법 조직 관련 기술적 문제 등으로 최종 제도 도입을 연기하기로 결정하였다(Lynèl, 2003).

독일연방교육연구부는 2008년도에 「평생학습 형성전략을 위한 계속교육혁신위원회의 제안서」를 발표하였는데, 평생학습체제 구축전략 10가지 제안 중 개인이 자기 책임 아래 미래의 교육수요를 충족하고 계속학습을 통한 직업적 역량개발을 기획할 수 있도록 '계속교육장려금(Weiterbildungsprämie)' 도입을 적극 권장하고 있다. 계속교육장려금으로 연봉 17,900유로(개인), 35,000유로(부부) 이하인 경우 최대 154유로를 책정하는 방안을 제안하고 이미 노르트라인-베스트팔렌 주에서 도입하고 있는 '교육수표(Bildungsschecks)' 제도 같은 것을 통한 중소기업의 계속교육 참여 활성화 방안도 고려할 만한 사안이라고 하고 있다(Bundesministerium für Bildung und Forschung, 2008).

(3) 혼합형

혼합형은 우리 교육부가 도입하고자 하는 방식으로 학습이력 관리뿐만 아니라 학습비를 지원하는 방안이다. 지금까지 교육부는 학습자를 대상으로 직접 지원하기보다는 학습자를 모집하여 운영하고 있는 평생교육훈련기관·시설에 직접 재정적 지원을 하였으나 향후 평생학습계좌제와 연계되어 운영된다면 기관 공급자에 대한 지원방식을 수요자인 개인학습자에게 직접 지원하는 방식으로 바꾸어야 할 것이다.

표 12-17 학습계좌제 국내·외 유형 구분

유형	사례	비고
학습이력 관리형	• 이천시 평생학습 시민대학 수첩제 • 목포시 학습기록 수첩제 • 순천시 평생학습포인트제 • 일본 평생학습 패스포드제, 등록생애학습제도, 경력기록부(CR), 경력지원시스템, 비즈니스커리어 제도	

유형	사례	비고
	• 영국 발달기록부(PF) • 뉴질랜드 학습기록제(RL) • 미국 군 경험 훈련이증제(VMET)	
학습비 지원형	• 노동부 고용보험기금에 의한 근로자수강지원, 근로자 직업능력개발카드제 • 영국 개인학습계좌제(ILAs), 성인학습자계좌(ALA)(잉글랜드) • 미국 개인훈련계좌제(ITAs), 평생학습계좌제(LiLAs) • 독일 계속교육장려금(Weiterbildungsprämie), 교육수표제도(Bildungsschecks) • 스웨덴 개인학습계좌제(ILAs)	• 영국 ILAs는 England 주에서 부정행위 약 1,200억 원 낭비, 2001.11.23 정지, 2007년부터 2009년까지 Adult Learner Account 도입 운영 중 • 스웨덴은 1999년 도입 추진, 2002년 4월 방안 미흡으로 추진 중단
혼합형	• 한국 평생학습계좌제	• 학력인정, 학습비, 학습이력관리, 자격연계

출처: 박인종(2008). 평생학습계좌제 실행을 위한 국내외사례분석, 2008년 한국평생교육학회 춘계학술대회. pp.42-43.

3) 평생학습계좌제의 운영성과

(1) 이용자 현황

평생학습계좌제 이용자 현황은 크게 학습계좌 개설자, 연령별·직업별 학습계좌 개설자, 그리고 유형별 학습이력 등록 현황으로 나누어 분석할 수 있다.

우선, 평생학습계좌제 학습이력관리시스템은 2010년에 처음 개통되었으며, 2021년까지 총 464,157명이 학습계좌를 개설하였다. 연도별로 학습계좌 개설 현황을 살펴보면, 시행 첫해인 2010년에는 977명이 학습계좌를 개설하였고, 2021년에는 신규 학습계좌 개설자 수가 41,798명에 이르러 2010년 대비 약 4,178% 증가하였다. 특히, 2020년에는 늘배움(www.lifelongedu.go.kr)과 ONE-ID 통합회원 서비스 제공을 시작하고, 법정의무교육과 연계한 서비스를 제공하면서 학습계좌 개설자 수가 비약적으로 증가하였다. 이로 인해 최근 5년간 학습계좌 개설자는 꾸준히 증가하고 있는 것으로 나타났다.

표 12-18 연도별 학습계좌 개설 현황

연도	2017	2018	2019	2020	2021	계
개설자 수	12,549	11,267	19,135	325,365	41,798	464,157

출처: 국가평생교육진흥원(2021). 내부 자료.

학습계좌 개설자는 학습이력관리 시스템을 통해 자신의 학력, 자격, 경력, 평생학습 이수 이력, 그리고 기타 활동 사항을 기록하고 누적하여 체계적으로 관리할 수 있다. 2021년에는 신규로 등록된 학습이력 건수가 총 113,269건이었으며, 그중 평생학습 이수 이력이 103,952건으로 가장 높은 비중을 차지하였다. 그 뒤를 이어 학력, 기타 이력, 자격, 경력 순으로 이력이 등록된 것으로 나타났다.

표 12-19 연도별 학습이력 등록 현황

연도	학습이력 등록 합계	학력	자격	경력	평생학습 이수	기타
2017	48,641	3,120	3,017	3,185	32,709	6,610
2018	53,549	3,920	3,142	3,351	37,017	6,119
2019	89,083	3,815	3,194	2,762	75,370	4,162
2020	497,127	2,409	2,336	2,491	486,432	3,337
2021	113,269	2,805	2,490	1,441	103,952	2,582
계	968,089	43,311	30,050	29,979	816,742	48,007

* 기타: 자원봉사, 수상, 논문 등 기고활동, 특허출원, 어학연수, 외국어교육, 독서, 취미 및 동아리 활동 등
출처: 국가평생교육진흥원(2021). 내부 자료.

(2) 주요성과

첫째, 2020년 늘배움(www.lifelongedu.go.kr)과 One-ID 통합 이후, 2021년에는 평생교육 One-Stop 서비스 확장의 일환으로 평생교육바우처(www.lllcard.kr)와의 연계를 통해 국민의 평생학습권 확대를 위한 기반을 마련하였다. 평생교육바우처 시스템 회원가입 시 평생학습계좌제 계정(학습계좌번호)이 자동으로 발급되는 서비스를 도입하여, 평생교육바우처 회원과의 통합 기능을 구축하였다. 해당 서비스는 2022년 1월부터 제공되고 있다.

둘째, 디지털 정부혁신의 일환인 페이퍼리스(Paperless) 정책과 평생학습이력증명서의 활용성 제고를 위해 행정안전부의 전자문서지갑과 연계를 추진하였다. 이를 통해 학습이력을 종이 없이 모바일을 통해 간편하게 제출할 수 있는 기반이 마련되었으며, 2021년 12월부터 스마트폰 정부24 애플리케이션을 통해 서비스를 제공하고 있다. 이를 통해 학습자는 평생학습계좌제 학습이력증명서를 전자문서로 발급 및 제출할 수 있어 편의성이 크게 증대되었다.

셋째, 학습이력관리시스템 기능 개선이 이루어졌다. 학습자용 시스템의 메인화면 로딩 속도

를 개선하여 이용 편의성을 높였으며, 늘배움 시스템과의 자동 동기화를 강화하여 학습자가 평생학습계좌제 시스템에서 학습이력을 간편하게 등록하고 학습이력증명서를 출력할 수 있게 되었다. 또한, 모의해킹을 통한 웹 취약점 점검 및 관련 보안 조치를 통해 시스템의 안정성을 확보하였다.

넷째, 온국민 평생배움터 시스템 정보화전략계획(ISP)을 수립하고 관련 법적 근거를 마련하였다. '디지털 시대의 열린 평생교육 · 훈련 혁신방안(사회관계장관회의, 2020)'의 일환으로 온국민 평생배움터 시스템 구축과 예산 마련을 위한 ISP 계획을 수립하고, 관련 근거 법령으로 평생교육법 신설에 따른「평생교육법 시행령」개정을 통해 시스템 구축과 운영에 필요한 기준을 정하였다.

4) 평생학습계좌제의 발전과제[4)]

평생학습계좌제는 제도 도입 이후 3년이 지나, 새 정부가 발표한 평생학습 관련 국정과제 추진 등과 맞물려 본격적인 안착을 고민해야 하는 단계에 이르렀다. 그에 따른 주요 현안과 향후 과제를 살펴보면 다음과 같다.

첫째, 평생학습계좌제 학습마일리지 활용 체제 개선이다. 2010년 학습이력관리시스템 도입과 함께 개인과 교육기관이 학습이력 등록 시 자동으로 학습마일리지를 부여받게 되었으나, 학습마일리지를 실질적으로 활용할 수 있는 기준이 미비하여 제도의 효용성을 높이기 위한 체제 개선이 요구된다. 이에 학습마일리지 활용 방안을 재검토하여, 학습자와 교육기관의 참여를 확대하고 제도의 활성화 기반을 마련이 요구된다.

둘째, 평생학습이력증명서의 공신력 확보가 중요한 과제로 부각된다. 현재 학습이력의 상당부분은 학습자 개인이 기록하는 방식으로 운영되고 있어, 평생학습이력증명서 사용 시 이력의 신뢰성 문제가 발생할 수 있다. 이를 해결하기 위해 NEIS 시스템을 연계하여 초 · 중 · 고등학교 학력의 진위 여부를 확인하고, 대한상공회의소 및 한국산업인력공단과 연계하여 국가기술자격 취득 이력의 신뢰성을 확보하였다. 이러한 연계를 통해 학습이력의 공신력을 지속적으로 확대하는 것이 필요하다.

셋째, 공공마이데이터 서비스와의 연계이다. 공공마이데이터 서비스는 국민이 본인의 행정

4) 교육부 · 국가평생교육진흥원,『2013년 평생교육백서』, pp.97-98.

정보를 데이터 형태로 다양한 분야에서 활용할 수 있게 하는 서비스로, 행정기관이 정보 주체인 본인이나 본인이 지정한 제3자에게 정보를 제공하는 방식이다. 이를 통해 평생학습계좌제 시스템과 행정안전부의 공공마이데이터 플랫폼을 연계하여, 학습자들이 별도의 서류 발급 없이 학습 데이터를 온라인으로 확인할 수 있도록 하여 시간과 비용을 절감하고, 데이터 이용의 편의성과 활용성을 향상이 필요하다.

마지막으로 평생학습계좌제 학습과정 평가인정 참여 확대가 요구된다. 평생교육기관이 학습과정을 운영하는 시기와 학습이력의 현장 활용성을 고려하여 학습과정 신청 범위를 확대하고, 기존의 운영 종료 학습과정뿐만 아니라 운영 예정인 학습과정까지 포함하여 평생교육기관의 참여를 늘려야 한다. 또한, 평가인정 결과가 우수한 교육기관과 정부 부처 등 평생학습 확산에 기여하는 기관에 대해 평가 면제 범위를 확대하여, 학습자들이 양질의 평생교육 프로그램을 선택할 수 있는 기회 보장이 필요하다.

7. 제5차 평생교육진흥기본계획의 내용[5)]

1) 평생교육진흥기본계획의 개요

평생교육은 학력 보완, 성인 문자 해득, 직업 능력 향상, 인문 교양, 문화예술, 시민참여 등을 포함한 모든 형태의 조직적인 교육활동을 말한다. 평생교육은 학교의 정규 교육과정과는 달리, 학습자 개인의 삶 속에서 필요에 따라 이루어지는 다양한 교육활동을 포괄하며, 이를 통해 개인의 발전과 사회의 성장에 기여한다. 또한 평생교육은 다양한 연령대와 사회적 배경을 가진 사람들이 학습할 수 있는 기회를 제공하며, 이를 통해 자아실현 및 직업적 성장뿐만 아니라 사회적 참여도 증진하는 것을 목표로 한다. 평생교육은 「평생교육법」 제2조 제1호에 근거해 정의되며, 이 법을 바탕으로 구체적인 정책과 프로그램이 추진된다.

평생교육진흥기본계획은 「평생교육법」에 따라 교육부장관이 5년마다 수립해야 하는 법정 기본계획으로, 국가의 평생교육정책의 방향을 제시하고 이를 실행하기 위한 중·장기 목표와 기본 방침을 마련하는 것을 목적으로 한다. 「평생교육법」 제9조 제1항에 따르면, 이 계획은 평생교육의 전반적인 사항을 다루며, 국가적 차원에서 평생교육을 촉진하고 그 기반을 다지기

5) 교육부, 제5차 평생교육진흥기본계획('23~'27년).

위해 필수적인 정책적 방향을 설정한다.

이 계획의 주요 내용에는 중·장기적인 정책 목표, 평생교육의 활성화 및 기반 구축, 투자 확대, 정책 분석 및 평가 등이 포함되며, 특히 장애인의 평생교육과 그에 대한 평가 및 제도 개선도 중요한 요소로 다루어진다. 이러한 계획을 통해 평생교육의 질적 향상과 함께 보다 많은 국민이 평생학습에 참여할 수 있도록 정책적 기반을 마련하고 있다.

평생교육진흥기본계획에는 여러 가지 필수적인 사항이 포함된다. 구체적으로, 다음과 같은 요소들이 반드시 포함되어야 한다.

① 중·장기 정책 목표 및 기본 방향: 국가의 평생교육을 중장기적으로 발전시키기 위한 목표와 방향을 설정하며, 이를 통해 국민 모두가 평생학습에 참여할 수 있는 환경을 조성한다.

② 평생교육의 기반 구축과 활성화: 평생교육의 체계를 구축하고, 이를 보다 효과적으로 운영할 수 있는 정책적 방안을 마련한다.

③ 투자 확대 및 소요 재원 계획: 평생교육을 활성화하기 위한 재정적 지원 및 그에 따른 투자 계획을 수립하고, 필요한 재원을 확보하는 방안을 논의한다.

④ 정책 평가 및 분석: 평생교육진흥정책의 성과를 평가하고 분석하여, 그 결과에 따라 향후 정책을 수정하고 개선할 수 있는 근거를 마련한다.

⑤ 장애인 평생교육의 진흥과 평가: 장애인을 위한 평생교육 프로그램의 운영 방안을 마련하고, 그 효과를 평가하며 지속적으로 개선한다.

2) 평생교육진흥기본계획의 성과(1~4차)

지난 20년간 정부는 총 5차례의 평생교육진흥 기본계획을 수립하여 국정철학을 담은 평생학습사회의 구현을 목표로 다양한 정책을 추진하였다. 각 기본계획의 주요 비전은 다음과 같다.

① 1차('02~'06): "배우는 즐거움, 나누는 보람, 인정받는 학습사회 실현", 지역, 사회통합 및 성인 학습자의 학습 기회를 확대하고 학습이 국가 발전의 중요한 요소로 자리잡도록 한다.

② 2차('08~'12): "배우는 즐거움, 일구어가는 내일, 함께 살아가는 평생학습사회 구현", 창조적 학습자와 사회통합을 지향한다.

③ 3차('13~'17): "100세 시대, 창조적 평생학습을 통한 국민행복 실현"을 비전으로 한다.
④ 4차('18~'22): "개인과 사회가 함께 성장하는 지속가능한 평생학습사회 실현"을 비전으로 한다.

이러한 계획들을 통해 평생학습은 국가정책의 한 축으로 자리잡았고, 인프라 확충, 사회적 인식 제고, 제도적 지원을 통해 국민들의 학습권 확대에 기여해 왔다.

주요 성과로는 학력 · 학위 과정뿐만 아니라 다양한 성장 경로를 제공하고, 사회적 관계망을 형성하며, 온라인 학습을 통해 국민의 평생학습 접근성을 확대한 점, 사회적 취약계층 지원으로 국민 간 학습격차 해소 등이 있다.

4차 산업혁명 시대의 도래에 따라, 평생학습은 기술 발전에 맞춰 지식과 기술을 끊임없이 향상시킬 수 있는 수단으로 더욱 중요해지고 있다. 그간의 평생학습 정책은 인프라를 확대하고 수요를 충족해 왔으나, 빠르게 변화하는 기술혁명 속에서 무한한 성장을 이끄는 새로운 학습의 장을 열어가는 것이 필요하다. 앞으로는 누구나 자신의 지식과 기술을 계속해서 향상할 수 있는 맞춤형 평생학습 정책이 더욱 요구되며, 이를 위한 지속적인 제도 개선과 정책적 지원이 필요하다.

3) 제5차 평생교육진흥기본계획의 내용

제5차 평생교육진흥기본계획은 모든 국민이 평생학습을 통해 지속적으로 성장하고 발전할 수 있는 사회를 목표로 하고 있다. 이 계획은 전 국민 삶의 질 향상과 국가, 지자체, 민간의 협력을 통한 평생학습사회를 구축하는 것을 지향한다. 또한, 디지털 기술을 적극 활용하여 맞춤형 평생학습 환경을 마련하는 데 중점을 둔다.

① 비전

누구나 계속 도약할 수 있는 기회, 함께 누리는 평생학습사회

② 정책목표

- 전 국민 삶의 질 향상을 위한 평생학습 진흥
- 국가, 지자체, 민간이 함께 건설하는 평생학습사회
- 디지털기반 맞춤형 평생학습 환경 마련

③ 3대 키워드

- 지속 가능성: 국민의 계속 성장, 정책의 지속 고도화
  사회의 급격한 변화 속에서도 모든 국민이 지속적으로 학습할 수 있는 기회를 제공하고, 학습 격차를 줄여 포용적인 평생학습 환경을 조성한다.
- 기회: 실질적인 기회 확대, 국가 · 지자체 도약의 기회
  각 개인의 실질적 학습 기회를 확대하고, 지역과 국가가 협력하여 다양한 성장 경로를 마련한다.
- 연계: 다양한 학습경험 연계, 국가 · 지자체 · 민간 연계
  국가, 지자체, 민간이 협력하는 거버넌스 체계를 구축하여 모든 계층이 평생학습에 참여할 수 있도록 지원한다.

④ 6대 핵심과제

- 평생학습 상시 플랫폼으로서 대학의 역할 확대: 대학은 성인 학습자들에게도 지속적인 교육 기회를 제공하며, 학습자의 직무역량 향상과 새로운 지식을 습득할 수 있는 플랫폼으로 자리매김한다. 이를 통해 대학의 기능을 확장하고, 평생학습을 위한 교육 공간으로 활용된다.
- 지지체, 대학, 기업 등의 협력을 통한 지역 평생학습 진흥: 각 지역의 특성에 맞춘 맞춤형 교육 프로그램을 개발하여, 지역사회와 기업, 대학이 함께 협력하는 평생학습 생태계를 구축한다. 이를 통해 지역의 경제적, 사회적 성장을 도모한다.
- 3050 생애도약기를 위한 평생학습 지원: 30~50대의 성인 학습자를 대상으로 지속적인 학습 기회를 제공하고, 생애주기 전환점에서 학습을 통해 새로운 도약을 지원한다. 이 연령층이 직업 전환과 역량 강화의 중요한 시기임을 고려하여, 맞춤형 학습 지원이 강화된다.
- 사각지대 없는 따뜻한 평생학습사회 구현: 교육 사각지대에 있는 취약계층, 고령자, 장애인, 다문화가정 등을 위한 포용적인 평생학습 정책을 확대하여, 모든 국민이 함께 학습할 수 있는 사회를 조성한다.
- 다양한 경력, 자격, 학력 등의 연계를 강화: 국민이 다양한 학습경험과 자격을 통해 상호 연계된 교육 경로를 만들어 갈 수 있도록, 학습경험을 공적으로 인정하고, 이를 바탕으로 경력 개발을 지원한다.

- 인공지능 등 디지털 기반 맞춤형 평생학습 체계 구축: AI와 빅데이터를 활용하여 학습자의 개인 특성에 맞춘 맞춤형 학습 서비스를 제공하며, 디지털 기술을 기반으로 한 평생학습 체계를 구축하여 미래 사회에 대응할 수 있는 교육 환경을 마련한다.

⑤ 뒷받침 과제

- 거버넌스: 법과 제도를 개선하고, 평생학습과 관련된 법적 근거를 강화한다.
- 데이터: 데이터 기반의 정책을 수립하여, 학습 데이터를 활용한 효율적인 교육 체계를 마련한다.
- 재정: 안정적인 재원 마련을 통해, 평생학습의 지속적인 성장을 도모한다.

⑥ 기대효과

이러한 핵심 과제를 통해 경제적 · 일자리 측면에서 생산성이 증가하고, 삶의 질이 향상되며, 국민의 행복감이 증대된다. 또한, 지역사회와 협력하는 평생학습을 통해 지역 발전과 사회적 통합을 이룰 수 있는 기반을 마련할 수 있다.

4) 제5차 평생교육진흥기본계획의 추진

(1) 평생학습 상시플랫폼으로서 대학의 역할 확대

평생학습을 촉진하기 위해 대학의 기능과 역할을 학령기 학생을 넘어서 성인 학습자에게까지 확장하여, 평생학습의 거점으로서 대학이 중요한 플랫폼으로 자리잡을 수 있도록 하는 것이 핵심이다. 대학은 성인 학습자들이 자신들의 경력을 발전시키고 역량을 강화할 수 있는 교육 기회를 제공하며, 이러한 교육 과정을 통해 학습자가 언제든지 학습에 접근할 수 있는 상시 플랫폼으로 기능해야 한다.

① 주요 내용

- 성인 역량 향상: 성인 학습자를 위한 학습 기회를 확대하기 위해 대학은 학점 제공이 가능한 재교육 프로그램과 향상교육 과정을 운영한다. 특히, 성인 학습자의 요구에 맞춘 특화된 전담학부 · 학과 학교 개설을 통해 학습 기회를 더욱 다양화한다. 또한, 디지털 학습 도구인 K-MOOC를 활용하여 학습자들이 언제 어디서나 학습할 수 있도록 지원하고, 단기 집중 과정을 통해 스킬 중심의 교육을 제공한다.

- 기업 수요 맞춤형 교육: 기업의 요구에 맞춘 맞춤형 대학 위탁 과정이 활성화되어야 한다. 이를 위해 대학의 이동수업을 전면 허용하며, 매치업 오프라인 심화 과정을 운영하여 기업이 필요로 하는 인재를 양성하는 데 주력한다. 더 나아가, 평생학습 R&D를 확대하여 기업의 수요에 맞춘 학습 콘텐츠를 지속적으로 개발하고 개선한다.
- 지역 특화형 평생학습: 지역 대학과 커뮤니티가 협력하여 커뮤니티 칼리지 형태의 학습 플랫폼을 도입한다. 지역사회와 기업이 필요로 하는 인재를 양성하기 위해 기초 지자체와 전문대학 간의 연계를 강화하고, 이를 통해 지방에서의 고등직업교육이 활성화될 수 있도록 지원한다. 지역대학의 우수 인프라를 활용한 평생학습동아리를 지원한다.

② 로드맵

- 2023~2024년(2년차 목표): 대학의 평생교육체제 지원사업 2.0을 추진한다. 성인 학습자들의 접근성을 높인다. 성인 맞춤형 재교육 및 향상교육을 추진하고 지역 기반 커뮤니티 칼리지 모델을 설계하여 지역사회의 요구를 반영한 평생학습을 제공한다.
- 2025~2027년(4년차 목표): 일반성인의 마이크로디그리 과정을 활성화하고, 지역, 기업 연계 평생학습을 확산하며 평생학습 상호 학점인정 생태계를 조성한다.

(2) 지자체, 대학, 기업이 함께 지역 평생학습 진흥

① 주요 내용

- 지자체 중심의 지역 평생학습 진흥: 지방자치단체는 지역 평생학습의 핵심 역할을 수행하며, 중앙정부와 협력하여 평생학습의 추진력을 강화하는 데 중점을 둔다. 국가에서부터 시 · 군 · 구까지 각기 다른 역할을 맡고, 이를 통해 지역주민들에게 지속적이고 맞춤형 학습기회를 제공하고자 한다. 지자체가 중심이 되어, 평생학습 진흥을 통한 지역발전 · 재생 도모, 지역 활력 제고, 지역 인구감소 대응 등 지역 정주 여건 개선이 필요하다.

표 12-20 「평생교육법」 상 지역 평생학습 진흥을 위한 국가 · 지자체의 역할

국가	시 · 도지사	시 · 도교육감	시장 · 군수 · 구청장
• 평생학습도시 지정 · 지원	• 시 · 도평생교육진흥원 설치 · 지정 · 운영	• 시 · 군 · 구 평생학습관 설치 · 지정 · 운영	• 시 · 군 · 구 평생학습관, 읍 · 면 · 동 평생학습센터 설치 · 지정 · 운영 • 평생학습도시 운영

- 평생학습도시 중심의 지역 거버넌스 구축: 지역 평생학습 진흥을 위해 평생학습도시를 중심으로 지역 거버넌스를 재편하고 있다. 2021년 기준으로 전국에 188개의 평생학습도시가 운영 중이며, 이를 통해 지역 주도적인 학습 체계가 마련되고 있다. 지자체는 교육부의 평가에 따라 평생학습도시를 운영하는 방식을 지자체 자율 평가로 전환하고, 스스로 지역 학습을 기획, 추진하는 역할을 맡게 된다. 이를 통해 지역 특성에 맞는 학습 프로그램을 활성화하고, 지자체와 대학, 기업의 협력을 강화하여 지역 중심의 평생학습사회를 구현할 수 있다.

(3) 3050 생애도약을 위한 평생학습 지원

30~50대 생애도약기에 있는 국민들이 지속적으로 성장할 수 있도록 지원하는 종합패키지형 평생학습 정책을 추진한다. 이를 통해 생애도약기의 중·장년층이 교육과 경력 개발을 지속적으로 이어나갈 수 있는 다양한 분야별 평생학습 콘텐츠를 확충한다.

① 주요 내용

- 지원제도 마련: 30~59세 국민을 대상으로 평생학습 집중 지원제도를 마련한다. 이들은 생애주기상 중요한 전환점을 맞이하고 있으므로, 학습을 통해 자신을 재정비하고 더 나은 삶을 설계할 수 있도록 체계적인 지원이 필요하다.
- 상담: 학습자들이 직면한 다양한 문제를 해결하기 위해 정신적·심리적·직업상담을 제공하여, 학습자가 심리적으로 안정된 상태에서 학습에 몰입할 수 있도록 한다.
- 학습 컨설팅 서비스: 대학과 성인교육 관련기관을 중심으로 성인진로상담센터를 운영하여 무료 학습 컨설팅 서비스를 제공하여, 학습자가 자신의 상황에 맞는 최적의 학습 계획을 세울 수 있도록 돕는다.
- 시간: 직장인과 학습자들이 학습에 몰입할 수 있는 시간을 확보할 수 있도록 평생학습휴가제도 및 3050 평생학습휴직제를 도입한다. 이를 통해 생애도약기의 중장년층이 학습과 업무를 병행하면서도 학습에 몰두할 수 있도록 지원한다.
- 학습비: 대학 및 다양한 학습기관에서 학습할 때 사용할 수 있는 원패스 카드 지급을 통해 학습비를 경감한다.
- 콘텐츠: 관계부처와 협력하여 3050 생애도약기에 맞춤형으로 설계된 다양한 교육 콘텐

츠를 개발하고 제공한다. 이를 통해 학습자들이 직업 전환, 역량 강화, 자기 계발 등을 체계적으로 이어갈 수 있도록 한다.

② 로드맵

- 2023~2024년: 3050 생애도약기를 지원하기 위한 지원 근거를 마련, 국가 평생교육원을 전담 기관으로 지정, 평생학습 휴가제 법령 개정을 추진한다. 이를 통해 학습자들이 생애도약기에 맞춤형 학습을 받을 수 있도록 지원체계를 구축한다.
- 2025~2027년: 각종 상담 서비스 및 학습 컨설팅을 제공하여 더 많은 학습자가 혜택을 받을 수 있도록 한다. 또한, 평생학습 휴가제의 도입을 추진하고 원패스카드를 도입하여 더 많은 국민들이 평생학습을 할 수 있도록 한다.

이를 통해 30~50대 생애도약기 국민들이 교육과 경력 전환을 원활히 이루고, 더 나은 미래를 설계할 수 있도록 체계적인 평생학습 지원체계를 마련한다.

(4) 사각지대 없이 모두가 누리는 평생학습

모든 국민이 평생학습에 참여할 수 있도록 사각지대를 해소하고, 다양한 특성에 맞는 맞춤형 지원을 강화하는 것이 목표이다. 그동안 평생학습 정책에서 소외되었던 고령층, 장애인, 저소득층, 비문해사, 다문화가족 등에게도 학습의 기회를 제공하고, 이들의 특성에 맞춘 프로그램을 개발하여 포용적인 평생학습사회를 구축한다.

① 주요 내용

- 고령층: 지금까지는 평생학습에 대한 정책적 지원이 부족한 상황이었다. 앞으로는 고령층을 대상으로 맞춤형 학습 컨설팅을 제공하고, 대학 전담과정을 개설 및 운영하여 이들의 학습 접근성을 높인다. 또한, 고령층이 독거인일 경우에도 학습 기회를 제공받을 수 있도록 지원을 확대한다.
- 장애인: 장애인 평생학습도시의 운영이 제한적이었으나, 앞으로는 장애인 평생학습도시를 확대하고, 장애인을 위한 맞춤형 프로그램 개발을 통해 교육 기회를 대폭 늘린다.
- 저소득층: 현재 저소득층의 1%만이 평생학습바우처를 통해 지원을 받았으나, 앞으로는 그 범위를 넓혀 2027년까지 저소득층의 5%를 지원하는 것이 목표이다. 또한, 바우처 사용

기관을 보다 확대하여 저소득층이 원하는 교육기관에서 학습을 이어갈 수 있도록 한다.

- 비문해자: 지금까지 비문해자의 성인 문해 교육은 제한적이었다. 앞으로는 성인 문해 교육을 강화하고, 디지털 문해교육을 추가 지원함으로써 비문해자들이 디지털 사회에서 소외되지 않도록 학습 기회를 제공한다.
- 북한이탈주민, 재외동포, 다문화가족: 북한이탈주민과 재외동포, 다문화가족의 특성을 고려하여 한국 사회적응력 향상을 위한 맞춤형 프로그램을 마련하고, 이들이 프로그램에 쉽게 접근할 수 있도록 지원체계를 강화한다. 또한, 온라인 콘텐츠에 외국어, 자막, 다양한 언어를 제공하여 이들이 쉽게 학습에 접근할 수 있도록 한다.

② 로드맵

- 2023~2024년: 장애인 평생교육 법적 근거를 강화하고, 고령층을 대상으로 한 전담과정을 마련하며, 장애인 평생학습바우처 지원을 확대한다.
- 2025~2027년: 평생교육바우처를 저소득층 5%까지 확대하여 보다 많은 학습 기회를 제공한다. 또한, 북한이탈주민과 다문화가족을 위한 사회적응력 향상을 위한 평생학습 프로그램을 강화하고, 비문해자의 디지털 문해교육을 활성화하여 평생학습의 참여기회를 확대한다.

(5) 다양한 경력, 자격, 학력 등의 연결 강화

평생학습사회로 나아가는 데 있어, 학교, 직장 등 다양한 영역에서 쌓은 경력, 자격, 학력 등의 학습경험을 연계하는 것이 필요하다. 이를 통해 학습자들이 다양한 경로를 통해 학습한 내용을 체계적으로 인정받고, 평생학습 경로에 쉽게 편입될 수 있도록 지원한다. 또한, 학위와 비학위과정을 연계하고, 온·오프라인 학습을 결합하여 교과 간 융합을 촉진하는 교육 방식을 도입해, 다양한 학습경험을 통합적으로 인정받을 수 있는 체계를 구축하는 것이 목표이다.

① 주요 내용

- 재직경력·자격인정제도 개선: 재직경력, 자격 등만으로도 학력을 국가가 인정하는 제도를 신설한다(전문학사, 학사, 석사).
- 온라인 무학위 과정 확대: K-MOOC, 매치업 프로그램, 대학, 기업 등에서 제공하는 다양한 기관에서 운영하는 디지털 분야 온라인 강의를 조합한 학위 과정을 신설한다.

- 학점은행의 확장: 국내 거주자만 학점은행제를 신청할 수 있었으나, 앞으로는 해외 거주자도 학점은행제를 통해 학점을 인정받을 수 있도록 기회를 확대한다.

② 로드맵

- 2023~2024년: 국가 경력 · 학력인정제 정책연구를 추진하여 제도를 더욱 강화하고, 온라인 이수 체계도를 마련하고 학점은행제의 표준교육과정을 확대한다.
- 2025~2027년: 학점은행제의 글로벌화를 추진하여 해외에서도 학습자가 이 제도를 활용할 수 있도록 하고, 국가 경력 · 학력인정제를 본격적으로 도입한다. 이와 더불어, 온라인 강의 묶음 학위 과정을 도입한다.

(6) 인공지능 기반 맞춤형 평생학습 및 활용

인공지능(AI) 기술을 통해 평생학습 데이터를 효과적으로 관리하고 학습자의 학습이력 기록 및 관리, 학습 결과의 분석이 최적화된 맞춤형 학습 시스템을 구축하는 것을 목표로 한다. 이를 통해 각 학습자의 개별학습 상황에 맞춘 학습 경로를 제공하고, 효율적인 학습이 이루어질 수 있도록 지원한다. 누적된 학습 데이터를 민간과 연계하여 취업 지원 및 기업의 재용과 연관된 다양한 서비스를 제공하는 데 중점을 둔다. 이러한 연계는 학습자에게 실질적인 교육 결과와 취업 기회를 연결해주는 중요한 역할을 하게 될 것이다.

① 주요 내용

- 인공지능을 활용한 학습 경로 최적화: AI 기술을 활용해 학습자의 이력을 자동으로 분석하고, 학습자 맞춤형 학습 경로를 제시한다. 이는 학습자 개인별 맞춤형 학습을 추천한다.
- 학습 데이터의 연계: 학습자들이 축적한 학습 데이터를 연계하여, 취업시장에 필요한 역량과 스킬을 분석하고, 학습을 추천한다.

② 로드맵

- 2023~2024년(2년차 목표): 학습 결과 자동 연계 및 기관을 확대하고, 인공지능 기반 학습 플랫폼을 구축한다. 또한, 역량평생학습 정보분류체계를 수립하여 학습자들의 이력을 더욱 체계적으로 관리할 수 있는 기반을 마련한다.
- 2025~2027년(5년차 목표): 인공지능 기반 원스톱 플랫폼을 완성하고, 평생학습 포인트제를 도입한다.

8. 한국형 온라인 공개강좌 K-MOOC[6)]

1) K-MOOC 개요

한국형 온라인 공개강좌(이하 'K-MOOC', Korean Massive Open Online Course)는 대학의 우수 강좌를 언제, 어디서나, 누구나 무료로 수강할 수 있는 서비스로, 2015년부터 서비스를 시작하였다. K-MOOC의 운영 근거는 「평생교육법」 제22조(정보화 관련 평생교육의 진흥)과 「고등교육법」 제26조(공개 강좌)로 규정되어 있다. 이를 통해 대학, 기업, 출연 연구기관 등에서 제공하는 고품질 강좌를 국민 누구나 접할 수 있도록 온라인 플랫폼에서 제공하며, 고등교육에 대한 실질적인 기회균등을 실현하는 것을 목표로 하고 있다. 2021년 K-MOOC는 "모든 국민에게 세계 최고 수준의 지식과 경험을 공유"라는 비전을 가지고 사업을 추진하였다. 이 비전을 통해 전 세대를 아우르는 교육목표를 설정했으며, 다음과 같은 세 가지 주요 방향을 제시했다:

① 청년층: K-MOOC와 함께 성장하는 미래를 준비하는 Level UP 전략을 통해 청년들이 고등교육 강좌를 활용하여 미래에 필요한 역량을 쌓을 수 있도록 지원한다.

② 중년층: K-MOOC를 통해 경력을 개발하고 역량을 키워가는 Skill UP 전략으로 중장년층이 직업 역량을 강화하며 전문성을 높일 수 있도록 한다.

③ 노년층: K-MOOC와 함께 풍요로운 삶을 영위할 수 있도록 하는 Life UP 전략을 통해 노년층이 평생학습을 통해 자기 계발과 풍요로운 삶을 영위할 수 있게 돕는다.

이 사업은 단순히 대학 강좌를 온라인으로 공유하는 것을 넘어서, 미래 사회의 변화를 주도할 수 있는 능력을 제공하는 데 목표를 두었다. K-MOOC는 학습자 중심의 교육 플랫폼으로 발전시키며, 모든 국민이 다양한 지식과 경험을 공유받을 수 있는 학습환경을 제공하고 있다. 이와 같이 K-MOOC는 그동안 평생학습 기반을 강화하고자 다양한 노력을 기울여 왔다. 특히, 코로나19 팬데믹이라는 전례 없는 상황에서 비대면 학습 수요를 충족시키는 대표적인 교육 플랫폼으로 자리잡았다.

2015년 서비스 시작 이후, K-MOOC는 정책적 확장과 서비스 개선, 그리고 학습 결과의 활용을 통해 국민들이 언제 어디서나 시공간의 제약 없이 우수한 강좌를 수강할 수 있도록 시스템을 발전시켰다. 그 결과, K-MOOC를 통해 평생학습을 진행한 학습자의 수가 크게

6) 교육부 · 국가평생교육진흥원, 2021 평생교육백서(제21호), 2021, pp.388-396.

증가하였으며, 국민들이 국내 최고 수준의 고등교육 강좌를 자유롭게 수강할 수 있는 서비스를 제공하고 있다.

2) 주요 현황 및 성과

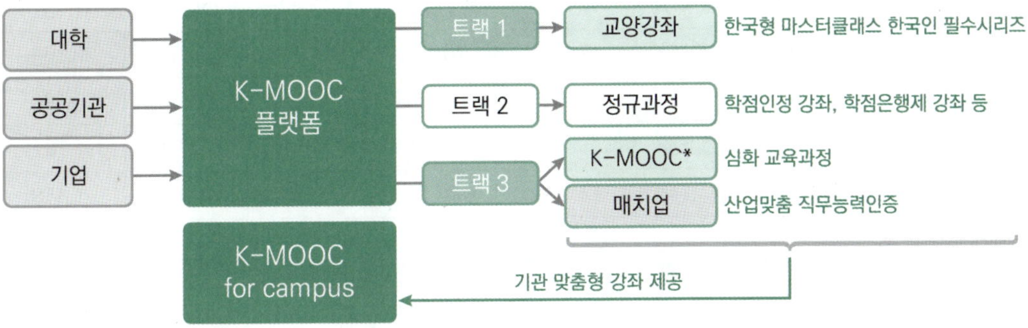

출처: 국가평생교육진흥원(2022). 평생교육백서 21호. p.389.

그림 12-2 K-MOOC서비스 개요

K-MOOC는 출범 초기부터 국내 주요 대학을 중심으로 선도대학을 우선적으로 선정하여 운영을 시작했고, 이후 점진적으로 참여기관을 확대하는 방향으로 계획되었다. 이를 통해 양질의 콘텐츠 생산을 목표로 정부에서 예산 지원을 실시하여, 개발된 강좌들은 무료로 제공되어 대중의 접근성이 매우 높아졌다. 이러한 접근성 덕분에 K-MOOC는 단기간에 급속한 양적 성장을 이루었다.

강좌는 다양한 형태로 세분화되어 제공되며, 무크선도대학의 강좌와 개별 강좌, 그리고 4차 산업혁명과 같은 특정 전문기술 분야에 대한 묶음 강좌가 체계적으로 구성되어 있다. 특히, 인공지능(AI)과 같은 이수체계 기반의 특화 강좌들도 지속적으로 추진되어, 새로운 기술과 지식을 체계적으로 학습할 수 있는 기회를 제공하고 있다. 2021년부터는 방송사(EBS, JTBC)와 협력하여 세계적인 석학들이 참여하는 고품질 강좌를 제공하기 시작했고, 세대 간 공감할 수 있는 연령대별 교양 콘텐츠도 새롭게 개발하여 방송과 연계한 학습 기회를 마련하였다. 또한, 기존의 온라인 교육에서 다루기 어려웠던 프로젝트, 토론, 실습 등을 융합한 심화 강좌인 K-MOOC+ 강좌도 도입되어 다양한 학습경험을 제공하고 있다. 2021년 12월 기준으로, K-MOOC는 총 1,358개의 강좌를 제공하며, 이를 통해 많은 국민들이 높은 수준의 교육을 받을 수 있게 지원하고 있다. K-MOOC 이용자 수는 2021년 12월을 기준으로 홈페이지 방문 2,393만 건, 회원 가입 96.2만 명, 수강 신청 225.8만 건 등으로 K-MOOC에 대한 학습자들의 관심과 이용이 대폭 증가하였다.

표 12-21 연도별 K-MOOC사업 현황

(단위: 백만원, 개, 건, 명)

구분	2015년(10월)	2016년	2017년	2018년	2019년	2020년	2021년
예산	2,268	4,018	6,928	7,840	9,734	14,852	23,690
참여 기관 수	10	38	69	93	116	140	161
강좌 수	27	143	324	510	745	999	1,358

구분	2015년(10월)	2016년	2017년	2018년	2019년	2020년	2021년
방문	446,832	1,735,710	2,562,074	3,156,621	4,153,246	5,592,448	6,280,329
회원 가입	34,793	80,232	112,819	129,023	148,298	233,975	222,718
수강 신청	55,559	126,092	263,756	330,619	392,262	521,830	567,680

출처: 국가평생교육진흥원(2022). 평생교육백서 21호. pp.389-390.

특히 코로나19가 발생한 2020년은 전년 대비 방문 건수가 34.7%, 회원 가입자 수가 57.8%, 수강 신청 건수가 33.0% 증가한 것으로 나타났다. 반면에 2021년을 기준으로 살펴보면 2020년 대폭 상승한 것에 비하여는 방문 건수는 지속적으로 증가하였으나 그에 비해 회원 가입 수는 다소 감소한 경향을 보였다. 이는 실질적인 K-MOOC 강좌 수강 신청이 증가한 것에 비하여 2021년부터 도입한 방송 강좌 등의 교양 강좌에 대한 기존 이용자들이 별도의 회원 가입 절차없이 수강하였기 때문인 것으로 보여진다.

표 12-22 2019~2021년 K-MOOC 이용 현황

(단위: 개, %)

구분	2019년	2020년	2021년	증가율 ('19~'20년)	증가율 ('20~'21년)
방문(건, 신규)	4,153,246	5,592,448	6,280,329	34.7%	12.3%
회원 가입(명, 신규)	148,298	233,975	222,718	57.8%	-0.5%
수강 신청(건, 신규)	392,262	521,830	567,680	33.0%	8.8%

출처: 국가평생교육진흥원(2022). 평생교육백서 21호. p.390.

강좌 개발 및 운영 현황을 살펴보면 2015년 27개 강좌로 서비스를 시작하여 2021년 기준 1,358개 강좌를 개발·운영하고 있다. 분야별 강좌 수는 인문 분야 강좌 360개(26.5%), 사회 분야 340개(25.0%), 공학 분야 297개(21.9%) 등의 순이다.

표 12-23 K-MOOC 학문 분야별 강좌 현황

(단위: 개, %)

구분	인문	사회	교육	공학	자연	의약	예체능	총계
강좌 수	360 (26.5)	340 (25.0)	51 (3.8)	297 (21.9)	131 (9.6)	88 (6.5)	91 (6.7)	1,358 (100)

출처: 국가평생교육진흥원(2022). 평생교육백서 21호. p.390.

회원 가입자 수를 연령별로 살펴보면 20대(50.7%)를 중심으로 20대 미만(12.4%), 30대(14.4%), 40대(10.9%)가 고르게 분포되어 있다. 20대 이용자의 경우 코로나19 등으로 비대면 학습 상황에서 K-MOOC 참여 대학에서 자교 및 타교 강좌에 대한 정규 학점인정 과정 수가 대폭 증가함에 따라 이용 비율도 높아진 것으로 해석된다.

표 12-24 K-MOOC 연령별 회원 가입자 수

(단위: 명, %)

구분	인원(명)	비율(%)
20세 미만	119,730	12.4
20~29세	488,101	50.7
30~39세	138,166	14.4
40~49세	105,314	10.9
50~59세	80,449	8.4
60세 이상	30,098	3.1
계	961,858	100.0

출처: 국가평생교육진흥원(2022). 평생교육백서 21호. p.391.

2021년에는 국민 모두가 참여할 수 있는 디지털 평생학습 체제 구축을 K-MOOC 중점 추진 방향으로 정하여 학습자 눈높이에 맞는 다양한 강좌 제공, 학습자 친화적인 학습환경 구현, K-MOOC 활용 확대, 참여기관 지원 확대를 추진 전략으로 설정하였다. 각 전략별 추진 과제 및 성과를 살펴보면 다음과 같다.

(1) 학습자 눈높이에 맞는 다양한 강좌 제공

K-MOOC는 학습자 눈높이에 맞춘 다양한 강좌 제공을 위해 여러 노력을 기울이고 있다. 특히, 코로나19 장기화로 인해 계층 간 지식 격차가 커지는 상황에서, 인문, 사회, 과학 등 다양한 분야에서 세계 최고 수준의 지식과 경험을 공유하는 한국형 마스터클래스를 도입하여, 고급 지식을 대중에게 쉽게 제공하고자 했다. 이 과정에서 EBS와 협력하여 글로벌 석학 40여 명의 강연 시리즈를 기획하고, 방송과 K-MOOC 강좌로 200여 편의 고품질 강좌를 제공하였다. 또한, 모든 강좌에 더빙, 자막, 수어를 제공해 대중의 접근성을 높였다. 또한, 세대별 관심사를 반영한 '한국인 필수 시리즈'를 제작하여, JTBC와 협업한 국내 최고 전문가의 강의를 제공하고, 후속 강좌를 통해 학습자와의 Q&A 인터뷰 등 상호작용을 강화하였다. 이외에도 K-MOOC는 AI와 같은 4차 산업혁명 분야의 유망 강좌를 적극적으로 개발하며, 코세라와 같은 글로벌 MOOC 플랫폼과 협력해 세계적인 인기 강좌를 한국어로 제공하였다.

더 나아가 학습자의 실질적인 역량 강화를 위해 K-MOOC+ 강좌를 새롭게 도입하여, 프로젝트, 실습, 토론 등 상호작용이 포함된 심화 과정을 제공하였으며, 취업 준비 강좌 등도 외부 교육기관과 연계하여 확대 제공하였다. 이러한 다양한 강좌 제공을 통해 K-MOOC는 학습자의 개별 요구에 맞춘 맞춤형 학습 콘텐츠를 제공하며, 대중의 학습 접근성을 지속적으로 개선하고 있다.

(2) K-MOOC 강좌 활용 확대

K-MOOC는 코로나19의 확산과 장기화로 인한 위기관리 방안으로 비대면 학습에서의 활용을 적극 지원하였다. 이를 위해 K-MOOC 참여 대학을 중심으로 정규학점 인정을 확대하였으며, 그 결과 2021년 2학기 기준으로 41개 대학에서 164개의 과정이 학점으로 인정받았다. 또한, 「학점인정 등에 관한 법률 시행령」 및 관련 법령 개정을 통해 일반 국민도 K-MOOC 강좌를 학점은행제에서 인정받을 수 있도록 지원하여 무료 학점은행제 강좌 운영이 확대되었다. 그 결과 11개 대학이 학점은행제 평가 인정을 받아 총 32개의 강좌를 운영하였다.

또한, 국가기관 및 공공기관과 기업체 연수 과정에서도 K-MOOC 강좌 이수 결과를 학습으로 인정하도록 업무 협약을 맺고, 시스템 연동을 통해 22개 기관과 연계를 진행하였다. 이외에도 교원 직무연수 과정으로 K-MOOC를 활용하여 2019년 5개 과정에서 2021년 35개 과정으로 확대 운영되었다.

국제화 강화를 위해 K-MOOC는 해외 MOOC 플랫폼과 교류를 확대해, xuetangX와 ThaiMOOC 등과의 협력으로 12개의 강좌를 상호 탑재하였다. 또한, 중앙아시아 지역의 한국어교육 수요에 맞춰 K-MOOC 강좌에 다국어 자막을 제공하며 한국어교육 인프라 확충에도 기여하고 있다.

(3) 학습자 친화형 K-MOOC 플랫폼 구축 확대

K-MOOC는 학습자 친화형 플랫폼 구축을 위해 다양한 시스템을 지속적으로 개선해 왔다. 플랫폼은 학습자가 강좌를 수강할 수 있는 학습자 시스템, 강좌 제공기관과 학교가 강좌를 개발하고 운영할 수 있도록 돕는 교수자 시스템, 그리고 전체 서비스를 관리하고 모니터링하는 관리자 시스템으로 구성되었다. 2015년 서비스 개통 이후, K-MOOC는 끊임없이 시스템을 개선하며 학습자 이용 편의성을 증대시키고 서비스 안정성을 강화해왔다. 특히, 2021년에는 차세대 K-MOOC 플랫폼 구축 계획을 수립하여 추진하면서, 학습자들이 더 쉽고 안정적으로 서비스를 이용할 수 있도록 인프라를 보강하고 데이터 관리체계를 강화했다. 이 과정에서 참여기관의 강좌 관리 기능 개선, 대학 학점인정 지원, 다양한 강좌 정보 제공, 통계 시스템 구축, 학점은행제 학습자의 학습 상태 통합 관리 서비스 등을 포함하여 사용자 친화적 플랫폼을 운영하였다. 이를 통해 K-MOOC는 학습자와 강좌 제공자 모두에게 더 효율적인 학습환경을 제공하고 있다.

(4) 학습자-참여기관 지원 강화 및 질 관리

K-MOOC는 학습자와 참여기관 지원을 강화하고 강좌의 질 관리를 위해 다양한 노력을 기울이고 있다. 학습자 지원을 위해, 학습 형태를 분석한 결과를 바탕으로 마이크로 러닝 방식을 도입하여 학습자들이 필요한 부분만 선택해 학습할 수 있도록 했다. 이와 함께, 강좌 개발 가이드를 제공하여 참여기관이 이를 반영한 강좌를 개발할 수 있도록 지원했다. 분야별 이수체계도도 개발하여 학습자들이 체계적으로 학습할 수 있는 환경을 조성하고, 청각장애인을 위해 수어 강좌 71개를 제공하여 학습 접근성을 확대하였다. 참여기관 지원 방안으로는, 우수 강좌를 선정해 블루리본을 수여하고, 우수 강좌 교수 및 운영 지원 인력에 대해 표창을 수여하는 등 보상체계를 도입했다. 또한, 강좌의 책임성을 강화하기 위해 영상책임개발제를 도입, 콘텐츠 제작 시 참여 인력을 공개하는 방식으로 책임성을 높였다. 이러한 조치는

K-MOOC의 지속 가능성을 높이고, 학습자와 참여기관 모두에게 더욱 질 높은 학습경험을 제공하기 위한 것이다.

연구문제

1. 우리나라의 교육개혁 역사를 집권 정부별로 구분하여 설명해 보시오.
2. 신교육체제의 비전과 특징을 진술해 보시오.
3. 학점은행제의 도입배경과 운영 상황 및 발전과제를 제시해 보시오.
4. 독학학위제의 추진과정과 발전방향을 제시해 보시오.
5. 사내대학의 도입배경과 운영 성과를 진술해 보시오.
6. 학습계좌제의 도입배경과 운영 현황 및 발전방향을 설명해 보시오.
7. 제5차 평생교육진흥기본계획의 주요 내용을 제시해 보시오.

| 참고문헌 |

교육개혁위원회(1998), 한국교육개혁백서, 청운기획.
교육과학기술부(2008), 2008 평생교육법령해설자료, 선명인쇄.
교육과학기술부(2008), 2008-2012 평생교육진흥기본계획, 선명인쇄.
교육부(1998), 평생학습법 제정시안과 배경 설명자료, 교육부.
교육부 · 국가평생교육진흥원, 2023 평생교육백서. (주)케이에스센세이션.
교육부 · 한국교육개발원, 교육통계연보 2013, 학지사.
교육통계서비스(2023), 한국교육개발원 홈페이지.
교육혁신위원회(2006), 학습사회실현을 위한 미래교육비전과 전략.
국가장애인평생교육진흥센터(2024), 홈페이지.
권두승(1996a), 평생교육론, 교육과학사.
권이종(1980), "서독의 사회교육", 사회교육제도의 비교, 한국사회교육협회.
권이종(1984), 사회교육과 청소년지도, 배영사.
김노수(1980), "일본의 사회교육", 사회교육제도의 비교, 한국사회교육협회.
김도수(2001), 평생교육, 양서원.
김란수 외(1982), 평생교육론, 문음사.
김병균 역(1981), 지역사회학교-개념, 기능 및 조직, 서홍출판사.
김수일(1987), 사회교육학개론, 문음사.
김수일, 유혜경(1982), 사회교육기관실태조사연구, 한국교육개발원.
김승한(1981), 평생교육입문, 정음사.
김용현(1990), 사회교육학개론, 문우사.
김용현(1998), 사회교육과 열린 평생학습, 독자와함께.
김용현(2001), 사회 · 평생교육과 열린 학습사회, 독자와함께.
김용현(2004), 사회 · 평생교육방법론, 법원사.
김용현(2008), 평생교육개론, 양서원.
김용현(2009), 평생교육방법론, 법원사.
김용현 외(2011), 평생교육경영론, 양서원.
김용현 외(2024), 평생교육경영론, 양서원.
김용현 외(2024), 평생교육방법론, 양서원.

김용현 외(2024). 평생교육프로그램개발론, 양서원.

김종서 외(1987), 평생교육원리, 교육과학사.

김종철(1982), 교육행정의 이론과 실제, 교육과학사.

김지자(1979), "매스미디어의 사회교육기획", 한국사회교육협회.

남정걸 외(2002), 평생교육행정 및 정책, 교육과학사.

문화체육관광부(2013), 2013 문화정책백서.

문화체육관광부(2013), 전국문화기반시설총람.

박동서(1985), 한국행정론, 법문사.

변종임, 지역사회 혁신을 위한 평생학습도시 활성화, 한국교육개발원 평생교육센터.

시민의 신문사(2006), 한국민간단체총람 2006.

여성가족부(2013), 2013 청소년백서.

유네스코한국위원회(2020), 제4차 세계성인학습 및 교육보고서.

유안진(1980), 한국전통사회의 유아교육, 정민사.

윤정일(1983), "평생교육과 교육재정", 유네스코한국위원회 · 한국평생교육기구 공편, 평생교육의 기초와 체제, 법문사.

윤진(1985), 성인 · 노인심리학, 중앙적성출판사.

은평구평생학습관(2024), 홈페이지.

이규환(1980), "스칸디나비아제국의 사회교육", 사회교육제도의 비교, 한국사회교육협회.

이무근, 함종한(1983), 교육과정, 상조사.

이성호(1983), 교육과정, 문음사.

이영휘(1980), "영국의 사회교육", 사회교육제도의 비교, 한국사회교육협회.

이중(1976), 사회교육진흥방안에 관한 연구, 고려대학교 교육문제연구소.

장진호(1979), 사회교육의 방향, 정익사.

장진호(1980), "미국의 사회교육", 사회교육제도의 비교, 한국사회교육협회.

전국주부교실중앙회(2013), 홈페이지.

정범모(1968), 교육과 교육학, 배영사.

정우현(1981), "평생교육체제의 수립방안", 한국지역사회학교후원회 평생교육논단.

정지웅, 김지자(1986), 사회교육학개론, 서울대학교출판부.

진원중 편(1977), 사회교육의 동향과 좌표, 배영사.

차경수(1982), "외국의 평생교육 및 사회교육", 교육문재연구 제2집, 명지실업전문대학 교육문제연구소.
한국정신문화연구원(1982), **평생교육의 체제와 사회교육의 실태**, 보진제.
한국지역사회교육협의회(2013), **지역사회학교활동교본**, 현대사상사.
한국평생교육사협회(2013), 홈페이지.
한국학원총연합회(2008), **희망의 기록-한국학원총연합회 50년사**.
한숭희(2010), **평생교육론**, 학지사.
한준상(1987), **사회교육론**, 청아출판사.
홍웅선(1983), "평생교육과 학교교육", 유네스코한국위원회 · 한국평생교육기구 공편, **평생교육의 기초와 체제**, 법문사.
황종건(1985), **한국의 사회교육**, 교육과학사.

田中一彦 역(1997), **의심과 모성애**, Vanden Berg 저, 川島書店.
市川 昭午 편(1980), **학습사회건설**, 전남지역사회학교후원회 역, 광주일보사.
野村 佳子(1980), **생애교육**, 동경: 중앙대학출판사.
持田榮一 外 2인(1979), **생애교육사전**.
向坑 隆(1968), **기초공학개설**, 동경: 岩波書店.

Aristoteles(1961), **정치학**, 山本 光雄 역, 東京: 岩波書店.
Becker, Hellmet(1971), *World-Wide Adult Education: New Dimension of Culture and Education*, Vol. 4.
Beggs, Walter(1977), *Statement on Community Education*, Washington D.C.: U.S. Government Printing Office.
Bergevin, Paul(1967), *A Philosophy for Adult Education*, New York: The Seabury Press, A Crossroad Book
Bernard, Harold W.(1970), *Human Development in Western Culture*, New York: Allyn and Bacon, Inc.
Billimoria, Roshan R.(1973), *Indigenous Patterns of Education, Nonformal Education in a World Context*, Amherst, Mass: Center for International Education, University of Massachusetts.
Brembeck, Cole S.(1973), *New Strategies for Educational Development: The Crosscultural Search for Nonformal Alternatives*, Lexington, Mass: D.C. Heath.
Calhoun, Calfrey & Finch, Alton(1982), *Vocational Education: Concepts and Operations*, Belmont,

California: Wandsworth Publishing Company.

Coffing, R. T. & Hutchinson T. E.(1974), "Needs Analysis Methodology: A Prescriptive Set of Rules and Procedures for Identifying Defining and Measuring", prepared for the Symposium on "Methodologie's Under Development" Annual Meeting of the American Educational Research Association, Chicago, Illinois, April 7.

Coles, Townsend & Edwin, K.(1977), *Adult Education in Developing Countries*, Oxford: Pergamon Press.

Collaway, A.(1973), "Frontiers of out-of-School Education" in Brembeck C. S., *New Strategies for Educational Development*, Lexington, Mass: D. C. Heath.

Collins, Denis E.(1977), *Paulo Freire: His Life, Works & Thought*, New York: Paulist Press.

Collins, Denis E.(1967), *The World Educational Crisis-A Systems Analysis*, Paris: International Institute for Educational Planning.

Coombs, Philip H.(1973), New Paths to Learning for Rural Children and Youth Conneticut: International Council for Educational Development.

Coombs, Philip H., & Ahmed, M.(1978), *Attacking Rural Poverty: How Nonformal Education Can Help*, Baltimore: John Hopkins University Press.

Cropley, A. J.(1977), *Lifelong Education: A Psychological Analysis*, New York: Pergamon Press.

Cross, K, Patricid(1981), *Adult as Learners*, San Francisco: Jossey-Bass Inc. Publishers.

Dahl, Dennis A.(1980), "Resources", Alan B. Knox & Associates, *Developing, Administering and Evaluating Adult Education,* San Francisco: Jossey-Bass Publisher.

Dale, Edger(1954), *Audio-visual Methods in Teaching*, New York: Dryden Press.

Dave, R. H.(Ed.)(1984), *Foundations of Lifelong Education*, 전북대학교 부설 사회교육연구소 역, 정민사.

Dewey, John(1944), *Democracy and Education*, New York: The Free Press.

Douglah, M. & Moss, G. M.(1969), "Adult Education As a Field of Study and Its Implementations for the Preparation of Adult Education", *Adult Education*, Vol.XIX.

Edwin, K. & Coles T.(1977), *Adult Education in Developing Countries*, Oxford: Pergaman Press.

Erikson, Erik(1963), *Childhood and Society*, New York: Norton.

Etling, Arien W.(1974), *Characteristics of Facilitator*, Center for International Education, University of Massachusetts.

Etling, Arien W. & Smith, W.(1973), "Nonformal Education: The Light at the end of the tunnel", *Nonformal Education in a World Context*, Amherst, UMass: Center for International Education, University of Massachusetts.

Evans David, R.(1981), *The Planning of Nonformal Education*, Paris: International Institute for Educational Planning.

Faure Edgar et al.(1972), *Learning to be: The World of Education Today and Tomorrow*, Paris: UNESCO.

Flippo, Edwin B.(1971), *Principle of Personal Management*, New York: Mcgraw Hill.

Foster, M. H.(1977), *Training and Development: Program, Methods, and Facilities*, Washington D.C.

Freire, Paulo(1970), *Pedagogy of the Oppressed*, New York: The Seabury Press.

Freire, Paulo(1970), The Adult Education Process as Cultural Action for Freedom, *Harvard Educational Review*.

Fromm, Erich(1968), *The Revolution of Hope: Toward a Humanized Technology*, New York: Harper & Row.

Gatner, Alan(Ed.)(1972), *After Deschooling, What?*, New York: Harper & Row Publishers.

Garbe, Sven(1972), *The Rural Education System in Upper Volta*, ICED Case Studies No.14.

Grandstaff, Marvin(1974), *Historical Perspectives on Nonformal Education*, East Lansing, Michigan: Michigan State University.

Hammond, S. K., Jackson S., Degeorge, G., and Morris, K.,(1997), *The New University: A Though Market is Reshaping Colleges*, Business Week.

Havighurst, R. L.(1972), *Developmental Tasks and Education*, New York: David McKay.

Hoyt, Knneth(1974), *Career Education, Vocational Education and Occupational Education: An Approach to Defining Differences*, Second Annual Distinguished Lecture Series, 1973~1974, The Center for Vocation of the Ohio State University.

Hunter, Carman J. & Harman, David(1979), *Adult Literacy in the United States*, New York: McGraw-Hill Book Company.

Hurlock, E.(1953), *Developmental Psychology*, New York: McGraw-Hill.

Hutchins, Robert M.(1968), *The Learning Society*, New York: Prager.

ICED(1972), *Nonformal Education for Rural Development*, Washington D.C., World Bank.

Illich, Ivan(1970), *Deschooling Society*, New York: Harper & Row Publishers.

Ingham, Roy J. & Hanks, Gardner(1981), "Graduate Degree Programs for Professional Adult Educators", Stanley M. Grabowski and Associates(Eds.), San Francisco: Jossey-Bass Publishers.

Kaufman, Roger A. & English, Fenwick W.(1979), *Needs Assessment: Concept and Application*, Englewood Cliffs, N. J.: Educational Technology Publication.

Kim, Sooil(1981), *A Doctoral Dissertation on a Comparative Study of Adult Education in Indonesia, the Republic of Korea and Japan*, Tallahassee, Florida: The Florida State University.

Kim, Yong Hyun(1984), *A Doctoral Dissertation on Nonformal Education and University Participation: Planning Considerations for Universities of Korea*, Amherst, Mass: University of Massachusetts.

Kinsey, David C.(1981), "Participatory Evaluation in Adult and Nonformal Education", *Adult Education Journal*, Vol. 31, Number 3.

Kleis, Russel J.(1973), *Nonformal Education: Definitional Problem*, East Lansing, Michigan: Michigan State University.

Kleis, Russel J.(1973), *Toward a Contexual Definition of Nonformal Education*, East Lansing, Michigan: Michigan State University.

Knowles, Malcolm S.(1980), *Modern Practice of Adult Education*, Chicago: Follett Publishing Company.

Knox, A. B.(1979), *Enhancing Proficiencies of Continuing Education*, San Francisco: Jossey-Bass.

LaBelle, Thomas J.(1976), *Nonformal Education and Social Change in Latin America*, Los Angeles: UCLA Latin America Center Publication.

Laird, Dugan(1978), *Approaches to Training and Development*, Addison-Welsley Publishing Company.

Langrand, Paul(1970), *Introduction to Lifelong Education*, Paris: UNESCO.

Levinson, D.(1978), *The Seasons of a Man's Life*, New York: Knopf.

Lister, I.(1974), *Deschooling: A Reader*, London: Cambrige University Press.

Liveright A. A. & Haygood Noreen(Eds.)(1968), *The Expert Papers: Report of the first international Conference on the Comparative Study of Adult Education*, Masei SLEA Reports at Boston University.

Liveright A. A.(Ed.)(1970), *Adult Education and Nation Building: A Symposium on Adult Education in Developing Countries*, Edinburgh: Edinburgh University Press.

Lowe, John(1975), *The Education of Adults: A World Perspective*, Paris: UNESCO Press.

Mackenzie, Norman(1975), *Open Learning*, Paris: UNESCO Press.

Maslow, Abraham(1976), *The Ulyssean Adult*, quoted in John A. B. McLeish, New York: McGraw-Hill.

Merriam, Sharan & Darkenwald, Gorden(1982), *Adult Educaton: Foundations of Practice*, New York: Harper & Row Publishers.

Middleton, J.(1976), "University Training and Nonformal Education", D. Harman(Ed.), *Expanding Recurrent and Nonformal Education*, San Francisco: Jossey-Bass.

Ministry of Education(1997), *Adult Learning in Denmark*.

Ministry of Education(1999), *Toward the Achievement of a Lifelong Learning Society in Japan*.

Ministry of Education(1999), *Education in Republic of China*.

Minzey, Jack & LeTarte, Clyde(1979), *Community Education: From Program to Process to Practice*, Midland, Michigan: Pendell Publishing Company.

Murphey, Gardner(1958), *Human Potentialities*, New York: Basic Books.

Neugarten, Bernice, & Datan, Nancy(1973), *Sociological Perspectives on the Life Cycle*, New York: Academic Press.

Palloff, Rena M., Pratt Keith(1999), *Building Learning Communities in Cyberspace*, San Francisco: Jossey-Bass Publishers.

Paterson, R. W. K. Values(1979), *Education and the Adult*, London: Routledge & Kegan Paul.

Paulston, R. G.(Ed.)(1972), *Nonformal Education: An Annotated International Bibliography*, New York: Praeger.

Philips, H. E. & Tucker, K.(1975), "Needs Assessment: Importance in Planning", Presented at the Convention of the Southern Association of Community and Junior College, Atlanta, Georgia, December 9.

Pikunas, Justin(1969), *Human Development, A Science of Growth*, New York: McGraw-Hill.

Reed, Horace B.(1981), *Nonformal Education*, Amherst, Mass: Community Education Resource Center, University of Massachusetts.

Reimer E.(1971), *School is Dead: An Essay on Alternatives in Education*, New York: Penguin Education.

Ritzen, J. M. & Balderston J. B.(1975), *Methodology for Planning Technical Education*, New York: Praeger Publishers.

Robert, Roy W.(1971), *Vocational and Practical Arts Education*, New York: Harper and Row Publisher.

Rogers, Carl(1969), *Freedom to Learn*, Columbus, Ohio: Merril.

Schultz, Duane(1977), *Growth Psychology*, New York: Van Nostrand Reinhold.

Seay, Maurice(1977), *Statement on Community Education*, Washington D.C.: U.S. Govenment Printing Office.

Simkins, T.(1976), *Nonformal Education and Development*, Manchester: University of Manchester.

Simons, John(Ed.)(1980), *The Educational Dilemma: Policy Issues for Developing Countries in 1980s*, London: Pergamon Press Ltd.

Stufflebeam, D.(1975), "Evaluation As a Community Education Process", *Community Education Journal*, V. March.

Swanson, D. A.(1973), *The University of Massachusetts Project: An Evaluation of Nonformal Education in Ecuador*, Quito, Ecuador: U. S. Agency for International Development.

Swanson, R. A.(1996), *Analysis for Improving Performance: Tools for Diagnosing Organization and Documenting Work-place Expertise*, San Francisco: Berrett-Koehler.

Tanner, Daniel(1980), *Curriculum Development*, New York: Macmillan Publishing Co.

Tanner, Daniel(1951), *World Campaign for Universal Literacy*, New York: Macmillan Publishing.

Tough, A. M.(1979), *The Adults Learning Projects: A Fresh Approach to Theory and Practice in Adult Learning*, Toronto: Ontario Institute for Studies in Education.

Twigg, G.(1994b), *The Need for a National Learning Infrastructure*, Education Review.

UNESCO(1957), *Fundamental and Adult Education*, Vol. Ⅸ, No. 2, Paris: UNESCO Press.

UNESCO(1965), *Literacy as a Factor in Development*, Paris: UNESCO Press.

UNESCO(1977), *The General Conference Adopts a Recommendation on Adult Education*, Paris: UNESCO Press.

United Nations(1982), *Draft International Plan of Action on Aging*, Vienna, Austria.

U. S. Department of Education(1999), *Vocational and Adult Education Review*, Washington D.C., U.S.D.E. p.5.

Verner Collie & Alan Booth(1964), *Adult Education*, New York: Research in Education, Inc.

Ward, Ted, & Dettoni, John M.(1973), *Nonformal Education: Problems and Promises*, East Lansing Michigan: Michigan State University.

Ward, Ted, Dettoni, John & McKinney, L.(1973), "Designing Effective Learning in Nonformal Modes", in Brembeck, C. A., *New Strategies for Educational Development*, Lexington, Mass:

D. C. Heath.

Weiler, Hans N.(1978), *Toward a Political Economy of Educational Planning, Prospects*, Vol. Ⅷ, No. 3.

Wells, H. G.(1929), *The Outline of History*, New York: Garden City Publishing Co.

World Bank Group(1971), *Trends in Developing Countries*, Washington D.C.

Wright, Charles R.(1959), *Mass Communication: A Sociological Perspective*, New York.

Zaccaria(1970), *Theories of Occupational Choice and Vocational Development*, Houshton Mifflin Co.

| 찾아보기 |

인명

내용

| ㄱ |

| ㄷ |

| 저자약력 |

김용현(金容炫) yonghkim162@hanmail.net

- 연세대학교 행정학과 졸업(B.A.), 서울대학교 행정대학원 수료, 고려대학교 교육대학원 수학
- 미국 University of Massachusetts에서 사회 · 평생교육 전공으로 교육학 석사(M.Ed.) 및 교육학 박사(Ed.D.) 학위 취득
- 호주 정부 초청 Intensive English Program 수료
- 미국 Boston University Summer English Program 수료
- 미국 정부 초청 Hubert Humphrey Fellowship 수료
- 제16회 행정고등고시 합격
- 문교부 사회교육과장 · 교직과장 · 전문대학 행정과장 · 대학학무과장, 청와대 교육비서실 행정관, 교육부 교육행정과장, 충북대학교 사무국장, 주미대사관 교육참사관
- 교육부 공보관 · 평생교육국장 · 고등교육지원국장
- George Washington University 및 Long Island University 교환교수
- 경기대학교 교육대학원 교수
- 한국학원총연합회 사무총장
- 숭실대학교 교육대학원 겸임교수
- 관동대학교 교육대학원 교수
- 경복대학교 영유아보육과 교수
- 국가평생교육진흥원 학점인정심의위원회 부위원장 및 위원장
- (사)한국학점은행평생교육협의회 회장
- 군장대학교 및 한국복지사이버대학교 석좌교수, 한국평생교육총연합회 고문
- 연세대학교 교육대학원, 한국외국어대학교 교육대학원, 한양대학교 교육대학원, 숙명여자대학교 대학원, 중앙대학교 사회개발대학원, 고려대학교 대학원, 백석대학교 대학원 등 외래교수

현) (사)한국학점은행평생교육협의회 명예회장, 한국평생교육HRD학회 자문위원

저서) • 사회교육학개론(문우사, 1990)
- 사회교육과 열린평생학습(독자와 함께, 1998)
- 사회 · 평생교육과 열린학습사회(독자와 함께, 2001)
- 사회 · 평생교육방법론(법원사, 2004)
- 평생교육개론(양서원, 2008)
- 평생교육방법론(법원사, 2009)
- 평생교육론(공저, 양서원, 2017)
- 평생교육프로그램개발론(공저, 양서원, 2024)
- 평생교육경영론(공저, 양서원, 2024)
- 평생교육방법론(공저, 양서원, 2024) 등

김종표(金鍾杓) jp153@bu.ac.kr

- 연세대학교 교육학과 및 동 대학원 석사(인적자원개발 전공), 한양대학교 대학원 박사(교육공학HRD 전공)
- 동아제약연수원, 한양대학교교육공학연구소, 백석대학교 교수, 한국평생교육총연합회회장, 한국평생교육HRD학회 회장

현) 한국평생교육HRD학회 T&D연구소 소장, 한국평생교육HRD연구원 원장

저서) 평생교육방법론, 기업교육론, 인적자원개발론(공저) 등

이복희(李福姬) borkhee@bu.ac.kr

- 충북대학교 심리학과 졸업, 명지대학교 대학원 교육학 석사 및 교육학 박사
- 국가간행물 윤리위원, 한국성인교육학회 부회장, 충청남도 교육청 자문교수

현) 백석대학교 교수, 대학원 석 · 박사과정 지도교수(평생교육HRD 전공)
한국평생교육HRD학회 회장, 한국평생교육총연합회, 한국평생교육학회 이사

저서) 평생교육방법론(공저), 평생교육프로그램개발론(공저), 명강의실전교수법(공저) 등

심지연(沈智延) jgrace@bu.ac.kr

- 세종대학교 영어영문과 졸업, 세종대학교 대학원 호텔관광경영학 석사 및 박사

현) 백석대학교 관광학부 교수, 백석문화대학교 창의융합교양교육원 연구위원,
한국평생교육HRD학회 이사, 한국호텔관광학회 이사

저서) 교회평생교육, 관광서비스매너 등

최낙영(崔樂永) mind2face@gmail.com

- 백석대학교 대학원 교육학 박사(평생교육HRD 전공)
- 한국평생교육HRD학회 감사, 백석대학교 평생교육HRD연구소 연구원

현) Face & Mind Management 대표, 백석문화대학교 서비스인성 외래교수

전) 한국평생교육총연합회 사무차장

저서) 얼굴경영(공저), 품격을 높이는 이미지메이킹(공저) 등

평생교육론

1판 1쇄 인쇄 2025년 8월 10일
1판 1쇄 발행 2025년 8월 15일

저 자 | 김용현 김종표 이복희 심지연 최낙영
발 행 인 | 박철용
발 행 처 | 양서원
주 소 | 경기도 파주시 직지길 522
전 화 | 031-955-8000(代)
팩 스 | 031-955-8005
홈페이지 | www.yswpub.co.kr
이 메 일 | yswgroup@naver.com
출판등록 | 1987년 11월 24일 제 406-2003-037 호

ISBN 978-89-994-1564-7

정가 24,000원